개정판

통계적 품질관리 (SQC/ SPC)

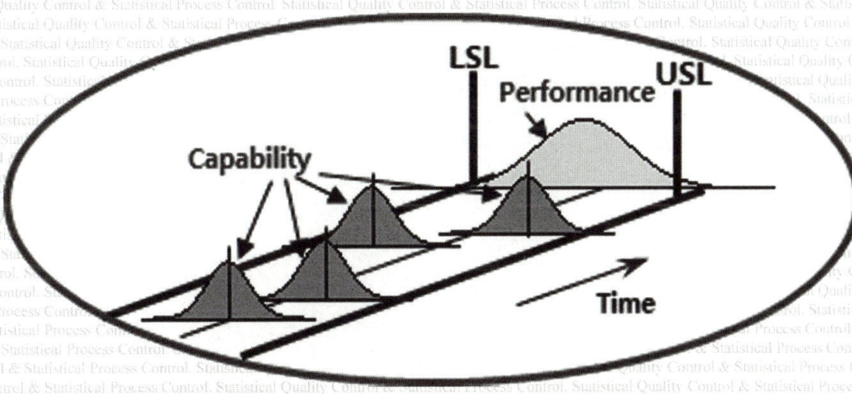

양인모 · 황인극 공저

민영사

★ '예제' 및 '연습문제'에 대한 미니탭 파일을 민영사 홈페이지에서 다운받을 수 있습니다.☆

머리말

개정판을 내게 되니 감회가 새롭습니다. 그 동안 본서에 관심을 가져준 독자 여러분들에게 감사드리며 한편으론 책 내용에 대해서 많은 책임감을 가지게 됩니다.

다른 분야도 마찬가지겠지만 품질은 그동안 많은 발전을 해왔다. 특히 미국의 경우 80년대 이후 일본의 품질을 극복하고, 국가 경쟁력을 강화하기 위해 국가 차원에서 품질을 발전시켰는데 그 특징을 요약하면 다음과 같다.

첫째: 신제품 계획(NPP*)은 Ideation에서부터 컨셉을 개발하는 단계로, 불확실성이 크고, 예측하기 어려운 특징이 있어 문자 그대로 Fuzzy라고 하며 암묵적으로 운영되는 경향이 있다. 그러나 2000년대를 기점으로 선진사들은 이를 전문화를 통해 과학화 함으로써, 이미 이 단계에서 제품 또는 서비스를 차별화하고, 이익을 확보하고 있다. 따라서 이들에게는 더 이상 Fuzzy가 아니다.

둘째: 신제품 설계 단계(NPD*)는 개념을 형상화하는 단계로 기존의 강건설계(다꾸찌 방법)와 신뢰성을 강화하기 위해, 산포를 통한 예측 생산을 하여 강건설계를 하고 HALT*(가속 스트레스 시험)를 통해 이를 검증함으로써 품질과 신뢰성을 효과적으로 확보하고 있다.

셋째: 양산(출하) 이후 단계에서는 설계단계에서 계획하고 설계한 대로 재현하기 위해 '표준준수'와 SPC를 NPD와 연계하여 구축한 후, 운영 결과를 R&D 등의 관련 부문들과 공유하고 개선활동과 연계하고 있다.

Note **NPP(New Product Planning)**: Ideation, Portfolio, 개념 설정, Business Case 작성 단계로 구성된다. 제품과 서비스의 차별화와 이익의 정도가 실질적으로 이 단계에서 결정된다.

NPD(New Product Design): NPP 단계에서 설정된 개념을 형상화하는 단계로 강건설계와 신뢰성이 핵심 사용 툴이라고 할 수 있다.

HALT(Highly Accelerated Life Testing): 가속 스트레스 시험으로 이를 통해 제품이 실제로 강건하게 설계되었는지 여부를 확인할 수 있다.

이상에서 미국의 경우에는 제품과 서비스의 Ideation에서부터 폐기에 이르기까지 일련의 프로세스상에서 품질을 관리하고, 특히 상류 단계에서 중점적으로 추진하고 있다. 그러나 우리나라 많은 기업의 경우에는 아직도 그 개념을 제대로 받아드리지 못한 상태에서, 품질을 단지 제품 품질로 인식하고 주로 하류 단계에서 적용하고 있는 실정이다.

품질은 제품과 서비스를 효과적으로 만드는 방법론으로, 우리나라 기업들이 경쟁력을 갖추고 지속적으로 성장 및 발전하기 위해서는, 품질을 새롭게 정의하고 일련의 프로세스 흐름상에서 관리하되 특히 상류에 중점을 둠으로써 경영차원에서 품질을 추진해야 할 것이다.

본서의 내용들은 하류인 '양산(출하) 이후 단계'에 주로 적용된다고 할 수 있다. 그러나 그 개념이나 용어는 상류단계인 NPP나 NPD 단계에서도 반드시 필요하기 때문에 NPP나 NPD 업무를 효과적으로 추진하기 위해서도 본서의 내용을 학습할 필요가 있다.

이 책을 위해 힘을 써주신 분들께, 특히 민영사의 김동현 사장님께 감사드리며, 사랑하는 가족에게 이 책을 바칩니다.

2018년 2월
저자 일동

차례

차례

차례

차례

차례

차례

제1장

품질의 개요

1.1 품질의 정의

지금까지 수 많은 품질의 대가나 전문기관에서 품질에 대한 정의를 하였는데, 이 중 대표적인 것을 소개하면 다음과 같다.

- A. V. Feigenbaum : 사용되는 제품이 고객*의 기대를 어느 정도 충족시켜 주는가를 나타내는 생산된 제품의 복합적인 특성
- J. M. Juran : 사용의 적합성
- P. B. Crosby : 요구에 대한 일치성
- G. Taguchi : 제품이 출하된 시점으로부터 성능 특성치의 변동과 부작용 등으로 인하여 사회에 끼친 총 손실
- KS A534-1 : 제품 또는 서비스가 명시적 또는 묵시적으로 요구를 만족시키는 능력이 있는 특징 또는 특성의 총체

그런데 이들 정의를 요약하면 결국 다음의 [표 1-1]과 같이 품질이 발전되었다고 할 수 있다.

[그림 1-1]과 같이 품질을 다꾸찌 이전과 이후로 구분할 수 있을 정도로 다꾸찌는 현대 품질에 획을 긋는 중요한 개념을 정립 하였는데, 이들 개념은 Six Sigma의 이론적 체계를 정립하는 데에도 기여했다고 할 수 있다.

표 1-1 품질의 발전

기존의 「품질」 정의	→	새로운 「품질」 정의
• 생산자 위주 • 정성적 • 명시적 요구 만족 - 사용의 적합성 - 고객의 요구에 대한 일치성 • Hard적 품질 - 제품의 성능 위주	→	• 고객중심 • 정량적 • 명시적 요구는 물론이고 묵시적인 요구까지 만족. • 총체적 고객만족도 - 성능, 색상, 디자인, 환경성, 안전성, 편리성 등

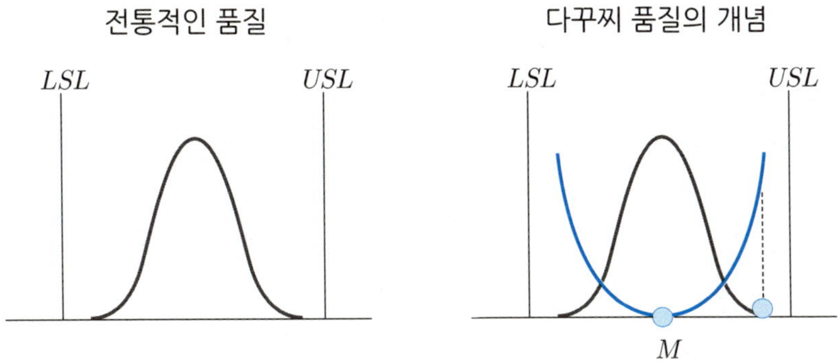

품질을 만족시키는 것은 축구 골대에 골을 넣는 것과 같다. 따라서 품질특성치가 규격 안에 들어가기만 하면 된다.

품질특성치가 목표(M)를 벗어나는 순간부터 손실비용이 증대된다(이를 손실함수으로 나타냄).
따라서 손실비용을 최소로 하기 위해서는 품질특성의 중심을 목표에 일치시키고 산포를 지속적으로 줄여야 한다.

그림 1-1 **기존의 품질과 다꾸찌의 품질개념**

1.1.1 제품 품질

David Garbin은 제품 품질을 다음과 같이 정의하였는데, 품질을 총체적으로 이해하는 데 도움이 되므로 소개한다.

① **performance(성능)** – product's primary operating characteristic
제품이 가지고 있는 주기능의 운영특성(operating characteristic)을 말한다. 예를 들면 자동차가 출발 후 100km/h에 도달되는 시간, 벽돌의 강도, 접착제의 접착력 등을 말한다.

② **features(보조성능)** – secondary aspects of performance
주기능을 보좌하는 2차 또는 보조성능으로 꼭 필요하지는 않으나 있으면 편리한

Note 고객은 내부고객(종업원), 외부고객(최종 소비자), 주주 및 지역사회(또는 국가)로 구분된다. 전통적으로 최종고객을 중요시 하였으나 최근에는 내부고객과 지역사회도 못지 않게 중요시하는 경향이 있다.

성능이다. 예를 들면 자동차의 후방인식 장치나 비행기의 기내식 등이 여기에 해당된다. 고객은 이들 보조성능 자체의 품질뿐 아니라 선택의 여지와 그 폭에 의해 가치를 결정한다.

③ **reliability(신뢰성)*** – the probability of successfully performing a specified function under stated conditions for specified period of time
규정된 조건 하에서 규정 시간 동안 규정된 기능을 고장 없이 수행할 확률로 정의할 수 있다. 즉, 품질이 특정 시점에서의 정적인 질이라고 하면, 신뢰성은 시간에 따른 품질이라고 할 수 있다.

④ **conformance(적합성)** – meet established standards(conformance to requirements)
표준 즉, 규격이나 요구조건에 일치되어야 함을 말한다. 이는 당연한 것으로 만일 규격이나 요구조건에 일치되지 않을 경우 제품은 불량이 되거나 설령 양품이라 하더라도 시장에서 팔리지 않을 것이다.

⑤ **durability(내구성)** – a measure of product life
제품의 수명으로, 기술적인 수명은 제품을 사용하지 못하게 될 때까지의 총 사용시간을 나타낸다. 경제적인 수명은 기존 제품의 향후 수리비용과 신규제품의 투자 및 운영비용을 비교하여 신규 제품으로 교환하는 것이 유리할 때까지의 총사

Note 신뢰성: 다음의 그림에서 X축을 시간 T라고 하고 Y축을 품질 Q라고 할 경우 $t=0$일 때 A와 B 두 제품의 품질은 같다. 그러나 시간이 지남에 따라 $t=t'$ 에서의 품질은 A가 더 좋다. 따라서 A제품의 신뢰성이 더 좋다고 할 수 있다. 시간이 지남에 따라 품질이 점점 나빠져 임계점보다 낮아지면 성능이 저하되거나 고장이 발생되므로 신뢰성은 제품의 수명과 직접적으로 관련된다. 그러므로 개발단계에서부터 신뢰성을 예측하여 설계하는 것이 매우 중요하다.
최근에 국내의 많은 기업들이 신뢰성에 관심을 가지고 추진하고 있으며 그 중요성에 대해 인식을 하고 있다.

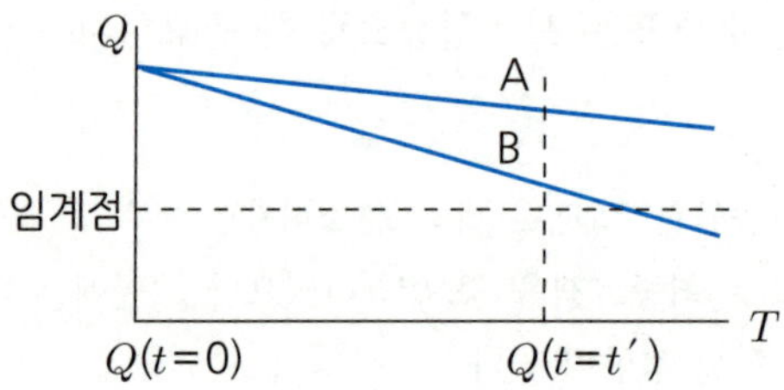

용기간을 나타낸다.

전구와 같이 수리할 수 없는 제품은 기술적인 수명과 경제적인 수명이 같다. 일반적으로 기술 발전이 빠른 컴퓨터 등의 제품의 경우 경제적인 수명은 짧고, 기술발전이 느린 제품의 경우 경제적인 수명은 기술적인 수명에 의존하게 된다. 내구성은 신뢰성, 서비스의 용이성과 밀접하게 관련되어 있다.

⑥ **serviceability(서비스 용이성)** – speed, courtesy, competence, and ease of repair

고객이 원할 때 필요한 서비스를 즉시 받을 수 있어야 한다. 서비스의 용이성은 제품의 구매를 결정하는 중요한 요인이다. 제조업에 서비스화가 가속화되는 시대에 점점 그 중요도가 더할 것이다.

⑦ **aesthetics(심미성)** – product looks, feels, sounds, tastes or smells

음식점에 들어갔을 때 느껴지는 분위기와 같이, 제품으로부터 느껴지는 감정으로서 제품의 외관 또는 냄새, 소리 등으로부터 결정된다고 할 수 있다. 제품의 성능이 아무리 우수하여도 제품으로부터 느껴지는 감정이 좋지 않다면 선뜻 구매하고 싶은 생각이 들지 않을 것이다.

⑧ **reputation(평판)**

자동차 하면 어느 회사, 핸드폰 하면 어느 회사가 바로 떠오르는 것과 같이, 특정 제품에 대한 인지도를 말한다.

이상의 8가지 외에 품질 전문가들 사이에는 '사용의 편리성'을 추가 하기도 한다.

1.1.2 서비스 품질

서비스 품질을 측정하는 방법은 파라슈라만(A. Parasuraman), 자이다믈(V. A. Zeithaml), 베리(L. Berry)에 의해 개발된 SERVQUAL 모형이 있다. 이들은 초기에 서비스를 측정하기 위해 다음의 10가지 품질특성을 제시하였는데 이는 기업이 고객의 기대와 평가를 이해하는 데 유용하게 사용될 수 있다.

① **tangibles(유형성)**

서비스를 평가하기 위한 외형적인 단서로서 종업원의 복장, 물리적 시설, 의사소통 도구 등이 해당된다.

② **reliability(신뢰성)**

약속된 서비스를 정확하게 수행하여 믿음을 줄 수 있는 능력으로서 서비스 수행의 철저함, 약속시간 엄수, 정확한 기록 등이 해당된다.

③ **responsiveness(대응성)**

고객을 기꺼이 돕고 즉각적인 서비스를 제공하려는 의지와 준비태세로 서비스의 적시성, 고객의 문의나 요구에 즉시 응답하는 것 등이 해당된다.

④ **competence(능력)**

서비스를 수행하는 종업원이 필요한 기술과 지식을 가지고 있는가를 의미한다.

⑤ **courtesy(예절)**

고객과 접촉하는 종업원이 고객을 배려하며 친절하고 공손하게 예바른 태도로 대응하는가를 의미한다.

⑥ **credibility(신용도)**

서비스 제공자의 진실성, 정직성으로 약속과 실제의 서비스 내용이 일치하는가 등이 해당된다.

⑦ **security(안전성)**

고객이 서비스를 받을 때 위험이 없이 안전하게 받을 수 있는 상태를 나타낸다.

⑧ **access(접근성)**

고객이 필요할 때 필요한 서비스를 가까이서 손쉽게 받을 수 있는 정도를 나타낸다.

⑨ **communication(의사소통)**

고객의 말에 귀 기울이고, 고객이 이해하기 쉬운 용어로 대화할 수 있는 능력을 나타낸다.

⑩ **understanding the Customer(고객의 이해)**

고객의 요구를 이해하려고 노력하는 정도를 나타낸다.

1.1.3 Kano Model

Kano는 고객이 요구하는 품질을 [그림 1-2]과 같이 매력, 일원 및 당연품질의 3가지 요소로 분류하였다.

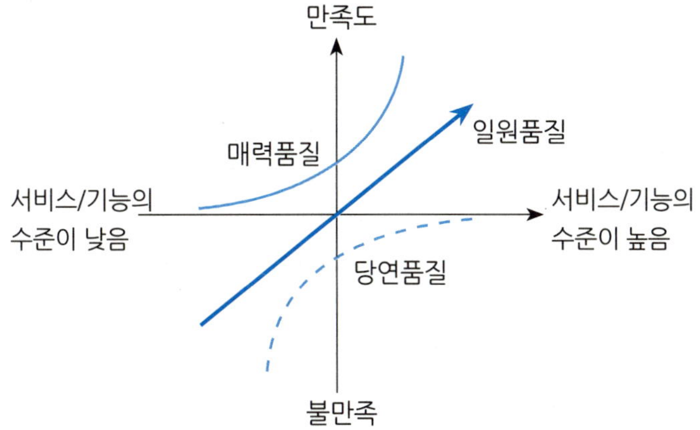

그림 1-2 Kano Model-1984년 일본인 N.Kano가 만듬

[그림 1-2]에서 가로축을 품질수준(충족도), 세로축을 만족도라고 하면 이들의 특징은 다음과 같다.

- 당연품질 : 품질 수준이 높을 경우 고객은 그 이상의 만족은 하지 않으나 만일 낮을 경우 클레임을 건다. 따라서 당연품질에 대해서는 클레임에 걸리지 않을 정도로 최소한의 품질 수준을 갖추어야 한다.
- 일원품질 : 품질수준이 높을수록 만족도가 증가한다. 따라서 경쟁사의 품질수준보다는 약간씩 높게 설계를 해야 한다.
- 매력품질 : 고객도 모르는 경우가 많으나 일단 경험을 하면 감동을 한다. 따라서 고객을 감동시켜 매출을 유발하기 위해서는 한 두 개씩의 매력품질을 넣어 설계를 할 필요가 있다.

당연품질만으로 고객불만에만 대응하는 과거의 품질전략으로는 고객을 감동시킬 수 없다. 따라서 기업은 품질의 리더십을 가지고 고객을 만족시키기 위해서는 VOC를 통해 계획적인 품질전략을 수립해야 한다.

[표 1-2]는 품질요소의 특징을 보다 상세하게 설명한 것으로 이들은 시간이 지남에 따라 매력품질, 일원품질 및 당연품질 순으로 진부화가 되는 현상을 나타낸다.

설계 초기에 고객의 소리인 VOC를 수집한 후 Kano model을 적용할 경우 고객의 요구에 부응하는 보다 효과적인 품질전략을 수립할 수 있다.

표 1-2 품질요소의 특징

	정의	특징	비고
매력품질	• 충족: 감동을 줌 • 불충족: 불만을 나타내지 않음	• 고객도 모름 • 새로운 시장 창출 가능성 • 신기술 도입의 대상	잠재요구
일원품질	• 충족: 만족감을 줌 • 불충족: 불만족을 나타냄	• 측정 및 비교가 용이하여 B/M의 대상이 됨	벤치마킹 대상이 됨
당연품질	• 충족: 당연한 것으로 여김 • 불충족: 불만족을 나타냄	• 일반적으로 요구하지 않으나 불충족 시 클레임을 걸음	전통적인 품질관리 대상

1.2 품질의 발전

1.2.1 품질의 발전 역사

품질관리의 역사를 고대까지 거슬러 올라가 설명하기도 하나, 현대에 사용하는 품질관리 툴(Tool)들은 주로 1920년대부터 미국에서 개발되기 시작하였다. 따라서 품질관리 툴을 포함한 품질의 이론적인 토대는 미국이 갖추었으나, 이를 실제로 기업에 적용하여 괄목할 만한 성과를 거둔 나라는 일본이라고 할 수 있다.

일본은 미국으로부터 통계적 품질관리를 도입하여 품질을 향상하였으며, 이후 1970년대 두 차례 걸친 오일 쇼크로 인해 질 좋고, 가격 경쟁력 있는 제품을 무기로 전 세계 제품시장을 석권하기 시작했다. 그리고 80년대를 접어들어서는 전세계의 50대 기업 중 70 %를 일본 기업이 차지하는 등 일본의 경제는 최고의 전성기를 누릴 수 있게 되었다.

이에 일본에 위기의식을 느낀 미국이 이 시기부터 품질을 국가 차원에서 연구하고 개발하기 시작하였다. 그 결과 6시그마(DMAIC, DFSS)를 포함한 제반 품질 관련 툴들이 Upgrade되고, 새로운 개념이 개발됨으로써 품질을 실질적으로 프로세스상에서 즉, 경영으로써 구현할 수 있게 되었다.

우리나라의 경우 ISO 및 6시그마 도입시기에 두 차례에 걸쳐 품질을 혁신할 수 있는 기회가 있었다. 그러나 단 기간의 성과에 급급한 나머지, 현재 ISO는 대부분이 기업이 형식적으로 추진하고 있으며, 6시그마는 추진하고 있는 기업이 거의 없는 실정이다. 따라서 이는 기업은 물론이고 국가적인 차원에서 손해라고 아니할 수 없다.

표 1-3 품질의 발전

연도	내용
1920	• 슈하르트: 관리도 개발(1924) • 닷지 로믹: 샘플링 검사방법 개발(1928)
1940	• 미국품질관리학회(ASQC) 창설(1946)
1950	• 일본: 데밍상 제정(1951)
1960	• 한국 공업규격㉿ 표시허가제 실시(1963)
1970	• 2차례 오일 쇼크 • 한국: 품질관리 실천본부 설치, 품질관리대상 제정(1975)
1980	• 모토롤라: 6시그마 DMAIC 개발(1986) • ISO 제정(1987) • 미국 국가품질상(MBNQA) 제정(1988)
1990	• 국내 ISO 9000 도입(1993) • GE: 6시그마 도입(1995) • GE: DFSS 개발(1997) • 미국: ASQC를 ASQ로 개정(1998)
2000	• 국내에 6시그마가 본격적으로 도입됨(2000)

1.2.2 품질의 단계별 발전

품질을 발전 단계인 검사위주의 품질관리, 통계적 품질관리(SQC), 전사적 품질관리(TQC)및 품질경영(TQC) 순으로 설명하면 다음과 같다.

1) 검사위주의 품질관리

산업혁명 이전까지는 숙련공인 장인들에 의해 소량의 제품이 만들어지는 상태에서 제품의 품질이 저하되면 생계와 사회적 지위가 위협받기 때문에 장인들은 제품의 제조와 검사 모두를 책임지지 않을 수 없었다.

그러나 산업의 팽창으로 물량이 증대되어 장인의 공급량을 추월하면서 반숙련공과 미숙련공을 고용하여 제조작업을 수행할 수 밖에 없게 되었다. 이러한 공장에서 작업자들은 더 이상 자기고용적 기술공이 아니었으며, 그들의 생계는 자신들이 만든 제품 판매에 의존하지 않게 되었다. 따라서 장인정신이 크게 쇠퇴하게 되었다. 이런 상태에서 직장들은 작업을 계획하여 수행하며 작업자들의 작업을 감독하고 품질을 검사하는 감독자로서의 역할을 하게 되었다.

그러나 F. W. 테일러가 직장들로부터 계획업무를 분리함으로써 직장들은 단지 엔지니어에 의해 제시된 계획만을 실행하게 되었다. 따라서 직장들은 우선사항이 바뀌자 품질에 대한 성과를 점차로 받아드리지 않게 되었다.

이에 회사는 중앙 검사부문을 만들어 작업자들의 작업결과를 전담 검사원들이 확인하게 하였다. 이로써 검사중심의 품질관리가 시작되었는데 특히 1차 세계대전 직후 생산시스템이 복잡해지면서 더욱 가속화 되었다.

2) 통계적 품질관리

1920년대 Bell 연구소의 W. A. Shewhart에 의해 관리도, 역시 Bell 연구소의 H. F. Dodge와 H. G. Roming에 의해 샘플링 검사가 고안됨으로써 통계적 품질관리 시대가 개막이 되었다.

이후 통계적 품질관리는 미국에서 공공기관이나 방위산업체에 적용되다가 2차 대전 이후 미국 경제가 호황을 누리면서 쇠퇴하게 되었다. 이 당시 미국은 전쟁으로 파괴되지 않은 온전한 산업시설을 가지고 있는 상태에서 물건을 만들기만 하면 팔려나갔기 때문에 품질관리가 굳이 필요 없었기 때문이었다.

이후 통계적 품질관리를 실제 일반기업에 적용하여 괄목할만한 품질향상을 경험한 나라는, 통계학자이며 품질전문가인 미국인 데밍(Deming)의 지원을 받은 일본이었다.

이는 2차 대전 패망 이후 국가의 재건을 위해 효과적인 방법론을 갈망하던 일본 지도자들의 이해와, 미국에서 통계적 품질관리의 쇠퇴를 지켜보면서 전문가로서 상실감을 가지고 있었던 데밍의 인정을 받으려는 욕구가 부합됨으로써 가능하게 되었다고 할 수 있다.

일본은 통계적 품질관리를 도입한 이후 5년 내에 품질강국으로서의 입지를 다지며 제품으로 세계시장을 제패하기 시작하였다. 일본은 이에 대한 보답으로 1951년 데밍상을 만들어 그의 업적을 기리고 있다.

3) 전사적 품질관리(TQC)

TQC는 품질에 대한 책임을 제조부문에 국한시키지 않는 전사적 품질관리 개념으로, GE의 생산 및 품질관리 책임자였던 Feigenbaum에 의해 1956년에 제창되었다.

그런데 일본은 통계적 품질관리를 기반으로 특성요인도, 분임조활동, QFD*, 칸노 모델, 다꾸찌 메쏘드(강건설계)* 등 수 많은 품질관리 기법을 개발하면서 70년대 TQC

Note

- **QFD**(Quality Function Deployment) : 1972년 미쯔비시 고베(Kobe) 조선소의 아까오 요지(Akao Yoji)가 최초 고안한 것으로, 고객의 소리(VOC)를 통해 고객의 요구사항을 구체화 한 후 이를 체계적으로 도식화하여 상품기획, 제품 및 공정설계, 공정관리에 반영함으로써 고객을 만족시키기 위한 기법이다.

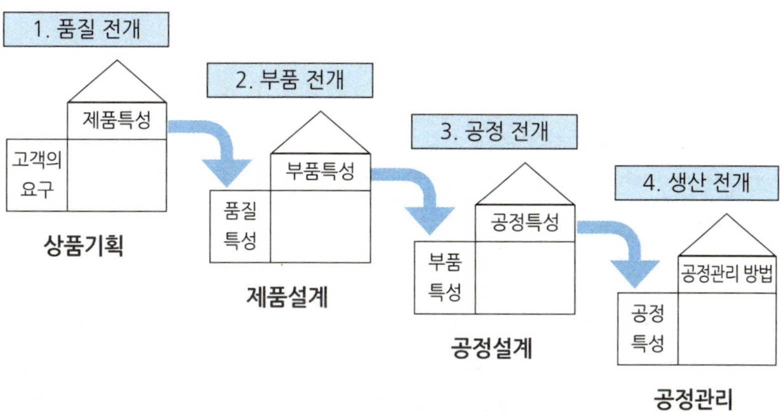

- **다꾸찌(田口) method** : 기존의 설계에서는 제품 제조 시 바람직하지 않은 영향을 미치는 잡음인자(예를 들면 공정 주변의 기온 또는 습도의 변화, 爐에서 제품의 위치 등)의 영향을 제거하는 데 초점을 두었다.
  그러나 다꾸찌는 잡음을 그대로 둔 채, 수월하게 통제할 수 있는 제어인자로 잡음에 둔감한 최적조건을 찾음으로써 즉, 강건설계(robust design)를 함으로써 제조비용을 줄이면서도 양산 시 재현성 향상을 통해 품질을 개선할 수 있게 하였다.

를 정착시켰으며 80년대 들어서는 세계품질의 절대강자로 군림하게 된다.

미국이 데밍의 진가를 인식하기 시작한 것은 이 시기로 데밍이 "일본이 할 수 있다면 왜 우리가 못 하겠는가?"("If Japan Can, Why Can't We?")라는 NBC TV 특집 프로그램에 출연한 1980년 6월 24일 이후부터라고 할 수 있는데, 이미 그가 80살이 되던 해이었다.

이후 위기의식을 느낀 미국이 일본의 품질에 대응하고자 만든 것이 TQM과 Six Sigma 이다.

표 1-4 TQM과 TQC의 차이(한밭대학교 품질경영특론 Report : 지두환, 고복수)

항목	TQM	TQC
도입 및 추진		
도입배경	위기 속에 개혁수단	위기없이 점진적 확산
도입주제	top down	bottom up
정부역할	적극적 도입추진	소극적, 자율적
보급성	빠른 확산 및 보급	점진적 보급
도입조직	정부, 서비스 산업, 비영리 조직 등	기업 특히 제조업 중심
발전과정		
발전경과	모방 및 개량	자생적 발전
발전주도	이론과 실무의 병행발전	실무 선도적 발전
연구적 접근	다양한 학문분야	좋은 학문분야(기술/통계)
연구지원	발전된 경영이론과 연구능력	빈약한 이론과 연구능력
정보교환	이업종간 활발한 정보교환	QC Conference
내용		
구성 및 범위	다양함	정형화됨
내용적 특징	철학/원칙 중심	제도/기법 중심
접근방법	과정적 접근 중시	내용적 접근 중시
이론적 명료성	명확함	애매함
기업문화 일치성	이질적	기존 기업문화와 일치
성과		
성공율	낮으나 향상됨	높음
소요기간	짧음	김

4) 품질경영

미국은 일본의 TQC를 보완한 후 그들의 개념에 맞도록 Control 대신 Management 용어를 사용함으로써 TQM을 정의 하였다. [표 1-4]에는 TQC와 TQM을 비교한 것으로 이들의 특징이 잘 정리되어 있다.

TQM은 미국 정부가 주도적으로 확산시켰으며, 이를 더욱 촉진하고자 1987년에는 미상무성에서 국가품질개선법을 제정하여, 일본의 데밍상에 해당되는 말콤볼드리지상(MBNQA : Malcolm Baldridge National Quality Award)을 만들어 1988년부터 수여하기 시작하였다.

특히 이 시기에 DFSS를 통해 기존의 강건설계와 신뢰성의 개념이 강화됨으로써 신제품 개발(NPD) 단계에서 품질과 신뢰성을 확보할 수 있게 되었다.

나아가 신제품 계획(NPP) 단계에서, 기존에 하류단계에서 사용하던 (품질 관련)툴들을 적극적으로 활용함으로써 이 단계에서 제품과 서비스의 차별화와 이익을 확보할 수 있게 되었다.

따라서 제품과 서비스의 Ideation에서 부터 폐기에 이르기까지 일련의 프로세스 흐름상에서 품질을 효과적으로 관리할 수 있게 됨에 따라 – 시스템적 사고하에 프로세스 어프로치를 통해 실질적인 품질경영이 가능하게 되었다.

이상에서 미국과 일본은 기업과 국가의 발전을 위해 국가 차원에서 품질을 추진하고 있는바, 우리나라는 아직도 하류단계인 제품의 품질에서 벗어나지 못하고 있는 상태에서, 각 기능부문이 단절된 채 Silo 경영을 함으로써 지는 게임을 하고 있다.

이에 우리나라가 선진국으로 도약하기 위해서는 지금부터라도 품질을 재정립하고 경영차원에서 품질을 추진해야 할 것이다. 품질을 통해 일련의 프로세스가 유기적으로 연계되어야 이를 토대로 4차 산업혁명이 효과적으로 추진될 수 있으며, 또한 혁신(Innovation)통해 기업이 지속적으로 성장과 발전을 도모할 수 있을 것이다.

품질의 발전과정을 근거로 하여 전통적인 품질과 현대적 품질간의 차이점을 비교하면 [표 1-5]와 같다.

표 1-5 품질의 발전과정을 근거로 한 품질 개념의 차이

전통적 품질	현대적 품질
• 제조 중심	• NPD 나아가 NPP 중심
• 품질향상/원가절감	• 혁신(Innovation) 중심
• 기술 driven	• 시장 insight
• 사용자를 위한/사용자와 함께 설계	• 사용자(고객)에 의한 설계
• 자체 idea/기술 사용	• Open Innovation -외부 전문가, 공동개발 적극 활용
• 제품 품질 - 결과 중심	• 프로세스 품질(경영품질) - 과정 및 예방 중심
• 업무(task) 관리	• 위험(risk) 관리
• 품질은 특정 부문이 만드는 것	• 품질은 팀활동으로 일련의 기능들이 유기적으로 연계되어 만들어짐

1.3 SI 단위

1.3.1 SI란!

일상 생활, 과학 분야, 상거래 등에 있어서 만일 측정 단위가 없거나 표준화되어 있지 않아 서로 다르다면 수 많은 혼란과 시행착오가 끊이지 않을 것이다. 이에 국가 내, 국가 간에 통일된 측정 단위가 필요한 바 이것이 SI 이다.

SI 란 Le Systeme International d'Unites(佛)에서 온 약어로 현재 세계 대부분의 국가에서 채택하여 국제 공동으로 사용하고 있는 국제단위계(The International System of Units) 이다.

이는 '미터계'(또는 '미터법')라고 부르고 사용하여 오던 단위계가 현대화된 것으로 1960년 제 11차 국제도량형총회(CGPM*)에서 '국제단위계'라는 명칭과 그 약칭 'SI'를 채택하기로 결정하였다.

Note • **CGPM**(Conférence Générale des Poids et Mesures): 1875년 미터조약 체결에 따라서 국제단위계(SI 단위계)를 유지하기 위해 만들어진 기구이다.

1.3.2 SI의 특징

SI의 특징을 간략하게 기술하면 다음과 같다.

- **각 속성(또는 물리량)에 대하여 한가지 단위만 사용 한다.**

  예를 들어 길이에 대하여는 미터만 사용하고 자(尺) 또는 피트(feet) 같은 단위를 사용하지 않는다. 따라서 전체적으로 볼 때 단위의 수가 대폭 감소된다.
- **모든 활동분야에 적용 된다.**

  과학이나 기술 또는 상업 등 모든 분야에 적용되며 전 세계가 같은 방법으로 사용한다. 따라서 상호 교류나 이해를 쉽게 할 수 있다.
- **일관성 있는 체계이다.**

  몇 가지 기본단위를 바탕으로 이들의 곱이나 비의 형식으로 모든 물리량을 나타내는 일관성있는 체계를 형성한다. 따라서 다른 체계와의 혼합에서 오는 인자들이 없어지게 된다.
- **배우기와 사용하기가 쉽다.**

  한마디로 SI는 그 명칭이 뜻하는대로 '국제' 단위계이다.

1.3.3 SI의 구조

국제단위계(SI)는 기본단위 유도단위 2가지 부류의 단위로 형성되어 있다

- **기본단위**: SI의 가장 기본이 되는 7개의 단위로서 독립적인 차원을 갖도록 정의되

표 1-6 SI 기본단위

양	명칭	기호
길이	미터	m
질량	킬로그램	kg
시간	초	s
전류	암페어	A
열역학적 온도	켈빈	K
물질량	몰	mol
광도	칸델라	cd

어 있다.

[표 1-6]의 SI 7개 기본단위 중 질량의 단위인 킬로그램(kg)만 인공적으로 만든 국제원기*에 의하여 정의되어 있고, 나머지 6개는 모두 물리적인 실험에 의하여 정의되어 있다. 이들 정의들은 과학기술의 발달에 따라 바뀌어 왔고 CGPM에 의해서 결정된다.

- **유도단위**: 기본단위를 물리법칙에 의해 대수적인 관계식으로 결합하여 나타낸 것으로 [표 1-7]과 같이 '기본단위'로만 표현된 경우와 [표 1-8]과 같이 '[표 1-9]의 특별한 명칭을 가진 유도단위'를 사용하여 표현된 경우가 있다.

여기서 '[표 1-9]의 특별한 명칭을 가진 유도단위'는 SI 유도단위 중에서 22개에 대해 특별한 명칭과 기호를 부여한 것이다.

표 1-7 기본단위로만 표현된 경우

양	SI 단위	
	명칭	기호
넓이	제곱 미터	m^2
부피	세제곱 미터	m^3
속력, 속도	미터/매초	m/s

표 1-8 특별한 명칭을 가진 SI 유도단위를 사용하여 표현된 경우

양	SI 단위		
	명칭	기호	기본단위나 다른 유도단위로 표시
힘의 모우먼트	뉴턴 미터	N·m	$m^2 \cdot kg \cdot s^{-2}$
표면장력	뉴턴 매미터	N/m	$kg \cdot s^{-2}$
열용량, 엔트로피	줄 매켈빈	J/K	$m^2 \cdot kg \cdot s^{-2} \cdot k^{-1}$
전기장의 세기	볼트 매미터	V/m	$m \cdot kg \cdot s^{-3} \cdot A^{-1}$
각속도	라디안 매초	rad/s	
각가속도	라디안 매초 제곱	rad/s^2	
복사도	와트 매스테라디안	W/sr	

Note • 국제原器: 1 kg을 기준하기 위해 백금 90 %와 이리듐 10 %의 합금으로 만든 원기둥이다. 이 국제원기는 프랑스 파리에 있는 국제도량형국(BIPM)에 보관되어 있다.

표 1-9 특별한 명칭을 가진 SI 유도단위

양	SI 단위		
	명칭	기호	기본이나 다른 유도단위로 표시
진동수, 주파수	헤르츠(hertz)	Hz	s^{-1}
힘	뉴턴(newton)	N	$kg \cdot m/s^2$
압력, 응력	파스칼(pascal)	Pa	N/m^2
에너지, 일, 열량	주울(joule)	J	N·m
일률, 전력	와트(watt)	W	J/s
전하량	쿨롱(coulomb)	C	A·s
전위, 압력, 기전력	볼트(volt)	V	J/C, W/A
전기용량	패럿(farad)	F	C/V
전기저항	옴(ohm)	Ω	V/A
전기전도도	지멘스(siemens)	S	Ω^{-1}, A/V
자기력선속	웨버(weber)	Wb	V·s
자기력선속 밀도	테슬라(tesla)	T	Wb/m^2
인덕턴스	헨리(henry)	H	Wb/A
섭씨온도	섭씨도(degree celsius)	℃	K
광선속	루멘(lumen)	lm	cd·sr
조명도	럭스(lux)	lx	lm/m^2
방사능	베크렐(becquerel)	Bq	s^{-1}
흡수선량, 비에너지 투여	그레이(gray)	Gy	J/kg
촉매 활성도	캐탈	kat	mol/s
선량당량, 선량당량지수	시버트(sievert)	Sv	J/kg
평면각	라디안(radian)	rad	$m \cdot m^{-1}$
입체각	스테라디안(steradian)	sr	$m^2 \cdot m^{-2}$

유도단위의 표현에는 기본단위 외의 다른 인자가 나타나지 않는다. 따라서 SI 단위가 일관성을 갖게 되고 또한 계산할 때 다른 환산인자를 필요로 하지 않는다. 과학적인 관점에서 볼 때 이와 같이 두 부류로 나누는 것은 어느 정도 임의적이나 국제관계, 교육 및 과학적 연구활동 등에 있어서 실용적이며 범세계적인 단일체계의 이점을 고려한 것이다.

1.3.4 SI 접두어

모든 SI 단위의 *십진배수* 및 *십진분수*를 나타내기 위해 [표 1-10]과 같이 접두어를 사용한다.

표 1-10 SI 접두어

10^n	접두어 명칭	기호	배수	십진수
10^{24}	요타(yotta)	Y	자	1 000 000 000 000 000 000 000 000
10^{21}	제타 (zetta)	Z	십해	1 000 000 000 000 000 000 000
10^{18}	엑사 (exa)	E	백경	1 000 000 000 000 000 000
10^{15}	페타 (peta)	P	천조	1 000 000 000 000 000
10^{12}	테라 (tera)	T	조	1 000 000 000 000
10^{9}	기가 (giga)	G	십억	1 000 000 000
10^{6}	메가 (mega)	M	백만	1 000 000
10^{3}	킬로(kilo)	k	천	1 000
10^{2}	헥토 (hecto)	h	백	100
10^{1}	데카 (deca)	da	십	10
10^{0}			일	1
10^{-1}	데시 (deci)	d	십분의 일	0.1
10^{-2}	센티 (centi)	c	백분의 일	0.01
10^{-3}	밀리 (milli)	m	천분의 일	0.001
10^{-6}	마이크로 (micro)	μ	백만분의 일	0.000 001
10^{-9}	나노 (nano)	n	십억분의 일	0.000 000 001
10^{-12}	피코 (pico)	p	일조분의 일	0.000 000 000 001
10^{-15}	펨토 (femto)	f	천조분의 일	0.000 000 000 000 001
10^{-18}	아토 (atto)	a	백경분의 일	0.000 000 000 000 000 001
10^{-21}	젭토 (zepto)	z	십해분의 일	0.000 000 000 000 000 000 001
10^{-24}	욕토 (yocto)	y	일자분의 일	0.000 000 000 000 000 000 000 001

단, kg의 경우는 이미 접두어를 사용하고 있기 때문에 [표 1-11]과 같이 g에 접두어를 사용한다. 이는 2개의 접두어를 동시에 사용할 수 없기 때문이다.

표 1-11 접두어의 사용(kg의 경우)

약수			배수		
값	기호	이름	값	기호	이름
10^{-1}g	dg	데시그램	10^{1}g	dag	데카그램
10^{-2}g	cg	센티그램	10^{2}g	hg	헥토그램
10^{-3}g	**mg**	**밀리그램**	10^{3}g	**kg**	**킬로그램**
10^{-6}g	**μg**	**마이크로그램(mcg)**	10^{6}g	Mg	메가그램(톤) [참고6][참고7]
10^{-9}g	**ng**	**나노그램**	10^{9}g	Gg	기가그램
10^{-12}g	**pg**	**피코그램**	10^{12}g	Tg	테라그램(메가톤Mt)) [참고8]
10^{-15}g	fg	펨토그램	10^{15}g	Pg	페타그램
10^{-18}g	ag	아토그램	10^{18}g	Eg	엑사그램
10^{-21}g	zg	젭토그램	10^{21}g	Zg	제타그램
10^{-24}g	yg	욕토그램	10^{24}g	Yg	요타그램

보편적으로 사용되는 접두어는 **굵은 글씨**로 표시하였음.

이렇게 형성된 단위는 원칙적으로 'SI 단위의 배수 또는 분수'라고 불러야 되지만, 통상적으로는 기본단위, 유도단위 또 이들의 배수와 분수 모두를 'SI 단위'라고 부른다.

1.3.5 SI 단위기호의 사용법

언어에 따라 단위명칭은 다를지라도, 단위기호는 국제적으로 공통이며 같은 방법으로 사용한다.

① 본문의 활자체와는 관계없이, 단위기호는 로마체(Roman, 직립체)로 쓰며, 양의 기호는 이탤릭체(Italic, 사체)로 쓴다. 단위기호는 일반적으로 소문자이나 단, 단위의 명칭이 고유명사에서 유래된 것이나 기호의 첫 글자는 대문자이다. 타자로 칠 경우, 단위기호와 혼동이 될 염려가 있으면 양의 기호에 밑 줄을 긋는다.

예) 양 : $3m$ 또는 $3\underline{\mathrm{m}}$, 이 경우 m이라는 변수의 3배라는 것을 의미한다.

단위 : kg, s, K, Pa 등

② 단위기호는 복수의 경우에도 변하지 않으며, 마침표 등 다른 기호나 문자를 첨가

해서는 안된다. 단, 문장의 끝에 오는 마침표는 예외이다.

예) kg이며 ; Kg이 아님(비록 문장의 시작이라도)

5 s이며 ; 5 sec., 5 sec, 또는 5 secs가 아님

③ 어떤 양을 수치와 단위기호로 나타낼 때 그 사이를 한 칸 띄어야 한다. 단, 평면각의 도, 분, 초의 기호와 수치 사이는 띄지 않는다.

예) 35 mm 이며; 35mm 가 아님

32 ℃ 이며; 32℃ 가 아님

2.37 lm 이며; 2.37lm(2.37 lumens)가 아님

25°, 25°23′, 25°23′27″ 등은 옳음

1.3.6 SI 단위의 곱하기와 나누기

① 두 개 이상의 단위의 곱은 가운데 점을 찍거나 한 깐을 띄어 쓴다.

예) N·m 또는 N m

<주의>기호 사이에 빈 칸 없이 Nm 도 가능하나 이때는 접두어와 혼동이 없게 해야 한다. 예를 들면 mN에서 m은 접두어로 millinewton 이며 meter newton이 아니다.

② 한 단위를 다른 단위로 나누어서 이루어진 유도단위는 다음 중의 하나로 표시할 수 있다.

예) m/s 또는 $m \cdot s^{-1}$

<주의> 사선(/) 다음에 두 개 이상의 단위가 올 때는 반드시 괄호로 표시한다

예) $N/(s^3 \cdot A)$ 이며; $N/s^3/A$ 가 아님

③ 단위기호와 단위명칭을 같은 식에 혼합하여 사용하면 안된다. 즉, 단위명칭 또는 단위기호만을 사용해야 한다.

예) 옳음 : joules per kilogram 또는 J/kg

틀림 : joules/kilogram 또는 joules/kg 또는 $joules \cdot kg^{-1}$

1.3.7 SI 접두어 사용법

① 일반적으로 접두어는 크기 정도(orders of magnitude)를 나타내는 데 적합하도

록 되어야 한다. 따라서 유효숫자가 아닌 영(0)들을 없애고, 계산할 때 10의 지수로 나타내는 대신에 접두어를 적절하게 사용할 수 있다.

예) - 12 300 mm 는 12.3 m 가 됨

- 12.3 x 100 m 는 1.23 km 가 됨

- 0.00123 mm 는 1.23 μm 가 됨

② 어떤 양을 한 단위와 수치로 나타낼 때 보통 수치가 0.1과 1000 사이에 오도록 접두어를 선택한다. 단, 다음의 경우는 예외로 한다.

- 넓이나 부피를 나타낼 때 헥토, 데카, 데시, 센티가 필요할 수 있다.
  예) 제곱헥토미터(hm^2), 세제곱센티미터(cm^3)
- 같은 종류의 양의 값을 나타내는 표에서나 주어진 문맥에서 그 값을 비교하거나 논의할 때에는 0.1에서 1000의 범위를 벗어나도 같은 단위를 사용하는 것이 좋다.
- 어떤 양을 특정한 분야에서 쓸 때 관례적으로 특정한 배수가 사용된다.
  예) 기계공학도면에서는 그 값이 0.1에서 1000 mm의 범위를 많이 벗어나도 mm가 사용된다.

③ 복합단위의 배수를 형성할 때 한 개의 접두어를 사용하여야 한다. 이때 접두어는 통상적으로 분자에 있는 단위에 붙여야 되는데 다만 한가지 예외의 경우는 kg 이 분모에 올 경우이다.

예) - V/m 이며 mV/mm 가 아님

- MJ/kg 이며 kJ/g 가 아님

④ 두 개나 그 이상의 접두어를 나란히 붙여 쓰는 복합 접두어는 사용할 수 없다.

예) - 1 nm 이며 1 mμm 가 아님

- 1 pF 이며 1 μμF 가 아님

만일 현재 사용하는 접두어의 범위를 벗어나는 값이 있으면 이때는 기본단위와 10의 지수로 표시 한다.

⑤ 접두어를 가진 단위에 붙는 지수는 그 단위의 배수나 분수 전체에 적용된다.

예) $-1\ cm^3 = (10^{-2}\ m)^3 = 10^{-6}\ m^3$

$-1\ ns^{-1} = (10^{-9}\ s)^{-1} = 10^9\ s^{-1}$

$-1\ mm^2/s = (10^{-3}\ m)^2/s = 10^{-6}\ m^2/s$

1.3.8 SI 단위명칭의 사용법

영어 명칭을 사용할 때 몇가지 유의하여야 할 점은 다음과 같다.

① 단위명칭은 보통명사와 같이 취급하여 소문자로 쓴다. 단, 문장의 시작이나 제목 등의 문법상 필요한 경우는 대문자를 쓴다.

예) 3 newtons 이며 3 Newtons 가 아님

② 일반적으로 영어 문법에 따라 복수형태가 사용되며, lux, hertz, siemens 는 불규칙 복수형태로 단수와 복수가 같다

예) henry 의 복수는 henries로 씀

③ 접두어와 단위명칭 사이는 한 칸 띄지도 않고 연자 부호 (hyphen) '–'를 쓰지 않는다.

예) kilometer 이며 kilo–meter 가 아님

'megohm', 'kilohm', 'hectare'의 세가지 경우는 접두어 끝에 있는 모음이 생략된다.

이 외에는 모든 단위명칭은 모음으로 시작되어도 두 모음을 모두 써야 하며 발음도 모두 해야 한다.

1.3.9 소급성(traceability)

소급성이라는 용어는,도량형에 대한 국제 기본용어집(international vocabulary of basic and general terms in metrology)에 다음과 같이 기술되어 있다.

'모든 불확도가 명확히 기술되고 끊어지지 않는 비교의 연결고리를 통하여, 명확한 기준(국가 또는 국제표준)에 연관시킬 수 있는 표준 값이나 측정결과의 특성을 말한다.'

* NIST 핸드북 150(미국)에는,

'측정장비의 정확도를 더 높은 정확도를 가진 다른 측정장비 그리고 궁극적으로는 1차 표준(primary standard)으로 연결시키는 문서화된 비교 고리'

로 측정장비의 소급성에 대하여 덧붙여서 설명하고 있다.

즉 소급성이란 국제적으로 정한 단위(SI)에 맞게 국가에서 측정표준을 정하고, 산업체에서 수행하는 측정값이 일치되게 함으로써, 국제적으로 인정받을 수 있도록 하는 것을 의미한다.

이를 위해서 정부에서는 한국표준과학연구원(KRISS)과 한국계량측정협회(KASTO)를 두어 국가측정표준의 개발확립과 교정업무를 수행토록 함으로써 소급성을 확보하고 있다.

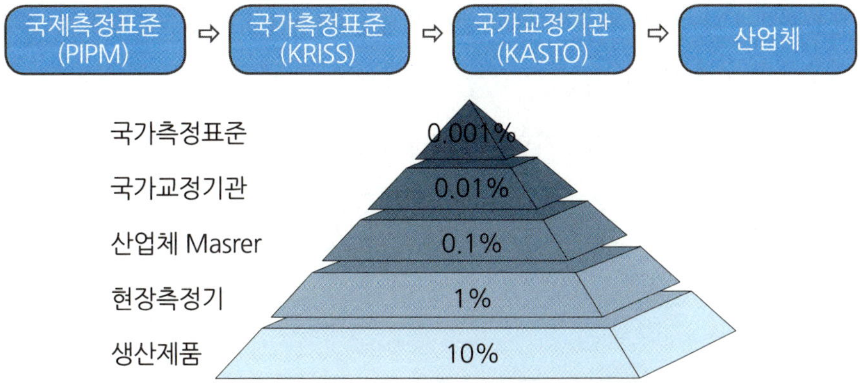

그림 1-3 소급성 유지체계 개념

1.4 유효숫자란!

유효숫자란 의미가 있는, 믿을 수 있는, 확정적인 숫자란 뜻으로 보다 정확한 의미는 다음과 같다. 오차의 범위를 정확하게 표기하기 위하여 사용하는 '측정값이나 계산 값의 의미 있는 수'를 의미한다. 또한 유효숫자의 마지막 숫자는 (반올림 등으로 인한) 불확실한 숫자를 뜻할 수 있다.

유효숫자의 표시는 [표 1-12]와 같이 유효숫자를 분리하여, 정수부분이 한자인 소수와 10의 거듭제곱으로 나타낸다.

표 1-12 유효숫자의 표현

근사치	유효숫자 자리수	표현
520 000	2자리	5.2×10^5
	3자리	5.20×10^5
	4자리	5.200×10^5

유효숫자의 의미를 이해하고 유효숫자만으로 계산을 함으로써 오차 발생의 원인을 최소화하고, 자원을 효율적으로 활용할 수 있다.

유효숫자의 자리수는 다음과 같이 변하지 않는 확정적인 자릿수에 불확정 숫자 중 1자리를 더하여 계산한다

유효자릿수 = 변하지 않는 수 + 1

확정적인 자릿수

불확정 숫자 중 1자리

1.4.1 측정단위에 따른 유효숫자

[표 1-13]에서 1단위 자로 측정할 경우 23 299.5 이상 23 300.5 미만의 값을 23 300으로 읽을 것이며 오차의 한계는 0.5가 된다. 이 경우 23 299.5 이상이면 23 300으로 읽으니 반올림한 자리는 소수점 아래 한자리가 된다. 따라서 유효숫자는 반올림 하지 않은 부분의 숫자로 정의되므로 유효숫자는 5가 된다.

10 단위 자로 측정할 경우 23 295 이상 23 305 미만일 경우 23 300으로 읽을 것이며 오차의 한계는 5가 된다. 이 경우 23 295 이상이 되면 23 300으로 읽으니 반올림한 자리는 일의 자리가 된다. 따라서 유효숫자는 반올림하지 않은 부분의 숫자가 되므로 유효숫자는 4가 된다.

100 단위 자로 측정할 경우 23 250 이상 23 350 미만일 경우 23 300으로 읽을 것이며 오차의 한계는 50이 된다. 이 경우 23 250 이상이 되면 23 300으로 읽으니 반올림한 자리는 십의 자리가 된다. 따라서 유효숫자는 반올림 하지 않은 부분의 숫자가 되므로 유효숫자는 3이 된다.

이상에서 측정값에서 측정도구의 최소 눈금 단위 자리까지의 숫자가 유효숫자 임을 알 수 있는데 결국 측정단위는 유효숫자에 영향을 미치는 것을 알 수 있다.

표 1-13 유효숫자의 표현

	측정 단위	표현
23 000	길이 1의 단위자	23 299.5 ~ 23 300.5 (유효숫자 5)
	길이 10의 단위자	23 295 ~ 23 305 (유효숫자 4)
	길이 100의 단위자	23 250 ~ 23 350 (유효숫자 3)

1.4.2 유효숫자의 계산

1) 덧셈, 뺄셈

계산을 한 후 소수점 아래 숫자가 가장 작은 수에 맞춘다. 다음의 계산결과는 2350.73이나 2345가 소수점 아래 자리가 없으므로 이 수에 맞추어 2350.73를 소수 첫째 자리에서 반올림하여 2351이 된다.

```
    1.23    (유효숫자 3자리)
    4.5     (유효숫자 2자리)
 2345       (유효숫자 4자리)
──────────────────────────
 2350.73 → 2351: 소수점 아래 자리가 가장 작은 수에 맞춤
```

유효숫자에 대해 반올림을 하는 방법은 '**1.4.3 유효숫자 반올림 규칙**'에 설명되어 있다.

2) 곱셈, 나눗셈

유효숫자가 가장 작은 수에 맞춘다. 다음의 계산에서 계산결과는 1.476이나, 1.23은 유효숫자가 3자리 1.2는 유효숫자가 2자리이므로, 유효숫자 2자리에 맞추어 1.5가 된다.

$$1.23 \times 1.2 = 1.476 \quad \rightarrow \quad 1.5$$: 유효숫자가 작은 것에 맞춤

(1.23: 유효숫자 3자리, 1.2: 유효숫자 2자리)

예제 1-1 2.3+0.46 계산에 대한 값을 구하시오.

계산 결과가 2.76이나 2.3이 소수점 아래 1자리, 0.46이 소수점 아래 2자리 이므로 2.3에 맞추어 2.8이 된다.

예제 1-2 22 ÷ 3 계산에 대한 값을 구하시오. 단, 이때 3은 확정적인 값이라고 한다.

계산결과가 7.333333 ··· 이나 22의 유효숫자가 2자리, 3은 유효숫자의 자리수가 무한대이므로 7.3이 된다.

유효숫자의 규칙을 적용하지 않는 경우

- 물건의 개수를 세는 것처럼 똑 떨어지는 정수는 무한 자리수의 유효숫자가 된다.
  예) 3개의 원자는 3 00000000000 ··· 개 원자의 의미를 가진다
- 단위 환산 시 정해진 값들은 무한 자리수의 유효숫자가 된다.
  예) 1 m → 100 cm 는 1.00000 ··· m → 100.000000 ··· cm 의미이다.
- 수학의 관계식에 나타나는 상수는 무한 자리수를 갖는 유효숫자로 취급을 한다.
  예) 원의 반지름 = 지름 ÷ 2 의 경우 2는 2.0000000 ··· 의 의미이다.

3) 평균치 및 표준편차 자릿수

평균과 표준편차를 계산할 경우 원래 데이터의 유효숫자 자리수 보다 한 개를 더 많게 한다. 또한 평균과 표준편차는 같은 유효숫자 자릿수를 가져야 한다.

예제 1-3 실험실에서 다음과 같이 데이터를 수집하였다. 평균과 표준편차를 구하시오.

2.54 3.11 3.86 4.87 2.96 3.14 4.12 2.99

평균: $\bar{x}$ = 3.449(측정치보다 1자리 많게 구한다.)

표준편차: s = 0.768(평균의 자리 수에 맞춘다.)

1.4.3 유효숫자 반올림 규칙

반올림의 대상이 되는 숫자가 5보다 작으면 버리고 앞에 있는 숫자는 그대로 남는다. 만일 5보다 크면 앞에 있는 숫자가 1증가한다. 만일 반올림의 대상이 정확히 5이고 앞의 숫자가 짝수이면 변하지 않고, 앞의 숫자가 홀수이면 1이 증가한다. 즉 5를 버리면서 앞의 숫자가 짝수가 되도록 한다.

① 유효숫자가 n자리일 경우 n+1번째 수에서 반올림한다. 소수가 n자리일 때에도 n+1번째 자리에서 반올림한다.

숫자	유효숫자/소수자리	표현	설명
1.24	2자리	1.2	3자리의 수가 4가 5보다 작음으로 버린다.
1.27	2자리	1.3	3자리의 수 7이 5보다 크므로 앞의 수 2를 1 증가시킨다.
1.2344	소수 3자리	1.234	소수 4자리의 수가 4로 5보다 작음으로 버린다.
1.2346	소수 3자리	1.235	소수 4자리인 6이 5보다 큼으로 앞의 수인 4를 1증가시킨다.

② 유효숫자가 n자리인데, n+1번째 숫자가 5이고 n번째 숫자가 0, 2, 4, 6, 8인 짝수일 경우 5를 버리고 짝수를 그대로 유지한다.

숫자	유효숫자/소수자리	표현	설명
0.105	2자리	0.10	3자리수가 5이고 2자리수가 짝수 0이므로 5를 버린다.
1.450	2자리	1.4	3자리수가 5이고 2자리 수가 짝수 4이므로 5를 버린다.
1.25	2자리	1.2	3자리수가 5이고 2자리수가 짝수 2이므로 5를 버린다.

0.0625	소수 3자리	0.062	소수점 아래 4자리수가 5이고 3자리수가 짝수 2이므로 5를 버린다.

유효숫자에서 '0'은 그 위치에 따라 처리하는 방법이 다르다. 따라서 이를 처리하는 방법이 '**1.4.4 유효숫자에서 '0' 취급**'에 설명되어 있다.

③ 유효숫자가 n자리인데, $n+1$번째 수가 5이고 n자리 숫자가 1, 3, 5, 7, 9인 홀수인 경우 1을 올려 짝수를 만든다.

숫자	유효숫자/소수자리	표현	설명
0.0955	3자리	0.096	4자리수가 5이고 3자리수가 홀수 5이므로 1을 올린다.
1.350	2자리	1.4	3자리수가 5이고 2자리수가 홀수 3이므로 1을 올린다.
1.15	2자리	1.2	3자리수가 5이고 2자리수가 홀수 1이므로 1을 올린다.
0.095	소수 2자리	0.1	소수점 아래 3자리수가 5이고 2자리수가 홀수 9이므로 1을 올린다.

④수치의 맺음법

유효숫자가 n자리일 경우 $n+1$자리 이하 수치가 버려진 또는 올려진 수인지를 알 때에는 올림한 숫자는 버리고, 내림한 숫자는 반올림 한다.

숫자	유효숫자/소수자리	표현	설명
2.35(←2.347)	2자리	2.3	3자리수5는 반올림된 값이므로 버린다.
2.45(←2.452)	2자리	2.5	3자리수 5는 반내림된 값이므로 반올림한다.
4.185(←4.1852)	소수점 2자리	4.19	소수점 아래 3자리 수 5는 반내림된 값이므로 반올림한다.

1.4.4 유효숫자에서 '0' 취급

① 숫자 앞쪽에 있는 0은 의미가 없다.

예) 0.00123 kg → 유효숫자는 3

② 숫자 중간에 있는 0은 당연히 의미가 있다.

예) 0.00901 kg → 유효숫자는 3

③ 숫자 뒤쪽에 있는 0은 경우에 따라 의미가 있을 수도 있고 없을 수도 있다.

예) 123000 m → 어디까지가 유효숫자인지 명확하게 알 수 없음(10의 거듭제곱으로 표시해야)

1.23×10^5 m → 유효숫자 3개

1.230×10^5 m → 유효숫자 4개

1.2300×10^5 m → 유효숫자 5개

④ 숫자 뒤쪽에 있지만, 소수점 아래에 있는 0은 모두 의미가 있다.

예) 1.230 g → 유효숫자 4개

1.2300 g → 유효숫자 5개

1장 연습문제

1. 새로운 품질의 정의를 기존의 품질의 정의와 비교하여 간략하게 기술하시오.

2. David Garbin의 품질의 8대 요소에 대해 간략하게 기술하시오.

3. Parasuraman 등이 개발한 SERVQUAL 모형에 대해 간략하게 기술하시오.

4. 개발 초기에 Kano model을 통해 어떻게 품질전략을 수립할 수 있는지를 간략하게 기술하시오.

5. SI란 무엇인가?

6. SI의 기본단위와 유도단위가 무엇인가를 간략하게 기술하시오.

7. 소급성(traceability)이란 무엇인가를 간략하게 기술하시오.

8. 유효숫자를 고려하여 계산을 해야 하는 이유가 무엇인가를 설명하시오.

9. 다음의 숫자를 유효숫자 자리수가 세 개가 되도록 반올림하시오.

   (a) 22.250 (b) 0.34548 (c) 0.072038

   (d) 12267 (e) 12.514718 (f) 14652.832

10. 유효숫자를 고려하여 다음을 계산 하시오.

   (a) 106.7 + 0.25 + 0.195

   (b) 35.45 - 30.5

   (c) 50.5 x 12

   (d) 103.37/20.5

   (e) 359/0.20

제2장

품질의 이해

2.1 품질의 원리

특성치를 측정하면 변동을 확인하게 되는데 이 변동이 품질문제를 발생시킨다.

변동은 우연원인에 의한 정상적인 변동과, 이상원인에 의한 비정상적인 변동으로 구분할 수 있다[그림 2-1].

우연원인은 원재료의 산포, 작업자간의 능력 차이 또는 설비간의 성능 차이 등을 말하며 이를 어쩔 수 없는 요인이라고 한다. 이상원인은 설비의 고장, 이형 자재의 투입, 작업 미스 등 공정상에 문제가 있어 발생되는 것으로 대부분 관리상의 문제로 귀결되는 경우가 많다.

관리도를 작성할 경우 [그림 2-2]와 같이 이상원인에 의한 비정상적인 변동이 5가지로 나타난다. 이와 같이 공정상에 비정상적인 변동이 있을 경우 우리는 공정에 **불안정의 문제**가 있다고 한다.

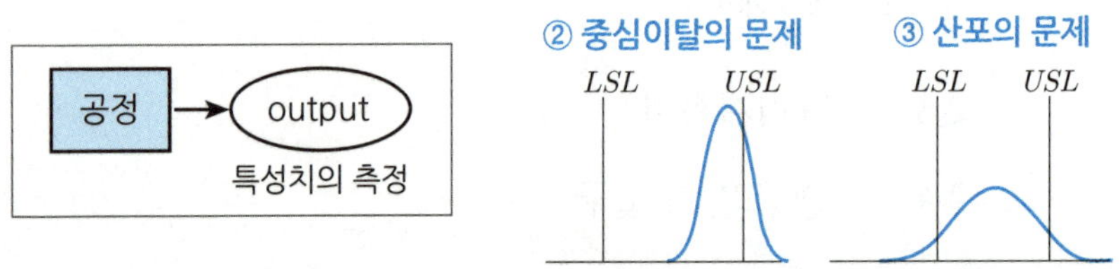

변동의 원인	변동의 종류	비고
우연원인	정상적인 변동	(통계적)관리상태
이상원인	비정상적인 변동	① 불안정의 문제

그림 2-1 품질변동에 따른 품질문제의 정의

품질을 효과적으로 개선하기 위해서는 우선 이상원인에 의한 비정상적인 변동 즉, 불안정의 문제를 제거해야 한다. 따라서 공정의 변동이 전부 우연원인에 의한 정상적인 변동으로만 구성되게 해야 하는데 이 경우 공정이 (통계적)관리상태에 있다고 한다.

그러면 공정이 관리상태일 경우 모두 양품만이 생산되는가? 그렇지 않다 왜냐하면 [그림 2-1]의 상단에서 보는 것과 같이 특성치에 규격(규격하한 : *LSL*, 규격상한 : *USL*)이 있기 때문이다.

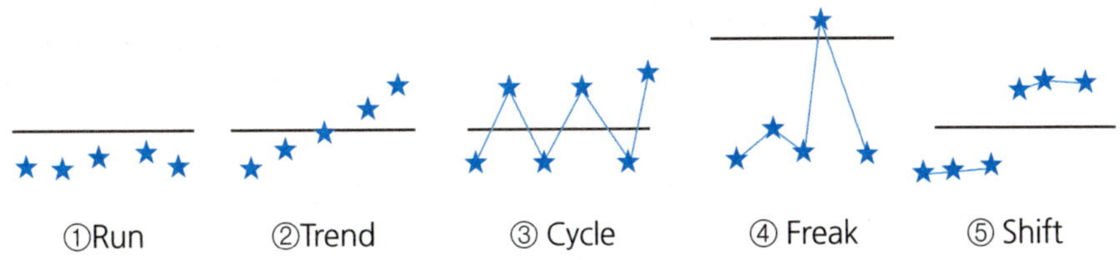

그림 2-2 불안정의 문제 5가지 종류

[그림 2-1]의 ②번과 같이 공정의 중심이 규격중심으로부터 한쪽으로 치우쳐 불량이 발생되는 경우 이를 **중심이탈의 문제**라고 한다. 그리고 ③번과 같이 산포가 규격보다 커 불량이 발생되는 경우 이를 **산포의 문제**라고 한다.

이상에서 본 바와 같이 품질 문제는 불안정, 중심이탈, 산포라는 3가지 문제로 구분할 수 있는데, 일반적으로 불안정의 문제는 관리상의 문제로 생산 또는 구매책임이라고 할 수 있으며 이는 표준준수 및 SPC(통계적 공정관리)를 통해 개선할 수 있다.

그리고 공정이 관리상태임에도 불구하고 중심이탈 또는 산포의 문제가 존재할 경우, 이는 기술상의 문제로서 R&D 책임이라고 할 수 있으며 Six Sigma를 통해 효과적으로 개선할 수 있다.

표 2-1 품질문제의 3가지 종류와 특징

구분	문제의 성격	책임의 소재	관련지표	개선 툴
불안정의 문제	관리상의 문제	생산, 구매	공정안정화율	표준준수, SPC (공정관리 및 조치)
중심이탈의 문제 산포의 문제	기술상의 문제	R&D	공정능력확보율	Six Sigma (공정개선)

SPC를 통해 공정을 해석하고, 공정능력을 분석할 경우 [그림 2-3]과 같은 4 block을 만들 수 있다. 여기서 ( )안에 숫자는 100개의 특성치를 측정할 경우 각각의 4사분면의 조건을 만족시키는 특성치의 수라고 하면 [표 2-1]에서의 '관련지표'를 다음과 같이 구할 수 있다.

$$\text{공정안정화율} = \frac{\text{공정이 안정된 특성수}}{\text{총특성수}} \times 100 = \frac{30}{100} \times 100 = 30(\%)$$

$$\text{공정능력확보율} = \frac{\text{공정능력이 있는 특성수}}{\text{총특성수}} \times 100 = \frac{50}{100} \times 100 = 50(\%)$$

[그림 2-3]에서 공정능력의 기준으로 $P_{pk} = 1.33$ 즉, 5.5σ를 사용하였으나 회사의 수준에 따라 이를 조정할 수 있다.

일반적으로 품질을 효과적으로 개선하기 위해서는 공정해석을 통하여 책임을 구분한 후, 공정을 안정화한 다음 공정을 개선하는 것이 바람직하다. [그림 2-4]는 이를 형상화한 것이다.

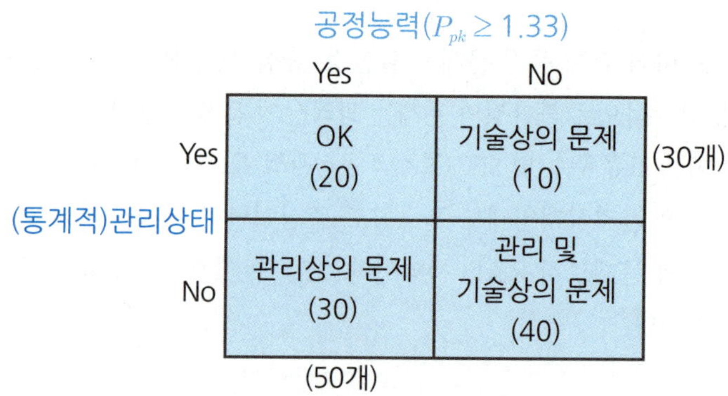

그림 2-3 4 사분면을 이용한 품질문제의 분류

첫째 : **공정해석** - SPC를 통해 공정을 해석함으로써 문제의 성격에 따라 책임의 소재를 구분한다.

대부분의 기업에서 품질 문제가 근본적으로 해결되지 않는 것은, 책임의 소재가 불분명한 상태에서 R&D, 생산 및 구매가 서로 남의 탓만 하며 책임을 미루기 때문이다. 품질은 다수의 기능이 유기적으로 연계되어 만들어지는데, 만일 책임의 소재가 불분명할 경우 누가 나서서 문제를 해결하고자 하겠는가?

둘째 : **공정안정화** - 불안정의 문제는 관리상의 문제로 SPC를 통해 이상원인에 대한 조치를 하여 공정을 안정화함으로써 해결될 수 있다.

일반적으로 불안정의 문제는 표준이 제대로 준수되지 않아 발생되므로, 공정안정화는 분임조를 중심으로 표준준수를 생활화함으로써 예방활동으로 추진하는 것이 바람직하다. 선진사의 경우에는 SPC와 생산성관리를 통합한 BMS(Block Management System)를 운영함으로써 현장 사원들이 생산현장을 자발적으로 관리하도록 하고 있다. 이에 대해서는 [그림 2-11]에 설명되어 있다.

공정이 불안정한 상태에서는 통계적인 법칙이 적용되기 어렵기 때문에 셋째 단계인 공정개선을 효과적으로 추진할 수 없다.

셋째: **공정개선** – 공정이 안정화된 이후에도 중심이탈이나 산포의 문제가 존재할 경우, 처음부터 표준이 잘못 제정됨으로써 발생되는 기술적인 문제라고 할 수 있다. 이는 Six Sigma의 DMAIC를 통해 공정의 중심을 이동하거나 산포를 줄임으로써 해결할 수 있다.

일반적으로 공정개선은 엔지니어와 관리자들이 중심이 되어 추진하는 경우가 대부분이다.

물론 가장 바람직한 것은 고객의 요구가 반영된 상태에서 기술적인 문제가 발생되지 않도록, R&D 단계에서 NPP와 NPD를 통해 '처음부터 올바른 계획과 설계'를 통하여 제대로 된 표준 즉, 품질표준*(규격)과 방법표준*을 만들어 내는 것이다. 그리고 생산 및 구매 시 방법표준을 준수함으로써 품질표준을 만족시켜야 한다.

이상에서 품질을 효과적으로 만들어 내기 위해서는 [그림 2-5]과 같이 PDCA 사이클이 운영되어야 하며, 출하 이후에 고객/시장 정보는 피드백되어 설계(표준)에 다시 반

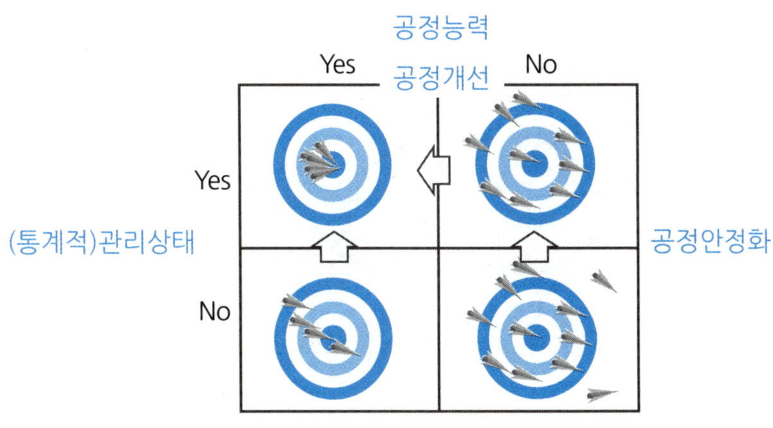

그림 2-4 품질의 개선순서

영되어야 한다.

[그림 2-5]를 구현하기 위해서는 [그림 2-6]과 같이 관련 기능부문들이 유기적으로 연계되어 작동되어야 하므로 이에 필요한 관리체계(프로세스)가 우선 구축되어야 한다.

[그림 2-6]에서 알 수 있듯이 품질은 어느 한 기능 부문에 의해 만들어지는 것이 아니라 영업/마케팅, R&D, 생산, 구매 등의 일련의 기능이 유기적으로 연계되어 다음의 과정을 통해 만들어지는 것이다.

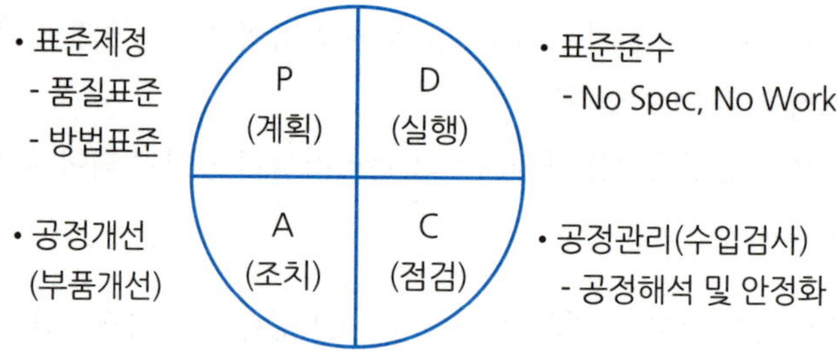

그림 2-5 PDCA 사이클

R&D는 '처음부터 올바로 설계'를 해야 한다. 이를 위해서는 신제품 계획(NPP) 단계에서 차별화된, 경쟁력 있는 컨셉을 설정하고 이를 제품이나 서비스로 구현하기 위해

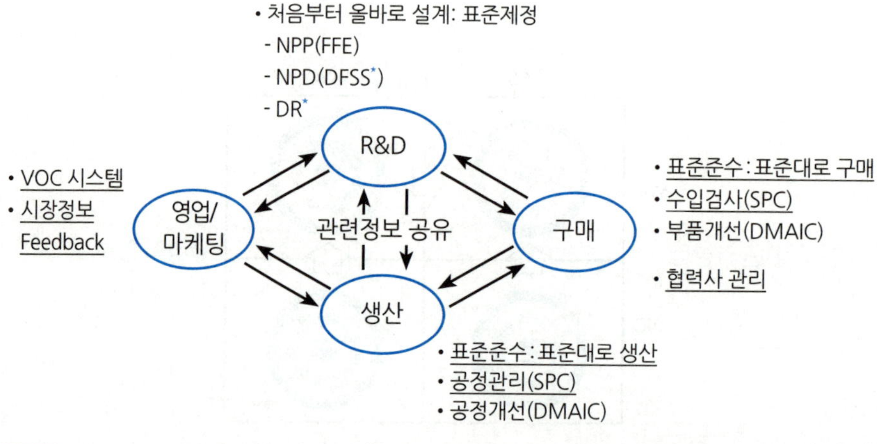

그림 2-6 기능 간 유기적인 연계관계 구축(품질경영체계 구축)

DFSS를 추진해야 한다. 그리고 각 단계마다 추진 내용을 검토하기 위해 DR을 실시한다.

생산은 설계대로 즉 표준대로 작업을 한 후, SPC를 통해 공정을 해석하여 만일 공정에 불안정의 문제가 있을 경우에는, 이를 제거하여 공정을 안정화함으로써 공정을 관리상태로 유지해야 한다. 이후 공정이 관리상태임에도 불구하고 중심이탈이나 산포의 문제가 있을 경우 이를 R&D에 통보한 후 공정개선을 실시해야 한다.

구매의 경우도 마찬가지다. 설계한 대로 구매한 후 수입검사를 통해 불안정의 문제가 있을 경우에는 수입검사를 강화하여 원자재의 품질을 안정화한다.

만일 원자재의 품질이 안정화 되었음에도 불구하고 중심이탈이나 산포의 문제가 있을 경우에는 협력사에 통보를 한 후 부품에 대한 개선을 유도해야 한다.

영업이나 마케팅에서는 R&D에서 '처음부터 올바른 설계'를 할 수 있도록 고객의 요구를 파악하여 전달해야 한다. 또한 고객에게 제품이나 서비스가 전달된 이후 시장품질, 고객 만족도 및 고객클레임 처리 등의 정보를 파악하여 관련 부서와 공유해야 한다. 그리고 원자재의 Q, C, D를 지속적으로 확보하기 위해서는 상기의 내용을 실행함으로써 얻은 know how를 협력사에 제공하여 협력사를 육성해야 한다.

초기에는 수입검사 및 Bonus & Penalty제도를 통해 협력사의 Q, C, D를 통제할 수 있다. 그러나 중요 원자재를 생산하거나 또는 품질 수준이 낮은 협력사에 대해서는 SPC

Note

- **DFSS**(Design for Six Sigma) : NPP 단계에서 설정된 컨셉을 제품이나 서비스로 효과적으로 구현하기 위한 툴로 컨셉에 의거하여 사양을 설정한 후 하위시스템의 산로를 변경하여 강건설계를 한다. 그리고 가속 스트레스 시험(HALT)을 통해 강건설계가 제대로 되었는지를 확인하고 조치한다.
  그러나 아직도 많은 국내 기업들은 DFSS의 핵심개념을 활용하지 못한 채 다꾸찌 방법과 전통적인 신뢰성 방법에 의존하여 설계를 하고 있다.
- **DR**(Design Review) : DR에서는 개발과정의 각 단계 – 상품계획(DR1) : NPP, 제품 및 공정설계(DR2) : NPD, Pilot Test(DR3) 및 Pre Production(DR4) – 마다 관련 기능의 역할(role)과 책임(responsibility), 추진해야 하는 업무, 결과물 그리고 평가기준 및 방법 등이 명시되어 있다.
  따라서 각 단계를 수행한 후 그 결과를 객관적으로 평가하여 Go/No 판정을 함으로써, 개발의 전과정을 효과적으로 통제할 수 있는데 이를 gate review라고 한다.
- **품질표준, 방법표준** : 설계를 통해 설정된 규격을 품질표준이라고 한다. 그리고 규격을 달성하기 위해 작성된 표준, 예를 들면 작업 및 검사표준, 설비운영 및 보전표준 등을 방법표준이라고 한다.

와 공정개선을 추진하도록 유도해야 한다.

그리고 핵심 부품을 생산하는 협력사에 대해서는 DR과 DFSS를 전수하여 R&D 과정에 같이 참여하도록 해야 한다.

이상에서 품질을 통해 경영성과를 극대화 하기 위해서는 품질의 큰 그림을 이해하고 각 기능부문이 유기적으로 연계되어 작동해야 한다.

우리나라 기업들이 이미 오래 전에 품질관련 툴들을 도입했음에도 불구하고 괄목할 만한 성과를 내지 못하고 매출액 대비 이익률이 낮은 것은, 품질을 단편적으로 이해하고 부분개선에만 치중하기 때문이다. 즉, 각 기능부문이 나뉘어져 부문 내의 활동에만 치중하는 Silo 경영을 하기 때문이다.

따라서 지금부터라도 품질을 Idea 발생에서부터 제품의 폐기에 이르기까지 제품의 전생애에 걸쳐 일련의 프로세스의 흐름으로 인식하고, 시스템적 사고하에 프로세스 어프로치를 해야한다. 그리고 이 과정에서 실질적으로 경쟁력과 이익이 결정되는 NPP 단계에 초점을 맞추어야 할 것이다.

본서에서 소개되는 툴들이나 개념은 품질을 중심으로 하여 각 기능 부문에 관리체계(프로세서)를 셋업하거나 강화하는 데 도움이 될 것이다.

2.2 SPC 개요

SPC를 통해 통계적으로 공정을 관리함으로써 설계한 대로 제품을 효율적으로 생산하거나, 원자재를 구매할 수 있다. 그리고 각 기능 부문들이 SPC를 활용하고 그 정보를 공유함으로써 [그림 2-6]에서와 같이 일련의 기능들을 유기적으로 연계할 수 있다. 따라서 SPC는 품질관리의 기본이며, 품질경영에 있어서 핵심적인 역할을 한다고 할 수 있다.

그러나 아직도 많은 기업들이 SPC를 형식적으로 추진하고 있으며 SPC를 올바로 활용하고 있는 기업은 극히 적다.

우리나라 기업들이 SPC를 추진하면서 일반적으로 범하고 있는 오류들이 [표 2-2]에 요약되어 있다.

표 2-2 우리나라 기업의 SPC 추진상의 문제점

중요요인			분석결과
1	게이지	• 게이지 신뢰성	• 게이지 검교정은 하고 있으나 게이지 R&R에 대한 개념이 없음
2	SPC 시스템	• 관리선 사용의 오류	• 관리선이 아니라 규격을 관리선으로 사용
		• 관리도 사용의 오류	• 모든 계량치 특성에 X 관리도를 사용
		• 해석용/관리용 관리도의 개념 부재	• 해석용 관리도로 관리를 하고 있음
		• 공정해석 부재	• 관리적 문제와 기술적인 문제의 구분이 안됨 - 책임의 모호 및 개선한계
		• 요인계 X 관리 부재	• 요인을 관리해야 한다는 개념이 없음
3	작업자	• DATA의 신뢰성이 없음	• 불량 데이터를 분석에 포함시키지 않고 현장사원들이 버림
		• SPC 교육 미흡	• 최근 SPC 교육이 없었으며 교재도 없음
4	작업표준	• 차별화 관리(중점관리)	• 모든 특성을 동일한 주기 및 툴로 관리함
		• 4M의 변경관리	• 변경된 표준이 제때에 등록되어 공유되지 않음
		• SPC 매뉴얼 (표준절차)	• SPC를 위한 표준절차나 방법 즉 매뉴얼이 없음
5	개선활동	• 공정조치 미흡	• 현장사원을 중심으로 한 공정안정화 활동이 미흡함
		• 공정개선 미흡	• 엔지니어 및 관리자를 중심으로 한 공정개선 활동이 미흡함

SPC를 올바로 구현하기 위해서는 [그림 2-7]에서와 같이 우선 고객만족과 관련된 중요 output과 중요 요인을 관리할 수 있도록 SPC를 구축해야 한다.

그리고 이후 공정관리와 공정개선을 통해 지속적으로 업데이트해야 한다. 일반적으로 공정관리는 설계된 대로 제품을 생산하기 위한 절차이다. 그리고 공정개선은 설계상의 문제점을 보완하거나 또는 설계를 더욱 바람직한 상태로 개선하는 절차라고 할 수 있다.

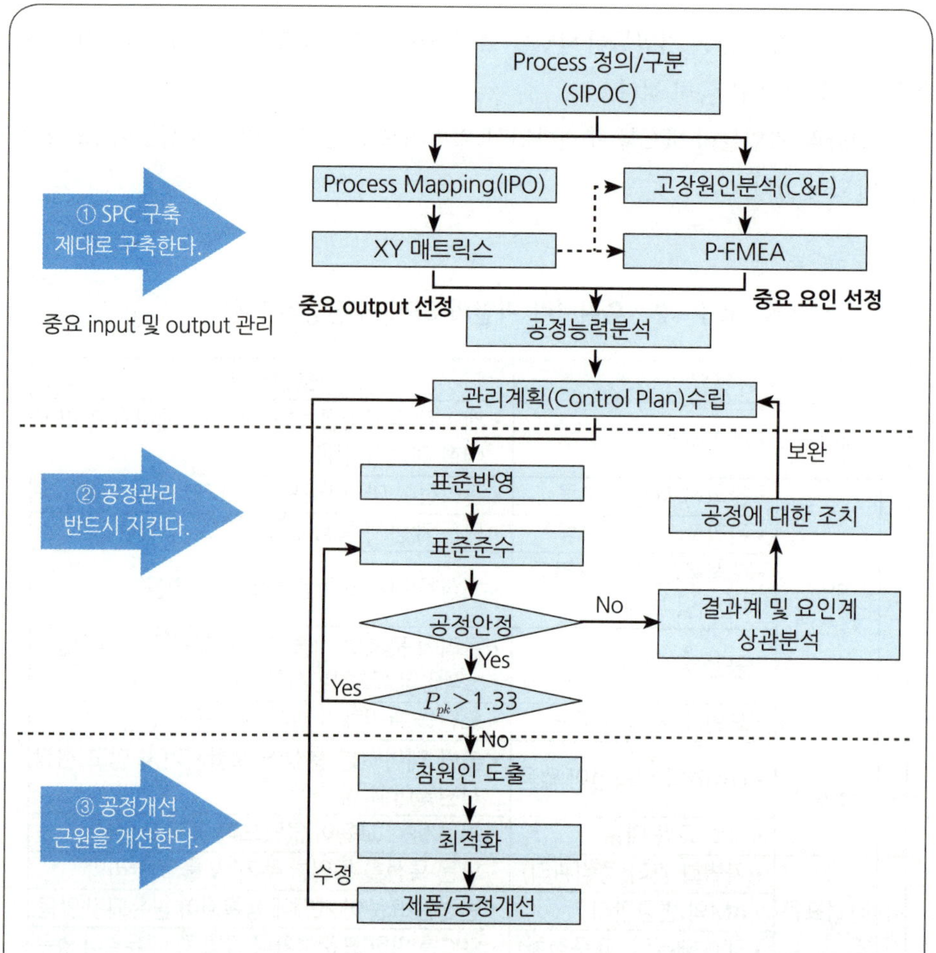

그림 2-7 SPC 추진 사이클

2.2.1 SPC 구축

고객을 만족시키는 제품을 생산하기 위해서는 우선 고객의 요구와 관련된 중요 output(*Y*) 특성들이 파악되어야 한다. 이들은 [그림 2-7]의 ①SPC 구축에서 XY 매트릭스를 통해 파악될 수 있다

과거에는 SPC를 통해 output 특성만을 관리하였으나 이는 결과 위주의 사후관리이다. 따라서 품질을 원류적으로 확보하기 위해서는 output에 영향을 주는 요인(*X*)들에 대한 관리를 함으로써 예방관리로 전환해야 한다.

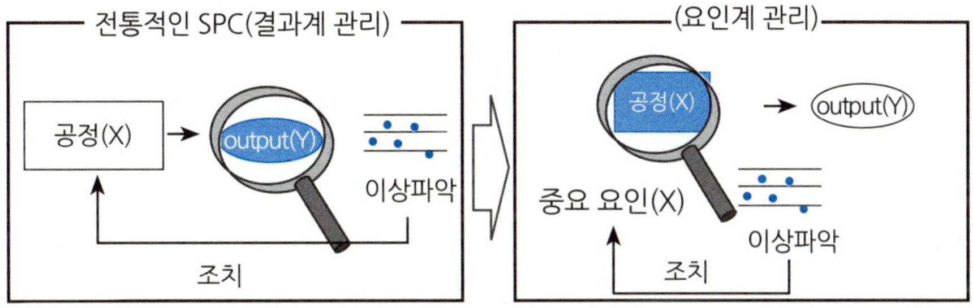

그림 2-8 **결과계 관리에서 요인계 관리로의 전환**

요인계 관리를 효과적으로 하기 위해서는 중요 요인을 파악하여 중점적으로 관리해야 한다.

중요 요인은 [그림 2-7] ①SPC 구축에서, XY 매트릭스 및 고장원인분석(C&E)을 통해 파악된 요인을 대상으로 FMEA분석을 실시함으로써 선정될 수 있다.

여기서 XY매트릭스는 고객의 요구와 관련이 있고, 고장원인분석(C&E)은 불량 및 고장과 각각 관련이 있다. 따라서 이들로부터 선정된 output과 중요 요인들을 관리함으로써 각각 고객만족을 달성하고 불량 및 고장을 예방할 수 있다. .

이상에서 파악된 output과 중요 요인들은 [그림 2-7] ①SPC 구축에서 공정능력분석을 통해 평가되어 진후 관리계획서에 반영됨으로써 관리되도록 해야 한다.

관리계획서는 중요 특성을 체계적으로 관리하고, 이상이 발생되었을 때 효과적으로 조치하여 공정의 일관성을 보증함으로써 고객의 요구를 충족시키기 위한 툴이다.

관리계획서는 공정이 변경될 때마다 업데이트되고 교육 및 훈련용으로 사용되어야

한다. 관리계획서의 자세한 내용은 '**2.3 관리계획서**'에 설명되어 있다.

2.2.2 공정관리

[그림 2-7]의 ②공정관리에서과 같이 관리계획서의 내용대로 표준을 준수한 후, 공정해석을 통해 공정이 안정상태인지 여부를 파악한다.

만일 공정이 불안정할 경우에는 우선 이에 대한 원인을 파악하여 조치함으로써 공정을 안정화시켜야 한다. 그런데 공정이 안정화되었음에도 불구하고 특성치의 품질수준이 목표치를 달성하지 못할 경우에는 공정개선의 대상이 된다.

이들 내용들은 관련 부문에 feedback되어 공유됨으로써 필요한 조치가 적시에 취해질 수 있어야 한다.

SPC를 통해 공정관리가 효과적으로 추진되기 위해서는 다음의 핵심요소들이 수행되어야 한다.

- 공정해석
- 공정안정화
- 관련 부문으로의 feedback
- 중점관리(차별화 관리)

1) 공정해석

관리도 및 공정능력조사를 통해 공정을 해석할 경우 공정이 안정된 상태인지, 공정능력이 충분한지 여부를 파악할 수 있다. 따라서 이들 정보를 토대로 공정안정화에 대한 조치를 해야 하는지 또는 공정개선을 추진해야 하는지를 결정할 수 있다.

그런데 만일 공정해석을 하지 않을 경우 어떤 문제가 발생할 것인가?

품질 문제에 대한 책임이 모호해져 각 기능 부문이 서로에게 책임을 전가하는 상태에서 생산이 품질 문제에 대한 모든 책임을 지고 이에 대한 개선을 할 수밖에 없을 것이다. 또한 이 경우 문제의 성격이 명확하지 않은 상태에서 적절한 툴을 사용할 수 없기 때문에 개선에 한계가 있을 수밖에 없다.

이는 마치 진찰을 통해 환자의 증세로부터 원인을 파악하여 처방을 해야 함에도 불구하고, 의사가 진찰을 하지 않고 처방을 함으로써 중병이 났는데도 단순히 약만을 처방하거나, 배탈이 났는데도 배를 절개하는 수술을 하는 등의 오류를 범하는 것과 같다.

그런데 진찰 즉, 공정해석을 하지 않기 때문에 실제로 이와 같은 상황이 생산현장에서도 비일비재하게 발생되고 있다. 그러므로 공정을 해석하는 것은 SPC에서 가장 기본이자 중요한 요소라 아니할 수 없다.

2) 공정안정화

공정이 불안정하다는 것은 공정에 이상원인이 발생되어 정상상태 즉 표준상태에서 벗어났다는 것을 의미한다. 이는 긴급한 일이므로 생산이 중심이 되어 조치를 취함으로써 공정을 안정화 즉, 표준상태로 복귀시켜야 한다.

공정이 불안정할 경우 관리자들이 fire fighting에 급급한 나머지 개선 활동 등의 본연의 업무에 충실하기가 곤란하며, 데이터가 어디로 튈지 모르기 때문에 중심이탈이나 산포의 문제를 분리해내는 데 한계가 있어 공정개선을 효과적으로 추진하기가 어렵다.

공정의 안정을 해치는 불안정의 문제는 대부분 관리상의 문제이므로, 근본적인 원인을 찾아 해결책을 강구하여 관리계획서에 반영함으로써 동일한 문제가 재발되지 않도록 해야 한다.

공정을 효과적으로 안정화하기 위해서는 다음의 그림에서와 같이 input인 납품품질 안정화, 공정조건의 안정화 순으로 추진하는 것이 바람직하다.

이를 위해서는 앞 절에서 설명된 '요인계 관리'가 구축되어야 하는데, 특히 요인계 중 Input의 안정화를 위해서는 수입검사체계 확립이 선행되어야 한다

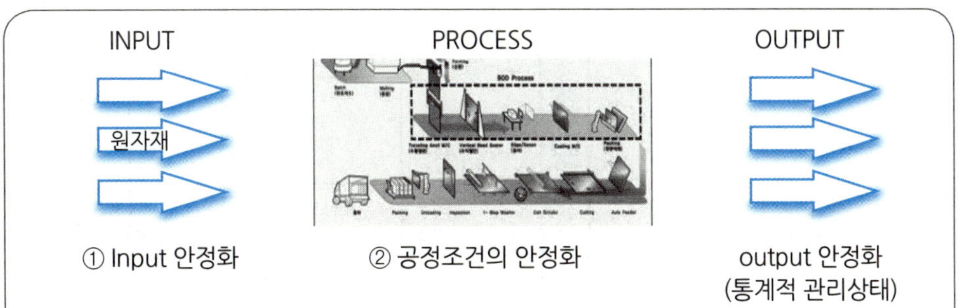

그림 2-9 SPC를 통한 공정의 안정화

3) 관련 부문으로의 Feedback

생산 및 구매는 표준대로 생산 또는 구매를 한 후 품질에 대한 정보를 R&D, 영업 및 마케팅에 feed back 해야 한다.

R&D의 경우 이들 내용을 설계에 반영함으로써 유사한 문제가 재발되지 않도록 하여야 하고, 영업 및 마케팅의 경우 이들 내용을 활용하여 경쟁사와 차별화되는 마케팅을 할 수 있다. 또한 출하 이후 영업 및 마케팅은 시장품질, 고객만족도, 고객클레임 등의 정보를 관련 부문에 feed back함으로써 품질향상에 대한 동기부여를 하는 한편, 이들 정보들을 활용하여 [그림 1-2]의 Kano model을 적용함으로써 품질전략을 효과적으로 수립할 수 있어야 한다.

이와 같이 관련 부문간 품질에 대한 의사소통을 SPC를 통해 수월하게 할 수 있다. 따라서 SPC는 생산현장에서만 활용될 수 있는 것이 아니라 품질경쟁력을 강화하기 위해 제반 관련 부서에서 이해되고 활용될 수 있어야 한다.

4) 중점관리(차별화 관리)

SPC의 관리대상이 다수인 경우 업무가 과중하게 됨으로써 오히려 관리가 되지 않는 경우가 발생될 수도 있다. 이때 중요도 및 품질수준에 따라 관리의 주기 및 사용하는 툴을 차별화함으로써 한정된 노력과 비용으로 관리의 효과를 극대화할 수 있다.

관리도 및 공정능력조사를 통해 공정을 해석하고 품질수준을 파악함으로써 [그림

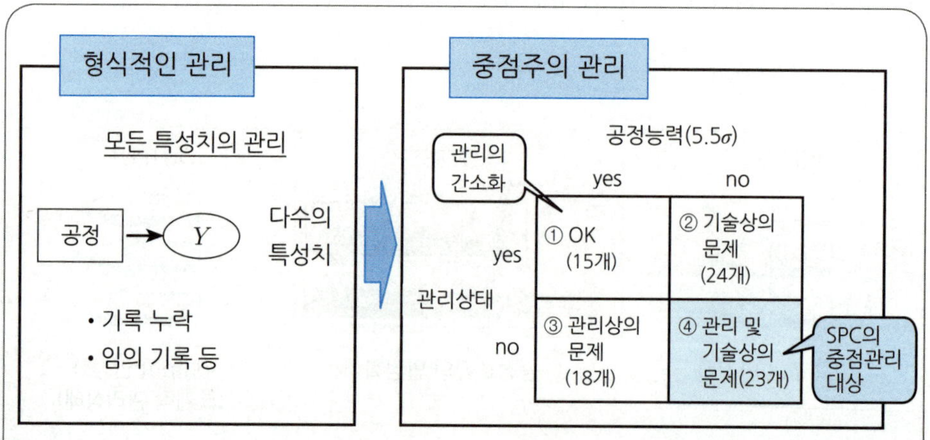

그림 2-10 중점관리

2-10]의 우측에서와 같이 각각의 특성치를 사분면에 위치시킬 수 있다.

①사분면에 속하는 특성치들에 대해서는 관리도를 작성하는 대신 공정능력조사를 하거나, 샘플링의 크기나 빈도를 조정함으로써 관리를 간소화할 필요가 있다. 그리고 기술적인 문제와 관리적인 문제가 공존하는 ④사분면에 속하는 특성치들에 대해서는 SPC를 통해 중점관리를 해야 한다.

물론 데이터 수집 시의 오류를 피하고, 관리에 소요되는 노력을 절감하기 위해서는 데이터의 수집이나 분석을 자동화 및 전산화할 필요가 있다.

그러나 처음부터 대규모의 자동화 및 전산화보다는, SPC를 충분히 이해한 상태에서 소규모의 적용을 통해 효과성 및 필요성에 대한 공감대를 충분히 형성한 후에, 단계적으로 확산하는 것이 바람직하다.

선진사의 경우 [그림 2-11]에서와 같이 생산 현장을 몇 개의 block 단위로 나누어, 조 반장을 중심으로 생산현장사원들에게 SPC와 생산성관리를 위임하는 BMS(Block Management System)를 추진하고 있다.

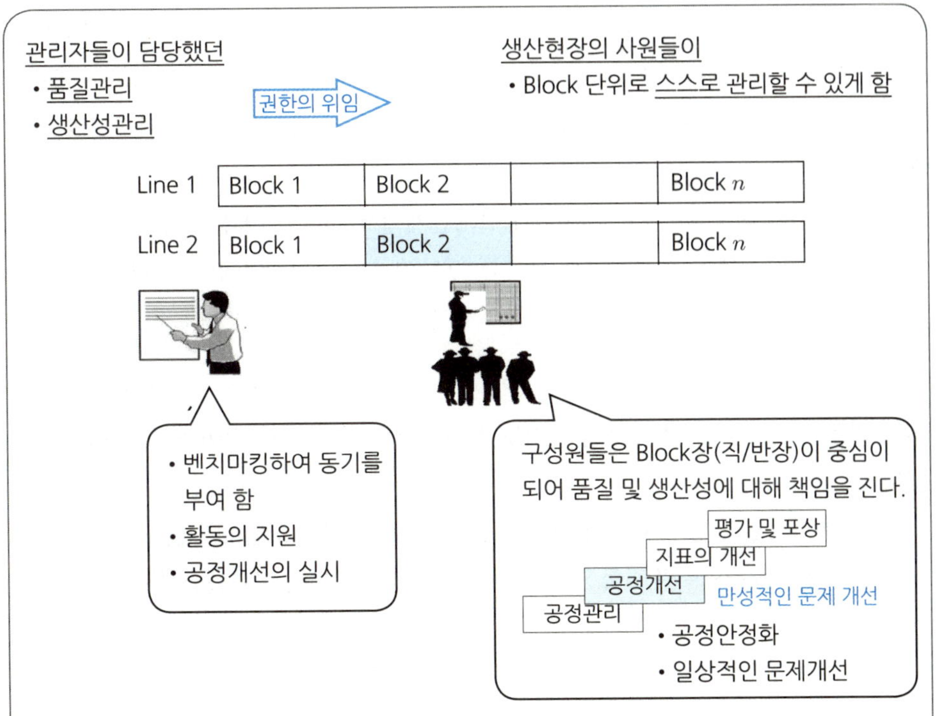

그림 2-11 BMS 구축을 통한 현장관리의 위임

따라서 관리의 대상이던 생산현장사람들이 관리의 주체가 됨으로서, 주인의식이 생기고 이에 따라 품질과 생산성이 향상되는 등의 효과를 거둘 수 있다.

이 경우 관리자는 이들의 역할을 지원하며 또한 block 단위로 벤치마킹을 통해 개선에 대한 동기를 부여한다. 그 결과 관리자는 관리하는 시간에서 벗어나 시간적 여유를 가지고 개선에 주력할 수 있게 되어 보다 높은 수준의 품질과 생산성 향상을 도모할 수 있다.

2.2.3 공정개선

[그림 2-7]에서 만일 공정이 안정화되었음에도 불구하고 특성치의 공정능력이 충분하지 못할 경우, 처음부터 설계상에 문제가 있는 것이라고 할 수 있으며 이는 공정개선의 대상이 된다.

이 경우 생산이 단독으로 개선을 추진하기 보다는 R&D를 포함한 관련부서가 팀을 구성하여 추진하는 것이 바람직하다.

Six Sigma를 통해 제품이나 공정조건을 재설정하여 중심이탈이나 산포의 문제를 해결함으로써 공정능력을 효과적으로 향상시킬 수 있다. 이때 변경된 특성치의 값들은 '변경관리'를 통해 관리계획서를 포함한 제반 표준에 반영됨으로써 유지관리될 수 있어야 한다.

그러나 가장 바람직한 것은 R&D가 설계단계에서 DFSS를 활용하여 공정개선이 필요 없게 처음부터 올바로 설계하는 것이다. 생산이나 구매는 품질수준을 평가하여 지속적으로 R&D에 Feedback함으로써 이를 독려할 필요가 있다.

품질경쟁력을 확보하기 위해서는 SPC가 선행되어야 하나, SPC를 제대로 추진하고 있는 기업이 극소수인 것을 보면 아직도 우리나라의 품질이 갈 길이 멀다고 아니할 수 없다.

우리나라 기업의 경우 Six Sigma를 추진하면서도 SPC를 도입하지 않거나 또는 연계하여 추진하지 않음으로써 결국 Six Sigma가 조기에 도태되는 결과를 초래하게 되었다.

2.3 관리계획서

관리계획서는 설계에서 작성된 표준 즉, 품질표준과 방법표준을 생산에 효과적으로 전달하기 위한 도구이다. 관리계획서는 설계단계에서 작성되어야 하며 생산에 이관된 이후에도 공정에 변화가 생긴 경우에 지속적으로 업데이트 되어야 한다.

[표 2-3]에는 일반적으로 많이 사용되는 관리계획서를 예시하였다. 관리계획서를 올바로 작성하기 위해서는 [그림 2-12]에서와 같은 다음의 절차를 따른다.

- 프로세스 매핑을 통해 공정의 모든 input과 output 특성을 나열한다.
- XY 매트릭스를 통해 output 및 input 요인에 우선순위를 부여한다.

표 2-3 관리계획서

Product: Core Team: Key Contact: Phone:										Date (Orig):		
										Date (Rev):		
Process	Process Step	Input	Output	규격 (*LSL*, *USL*, 목표치)	C_{pk} / 날짜 (표본의 크기)	측정 시스템	% 기여도 or % 공차	현재 관리 방법	샘플크기	샘플빈도	이상처리	

• FMEA를 통해서 중요 input 요인을 결정한다.
• 공정능력분석을 통해 output 특성치의 품질수준을 파악한다.
• output 특성치의 품질수준 및 input 요인의 중요도를 고려하여 관리계획서를 작성한다.

1) 관리계획서의 작성방법

① Process : 공정명을 기술한다.
② Process Step : 공정의 스텝명을 순서대로 기술한다.
③ Input : 공정의 중요 요인을 기술한다.

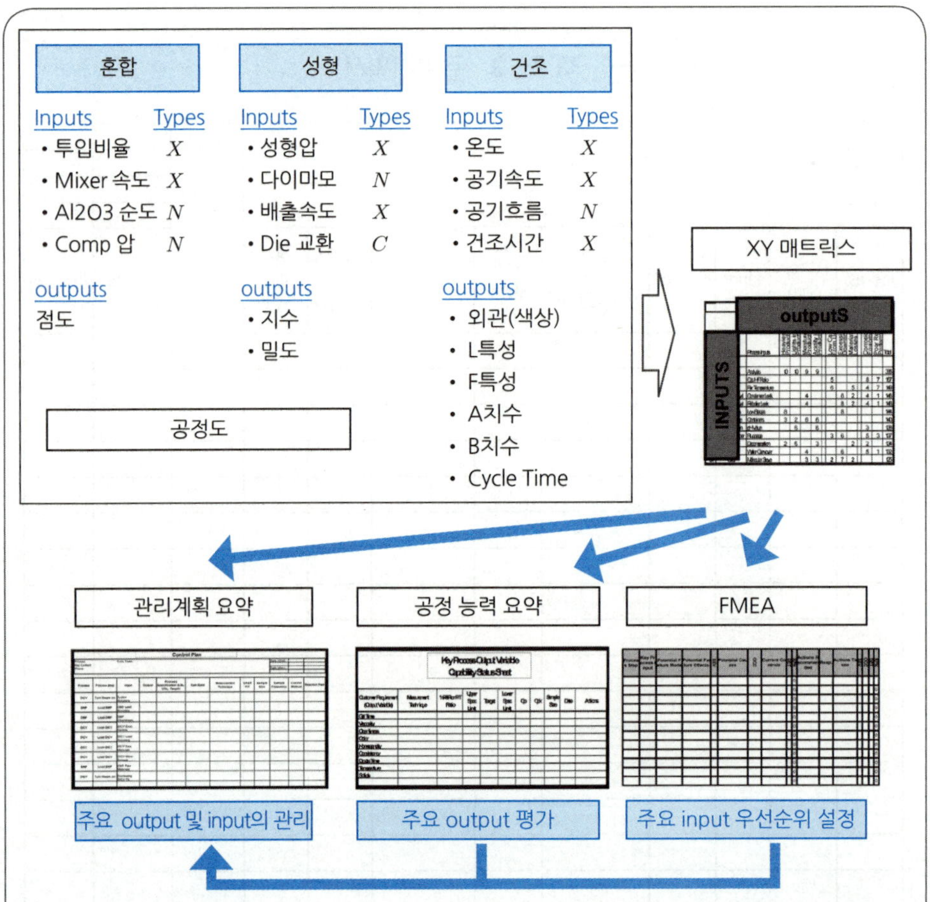

그림 2-12 관리계획서 작성절차

④ Output: 공정의 output 특성을 기술한다.

① Process	② Process Step	③ Input	④ Output

⑤ 규격: input 요인, output 특성치에 대한 규격 즉 규격 상한, 하한 및 목표값을 기술한다.

이들은 실험계획을 통한 최적화와 허용차 설계를 통해 결정되어야 한다. 이때 잡음으로부터의 영향을 줄이기 위해 강건설계를 해야 한다. 이와 더불어 비제어 잡음 변수를 보상하기 위해 수용할 만한 조건을 결정한다.

-계량치 변수 : 허용차를 포함한 최적 조건을 결정한다.

-계수치 변수 : 최적의 셋팅, 절차, 원자재 등을 결정한다.

⑥ 품질수준의 명시: 품질특성의 수준이 명시되고 품질수준에 따라 이후 관리방법이 고려되어야 한다.

-계량치의 경우 : C_p, C_{pk}, P_p, P_{pk} 값이 명시되어 공정의 상태를 파악할 수 있어야 한다.

-계수치의 경우 : PPM 또는 시그마로 품질수준을 나타낸다.

만일 품질수준이 낮을 경우에는 관리도를 통해 관리를 해야 하며, 품질수준이 높을 경우에는 관리도 대신에 공정능력분석을 실시하며 샘플의 측정 주기도 길게 한다.

Output	⑤ 규격 (LSL, USL, 목표치)	⑥ C_{pk}/날짜 (표본의 크기)	측정 시스템

⑦ 측정시스템(measurement system)

측정시스템명을 기술하고 % 기여도, % 공차 값을 명시한다. 불량이 발생되기 전에 사용자가 공정을 조정할 수 있을 정도로 측정기의 성능이 확보된 상태에서 언제, 어디서, 누가, 어떻게 측정을 할 것인가? 가 결정되어야 한다. 계측기 성능의 상태를 주요 관련자가 파악할 수 있도록 dashboard를 준비할 필요가 있다.

Cpk/날짜 (표본의 크기)	⑦ 측정 시스템	⑦ % 기여도 % 공차	현재 관리방법

⑧ 현재 관리방법 (current cotrol method)

현재 관리방법에는 검사 및 테스트 방법, 표준 작업 절차(SOP) 체크 리스트, 실수 방지 및 시스템과 장비 등이 명시되어야 한다.

또한 관리도의 샘플링 계획, 공정 불안정의 상태 확인과 대처 방법, 이상 원인의 재발 방지책 등과 같은 통계적 공정 관리에 대한 내용도 명시되어야 한다.

% 기여도 % 공차	⑧ 현재 관리방법	⑧ 샘플크기	⑧ 샘플빈도

잡음(비제어 인풋)변수의 변화에 대해서는 통제할 수 있는 요인을 변화시킴으로써 보완을 하거나, 공장 가동 중단(shutdown) 조건을 정의하거나 또는 검사 분류 재작업 등의 절차를 확립한다

예를 들어 대기에 미세먼지 오염도가 지나치게 높을 경우 에어 샤워기를 추가 가동하거나 조업을 중단하는 경우가 여기에 해당된다.

관리방법은 교육계획과 프로세스 감사 시스템이 포함된다. 만일 관리방법이 복잡할 경우 문서번호나 위치 번호에 의해 참조될 수 있도록 한다.

⑨ 이상처리 계획과 절차(reaction Plan)

이상처리 계획과 절차 및 책임자는 SOP에 명시되어야 한다. 이상처리는 프로세스에서 가장 가깝게 위치하며 프로세스를 가장 잘 알고 있는 사람이 수행하고 이에 대한 책임을 져야 한다.

모든 경우, 의심이 되는 상황이 있거나 부적합한 제품이 생산될 경우 명확하게 확인하고 계량화할 수 있어야 한다.

현재 관리방법	샘플크기	샘플빈도	⑨ 이상처리

2) 관리계획 전략과 관리 행동의 유형

관리 계획서를 작성하는 전략적인 의도는 다음과 같다:

- 공정의 변동을 최소화하고 목표에 일치하도록 공정을 가동한다.
- 조작을 최소화함으로써 과다 조정을 배제한다.
- 개선을 실행하고 이것이 제도화 되도록 유도한다.
- 모든 절차에 대한 적절한 교육을 제공한다.
- 일정 주기별로 관리계획을 정비한다.

관리 행동의 유형으로는 다음의 3가지가 있다. 일반적으로 많은 회사들은 단지 보상 행동만을 하고 있으나 성공적인 회사들은 예방행동에 초점을 맞추고 있다.

① 보상(compensate) : 문제를 유발한 근본 원인을 파악하거나 개선하지 않고 변수를 관리상태로 되돌리기 위해 프로세스를 조정한다.

② 개선(correct) : 변동의 원인을 파악하고 임시적으로 개선한다. 문제가 다음 시프트에 다시 발생할 수도 있다.

③ 예방(prevent) : 변동의 근본 원인을 파악하고 영구적으로 개선한다. 다시는 문제가 발생하지 않거나 적어도 그 정도 만큼 자주 발생하지 않도록 한다.

3) 예방 행동조치를 취하는 방법

1. 관련부문이 모여 팀을 구성한다.
2. 문제를 초래할 수 있는 가능한 원인을 파악하기 위해 특성요인도를 작성한다. 네 가지 기본적인 부문(인력, 원자재, 방법 및 기계)으로 나누어 집중적으로 검토한다.
3. 가장 발생할 확률이 높을 것 같은 원인을 선택한 후, [그림 2-13]과 같이 '왜'를 5번 질문하여 문제의 근본원인을 파악한다.
4. 관리 상태에서 벗어난 조건들에 대해서 이상처리 계획을 준비한다. 즉, '가능한

원인' 아래에 있는 근본 원인을 파악하고 취해야 할 '행동조치'를 준비하고 문서화한다. 만일 어떠한 원인도 파악하지 못할 경우 팀은 보상 행동조치를 결정한다.

5. 개선을 위해서 팀은 이상처리 계획을 검토하고 문서화하는 방법과 인력을 교육시키는 방법을 결정한다.
6. 영구적인 개선책을 마련하고 재발을 방지하기 위해서 후속 조치를 취한다.
7. 이상처리 계획의 실행 회수와 효과에 대한 데이터를 수집하고 주기적으로 결과를 검토한다.

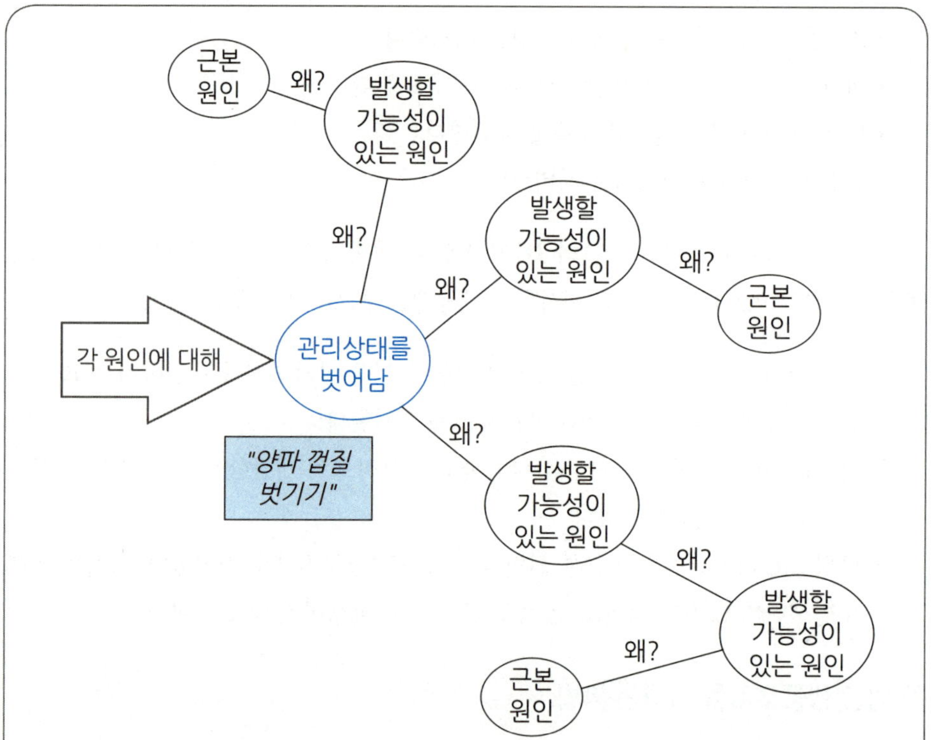

그림 2-13 근본 원인 분석

2.4 QC 7가지 도구

QC의 7가지 도구는 품질관리에 있어서 가장 기본적인 툴로서 데이터를 수집 및 분석하고 의사결정을 하는 데 유용하게 사용될 수 있다. 이들 툴들은 배우기 쉽고 사용하기 간편하여 일상업무나 생활에서도 많이 사용되고 있다.

1) 특성요인도(cause and effect diagram)

(1) 특성요인도란?

문제가 되는 특성(결과)과 그 특성에 영향을 주고 있는 요인(원인)과의 관련성 및 요인들 사이의 상호관계를 계통적으로 파고 들어가 참원인을 밝혀서 눈으로 보고 이해할 수 있도록 그림으로 나타낸 것이다.

(2) 특성요인의 작성 목적

- 브레인 스토밍 과정에서 생각을 자극하기 위해
- 잠재적 원인간의 관계를 이해하기 위해
- 어떤 잠재적인 원인이 조사되었는지 또한 문제에 결정적으로 영향을 미치는지를 추적하기 위해
- 그룹화를 통해 변수를 줄이기 위해(변수의 수를 줄이면 테스트 즉, 실험의 수를 줄일 수 있다.)

따라서 잠재적 원인이 너무 많아서 분석에 초점을 맞추기가 어려울 때, 다양한 잠재적 원인 간의 관계에 대한 명료성이 부족할 때 사용하는 것이 효과적이다.

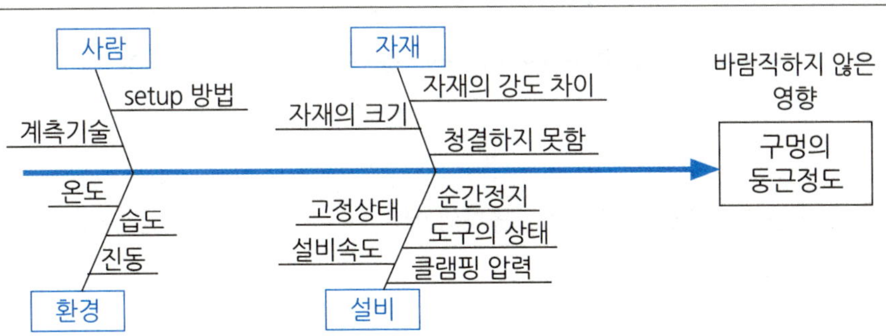

그림 2-14 특성요인도 작성 예

(3) 특성요인도 작성 포인트

① 문제가 되는 특성을 정한다.

② 특성에 영향을 주는 요인을 모두 찾는다(이때 Brain Storming을 하는 것이 바람직하다).

- 가능한 많은 사람들의 자유로운 의견을 활용
- 문제에 대해 잘 알고 있는 전문가의 참여
- 관련 데이터의 충분한 활용

③ 원인을 분류한다(큰 가지 → 작은 가지 → 새끼 가지).

④ 원인을 철저하게 파고든다(5번 이상의 왜를 한다.).

⑤ 현실성을 검토한다.

⑥ 원인을 가능한 구체적으로 표현하여 정리한다.

특성요인도는 개인이 작성하는 것이 아니라 전원이 참여하여 작성하는 팀활동이다.

(4) 특성요인도의 작성 방법

① 품질특성을 결정한다.

② 원인을 찾는다.

특성치에 영향을 주는 요인을 모두 찾는다.

③ 원인을 대, 중, 소의 가지로 분류하여 기록하고 중요 요인은 별도의 표시를 한다.

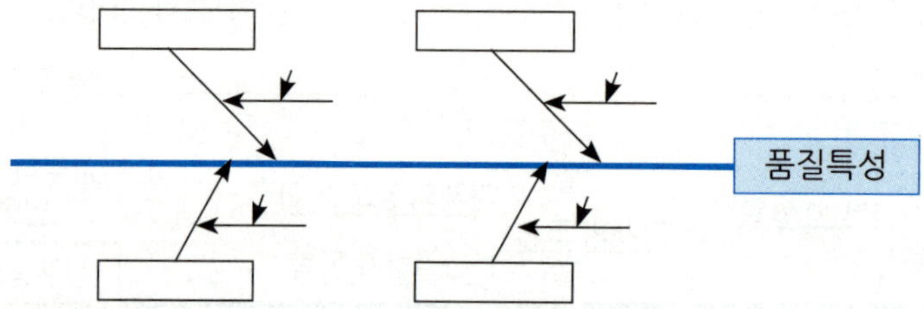

- 공정문제에 대한 자연적인 그룹핑의 예
  - 사람
  - 설비
  - 자재

- 방법
- 환경
• 제품문제에 대한 자연적인 그룹핑의 예
  - 기계적 성질
  - 압력과 관계된 성질
  - 자력과 관계된 성질
  - 전기적 성질
  - 화학적 성질

④ 현재의 실정과 비교 검토한다.

도표상의 원인은 실제의 원인인지를 확인하기 위해 데이터를 통해 검증되어져야 한다.

⑤ 필요 사항을 기입한다.

표제, 작성 연월일, 작성자 등

(5) 특성요인도 적용상의 오류

[그림 2-15]와 같이 특성요인도를 어떤 현상을 요약설명하기 위해 사용하거나 또는 [그림 2-16]과 같이 잠재적인 해결책을 나열하기 위한 도구로 사용하는 것은 바람직하지 않다.

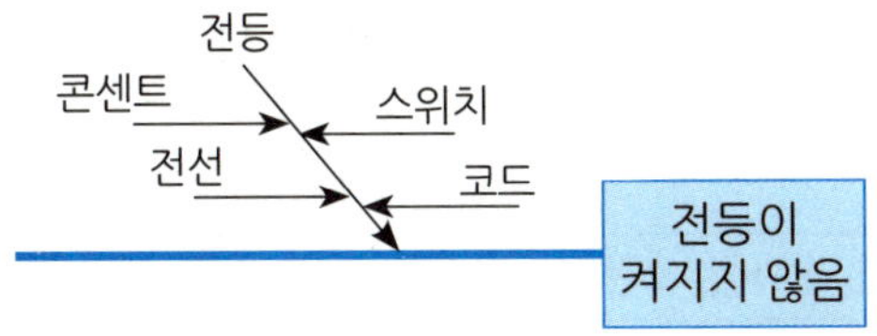

그림 2-15 특성요인도의 적용상 오류(현상을 요약설명)

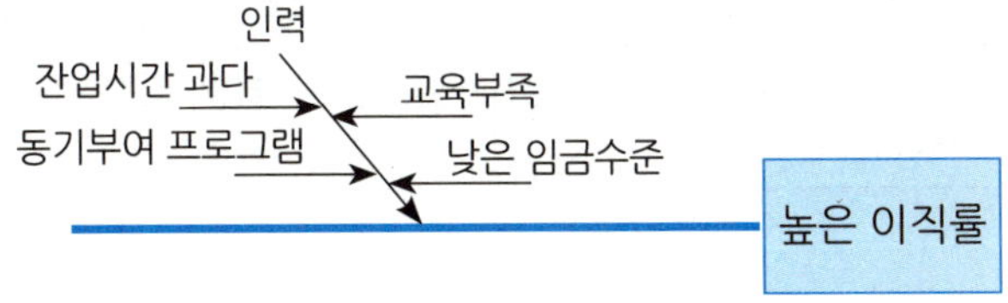

그림 2-16 특성요인도 적용상 오류(잠재적인 해결책 나열)

2) 층별(stratification)

(1) 층별이란?

층별이란 어떤 특징을 근거로 하여 모집단을 몇 개의 그룹(층)으로 나누는 것을 말한다. 여기서 '어떤 특징'이란 문제의 발생 시간, 장소, 이유를 설명하는 데 도움이 될 수 있다고 판단되는 데이터의 양상이다.

(2) 층별의 목적

특징에 따라 층별한 뒤에 각 층간의 분포를 비교해 봄으로써 품질에 영향을 주는 원인을 찾아내거나 그 원인이 품질에 주는 영향의 정도를 파악하는 데 있다.

(3) 층별의 방법

일반적인 층별화 기준은 다음과 같다.

- 누가(WHO) : 연루된 사람들, 사람들의 그룹, 부서 또는 조직
- 무엇을(WHAT) : 기계, 장비, 제품, 서비스, 재고
- 어디서(WHERE) : 결함의 현위치
- 언제(WHEN) : 시간, 날짜, 프로세스의 단계

[표 2-4]는 생산현장에서 흔히 사용되는 있는 층별 방법의 예이다.

표 2-4 층별 방법의 예

층별 기준	적용 예
시간별	시각별, 날짜별, 오전 오후별, 주야간별, 월별, 계절별, 요일별…
작업자별	개인별, 반별, 숙련도별, 교대별, 남녀별…
기계 장치별	기계별, 공정별, Line별, 공장별, 신구 기계별, 기계제작처별, 치공구별…
작업방법 및 조건별, 재료별	온도, 압력, 속도, 장소, 기계속도, 기온, 날씨, 습도, 조명, 열처리 시간별, 구입처별, 구입 시기별, 상표별, 수입 Lot별 저장 기간별 저장 장소별
측정, 검사별	시험 기기별, 계측기별, 검사원별, 검사 방법별, 측정 방법별, 측정 부위별…

(4) 층별 순서

① 조사대상 특성을 선정한다.

② 층별할 방법과 수량을 명확히 한다.

 - 층별의 방법(설비, 사람, 시간 등), 수량범위

③ 범주별로 데이터를 수집한다.

④ 층별화한 결과를 우선 그래프로 나타내어 전체적인 모습을 파악한 후 데이터 분석을 추가로 실시한다.

데이터를 층별할 경우 문제의 원인에 대한 실마리를 쉽게 찾을 수 있다. [그림 2-17]에서와 같이 설비별로 층별을 하여 데이터를 구할 경우 설비 B의 작업시간이 다른 설비에 비해 짧은 것을 알 수 있다.

따라서 설비의 작업시간을 단축하고자 할 경우 B 설비를 벤치마킹 함으로써 나머지 설비의 작업시간을 단축할 가능성이 있다.

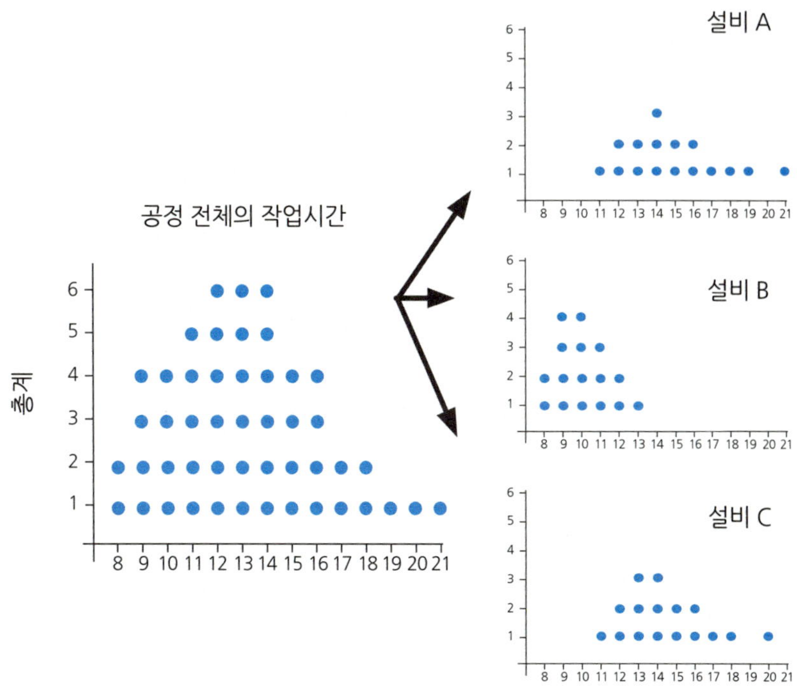

그림 2-17 층별의 예

3) 체크시트(check sheet)

(1) 체크시트란?

자료를 수집하는 데 쓰이는 도구로서, 자료의 기록용지 구실을 한다.

(2) 체크시트의 사용목적

체크시트에 자료가 정리되면 이를 토대로 분석을 하여 결론을 쉽게 내릴 수 있다.

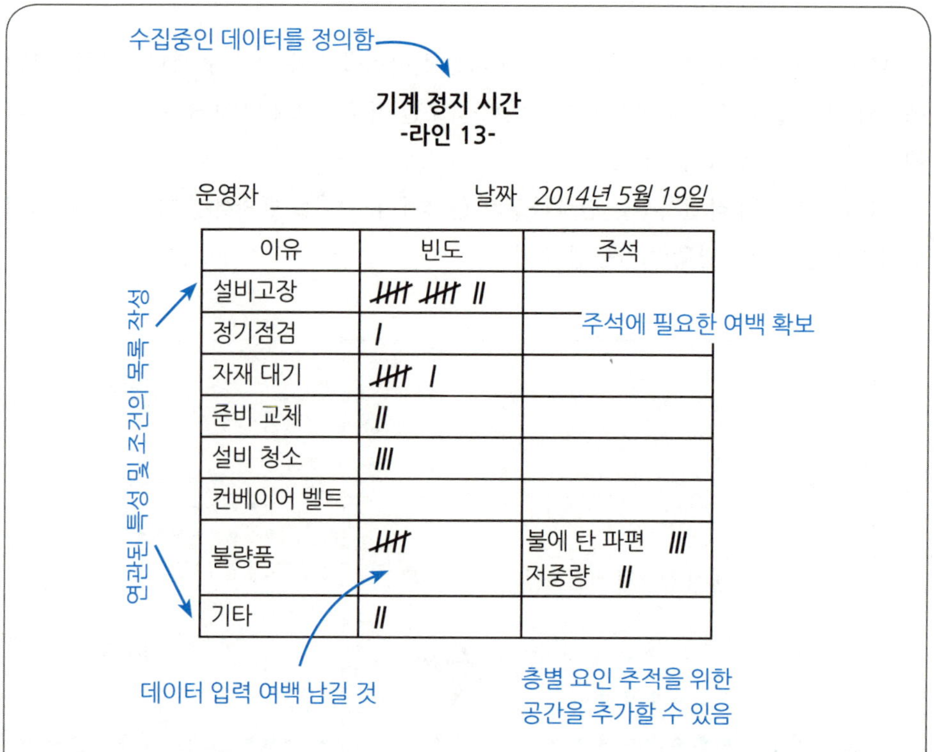

그림 2-18 **체크시트 사용예**

(3) 체크시트의 효과적인 사용

체크시트는 파레토의 개념과 관리도의 개념을 묶는 도구로 계수치 데이터에 사용된다.

관리도는 산포를 해결하기 전에 불안정을 해결할 것을 요구한다. 파레토는 점유율이 적은 것 대신에 대다수를 차지하는 것을 해결할 것을 요구한다. 따라서 체크시트를 통해 문제를 다음의 순서대로 해결할 수 있다.

① 불안정(긴급한 문제)
② 대다수를 차지하는 것(중요한 문제)
③ 소수의 것

일반적으로 불안정의 문제는 작업상의 혼란으로 인해 발생되는 긴급한 문제이며, 중심이탈 및 산포의 문제는 제품 또는 공정을 완전히 이해하지 못하는 데서 오는 중요한 문제라고 할 수 있다.

예제 2-1 최종검사에서 자동차 외장에서 발생되는 외형불량을 [표 2-5]와 같이 집계하였다. 문제를 효과적으로 해결하기 위해서는 어떤 불량을 우선적으로 선정하여 해결해야 하는가?

표 2-5 체크시트를 사용한 효과적인 문제해결 방법

불량	10	11	9	12	12	13	25	12	13	13	파레토
C_1	4	6	3	6	5	5	7	4	4	6	50
C_2	2	1	3	1	0	4	3	2	2	2	20
C_3	3	4	2	4	6	4	12	5	5	5	50
C_4	1	0	1	1	1	0	3	1	2	0	10

C_1과 C_3의 불량은 발생 비중이 높으므로 우선적으로 해결해야 한다. 그런데 C_3의 경우 불량이 갑자기 증대되어 공정이 불안정을 나타냄으로 C_3에 대해 가장 먼저 조치를 함으로써 공정을 안정화해야 한다.
따라서 C_3, C_1 그리고 C_2, C_4 순서대로 문제를 해결하는 것이 바람직하다.

4) 파레토 차트(pareto chart)

(1) 파레토 차트란?

특성치를 원인별, 형상별로 분류하여 크기 순으로 배열한 후 막대 그래프와 꺾은 선 그래프로 나타낸 그림이다.

파레토 차트는 이탈리아 경제학자인 Vilfredo Pareto가 1900년대 초에 자본주의 하에서의 부의 편중을 설명하기 위해 처음으로 사용하였다. 이후 1950년대 Joseph Juran이 규칙을 다양한 상황, 특히 품질 문제에 적용해 보임으로써 이 원칙을 일반화하였다.

파레토 차트는 80:20의 법칙이 적용되므로 20%에 해당되는 소수의 중요한 문제를 공략함으로써 전체 문제의 80 %를 줄일 수 있다.

이 원칙을 적용하여 '중요한 소수' 문제에 집중할 경우 노력에 대한 최대의 대가를 얻을 수 있다.

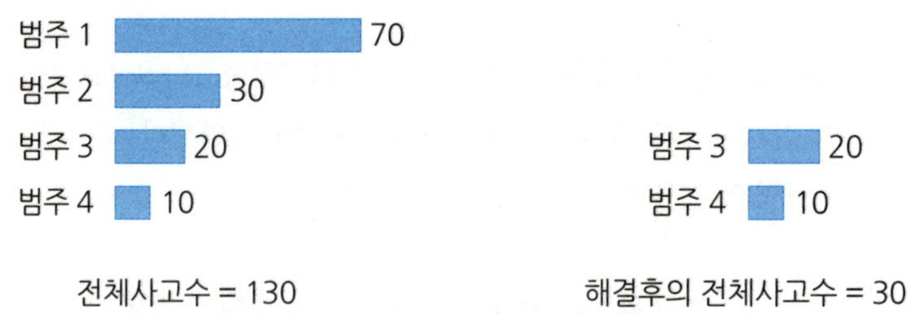

그림 2-19 개선 전후의 파레토 차트의 비교

(2) 파레토 차트의 작성 목적

① 중요한 문제를 발견하고자 할 때

② 문제점의 원인을 조사하고자 할 때

③ 개선과 대책의 효과를 알고 싶을 때

④ 한 눈에 이해할 수 있는 보고를 하려고 할 때

(3) 파레토 차트 작성방법

① 보다 자세히 알고자 하는 문제를 결정한다.

② 필요한 데이터를 수집한다

③ 각 문제 범주의 상대적 빈도(또는 비용)를 비교한다.

④ 문제 범주(빈도에 의해 내림차순으로 정렬)를 가로 선에, 빈도를 세로 선에 나열한다.

⑤ 전체대비 각 문제 범주에 대한 빈도의 비율을 나타내는 누적 백분율 선을 그린다(선택사항).

⑥ 결과를 해석한다.

(4) 파레토 차트 사용 시 고려할 사항

- 최대의 효과를 얻기위해서는 소수의 중대한 문제를 해결해야 한다.
- 소수의 중요한 문제에 집중함으로써 에너지를 분산시키지 말아야 한다.
- 한가지 문제를 여러 가지 세부 문제로 구분하여 보는 능력을 키워야 한다.

  예) 납기지연의 원인을 설비고장, 자재품절, 불량발생, 결근, Capa부족 등으로 구분한다.
- 시스템이 안정된 이후에 파레토를 사용한다. 일반적으로 파레토를 잘못 사용하는 경우는 파레토를 불안정한 시스템에 적용하는 것이다.
- 파레토를 효과적으로 사용하지 못할 경우 '그날의 문제'에만 관심을 가지게 된다.
- 발생빈도가 높은 문제일수록 문제를 이해하고, 문제가 해결되었는지의 여부를 판단하는 데 적은 수의 샘플이 필요하기 때문에 통계적으로 해결하기 쉽다.
- 발생빈도가 낮은 문제일수록 문제를 이해하고, 문제가 해결되었는지의 여부를 판단하는 데 많은 수의 샘플이 요구된다.
- 때로는 발생빈도가 아니라, 고비용을 초래하는 문제를 선정하는 경우가 있다. 따라서 문제를 선정할 때 발생빈도와 비용의 균형을 맞출 수 있도록 해야 한다.
- 일반적으로 5~6항목만을 나타내고 기타 항목에 대해서는 기타 처리를 한다. 그런데 만일 [그림 2-20]의 ②와 같이 기타 막대가 클 경우 이들 항목에 대해서는 재 조사를 함으로써 기존의 범주나 생성된 신규 범주로 재분배해야 한다.

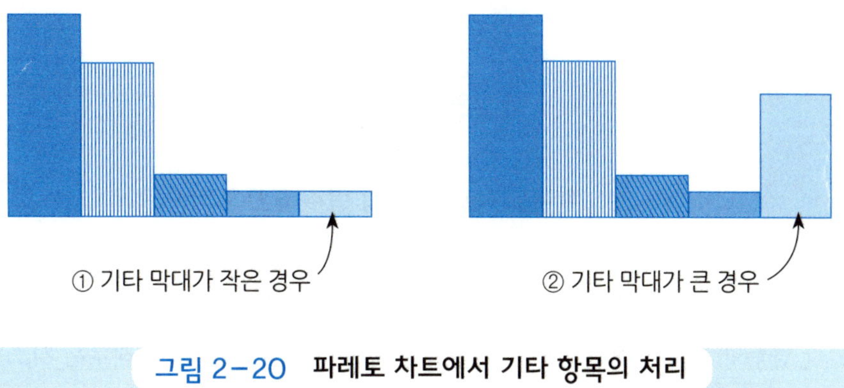

그림 2-20 **파레토 차트에서 기타 항목의 처리**

(5) 파레토 차트 적용상의 오류

[그림 2-21]의 ①과 같이 하나 또는 몇 개의 범주가 문제의 대부분을 설명하는 경우, 상위 1개 또는 2개의 항목에 개선 노력을 집중한다. 그러나 ②와 같이 막대가 거의 동일한 높이일 경우 가장 큰 막대를 조사하는 것이 의미가 없다. 이 경우 데이터를 분류하는 다른 방법을 찾거나 이 문제에 관한 다른 데이터를 찾아 본다.

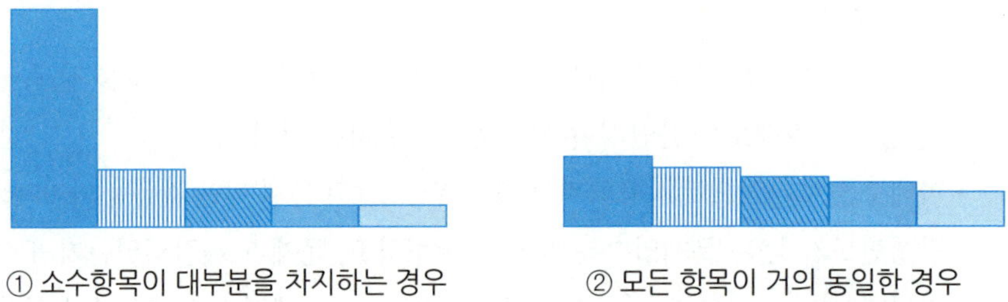

그림 2-21 파레토 차트 작성 시 분류상의 오류

[그림 2-22]와 같이 파레토 사용 중에는 각 범주들의 표시위치를 바꾸지 말아야 한다. 표시위치를 바꿀 경우 변화의 정도를 한 눈에 파악하기가 곤란하기 때문이다.

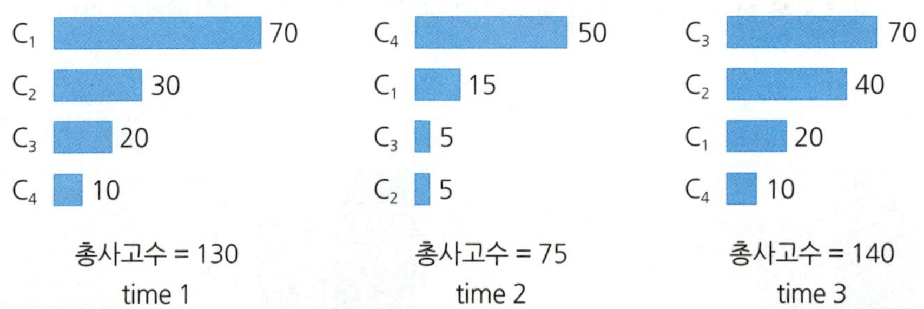

그림 2-22 파레토 차트 적용 시 범주 표시를 바꾼 경우

시스템이 불안정할 때 파레토를 적용할 경우 특별한 조치나 개선이 없음에도 불구하고 각 범주의 크기가 매번 달라져 현상이 왜곡될 수 있다. 따라서 파레토는 시스템이 안정된 이후에 사용하는 것이 바람직하다.

예제 2-2 인쇄불량을 유형별로 다음과 같이 집계하였다. 미니탭을 통해 파레토 차트를 작성하시오.

불량항목		불량수
인쇄불량	색상불량	80
	위치불량	20
	핀트불량	15
	이색불량	10
	기타불량	3
계		128

우선 워크시트 상에 다음과 같이 데이터를 입력한다.

표 2-6 그래프 분석을 위한 데이터 입력

↓	C1-T	C2
	불량항목	불량수
1	색상불량	80
2	위치불량	20
3	핀트불량	15
4	이색불량	10
5	기타불량	3

통계분석> 품질 도구> Pareto 차트를 클릭하면 다음의 화면이 나타난다.

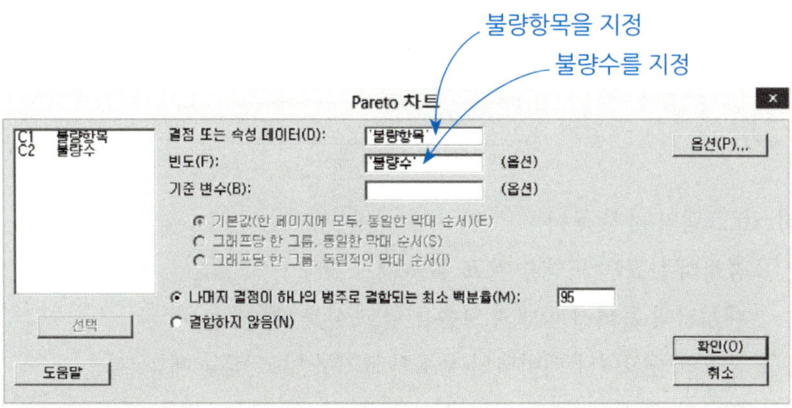

'확인'을 클릭하면 그래프가 나타난다.

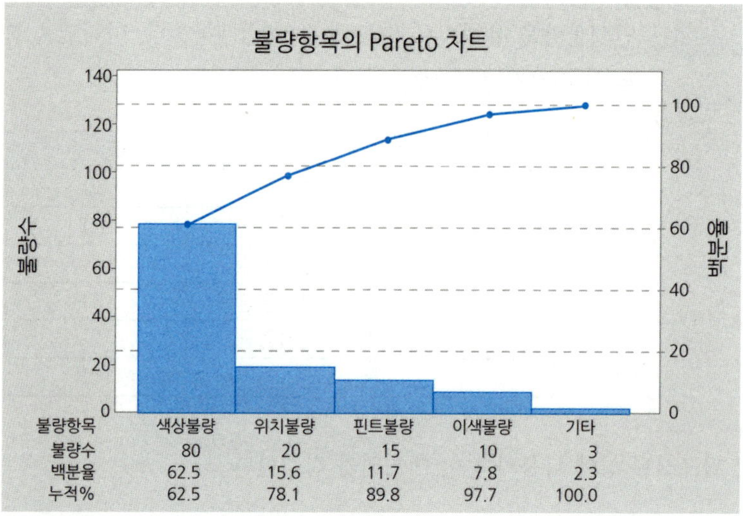

5) 히스토그램(histogram)

(1) 히스토그램이란?

데이터를 크기별로 묶어서 정리하여 그림으로 표현함으로써 분포의 형태로 나타낸 것이다.

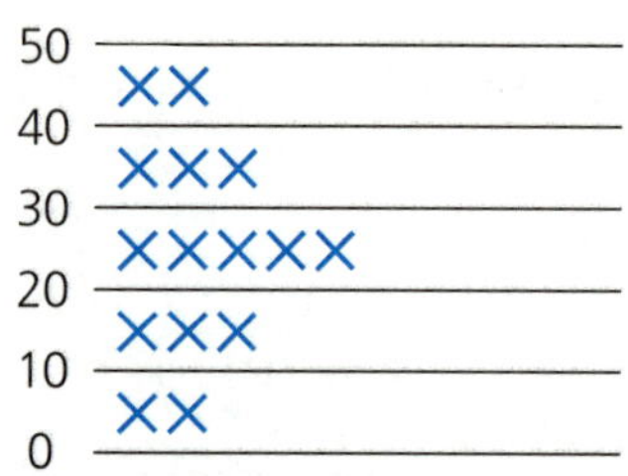

(2) 히스토그램의 작성 목적

① 공정의 분포의 모양을 알고 싶을 때
데이터의 흩어진 상태의 모습을 알고 싶을 때

② 공정의 중심이나 데이터의 산포의 크기를 알고 싶을 때
평균이나 표준편차를 구하고 싶을 때

③ 규격에 대한 공정능력을 알고 싶을 때
공정능력지수를 구하고자 할 때

그림 2-23 히스토그램을 통한 공정해석

(3) 용어의 설명

① 계급 : 히스토그램의 개개의 기둥(class) 즉, 구간 하나 하나의 급을 나타낸다.

② 계급의 폭 : 기둥의 굵기로 h로 표시한다.

③ 경계치 : 기둥과 기둥이 접해 있는 곳의 값이다.

④ 중심치 : 각 계급의 중앙값을 말한다.

⑤ 돗수 : 각 계급 i에 속하는 데이터의 수로 돗수는 기둥의 높이 f_i로 표시된다.

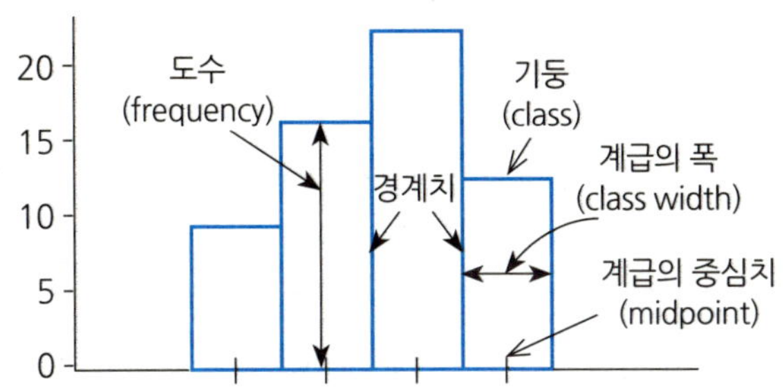

그림 2-24 히스토그램의 용어 설명

(4) 히스토그램 작성 시 주의 사항

① 계급수는 10개 정도이면 무난하다.

계급수가 너무 많거나 적으면 전체의 모습을 올바르게 나타내기가 어렵다.

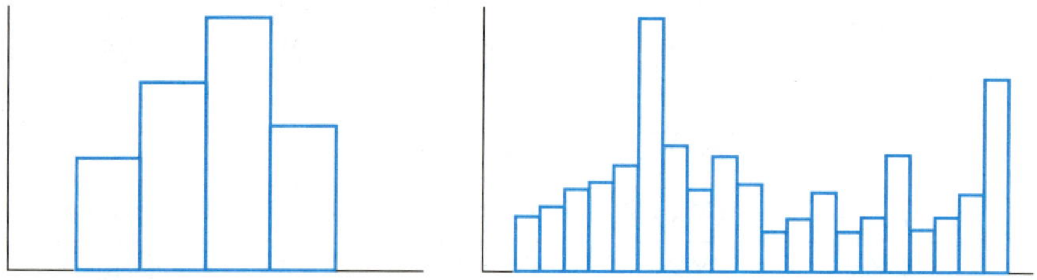

(계급수가 너무 적은 경우) (계급수가 너무 많은 경우)

그림 2-25 계급 수에 따른 히스토그램

명칭	형태	형태의 특징	공정의 특징	앞으로 대응
일반형	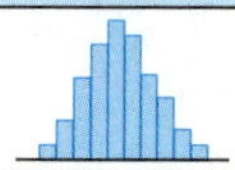	전형적인 정규분포의 특징을 따름	공정이 안정된 상태로 잘 관리되고 있다.	관리, 유지
이빠진형	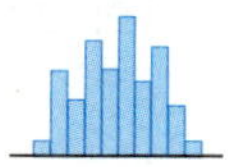	기둥이 일정 간격으로 들쭉날쭉한 분포	계급이 폭을 정수배로 하지 않는 경우, 측정자가 버릇을 지니거나 판독하는 방법이 나쁜 경우 발생	측정기 측정값의 판독방법 및 히스토그램의 작성방법에 대한 점검
우(좌)측 왜도형	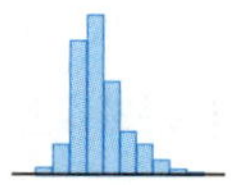	좌우 어느 한쪽으로 기슭이 보이고 불균형한 형태의 분포	한쪽에 물리적인 제약이 있거나 빈도가 적은 사고, 불량건수 일 경우 발생됨	고유기술 측면에서 분포의 형태에 대한 고찰이 필요
절벽형	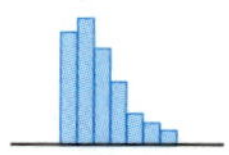	분포의 한쪽(또는 양쪽)이 끊어진 형태의 분포	전수검사에 의해 불량품을 선별 또는 조정하는 경우	규격값과의 관계, 검사방법을 조사한다.
고원형	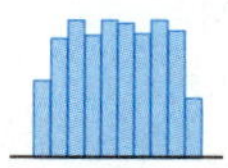	산의 정상이 평평한 분포	다수의 모집단이 혼합되어 있는 경우	기계, 원재료, 작업자 등에 대한 층별 후 히스토그램의 재 작성
쌍봉우리형		쌍봉우리 형태	2개의 모집단이 혼합된 경우	기계, 원재료, 작업자 등에 대한 층별 후 히스토그램의 재 작성
낙도형	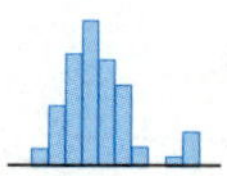	일부 데이터가 외떨어진 곳에 있는 분포	이형 자재의 혼입이나 설비 조정 오류로 공정에 이상이 발생되는 경우	이상원인이 재발하지 않도록 예방적인 차원의 조치를 한다.

그림 2-26 히스토그램의 해석방법

② 이상치의 경우는 해당되는 데이터를 제거하는 것이 더 합리적이다.
단, 이상치의 원인에 대한 조사는 해보아야 한다.

③ 히스토그램 작성 시 합리적인 계급의 수를 정하는 방법은 '3.2.2 자료의 요약' 절의 '2) 표 및 그래프를 통한 자료의 요약'의 '① 도수분포표'에 자세히 소개되어 있다.

히스토그램의 해석방법은 [그림 2-26]에 설명되어 있다. [그림 2-27]에서 알 수 있듯이 데이터의 수가 적은 경우에 문제를 찾아내는 데 있어서 히스토그램이 도수분포보다 더 효과적이다. 돗수분포와 히스토그램에 대한 보다 상세한 내용은 '**3.2.2** 자료의 요약' 절의 '2) 표 및 그래프를 통한 자료의 요약' 에 설명되어 있다.

그림 2-27 **히스토그램과 도수분포와의 관계**

6) 산점도(scatter plot)

(1) 산점도란?

산점도는 두 변수 간의 상관관계를 파악하기 위해 X축, Y축에 각각의 변수를 기준으로 하여 측정값을 타점한 도표이다.

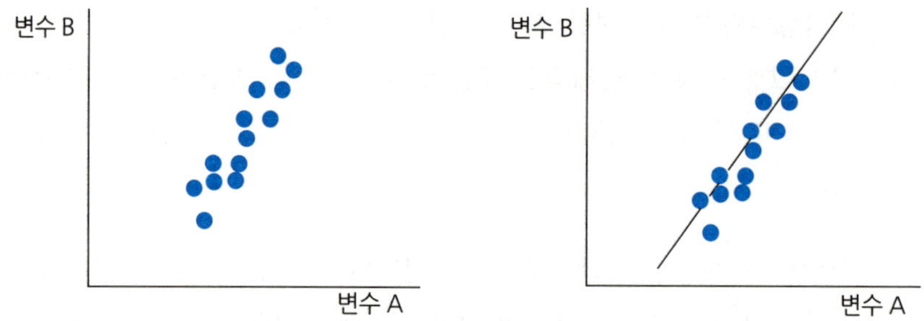

그림 2-28 **산점도를 통한 변수간의 상관관계 파악**

(2) 산점도의 작성목적

대응되는 두 개의 변수에 대해

① 관계가 있는가? 없는가?

② 관계가 있다면 특성치를 규격치의 범위내에 넣기 위해서는 요인을 어떤 값으로 조절하면 좋은가?를 조사하는 데 사용된다.

현실에서는 많은 변수들은 서로 다른 관계를 가지고 있는데 산점도를 이용하여 이러한 관계를 나타낼 수 있다. '**14.1** 상관분석' 절에 '1) 산점도'에 보다 자세한 설명이 되어 있다.

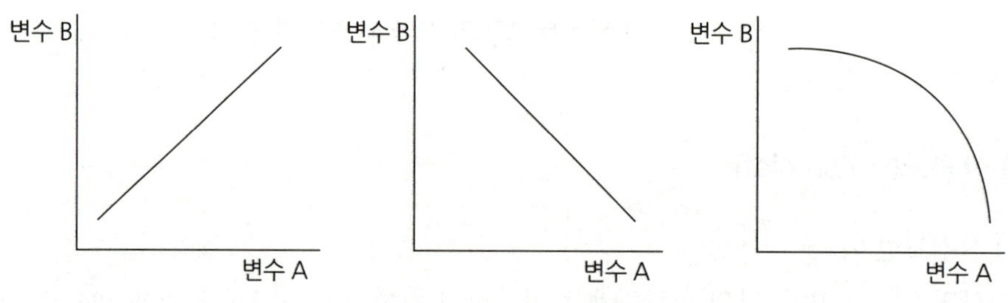

그림 2-29 **산점도를 통한 변수간의 다양한 관계 파악**

7) 그래프(graph)

(1) 그래프란?

그래프는 Data를 도형으로 나타내어 수량의 크기를 비교하거나 변화하는 상태를 알기 위한 것이다.

(2) 그래프 작성의 목적

① 데이터가 무엇을 이야기하고 있는가를 한 눈에 쉽게 파악한다.

② 전하고자 하는 것을 알기 쉽게 전달한다.

③ 필요한 조치를 빠짐없이 취할 수 있다.

④ 경향을 파악할 수 있다.

(3) 그래프의 종류

여러 가지 있으나 일상적으로 많이 사용하는 것 중에서 막대그래프, 원그래프, 꺾은선 그래프를 소개한다.

① 막대그래프 : 수나 양의 크기를 막대의 길이로 표시한 것으로 상대적인 비교를 할 때 많이 쓰인다.

예제 2-3 **'예제 2-2'**에서 개선을 통해 불량수를 60개까지 줄일 수 있었다. 개선 전 후를 비교하는 그래프를 미니탭을 사용하여 작성하시오.

미니탭에 다음과 같이 데이터를 입력한다.

워크시트 1 ***

↓	C1-T	C2	C3
	구분	불량수	
1	개선전	128	
2	개선후	60	
3			

그래프 > 막대차트...를 클릭하면 다음의 화면이 나타난다.

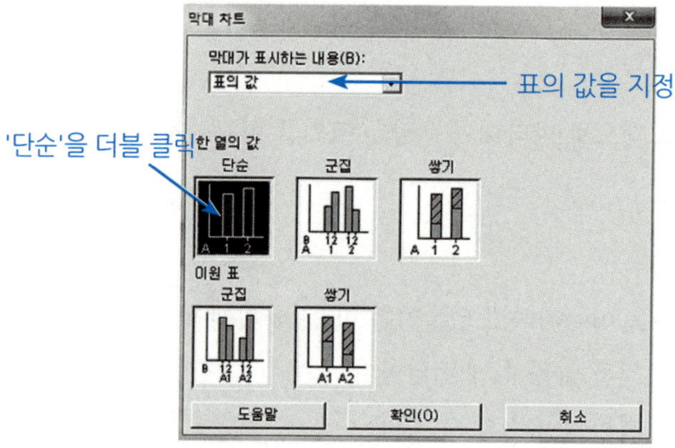

다음의 화면이 나타나면 항목과 데이터가 있는 열을 각각 지정한다.

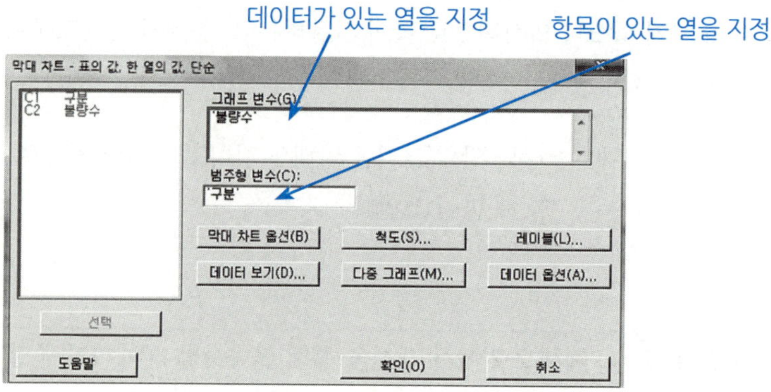

'확인'을 클릭하면 다음의 화면이 나타난다.

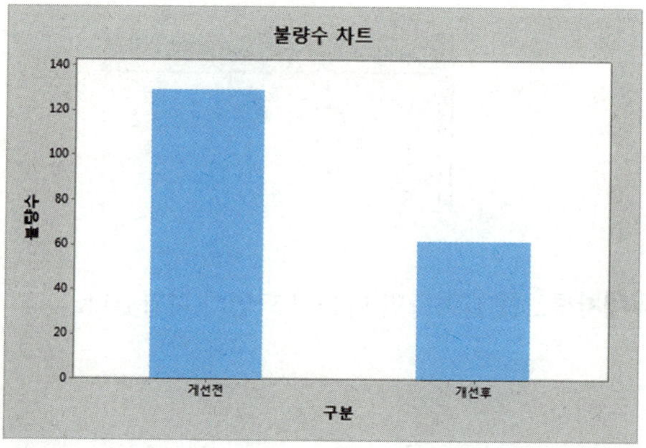

② 원그래프 : 전체 중에 특정 항목이 차지하는 비율과 또한 상대적인 비율을 파악하고자 할 때 사용된다. 원의 중심각 360°를 100 %로 환산한 후 각 항목의 구성비율을 구하여 비율이 큰 것부터 12시 방향에서 시작하여 시계방향으로 분배하고 기타항목은 맨 마지막에 일괄해서 표시한다.

예제 2-4 **'예제 2-2'**에서의 불량항목 및 불량수를 미니탭을 사용하여 원그래프로 작성하시오.

[표 2-6]에 대해 **그래프 > 파이 차트**를 클릭하면 다음의 화면이 나타난다.

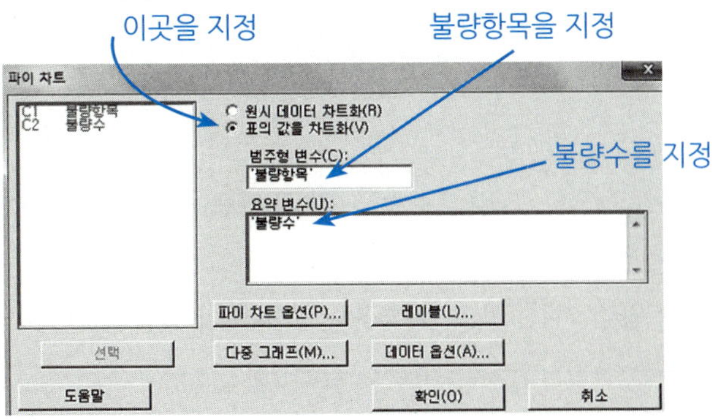

레이블 > 조각 레이블을 클릭하면 다음의 화면이 나타난다.

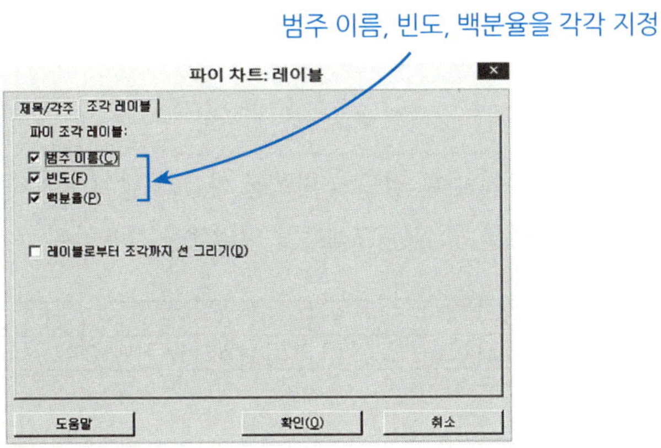

'확인'을 연속하여 클릭하면 [그림 2-30]이 나타난다.

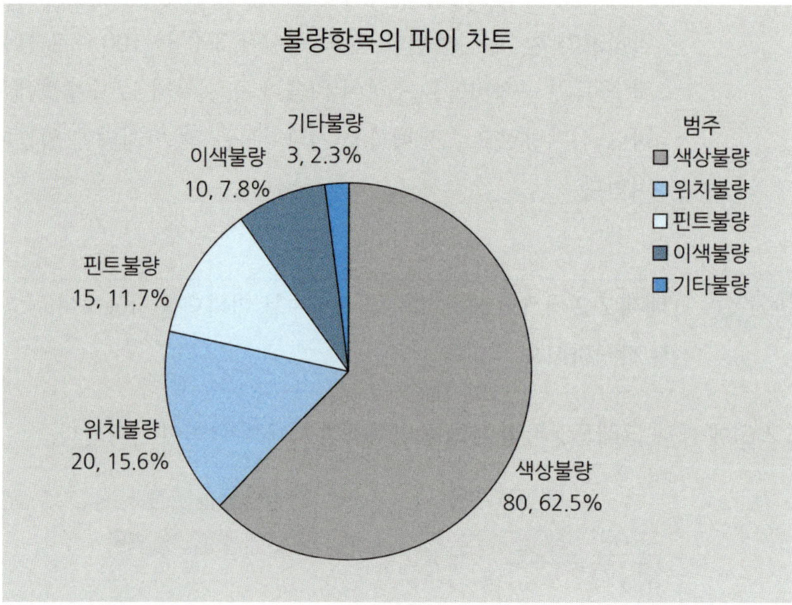

그림 2-30 원 그래프 사용 예

그래프 상에 범주 이름, 빈도, 백분율이 표시되어 있음을 알 수 있다.

③ 꺾은선 그래프 : 시간의 경과에 따라서 데이터가 어떻게 변화하는가를 나타내데 편리하다. 일반적으로 가로축에 시간을 취하고 세로축에 특성치를 취한 그래프이다.

예제 2-5 시간에 따른 점도의 변화를 다음과 같이 측정하였다. 점도의 변화를 파악할 수 있는 그래프를 미니탭을 사용하여 작성하시오.

시간	1	2	3	4	5	6	7	8	9	10	11	12	13	14	15
점도	9.4	9.9	10.5	10.6	11	11.1	11.9	12.2	12.3	12.7	13.7	14.2	14.7	15.8	17.3

우선 워크시트 상에 다음과 같이 데이터를 입력한다.

↓	C1	C2
	시간	점도
1	1	9.4
2	2	9.9
3	3	10.5
4	4	10.6
5	5	11.0
6	6	11.1
7	7	11.9
8	8	12.2
9	9	12.3
10	10	12.7
11	11	13.7
12	12	14.2
13	13	14.7
14	14	15.8
15	15	17.3

미니탭에서 **그래프>산점도**를 클릭하면 다음의 화면이 나타난다.

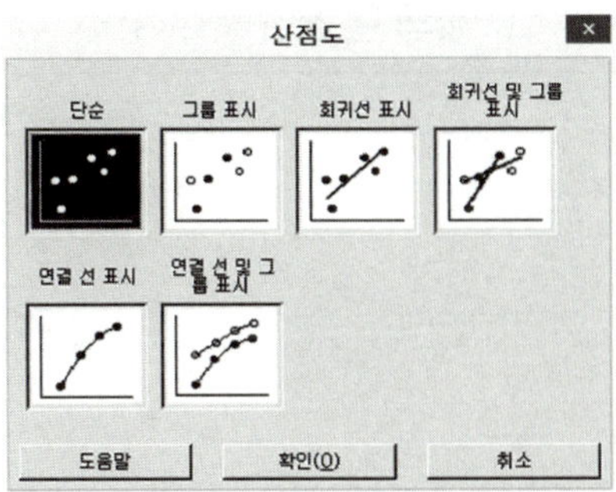

'단순'을 더블 클릭한 후 다음을 지정한다.

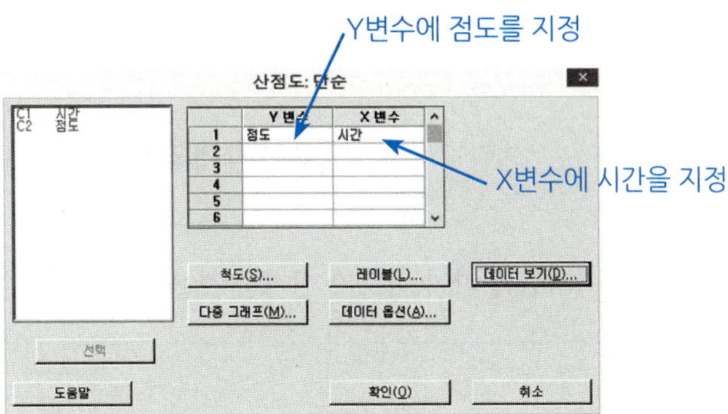

상기의 화면에서 **데이터보기>데이터 표시**를 클릭하면 다음의 화면이 나타난다.

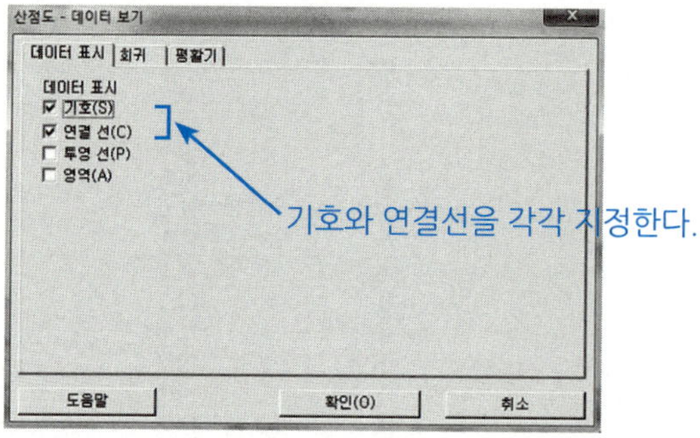

연속하여 '확인'을 클릭하면 [그림 2-31]과 같이 꺾은선 그래프가 나타난다.

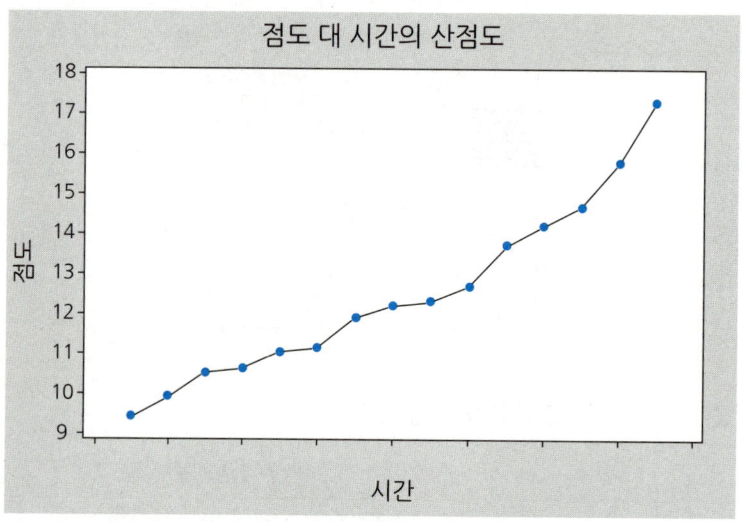

그림 2-31 꺾은선 그래프 사용 예

이 경우 시간이 경과함에 따라 점도가 커지는 것을 한 눈에 알 수 있다.

2.5 신 QC 7가지 도구

1) 친화도법(affinity diagram)

(1) 정의

다량의 아이디어를 유사성이나 연관성에 따라 묶는(grouping) 방법으로 일명 K-J 기법이라고도 한다. 이 기법을 통해 다양한 아이디어나 정보를 몇 개의 그룹으로 분류할 수 있으며, 이후 이들의 관련성을 파악함으로써 전체 아이디어에 대한 결론을 도출할 수 있다.

(2) 활용

- 문제와 관련된 다수의 정보가 체계적으로 정리되지 않은 생각이나 아이디어로 나타날 때
- 전통적인 개념의 타파가 필요할 때
- 팀의 의견 일치가 성공적인 문제해결에 기본이 될 때
- 데이터가 계량형이 아니어서 수리적이거나 통계적인 기법이 적용되지 않을 때

(3) 작성방법

① 팀을 구성하고 이슈에 동의한다.

② 사실(아이디어)를 기록하고 이해한다.([그림 2-32]에서 검정색으로 기록함)

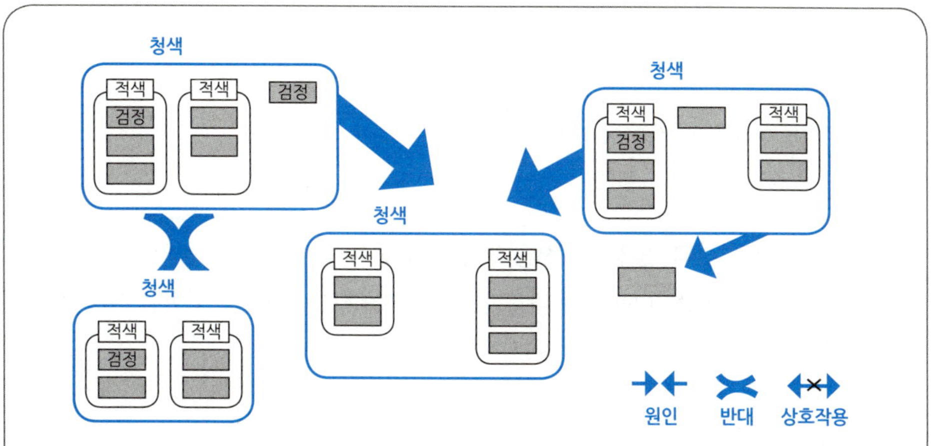

그림 2-32 친화도법의 개념도

③ 유사한 사실을 그룹한다.

④ 그룹의 타이틀을 작성한다.([그림 2-32]에서 적색으로 기록함)
만일 그룹을 한 이후에도 1차 타이틀의 개수가 많을 경우 또 다시 ③과 ④의 과정을 반복하여 2차 타이틀을 작성한다. 이 경우 2차 타이틀은 [그림 2-32]에서와 같이 청색으로 작성한다.

⑤ 그룹을 위치시키고 그룹 사이에 관계를 나타낸다.
이 경우 다음 절에 설명된 '연관도법'을 사용하는 것이 효과적이다.

⑥ 가장 중요한 2차 타이틀의 이슈에 대해 투표를 하고 결론을 내린다.
이때 들어가거나 나가는 화살표가 많은 것이 중요 이슈가 된다.

2) 연관도법 (relation diagram)

(1) 정의

인과관계(원인-결과, 목적-수단)가 복잡하게 얽혀있는 문제에 대해서 각 요인들 간의 인과관계를 종합적인 견지에서 파악함으로써 문제를 보다 넓은 시각에서 효과적으로 파악하여 적절한 결론을 도출할 수 있다.

(2) 활용

- 복잡한 문제의 원인을 분석할 때 주로 활용된다.
- 친화도, 특성요인도, 계통도를 그린 후 더욱 자세하게 아이디어들의 연관성을 조사하기 위해 사용된다.

(3) 주의사항

고려되어져야 하는 아이디어 수는 15~50개가 적당하며, 15개 이하는 연관도가 필요 없고, 50개 이상은 복잡하여 다루기 어렵다.

(4) 연관도 작성방법

연관도법은 K-J법과 연계하여 사용하는 것이 효과적이다. 즉, 다음의 ①~④는 K-J법을 설명한 것으로 이들 내용을 토대로 결론을 도출하기 위해 연관도법을 사용하는 것이 효과적이다.

① 팀을 구성하고 이슈에 동의한다.

② 사실(아이디어)를 기록하고 이해한다.

③ 유사한 사실을 그룹 한다.

④ 그룹의 타이틀을 정한다.

⑤ 원인과 결과의 인과관계를 →표로 연결한다.

⑥ 중요 요인을 압축한다.

들어오거나 나가는 화살표가 많은 것이 중요 요인이다. [그림 2-33]에서 화살표가 많이 나가는 '상대방 눈높이에서 의사소통을 한다.'가 중요 요인임을 알 수 있다.

⑦ 중요한 요인이 문제점과 밀접한 인과관계를 갖고 있을 때 경로의 화살표를 굵게 한다.

⑧ 결론을 정리한다.

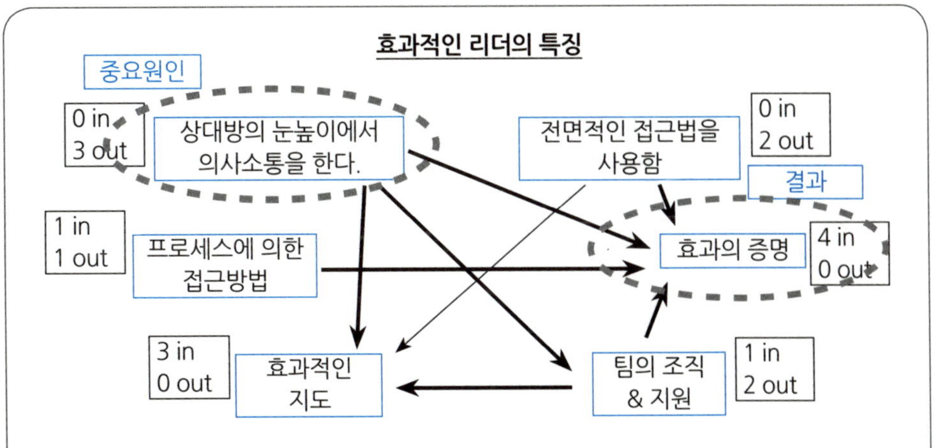

그림 2-33 연관도법의 작성예

3) 계통도(tree diagram)

(1) 정의

설정된 목표를 달성하기 위해 상위 단계에서 하위 단계로 목적과 수단을 계통적으로 전개함으로써 최적의 목적달성 수단을 찾는 방법이다.

상위 단계의 목적은 하위 단계의 수단으로 전개가 되는데, 이때 하위 단계의 수단은 그 단계의 하위 단계를 전개하기 위한 목적이 된다. 이러한 일련의 과정을 전개라고 한다.

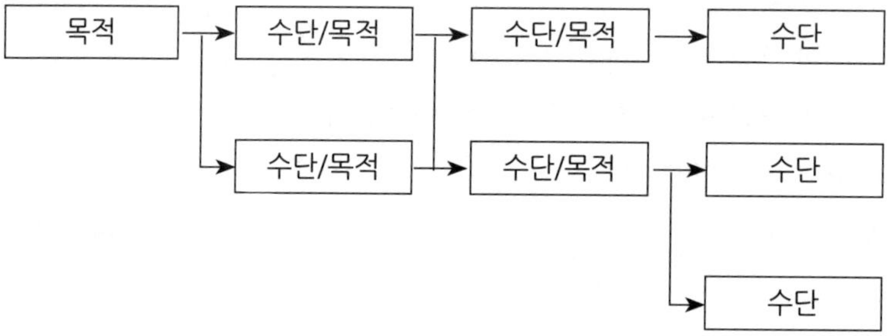

(2) 활용

- 신제품 개발에 있어서의 설계품질의 전개
  고객의 요구 – 품질특성 – 부품특성 – 공정특성 순으로 전개
- 특성요인도 작성 시 활용
  특성 – 요인 – 서브 요인 등
- 문제 해결을 위한 아이디어 전개
- 목표관리 시 목표의 전개
  전사목표 – 부문 목표 – 부서 목표 – 과 목표 등
- 조직 또는 설비에서의 기능의 전개
  주기능 – 보조 – 2차 기능 등

(3) 계통도의 종류

계통도는 [그림 2-34]의 ①과 같이 원인과 결과를 파고 들어가는 구성요소 전개형과 ②와 같이 세부 대책을 전개하는 방책 전개형으로 나눌 수 있다.

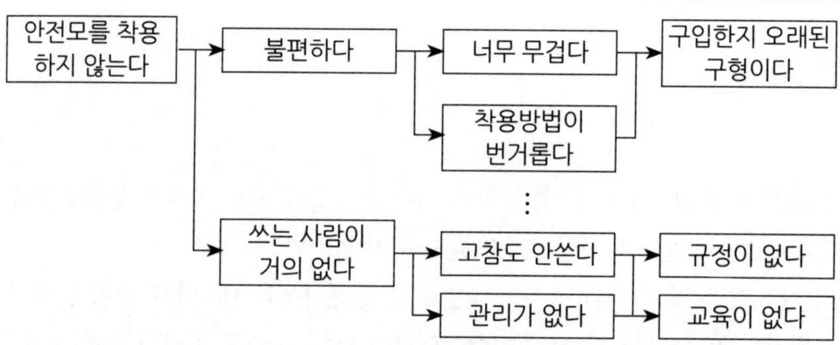

① 구성요소 전개형

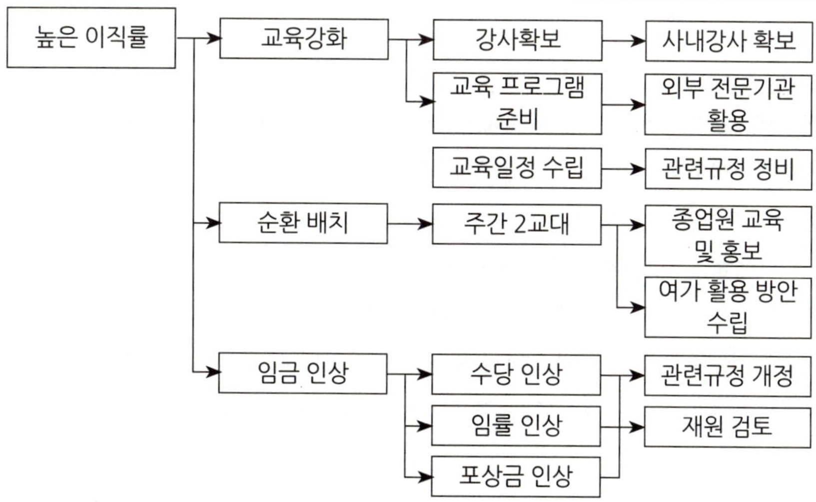

② 방책 전개형

그림 2-34 계통도의 종류

(4) 계통도의 적용사례

[그림 2-35]는 설비종합효율을 향상하기 위해 이를 구성하고 있는 요소들을 계통도를 통해 파악한 예이다.

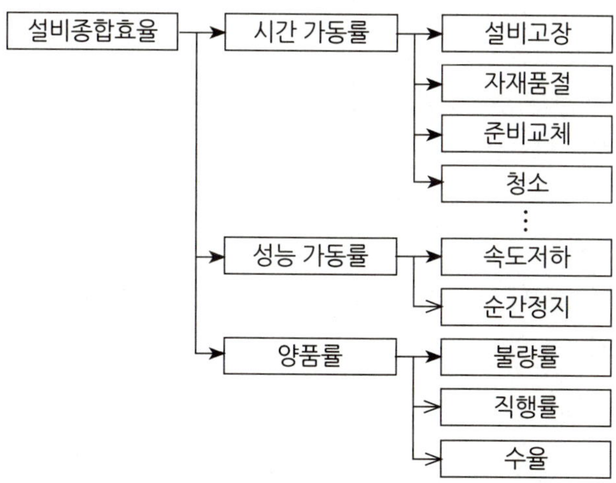

그림 2-35 설비종합효율을 결정하는 구성요소

4) PDPC법 (process decision program chart)

(1) 정의

과거에 경험이 없는 새로운 과제를 추진할 경우 계획된 시간 내에 성공적으로 임무를 완수하기까지에는 많은 불확실성이 존재한다.

따라서 PDPC법을 통해 업무 추진과정에서 발생할 수 있는 여러 가지 우발적인 상황들을 예측하고 이에 신속하게 대처할 수 있는 대응책을 미리 수립하여 시행착오를 최소화함으로써 과제를 효과적으로 달성할 수 있다.

이 기법은 또 업무 진행과정에서 예측하지 않았던 문제가 생겼을 때, 그 시점에서 될수록 빨리 궤도를 수정해서 목표를 달성하고자 하는 경우에도 유용하게 사용된다.

(2) 용도

다음과 같은 경우에 PDPC가 주로 이용된다.

① 불확실성이 큰 새로운 과제나 활동을 추진하고자 할 경우 우발적인 상황에 대비하기 위한 계획을 수립한다.
② 신규과제 추진 시 발생할 수 있는 문제를 사전에 도출하고 그로 인한 피해를 최소화하기 위한 대책을 마련한다.
③ 불완전한 계획 때문에 일어날 수 있는 문제점을 예측하고 그 영향을 평가한다.

(3) PDPC법 작성방법

① 대상과제와 이를 실행할 때 발생할 수 있는 우발적인 상황들을 잘 이해하고 있는 사람들로 팀을 구성한다.
② 최종 목표를 달성하기 위해 필요한 하위 단계의 활동들을 계통도와 같은 기법을 사용하여 나열한다.
③ 각각의 하위 활동들에 대해 발생할 수 있는 우발적인 상황을 'What if' 질문을 통해 설정한다.
④ 우발적인 상황에 대한 대응책을 수립한다. 만일 대응책이 다수인 경우 평가를 통해 최적안을 선정한다.

(4) PDPC 작성 사례

생산현장에서 화재가 발생할 것에 대비하기 위한 대책을 수립하기 위해 PDPC 법을 적용할 수 있다. [그림 2-36]에서와 같이 계통도를 통해 화재 발생 시에 대처방안들을 전개하고 적정한 수단이 전개되는 시점에서 효과적인 대책을 수립하면 된다.

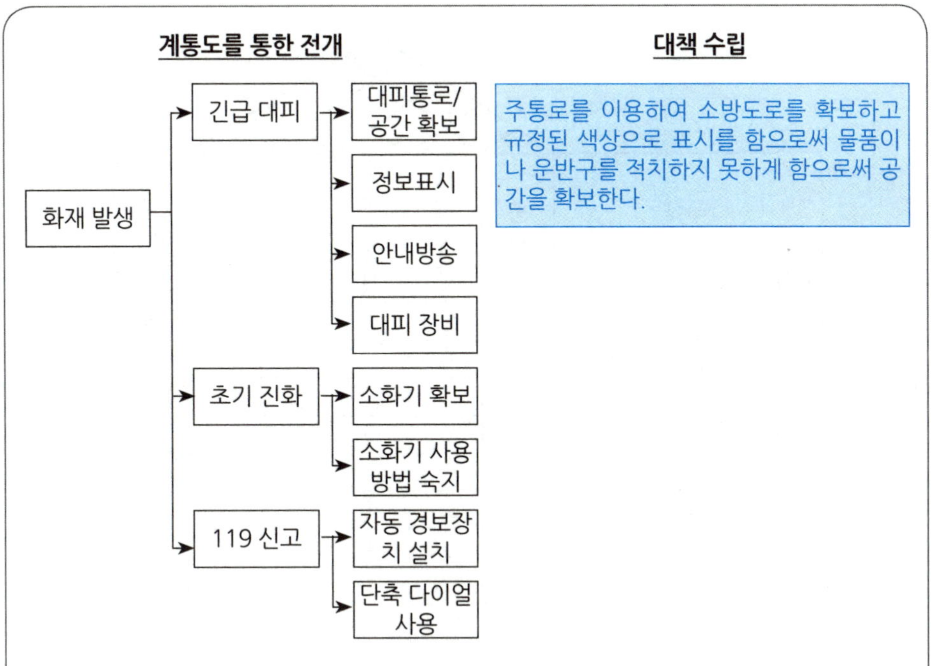

그림 2-36 화재 발생 시에 대처하기 위한 PDPC 적용 예

5) 매트릭스도법(matrix diagram)

매트릭스도법은 [표 2-7]과 같이 행렬(Matrix)을 사용하여 원인과 결과 사이의 관계, 목표와 방법 사이의 관계를 밝히고 나아가 이들 관계의 상대적 중요도를 나타내기 위해 사용된다.

표 2-7 운송수단과 서비스요소와의 관계

◎=높음, ○=보통, △=낮음

서비스요소 \ 운송수단	항공기	철도	선박	트럭
운임	◎	○	△	○
운송속도	◎	○	△	△
안전도	○	◎	○	○
운반용량	○	◎	◎	○
편의성	○	○	○	◎

QFD는 매트릭스도법을 활용하는 대표적인 툴이라고 할 수 있다.

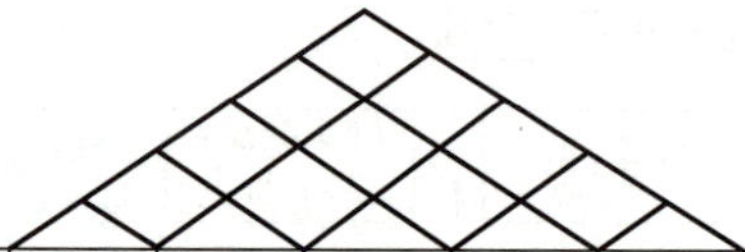

CTQ / 고객의 니즈			중량	두께치수	조작부특성	이해도	신선도	중요도
이동하기 편하다.			◎	○				5
주머니에 넣을 수 있다.			◎	◎				4
조작을 이해하기 쉽다.					○	◎		3
조작이 간단하다.					◎	△		4
진행상태를 알려준다.							○	3
CTQ의 중요도			45	35	29	15	9	
비교분석	**자사**		90	120	4	3	3	
	타사	**X 사**	95	120	3	4	2	
		Y 사	85	130	2	3	4	
		Z 사	100	155	5	5	4	
설계품질			80	115	6	5	4	

그림 2-37 QFD 사용예

6) 매트릭스 데이터 해석법(matrix data analysis)

(1) 정의

매트릭스도법에서 상대적인 중요도를 계량화하여 나타낸 것으로서 신 QC 7가지 도구 중 유일하게 계량치 데이터를 사용한다. [그림 2-37]에서 각각의 기호에 점수를 부여할 경우(△: 1점, ○: 3점, ◎: 5점) 매트릭스도법을 매트릭스 데이터 해석법으로 전환할 수 있다.

(2) 활용

- 나열된 원인 중 중요 원인을 파악한다.
- 나열된 대책 중 중요 대책을 선정한다.

• 다수 또는 중요 요인과 연관된 중요 특성을 파악한다.
• 변수 간에 관련 정도를 파악한다.

(3) 용도

• 고객이나 제품/서비스의 중요 특성을 결정하고자 할 경우
• 변수들 사이의 상관 정도를 확인하고자 할 경우
• 시장조사를 통해 파악된 요구품질의 중요도를 결정할 경우
• 복잡한 요인을 가진 공정의 해석(다변량 데이터를 분석하고자 할 때 중요한 수단)

(4) 매트릭스 데이터 해석법 작성순서

① 대상이 되는 특성들을 가로축에 나열한다.
② 특성에 대응되는 요인들을 세로축에 나열한다.
이때 특성 또는 요인에 대해 가중치를 설정할 수 있다.
③ 특성과 요인간에 관련성의 정도를 계량치로 평가한다.
④ 중요 특성을 선정할 경우에는 특성을 기준으로 세로축에 있는 모든 평가 값을 합산한다. 만일 중요 요인을 선정할 경우에는 요인을 기준으로 가로축의 모든 값을 합산한다. 점수가 높을 수록 중요 특성 또는 요인이 된다.
만일 가중치를 설정하였을 경우에는 가중치와 평가값을 곱한 후 합산을 한다.

[그림 2-38]은 약식 QFD로서 일명 XY 매트릭스라고 한다. 세로축에는 특성을 나열한 후 중요도에 따라 1~10까지의 가중치를 부여한다. 가로축에는 이들 특성과 관련된 요인을 대응시킨 후 특성과 요인이 교차하는 란에는 관련성에 따라 1~10까지의 점수를 부여한다.

랭크(rank)란에 점수는 특성치의 가중치와 관련성의 점수를 곱하여 요인별로 전부 더한 것으로 점수가 높을 수록 요인이 중요함을 나타낸다.

% 랭크는 랭크의 점수를 백분율로 환산한 것으로 전체 점수를 100으로 환산했을 때의 상대적인 중요도를 나타낸다.

Input Variables (X's)	Output Variables (Y's)	Hard inclusions(이물질혼입)	Metallizing(융착)	Castin not completely filled(미성형)	Discolored casting surface(표면변색)	Falsh(대형 BURR 발생)	Shrinkage cavities and pore(수축)	Cracks(mech. Cause)(갈라짐)	Cold laps.flow lines(탕경)	a preakdown of shape(형상파손)	Gas Porosity(기포)	Leakage(리크)	Rank	% Rank
	Output Ranking	6	9	6	3	5	8	7	6	5	10	10		
	Association Table													
재질 (성분함유량)		1	5		4		4	2			5	5	209	5%
장입비율		1	3		2		2	1			3	1	92	2%
GBF 처리시간			5	6							7	6	269	7%
보온로온도			5	6							7	6	245	6%
주조압				8		7	9						155	4%
고속속도		7	4	4			6	4	7	9	10	9	419	11%
고속위치			5	8		6	5	2	3		8	9	275	7%
진공장치(진공TANK진공도)													143	4%
냉각시간			4	5	4	4	3		1		4	5	213	5%
슈퍼쿨러냉각수공급압			6	4		5		6	5		5	6	267	7%
냉각수배치			9	7			8	5	6		5	7	343	9%
주조방안		8	9	4		5	10	4	7		10	10	488	12%
금형보수및정비			7		8			9		7	10	9	348	9%
제품형상			7	4		3	8		7	7	10	10	443	11%

그림 2-38 XY 매트리스 적용 사례

7) 애로우 다이어그램법(arrow diagram)

(1) 정의

일을 추진하는 데 필요한 공정이나 작업을 선후 관계에 따라 네트워크로 나타냄으로써 전체일정을 효율적으로 관리하기 위한 도구이다.

애로우 다이어그램은 목적을 달성하기 위해 필요한 일련의 활동의 추진순서를 화살표로 나타내고 여기에 소요시간을 명시함으로써 최적의 일정계획을 제시하고 이에 따른 진도관리를 할 수 있다.

애로우 다이어그램은 약식의 PERT/CPM*이라고 할 수 있는데 크고 복잡한 과제일 경우 주경로를 선정하고 일정을 효율적으로 수립하기 위해서는 PERT/CPM을 사용할 필요가 있다.

(2) 활용

- 프로젝트 완수에 필요한 모든 활동들의 선후관계를 밝히고, 이를 알기 쉽도록 그림으로 나타낸다.
- 애로우 다이어그램은 간트 차트의 약점을 보완하여 작업 소요시간뿐 아니라 작업순서의 선후 관계를 동시에 보여준다.
- 프로젝트의 완성일자를 사전에 추정하고, 완성일자를 좌우하는 주경로(critical path)를 찾는다.
- 프로젝트의 진척도를 모니터링 하면서 일정관리를 효율적으로 할 수 있다.

Note **PERT/CPM**(Program Evaluation and Review Technique/Critical Path Method): 프로젝트에 대한 일정 및 자원을 계획하고 통제함으로써 프로젝트를 기한 내에 경제적으로 완수하기 위한 종합관리 시스템이라고 할 수 있다.
즉, 프로젝트를 단위활동으로 분해하여 각 단위활동의 예측 소요시간, 단위활동간의 선후 관계 결정하여 네트워크를 작성한 후 각 단위활동의 시작시간과 완료시간 파악하고, 여유시간을 계산하여 주 공정을 결정한다(**일정계획**). 그리고 이에 따라 각 단위활동의 수행에 필요한 원자재, 인력, 설비, 자금 등의 배정 계획을 수립한다(**자원계획**). 이후 프로젝트가 일정에 따라 진행되는지 여부를 파악하여 자원 재배정 등을 통해 조정한다(**통제**).

PERT는 미 해군이 1950년대 대 잠수함 미사일 개발 시 프로젝트를 시간적으로 관리하려는 목적으로 개발했으나, 오늘날은 비용절감도 함께 고려할 수 있도록 개량되었다. 전자를 PERT/time 후자를 PERT/cost라 한다.
CPM은 미국의 듀퐁사가 1957년 개발한 것으로 프로젝트의 각 활동에 소요되는 시간과 비용을 알고 있는 상태에서 최적의 진행순서를 도출함으로써 효율을 향상하기 위한 목적으로 개발한 것이다.

PERT는 신규사업 즉 경험이 없는 프로젝트에 적용되어 시간을 통계적으로 추정하는 반면 **CPM**은 경험이 있는 반복적인 프로젝트에 적용되어 시간을 확정적으로 설정할 수 있다.

(3) 용도

- 신제품 개발 시 세부일정 계획 및 진도관리를 할 수 있다.
- 프로젝트 관리, 생산계획에 사용된다.
- 프로젝트의 과정이나 최적의 스케줄을 보여 주는 주경로를 볼 때 사용된다.

(4) 효과

- 전체 계획을 한 눈에 파악할 수 있으므로 진척상황을 손쉽게 파악할 수 있다.
- 타 부서와 관련성을 알 수 있으므로 책임과 역할의 분담이 용이해 진다.
- 일정 변경 시에 신속한 조치를 취할 수 있다.
- 단 시일 내에 일정조정을 용이하게 할 수 있다.

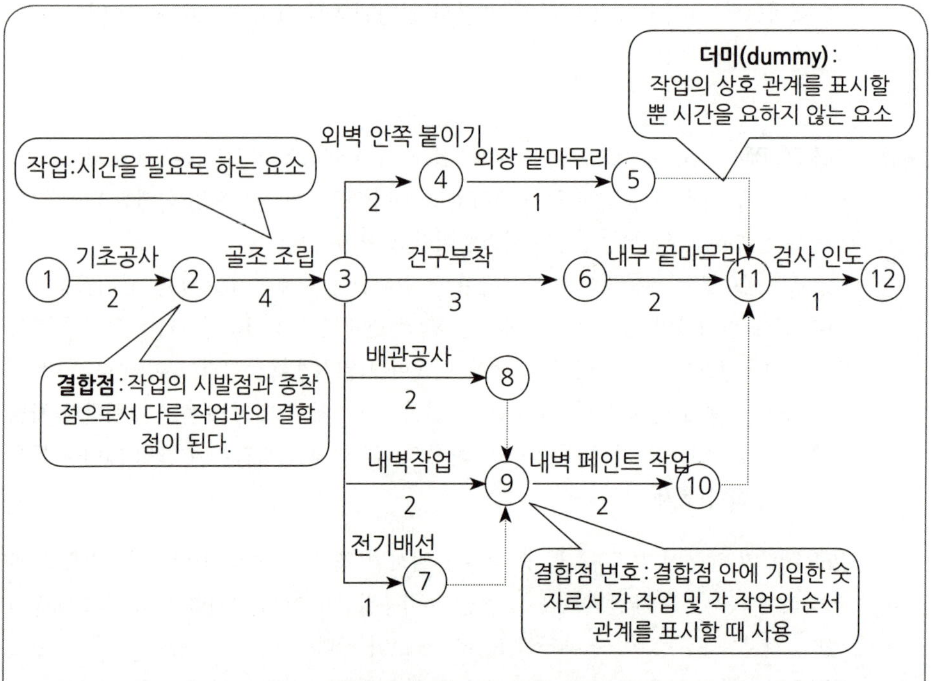

그림 2-39 애로우 다이어그램 사용예 (주택 건축의 일정관리)

2장 연습문제

1. 품질문제를 3가지 형태로 구분하고 이에 대한 특징을 간략하게 기술하시오.

2. 품질문제를 효과적으로 해결하기 위한 절차/방법에 대해 간략하게 기술하시오.

3. 품질의 시스템적 사고와 프로세스 어프로치에 대해 간략하게 기술하시오.

4. SPC의 핵심요소에 대해 간략하게 기술하시오.

5. 관리계획서를 작성하는 목적이 무엇인지를 간략하게 기술하시오.

6. QC의 7가지 도구를 나열하고 어떤 경우에 사용할 수 있는지를 간략하게 기술하시오.

7. 원, 꺾은선, 막대 그래프의 용도에 대해 간략하게 기술하시오.

8. 신 QC의 7가지 도구를 나열하고 어떤 경우에 사용할 수 있는지를 간략하게 기술하시오.

9. 파레토 차트 작성 시 유의사항을 기술하시오.

10. 슈하르트와 파레토 원리를 적용하여 문제해결 순서를 나열하시오.

제3장

자료의 정리

3.1 미니탭 사용법

미니탭은 원래 기초 통계학을 수강하는 학생들을 위하여 1972년 미국 펜실베니아 주립대학에서 개발된 통계 프로그램으로, 이후 공학, 사회학, 경영학, 품질관리 등 자료의 분석을 통해서 연구하는 모든 분야에 널리 사용되고 있다.

특히 Six Sigma가 많은 기업에 도입되면서부터 필수 통계 소프트웨어로 자리잡고 있다.

최신 판은 버전 17로, 개발 이래 현장의 요구(특히 Six Sigma)를 적극적으로 수용하면서 지속적으로 version-up되고 있다.

1) 미니탭의 화면 구성 요소

미니탭은 다음의 화면으로 구성되어 있다.

① 세션 창(Session Window) : 미니탭의 명령어를 수행한 결과를 보여준다.
- 데이터 처리결과를 텍스트 형식으로 출력
- Session Window button, Ctrl-Tab, Ctrl-M, Window menu를 이용해 접근할 수 있다.

② Data Window(워크시트) : 데이터를 입력 및 수정하고 입력된 데이터를 볼 수 있다.
- 각 열은 제목 칸을 가지고 있다.- 31개 이하의 문자입력 가능
- 각 열은 동종의 변수만을 가진다.(예: 숫자, 문자, 날짜, 시간 등)
- Data Window button, Ctrl-Tab, Ctrl-D, Windows menu를 이용해 접근할 수 있다.

③ Project Manager Window : 미니탭사용에 대한 전반적인 정보를 제공한다.
- 메뉴나 Session Window에서 사용된 모든 명령들을 저장한다.
- 현재 사용되고 있는 변수, 상수, 매트릭스 등에 대한 정보를 제공한다.
- Ctrl-Tab, Ctrl-i, Windows menu를 통해 접근할 수 있다.

④ Graph Window : 데이터 처리결과를 그래프로 보여 준다. 최고 15개의 그래프 윈도우를 동시에 열 수 있다.
- Ctrl-Tab, Window menu를 통해 접근할 수 있다.

⑤ Menu 바 : 메뉴를 클릭할 경우 명령어가 나타난다. 이 중 하나를 선택하면 명령이 실행된다.

⑥ Tool 바 : 자주 사용하는 명령어를 그림으로 형상화하여 버튼으로 나타낸 것으로, 이 곳을 클릭하면 명령이 실행된다.

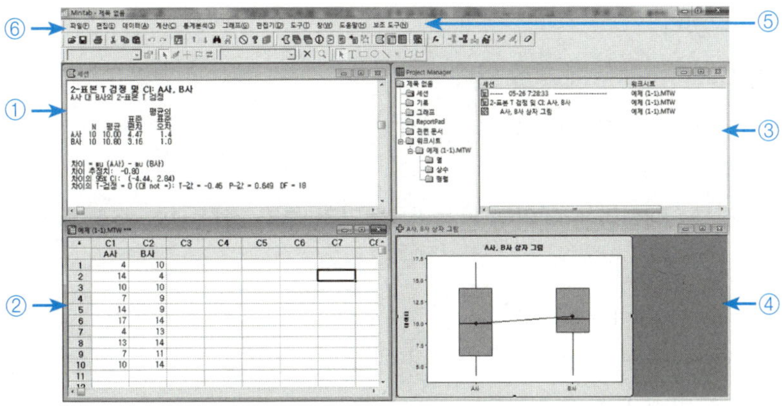

2) 시작하기

다음의 3가지 방법 중 하나로 Minitab을 실행하면 초기화면이 나타난다.

① 바탕화면에서 MINITAB 아이콘을 double click 한다.

② **시작>프로그램>MINITAB**을 선택한다.

③ **Windows 탐색기>Program Files>MINITAB 17>Mtb 17**을 선택한다.

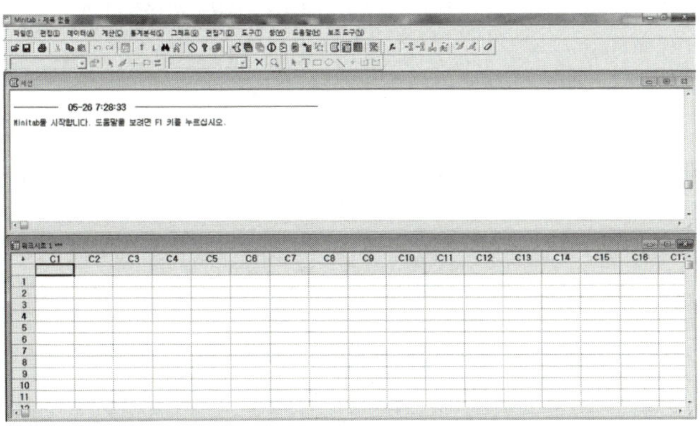

3) 자료의 입력

미니탭에서는 다음과 같이 데이터를 입력할 수 있다.

① 복사/붙이기 기능

미니탭 내에서 또는 다른 'Windows software(예: Excel)'에서 데이터를 복사할 수 있다.

② Data window에 직접 입력 가능

워크시트 상에 자료를 직접 입력할 수 있다.

③ 자동 생성 기능

계산>패턴있는 데이터 만들기>등간격 숫자 집합…을 통해 데이터를 자동으로 생성할 수 있다.

④ 자료를 불러올 수 있다.

보통 사용되고 있는 소프트웨어 패키지(Excel)에서 또는 텍스트나 ASCII로 저장된 파일에서 데이터를 불러올 수 있다.

다음의 예제를 통해 데이터를 직접 입력해 보기로 한다.

예제 3-1 동일 부품을 납품하고 있는 두 협력사의 부품특성을 다음과 같이 측정하였다. 미니탭에 데이터를 입력하시오.

부품의 일련번호

	1	2	3	4	5	6	7	8	9	10
협력사 A	4	14	10	7	14	17	4	13	7	10
협력사 B	10	4	10	9	9	14	13	14	11	14

상기의 데이터를 Data window 상에 입력하는 방법은 다음과 같다.

① 데이터 입력을 하고자 하는 셀로 커서를 이동시킨 후 데이터를 입력하고 Enter를 누른다.

② 이때 최상단 좌측칸에 있는 화살표가 → 인 경우 Enter 를 누르면 커서가 우측으로 이동되고 화살표가 ↓ 인 경우 Enter를 누르면 커서가 아래로 이동된다.

③ 입력된 값을 수정하고자 할 경우에는 해당 셀을 클릭한 후 새로운 값을 입력하고 Enter를 누르면 된다.

④ 데이터 입력 중 이를 취소하고자 할 경우에는 Esc를 누르면 된다.

표 3-1 미니탭 워크시트에 데이터 입력

예제 (1-1).MTW ***

↓	C1	C2	C3
	협력사 A	협력사 B	
1	4	10	
2	14	4	
3	10	10	
4	7	9	
5	14	9	
6	17	14	
7	4	13	
8	13	14	
9	7	11	
10	10	14	
11			

4) 워크시트 저장

Data 워크시트 상에 입력된 데이터를 이후에 다시 사용하기 위해서는 디스크에 저장해야 한다.

파일 > 현재 워크시트 저장을 클릭하면 다음의 화면이 나타난다.

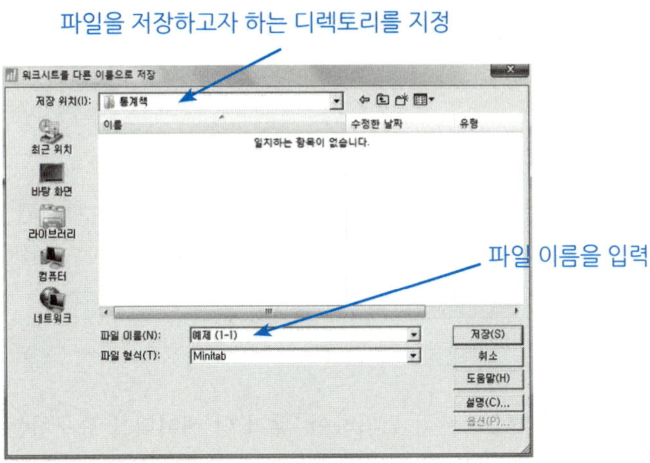

저장(S)를 클릭하면 데이터가 저장된다. 저장된 자료는 이후 **파일 > 워크시트 열기**를 클릭함으로써 다시 불러올 수 있다.

5) Project의 저장

미니탭에서는 데이터, 통계적 분석결과, 그래프 등을 포함하여 작업한 내용 전체를 저장할 수 있다.

파일>**프로젝트 저장**을 클릭한 후 다음을 실행한다.

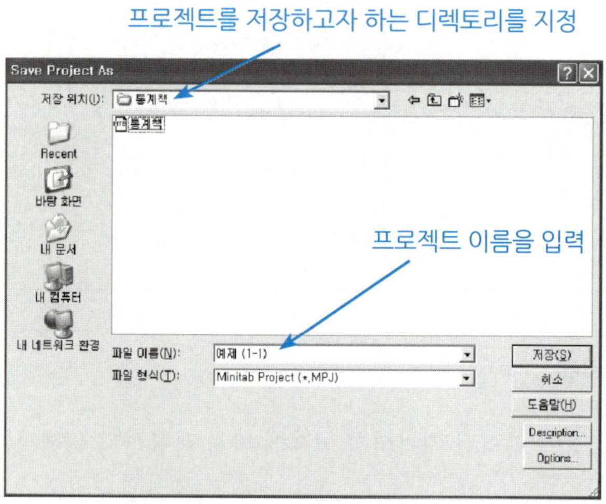

저장을 클릭하면 프로젝트가 저장된다.

저장된 자료는 이후 **파일**>**프로젝트 열기**를 클릭함으로써 다시 불러올 수 있다.

6) 명령어의 실행

미니탭의 명령어는 각 장에서 미니탭에 의한 분석이 필요할 때마다 사용함으로써 익히는 것이 바람직하다. 따라서 우선은 공통적으로 많이 사용되는 명령어부터 소개하기로 한다.

(1) 쌓기

미니탭에서는 데이터 분석을 위하여 '쌓기'형 데이터를 요구하는 경우가 많다. 쌓기에는 열 쌓기와 행 쌓기가 있다.

① 열 쌓기

[표 3-1]의 데이터를 미니탭을 사용하여 쌓기를 하면 다음과 같다.

데이터 > 쌓기 > 열... 을 클릭하면 다음의 화면이 나타난다.

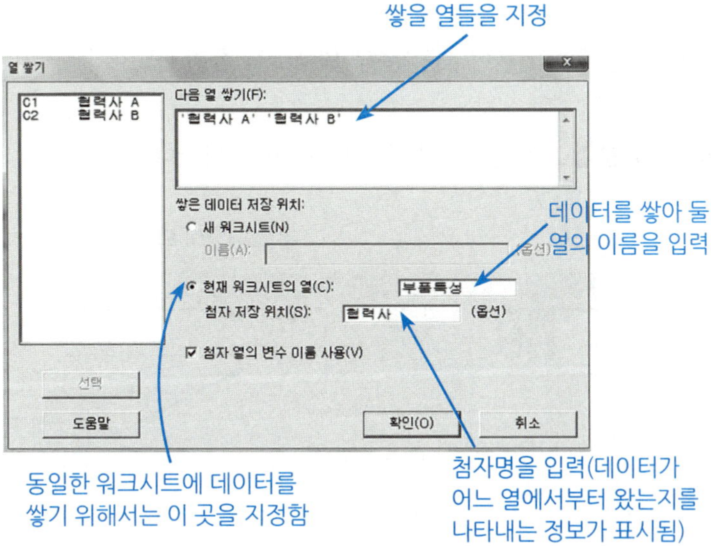

'확인'을 클릭하면 다음과 같이 동일한 워크시트에 데이터가 쌓아진다.

표 3-2 미니탭을 사용한 데이터 쌓기

예제 (1-1).MTW ***

↓	C1	C2	C3	C4-T	C5
	협력사 A	협력사 B	부품특성	협력사	
1	4	10	4	협력사 A	
2	14	4	14	협력사 A	
3	10	10	10	협력사 A	
4	7	9	7	협력사 A	
5	14	9	14	협력사 A	
6	17	14	17	협력사 A	
7	4	13	4	협력사 A	
8	13	14	13	협력사 A	
9	7	11	7	협력사 A	
10	10	14	10	협력사 A	
11			10	협력사 B	
12			4	협력사 B	
13			10	협력사 B	
14			9	협력사 B	
15			9	협력사 B	
16			14	협력사 B	
17			13	협력사 B	
18			14	협력사 B	
19			11	협력사 B	
20			14	협력사 B	
21					

② 행 쌓기

때로는 입력되어 있는 데이터를 열이 아니라 행으로 쌓아야 하는 경우가 있다. 이에 대한 설명은 '**10.1** $\overline{X}-R$ 관리도' 절의 '4) 미니탭을 사용한 $\overline{X}-R$ 관리도의 작성'에 설명이 되어 있으니 이를 참조 하기 바란다.

(2) 분할

[표 3-2]에서 쌓아진 데이터를 '분할' 명령어를 통해 [표 3-1]과 같이 다시 원 상태로 되돌릴 수 있다.

데이터 > 열 분할 ...을 클릭하면 다음의 화면이 나타난다.

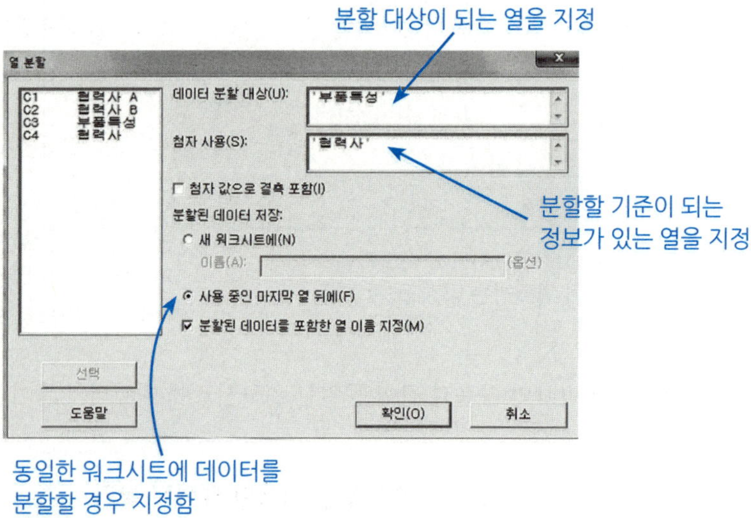

'확인'을 클릭하면 쌓였던 데이터가 다시 분할된 것을 알 수 있다.

예제 (1-1).MTW ***

↓	C1	C2	C3	C4-T	C5	C6	C7
	협력사 A	협력사 B	부품특성	협력사	부품특성_협력사 A	부품특성_협력사 B	
1	4	10	4	협력사 A	4	10	
2	14	4	14	협력사 A	14	4	
3	10	10	10	협력사 A	10	10	
4	7	9	7	협력사 A	7	9	
5	14	9	14	협력사 A	14	9	
6	17	14	17	협력사 A	17	14	
7	4	13	4	협력사 A	4	13	
8	13	14	13	협력사 A	13	14	
9	7	11	7	협력사 A	7	11	
10	10	14	10	협력사 A	10	14	
11			10	협력사 B			
12			4	협력사 B			
13			10	협력사 B			
14			9	협력사 B			
15			9	협력사 B			
16			14	협력사 B			
17			13	협력사 B			
18			14	협력사 B			
19			11	협력사 B			
20			14	협력사 B			

(3) 패턴있는 데이터 만들기

미니탭을 사용하여 자료를 분석하기 위해서는 일정한 형태로 반복되는 데이터가 필요한 경우가 있다. 물론 이 경우 일일이 수작업으로 데이터를 입력할 수도 있으나 매우 번거롭기 때문에 '패턴 있는 데이터 만들기' 명령어를 사용한다.

미티탭에서 **계산 > 패턴있는 데이터 만들기 > 등간격 숫자 집합...**을 클릭하면 다음의 화면이 나타난다.

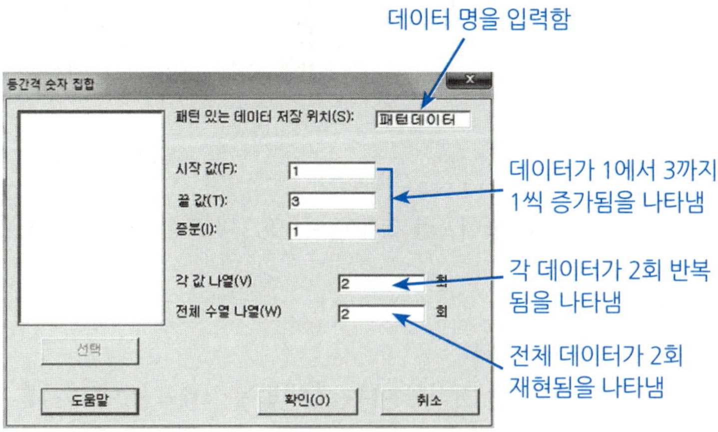

'확인'을 클릭하면 다음과 같이 패턴 있는 데이터가 생성된다. 1부터 3까지 1씩 증분이 되면서 각각의 데이터가 2회 반복이 되었고, 전체 데이터가 2회 재현이 되었다.

↓	C1	C2
	패턴데이터	
1	1	
2	1	
3	2	
4	2	
5	3	
6	3	
7	1	
8	1	
9	2	
10	2	
11	3	
12	3	
13		

문제 3-1 미니탭을 사용하여 다음과 같이 패턴 있는 데이터를 생성하시오.

ⓐ

↓	C1
1	1
2	1
3	1
4	3
5	3
6	3
7	5
8	5
9	5
10	7
11	7
12	7

ⓑ

↓	C1
1	5
2	5
3	3
4	3
5	1
6	1
7	5
8	5
9	3
10	3
11	1
12	1

ⓒ

↓	C1-T
1	A
2	A
3	B
4	B
5	C
6	C
7	A
8	A
9	B
10	B
11	C
12	C

(4) 그래프 편집

미니탭에서는 다양한 그래프를 작성할 수 있으며 또한 작성한 그래프를 다양한 방법으로 편집할 수 있다.

① 글자 및 그래프의 편집

미니탭으로 그래프를 작성한 이후 글씨 또는 그래프 상에 커서를 위치하고 더블 클릭을 하면 글씨의 크기, 글자체, 그림의 유형, 색상 등을 다양하게 편집할 수 있다.

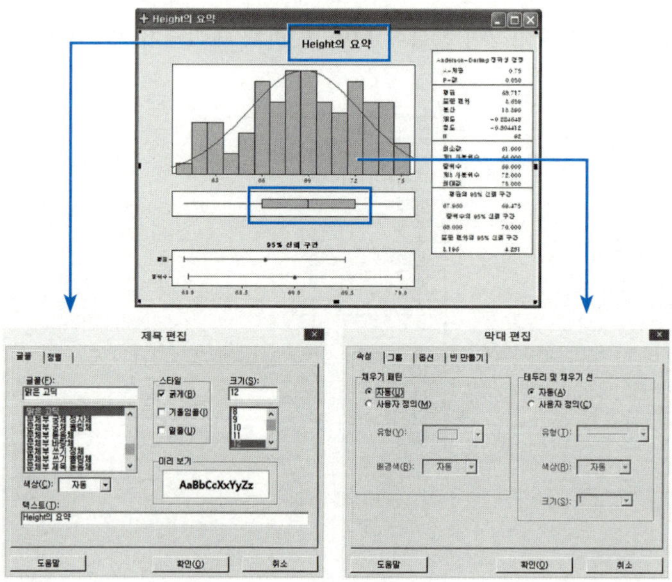

② 그래프 브러시 기능

그래프 상에서 오른 마우스르 클릭하면 다음의 팝업 화면이 나타난다. 이때 브러시를 선택하여 그래프 상의 점을 클릭하면 워크시트 상의 해당 데이터에 표시가 된다.

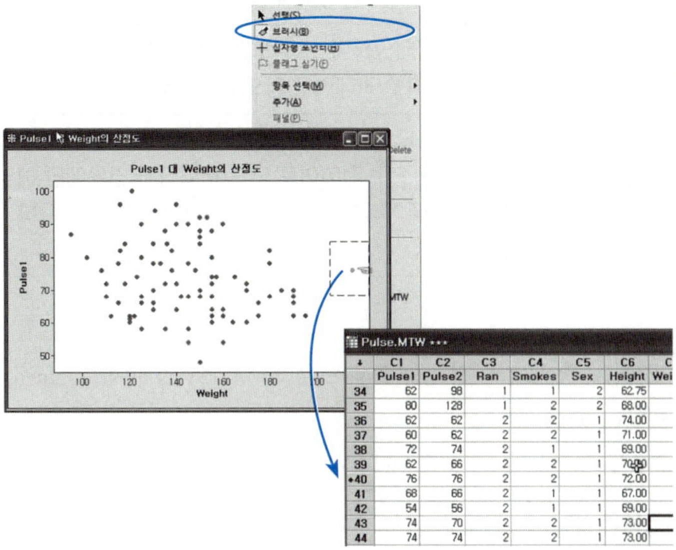

그림 3-1 미니탭에서 그래프 브러시 기능의 설명

[그림 3-1]에서 이상치로 판단되는 점을 제거한 후 재분석을 하고자 할 경우 그래프 '브러시' 기능을 사용함으로써 해당 되는 데이터를 워크시트 상에서 손쉽게 찾을 수 있다.

③그래프 정보표시

미니탭에서는 워크시트 상의 데이터와 그래프가 일치하는지의 여부에 대한 정보를 제공한다. [표 3-3]은 발생할 수 있는 3가지 경우에 따라 아이콘 색깔을 통해 그래프의 상태 및 원인을 설명한다.

노랑색이나 빨강색의 경우 데이터의 업데이트를 통해 그래프가 다시 회복되면 초록색의 상태로 복귀가 가능하다.

표 3-3 미니탭에서 그래프에 대한 정보표시

아이콘 색깔	상태 및 원인
(초록)	• 최근 그래프이며, 데이터와 그래프가 일치한다. - 그래프를 수동으로 업데이트했거나, '그래프 자동 업데이트'를 지정하여 업데이트가 된 상태이다. - 처음부터 데이터를 변경하지 않았다.
(노랑)	• 데이터가 변경되었으며, 그래프와 데이터가 일치하지 않는다. 이 경우 데이터를 업데이트 함으로써 초록색으로의 복귀가 가능하다.
(빨강)	• 데이터가 변경되었으며, 그래프와 데이터가 일치하지 않는다. (그래프가 자동으로 업데이트 되도록 설정한 경우에만 해당됨) • 이 경우에도 데이터를 업데이트 함으로써 초록색으로의 복귀가 가능하다.

[표 3-3]에서 빨강색의 경우는 그래프를 자동으로 업데이트하도록 설정한 경우에만 해당이 된다.

그래프를 자동으로 업데이트 하는 방법은 그래프 상에서 오른 마우스 버튼을 클릭하면 다음의 팝업 화면이 나타나는데 이때 '그래프 자동 업데이트'를 지정하면 된다.

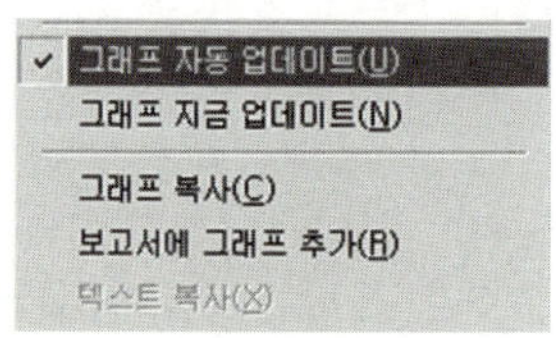

7) 자료의 출력(Print)

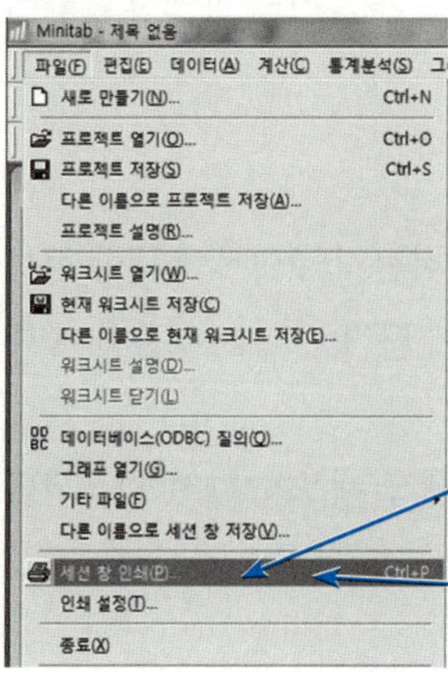

미니탭 작업 중에 필요에 따라 세션 창, 워크시트 및 그래프를 출력할 수 있다.

세션 창의 통계적 분석 결과를 출력하기 위해서는, 커서로 세션 창을 지정한 후 Menu바의 '파일'을 클릭하면 다음의 화면이 나타난다.

이 곳을 클릭하면 세션 창의 내용이 출력된다

만일 워크시트 또는 그래프를 커서로 지정하였다면 이곳에 '워크시트 인쇄' 또는 '그래프 인쇄'가 각각 나타날 것이다.

8) 끝내기

파일 > 종료를 클릭하면 미니탭을 종료할 수 있다.

3.2 자료의 정리

변수를 관측 또는 측정하여 얻은 자료로부터 정보를 얻기 위해서는 자료를 정리 및 요약해야 한다. 그런데 변수의 종류에 따라 자료를 정리 및 요약하는 방법이 달라지기 때문에 자료가 어떤 종류의 변수를 관측 또는 측정하여 얻어진 것인가를 먼저 파악해야 한다.

3.2.1 변수의 종류

변수의 종류에는 양적변수와 질적변수가 있는데, 양적변수는 이산형 변수와 연속형 변수로 구분할 수 있으며, 질적변수는 이진형, 순위형 및 명목형으로 구분할 수 있다.

1) 양적변수(quantitative variable)

크기나 양을 숫자로 표현할 수 있는 변수로서 이산형 변수와 연속형 변수가 있다.

- 이산형 변수(discrete variable) : 불연속(discrete)하기 때문에 셀 수 있다(countable).
  하나, 둘 등과 같이 셀 수 있는 정수값으로 표현되는 자료로 불량품수, 결점수, 시간당 통화횟수 등과 같은 계수치 데이터가 이에 해당된다.
- 연속형 변수(continuous variable) : 연속(continuous)하기 때문에 셀 수 없다(uncountable). 연속하기 때문에 임의의 구간에서의 값으로 표현되나 우리는 단지 편의상 연속한 값 중 특정한 값을 읽을 뿐이다.
  몸무게, 키, 인장강도, 길이 등의 계량치 데이터가 이에 해당된다.
  연속형 변수의 특징은 연속값을 값을 가지므로 측정단위(예를 들면 kg, g, mg, μg 등)를 사용하여 하부 단위로 나누어 세부적으로 표시할 수 있다. 따라서 측정단위를 갖는 자료는 연속형 변수라고 할 수 있다.

2) 질적변수(qualitative variable)

크기나 양을 나타낼 수 없는 변수로서 성별, 종교, 직업 등과 같이 자료의 상태를 나타낼 때 사용된다. 그런데 질적변수는 필요에 따라 숫자화할 수 있다. 예를 들면 매우 불만족 0, 불만족 1, 보통 2, 만족 3, 매우 만족 4 등으로 구분하는 경우이다.

그러나 이들 숫자는, 양적변수와는 달리 숫자 자체가 자료의 속성을 나타내는 것이 아니고, 단지 편의상 정한 약속에 불과할 뿐이다.

질적변수는 개체를 분류하기 위해 사용하기 때문에 범주형 변수(categorical variable)라고도 하고 변수값이 이산형이므로 이산형 변수라고도 한다. 질적변수는 다음과 같이 나눌 수 있다.

- 이진형 변수(binary variable): 양품 또는 불량, 예 또는 아니오, 남자 또는 여자 등과 같이 순서를 가리지 않고 2개의 범주로 구분된다.
- 명목형 변수(nominal variable): 날씨를 맑음, 흐림, 비, 눈 등으로 분류하는 경우로 순서를 가지지 않고 3개 이상의 범주로 구분된다.
- 순위형 변수(ordinal variable): 수, 우, 미, 양, 가의 경우나 1위, 2위, 3위의 경우와 같이 순서를 가지며 3개 이상의 범주로 구분된다.

이상의 내용을 [그림 3-2]와 같이 간략하게 정리할 수 있다.

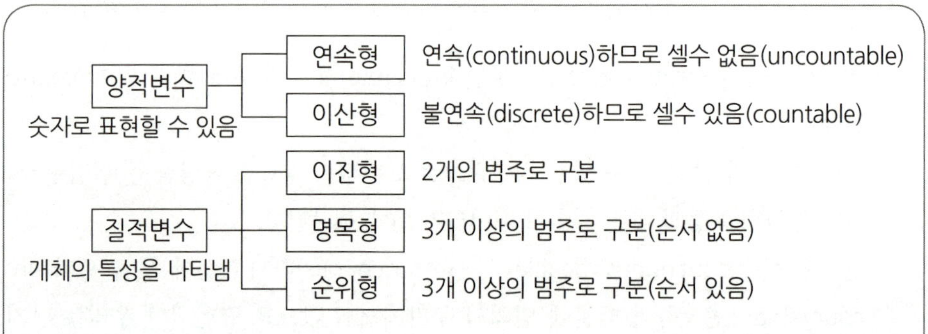

그림 3-2 **자료의 종류**

통계적 분석에서는 자료를 연속형과 이산형 변수로 구분하여 처리하는데 질적변수도 정해진 특성을 세거나 범주화된 질적자료의 빈도수를 표현할 수 있으므로 이산형 변수로 분류하여 취급한다.

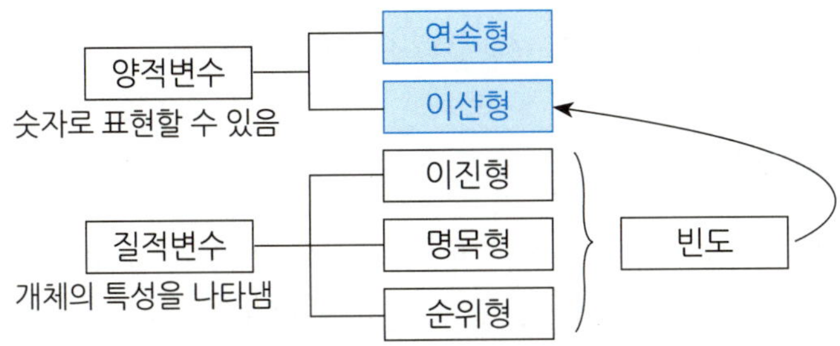

그림 3-3 자료의 분류(이산형 변수와 연속형 변수)

3.2.2 자료의 요약

자료(데이터)를 정리 및 요약하여 필요한 정보를 얻기 위해서는 자료의 분포 특성을 대표값과 산포도로 표현하거나 또는 표 및 그래프로 나타낼 필요가 있다. 대표값과 산포도와 같은 척도는 자료의 분포의 특성을 객관적으로 표현할 수 있는 장점이 있다.

한편 표나 그래프는 작성자의 주관이 개입될 수 있는 단점이 있으나, 자료의 분포에 대한 전체적인 특성을 한눈에 파악할 수 있는 장점이 있다.

따라서 자료의 특성을 파악할 때에는 우선 표나 그래프를 통해 자료의 전체적인 특성을 파악한 후, 대표값과 산포도를 통해 구체적인 특성을 파악하는 것이 바람직하다.

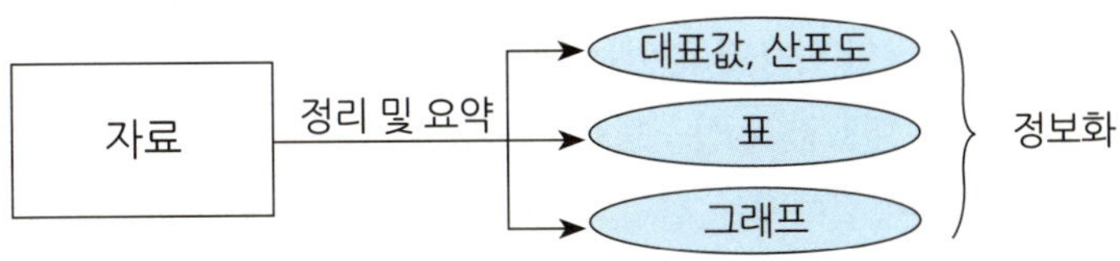

그림 3-4 기술통계*에 의한 자료의 정보화

Note **기술통계**: 통계학은 기술통계학(descriptive statistics)과 추측통계학(inferential statistics)으로 구분된다. 기술통계학은 전수조사 또는 표본조사를 통하여 얻은 자료를 대표값 및 산포도, 표, 그래프 등으로 정리 및 요약 하여 정보화하는 분야이며, 추측통계학은 기술통계학을 통해 얻은 정보를 분석하여 모집단에 대한 결론을 도출하는 즉, 의사결정을 하는 분야이다이 절에서는 대표값과 산포도를 먼저 설명한 후 표와 그래프에 대해 설명하기로 한다. 대부분의 경우 양적변수에 한에서 대표값과 산포도를 구한다.

1) 대표값과 산포도

자료를 정리 및 요약하여 정보를 얻는 가장 기본적인 방법으로 자료의 분포 중심을 나타내는 대표값과, 관측치가 대표값을 중심으로 얼마나 흩어져 있는가를 나타내는 산포도를 구한다.

왜냐하면 자료의 분포 중심과 흩어진 정도를 알면 그 집단의 특성을 어느 정도 파악할 수 있기 때문이다. 예를 들면 [그림 3-5]의 그래프는 A, B 두 학급의 시험성적의 분포이다. A 학급의 성적분포는 B학급의 성적분포에 비해 높은 평균 점수와 낮은 산포를 나타내므로 B학급에 비해 우수한 집단임을 알 수 있다.

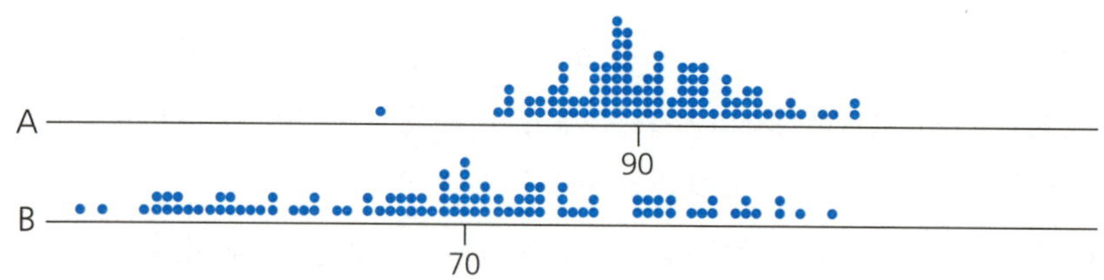

그림 3−5 대표값과 산포도 : 자료의 중심과 흩어진 정도

[그림 3-6]은 우리가 많이 사용하고 있는 대표값과 산포도를 나타낸다.

일반적으로 모집단의 대표값과 산포도를 자료로부터 직접 계산하여 알 수 있는 경우는 많지 않다. 그러나 이 절에서는 설명의 편의상 모집단과 표본의 자료로부터 대표값과 산포도를 구해 보기로 한다.

(1) 대표값

자료를 대표하는 대표값은 자료의 분포의 중심이 어디인가 즉 관측치가 어느 값을 중심으로 많이 몰려 있는가를 나타내는데 대표값에는 평균(mean), 중앙값(median), 최빈값(mode) 등이 있다.

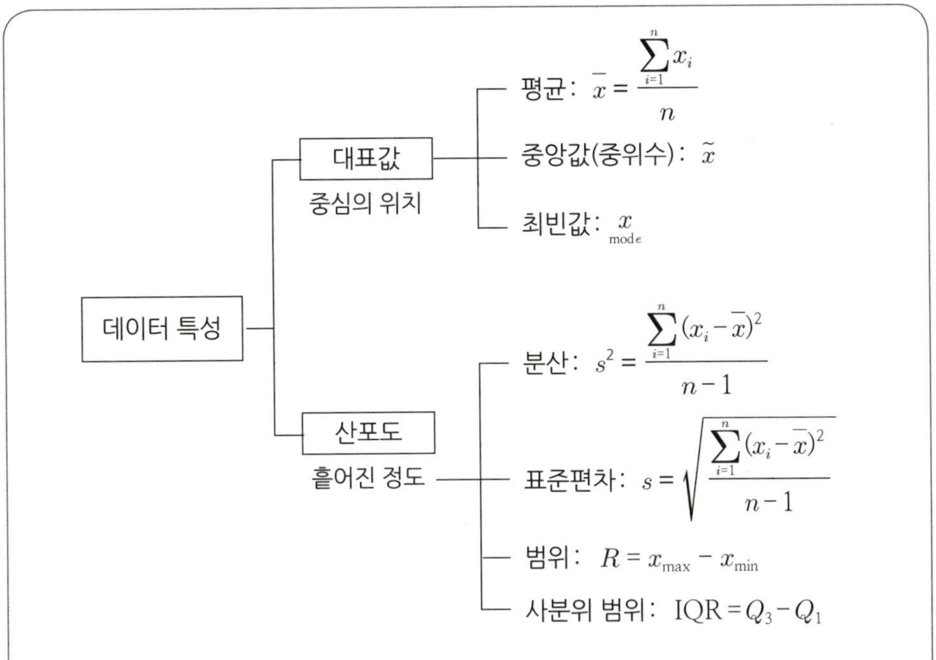

그림 3-6 대표값과 산포도의 종류

① 산술평균(arithmetic mean)

보통 평균(mean)으로 통용되는데 관측치의 총합을 전체 관측치의 개수로 나눈 값으로 대표값으로 가장 많이 사용된다.

평균은 자료의 모든 값에 의해 영향을 받으며 특히 이상치에 의해 영향을 많이 받는다. 따라서 이상치가 있는 경우에는 중앙값을 대표값으로 사용한다.

평균은 양적자료에만 사용되는데 모평균과 표본평균은 각각 다음과 같이 정의할 수 있다.

모평균(population mean)

모집단 전체를 조사한 결과 관측값이 $x_1, x_2, \cdots, x_N$ 일 때 모집단의 평균인 모평균은 다음과 같다.

$$\text{모집단의 평균}: \mu = \frac{x_1 + x_2 + \cdots + x_N}{N} = \frac{\sum_{i=1}^{N} x_i}{N} \qquad (3.1)$$

표본평균은 모평균과 구하는 방식은 동일하나 단지 대상의 크기와 표기에서 차이가 난다.

표본평균(sample mean)

모집단으로부터 n개의 개체를 추출하여 얻은 관측치 $x_1, x_2, \cdots, x_n$으로 표본을 구성할 경우 표본평균은 다음과 같다.

$$\text{표본의 평균} : \overline{x} = \frac{x_1 + x_2 + \cdots + x_n}{n} = \frac{\sum_{i=1}^{n} x_i}{n} \quad (3.2)$$

예제 3-2 다음의 경우 모집단과 표본의 평균을 구하시오.

모집단의 평균 : $\mu = (1+2+, \cdots, +10)/10 = 5.5$

표본의 평균 : $\overline{x} = (1+4+5+7+10)/5 = 5.4$

② 중앙값(median)

중앙값은 다음과 같이 정의되기 때문에 이상치가 있는 경우에는 영향을 덜 받는다.

중앙값(median)

관측치를 크기순으로 나열할 경우 중앙에 위치한 값을 중앙값 또는 중위수라고 한다.

따라서 자료에 이상치가 포함되어 있기 때문에 평균을 대표값으로 사용하기가 부적절한 경우, 평균 대신에 중앙값을 대표값으로 사용할 수 있다.

만일 자료의 수가 홀수인 경우에는 정중앙에 위치한 값이 중앙값이며, 자료의 수가 짝수인 경우에는 중앙에 위치한 2개의 값의 평균이 중앙값이 된다.
일반적으로 모집단의 중앙값은 $\tilde{\mu}$로, 표본의 중앙값은 $\tilde{x}$ 혹은 M으로 나타낸다.

예제 3-3 **'예제 3-2'**에서 모집단 및 표본에 대한 중앙값을 구하시오.

- 모집단: 1, 2, 3, 4, 5, 6, 7, 8, 9, 10

  자료의 수가 10개로 짝수이므로 5와 6의 평균인 5.5가 중앙값이다.

- 표본: 1, 4, 5, 7, 10

  자료의 수가 5개로 홀수이므로 5가 중앙값이다.

예제 3-4 다음의 자료에서 평균과 중앙값을 구하시오.

1, 4, 5, 7, 100

평균은 23.4, 중앙값은 5이다. 그런데 100은 다른 값들과 상이한 이상치이므로 중앙값을 대표값으로 하는 것이 바람직하다.
이 경우 이상치 100 대신에 7보다 큰 어떤 수가 있더라도, 중앙값은 영향을 받지 않는다. 따라서 중앙값은 평균값과 달리 자료의 개개의 값에 의해 영향을 받지 않음을 알 수 있다.

③ 최빈값(mode)

평균 및 중앙값과 함께 대표값으로 사용되는 최빈값은 다음과 같이 정의된다.

최빈값(mode)

전체 자료 중 가장 많이 나타난 값 즉, 가장 큰 도수를 갖는 값을 최빈값이라고 한다.

최빈값은 자료의 수가 많더라도 쉽게 구할 수 있으며 또한 양적인 변수뿐만 아니라 질적인 변수에도 사용할 수 있는 장점이 있다.

그러나 최빈값은 존재하지 않을 수도 있으며 또한 1개 이상 존재할 수도 있는 단점이 있기 때문에 대표값으로는 널리 사용되지 않는다.

예제 3-5 **'예제 3-2'**에서 모집단 및 표본에 대한 최빈값을 구하시오.

모집단 및 표본에서 각각의 수가 1회씩만 나타나므로 이 경우에는 최빈값이 없다.

예제 3-6 다음의 자료에서 최빈값을 구하시오

0, 3, 4, 1, 5, 4, 1, 7

1과 4가 각각 2회씩 가장 많이 나타나므로, 1과 4가 최빈값이 된다.

(2) 산포도

산포는 자료의 흩어진 정도를 의미하는데, 산포를 나타내는 척도인 산포도로는 분산과 표준편차, 사분위 범위, 범위 등이 있다.

① 분산(variance)과 표준편차(standard deviation)

분산과 표준편차는 각각의 데이터들이 평균(mean)을 중심으로 얼마나 흩어져 있는가를 나타낸다.

따라서 이를 나타내기 위해 각각의 데이터들과 평균의 차이 즉, 편차의 평균을 다음과 같이 구할 경우 분자항은 항상 '0'이 되어 전체식이 '0'이 된다.

$$\frac{\sum_{i=1}^{N}(x_i - \mu)}{N} = 0 \qquad (3.3)$$

예를 들어 다음과 같은 모집단에서 식 (3.3)에 의해 편차의 평균을 구할 경우, 분자항은 각각의 데이터를 평균인 4로 뺀 후 모두 더하게 되므로 항상 '0'이 되어 결국 전체식의 값이 '0'이 된다.

,

3, 4, 5

$$\text{평균}:\quad \mu = \frac{\sum_{i=1}^{N} x_i}{N} = \frac{3+4+5}{3} = 4$$

$$\text{편차의 평균}:\quad \frac{\sum_{i=1}^{N}(x_i - \mu)}{N} = \frac{(3-4)+(4-4)+(5-4)}{3} = 0$$

따라서 이를 방지하기 위해서 식 (3.3)의 분자항을 제곱하여 모집단의 분산을 다음과 같이 구한다.

모분산(population variance)

모집단이 $x_1, x_2, \cdots, x_N$인 원소로 구성되어 있을 경우 모집단의 분산인 모분산은 다음과 같다.

$$\sigma^2 = \frac{\sum_{i=1}^{N}(x_i - \mu)^2}{N} \qquad (3.4)$$

그런데 평균(mean)이 1차원이고 식 (3.4)의 분산은 2차원이므로 평균과 차원을 같게 하기 위해 분산의 제곱근인 표준편차를 다음과 같이 구한다.

모표준편차(population standard deviation)

$$\sigma = \sqrt{\sigma^2} = \sqrt{\frac{\sum_{i=1}^{N}(x_i - \mu)^2}{N}}$$

표본의 분산 및 표준편차도 모집단의 경우와 같은 방식으로 다음과 같이 구할 수 있다.

표본분산(sample variance)

모집단으로부터 n개의 개체를 추출하여 얻은 관측치 $x_1, x_2, \cdots, x_n$으로 표본을 구성할 경우 표본분산은 다음과 같다.

$$s^2 = \frac{\sum_{i=1}^{n}(x_i - \bar{x})^2}{n-1}$$

모집단과의 차이는 모평균 μ 대신에 표본평균 $\bar{x}$, 모집단의 크기 N 대신에 표본의 크기 n을 사용하였다는 것과 분모를 표본의 크기 n이 아닌 $n-1$*로 나눈 것이다.

표본의 표준편차는 표본분산의 제곱근으로 다음과 같다.

표본표준편차(sample standard deviation)

$$s = \sqrt{s^2} = \sqrt{\frac{\sum_{i=1}^{n}(x_i - \bar{x})}{n-1}}$$

예제 3-7 **'예제 3-2'**의 모집단 및 표본에 대해 각각 분산과 표준편차를 구하시오.

모집단의 분산 : $\sigma^2 = \frac{\sum_{i=1}^{N}(x_i - \mu)^2}{N} = \frac{(1-5.5)^2 + (2-5.5)^2 + \cdots + (10-5.5)^2}{10}$

$= 8.25$

모집단의 표준편차 : $\sigma = \sqrt{\sigma^2} = \sqrt{8.25} = 2.87$

Note **n-1** : 표본분산의 분모를 $n-1$로 나누는 것은 불편 추정량을 만들기 위한 것이다. 추정량 $\hat{\theta}$의 기대값이 모수의 참값 θ와 같을 때 추정량 $\hat{\theta}$를 불편 추정량이라고 하는데 이는 추정량이 갖추어야 할 바람직한 성질 중에 하나이다.

표본의 분산 : $s^2 = \dfrac{\sum_{i=1}^{n}(x_i - \bar{x})^2}{n-1} = \dfrac{(1-5.4)^2 + (4-5.4)^2 + \cdots + (10-5.4)^2}{4}$

$= 11.3$

표본의 표준편차 : $s = \sqrt{s^2} = \sqrt{11.3} = 3.36$

② 범위(range)

자료의 최대값과 최소값의 차이로, 일반적으로 R로 나타낸다.

범위(range)

$$\text{범위}(R) = \text{최대값} - \text{최소값} = x_{\max} - x_{\min}$$

범위는 산포를 나타내는 가장 단순한 척도로 평균과 같이 이상치에 결정적으로 영향을 받는 결점이 있다.

또한 자료의 극단적인 두 값의 차이만을 측정하기 때문에 기타 다른 자료들의 산포를 반영하지 못하는 단점을 가지고 있다.

따라서 이러한 단점을 보완한 것이 다음 절에서 설명할 사분위 범위이다.

예제 3-8 **'예제 3-2'**의 모집단 및 표본에 대한 범위를 구하시오.

$R = x_{\max} - x_{\min} = 10 - 1 = 9$로 모집단과 표본은 모두 같은 값을 갖는다.

③ 사분위 범위(interquartile range)

분산과 범위는 자료에 아주 크거나 또는 아주 작은 이상값이 포함되어 있으면 그 값이 매우 크게 나타나는 결함이 있다. 따라서 이상값들의 영향을 받지 않게 하기 위해 자료의 큰 값과 작은 값들 중 일정 비율을 제거하고 산포를 구하는 방법이 사분위 범위이다.

자료를 크기 순으로 나열할 경우 [그림 3-7]과 같이 자료를 4등분하는 위치의 값을 사분위수라고 하는데, 이때 1사분위수(Q_1)와 3사분위수(Q_3)와의 차이를 사분위 범위(IQR)라고 한다.

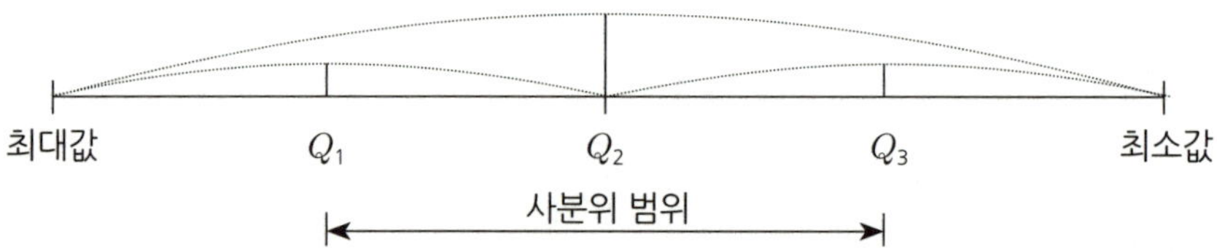

- 2사분위수(Q_2) = 자료를 크기 순으로 나열했을 때 전체 자료의 중앙에 위치한 값으로 중앙값(median)과 같다.
- 1사분위수(Q_1) = 자료를 크기 순으로 나열했을 때 $(n+1)/4$에 해당되는 값이다.
- 3사분위수(Q_3) = 자료를 크기 순으로 나열했을 때 $3(n+1)/4$에 해당되는 값이다.

1사분위수 및 3사분위수의 경우 만일 상기의 식의 값이 정수가 아닐 때에는 보간법을 사용하여 그 값을 구한다.

그림 3-7 사분위 범위

사분위 범위

자료의 1사분위수(Q_1)와 3사분위수(Q_3)와의 차이를 사분위 범위라고 하고 다음과 같이 정의 한다.

$$\text{IQR} = Q_3 - Q_1$$

예제 3-9 '**예제 3-2**'의 모집단 및 표본에 대해 각각 사분위 범위를 구하시오.

모집단: 1, 2, 3, 4, 5, 6, 7, 8, 9, 10

↑ 2.75 = ?　↑ Q_2 = 5.5　↑ 8.25 = ?

2사분위수: 중앙값이 5.5이므로 Q_2=5.5가 된다.

1사분위수: $(n+1)/4 = 11/4 = 2.75$ 로 정수가 아니므로 2번째와 3번째 사이의 값이다. 따라서 보간법을 사용하면 다음과 같다.

2번째 값 : 2

3번째 값 : 3

Q_1 = 2번째 값 + (3번째 값 − 2번째 값) × 0.75

= 2 + (3 − 2) × 0.75 = 2.75

3사분위수 : 3(n + 1) / 4 = 33 / 4 = 8.25 로 정수가 아니므로 8번째와 9번째 사이의 값이다. 따라서 보간법을 사용하면 다음과 같다.

8번째 값 : 8

9번째 값 : 9

Q_3 = 8번째 값 + (9번째 값 − 8번째 값) × 0.25

= 8 + (9 − 8) × 0.25 = 8.25

따라서 사분위 범위는 IQR = $Q_3 - Q_1$ = 8.25 − 2.75 = 5.5 가 된다.

표본에 대해서도 모집단의 경우와 동일한 방식을 적용하면 다음과 같다.

표본: 1, 4, (5), 7, 10

1.5=? $Q_2 = 5$ 4.5=?

2사분위수 : 중앙값이 5이므로 $Q_2 = 5$가 된다.

1사분위수 : $(n + 1) / 4 = 6 / 4 = 1.5$ 로 1번째와 2번째 사이의 값이다. 따라서 보간법을 사용하면 다음과 같다.

Q_1 = 1번째 값 + (2번째 값 − 1번째 값) × 0.5

= 1 + (4 − 1) × 0.5 = 2.5

3사분위수 : $3(n + 1) / 4 = 18 / 4 = 4.5$ 로 4번째와 5번째 사이의 값이다. 따라서 보간법을 사용하면 다음과 같다.

Q_3 = 4번째 값 + (5번째 값 − 4번째 값) × 0.5

= 7 + (10 − 7) × 0.5 = 8.5

따라서 사분위 범위는 IQR = $Q_3 - Q_1$ = 8.5 − 2.5 = 6이 된다.

예제 3-10 미니탭을 이용하여 **'예제 3-2'**의 모집단과 표본에 대해 각각의 대표값과 산포도를 구하시오.

↓	C1 모집단	C2 표본
1	1	1
2	2	4
3	3	5
4	4	7
5	5	10
6	6	
7	7	
8	8	
9	9	
10	10	

우선 워크시트에 데이터를 다음과 같이 입력한다.

통계분석>기초 통계>기술 통계량 표시를 클릭한 후 다음을 실행한다.

데이터가 있는 열을 각각 지정

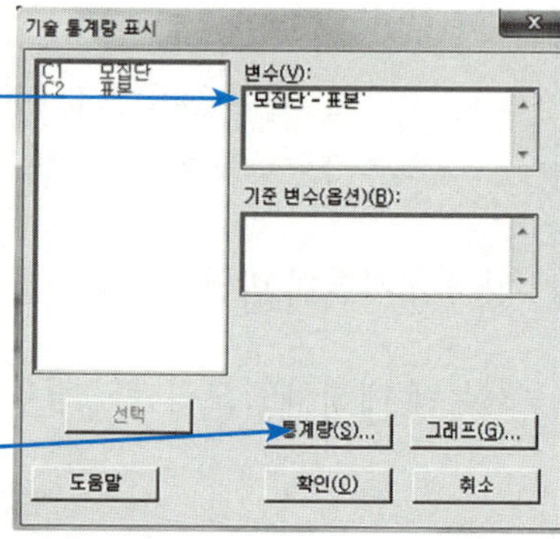

통계량을 클릭하면 다음의 화면이 나타난다.

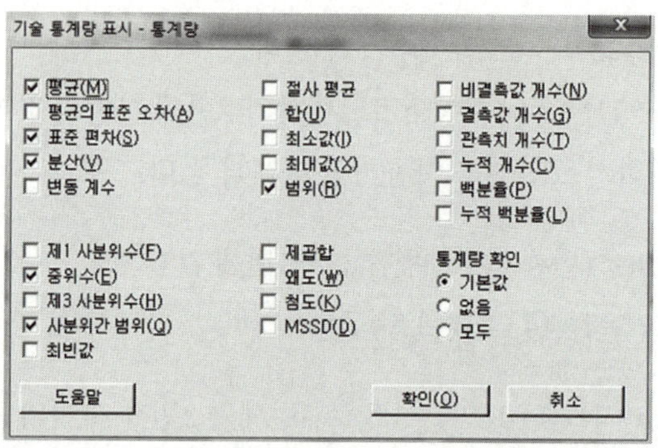

그림 3-8 미니탭에서 통계량의 선택

[그림 3-8]에서 평균(mean), 표준편차(standard deviation), 분산(variance), 중앙값(median), 사분위범위(interquartile range), 범위(range)를 지정한 후 '확인'을 연속하여 클릭하면 세션 창에 다음의 결과가 나타난다.

기술 통계량 : 모집단, 표본

변수	평균	표준편차	분산	중위수	범위	IQR
모집단	5.500	3.028	9.167	5.500	9.000	5.500
표본	5.40	3.36	11.30	5.00	9.00	6.00

상기의 미니탭에 의한 결과는 앞에서 이미 구한 값들과 일치됨을 알 수 있다. 단, 모집단의 분산과 표준편차의 값이 앞에서 구한 값들과 차이가 나는 것은 미니탭에서는 모집단을 표본으로 간주하고 분모를 $N-1=9$로 나누었기 때문이다.

예제 3-11 미니탭으로 **'예제 3-6'**의 데이터에 대해 최빈값을 구하시오.

↓	C1
	최빈값
1	0
2	3
3	4
4	1
5	5
6	4
7	1
8	7

워크시트에 다음과 같이 데이터를 입력한다.

'예제 3-10'과 동일한 방식으로, **통계분석>기초 통계>기술 통계량 표시**를 클릭한 후 '변수(V)'에 '최빈값'을 지정하고 '통계량'을 클릭하면 다음의 화면이 나타난다.

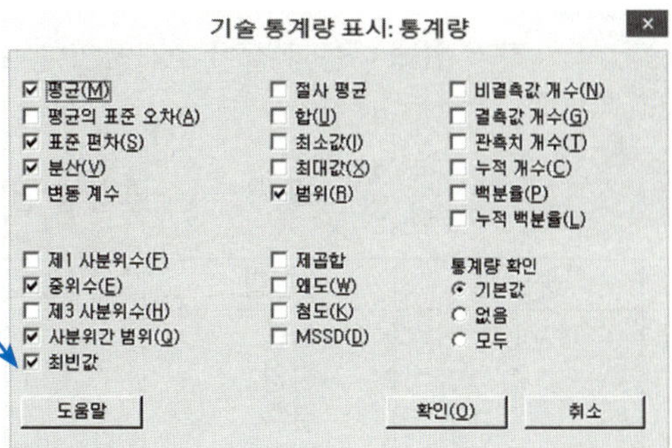

'최빈값'을 지정

'확인'을 연속하여 클릭하면 세션 창에 다음의 결과가 나타난다.

기술 통계량 : 최빈값

변수	평균	표준편차	분산	중위수	범위	IQR	최빈값	최빈값 개수
최빈값	3.125	2.357	5.554	3.500	7.000	3.750	1, 4	2

최빈값이 1과 4임을 알 수 있다.

2) 표 및 그래프를 통한 자료의 요약

자료를 테이블이나 도표 또는 그래프로 정리할 경우 자료의 전체적인 특성이나 경향을 한눈에 파악할 수 있으므로, 수치적 척도만으로 자료의 특성을 잘못 판정하는 오류를 피할 수 있다.

따라서 자료의 특성을 파악할 경우에는 반드시 먼저 표나 그래프를 참조하는 것이 바람직하다.

이 절에서는 표 및 그래프 중에서 비교적 많이 사용되는 도수분포표, 히스토그램, 줄기-잎-그림 및 상자그림에 대해 설명하기로 한다.

① 도수분포표(frequency distribution table)

자료의 수가 많은 경우 관측치를 몇 개의 그룹으로 나눈 후 각 그룹에 속하는 관측치의 빈도를 표로 정리한 것이 도수분포표이다.

이때 분할된 그룹을 계급(class)이라고 하고, 각 계급에 속하는 관측치의 빈도를 도수(frequency)라고 한다.

예제 3-12 어느 여대의 특정 과에서 지난 해 졸업생의 진로에 대한 현황을 파악하기 위해 다음과 같이 조사하였다 도수분포표를 작성하시오.

표 3-4 졸업생 현황

졸업생	현황	졸업생	현황
1	취업	13	취업
2	취업	14	취업
3	결혼	15	군입대
4	대학원	16	대학원
5	유학	17	취업대기
6	취업	18	취업
7	대학원	19	대학원
8	유학	20	유학
9	취업대기	21	취업대기
10	취업	22	대학원
11	유학	23	대학원
12	취업	24	취업대기
		25	취업대기

이 경우의 자료는 질적변수이므로 각각의 항목에 속하는 졸업생 수를 파악하여 도수로 정리하면 다음과 같다.

표 3–5 '예제 3–12'의 도수분포표

현황	도수마크	도수(f : 명)
취업	卌 |||	8
결혼	|	1
군입대	|	1
대학원	卌 |	6
유학	||||	4
취업대기	卌	5

[표 3-5]의 도수분포표는 [표 3-4]에 비해 졸업생의 현황을 보다 더 잘 파악할 수 있다.

도수분포표를 작성할 때 계급수를 적절히 정해야 자료의 특성을 올바르게 파악할 수 있다. **'예제 3-12'**과 같은 이산형 자료인 경우 관측값 자체 또는 관측값 몇 개를 묶어서 계급으로 사용할 수 있다.

연속형 자료의 경우에는 다음과 같은 방법을 통해 계급수(K)를 결정할 수 있다.

• 조견표를 사용

데이터의 수(도수의 크기)	적당한 계급의 수(K)
50 이하	5~7
50~100 이하	6~10
100~250 이하	7~12
250 이상	10~20

• 스터지스(H. A. Sturges) 공식을 사용

$$\text{계급의 수}(K) = 1 + 3.32 \cdot \log_{10} n, \qquad n: \text{자료의 수}$$

• 평방근을 사용

$$\text{계급의 수}(K) = \sqrt{n} \qquad n: \text{자료의 수}$$

그리고 계급폭(class width)은 다음과 같이 등간격 폭을 사용한다.

$$C(\text{계급폭}) = \frac{R}{K}, \qquad R = \text{최대값} - \text{최소값}$$

예제 3-13 시골 보건소에서 1년간 출생한 신생아 40명의 몸무게를 측정한 결과 다음과 같다. 도수분포표를 작성하시오.(단위 kg)

2.3	4.0	3.6	4.5	3.4	3.7	4.7	3.7
3.3	1.5	3.0	3.3	3.7	3.1	3.9	3.1
2.4	4.3	3.7	3.7	2.9	3.3	1.9	3.4
3.2	3.4	3.2	4.2	3.6	3.9	4.3	3.8
4.9	3.8	3.3	2.5	3.9	3.1	2.6	2.9

스터지스 공식을 사용하면 계급수 K는

$$K = 1 + 3.32 \cdot \log_{10}(40)$$
$$= 6.32$$

이 되어 6 또는 7을 사용할 수 있으나 여기서는 7을 사용하기로 한다. 그리고 계급폭은 최대값 및 최소값이 각각 4.9와 1.5이므로

$$C = \frac{4.9 - 1.5}{7} \approx 0.49$$

가 되나 편의상 $C = 0.5$를 사용하기로 한다.

계급수와 계급폭이 결정되면 전체 자료가 포함이 되도록 계급구간을 결정하게 되는데 첫 번째 계급구간은 다음과 같이 구할 수 있다.

$$\text{제1구간의 하한치} = \text{최소값} - \text{오차의 한계} = 1.5 - \frac{0.1}{2} = 1.45$$
$$\text{제1구간의 상한치} = \text{제1구간의 하한치} + \text{계급폭}(C) = 1.45 + 0.5 = 1.95$$

제 1구간의 상한치는 제 2구간의 하한치가 되고 제 2구간의 상한치는 제 2구간의 하한치에 계급폭 0.5를 더하면 된다.

이상의 작업을 제 7구간까지 반복하면 [표 3-6]의 계급구간을 얻을 수 있다. 이후 각 계급구간에 속하는 자료의 수 즉 도수를 구하면 도수분포표가 완성된다.

표 3-6 '예제 3-13'의 도수분포표

계급구간	중앙값	도수마크	도수(f: 명)	상대도수(f/n: %)
1.45~1.95	1.7	//	2	0.05
1.95~2.45	2.2	///	2	0.075
2.45~2.95	2.7	///	4	0.075
2.95~3.45	3.2	卌 卌 ///	13	0.325
3.45~3.95	3.7	卌 卌 //	12	0.3
3.95~4.45	4.2	////	4	0.1
4.45~4.95	4.7	///	3	0.075
합계			40	1

도수분포표에서 각각의 도수를 전체 자료의 수 n으로 나누면 상대도수를 구할 수 있다. 상대도수는 백분율로 전체 합이 1이 되는데, 표본의 크기 즉 도수의 크기가 서로 다를 경우 집단간의 상호 비교를 할 때 유용하다.

미니탭을 이용하여 **'예제 3-13'**에 대한 도수분포를 작성하면 다음과 같다.
우선 워크시트 상에 데이터를 다음과 같이 입력한다.

표 3-7 '예제 3-13'의 데이터 입력

↓	C1
	몸무게
1	2.3
2	3.3
3	2.4
4	3.2
5	4.9
6	4.0
7	1.5
8	4.3
9	3.4
10	3.8
11	3.6
12	3.0
13	3.7
14	3.2
15	3.3

⋮

데이터>코드 >숫자를 텍스트로를 클릭한 후 다음을 실행한다.

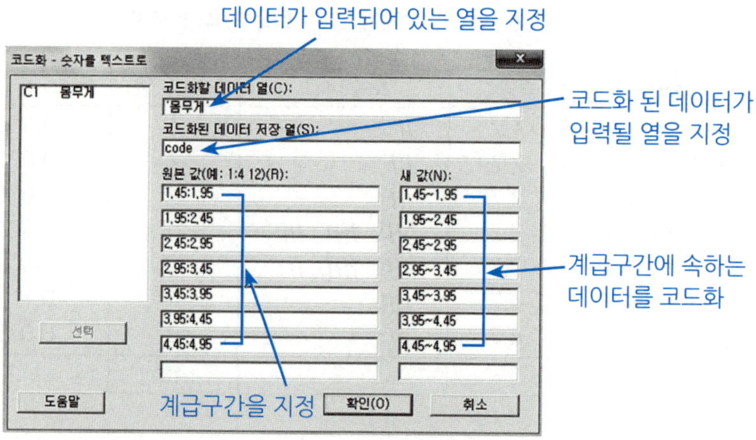

'확인'을 클릭하면 워크시트상에 다음의 결과가 나타난다.

표 3-8 Code화 된 데이터

↓	C1	C2-T
	몸무게	code
1	2.3	1.95~2.45
2	3.3	2.95~3.45
3	2.4	1.95~2.45
4	3.2	2.95~3.45
5	4.9	4.45~4.95
6	4.0	3.95~4.45
7	1.6	1.45~1.95
8	4.3	3.95~4.45
9	3.4	2.95~3.45
10	3.8	3.45~3.95
11	3.6	3.45~3.95
12	3.0	2.95~3.45

코드화 된 계급구간이 code열에 나타남

⋮

통계분석>표>개별 변수 빈도표를 클릭한 후 다음을 실행한다.

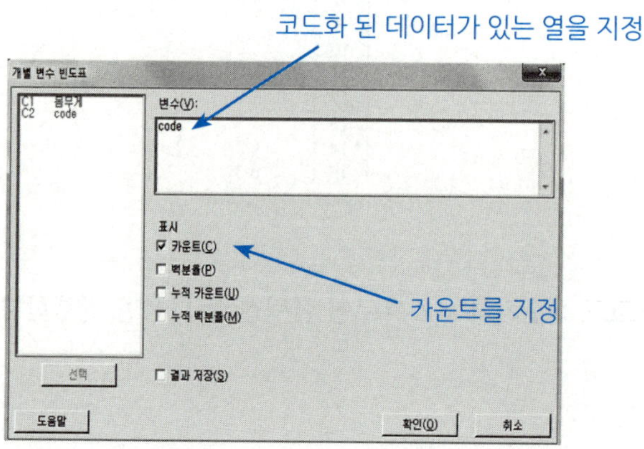

'확인'을 클릭하면 세션 창에 다음의 결과가 나타난다.

표 3-8 미니탭에 의한 도수분포표 작성

이산형 변수에 대한 계산표 : code

code	카운트
1.45~1.95	2
1.95~2.45	2
2.45~2.95	4
2.95~3.45	13
3.45~3.95	12
3.95~4.45	4
4.45~4.95	3
N=	40

[표 3-8]은 앞에서 구한 [표 3-6]과 일치됨을 알 수 있다.

② 히스토그램(histogram)

도수분포를 그래프로 나타낸 것을 히스도그램이라고 한다.

히스토그램은 도수분포표에 비해 시각적인 효과가 크기 때문에 자료의 분포를 한눈에 파악할 수 있다.

히스토그램을 작성하는 방법은 X축에는 각각의 계급이나 또는 계급의 중앙값을 표시하고 Y축에는 도수나 상대도수의 크기를 막대로 나타내면 된다.

예제 3-14 **'예제 3-13'**에서 작성된 도수분포표에 대해 히스토그램을 작성하시오.

X축에 계급의 중앙값을 표시하고 Y축에 각각의 중앙값에 대응되는 도수의 크기를 막대로 나타내면 다음과 같다.

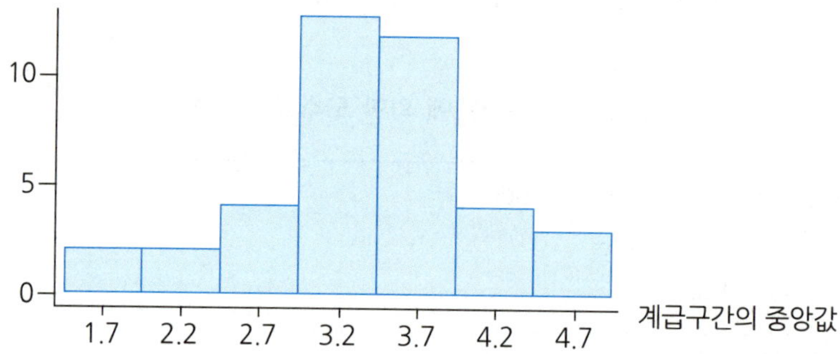

그림 3-9 **히스토그램의 작성**

미니탭을 이용하여 히스토그램을 작성하면 다음과 같다.

[표 3-7]의 데이터에 대해 **그래프>히그토그램**을 클릭하여 다음의 화면이 나타나면 '단순'을 클릭한다.

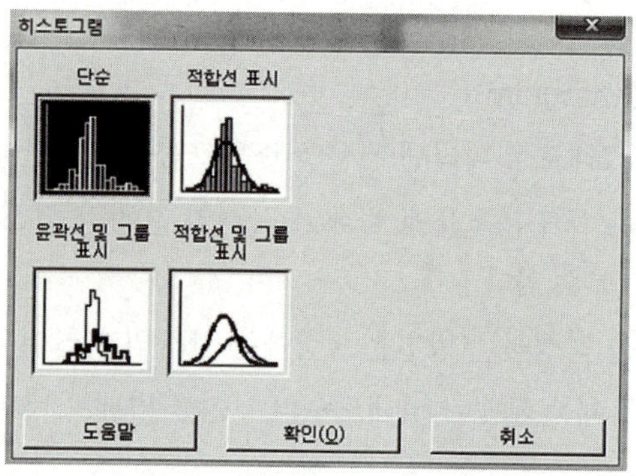

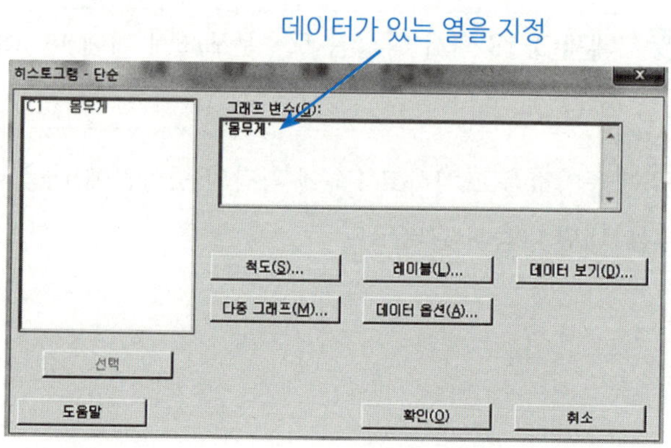

'확인'을 클릭하면 다음의 결과가 나타난다.

그래프를 클릭하여 활성화한 후 오른쪽 마우스를 클릭하면 다음과 같은 화면이 나타난다.

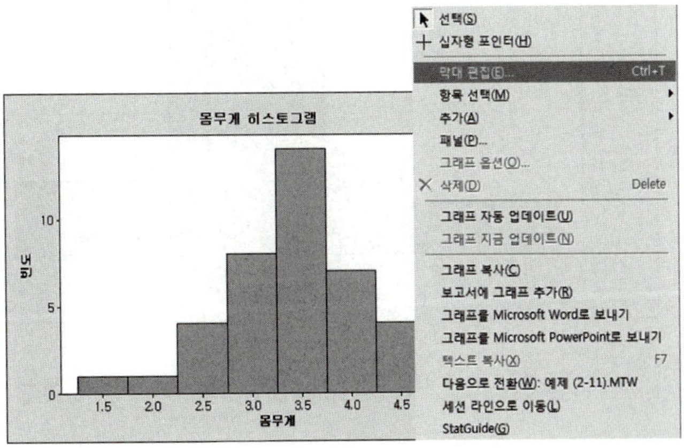

'막대 편집'을 클릭한 후 '빈 만들기'를 선택하면 다음과 같은 화면이 나타난다.

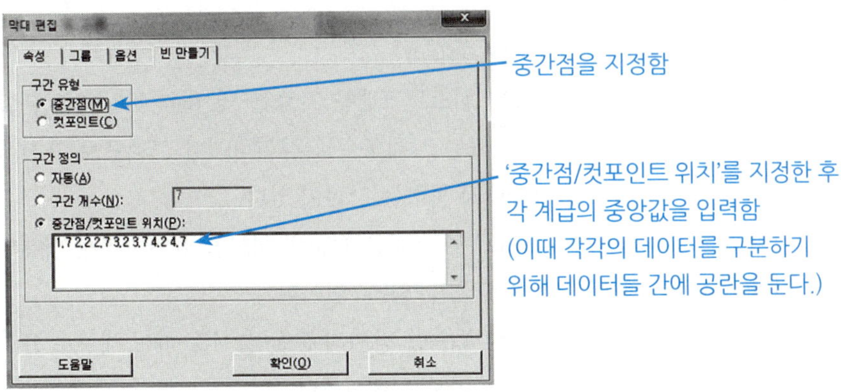

'확인'을 클릭하면 다음의 결과가 나타난다.

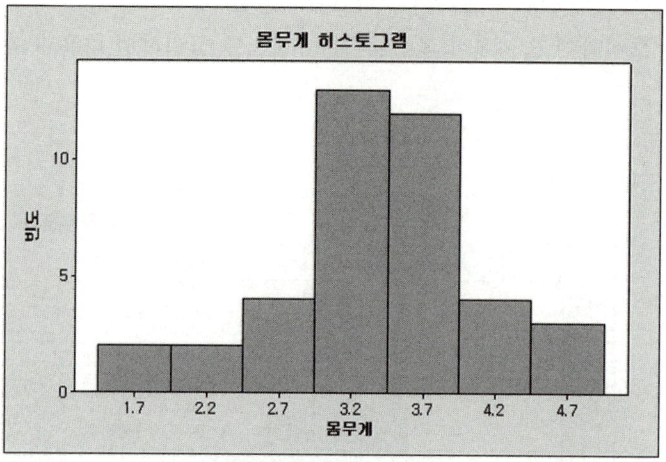

그림 3-10 미니탭을 사용한 히스토그램의 작성

막대의 중간점이 계급구간의 중앙값으로 변환됨으로써 [그림 3-9]의 히스토그램과 동일해짐을 알 수 있다.

③ 줄기-잎-그림(stem-and-leaf display)

앞에서 설명한 도수분포표나 히스토그램은 자료를 몇 개의 구간으로 분할한 후 각각의 구간에 속하는 도수 또는 상대도수를 정리하거나 그래프로 표현하기 때문에 개개의 관측값을 나타내지 못하는 단점이 있다.

따라서 도수분포표나 히스토그램과 같은 수준의 정보를 표현하면서 개개의 관측값을 추가로 나타내는 방법이 줄기-잎-그림이다.

줄기-잎-그림을 작성하는 방법은 큰 단위의 값을 줄기로 하여 세로로 표시하고, 작은 단위의 값을 잎으로 하여 가로로 표시한다.

일반적으로 관측값의 수가 많지 않을 경우 유용하게 사용될 수 있다.

예제 3-15 '**예제 3-13**'의 데이터에 대해 줄기-잎-그림을 작성하시오.

kg을 줄기로 g을 잎으로 하여 정리한다. 즉, 2.3 kg의 경우 2 kg을 줄기로 하고, 300 g은 3으로 하여 잎으로 정리한다. 이때 줄기의 수를 정하는 것이 중요한데 여기서는 0.5 kg 단위를 기준으로 줄기의 수를 정하기로 한다.
즉, [그림 3-11]에서 0.5 kg을 기준으로 2.0~2.4 kg에 해당되는 값은 줄기 2의 전반부에, 2.5~2.9 kg에 해당되는 값은 줄기 2의 후반부에 배치한다. 그리고 다른 값에 대해서도 동일한 방식을 적용한다.

줄기	잎
1	5 9
2	3 4
2	5 6 9 9
3	0 1 1 1 2 2 3 3 3 3 4 4 4
3	6 6 7 7 7 7 7 8 8 9 9 9
4	0 2 3 3
4	5 7 9

그림 3-11 줄기-잎-그림

줄기-잎-그림은 줄기에 해당되는 값이 결정되면 잎의 값을 나열하면 되기 때문에 도수분포표나 히스토그램에 비해 작성하기 쉬운 장점이 있다.
그러나 자료의 특성을 잘 나타내기 위해서는 도수분포표나 히스토그램의 경우와 같은 방식으로 줄기의 수를 결정하는 것이 중요하다.

미니탭을 이용하여 줄기-잎-그림을 작성하면 다음과 같다.
[표 3-7]의 데이터에 대해 **그래프>줄기-잎 그림**을 클릭하여 다음을 실행한다.

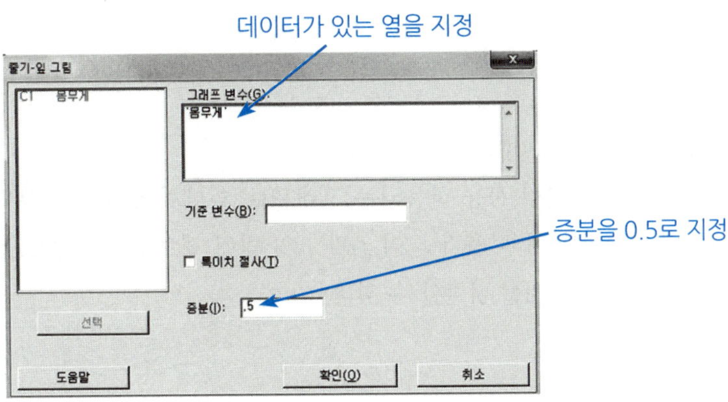

'확인'을 클릭하면 다음의 결과가 나타난다.

```
줄기-잎-그림:몸무게 N=40
잎 단위=0.10

2     1   5 9
4     2   3 4
8     2   5 6 9 9
(13)  3   0 1 1 1 2 2 3 3 3 3 4 4 4
19    3   6 6 7 7 7 7 7 8 8 9 9 9
7     4   0 2 3 3
3     4   5 7 9
```

1군:데이터에 대한 정보 　 2군: 줄기 　 3군: 잎

그림 3-12 미니탭을 통한 줄기-잎-그림 작성

[그림 3-12]는 3개의 군으로 구분할 수 있다. 첫 번째 군은 데이터에 대한 정보를 나타내는데, 두 번째 줄의 4는 첫 번째 줄기를 포함하여 두 번째 줄기까지 4개의 관측값이 있다는 것을 나타낸다. 네 번째 줄에 괄호( )가 포함된 것은 이 열에 중앙값이 포함되어 있다는 것을 나타낸다.

두 번째 군은 줄기를 나타내는데 계급구간은 설정한 대로 0.5임을 알 수 있다. 그리고 마지막 군은 잎을 나타내는데, 상단에 '잎 단위'(leaf unit)=0.10은 잎의 단위가 소수점 첫째 자리임을 나타낸다. 따라서 첫 번째 줄의 관측값은 각각 1.5, 1.9임을 알 수 있다.

④ 상자그림(box plot)

상자그림은 널리 사용 사용되는 그래프로, 앞에서 설명한 사분위수를 그림으로 나타내고 여기에 다음과 같이 f_1과 f_2의 범위 정보를 추가함으로써 이들 범위를 벗어나는 이상치를 식별할 수 있다.

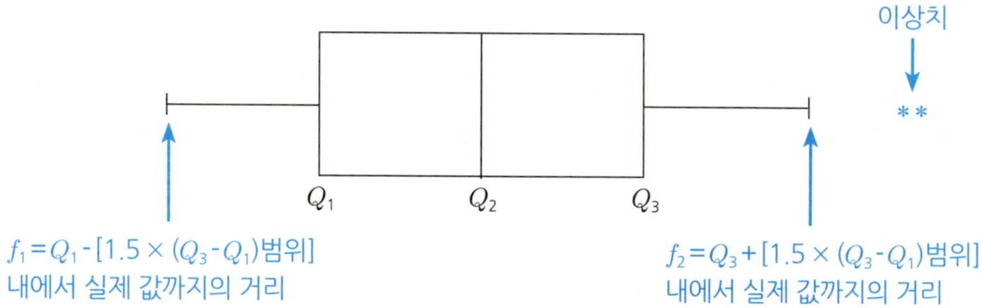

상기의 그림에서 Q_1에서의 상자의 꼬리는 f_1보다 큰 값들 중에서 가장 작은 값까지의 거리가 되며, Q_3에서의 꼬리는 f_2보다 작은 값들 중에서 가장 큰 값까지의 거리를 나타낸다.

그리고 f_1과 f_2의 범위를 벗어나는 값은 이상치로 표시된다.

예제 3-16 **'예제 3-13'**의 데이터에 대해 상자그림을 작성하시오.

1사분위수는 $Q_1=3.1$, 2사분위수 즉 중앙값은 $Q_2=3.4$, 3사분위수는 $Q_3=3.875$이므로 $f_1=3.1-1.5\times(3.875-3.1)=1.94$, $f_2=3.875+1.5\times(3.875-3.1)=5.04$가 된다.

따라서 Q_1에서의 상자의 꼬리는 1.94보다 큰 값들 중에서 가장 작은 값인 2.3까지의 거리가 되며, Q_3에서의 상자의 꼬리는 5.04보다 작은 값들 중에서 가장 큰 값인 4.9까지의 거리가 된다. 그리고 1.94~5.04의 범위를 벗어나는 자료는 이상치가 된다.

이상의 내용을 그림으로 표현하면 [그림 3-13]과 같다.

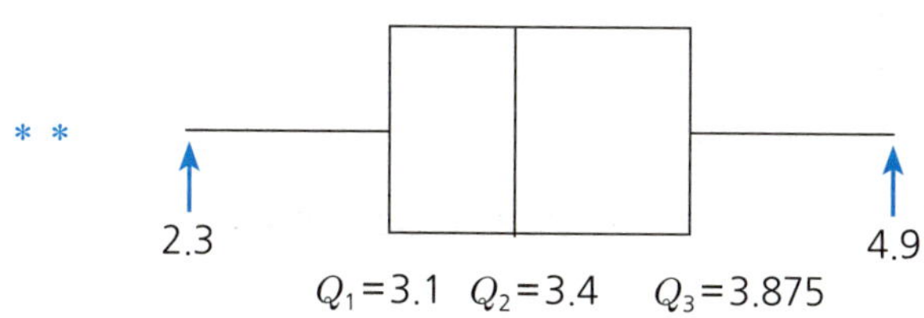

그림 3-13 상자그림의 작성

좌측에 2개의 이상치는 1.5, 1.9임을 알 수 있다.

미니탭을 이용하여 **'예제 3-13'**의 데이터에 대해 상자그림을 작성하면 다음과 같다. [표 3-7]의 데이터에 대해 **그래프>상자 그림**을 클릭한 후 다음을 실행한다.

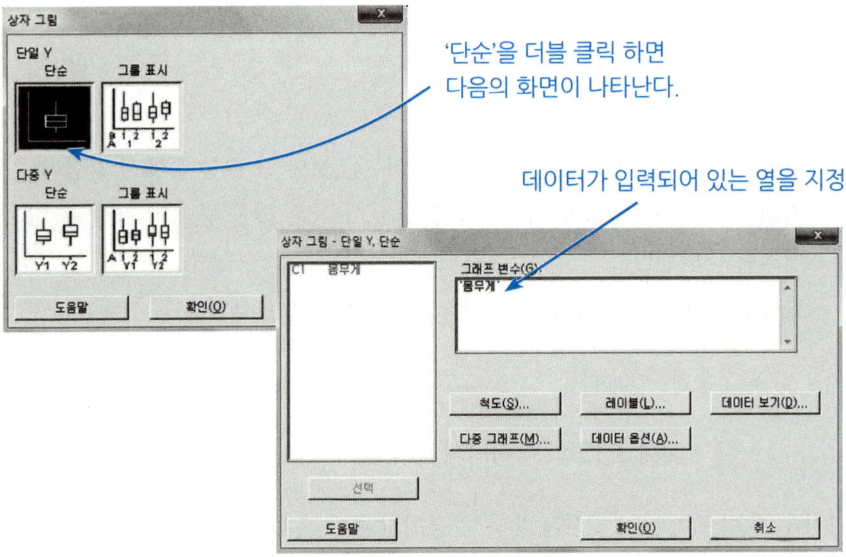

'확인'을 클릭하면 다음의 결과가 나타난다.

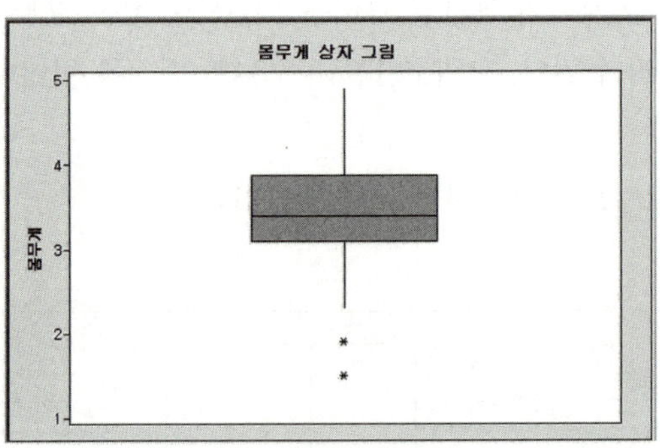

그림 3-14 미니탭에서 Box Plot의 작성

[그림 3-14]는 앞에서 구한 [그림 3-13]과 동일함을 알 수 있다.

3장 연습문제

1. 다음의 데이터가 연속형 또는 이산형 인지를 분류하시오.

데이터	유형
납기 지연	
제품 표면의 결점	
연체 계정	
녹은 강철의 양	
장비 고장	
생산 사이클 타임	
손실 고객	
보고서 상의 에러	
스케줄 또는 계획의 변경	
재작업이 필요한 리포트 비율	

2. 기술 통계학(descriptive statistics)과 추측 통계학(inferential statistics)에 대해 간략하게 기술하시오.

3. 다음 데이터에 대해 요구하는 통계량을 계산하시오.

10 20 15 15 20 21 15 25 20 25 20

(1) 평균
(2) 중앙값
(3) 최빈값
(4) 분산 및 표준편차
(5) 범위
(6) 사분위 범위

4. 다음은 어떤 부품의 단중을 측정한 결과이다. 스터지스 공식을 사용하여 도수분포표를 작성하시오.

단위: g

32	32	30	25	27	32
40	31	28	19	46	32
29	31	29	36	32	22
34	38	37	25	37	30
35	34	33	29	34	27
32	29	39	27	29	40
32	38	43	29	43	31
37	34	35	33	37	28

5. '문제 4'의 결과를 이용하여 히스토그램(histogram)을 작성하시오.

6. '문제 4'의 데이터에 대해 줄기-잎-그림(stem-and-leaf display)을 작성하시오.

7. '문제 4'의 데이터에 대해 상자그림(box plot)을 작성하시오.

8. 소급성(traceability)이란 무엇인가를 간략하게 기술하시오.

9. 다음은 어느 공정에서 1달간 발생된 불량 현황이다. 파레토를 작성하시오. 단, 상위 5위 이내에 들지 못하는 항목은 기타 처리를 한다.

Defects	Counts
Missing Screws	274
Missing Clips	59
Defective Housi	19
Leaky Gasket	43
Scrap	4
Unconnected Wir	8
Missing Studs	6
Incomplete Part	10

10. 온도는 수율(yield)에 영향을 주는 것으로 알려져 있다. 이를 파악하기 위해 다음의 데이터를 수집하였다. 다음의 질문에 답을 하시오.

온도	협력사	yield
145	1	82
148	1	86
153	1	90.5
158	1	93.5
163	1	93.5
168	1	91.5
170	1	87.5
144	2	87
148	2	91.7
152	2	94.5
159	2	90.8
162	2	87.5
166	2	84.5

(1) 온도와 수율에 대해 산점도를 작성하시오.

(2) 온도와 수율간에 상관관계가 있다고 할 수 있는가?

(3) 만일 수율을 최대로 하는 온도 조건을 찾기 위해서는 우선 어떤 조치를 해야 하는가?

제4장

측정시스템 분석

4.1 측정시스템 개요

4.1.1 측정시스템 관리의 필요성

왜 우리는 측정시스템을 관리해야 하는가?

[그림 4-1]과 같이 공정의 총변동(S_t^2)은 공정의 고유의 변동(S_p^2)과 게이지 변동(S_m^2)으로 구성되어있다. 따라서 게이지 변동이 클 경우 총변동을 크게 함으로써 잘못된 의사결정을 초래하는 등 많은 불합리한 문제를 유발할 수 있다.

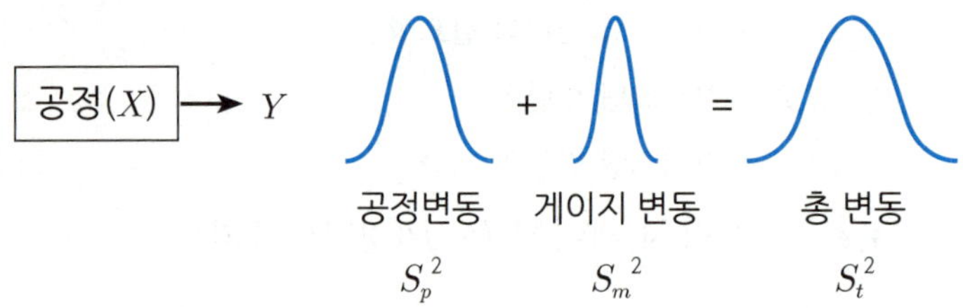

그림 4-1 공정 총 변동의 구성

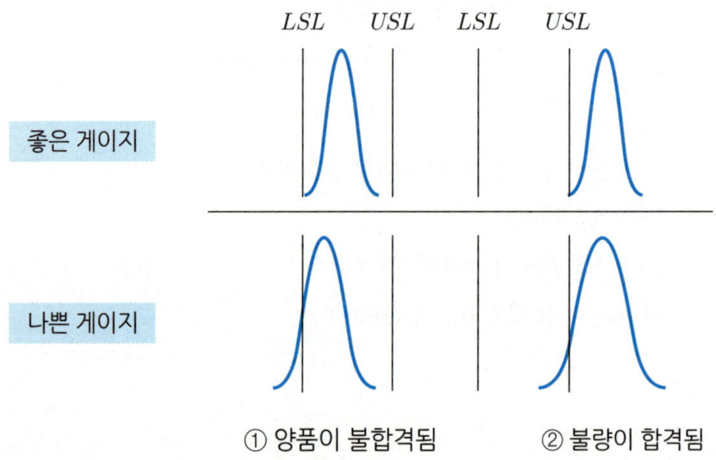

그림 4-2 좋은 게이지와 나쁜 게이지의 비교

[그림 4-2]의 좌측과 같이 좋은 게이지의 경우 양품을 합격시키는 반면 나쁜 게이지의 경우 양품을 불합격 시킨다. 또한 우측과 같이 좋은 게이지의 경우 불량품을 불합격시키는 반면 나쁜 게이지는 불량품을 합격시킨다.

이와 같이 게이지에 변동에 의해 양품이 불합격 처리되고, 불량품이 합격 처리되므로 게이지는 품질비용에 영향을 준다. 따라서 처음부터 변동이 작은 적합한 게이지를 사용해야 하며 주기적인 검사를 통해 문제가 있을 경우 조치를 해야 한다. 보유하고 있는 게이지에 대해서는 이후 설명할 게이지의 등급을 파악하여 체계적으로 관리함으로써 게이지 변동이 미치는 악영향을 최소화해야 한다.

4.1.2 측정시스템의 변동

[그림 4-3]과 같이 측정 변동은 게이지에 의한 변동과 조작자에 의한 변동으로 크게 나눌 수 있다.

조작자에 의한 변동을 재현성(reproducibility)이라고 하며 게이지에 의한 변동을 정확성(accuracy), 안정성(stability), 선형성(linearity) 및 반복성(repeatability)이라고 한다.

반복성과 재현성은 산포의 정도 즉, 정밀도를 나타내며 정확성, 안정성 및 선형성은

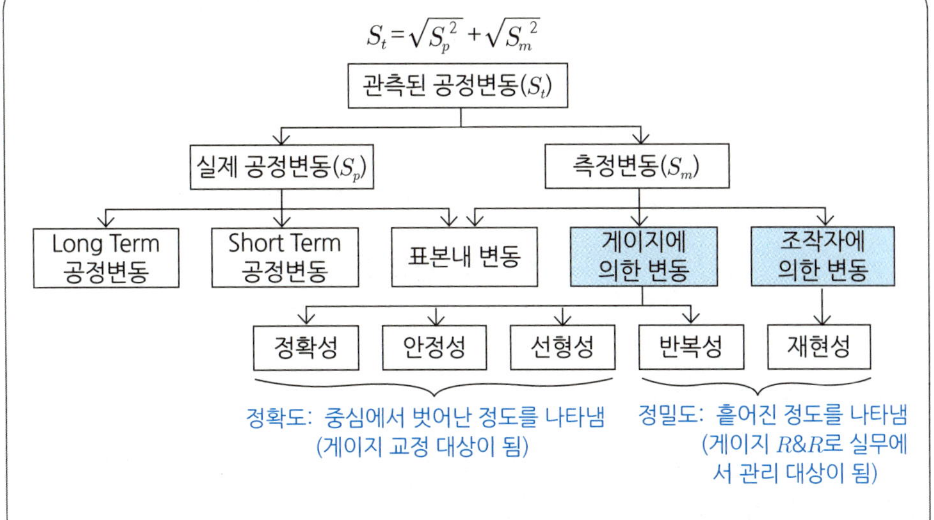

그림 4-3 측정시스템의 변동의 종류

중심에서 벗어난 정도 즉 정확도를 나타낸다.

정확성, 안정성 및 선형성은 게이지 교정의 대상이 되며 반복성과 재현성은 게이지 $R\&R$의 분석 항목으로 실무에서 주요 관리 대상이 된다.

표본내 변동은 군내변동을 의미하는데 Short Term 변동은 군내변동들로부터 계산되며, Long Term의 변동은 군내 및 군간변동을 포함한 전체 변동으로부터 계산된다.

1) 반복성(repeatability)

가장 이상적인 경우는 측정한 모든 값이 동일한 값을 갖는 것이다. 그러나 현실적으로 측정한 값들은 [그림 4-4]와 같이 산포를 할 수 밖에 없다.

이 경우 반복성을 '동일한 평가자가 동일한 게이지로 동일한 부품을 반복하여 측정할 때 발생되는 변동'으로 정의한다. 따라서 반복성은 게이지에 의한 변동으로 게이지의 문제라고 할 수 있다.

반복성을 유발하는 요인들이 [그림 4-4]에 요약되어 있다. 반복성으로 인해 게이지 사용상에 문제가 있을 경우 이들 요인들에 대해 조치를 해야 한다.

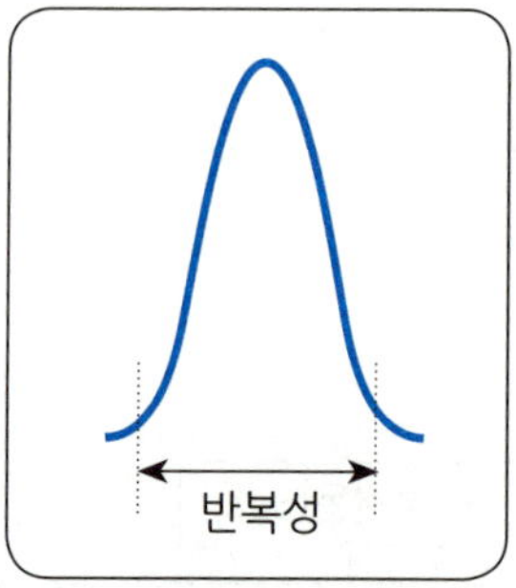

반복성을 유발하는 요인들 :

장비 :
- 게이지의 유지 보수가 되지 않은 경우
- 게이지의 정확성이 떨어지는 경우
- 부품을 고정해야 할 필요가 있는 경우

사람 :
- 환경적 조건들(조명, 소음 등)로 인해
- 신체적 조건들(시력 등)로 인해

그림 4-4 **반복성**

2) 재현성(reproducibility)

서로 다른 평가자가 동일한 게이지로 동일한 부품을 측정할 때 발생되는 변동으로, 평가자의 차이에 의해 발생되는 변동이라고 할 수 있다. 재현성의 문제는 주로 관리상의 문제로 게이지 매뉴얼을 만들어 평가자를 교육 및 훈련함으로써 해결할 수 있다.

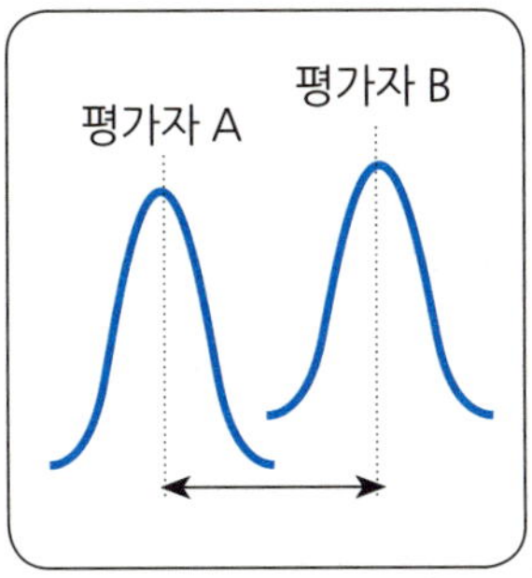

재현성을 유발하는 요인들 :

- 측정 절차가 명확하지 않은 경우
- 조작상의 명확한 지침을 정하지 않은 경우
- 평가자가 게이지를 읽고 사용하는데 적절한 교육 및 훈련을 받지 않은 경우

그림 4-5 **재현성**

3) 정확성(accuracy)

'관측평균과 실제평균(기준값)의 차이'로 이때 실제평균은 가장 정확한 측정 장비나 또는 현재 가용한 시스템으로 측정해야 한다. 정확성은 주로 검교정이 제대로 되지 않았기 때문에 발생되므로 주기적인 교정을 통해 해결해야 한다

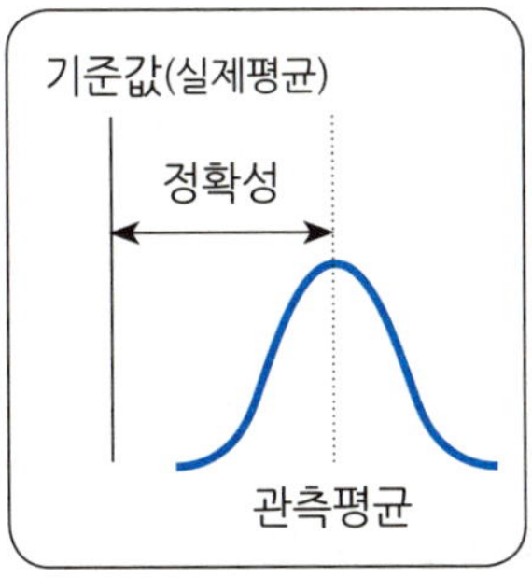

정확도를 유발하는 요인들 :

- 게이지는 올바르게 교정되지 않은 경우
- 조작자가 게이지를 부적절하게 사용한 경우
- 절차의 불명확
- 인간의 한계

그림 4-6 **정확성**

4)선형성(linearity)

'예상되는 동작범위 내에서 정확성의 차이'이다. 예를 들면 작은 값을 읽을 경우 정확성의 차이가 별로 없으나 큰 값을 읽을 경우 정확성의 차이가 큰 경우이다. 게이지가 적절히 교정되지 않았거나 또는 처음부터 게이가 잘못 설계되었을 경우 선형성의 문제가 발

생된다.

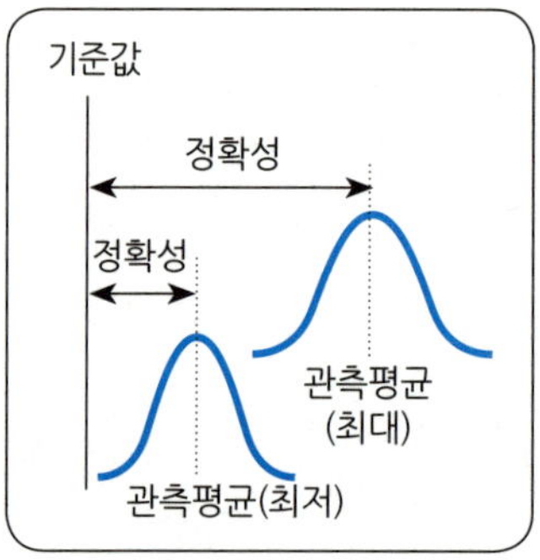

비 선형성을 유발하는 요인들 :

- 게이지의 동작범위 내에서 적절히 교정되지 않았다.
- 게이지가 오래되어 낡은 경우
- 게이지의 오류(설계 잘못)
- 게이지 자체의 내부적 특성

선형성= | 정확성(최고)-정확성(최저) |

그림 4-7 **선형성**

5) 안정성(stability)

'시간에 따른 정확성의 차이'로 '서로 다른 시간에 동일한 평가자가 동일 부품을 동일한 게이지로 측정할 경우 측정값의 평균의 차이'로 정의 된다. 안정성은 주기적으로 검교정을 함으로써 해결할 수 있다. 최근에 검교정을 했음에도 불구하고 안정성의 문제가 있을 경우에는 평가자 또는 소프트웨어 변경 또는 조작상의 차이가 있는지 여부를 파악하여 조치해야 한다.

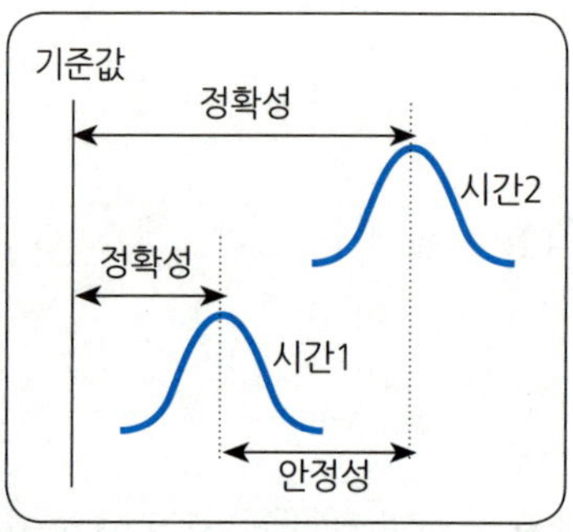

불안정성을 유발하는 요인들 :

- 게이지가 일정 기간마다 교정되지 않은 경우
- 측정 절차나 내용이 다른 경우
  - 게이지 조작상의 차이
  - 작업자의 변경
  - 소프트 웨어 변경

그림 4-8 **안정성**

4.1.3 측정시스템 변동의 계산

측정시스템의 변동을 구하기 위해서는 범위(R)를 사용하는 방법과 분산(s^2)을 사용하는 방법이 있는데 편의상 범위를 사용하는 방법을 우선 소개하기로 한다.

분산을 사용하는 방법은 '**4.2.3 계량치 게이지 R&R 분석**' 절에 '3) 분산분석 방법(ANOVA method)'에 소개 되어 있다.

1) 반복성

반복성은 게이지의 문제로 각 평가자가 각각의 부품을 반복하여 측정한 값의 차이 즉, 반복 측정한 부품의 범위값 $R_i = x_{max} - x_{min}$ 을 사용하여 구할 수 있다.

반복성의 표준편차는 다음과 같이 계산된다.

$$\hat{\sigma}_E = \frac{\overline{R}}{d_2}$$

여기서 $\overline{R} = \dfrac{\sum R_i}{g}$로, g = 부품수 × 평가자수 이다. d_2는 [표 4-1]에서 반복수 m 및 g에 해당되는 값을 찾을 수 있다.

따라서 반복성은 $6\hat{\sigma}_E$가 되는데 이는 정규분포를 가정한 상태에서 변동의 99.73%를 포함하는 구간이다.

예제 4-1 사용하고 있는 게이지를 평가하기 위해 다음과 같이 2명의 평가자가 5개의 부품을 3회 반복하여 측정하였다. 반복성을 구하시오.

	평가자1					평가자2				
	x_1	x_2	x_3	x_4	x_5	x_1	x_2	x_3	x_4	x_5
1	47	48	50	52	53	46	48	51	52	52
2	47	50	51	52	52	47	48	50	51	53
3	46	48	50	53	54	46	49	52	51	50
평균	46.7	48.7	50.3	52.3	53.0	46.3	48.3	51.0	51.3	51.7
범위(R_i)	1	2	1	1	2	1	1	2	1	3
평가자1의 평균 : 50.2						평가자2의 평균 : 49.7				

부품	x_1	x_2	x_3	x_4	x_5	$\overline{R}_p = \overline{x}_{max} - \overline{x}_{min} = 5.8$
평균	46.5	48.5	50.7	51.8	52.3	

$\sum R_i = 15$, g = 부품수 × 평가자수 = 5 × 2 = 10으로 $\overline{R} = \frac{\sum R}{g} = 1.5$가 된다. $d_2 = 1.72$로 [표 4-1]에서 반복수 $m = 3$, $g = 10$에 해당되는 값이다.

반복성의 표준편차는 다음과 같이 구할 수 있다.

$$\hat{\sigma}_E = \frac{\overline{R}}{d_2} = \frac{1.5}{1.72} = 0.87$$

따라서 변동의 99.73 %를 포함하는 반복성은 $6\hat{\sigma}_E = 5.2$가 된다.

2) 재현성

재현성은 평가자의 문제로 가장 큰 평가자의 평균값과 가장 작은 평가자의 평균값의 차이 즉, 평가자 평균의 범위 값인 $\overline{x}_{diff} = \overline{x}_{\max} - \overline{x}_{\min}$을 사용하여 구할 수 있다.

재현성의 표준편차는 다음과 같이 계산된다.

$$\hat{\sigma}_A = \frac{\overline{R}_A}{d_2} = \frac{\overline{x}_{diff}}{d_2}$$

여기서 d_2는 [표 4-1]에서 반복수 m과 g에 해당되는 값이다. 반복수 m은 $\overline{x}_{diff}$가 몇 명의 평가자로부터 구해졌는가? 에 의해 결정되며, 범위값의 계산은 1회 실행되므로 $g = 1$이 된다.

그런데 σ_A에는 게이지의 변동이 포함되어 있으므로 이를 조정한 재현성의 표준편차를 다음과 같이 구할 수 있다.

$${}_{adj}\hat{\sigma}_A = \sqrt{\hat{\sigma}_A^2 - \frac{\hat{\sigma}_E^2}{n \cdot r}} \qquad \text{여기서 } n : \text{부품수}, \ r : \text{반복수}$$

변동의 99.73 %를 포함하는 재현성은 $6\,{}_{adj}\hat{\sigma}_A$가 된다.

예제 4-2 **'예제 4-1'**에서 재현성을 구하시오.

$\overline{x}_{diff} = 50.2 - 49.7 = 0.5$이다. $\overline{x}_{diff}$가 두 명의 평가자로부터 계산되었으므로 반복회수 $m = 2$, 이 범위값의 계산이 1회 실행 되어 $g = 1$ 이므로 [표 4-1]로부터 $d_2 = 1.41$을 구할 수 있다.

따라서 재현성의 표준편차와 조정한 표준편차는 다음과 같다.

$$\hat{\sigma}_A = \frac{\overline{x}_{diff}}{d_2} = \frac{0.5}{1.41} = 0.3(5)$$

$$_{adj}\hat{\sigma}_A = \sqrt{\hat{\sigma}_A{}^2 - \frac{\hat{\sigma}_E{}^2}{n \cdot r}} = \sqrt{0.35^2 - \frac{0.87^2}{5 \cdot 3}} = 0.2(7)$$

변동의 99.73%를 포함하는 재현성은 $6_{adj}\hat{\sigma}_A = 1.6$이 된다.

3) 부품변동

부품변동은 가장 큰 부품의 평균과 가장 작은 부품의 평균의 차이 즉, 부품의 평균의 범위값 $\overline{R}_p = \overline{x}_{\max} - \overline{x}_{\min}$을 사용하여 구할 수 있다.

부품변동의 표준편차는 다음과 같이 구할 수 있다.

$$\hat{\sigma}_p = \frac{\overline{R}_p}{d_2}$$

여기서 d_2는 [표 4-1]에서 반복수 m과 g에 해당되는 값으로, 반복수 m은 $\overline{R}_p$가 몇 개의 부품으로부터 계산되었는가에 의해 결정되며, 이 범위값의 계산은 1회 실행되므로 $g = 1$이 된다.

변동의 99.73 %를 포함하는 부품의 변동은 $6\hat{\sigma}_p$가 된다.

예제 4-3 **'예제 4-1'**에서 부품의 변동을 구하시오.

$\overline{R}_p = 52.3 - 46.5 = 5.8$이다, $\overline{R}_p$는 5개의 부품으로부터 계산되어 반복수 $m = 5$, 이 범위 값 계산은 1회 실행되어 $g = 1$이므로 [표 4-1]에서 $d_2 = 2.48$을 구할 수 있다. 따라서 부품 변동의 표준편차는 다음과 같이 구할 수 있다.

$$\hat{\sigma}_p = \frac{\overline{R}_p}{d_2} = \frac{5.8}{2.48} = 2.3(4)$$

따라서 변동의 99.73 %를 포함하는 부품의 변동은 $6\hat{\sigma}_p = 14$가 된다.

4) 게이지 변동과 총변동

반복성과 재현성으로부터 게이지 변동의 표준편차는 다음과 같이 구할 수 있다.

$$\text{게이지 변동의 표준편차}: \hat{\sigma}_{R\&R} = \sqrt{(\hat{\sigma}_E)^2 + ({}_{adj}\hat{\sigma}_A)^2}$$
$$= \sqrt{0.87^2 + 0.27^2}$$
$$= 0.9(1)$$

변동의 99.73 %를 포함하는 게이지 변동은 $6\hat{\sigma}_{R\&R} = 5.5$ 가 된다.

총변동의 표준편차는 다음과 같이 계산이 되므로

$$\hat{\sigma}_T = \sqrt{(\hat{\sigma}_{R\&R})^2 + (\hat{\sigma}_p)^2}$$
$$= \sqrt{0.91^2 + 2.34^2}$$
$$= 2.5(1)$$

변동의 99.73 %를 포함하는 총변동은 $6\hat{\sigma}_T = 15$가 된다.

표 4-1 부품, 평가자 및 반복의 수에 따른 d_2값

		반복수(m)													
		2	3	4	5	6	7	8	9	10	11	12	13	14	15
g	1	1.41	1.91	2.24	2.48	2.67	2.83	2.96	3.08	3.18	3.27	3.35	3.42	3.49	3.55
	2	1.28	1.81	2.15	2.4	2.6	2.77	2.91	3.02	3.13	3.22	3.3	3.38	3.45	3.51
	3	1.23	1.77	2.12	2.38	2358	2.75	2.89	3.01	3.11	3.21	3.29	3.37	3.43	3.5
	4	1.21	1.75	2.11	2.37	2.57	2.74	2.88	3.0	3.1	3.2	3.28	3.36	3.43	3.49
	5	1.19	1.74	2.1	2.36	2.56	2.73	2.87	2.99	3.0	3.19	3.28	3.35	3.42	3.49
	6	1.18	1.73	2.09	2.35	2.56	2.73	2.87	2.99	3.1	3.19	3.27	3.35	3.42	3.49
	7	1.17	1.73	2.09	2.35	2.55	2.72	2.87	2.99	3.1	3.19	3.27	3.35	3.42	3.48
	8	1.17	1.72	2.08	2.35	2.55	2.72	2.87	2.98	3.09	3.19	3.27	3.35	3.42	3.48
	9	1.16	1.72	2.08	2.35	2.55	2.72	2.86	2.98	3.09	3.18	3.27	3.34	3.42	3.48
	10	1.16	1.72	2.08	2.34	2.55	2.72	2.86	2.98	3.09	3.18	3.27	3.34	3.41	3.48
	11	1.16	1.71	2.08	2.34	2.55	2.72	2.85	2.98	3.09	3.18	3.27	3.34	3.41	3.48
	12	1.15	1.71	2.07	2.34	2.55	2.71	2.85	2.98	3.09	3.18	3.27	3.34	3.41	3.48
	13	1.15	1.71	2.07	2.34	2.54	2.71	2.85	2.98	3.08	3.18	3.27	3.34	3.41	3.48
	14	1.15	1.71	2.07	2.34	2.54	2.71	2.85	2.98	3.08	3.18	3.26	3.34	3.41	3.48
	15~	1.128	1.693	2.059	2.326	2.534	2.704	2.847	2.97	3.078	3.173	3.258	3.336	3.407	3.472

5) 정확성(편의)

기준값과 측정값의 평균의 차이를 정확성(편의)이라고 한다. 정확성의 문제를 해결하기 위해서는 교정을 받아야 하며 만일 게이지 교정을 받았음에도 불구하고 정확성에 문제가 있다면 게이지를 사용하는 방법이나 절차를 정검해 볼 필요가 있다.

편의와 % 편의는 다음과 같이 구할 수 있다.

$$\text{편의} = \text{측정값의 평균} - \text{기준 값}$$

$$\%\ \text{편의} = \frac{\text{편의}}{\text{공정의 변동}(6\times\text{표준편차})}\times 100$$

단, 공정의 표준편차를 모를 경우 공정의 공차로 대신할 수 있다.

[표 4-2]에 측정의 정확도에 대한 평가기준이 제시되어 있다.

표 4-2 측정의 정확도 평가기준

정확성(accuracy) 안정성(stability) 선형성(linearity	1 % 미만	excellent(매우 적합): 개선이 필요 없음
	1~5 % 미만	good(적합): 개선이 거의 필요 없음
	5~10 % 미만	partially acceptable(보통): 부분적인 개선 필요
	10 % 이상	not acceptable(나쁨): 개선 필요

예제 4-4 측정시스템을 평가하기 위해 게이지가 측정할 수 있는 범위 내에서 5개의 서로 다른 부품을 선정하여 10회씩 반복 측정을 하였다. 단, 이때 기준값은 마스터 게이지로 측정을 하였다.

게이지의 편의값을 구하시오.

부품		1	2	3	4	5
기준값		2	4	6	8	10
반복수	1	2.2	4.2	6.2	7.7	9.7
	2	2.4	4.3	6.1	8.0	9.8
	3	2.0	4.5	5.6	7.6	9.9
	4	1.9	3.8	6.3	8.1	9.5
	5	2.2	4.3	6.2	7.9	9.7
	6	2.2	3.9	6.1	7.8	9.8
	7	2.5	4.1	6.1	8.0	9.8
	8	2.2	4.3	5.7	7.9	9.9
	9	2.3	4.2	6.2	7.8	9.8
	10	2.1	4.1	6.1	8.1	9.9
평균		2.2	4.17	6.06	7.89	9.78
편의		0.2	0.17	0.06	- 0.11	- 0.22

부품 1의 편의는 다음과 같이 구할 수 있다.

$$편의 = 측정값의\ 평균 - 기준값 = 2.2 - 2 = 0.2$$

여기서 편의가 양수값을 갖는 것은 측정치의 평균이 기준값보다 크다는 것을 의미한다.

데이터를 [표 4-4]와 같이 쌓은 후 미니탭으로 분산분석 방법(ANOVA method)을 통해 분석을 하면 연구변동(6*SD)열에서 총변동의 행의 값 17.9429가 공정변동이 된다. 따라서 % 편의(치우침)는 다음과 같다.

$$\%\ 편의 = (편의/공정변동) \times 100 = (0.2/\ 17.9429) \times 100 = 1.1(\%)$$

이는 미니탭으로 분석한 결과([그림 4-9])와 일치됨을 알 수 있다.

[표 4-2]에 따르면 적합한 상태로 개선이 거의 필요 없음을 알 수 있다.
다른 부품의 경우도 동일한 방법으로 구할 수 있다.

6) 선형성

선형성은 게이지의 측정구간 내에서의 정확성의 차이를 평가하는 것이다. 만일 측정구간 내에서 정확성이 일정하지 않다면 기준값과 정확성(편의값) 간에 어떤 기울기를 갖는 선형관계가 성립될 것이다.

일반적으로 기울기가 작을 경우 선형성이 좋고 기울기가 클 경우 선형성이 나쁘다고 할 수 있다.

선형성과 % 선형성은 다음과 같이 구할 수 있다.

$$\text{선형성} = \text{기울기} \times \text{공정변동}(6 \times \text{표준편차})$$

$$\%\ \text{선형성} = \frac{\text{선형성}}{\text{공정변동}(6 \times \text{표준편차})} \times 100 = \text{기울기} \times 100$$

만일 공정의 표준편차를 모를 경우 허용범위($USL - LSL$)를 사용한다.

예제 4-5 **'예제 4-4'**에서 % 선형성을 구하고 선형성에 문제가 있는지를 판정하시오.

우선 기준값(x)과 편의값(y) 간에 다음의 회귀식 및 결정계수를 구하기 위해 [표 4-3]과 같은 보조표를 작성할 필요가 있다.

회귀식: $\hat{y} = \hat{a} + \hat{b}x$ 여기서 기울기: $\hat{b} = \dfrac{S_{xy}}{S_{xx}}$, 절편: $\hat{a} = \bar{y} - \hat{b}\bar{x}$

결정계수: $R^2 = \dfrac{S_{xy}^2}{S_{xx} \cdot S_{yy}}$

표 4-3 회귀식 및 결정계수를 구하기 위한 보조표

x_i(기준값)	y_i(편의)	$(x_i - \bar{x})$	$(y_i - \bar{y})$	$(x_i - \bar{x})^2$	$(y_i - \bar{y})^2$	$(x_i - \bar{x}) \cdot (y_i - \bar{y})$
2	0.2	-4	0.166	16	0.028	-0.664
4	0.17	-2	0.136	4	0.018	-0.027
6	0.06	0	0.026	0	0.001	0
8	-0.11	2	-0.144	4	0.021	-0.288
10	-0.22	4	-0.254	16	0.065	-1.016
$\bar{x}=6$	$\bar{y}=0.02$			$S_{xx}=40$	$S_{yy}=0.133$	$S_{xy}=-2.24$

[표 4-3]의 값들로부터 다음을 계산할 수 있다.

$$\hat{b} = \frac{S_{xy}}{S_{xx}} = \frac{-2.24}{40} = -0.056$$

$$\hat{a} = \overline{y} - \hat{b}\overline{x} = 0.02 + 0.056 \times 6 = 0.356$$

$$R^2 = \frac{S_{xy}^2}{S_{xx} \cdot S_{yy}} = \frac{-2.24^2}{40 \times 0.133} \approx 0.94$$

결정계수 R^2의 값이 높은 편이므로 회귀식 $\hat{y} = 0.356 - 0.056x$가 점들을 잘 대표하는 것을 알 수 있다. % 선형성 = 기울기 × 100 = 5.6(%)가 된다. [표 4-2]에서 보통 수준으로 '부분적인 개선이 필요함'을 알 수 있다.

미니탭으로 선형성을 분석하기 위해서는 다음과 같이 데이터가 쌓아져야 된다.

표 4-4 미니탭으로 선형성 분석을 위한 열 쌓기

C6 측정치	C7 기준값	C8 부품
2.2	2	1
2.4	2	1
2.0	2	1
1.9	2	1
2.2	2	1
2.2	2	1
2.5	2	1
2.2	2	1
2.3	2	1
2.1	2	1
4.2	4	2
4.3	4	2
4.5	4	2
3.8	4	2
4.3	4	2
3.9	4	2
4.1	4	2
4.3	4	2

⋮

미니탭에서 **통계분석 > 품질 도구 > Gage 연구 > Gage 선형성 및 치우침 연구**를 클릭하면 다음의 화면이 나타난다.

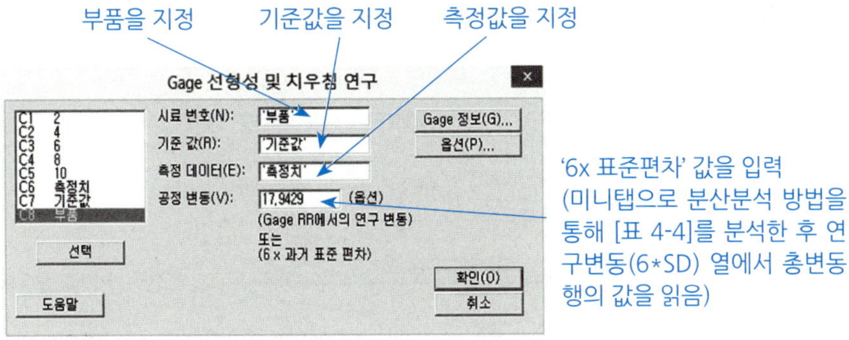

'확인'을 클릭하면 다음의 그래프와 분석결과가 나타난다.

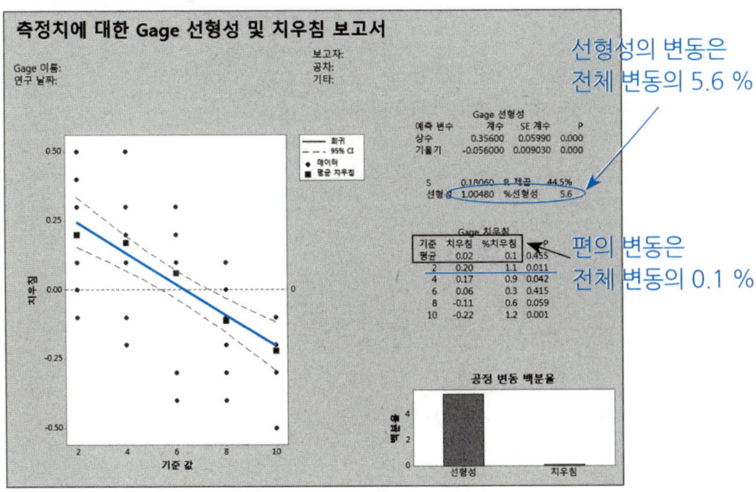

그림 4-9 **게이지 선형성 및 편의 분석 결과**

회귀분석의 결과를 미니탭을 통해 검증하기 위해서는 워크시트에 기준값과 편의값을 다음과 같이 입력한다.

↓	C1	C2
	x	y
1	2	0.20
2	4	0.17
3	6	0.06
4	8	-0.11
5	10	-0.22

통계분석>회귀 분석>회귀 분석>적합 회귀 모형…을 클릭하면 다음의 화면이 나타난다.

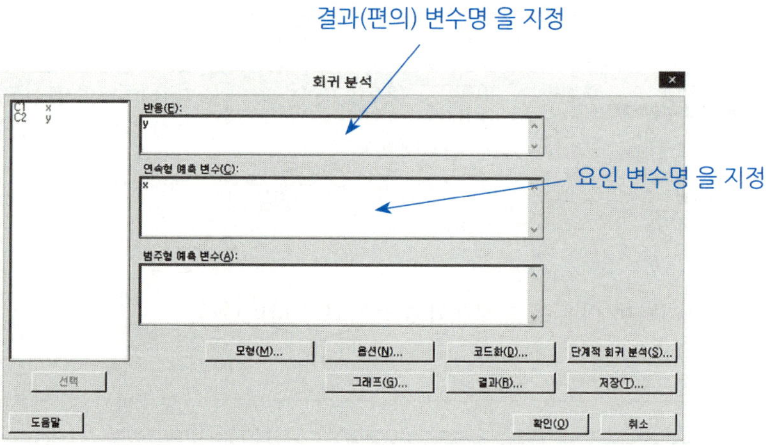

'확인'을 클릭하면 다음의 결과가 나타난다.

회귀 분석 : y 대 x

분산 분석

출처	DF	Adj SS	Adj MS	F-값	P-값
회귀	1	0.125440	0.125440	67.68	0.004
x	1	0.125440	0.125440	67.68	0.004
오차	3	0.005560	0.001853		
총계	4	0.131000			

P<0.05이므로 절편 및 기울기 모두 유의함을 알 수 있다.

모형 요약

S	R-제곱	R-제곱(수정)	R-제곱(예측)
0.0430504	95.76%	94.34%	84.88%

계수

항	계수	SE 계수	T-값	P-값	VIF
상수	0.3560	0.0452	7.88	0.004	
x	−0.05600	0.00681	−8.23	0.004	1.00

회귀 방정식

y = 0.3560 - 0.05600 x

앞에서 구한 방정식과 일치된다.

4.2 계량치 게이지 *R&R*(정밀도 평가)

4.2.1 평가절차

1) 추진계획의 수립

계량치 게이지 *R&R* 분석을 하기 위해서는 [표 4-7]과 같은 형태로 최소한 10개의 부품을 2명 이상의 평가자가 2회 이상의 반복 측정을 해야 한다.

2) 표본의 측정

- 표본의 선정 : 부품은 [그림 4-10]과 같이 가능한 공정의 산포를 대변할 수 있도록 서로 다른 것을 추출해야 한다.
- 측정방법 : blind measurement에 의해 평가자는 자신이 측정하는 표본이 어느 것이지 모르도록 하여 이전 측정값에 의해 영향을 받지 않도록 한다.
- 데이터의 기록 : 가장 작은 단위의 눈금에 중간 눈금이 있는 것으로 가정하여 반올림 또는 반내림을 하여 측정값을 기록한다.

계측기는 제품의 규격이나 예상되는 공정의 변동에 대해 적어도 1/10의 판별능력이 있는 것을 사용해야 한다. 예를 들어 공정의 변동이 0.1 이라면, 계측기는 0.01의 변화를 읽을 수 있어야 한다.

3) 데이터 분석 및 게이지 평가

게이지 *R&R*을 분석하는 방법은 '**4.2.3 계량치 게이지 R&R 분석**'에 설명된 바와 같이 몇 가지가 있으나 ANOVA 분석을 하는 것이 가장 많은 정보를 얻을 수 있다.

'**4.2.2 측정능력 평가지표**'에 지표를 통해 게이지를 평가하는 방법이 설명되어 있다.

4) 후속조치

'3)'의 결과에 따라 게이지를 개선 또는 교체해야 할 것인가를 결정한다.

이상과 같이 게이지를 평가하기 위해서는 표준화된 일련의 절차와 방법을 사용해야 하며 이는 문서로서 규정되어야 한다.

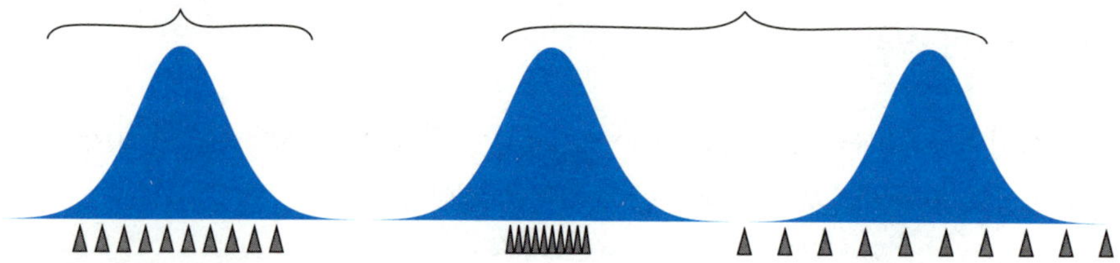

표본이 제품의 산포(공정변동)를 제대로 반영하고 있으므로 의미가 있다.

표본을 일부만 뽑을 경우 공정변동이 과소평가되어, 측정능력 평가지표가 실제보다 나쁘게 나타난다.

공정산포에 비해 지나치게 넓은 범위에서 표본을 뽑을 경우 공정변동이 과대평가되어, 측정능력의 평가지표가 실제보다 좋게 나타난다.

그림 4-10 **표본의 선정방법**

4.2.2 측정능력 평가지표

1) % 기여도(% contribution)

전체 변동 중 측정변동(R&R)이 차지하는 비율이 얼마인가?를 나타낸다. 이는 다음과 같은 식을 통해 구할 수 있는데 일반적으로 이 값이 10 %보다는 작아야 한다. GE의 경우는 이 기준을 7.7 %로 운영하고 있다. [그림 4-11]을 통해 기여도의 개념을 보다 쉽게 이해할 수 있다.

$$\% \text{ contribution} = \frac{S_m^2}{S_t^2} \times 100$$

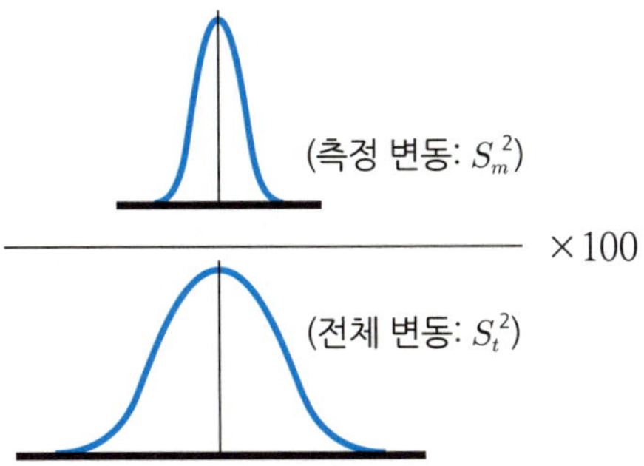

그림 4-11 **% 기여도**

2) 판별지표(discrimination number)

측정시스템이 공정의 총 변동을 몇 개로 분할하여 인식할 수 있는 지를 나타낸다. 좋은 게이지일수록 판별지표의 값이 크다. 이 값은 다음과 같이 구할 수 있는데 일반적으로 4 이상이 바람직하나 GE의 경우 5 이상을 사용하고 있다. [그림 4-12]를 통해 판별지표의 개념을 보다 쉽게 이해할 수 있다.

$$\text{discrimination no} = 1.41 \times \frac{S_t}{S_m}$$

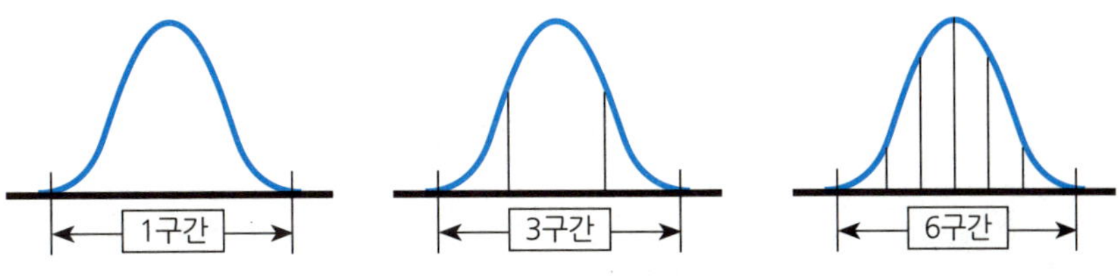

그림 4-12 **판별지표**

3) % 공차(percent tolerance)

허용차 대비 측정시스템에 의한 변동의 범위의 비를 나타낸다. 다음의 식에서 분모는 규격의 범위를 나타내며, 분자는 정규분포를 가정할 경우 게이지 변동의 99.73 %를 포함하는 범위를 나타낸다. 일반적으로 % 공차가 30 %보다 작아야 게이지를 사용할 수 있다. [그림 4-13]에 좋은 게이지와 나쁜 게이지의 경우 % 공차를 비교하여 설명하고 있다.

$$\text{percent tolerance} = \frac{6 \times S_m}{USL - LSL} \times 100$$

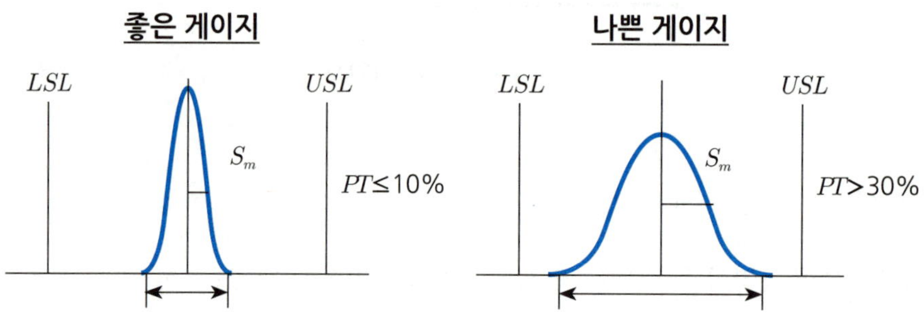

그림 4-13 % 공차의 비교

지금까지 설명한 지표를 [표 4-5]와 같이 요약하여 정리하였다. 물론 가장 바람직한 것은 게이지가 이들 3가지 지표의 모든 조건을 만족시키는 것이나, 일반적으로 실무에서는 % 공차에 의해 게이지의 사용여부를 판정한다.

표 4-5 게이지 판정지표의 요약

판정지표	의미	판정기준
R&R 기여도 (% contribution)	전체 변동 중 게이지 변동이 차지하는 비율	10 %(7.7 %) 이하
판별지표 (discrimination number)	변동의 범위를 몇 개의 구간으로 인식하는가?	4(5) 이상
% 공차 (% tolerance)	규격 대비 게이지 변동의 범위	30 % 이하

4.2.3 계량치 게이지 $R\&R$ 분석

1) 범위 방법(range method)

측정시스템을 평가하기 위한 가장 간단한 방법으로 범위값만으로 측정시스템을 평가한다. 일명 간이법이라고 하는데 반복성과 재현성을 구분할 수 없으므로 얻을 수 있는 정보에 한계가 있다. 따라서 특별한 경우를 제외하고는 실무에서 자주 사용되지 않는다.

간이법의 추진절차는 다음과 같다.

- 측정 데이터에 대해 평가자간의 차이(측정범위) R_i를 계산한다.
- 평균범위 $\overline{R} = \sum R_i$ / 부품수를 계산한다.
- 측정오류 $R\&R = 6 \times (\overline{R}/d)$를 결정한다.
- 허용오차 = 규격범위(규격상한 − 규격하한)를 구한다.
- % 공차 = ($R\&R$ / 허용오차) × 100을 구한다.
- 측정시스템이 적절한지 여부를 판정한다.

표 4-6 측정시스템 판정기준(% 공차)

판정기준	% 공차
수용	0~10 %
주의	11~30 %
부적합	>30 %

예제 4-6 측정시스템을 분석하기 위해 2명의 평가자가 5개의 부품을 각 1회씩 다음과 같이 간이법으로 측정하였다. 측정시스템에 문제가 있는지 여부를 판정하시오.

규격 : 0±0.2

부품	평가자 A	평가자 B	$R_i = \lvert A_i - B_i \rvert$
1	0.45	0.49	0.04
2	0.48	0.51	0.03
3	0.5	0.51	0.01
4	0.53	0.56	0.03
5	0.55	0.58	0.03
			0.14

각각의 부품에 대한 범위 값 R_i를 구한 후 평균 범위를 다음과 같이 구할 수 있다.

$$\text{평균범위} = \overline{R} = \sum R_i / \text{부품수} = 0.14/5 = 0.028$$

$R\&R$은 다음과 같다. 여기서 $d_2 = 1.19$ 는 [표 4-1]에서 $m=2$, $g=5$일 때에 해당되는 값이며, 6은 정규분포일 경우 측정변동의 99.73 %를 포함하는 범위의 값이다.

$$R\&R = 6 \times \frac{\overline{R}}{d_2} = 6 \times \frac{0.028}{1.19} = 0.14$$

따라서 % 공차값은 다음과 같이 구할 수 있다.

$$\%\ \text{공차}(\%\ R\&R) = \frac{\text{R\&R}}{\text{허용오차}} \times 100 = \frac{0.14}{0.4} \times 100 = 35.0(\%)$$

% 공차>30 % 이므로 측정시스템은 적합하지 않다고 판정할 수 있다. 간이법은 반복성과 재현성을 구분할 수 없으므로 측정시스템을 효과적으로 관리 및 개선하는 데 한계가 있다.

2) 평균과 범위 방법($\overline{X} - R$ method)

평균 및 범위 값을 동시에 고려하여 게이지를 평가한다. 반복성과 재현성을 구분하여 구할 수 있으므로 '범위 방법'에 비해 게이지에 대해 보다 합리적인 조치를 취할 수 있다. 그러나 변동을 구하기 위해서 최대값 및 최소값만을 이용하는 범위(R)을 사용하고, 평가자와 부품간의 교호작용을 구할 수 없는 등 다음절에 소개되는 '분산분석(ANOVA) 방법'에 비해서는 얻을 수 있는 정보가 제한적이며 정밀성이 떨어진다.

통계 패키지가 널리 보급되지 못하던 시절에 주로 많이 사용되었지만 최근에는 '분산분석 방법'이 널리 사용되고 있다.

[표 4-7]은 10개의 부품을 2명의 평가자가 2회 반복 측정한 것으로 계량치 게이지 $R\&R$ 분석 시 적용할 수 있는 최소 규모의 검사단위라고 할 수 있다.

표 4-7 계량치 계측기 검사(2명의 평가자 10개의 부품을 2회 측정)

(규격: 6~10 mm)

표본	평가자 A		평가자 B	
	1회	2회	1회	2회
1	6.5	6.3	6.0	6.0
2	6.0	6.0	6.5	6.4
3	8.5	8.1	8.7	8.8
4	7.5	7.5	7.7	7.9
5	9.5	9.3	9.8	9.6
6	7.0	7.2	7.5	7.8
7	9.5	9.5	9.7	9.8
8	8.2	8.5	8.5	8.5
9	9.0	9.0	9.5	9.2
10	6.0	6.2	6.4	6.6

'$\overline{X}-R$ 방법'을 통해 게이지 평가를 보다 효율적으로 하기 위해서는 [표 4-8]에서와 같이 다음의 값을 먼저 구하는 것이 바람직하다.

$\overline{x}_{diff}$(평가자의 평균 범위의 값) : 각 평가자의 측정치 평균 값 중 가장 큰 값 $\overline{x}_{\max}$와 가장 작은 값 $\overline{x}_{\min}$의 차이이다.

$\overline{R}$(총 범위의 평균 값) : 반복측정의 총 범위의 평균값으로 각 평가자의 범위의 평균값을 모두 더하고 이를 평가자수로 나눈 값이다. 즉, 각 평가자 별 각 부품의 범위값을 모두 더하고 이를 (평가자수×부품수) 나눈 값이다.

$\overline{R}_p$(부품의 평균 범위의 값) : 각 부품의 평균값 중 가장 큰 값 $\overline{x}_{k_{\max}}$와 가장 작은 값 $\overline{x}_{k_{\min}}$의 차이 값이다.

표 4-8 게이지 평가를 위한 $\overline{x}_{diff}$, $\overline{R}$, $\overline{R}_p$ 값의 계산

평가자	A			B			$\overline{x}_k$
No	1회	2회	범위	1회	2회	범위	
1	6.5	6.3	0.2	6.0	6.0	0.0	6.20
2	6.0	6.0	0.0	6.5	6.4	0.1	6.23
3	8.5	8.1	0.4	8.7	8.8	0.1	8.53
4	7.5	7.5	0.0	7.7	7.9	0.2	7.65
5	9.5	9.3	0.2	9.8	9.6	0.2	9.55
6	7.0	7.2	0.2	7.5	7.8	0.3	7.38
7	9.5	9.5	0.0	9.7	9.8	0.1	9.63
8	8.2	8.5	0.3	8.5	8.5	0.0	8.43
9	9.0	9.0	0.0	9.5	9.2	0.3	9.18
10	6.0	6.2	0.2	6.4	6.6	0.2	6.30
계	77.7	77.6	1.5	80.3	80.6	1.5	$\overline{R}_p=\overline{x}_{k_{\max}}-\overline{x}_{k_{\min}}$ =3.43
평균	$\overline{x}_A=7.77$		$\overline{R}_A=0.15$	$\overline{x}_B=8.05$		$\overline{R}_B=0.15$	
	$\overline{\overline{x}}=(\overline{x}_A+\overline{x}_B)/2$ =7.91			$\overline{R}=(\overline{R}_A+\overline{R}_B)/2$ =0.15			
	$\overline{x}_{diff}=(\overline{x}_B-\overline{x}_A)$ =0.28						

① 반복성 $E.V$(Equipment Variation)의 계산

$\overline{R}/d_2$는 반복성의 표준편차 추정치이고 6은 정규분포일 경우 반복성의 99.73 % 를 포함하는 범위의 값이므로 반복성 $E.V$를 다음과 같이 나타낼 수 있다.

$$E.V=6\times\frac{\overline{R}}{d_2}$$

[표 4-8]에서 총 범위의 평균 $\overline{R}=0.15$이고, 반복수 $m=2$이고 $g=$부품수×검사원수$=10\times2=20$이므로 [표 4-1]에서 $d_2=1.128$이 된다. 따라서 이들 값을 대입함으로써 $E.V$값을 구할 수 있다.

$E.V$를 다음과 같이 표현한 상태에서 K_1값이 표에서 주어지면 보다 간편하게 $E.V$값을 구할 수 있다. 여기서 $K_1=6/d_2=6/1.128=5.319$가 된다.

$$E.V=6\times\frac{\overline{R}}{d_2}=\overline{R}\times K_1=0.15\times5.319=0.79(8)$$

$\% \ E.V$는 다음과 같이 계산된다.

$$\% \ E.V = \frac{E.V}{USL - LSL} \times 100 = \frac{0.798}{4} \times 100 = 20(\%)$$

② 재현성 $A.V$(Appraiser Variation)의 계산

$\bar{x}_{diff}/d_2$는 재현성의 표준편차 추정치이고 6은 정규분포일 경우 재현성의 99.73 %를 포함하는 범위의 값이므로 재현성 $A.V$는 다음과 같이 나타낼 수 있다.

$$A.V = 6 \times \frac{\overline{R}_A}{d_2} = 6 \times \frac{\bar{x}_{diff}}{d_2}$$

[표 4-8]에서 $\bar{x}_{diff} = 0.28$이고, 평가자가 2명이므로 반복수 $m = 2$, 범위의 계산이 1회 실행되어 $g = 1$이므로 [표 4-1]에서 $d_2 = 1.41$이 된다. 따라서 이들 값을 대입함으로써 $A.V$값을 구할 수 있다.

$A.V$를 다음과 같이 표현한 상태에서 K_2값이 표에서 주어지면 보다 간편하게 $A.V$값을 구할 수 있다. 여기서 $K_2 = 6 / 1.41 = 4.255$가 된다.

$$A.V = 6 \times \frac{\bar{x}_{diff}}{d_2} = \bar{x}_{diff} \times K_2 = 0.28 \times 4.255 = 1.19(1)$$

상기의 $A.V$ 값에는 게이지의 변동이 포함되어 있으므로 이를 제외한 조정된 재현성은 다음과 같이 구할 수 있다.

$$_{adj}AV = \sqrt{(AV)^2 - \frac{(EV)^2}{n \cdot r}}$$

여기서 n = 부품수, r = 반복수

$$= \sqrt{1.191^2 - \left(\frac{0.798^2}{20}\right)}$$

$$= 1.17(8)$$

$\% \ E.V$는 다음과 같이 계산된다.

$$\%A.V = \frac{_{adj}A.V}{USL - LSL} \times 100 = \frac{1.178}{4} \times 100 = 29(\%)$$

③ $R\&R$ 값의 계산

반복성($E.V$)과 재현성($A.V$)을 사용하여 $R\&R$ 값은 다음과 같이 구할 수 있다.

$$\begin{aligned} R\&R &= \sqrt{(EV)^2 + ({}_{adj}AV)^2} \\ &= \sqrt{0.798^2 + 1.178^2} \\ &= 1.42(3) \end{aligned}$$

게이지를 판정하기 위한 $\%\ R\&R$(% 공차)은 다음과 같이 계산된다.

$$\%\ R\&R = \frac{R\&R}{USL - LSL} \times 100 = \frac{1.423}{4} \times 100 = 36(\%)$$

$\%\ R\&R > 30\ \%$이므로 게이지에 문제가 있음을 알 수 있다. 이 경우 $\%\ E.V = 19.95\ \%$, $\%\ A.V = 29.5\ \%$이므로 재현성의 문제가 더 큼을 알 수 있다.
따라서 측정시스템을 효과적으로 개선하기 위해서는 게이지 사용에 대한 점검, 매뉴얼의 작성 및 평가자 훈련을 통해 우선 $\%\ A.V$ 값을 개선할 필요가 있다.

④ 부품 변동 $P.V$(Part Variation)의 계산

$\overline{R}_p/d_2$는 부품 변동의 표준편차 추정치이고, 6은 정규분포일 경우 부품 변동의 99.73 %를 포함하는 범위의 값이므로 부품 변동 $P.V$를 다음과 같이 나타낼 수 있다.

$$P.V = 6 \times \frac{\overline{R}_p}{d_2}$$

[표 4-8]에서 부품의 평균범위값 $\overline{R}_p = 3.43$이고, 부품이 10개 이므로 반복수 $m = 10$, 범위의 계산이 1회 실행되어 $g = 1$이므로 [표 4-1]에서 $d_2 = 3.18$이 된다.
따라서 이들 값을 대입함으로써 $P.V$ 값을 구할 수 있다.
$P.V$를 다음과 같이 표현한 상태에서 K_3값이 표에서 주어지면 보다 간편하게 $P.V$ 값을 구할 수 있다. 여기서 $K_3 = 6/3.18 = 1.887$가 된다.

$$P.V = 6 \times \frac{\overline{R}_p}{d_2} = \overline{R}_p \times K_3 = 3.43 \times 1.887 = 6.47(2)$$

$\%\ P.V$는 다음과 같이 계산된다.

$$\% P.V = \frac{P.V}{USL - LSL} \times 100 = \frac{6.472}{4} \times 100 = 162(\%)$$

⑤ 총변동 $T.V$(Total Variation)의 계산

게이지 변동 $R\&R$ 값과 부품값변동 $P.V$ 값을 통해 총변동 $T.V$값을 다음과 같이 구할 수 있다.

$$\begin{aligned} T.V &= \sqrt{(R\&R)^2 + (P.V)^2} \\ &= \sqrt{1.423^2 + 6.472^2} \\ &= 6.63 \end{aligned}$$

표 4-9 $\overline{x} - \overline{R}$ 방법을 통한 측정시스템 평가표

샘플이름: 품질특성치: 규격:	계측기 이름: 계측기 번호: 계측기 형태:	일시: 평가자:
분석 결과: $\overline{R}=0.15$	$\overline{x}_{diff}=0.28$	$\overline{R}_p=3.43$

측정분석			공차 대비 백분율(%)
반복성: 계측기 변동($E.V$) $E.V = \overline{R} \times K_1$ $= 0.15 \times 5.319$ $= 0.79(8)$	반복 횟수 2 3	K_1 5.319 3.544	$\% E.V = 100[E.V/\text{공차}]$ $= 100[0.798/4]$ $= 20(\%)$
재현성: 평가자 변동($A.V$) $A.V = \sqrt{(\overline{x}_{diff} \times K_2)^2 - (EV)^2/(n \cdot r)}$ $= \sqrt{(0.28 \times 4.255)^2 - (0.798)^2/(20)}$ $= 1.17(8)$	평가자 수 2 3	K_2 4.255 3.141	$\% A.V = 100[A.V/\text{공차}]$ $= 100[1.178/4]$ $= 29(\%)$
반복성과 재현성($R\&R$) $R\&R = \sqrt{(E.V)^2 + (A.V)^2}$ $= \sqrt{0.798^2 + 1.178^2}$ $= 1.42(3)$			$\% R\&R = 100[(R\&R)/\text{공차}]$ $= 100[1.423/4]$ $= 36(\%)$
부품변동($P.V$) $P.V = \overline{R}_p \times K_3$ $= 3.43 \times 1.887$ $= 6.47(2)$	샘플수 6 7 8 9 10	K_3 2.247 2.120 2.027 1.948 1.887	$\% P.V = 100[P.V/\text{공차}]$ $= 100[6.472/4]$ $= 162(\%)$
총변동($T.V$) $T.V = \sqrt{(R\&R)^2 + (PV)^2}$ $= \sqrt{1.423^2 + 6.472^2}$ $= 6.63$			

지금까지의 계산을 보다 효율적으로 하기 위해 [표 4-9]과 같은 시트를 많이 사용한다.

그러나 더 정밀하고 보다 많은 정보를 얻기 위해서는 다음 절에서 설명하는 '분산분석 방법'을 사용하는 것이 바람직하다.

3) 분산분석 방법(ANOVA method)

분산분석 방법을 손으로 계산하기에는 너무 복잡하므로 우선 미니탭을 사용하기로 한다.

[표 4-7]의 데이터를 미니탭으로 분석을 하기 위해서는 데이터가 [표 4-10]과 같이 쌓아져야 된다.

표 4-10 계량치 게이지 $R\&R$ 분석을 위한 데이터 쌓기

C5 측정값	C6-T SUB	C7-T 평가자	C8 부품
6.5	A1	A	1
6.0	A1	A	2
8.5	A1	A	3
7.5	A1	A	4
9.5	A1	A	5
7.0	A1	A	6
9.5	A1	A	7
8.2	A1	A	8
9.0	A1	A	9
6.0	A1	A	10
6.3	A2	A	1
6.0	A2	A	2
8.1	A2	A	3
7.5	A2	A	4
9.3	A2	A	5
7.2	A2	A	6
9.5	A2	A	7
8.5	A2	A	8
9.0	A2	A	9
6.2	A2	A	10
6.0	B1	B	1
6.5	B1	B	2

미니탭에서 **통계분석 > 품질 도구 > Gage 연구 > Gage R&R(교차) 연구**…를 하면 다음의 화면이 나타난다.

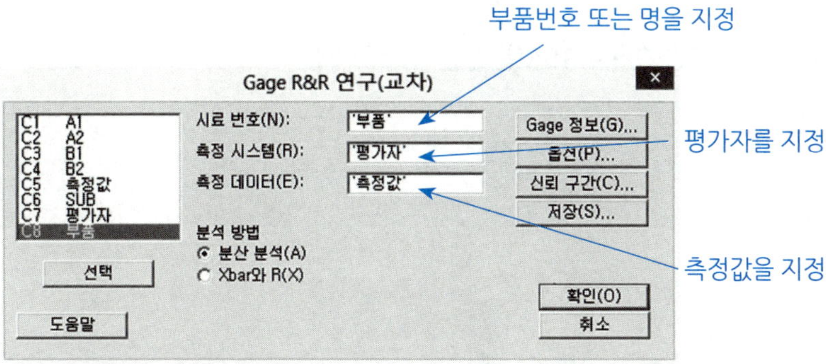

'옵션'을 클릭하면 다음의 화면이 나타난다.

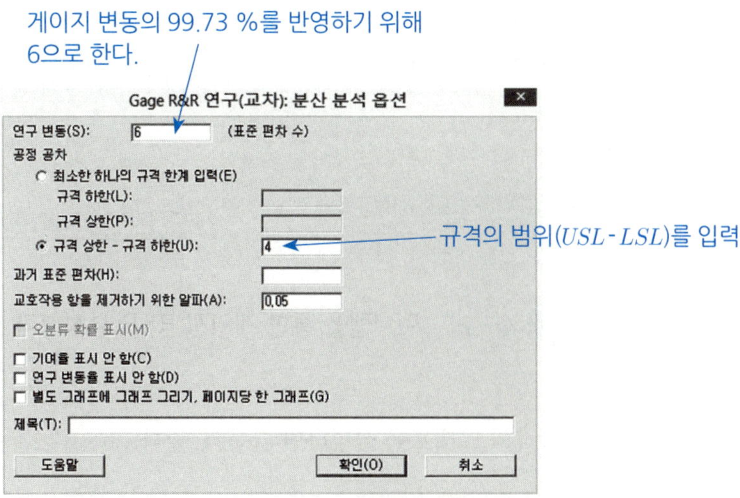

'확인'을 연속하여 클릭하면 다음의 그래프와 분석결과가 나타나는데 우선 그래프를 살펴보기로 한다.

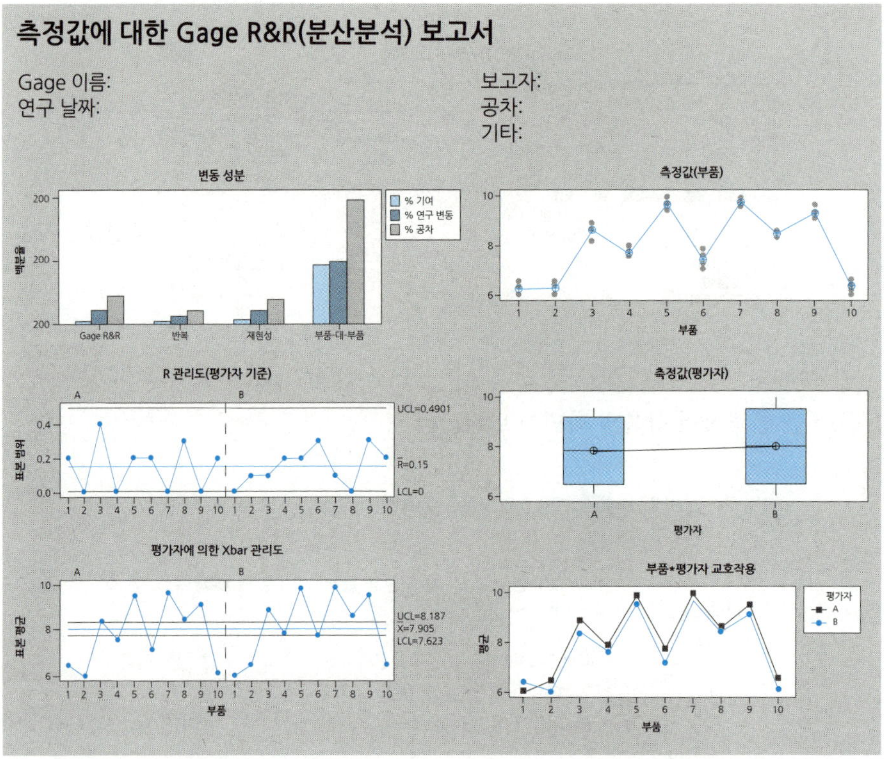

그림 4-14 **미니탭을 통한 게이지 R&R 분석결과**

[그림 4-14]의 각각의 그래프를 설명하면 다음과 같다.

① 변동의 분석

부품 대 부품의 변동이 반복성과 재현성의 변동을 합친 게이지 $R\&R$ 변동에 비해 매우 크다.

이는 규격 범위 내에서 서로 다른 부품이 추출된 상태에서 게이지의 변동이 상대적으로 작은 경우로 매우 바람직한 상태이다.

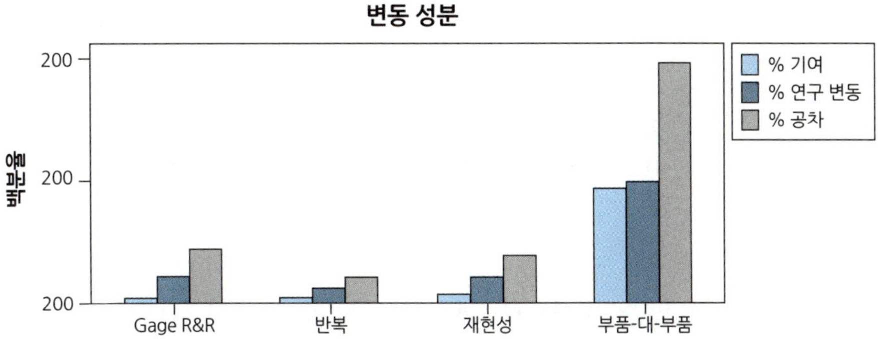

그림 4-15 변동의 성분

② 평가자에 의한 R 관리도

[그림 4-16]은 [표 4-7]에서 각각의 평가자가 각 부품을 2회 반복 측정한 값의 범위(R_i)를 타점한 것이다. 이는 동일한 평가자가 동일한 계측기로 동일한 제품을 반복 측정하여 생긴 변동으로 반복성을 나타낸다. 모든 점이 관리도 선내에 있으므로 반복성에는 문제가 없다고 할 수 있다.

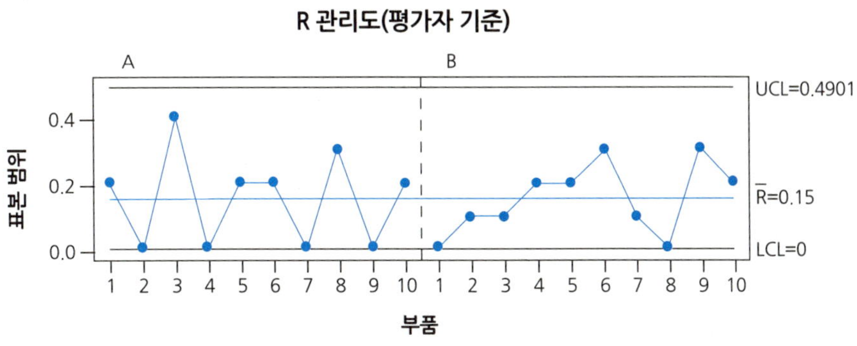

그림 4-16 평가자에 대한 R 관리도

[그림 4-16]에서 관리선 UCL, LCL은 다음과 같이 구할 수 있다.

[표 4-8]에서 $\overline{R}=0.15$

[표 4-11]에서 $n=2$일 경우 $D_3=0.0$, $D_4=3.267$을 각각 구할 수 있다.

따라서 $UCL = D_4 \times \overline{R}$

$$= 3.267 \times 0.15$$

$$\cong 0.4901$$

$$LCL = D_3 \times \overline{R}$$

$$= 0.0$$

표 4-11 A_2, D_3, D_4, d_2 표

n	A_2	D_3	D_4	d_2
2	1.880	0	3.267	1.128
3	1.023	0	2.575	1.693
4	0.729	0	2.282	2.059
5	0.577	0	2.115	2.326
6	0.483	0	2.004	2.534
7	0.419	0.076	1.924	2.704
8	0.373	0.136	1.864	2.847
9	0.337	0.184	1.816	2.970
10	0.308	0.223	1.777	3.078

③ 평가자에 의한 $\overline{X}$ 관리도

[그림 4-17]은 [표 4-7]에서 각각의 평가자가 각 부품을 2회 반복 측정한 값을 평균하여 관리도 상에 타점한 값이다. [표 4-12]에 평가자별 각 부품의 평균값이 계산되어 있다.

이 경우 타점한 값이 관리상한 및 관리하한의 범위를 벗어나므로 규격범위 내에서 서로 다른 부품이 선정된 바람직한 상태라고 할 수 있다.

만일 대다수의 타점한 값이 관리선 내에 포함된다면 이는 규격범위 내에서 서로 다른 부품을 선정하지 못한 경우이다. 이때 게이지 변동에 비해 부품 대 부품의 변동(즉, 공정변동)이 과소 평가되어 평가지표가 실제보다 나쁘게 나타난다.

[그림 4-17]에서 관리선 UCL, LCL은 다음과 같이 구할 수 있다.

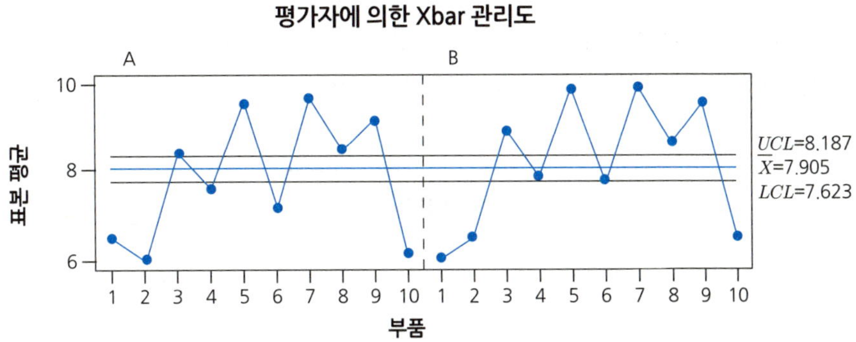

그림 4-17 평가자에 대한 $\overline{X}$ 관리도

[표 4-11]에서 $n=2$일 경우 $A_2=1.880$

[표 4-8]에서 $\overline{\overline{x}}=7.91$, $\overline{R}=0.15$이므로 [그림 4-17]의 UCL과 LCL은 다음과 같다.

$$UCL=\overline{\overline{x}}+A_2\overline{R}=7.91+1.880\times 0.15=8.19$$
$$LCL=\overline{\overline{x}}-A_2\overline{R}=7.91-1.880\times 0.15=7.62$$

여기서의 약간의 차이는 계산상의 오차이다.

표 4-12 평가자별 각 부품의 평균값 계산

표본	평가자 A			평가자 B		
	1회	2회	평균($\overline{x}_{Aj}$)	1회	2회	평균($\overline{x}_{Bj}$)
1	6.5	6.3	6.40	6.0	6.0	6.00
2	6.0	6.0	6.00	6.5	6.4	6.45
3	8.5	8.1	8.30	8.7	8.8	8.75
4	7.5	7.5	7.50	7.7	7.9	7.80
5	9.5	9.3	9.40	9.8	9.6	9.70
6	7.0	7.2	7.10	7.5	7.8	7.65
7	9.5	9.5	9.50	9.7	9.8	9.75
8	8.2	8.5	8.35	8.5	8.5	8.50
9	9.0	9.0	9.00	9.5	9.2	9.35
10	6.0	6.2	6.10	6.4	6.6	6.50

④ 부품별 측정값

각 평가자가 각각의 부품을 측정한 값을 타점한 것이다. 각 부품에서 측정값의 산포가 작을 수록 바람직한 상태라고 할 수 있다.

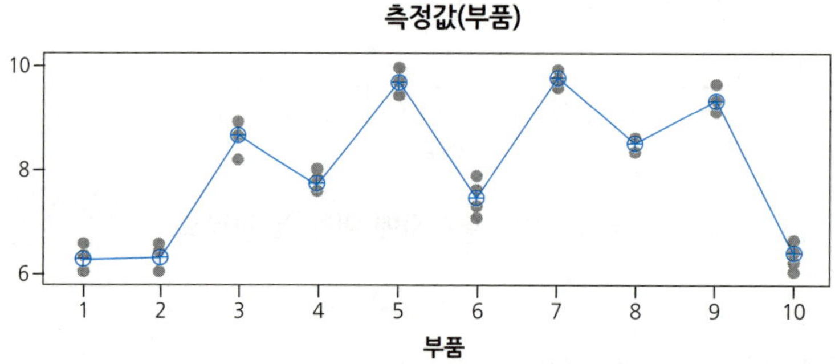

그림 4-18 **부품별 측정값**

⑤ 평가자 별 측정값

각 평가자간 평균과 산포를 비교한 것이다. 두 평가자간의 산포의 차이는 별로 없으나 평가자 B의 평균이 약간 높은 것으로 나타났다. [표 4-8]에서 $\bar{x}_A = 7.77$, $\bar{x}_B = 8.05$임을 알 수 있다.

만일 게이지 $R\&R$ 분석 결과 재현성의 문제가 있다고 판정된다면, 두 검사 간에 게이지를 읽는 방법을 통일함으로써 이를 개선할 수 있을 것이다.

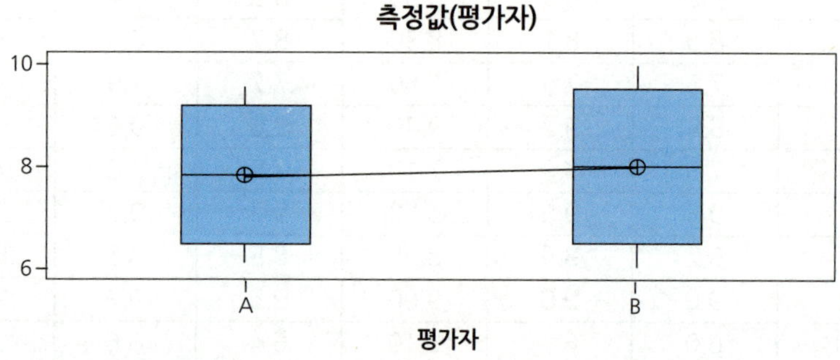

그림 4-19 **평가자별 측정값**

⑥ 평가자와 부품의 상호작용

평가자간 게이지를 읽는 습성을 파악하는 것으로 예를 들면 특정 평가자가 큰 값을 아주 크게 읽거나 작은 값을 아주 작게 읽는 경우 등이다.

[그림 4-20]에서 평가자 B가 거의 모든 값을 평가자 A에 비해 크게 읽는 것을 알 수 있다.

따라서 이로 인해 '⑤ 평가자 별 측정값'에서 평가자 B의 평균이 더 높게 나왔다.

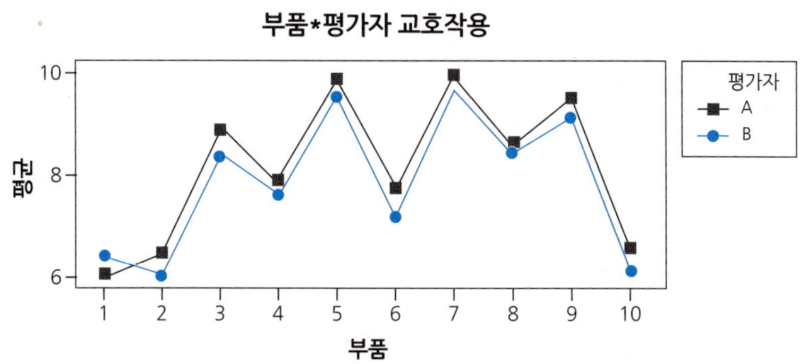

그림 4-20 평가자 * 부품 교호작용

그래프를 통해서 얻은 정보를 기초로 하여 [표 4-13]의 미니탭 분석결과를 검토한다.

이 경우 '% 기여도'가 4.2 %로 10 %보다 작으며, 판별지표('구별되는 범주의 수')가 6으로 4보다 큼에도 불구하고 '% 공차'가 30 %보다 크므로 해당 게이지는 사용할 수 없다.

이러한 현상은 게이지 자체에는 문제가 없으나 규격이 타이트 할 경우에 발생된다.

이 경우 반복성 0.97에 비해 재현성이 3.23으로 더 크므로 게이지의 문제보다는 평가자의 문제가 더 큼을 알 수 있다. 따라서 측정절차나 방법을 점검하는 한편 평가자에 대한 교육 및 훈련을 실시한 후 게이지 $R\&R$을 재실시할 필요가 있다. 이를 통해 재현성을 줄임으로써 % 공차를 작게할 가능성이 있기 때문이다.

만일 조치를 한 이후에도 % 공차가 30 %보다 작아지지 않을 경우 평가자 또는 게이지를 교체하는 등의 조치를 해야 할 것이다.

표 4-13 미니탭을 통한 계량치 게이지 R&R 분석결과

Gage R&R 분석 - 분산 분석 방법

교호작용이 있는 이원 분산 분석표

출처	DF	SS	MS	F	P
부품	9	66.334	7.37044	105.125	0.000
평가자	1	0.784	0.78400	11.182	0.009
부품 * 평가자	9	0.631	0.07011	3.790	0.006
반복성	20	0.370	0.01850		
전체	39	68.119			

교호작용 항 제거를 위한 α = 0.05

Gage R&R

출처	분산 성분	%기여(분산성분의)
총 게이지 R&R	0.08000	4.20
반복성	0.01850	0.97
재현성	0.06150	3.23
평가자	0.03569	1.87
평가자*부품	0.02581	1.35
부품-대-부품	1.82508	95.80
총 변동	1.90508	100.00

공정 공차 = 4

출처	표준 편차 (SD)	연구 변동 (6*SD)	%연구 변동 (%SV)	%공차 (SV/공차)
총 게이지 R&R	0.28284	1.69706	20.49	42.43
반복성	0.13601	0.81609	9.85	20.40
재현성	0.24799	1.48795	17.97	37.20
평가자	0.18893	1.13358	13.69	28.34
평가자*부품	0.16064	0.96385	11.64	24.10
부품-대-부품	1.35096	8.10574	97.88	202.64
총 변동	1.38025	8.28149	100.00	207.04

구별되는 범주의 수 = 6

[표 4-13] 에서 '반복이 있는 이원 분산분석표'는 미니탭의 ANOVA 명령어를 사용하여도 구할 수 있다.

미니탭에서 **통계분석 > 분산 분석 > 균형 분산 분석**…을 하면 다음의 화면이 나타난다.

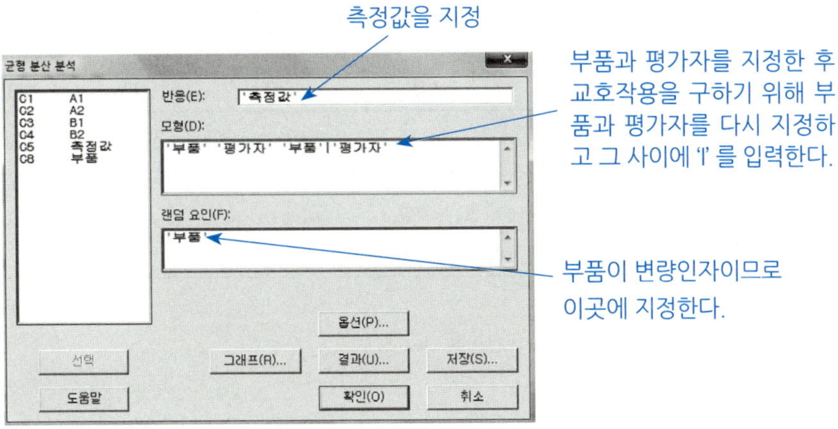

'확인'을 클릭하면 [표 4-13]의 '교호작용이 있는 이원 분산분석표'와 동일한 다음의 결과가 나타난다.

표 4-14 이원 분산 분석: 측정값 대 부품, 평가자

측정값에 대한 분산 분석

출처	DF	SS	MS	F	P
부품	9	66.3340	7.3704	153.13	0.000
평가자	1	0.7840	0.7840	11.18	0.009
부품*평가자	9	0.6310	0.0701	3.79	0.006
오차	20	0.3700	0.0185		
총계	39	68.1190			

S = 0.136015 R-제곱 = 99.46% R-제곱(수정) = 98.94%

이는 반복이 있는 2요인 반복실험으로 다음과 같이 일반화하여 나타낼 수 있다.

표 4-15 2요인 반복실험

	S	Φ	MS	$E(V)$	F_0	$F(\alpha)$
P	S_P	$\Phi_p = m-1$	S_p / Φ_p	$\sigma_E^2 + r\sigma_{A\times P}^2 + lr\sigma_P^2$	V_p / V_E	$F(\Phi_P, \Phi_E;\alpha)$
A	S_A	$\Phi_A = l-1$	S_A / Φ_A	$\sigma_E^2 + r\sigma_{A\times P}^2 + mr\sigma_A^2$	V_A / V_E	$F(\Phi_A, \Phi_E;\alpha)$
$A\times P$	$S_{A\times P}$	$\Phi_{A\times P} = (l-1)(m-1)$	$S_{A\times P} / \Phi_{A\times P}$	$\sigma_E^2 + r\sigma_{A\times P}^2$	$V_{A\times B} / V_E$	$F(\Phi_{A\times P}, \Phi_E;\alpha)$
E	S_E	$\Phi_E = lm(r-1)$	S_E / Φ_E	σ_E^2		
T		$lmr-1$				

여기서 m=부품수, l=평가자수, r=반복수를 나타낸다.

[표 4-13]의 '교호작용이 있는 이원 분산 분석표' 및 [표 4-15]에서 $E(V_E) = {\sigma_E}^2 = 0.0185$ 이므로 반복성은 $\hat{\sigma}_E{}^2 = V_E = 0.0185$이 된다.

$E(V_{A\times P}) = \sigma_E^2 + r\sigma_{A\times P} = 0.07011$ 에서

$$\hat{\sigma}_E^2 + r\hat{\sigma}_{A\times P} = V_{A\times P} = 0.07011 \quad (\hat{\sigma}_E^2 = V_E) \text{ 이므로}$$
$$V_E + r\hat{\sigma}_{A\times P}^2 = V_{A\times P} = 0.07011 \text{ 이 된다.}$$

∴ 평가자와 부품의 교호작용:

$$\hat{\sigma}_{A\times P}^2 = \frac{V_{A\times P} - V_E}{r} = \frac{0.07011-0.0185}{2} = 0.0258$$

$E(V_A) = \sigma_E^2 + r\sigma_{A\times P}^2 + mr\sigma_A^2 = 0.784$ 에서

$$\hat{\sigma}_E^2 + r\hat{\sigma}_{A\times P}^2 + mr\hat{\sigma}_A^2 = V_A = 0.784 \quad (\hat{\sigma}_E^2 + r\hat{\sigma}_{A\times P}^2 = V_{A\times P}) \text{ 이므로}$$
$$V_{A\times P} + mr\hat{\sigma}_A^2 = V_A = 0.784 \text{ 이 된다.}$$

∴ 평가자 변동: $\hat{\sigma}^2{}_A = \dfrac{V_A - V_{A\times P}}{mr} = \dfrac{0.784-0.07011}{20} = 0.0357$

$E(V_P) = \sigma_E^2 + r\sigma_{A\times P}^2 + lr\sigma_P^2 = 7.37044$ 에서

$$\hat{\sigma}_E^2 + r\hat{\sigma}_{A\times P}^2 + lr\hat{\sigma}_P^2 = V_P = 7.37044 \quad (\hat{\sigma}_E^2 + r\hat{\sigma}_{A\times P}^2 = V_{A\times P}) \text{ 이므로}$$
$$V_{A\times P} + lr\hat{\sigma}_P^2 = V_P = 7.37044 \text{ 이 된다.}$$

∴ 부품 변동: $\hat{\sigma}_P^2 = \dfrac{V_P - V_{A\times P}}{lr} = \dfrac{7.37044-0.07011}{4} = 1.825$

이상에서 반복성, 재현성, 총 변동 및 R&R은 다음과 같다.

$$V_{\text{반복성}} = V_E = \hat{\sigma}_E^2 = 0.0185$$
$$V_{\text{재현성}} = \hat{\sigma}_A^2 + \hat{\sigma}_{A\times P}^2 = 0.0357 + 0.0258 = 0.0615$$
$$V_{R\&R} = V_{\text{반복성}} + V_{\text{재현성}} = 0.0185 + 0.0615 = 0.080$$
$$V_{\text{부품}} = \hat{\sigma}_P^2 = 1.825$$
$$V_{(\text{T})} = V_{R\&R} + V_{\text{부품}} = 0.080 + 1.825 = 1.905$$

반복성, 재현성 및 R&R의 점유율은 다음과 같다.

$$\%\ \text{반복성} : \ \frac{V_E}{V_T} \times 100 = \frac{0.0185}{1.905} \times 100 = 0.971(\%)$$

$$\%\ \text{재현성} : \ \frac{V_R}{V_T} \times 100 = \frac{0.0615}{1.905} \times 100 = 3.23(\%)$$

$$\%\ \text{기여도} : \ \frac{V_{R\&R}}{V_T} \times 100 = \frac{0.080}{1.905} \times 100 = 4.2(\%)$$

따라서 신뢰수준 99.73%에서 % 연구변동 및 % 공차는 다음과 같다.

$$\%\ \text{연구변동} : \ \frac{6\times\sqrt{V_{R\&R}}}{6\times\sqrt{V_T}} \times 100 = \frac{6\times\sqrt{0.080}}{6\times\sqrt{1.905}} \times 100 = 20.49(\%)$$

$$\%\ \text{공차} : \ \frac{6\times\sqrt{V_{R\&R}}}{USL - LSL} \times 100 = \frac{6\times\sqrt{0.080}}{4} \times 100 = 42.43(\%)$$

이상에서 구한 값들은, 계산상의 약간의 차이가 있을 뿐, 미니탭을 통해 계산한 [표 4-13]의 값들과 동일함을 알 수 있다.

4.3 계수치 게이지 R&R

만일 검사공정에 시력이 나쁘거나 색맹 등 신체적인 한계가 있거나 또는 훈련을 받지 못해 능력이 부족한 검사원이 배치될 경우 검사의 오류로 인해 발생되는 손실비용은 클 수 밖에 없다.

따라서 사람 또는 검사장비가 검사능력이 있는지 여부를 파악하는 것은 매우 중요하다. 계수치 게이지 $R\&R$은 이런 경우에 효과적으로 사용될 수 있다.

이산(Attribute) 자료들에 대한 게이지 검사는 표본의 합격/불합격 판정 결과를 근거로 평가될 수 있다. 이때 기준(합격/불합격 또는 양품/불량)이 미리 정해진 최소한 20개 이상의 부품을 선정하여 2~3명의 평가자가 2회 이상 반복 측정(평가)한 후 이를 분석한다.

표 4-16 계수치 게이지 검사(20개의 부품을 3명의 평가자가 2회 반복검사)

정확성 재현성

번호	기준값	평가자 A		평가자 B		평가자 C	
		1회	2회	1회	2회	1회	2회
1	P	F	P	P	P	P	P
2	P	F	F	P	P	F	F
3	P	P	P	P	P	P	P
4	P	P	F	P	P	P	P
5	F	F	F	F	F	F	F
6	F	F	F	F	F	F	F
7	P	P	P	P	P	P	P
8	P	P	P	P	P	P	P
9	F	F	F	F	F	F	F
10	F	F	F	F	P	F	F
11	P	P	P	P	P	P	P
12	P	P	P	P	P	P	P
13	F	F	F	F	F	F	F
14	F	F	F	F	F	F	F
15	P	P	P	P	P	F	F
16	P	P	P	P	P	P	P
17	P	P	P	P	P	P	P
18	F	F	F	F	F	F	F
19	P	P	P	P	P	F	F
20	P	P	P	P	P	P	P

반복성

4.3.1 계수치 게이지 $R\&R$ 평가 방법

계수치 게이지 $R\&R$은 전체 부품의 검사회수 중 반복성, 재현성 및 정확성이 모두 성립되는 비율이 몇 %인가를 나타내는 percent effectiveness score('모든 평가자 대 표준')로 판정을 한다. 물론 100 %일 때가 가장 바람직한 상태라고 할 수 있으나 일반적으로 90 % 이상일 경우 게이지에 문제가 없다고 한다.

- **반복성**

  동일인이 동일한 제품을 동일한 이미지로(즉, 양품 또는 불량으로) 일관성 있게 평가하는가?를 나타낸다. [표 4-16]에서 1회 검사 결과와 2회 검사 결과가 동일할 경우 반복성이 있다고 한다.

- **재현성**

  서로 다른 사람이 동일한 제품을 동일한 이미지로(즉, 양품 또는 불량으로) 일관성 있게 평가 하는가?를 나타낸다. 재현성이 성립되기 위해서는 [표 4-16]에서 각각의 평가자에 있어서 반복성이 먼저 성립되어야 한다. 번호 1의 평가자 A의 경우 반복성이 성립되지 않으므로 재현성이 성립될 수 없다.

- **정확성**

  판정결과가 기준(known attribute)과 일치하는가? 를 나타낸다. 반복성 또는 재현성이 성립된 상태에서 이미 알려진 기준과 일치되는 경우 정확성이 성립된다.

4.3.2 Kappa

미니탭에서는 계수형 게이지 $R\&R$의 분석 결과에 Kappa 값이 포함되어 있으므로 이를 이해할 필요가 있다.

Kappa는 우연에 의한 일치가 제거된 후 평가자 간의 일치 수준을 요약하기 위해 사용되어 진다.

만일 실제적인 일치라면 평가가 정확할 가능성이 있으나 일치가 빈약하다면 평가의 유용성은 극도로 제한된다.

Kappa 사용에 대한 요구조건은 평가자가 독립적으로 검사를 할 수 있어야 하며 평가항목은 서로 중복되지 않고 개별의 합이 전체가 되는 MECE(Mutually Exclusive and Collectively Exhaustive)이어야 한다.

1) Kappa값의 계산 절차

[표 4-17]를 통해서 계산하는 방법을 설명하기로 한다.

표 4-17 Kappa값 계산을 위한 검사표

sample #	inspector 1	inspector 2
1	pass	fail
2	fail	pass
3	pass	pass
4	fail	fail
5	pass	pass
6	fail	fail
7	pass	pass
8	fail	pass
9	pass	fail
10	fail	fail

1 단계 : 검사 자료를 비율로 전환시켜 표를 만든다.

		inspector 1		
		pass	fail	
inspector 2	pass	3(.30)	2(.20)	5(.50)
	fail	2(.20)	3(.30)	5(.50)
		5(.50)	5(.50)	

2 단계 : $p_{observed}$ 값을 계산한다(대각선의 확률의 합).

		inspector 1		
		pass	fail	
inspector 2	pass	x_1		
	fail		x_2	

$$p_{observed} = x_1 + x_2 = 0.6$$

3 단계 : p_{chance} 값을 계산한다(각 검사관의 분류 확률을 곱한 다음 더한 값).

		inspector 1		
		pass	fail	
inspector 2	pass	x_1	y_1	z_1
	fail	y_2	x_2	z_2
		z_3	z_4	

$$p_{chance} = (z_1 \times z_3) + (z_2 \times z_4) = 0.5$$

4 단계 : K 값을 계산하고 판정한다.

$$K = \frac{p_{observed} - p_{chance}}{1 - p_{chance}} = \frac{0.6 - 0.5}{1 - 0.5} = 0.2$$

[표 4-18]에 의하면 매우 낮은 수준으로 측정시스템에 문제가 있다고 할 수 있다.

표 4-18 Kappa값의 해석

Kappa값	바람직한 해석
-1 ~ 0.0	우연에 의한 기대 일치
≥0.60	약간의 일치 - 유효한 노력이 요구됨
≥0.70	우수함-개선이 보증됨
≥0.90	탁월함

※ Kappa 값이 +1인 경우 완전한 동의를 의미한다.
※ 일반 규칙: $K<0.70$인 경우 측정시스템에 문제가 있다고 말할 수 있다.

4.3.3 계수치 게이지 $R\&R$ 분석

미니탭으로 분석을 하기 위해서는 [표 4-16]의 데이터를 우선 [표 4-19]와 같이 쌓아야 한다.

표 4-19 계수치 게이지 R&R 분석을 위한 데이터 쌓기

C8-T 판정결과	C9-T SUB	C10-T 평가자	C11 부품	C12-T 기준값
F	A1	A	1	P
F	A1	A	2	P
P	A1	A	3	P
P	A1	A	4	P
F	A1	A	5	F
F	A1	A	6	F
P	A1	A	7	P
P	A1	A	8	P
F	A1	A	9	F
F	A1	A	10	F
P	A1	A	11	P
P	A1	A	12	P
F	A1	A	13	F
F	A1	A	14	F
P	A1	A	15	P
P	A1	A	16	P
P	A1	A	17	P
F	A1	A	18	F
P	A1	A	19	P
P	A1	A	20	P
P	A2	A	1	P
F	A2	A	2	P
P	A2	A	3	P
F	A2	A	4	P
F	A2	A	5	F

통계분석 > 품질 도구 > 계수형 합치도 분석…을 하면 다음과 같은 화면이 나타난다.

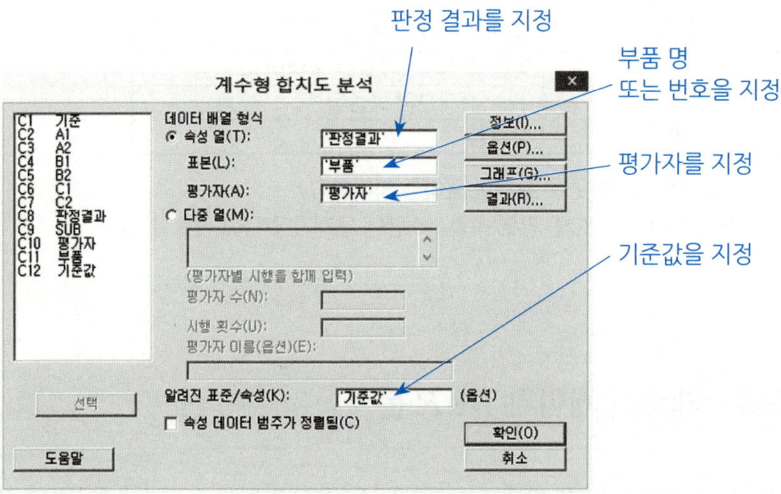

'확인'을 연속하여 클릭하면 다음의 그래프와 분석결과가 나타난다.

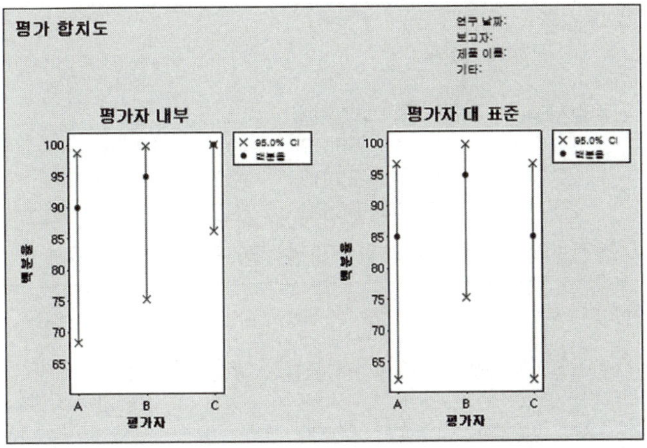

그림 4-21 **계수치 게이지 R&R 분석결과**

[그림 4-21]에서 평가자 내부(반복성)의 경우 평가자 A와 B 그리고 평가자 대 표준(반복성과 정확성)의 경우는 평가자 A와 C가 문제가 있는 것을 알 수 있다. 이를 토대로 다음의 분석 결과를 보다 효과적으로 해석할 수 있다.

표 4-20 **판정결과에 대한 계수형 합치도 분석**

① 평가자 내부

평가 합치도

평가자	# 검사됨	# 일치됨	백분율	95% CI
A	20	18	90.00	(68.30, 98.77)
B	20	19	95.00	(75.13, 99.87)
C	20	20	100.00	(86.09, 100.00)

일치됨: 평가자의 평가가 시행 전반에 걸쳐 일치합니다.

② Fleiss의 카파 통계량

평가자	반응	카파	SE 카파	Z	P(대 > 0)
A	F	0.79798	0.223607	3.56867	0.0002
	P	0.79798	0.223607	3.56867	0.0002
B	F	0.88604	0.223607	3.96249	0.0000
	P	0.88604	0.223607	3.96249	0.0000
C	F	1.00000	0.223607	4.47214	0.0000
	P	1.00000	0.223607	4.47214	0.0000

③ 각 평가자 대 표준

평가 합치도

평가자	# 검사됨	# 일치됨	백분율	95% CI
A	20	17	85.00	(62.11, 96.79)
B	20	19	95.00	(75.13, 99.87)
C	20	17	85.00	(62.11, 96.79)

일치됨: 시행 전반에 대한 평가자의 평가가 알려진 표준과 일치합니다.

평가 비합치도

평가자	# P/F	백분율	# F/P	백분율	# 혼합	백분율
A	0	0.00	1	7.69	2	10.00
B	0	0.00	0	0.00	1	5.00
C	0	0.00	3	23.08	0	0.00

P / F: 시행 전반의 평가 = P / 표준 = F.
F / P: 시행 전반의 평가 = F / 표준 = P.
혼합 시행 전반의 평가가 동일합니다.

Fleiss의 카파 통계량

평가자	반응	카파	SE 카파	Z	P(대 > 0)
A	F	0.791667	0.158114	5.00694	0.0000
	P	0.791667	0.158114	5.00694	0.0000
B	F	0.943020	0.158114	5.96418	0.0000
	P	0.943020	0.158114	5.96418	0.0000
C	F	0.693095	0.158114	4.38352	0.0000
	P	0.693095	0.158114	4.38352	0.0000

④ 평가자 사이

평가 합치도

# 검사됨	# 일치됨	백분율	95% CI
20	14	70.00	(45.72, 88.11)

일치됨: 모든 평가자의 평가가 서로 일치합니다.

Fleiss의 카파 통계량

반응	카파	SE 카파	Z	P(대 > 0)
F	0.734015	0.0577350	12.7135	0.0000
P	0.734015	0.0577350	12.7135	0.0000

⑤ 모든 평가자 대 표준

평가 합치도

# 검사됨	# 일치됨	백분율	95% CI
20	14	70.00	(45.72, 88.11)

일치됨: 모든 평가자의 평가가 알려진 표준과 일치합니다.

Fleiss의 카파 통계량

반응	카파	SE 카파	Z	P(대 > 0)
F	0.809260	0.0912871	8.86500	0.0000
P	0.809260	0.0912871	8.86500	0.0000

(분석결과의 해석)

① 평가자 내부 평가 합치도

평가자 내부 평가 합치도는 반복성을 나타낸다. 이 경우 평가자 C는 반복성이 100 % 일치가 되고 평가자 A의 경우는 20개 중 2개가 일치가 되지 않아 백분율이 90 %가 되었다.

② Fleiss의 카파 통계량

평가자 A를 대상으로 Kappa 통계량을 다음과 같이 구할 수 있다.

1단계: [표 4-16]에서 평가자 A의 1회 및 2회 판정에 대해 합격 및 불합격의 경우를 정리한다.

2회 판정

1회 판정		p	f	
	p	10(0.5)	1(0.05)	11
	f	1(0.05)	8(0.4)	9
		11	9	20

2단계: $\boldsymbol{p}_0 = \boldsymbol{x}_1 + \boldsymbol{x}_2 = \mathbf{0.5 + 0.4 = 0.9}$

3단계: $p_c = (z_1 \times z_3) + (z_2 \times z_4) = \left(\frac{11}{20}\right)^2 + \left(\frac{9}{20}\right)^2 = 0.505$

4단계 : $K = \frac{p_o - p_c}{1 - p_c} = \frac{0.9 - 0.505}{1 - 0.505} = 0.798$

[표 4-18]에 따르면 우수한 상태임을 알 수 있다. 평가자 2에 대해서도 동일한 방법으로 Kappa 값을 구할 수 있다.

③ 각 평가자 대 표준 평가 합치도

이는 반복성과 정확성을 동시에 고려하는 것으로 이미 평가자 A와 평가자 C는 90 % 이하가 되어 문제가 됨을 알 수 있다.

④ 평가자 사이 평가 합치도

이는 모든 평가자간의 평가가 동일한가?를 나타내는 것으로 재현성을 의미한다. 백분율이 70 %로 이미 측정시스템에 문제가 있는 것을 알 수 있다.

⑤ 모든 평가자 대 표준 평가 합치도

percent effectiveness score = 70 %로 90 %보다 작으므로 측정시스템에 문제가 있다고 할 수 있다.

그래프 및 데이터에 의한 분석결과에서 알 수 있듯이 평가자 A는 특히 반복성에 문제가 있으며 정확성에도 문제가 있다. 평가자 C는 반복성에는 문제가 없으나 정확성에 문제가 있다.

평가자 B는 양호한 편이므로 평가자 B와 A, C 간에 차이가 나는 점이 무엇인가를 파악하여 조치한 후 검사를 다시 실시해야 한다.

만일 재검사를 한 이후에도 percent effectiveness score가 90 %보다 작은 상태에서 평가자 A 또는 C가 계속 문제가 된다면 이들은 검사가 아닌 다른 업무를 하도록 전환 배치를 해야 한다.

4.4 불확도(uncertainty)

과거에는 오차 = 측정값 - 참값으로 정의하고 오차를 다시 우연오차와 계통오차로 분류하여 측정 결과를 설명하여 왔다.

그러나 ‘참값’은 알 수 없으며 또한 오차를 우연오차와 계통오차를 구분하는 것에도 문제가 있다. 이에 교정에서는 오차라는 용어를 사용하지 않고 불확도(uncertainty)란 용어를 사용한다.

불확도란 측정값을 기준으로 참값이 존재할 수 있는 범위를 확률을 가지고 표현한 것이다.

1) 용어의 정의

불확도를 이해하기 위해서는 우선 다음의 용어를 이해할 필요가 있다.

① A형 표준 불확도(U_A)

통계적 자료에 의하여 추정할 수 있는 불확도로 반복 측정된 값으로부터 계산된다. 분산 s^2, 표준편차 s를 편의상 A형 표준 불확도라고 한다.

② B형 표준 불확도(U_B)

통계적 방법 이외의 다른 방법으로 불확도를 구하는 방법이며 이때의 표준 불확도 값은 모든 정보를 근거로 하여 과학적인 판단에 의해 평가된다.

- 과거 측정데이터
- 관련 물질이나 장비의 가동 및 특성에 대한 경험이나 지식
- 제작자의 사양
- 교정성적서 및 기타 인증서에 주어진 데이터
- 핸드북에서 인용한 참고자료의 불확도

두 가지 모두 확률분포에 근거하여 구해지며 산출방법이 다르더라도 불확도 성분이 본질적으로 어떤 차이가 있다는 것을 의미하지는 않는다.

어떤 방법으로 구하든지 불확도 성분은 분산이나 표준편차에 의해 정량화 된다.

③ 합성 표준 불확도(U_C)

측정 결과가 여러 개의 요인으로 구성되어 있다면 각각의 요인의 표준 불확도를 구한다. 그리고 각각의 요인이 측정 결과에 미치는 영향에 따라 이를 모두 합성하여 측정 결과의 불확도(합성 표준 불확도)를 구한다. [그림 4-22]에서 $G=E-(P_1+P_2+P_3)$에 대한 합성 표준 불확도 U_c를 RSS(Root Sum of Square)로 구한 사례가 예시되어 있다.

제품이 덜그럭 거리지 않게 틈새(Gap)를 결정해야 함

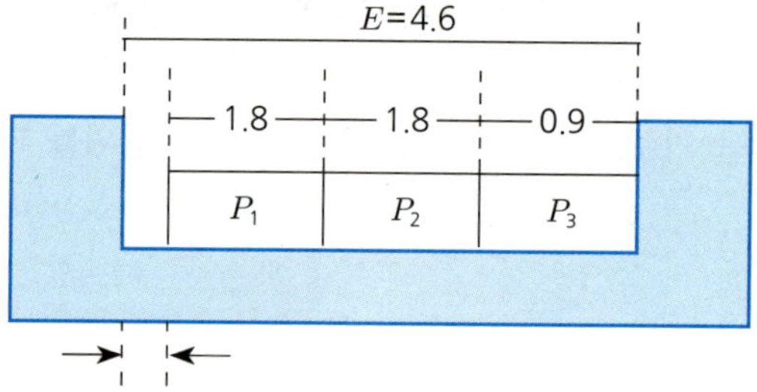

$G = E - (P_1 + P_2 + P_3)$

$$\sigma_{GAP}^{RSS} = \sqrt{\sigma_{ENV}^2 + \sigma_{P_1}^2 + \sigma_{P_2}^2 + \sigma_{P_3}^2}$$
$$= \sqrt{.01667^2 + .01^2 + .01^2 + .00667^2}$$
$$= \sqrt{.000522}$$
$$= 0.023$$

그림 4-22 합성 표준 불확도의 예

④ 확장 불확도(U)

측정량의 참값이 존재할 것으로 기대되는 범위를 나타내기 위하여 확장불확도 U는 다음과 같이 합성표준불확도 U_c에 범위인자 k를 곱하여 얻는다.

$$U = k \times U_c$$

범위인자 k의 값은 [그림 4-23]과 같은 방법으로 결정된다.

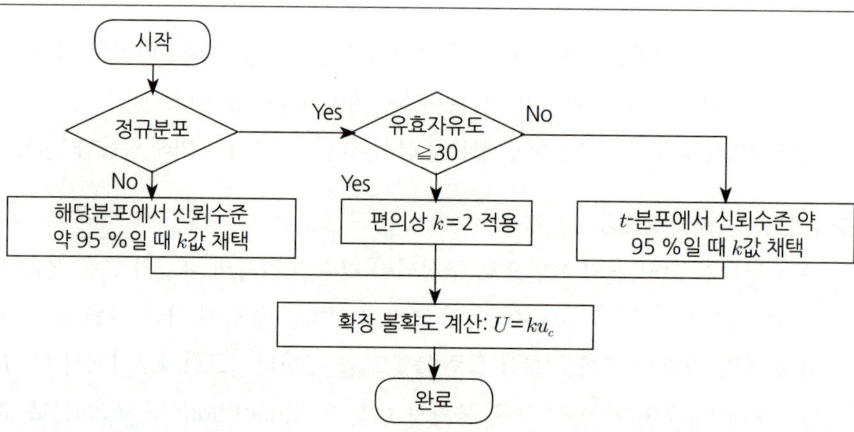

그림 4-23 확장불확도 산정 방법

2) 불확도를 계산하는 방법

① 불확실성을 유발하는 모든 요인을 나열한다.

② 각각의 요인에 대해 표준 불확도를 계산한다.

③ 각각의 요인에 대한 표준 불확도를 합성하여 합성 표준 불확도를 계산한다.

④ 원하는 신뢰수준에 따라 범위인자 k를 구한 후 합성 표준 불확도(U_c)에 곱하여 확장 불확도(U)를 구한다.

3) 불확도의 보고

교정성적서에는 측정량의 추정값 y로 이루어진 측정값의 결과는 다음과 같은 형태로 표현된다.

$$Y = y \pm U \ (k = 2, CL = 95\ \%)$$

이러한 확장 불확도를 도입한 목적은 측정량의 추정값이 이루는 분포의 대부분을 포함하도록 측정결과 주위의 어떤 구간을 제공해 주자는 것이다.

예제 4-7 10.00 mm 크기의 정밀 기계부품을 가공하고 나서 이 부품들이 제작 SPEC.에 명시된 허용오차 ±0.1 mm를 만족하는지 여부를 평가하고자 한다.
이때 교정성적서에 9.9 mm에 대한 교정 결과가 9.91 mm ± 0.005 mm (CL = 95 %)이라면 합부 판정한계는 어떻게 조정해야 하는가?

보정값이 0.01, 불확도 U가 0.005 mm 이므로 [그림 4-24]에서와 같이 9.9 mm 미만 또는 10.1 mm 초과 시 불합격시키는 것이 아니라 보정값 및 불확도를 고려하여 9.915 mm 미만 또는 10.105 mm 초과 시 불합격을 시켜야 됨을 알 수 있다.

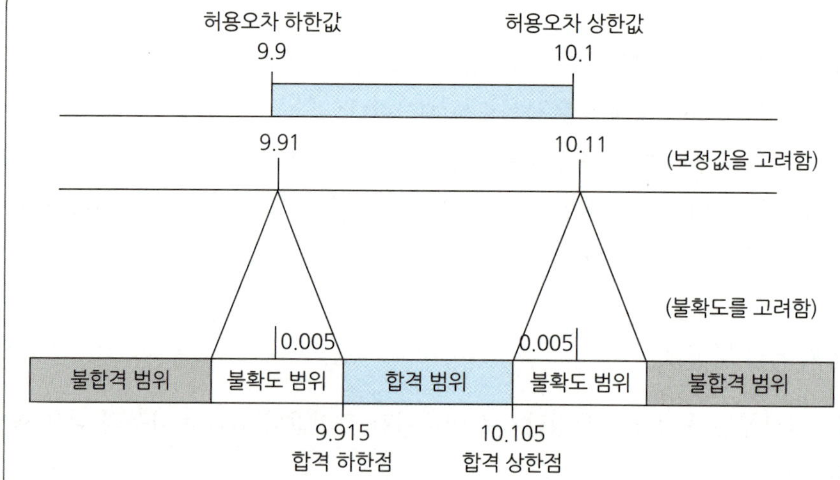

그림 4-24 보정값 및 불확도를 고려한 합부판정 방법

4) 불확도를 이용한 표본의 크기 설정 방법

샘플의 크기는 다음의 4가지의 요인에 따라 결정된다.

① 데이터의 유형

데이터가 연속형 또는 이산형 인가에 따라 표본의 크기가 달라진다. [표 4-21]에 데이터의 유형에 따라 표본의 크기를 구하는 공식이 제시되어 있다.

② 작업의 목적

그룹의 특성을 설명할 것인가 또는 그룹 간의 차이를 파악할 것인가에 따라 표본의 크기가 달라진다.

- 전체 그룹의 특성(평균 또는 비율)을 설명할 경우
  - 특정한 불확도에 영향을 받음
- 그룹간의 특성을 비교(평균이나 비율 간의 차이를 찾아냄)할 경우
  - 특정한 검정력(차이를 검출하려 하는 확률)에 영향을 받음

③ 표준편차(또는 확률의 기대치)

[표 4-21]의 공식에서 알 수 있듯이 표본의 크기는 표준편차(s) 또는 확률의 기

대치(p)에 영향을 받는다.

④ 기대치에 대한 신뢰도

대개의 경우 95 % 신뢰도를 사용한다.

표 4-21 표본의 크기를 구하는 공식

데이터 유형	공식
평균 추정 (연속형 데이터)	$n=\left(\frac{2s}{d}\right)^2$ (단, d = 불확도: ± __ 단위)
비율 추정 (이산형 데이터)	$n=\left(\frac{2}{d}\right)^2 p(1-p)$ (단, d = 불확도: ± __ 단위)

Note) 편의상 신뢰도 95 %에서 $Z(1-\alpha/2)$ 대신에 2를 사용한다.

예제 4-8 서비스의 평균 시간을 측정하기 위해 샘플의 크기를 파악하고자 한다. 다음의 질문에 답을 하시오.

1) 2분 안으로 서비스의 평균 시간을 추정해야 한다고 가정한다. 필요한 샘플수는 어느 정도인가? (기존의 표준 편차 = 3분으로 알려져 있음)

$$n=\left(\frac{2s}{d}\right)^2=\left(\frac{2\cdot 3}{2}\right)^2=9\text{개}$$

2) 1/2분 안으로 추정값을 얻기 위한 필요 샘플수는 얼마인가?

$$n=\left(\frac{2s}{d}\right)^2=\left(\frac{2\cdot 3}{1/2}\right)^2=144\text{개}$$

예제 4-9 고객 만족도를 측정하고자 한다. 80 %의 고객이 만족할 것으로 예측될 경우, 다음의 각각의 경우 필요한 샘플 크기는 얼마인가?

1) 1 % 이내로 추정치를 구할 때 샘플링에 필요한 고객의 수는 얼마인가?

$$n = \left(\frac{2}{d}\right)^2 p(1-p) = \left(\frac{2}{0.01}\right)^2 \times 0.8 \times (1-0.8) = 6{,}400$$

2) 5 % 이내로 추정치를 구할 때 샘플링에 필요한 고객의 수는 얼마인가?

$$n = \left(\frac{2}{d}\right)^2 p(1-p) = \left(\frac{2}{0.05}\right)^2 \times 0.8 \times (1-0.8) = 256$$

이상에서 불확도가 작을 경우 더 많은 샘플이 필요하다는 것을 알 수 있다.

4장 연습문제

1. 만일 게이지 변동이 클 경우 어떤 문제가 발생될 수 있는지를 간략하게 기술하시오.

2. 다음은 게이지 용어와 이에 대한 설명이다. 관련 있는 것을 연결하시오.

• 반복성	A. 시간에 따른 차이
• 재현성	B. 작업자 간의 차이
• 정확성	C. 계측기에 의한 변동
• 안전성	D. 계측기의 측정 구간 내에서의 차이
• 선형성	E. 관측 평균과 실제 평균 간의 차이

3. 다음의 데이터를 간이법에 의해 계산한 후 게이지에 대한 합부 판정을 하시오.

(허용오차=.2)

부품	측정자 A	측정자 B	$\lvert$범위$(A-B)\rvert = R_i$
1	.48	.51	.03
2	.52	.53	.01
3	.48	.50	.02
4	.52	.55	.03
5	.54	.56	.02
		범위 합(ΣR_i)	.11

4. 게이지에 문제가 있는지 알아보기 위해 특정 특성에 대해 10개의 부품을 선정한 후 2명의 검사자가 다음과 같이 각각의 부품을 2회 반복 측정을 하였다. $\overline{X}-R$ 방법을 통해 분석을 한 후 다음의 질문에 답을 하시오. 단 규격은 8 ± 2 이다.

	평가자 A			평가자 B			부품평균
	1회	2회	범위	1회	2회	범위	
1	4.1	4.2	0.1	4	4	0	1.075
2	4	4	0	4.5	4.4	0.1	4.225
3	6.4	6.2	0.2	6.7	6.8	0.1	6.525
4	5.5	5.5	0	5.7	5.9	0.2	5.65
5	6.5	6.3	0.2	6.8	6.6	0.2	6.55
6	5	5.2	0.2	5.5	5.8	0.3	5.375
7	6.5	6.5	0	6.7	6.8	0.1	6.625
8	6.2	6.5	0.3	6.5	6.5	0	6.425
9	6	6	0	6.5	6.2	0.3	6.175
10	4	4.2	0.2	4.4	4.6	0.2	4.3
계	54.2	54.6	1.2	57.3	57.6	1.5	

1) 다음의 변동을 구하시오.

- 반복성
- 재현성
- R&R
- 부품변동
- 총변동

2) 다음의 지표를 구한 후 게이지에 대한 합부 판정을 하시오.

- % 기여도
- % 연구변동
- % 허용차

5. '문제 4' 의 측정 데이터에 대해 ANOVA 분석을 한 후 다음의 질문에 답을 하시오.

1) 게이지 판정에 필요한 다음의 관련지표를 구한 후 게이지에 대한 합부 판정을 하시오.

- % 기여도
- % 연구변동
- % 허용차

2) $\overline{X}-R$ 분석과 ANOVA 분석의 결과(% 기여도, % 공차 등)가 차이가 나는 이유는 무엇인가?

3) ANOVA 분석결과 게이지의 문제점은 무엇이고 이를 개선하기 위해서 어떤 조치를 취해야 하는가를 설명하시오.

6. 최근 유출불량이 증가되어 고객 클레임이 증대되었다. 따라서 우선 최종검사를 강화한 이후 공정불량을 개선하기로 하였다.
이에 3명의 검사자가 20개의 완제품을 2회씩 반복하여 검사를 하였다. 이를 분석한 후 다음의 질문에 답을 하시오.

번호	기준값	평가자 A		평가자 B		평가자 C	
		1회	2회	1회	2회	1회	2회
1	양	불	불	양	양	양	양
2	양	불	불	양	양	불	불
3	양	양	양	양	양	양	양
4	양	양	불	양	양	양	양
5	불	불	불	불	불	불	불
6	불	불	불	불	불	불	불
7	양	양	양	양	양	양	양
8	양	양	양	양	양	양	양
9	불	불	불	불	불	불	불
10	불	불	불	불	불	불	불
11	양	양	양	양	양	양	양
12	양	양	양	양	양	양	양
13	불	불	불	불	불	불	불
14	불	불	불	불	불	불	불
15	양	양	양	양	양	불	양
16	양	양	양	양	양	양	양
17	양	양	양	양	양	양	불
18	불	불	불	불	불	불	불
19	양	양	양	양	양	불	양
20	양	양	양	양	양	양	양

1) 평가자 A에 대한 Kappa분석(평가자 내부)을 한 후 그 결과를 해석하시오.

2) 최종 검사에 문제가 있는가? 그 이유를 수치와 함께 설명하시오.

3) 이를 개선하기 위해 취할 수 있는 조치를 설명하시오.

7. 크기 10.00 mm 정밀기계부품을 가공하고 나서 이 제품들이 제작 SPEC.에 명시된 허용오차 ±0.1 mm를 만족하는지 여부를 평가하고자 한다.
이때 교정성적서에 9.9 mm에 대한 교정 결과가 9.88 mm ± 3μm(CL=95 %)이라면 합부판정 한계는 어떻게 조정해야 하는가?

제5장

샘플링검사 개요

5.1 검사 업무 개요

5.1.1 검사의 정의

검사(inspection)란 후 공정의 고객에 대해 품질을 보증할 목적으로 개개의 물품이나 로트를 어떠한 방법으로 측정하고 그 결과를 사전에 설정한 표준과 비교해서, 개개의 물품에 대하여 적합, 부적합 또는 로트의 합격, 불합격을 판정하고 품질정보를 제공하는 것을 말한다.

검사는 개개의 물품을 모두 조사하여 품질을 완전하게 보증하는 전수검사와 일부의 샘플을 통하여 로트 전체의 품질을 확률적으로 보증하는 샘플링검사로 나눌 수 있다.

검사와 시험의 차이

시험(test)이란, 샘플(sample) 또는 시험편(sample piece)에 대하여 그 특성을 조사해서 데이터를 얻는 것이다. 즉, 시험은 측정해서 데이터를 얻는 단계까지이고 합격, 불합격의 판정을 내리는 것은 아니다.

검사는 시험결과의 데이터를 판정기준과 비교하여 합격, 불합격의 판정을 내리는 과정까지를 말한다.

예를 들면 강재의 경도나 인장강도를 측정만 하였다면 그것은 재료시험이고, 그 데이터를 판정기준과 비교해서 합격, 불합격의 판정을 내렸다면 재료검사가 된다.

5.1.2 검사의 목적

검사의 가장 기본적인 목적은 품질을 보증하기 위해서이다. 그리고 부차적인 목적은 다음과 같다.

① 좋은 로트와 나쁜 로트를 구분하기 위해
② 적합 또는 부적합품을 구별하기 위해
③ 공정의 변화를 탐지하기 위해
④ 측정기기의 정밀도를 평가하기 위해

⑤검사원의 정확도를 평가하기 위해
⑥ 제품설계에 필요한 정보를 얻기 위해
⑦ 공정능력을 평가하기 위해
⑧ 생산자의 의욕을 자극하고, 고객에게 품질에 대한 신뢰감을 주기 위해

5.1.3 검사의 기능

검사의 기능은 다음의 단계를 거치면서 이루어 진다.

① 검사표준 설정 : 개개의 물품의 적합 또는 부적합, 로트의 합격 또는 불합격을 판정하기 위한 표준을 설정한다.
② 제품의 측정 : 개개의 물품 또는 로트로부터 채취한 샘플로부터 측정기나 시험 장비를 이용하거나, 인간의 감각 등을 사용하여 데이터를 취한다.
③ 표준과 측정결과의 비교: 측정 또는 시험을 통해서 얻은 데이터를 판정기준과 비교한다.
④ 판정 : 비교 결과에 따라 개개의 물품의 적합 또는 부적합, 로트의 합격 또는 불합격 판정을 한다.
⑤ 처리 : 양품과 불량품의 처리, 합격품과 불합격품의 처리를 한다.
⑥ 품질정보의 제공 : 일련의 과정을 통해 얻은 품질정보를 관련부문에 피드백 한다.

5.1.4 검사계획

검사를 실시하기 위해 다음의 항목을 검토하고 결정하는 것을 말한다.

(1) 검사대상(제품의 종류 등)

어떤 제품을 검사할 것인가를 결정한다.

(2) 검사항목(겉모양, 치수 등)

특정 제품의 어떤 특성을 측정할 것인가를 결정한다. 이때 경제적인 측면, 실행의 용이성 등을 고려하여 특성을 계량치로 할 것인가 계수치로 할 것인가를 결정한다.

(3) 검사방법

① 전수검사 : 검사대상 전체를 검사하는 것으로 중요 제품 또는 치명적인 불량에 대해 적용한다. 단, 파괴검사에는 적용할 수 없다.

② 샘플링 검사 : 검사대상에서 일부의 표본을 추출하여 조사한 후 대상 전체의 합격 또는 불합격을 판정한다.

③ 관리샘플링 검사 : 공정관리, 공정검사의 조정 등의 목적으로 실시하는 검사로, 로트의 합부 판정을 목적으로하는 샘플링검사에 비해 검사되는 샘플 수가 적다.

④ 무검사 : 제품의 품질이 우수하여 검사할 필요성이 없을 경우에 무검사를 한다.

⑤ 자주검사 : 현장에서 작업자 자신이 만든 제품을 스스로 검사하는 방식으로 품질의식 향상, 이상의 조기발견, 신속한 조치, 재발 방지 등의 효과를 얻을 수 있다.

(4) 검사형식

샘플링 검사일 경우 검사의 목적, 특성 및 경제성 등을 고려하여 검사형식(규준형, 조정형 등)을 선택한다.

(5) 검사시기(생산 중, 생산 후 등)

공정 및 제품의 특성상 검사를 생산 중에 할 것인가 또는 생산이 완료된 이후에 할 것인가를 결정한다.

(6) 검사장소

① 정위치 검사 : 일정한 장소에서 검사를 하는 형태로 집중 방식과 공정간 방식으로 구분된다.

- 집중 방식 : 각 제조공정에서 작업이 끝나면 지정된 검사장소로 제품을 운반한 후 검사를 한다. 대개 다품종 소량 생산방식일 경우 많이 적용되고 있다.
- 공정간 방식 : 연속 공정에서 공정 중간에 검사공정을 설치하고 검사가 하나의 공정인 것같이 검사를 한다.

② 순회검사: 검사원이 작업장을 돌아다니면서 검사를 하는 방식이다. 이 방식은 단지 제품의 검사 뿐 아니라 공정의 관리상태를 동시에 점검할 수 있기 때문에 불량의 발생을 사전에 예방하는 효과도 있다.

③ 출장검사: 검사원이 해당 공장이나 회사를 떠나 타 공장이나 협력사에서 실시하는 검사이다. 일반적으로 현지 책임자의 입회하에 실시되기 때문에 입회검사라고도 한다.

검사의 손익분기점

불량률이 높을 경우 불량의 유출에 따른 손실비용이 증가되므로, 검사를 통하여 불량의 유출을 사전에 예방하는 것이 경제적으로 유리한다. 그러나 불량률이 낮은 경우에는 유출에 따른 손실비용보다는 검사비용이 상대적으로 커지므로 검사를 하지 않는 것이 경제적으로 유리하다.
이에 전수검사를 할 것인지 또는 무검사를 할 것인지를 다음의 식을 통해 결정할 수 있다.

'전수 검사비용'과 '무검사 시 손실비용'이 같아 지는 때를 다음과 같이 나타낼 수 있다.

$aN = bpN$ 여기서 a: 개당 검사비용
b: 무검사 시 손실비용
N: 로트의 크기

따라서 임계 부적합률 $P_b = \frac{aN}{bN} = \frac{a}{b}$가 된다.

폐기처리 비용이나 재가공 비용을 추가로 고려하면 다음과 같다.

폐기처리 비용: $aN + dpN = bpN$ 여기서 d: 개당 폐기처리 비용
재가공 비용: $aN + cpN = bpN$ c: 개당 재 가공 비용

이 경우 $P_b = \frac{a}{b-c} = \frac{a}{b-d}$ 이 된다.

이상에서 $p < p_b$이면 무검사가 이익이고, $p > p_b$ 이면 전수검사가 이익이다.

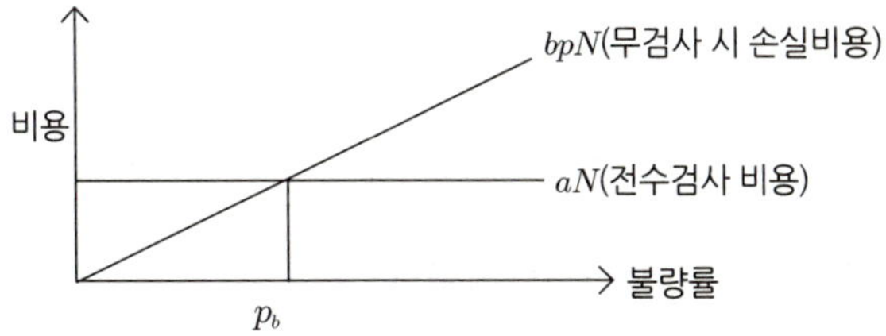

그림 5-1 검사의 손익분기점

5.2 샘플링검사 개요

5.2.1 전수검사(total inspection)와 샘플링검사의 비교

1) 전수검사가 필요한 경우

(1) 전수검사를 쉽게 할 수 있을 때

① 검사에 수고와 시간이 별로 들지 않고 검사비용에 비하여 얻어지는 효과가 크다고 생각 될 때

② 로트의 크기가 작고 파괴검사가 아니므로 전수검사를 쉽게 할 수 있을 때

(2) 불량품이 조금이라도 섞여 들어가는 것이 허용되지 않을 때

① 불량품이 혼입되면 인명피해 등 사고의 위험이 있을 때

예)브레이크, 고압용기, 휴즈 등

② 불량품이 혼입되면 경제적으로 큰 영향을 미칠 때

예)보석류, 지폐 등 값비싼 물품 등

③ 불량품을 다음 공정으로 넘겼을 경우 커다란 손실을 주게 될 경우

(3) 공정상에서 불량률이 높고 규격에 미치지 못할 때

그러나 전수검사의 경우 다음과 같은 문제점이 있기 때문에 샘플링 검사를 하는 것이 유리하다.

① 시간과 경비가 많이 든다

② 비파괴검사에만 적용된다

③ 제품 특성의 전 항목 검사가 어려워 한정된 몇 항목에만 국한한다.

④ 한정된 시간에 많은 제품을 검사하므로 착오를 유발한다.

2) sampling 검사가 필요한 경우

(1) 파괴검사의 경우

예) 재료의 인장강도 시험, 수명 시험 등

(2) 연속체나 대량생산품

예)석탄, 약품, 전선, 면사 등

이외에 일반적으로 샘플링 검사가 전수 검사보다 유리한 경우는 다음과 같다.

① 다수, 다량의 것으로 어느 정도 불량품이 섞여도 괜찮은 경우
② 검사항목이 많은 경우
③ 검사비용을 적게 하는 편이 이익이 되는 경우
④ 생산자에게 품질향상의 자극을 주고 싶을 경우
⑤ 과거의 실적으로 보아 품질이 명확한 경우
⑥ 불완전한 전수검사에 비하여 신뢰성이 높은 결과를 얻을 수 있는 경우
⑦ 과거의 품질실적이 뛰어나 무검사가 경제적으로 유리하다고 판단되는 경우

샘플링 검사의 장점

- 파괴검사를 요하는 제품의 품질검사를 할 수 있다.
- 단위 당 검사비용이 큰 제품의 경우 검사비용을 절감할 수 있다.
- 검사에 소요되는 인원의 감소, 검사기간의 단축 등으로 경제성을 기할 수 있다.
- 샘플링 검사의 경우 단조로운 검사작업의 반복으로 인한 검사자의 오류를 줄일 수 있다.
- 불합격된 로트를 공급자에게 반환하여 공급자에게 품질 향상에 대한 자극을 줄 수 있다.

5.2.2 샘플링검사의 실시조건

① 제품이 로트로서 처리될 수 있을 것

샘플링 검사는 로트를 일괄적으로 처리하는 것으로 로트 내의 제품을 개별적으로 처리하는 것이 아니다.

② 합격 로트 중에는 어느 정도 불량품의 혼입이 허용될 것

샘플링 검사에서 합격한 로트라도 그 안에 불량품이 전혀 없는 것은 아니다.

③ 샘플을 랜덤하게 샘플링 할 수 있을 것

샘플이 랜덤하게 샘플링 되지 못하면 나중에 결과를 신뢰할 수 없다.

④ 품질 기준이 명확할 것

누가, 언제 검사하여도 동일한 결과가 나올 수 있도록 사전에 판정기준을 명확히 정의해 두어야 한다.

⑤ 계량 샘플링 검사에서는 일반적으로 특성치가 정규분포를 따를 것

각종 계량 샘플링 검사표는 정규분포를 근거해 고안한 것이므로 특성치는 정규분포를 따라야 한다.

5.2.3 로트를 형성하는 기본원칙

① 원자재, 기계, 작업자 등 가능한 동일 조건에서 생산된 제품으로 로트를 구성한다.

② 같은 조건에서 생산된 제품이라도 그 수가 많을 경우 다수의 로트로 구분하여 로트를 형성한다.

③ 로트의 크기는 검사비용, 불량품으로 인한 손실비용, 샘플링 검사에서 로트에 대한 잘못된 판정을 내릴 확률 등을 고려하여 구성한다.

5.2.4 샘플링 방법

모집단을 잘 대표할 수 있도록 표본은 가능한 랜덤(random)하게 추출해야 한다. 가장 많이 사용되는 대표적인 랜덤 샘플링 방법에는 다음과 같은 것들이 있다.

- 단순 랜덤 샘플링(simple random sampling)
- 계통 랜덤 샘플링(systematic random sampling)
- 지그재그 샘플링(zigzag sampling)
- 2단계 샘플링(two-stage sampling)
- 층별 샘플링(stratified sampling)
- 취락 샘플링(cluster sampling)

1) 단순 랜덤 샘플링(simple random sampling)

모집단에 있는 개개의 자료들이 동일한 확률로 뽑혀질 수 있도록 정해진 순서나 규칙을

따르지 않고 모집단 전체에서 무작위로 추출하는 방법이다.

모집단에 대하여 기술적으로나, 통계적으로나 예비지식을 가지고 있지 않을 때 사용된다.

2) 계통 랜덤 샘플링(systematic random sampling)

표본을 미리 정해진 규칙에 따라 뽑는 방법으로, 임의의 출발점 이후 매 k 번째 단위를 표본으로 선택하는 방법이다. 예를 들면 공정에서 생산되는 100개의 제품을 하나의 로트로 구성하되 이 중 20개를 계통샘플링 하고자 한다면, 100/20=5 가 된다. 따라서 처음 5개의 제품 중에서 임으로 한 개의 제품을 추출한 다음 이후부터는 5개째의 제품을 한 개씩 추출하여 20개 될 때까지 반복한다.

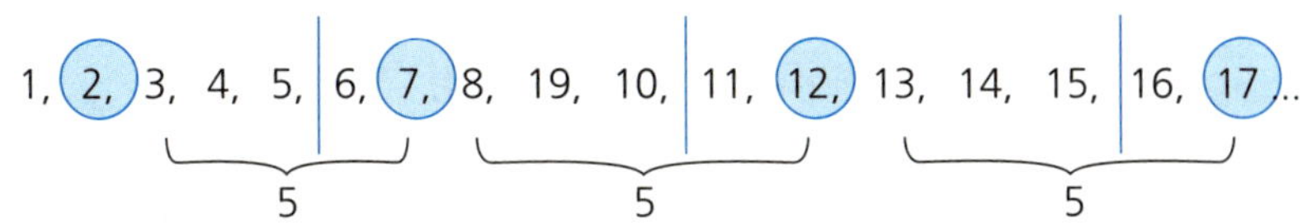

그림 5-2 계통 랜덤 샘플링

3) 지그재그 샘플링(zigzag sampling)

공정상의 특성치가 시간이나 수량에 따라서 어느 정도의 주기적으로 변화하는 경우에는 계통 샘플링을 적용할 수 없다. 따라서 특성치가 변화하는 주기와 상이한 간격으로 표본을 추출하도록 고안된 샘플링 방법이 지그재그 샘플링 방법이다.

[그림 5-3]에서 매 구간 마다 샘플이 한 개씩 추출되는 것은 계통 랜덤 샘플링과 동일하지만, 규칙이나 순서 없이 무작위로 추출되는 것이 다르다.

그림 5-3 지그재그 샘플링

4) 2단계 샘플링(two-stage sampling)

모집단을 몇 개의 부분군(로트: 1차 샘플링 단위)으로 나누어, 우선 1단계에서 이 중에 일부의 군(1차 샘플)을 선정 한 후, 2단계에서 선정된 각 군 중에서 일부의 샘플을 추출하는 샘플링 방법이다. 2단계 이상 샘플링을 하는 경우에는 다단계 샘플링이라고 한다.

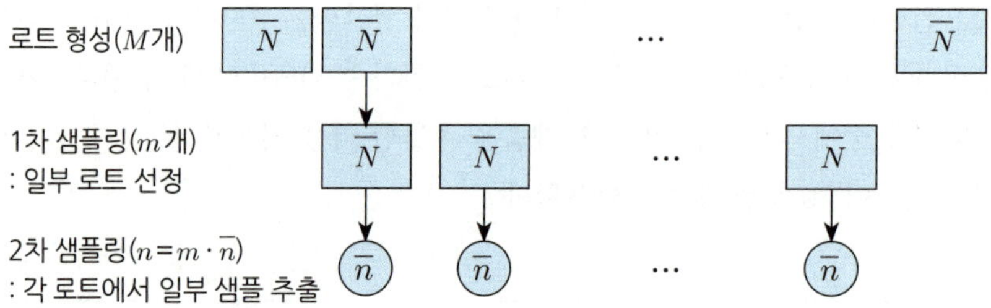

그림 5-4 2단계 샘플링

5) 층별 샘플링(stratified sampling)

모집단을 몇 개의 층(군)으로 나눈 후 각 층에서 랜덤하게 샘플을 추출하는 방법으로 작게 만들어진 각 층으로부터 무작위로 샘플을 채취하므로 랜덤 샘플링이 손쉽게 이루어진다. 단순랜덤샘플링보다 일반적으로 샘플의 크기가 작아도 같은 정밀도를 얻을 수 있다.

층별 샘플링은 2단계 샘플링 검사에서 $M=m$일 경우에 해당된다.

층별 샘플링은 다음과 같이 구분할 수 있다.

- 비례 샘플링 : 각 층의 크기에 비례하여 샘플링을 하는 방법으로 가장 많이 사용된다.
- 네이만 샘플링 : 각 층의 크기와 표준편차에 비례하여 샘플링을 한다.
- 데밍 샘플링 : 각 층의 크기와 표준편차뿐만 아니라 각 층으로부터 샘플링하는 비용까지도 고려한다.

6) 취락 샘플링(cluster sampling)

모집단을 몇 개의 층으로 나눈 후 이 중 일부 층을 선정하여 전부 조사하는 방법으로 층간의 차이는 작게, 층내의 차이는 크게 구성해야 한다.

취락 샘플링은 2단계 샘플링에서 $\overline{N} = \overline{n}$일 경우에 해당된다.

예) 한 상자에 100개의 볼트가 들어 있는 20개 상자가 입고 되었다. 이 중 5개 상자를 랜덤하게 선정하여 전부 조사할 경우 취락 샘플링에 해당된다.

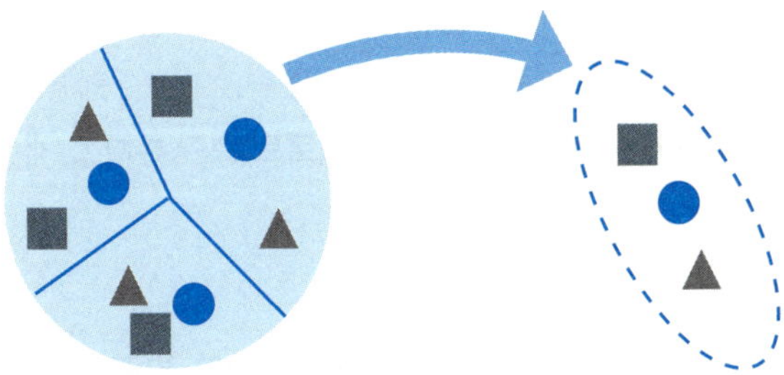

그림 5-5 **취락샘플링**

5.2.5 샘플링 변동의 계산

만일 표본을 랜덤하게 취하지 못할 경우 [그림 5-6]과 같이 샘플링의 변동이 발생된다. 따라서 표본을 가능한 랜덤하게 추출해야 한다.

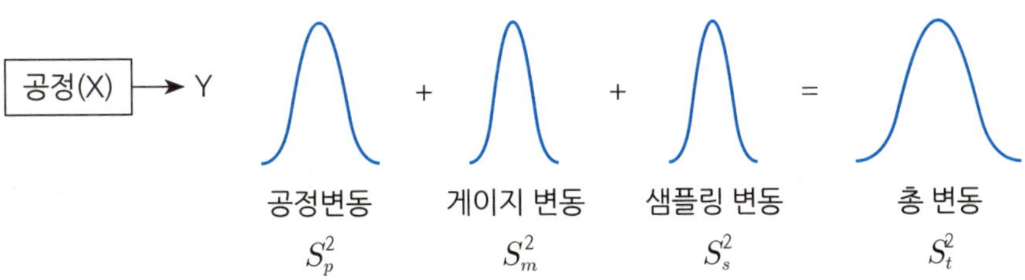

그림 5-6 **공정의 총 변동의 구성**

1) 단순 랜덤 샘플링

모집단에서 표본 n개를 단순 랜덤 샘플링을 할 경우 샘플링의 변동은 다음과 같다.

$$V(x) = \begin{cases} \dfrac{N-n}{N-1} \cdot \dfrac{\sigma^2}{n} & \text{(유한 모집단의 경우)} \\ \dfrac{\sigma^2}{n} & \text{(무한 모집단의 경우)} \end{cases}$$

2) 2단계 샘플링

[그림 5-7]에서와 같이 1단계에서 총 M개의 군(로트)으로부터 m개를 추출할 경우 군간변동은 다음과 같다.

$$\frac{M-m}{M-1} \cdot \frac{\sigma_b^2}{m} \quad \text{(유한 모집단의 경우)}$$

$$\frac{\sigma_b^2}{m} \quad \text{(무한 모집단의 경우)}$$

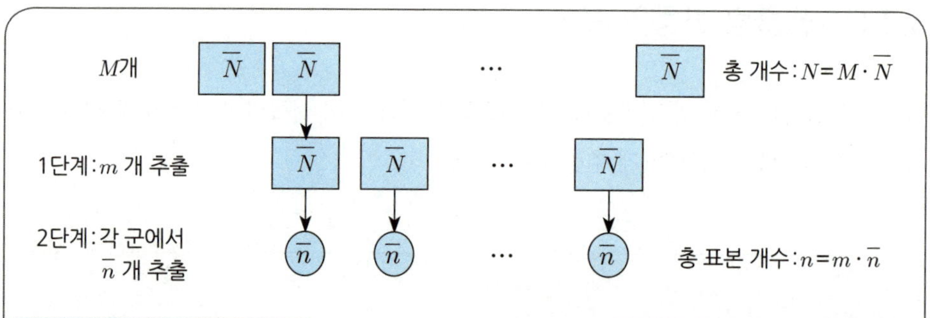

그림 5-7 2단계 샘플링

2단계에서 총 $n=m \cdot \bar{n}$개의 표본을 추출할 경우 군내변동은 다음과 같다.

$$\frac{\bar{N}-\bar{n}}{\bar{N}-1} \cdot \frac{\sigma_w^2}{m \cdot \bar{n}} \quad \text{(유한 모집단의 경우)}$$

$$\frac{\sigma_w^2}{m \cdot \bar{n}} \qquad \text{(무한 모집단의 경우)}$$

이상에서 2단계 샘플링의 변동은 다음과 같다.

$$V(x) = \begin{cases} \dfrac{M-m}{M-1} \cdot \dfrac{\sigma_b^2}{m} + \dfrac{\bar{N}-\bar{n}}{\bar{N}-1} \cdot \dfrac{\sigma_w^2}{m \cdot \bar{n}} & \text{(유한 모집단의 경우)} \\ \dfrac{\sigma_b^2}{m} + \dfrac{\sigma_w^2}{m \cdot \bar{n}} & \text{(무한 모집단의 경우)} \end{cases}$$

(1) 단순랜덤 샘플링과 정밀도 비교

단순 랜덤 샘플링의 변동을 V_R, 2단계 샘플링의 변동을 V_T라고 할 경우 변동의 비율을 다음과 같이 나타낼 수 있다.

$$\alpha = \frac{V_T}{V_R} = \frac{\dfrac{\sigma_b^2}{m} + \dfrac{\sigma_w^2}{m \cdot \bar{n}}}{\dfrac{\sigma^2}{n}}$$

여기서 동일한 수의 표본을 추출할 경우 $n = m \cdot \bar{n}$가 되어 상기의 식은 다음과 같이 된다.

$$\alpha = \frac{\bar{n}\sigma_b^2 + \sigma_w^2}{\sigma^2}$$

$\sigma^2 = {\sigma_b}^2 + {\sigma_w}^2$ 이므로 $\bar{n} = 1$일 경우 $\alpha = 1$이 되어 추정의 정밀도가 같게 된다. 그러나 $\bar{n} > 1$일 경우 $\alpha > 1$이 되어 2단계 샘플링의 정밀도가 랜덤 샘플링보다 떨어지게 된다.

(2) 특징

① 샘플링의 변동이 군내 및 군간변동으로 구성된다.

② 단순 랜덤 샘플링에 비해 정밀도가 떨어진다.

③ 샘플링 방법이 비교적 간편하다.

3) 층별 샘플링

층별 샘플링은 층을 구분한 후 각 층에서 표본을 추출하는 방법으로, 2단계 샘플링에서

$M=m$일 경우에 해당된다. 따라서 층별 샘플링의 변동은 2단계 샘플링에서 군간변동이 없고 군내변동으로만 구성된다.

$$V(x)=\begin{cases}\dfrac{\overline{N}-\overline{n}}{\overline{N}-1}\cdot\dfrac{\sigma_w^2}{m\cdot\overline{n}} & \text{(유한 모집단의 경우)}\\[2ex] \dfrac{\sigma_w^2}{m\cdot\overline{n}} & \text{(무한 모집단의 경우)}\end{cases}$$

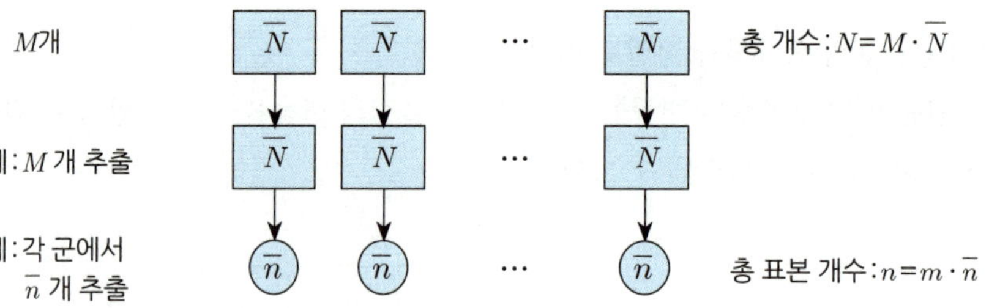

그림 5-8 층별 샘플링

(1) 단순랜덤 샘플링과 정밀도 비교

단순 랜덤 샘플링 변동을 V_R, 층별 샘플링의 변동을 V_S라고 할 경우 변동의 비율을 다음과 같이 나타낼 수 있다.

$$\alpha=\frac{V_S}{V_R}=\frac{\dfrac{\sigma_w^2}{m\cdot\overline{n}}}{\dfrac{\sigma^2}{n}}$$

표본의 수를 동일하게 추출할 경우 $n=m\cdot\overline{n}$ 가 되어 상기의 식은 다음과 같이 된다.

$$\alpha=\frac{\sigma_w^2}{\sigma^2}$$

$\sigma^2=\sigma_b^2+\sigma_w^2$이므로 $\alpha\leq 1$이 되어 층별 샘플링의 정도가 단순 랜덤 샘플링보다 더 좋다.

(2) 특징

① 2단계 샘플링에서 $M=m$ 일 경우에 해당된다.

② 군내변동으로만 구성된다.

③ 랜덤 샘플링에 비해 정밀도가 높다.

4) 취락 샘플링

취락 샘플링은 일부 추출한 군을 전부 조사하는 것으로 2단계 샘플링에서 $\overline{N}=\overline{n}$ 일 경우에 해당된다. 따라서 취락 샘플링 변동은 2단계 샘플링 변동에서 군내변동은 없고 군간변동만으로 구성된다.

$$V(x)=\begin{cases} \dfrac{M-m}{M-1}\cdot\dfrac{\sigma_b^2}{m} & \text{(유한 모집단의 경우)} \\ \dfrac{\sigma_b^2}{m} & \text{(무한 모집단의 경우)} \end{cases}$$

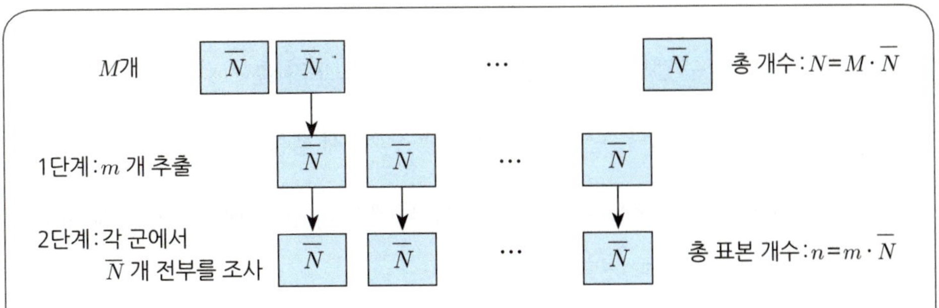

그림 5-9 취락 샘플링

(1) 단순랜덤 샘플링과 정밀도 비교

단순 랜덤 샘플링 변동을 V_R, 취락 샘플링의 변동을 V_C라고 할 경우 변동의 비율을 다음과 같이 나타낼 수 있다.

$$\alpha=\frac{V_C}{V_R}=\frac{\dfrac{\sigma_b^2}{m}}{\dfrac{\sigma^2}{n}}$$

표본의 수가 $n=m\overline{N}$ 이므로 상기의 식은 다음과 같이 된다.

$$\alpha = \frac{\overline{N} \cdot \sigma_b^2}{\sigma^2}$$

따라서 $\sigma_b^2 > \frac{\sigma^2}{\overline{N}}$ 이면 $\alpha > 1$

$\sigma_b^2 \le \frac{\sigma^2}{\overline{N}}$ 이면 $\alpha \le 1$ 이므로

취락을 잘 만들어서 군간변동을 작게 할 경우 단순 랜덤 샘플링보다 정밀도가 좋아진다.

(2) 특징

① 2단계 샘플링에서 $\overline{N}=\overline{n}$일 경우에 해당된다.

② 군간변동만으로 구성된다.

③ 가능한 군을 동일하게 선정하여 군간변동을 작게 해야 정밀도가 좋아진다.

이상에서 층별, 단순 랜덤, 2단계 샘플링 순으로 정밀도가 좋은 것을 알 수 있다.

층별 < 단순 랜덤 샘플링 < 2단계 샘플링

그리고 취락 샘플링은 군을 어떻게 형성하느냐에 따라 단순 랜덤 샘플링에 비해 정밀도가 좋아지거나 나빠지는 것을 알 수 있다.

5.2.6 샘플링검사 형식

1) 품질표시에 의한 분류

검사단위의 특성치가 계수치인가 또는 계량치 인가에 따라 계수형 샘플링검사 또는 계량형 샘플링 검사로 구분된다.

계수형 샘플링검사의 경우는 검사단위를 적합 또는 부적합으로 구분한 후 설정된 합격판정개수와 비교하여 로트의 합격 또는 불합격 판정을 내린다.

계량형 샘플링검사의 경우는 검사단위의 특성치를 양적으로 측정한 후 설정된 판정기준과 비교하여 로트의 합격 또는 불합격 판정을 내린다.

표 5-1 품질표시에 의한 샘플링검사 형식

구분	계수형 샘플링검사	계량형 샘플링검사
품질표시 방법	부적합품 또는 부적합수로 표시	특성값으로 표시
검사방법	• 숙련을 요하지 않음 • 소요시간이 짧음 • 설비가 간단함 • 기록이 간단함	• 숙련을 요함 • 소요시간이 길음 • 설비가 복잡함 • 기록이 복잡함
이론 시 제약	적용하는 조건이 쉽게 충족됨	특성치가 정규분포 또는 특정 분포를 따르는 경우로 제한됨
판별능력과 검사개수	정보가 적음으로 판별능력이 낮고, 검사개수가 많이 소요됨	정보가 많으므로 판별능력이 높고, 검사개수가 상대적으로 적음
검사기록의 이용	다른 목적에 이용되는 정도가 낮음	다른 목적에 이용되는 정도가 높음
장점	검사의 비용과 노력이 적게 소요됨	검사의 노력과 비용이 많이 소요됨 그러나 파괴검사에 유리

2) 검사회수에 따른 분류

- 1회 샘플링검사(single sampling inspection)
- 2회 샘플링 검사(double sampling inspection)
- 다회 샘플링 검사(multiple sampling inspection)
- 축차 샘플링 검사(sequential sampling inspection)

(1) 1회 샘플링 검사(single sampling inspection)

로트로부터 표본을 1회 샘플링하여 이 시험결과로서 로트의 합격, 불합격을 결정하는 방식이다.

예) 크기 2,000개의 로트로부터 100개의 샘플을 랜덤하게 샘플링하여 이 중에 부적합품이 2개 이하인 경우 합격으로 하고, 부적합품이 3개 이상일 경우 그 로트를 불합격으로 처리한다.

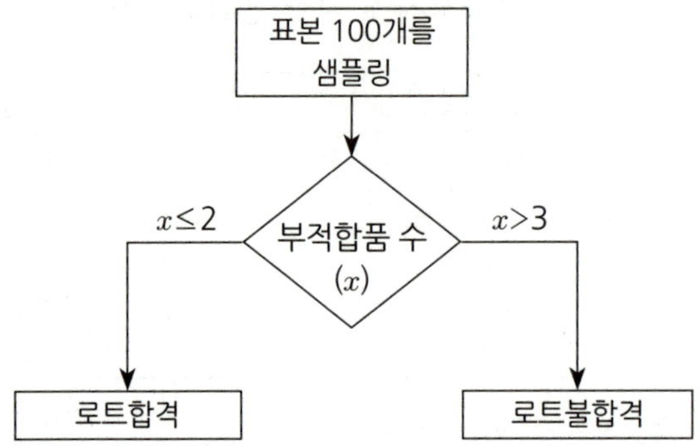

그림 5-10 **1회 샘플링 검사**

(2) 2회 샘플링검사(single sampling inspection)

1회 샘플링검사 결과 부적합품 수가 합격판정개수(A_c) 이하이면 로트합격, 불합격판정개수(R_e) 이상이면 로트를 불합격 처리한다. 만일 부적합품 수가 지정개수 사이에 들면 2회 검사를 실시한다.

2회 검사결과 누적된 총 부적합 수가 합격판정개수 이하이면 로트를 합격, 불합

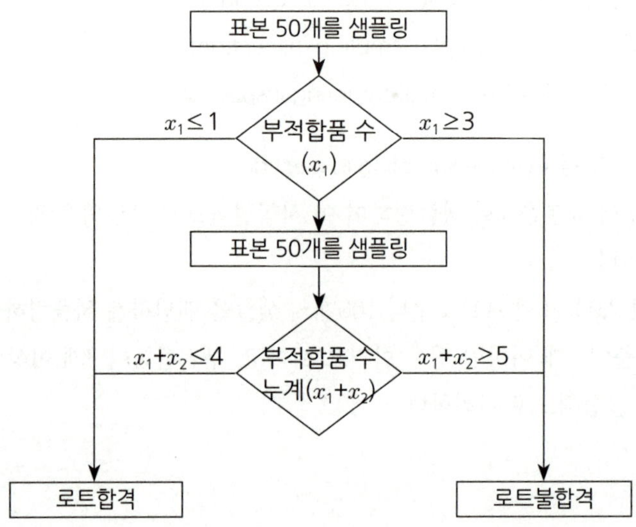

그림 5-11 **2회 샘플링 검사**

격판정개수 이상이면 로트를 불합격 처리한다.

예) 1,000개의 로트로부터 1회째에 50개의 표본을 샘플링하여 이 중에 부적합품이 1개 이하이면 그 로트를 합격으로 하고, 부적합품이 3개 이상이면 그 로트를 불합격으로 판정한다.

그러나, 부적합품이 2개이면 다시 2회째에 표본 50개를 샘플링하여 검사한다. 1회 및 2회째의 샘플을 누계한 100개 중 부적합품이 4개 이하이면 그 로트를 합격, 5개 이상이면 그 로트를 불합격으로 처리한다.

(3) 다회 샘플링 검사(multiple sampling inspection)

2회 샘플링 검사를 확장한 것으로, 3회 이상의 표본을 샘플링하여 판정기준과 비교하여 판정하는 것을 다회 샘플링 검사라고 한다.

[표 5-2]에 다회 샘플링 검사가 예시되어 있다.

표 5-2 다회 샘플링검사의 예

표본	표본의 크기	표본크기의 누계	합격판정 개수	불합격판정 개수
제1 표본	50	50	#	2
제2 표본	50	100	0	3
제3 표본	50	150	0	3
제4 표본	50	200	1	3
제5 표본	50	250	3	4

#표는 제1 표본의 결과만으로 합격판정을 내릴 수 없음을 의미함

(4) 축차 샘플링검사(sequential sampling inspection)

1개씩 또는 일정 개수씩의 표본를 검사하면서, 그 누계성적을 그때마다 로트 판정기준과 비교하여 로트의 합격, 불합격 또는 검사 속행 중 어느 한 쪽을 판정하는 샘플링 검사이다([그림 5-12]).

표본을 1개씩 검사할 경우를 각개 축차 샘플링검사, 일정 개수씩 검사할 경우를 군축차 샘플링검사라고 한다. 본서에서는 각개 축차 샘플링검사만을 소개한다.

[표 5-3]에는 검사형식에 따른 특징과 적용해야 하는 경우가 요약되어 있다.

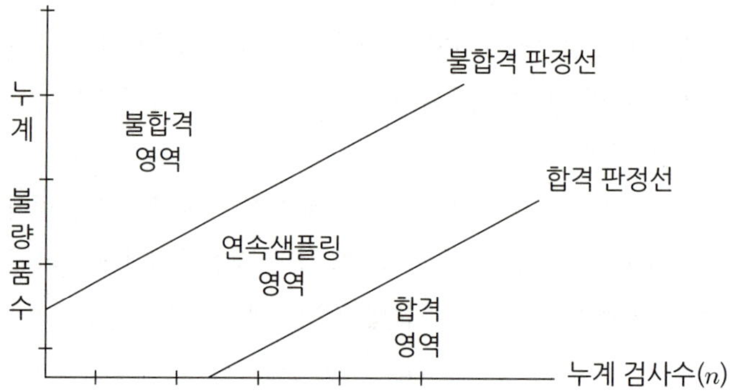

그림 5-12 축차 샘플링 검사도표

표 5-3 검사형식에 따른 분류

구분	1회 샘플링 형식	2회 샘플링 형식	다회 샘플링 형식 (군 축차)	각개 축차 샘플링 형식
검사 로트당의 평균 검사 개수	대	중	소	최소
검사 로트마다의 검사 개수의 변동	없다	조금 있다	있다	있다
검사비용 1) 필요에 따라 자유로이 표본을 채취, 시험할 경우	대	중	소	소
2) 처음부터 전체 표본을 채취 또는 전체 표본을 동시에 시험하는 경우	소	중	대	대
실시 및 기록의 번잡성	간단	중간	복잡	복잡
심리적 효과(신중하다는 느낌)	나쁘다	중간	좋다	좋다
검사비용과 검사 개수	검사비용이 저렴한 경우	검사비용이 조금 비싸서 주로 검사 수를 줄이고 싶은 경우	검사비용이 비싸서 검사 수를 줄이는 것이 몹시 요구될 경우	검사비용이 아주 비싸서 검사 수를 줄이는 것이 절대적으로 요구될 경우

5.2.7 샘플링검사의 확률이론

1) 로트 합격 확률

크기 N인 로트에서 크기 n인 표본을 검사하여 부적합품수가 합격판정개수 c 이하 일 경우 로트를 합격, c+1일 경우 로트를 불합격으로 처리하는 샘플링 검사방식을 (N, n, c)로 나타낼 수 있다.

이 경우 로트의 불량률을 p라고 할 때 확률분포에 따라 로트의 합격률 $L(p)$는 다음과 같이 나타낼 수 있다.

(1) 초기하분포의 경우

로트의 크기 N이 크지 않을 경우 초기하분포를 사용함으로써 정확한 값을 구할 수 있다.

$$L(p) = \sum_{x=0}^{c} \frac{\binom{Np}{x}\binom{N-Np}{n-x}}{\binom{N}{n}}$$

(2) 이항분포의 경우

로트의 크기 N이 표본의 크기 n에 비해 충분히 클 때($N/n \geq 10$), 이항분포를 사용하여 근사값을 구할 수 있다.

$$L(p) = \sum_{x=0}^{c} \binom{n}{x} p^x (1-p)^{n-x}$$

(3) 포아송분포의 경우

로트의 크기 N이 충분히 크고($N/n \geq 10$), 불량률 p가 매우 작은 경우($p \leq 0.1$) 포아송분포를 사용하여 근사값을 구할 수 있다.

$$L(p) = \sum_{x=0}^{c} \frac{e^{-np} \cdot (np)^x}{x!}$$

예제 5-1 불량률 $p=0.05$일 경우 (1,000, 20, 1)의 검사방식에서 초기하 분포, 이항 분포 및 포아송분포의 합격확률을 각각 구하시오.

① 초기하분포의 경우 $L(p)=P(x \leq c)=P(x \leq 1)$

$$=\sum_{x=0}^{c} \frac{\binom{Np}{x}\binom{N-Np}{n-x}}{\binom{N}{n}}$$

$$=\sum_{x=0}^{1} \frac{\binom{50}{x}\binom{950}{20-x}}{\binom{1,000}{20}}$$

$$=0.7360$$

② 이항분포의 경우 $L(p)=P(x \leq c)=P(x \leq 1)$

$$=\sum_{x=0}^{c}\binom{n}{x}p^{x}(1-p)^{n-x}$$

$$=\sum_{x=0}^{1}\binom{20}{x}0.05^{x}(1-0.05)^{20-x}$$

$$=0.7358$$

③포아송분포의 경우 $L(p)=P(x \leq c)=P(x \leq 1)$

$$=\sum_{x=0}^{c} \frac{e^{-np} \cdot (np)^{x}}{x!}$$

$$=\sum_{x=0}^{1} \frac{e^{-1} \cdot (1)^{x}}{x!}$$

$$=0.7358$$

이상에서 로트의 크기 N이 클 경우에는 어떤 분포를 사용하더라도 거의 유사한 값을 구할 수 있는 것을 알 수 있다.

2) OC(operating curve: 검사 특성 곡선)

(1) 전수검사에 의한 OC 곡선

만일 전수검사를 통해 완벽한 검사가 이루어질 경우에 불량률이 p_0인 좋은 로트는 모두 합격 처리되고, 불량률이 p_1인 나쁜 로트는 모두 불합격 처리될 것이다.

따라서 검사 특성 곡선은 [그림 5-13]과 같이 된다.

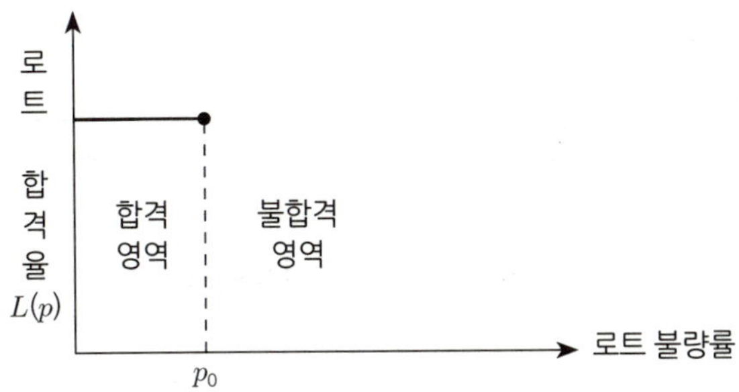

그림 5-13 **전수검사의 OC 곡선**

(2) 샘플링검사에 의한 OC 곡선

(1,000, 20. 2)검사방식에서 p값을 변화시키면서 로트의 합격확률을 구하면 다음과 같다.

p(%)	1	5	10	15	20	25	30
L(p)	0.9992	0.9264	0.6772	0.4028	0.2033	0.0890	0.0137

불량률(%)과 로트의 합격확률 $L(p)$의 관계를 그래프로 나타내면 [그림 5-14]와 같은 OC 곡선이 된다.

하나의 샘플링방식에는 하나의 OC곡선이 대응되는데, 샘플링검사를 통해 불량률이 p_0보다 낮은 품질이 좋은 로트는 합격 처리하고 불량률이 p_1보다 높은 나쁜 품질의 로트는 불합격 처리를 하고자 하는 것이다.

이때 불량률 p_0을 합격품질수준(AQL : Acceptable Quality Level)이라 하고, 불량율 p_1을 로트허용불량률(LTPD : Lot Tolerance Percent Defective) 또는 한계품질(LQ : Limiting Quality)이라고 한다.

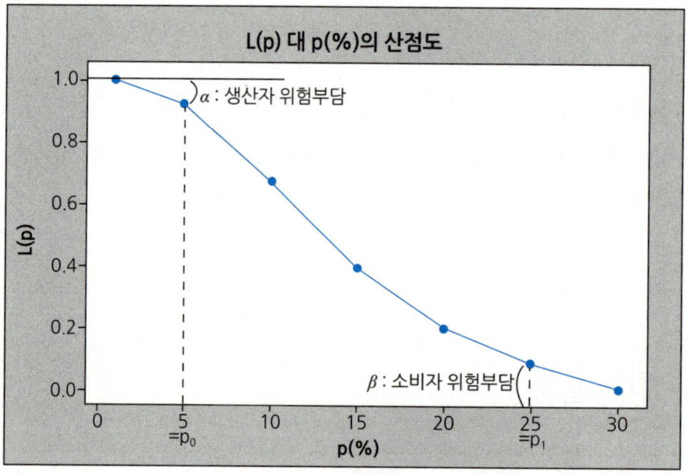

그림 5-14 (1,000, 20. 2) 샘플링검사에서 OC 곡선

샘플링검사에서는 불량률이 p_0인 품질이 좋은 로트를 불합격으로 처리할 수도 있는데 이를 생산자 위험(α: 제 1종의 오류)이라고 한다. 또한 불량률이 p_1인 품질이 나쁜 로트를 합격 처리할 수도 있는데 이를 소비자 위험(β: 제 2종의 오류)이라고 한다.

일반적으로 샘플링검사는 $\alpha=0.05$, $\beta=0.1$을 기준으로 설계를 하는데, 이는 OC 곡선이 두 점 $(p_0, 1-\alpha)$, (p_1, β)를 지나도록 하는 (n, c)를 구하는 것이다.

국제표준이나 KS에서는 $\alpha=0.05$, $\beta=0.1$일 때 p_0, p_1에 따라 (n, c)값을 구할 수 있는 샘플링검사표를 제공하고 있으므로 굳이 수리적인 계산을 할 필요 없이 이를 활용하면 된다.

3) OC 곡선의 특성

(1) 로트의 크기 N의 변화

[표 5-4]는 (20, 2)일 때 로크의 크기 N을 변화해 가면서 로트 합격률 $L(p)$값을 구한 것이다.

[그림 5-15]는 이때에 OC 곡선을 나타낸 것으로 로트의 크기 N은 OC 곡선에 별로 영향을 주지 않는 것으로 나타난다.

표 5-4 n=20, c=2 일 때 N의 변화에 따른 $L(p)$값

p(%)	로트의 크기		
	60	200	1000
5	0.9667	0.9347	0.9264
10	0.6864	0.6479	0.6772
15	0.3621	0.3940	0.4028
20	0.1521	0.1916	0.2033
25	0.0525	0.0800	0.0890
30	0.0150	0.0290	0.0137

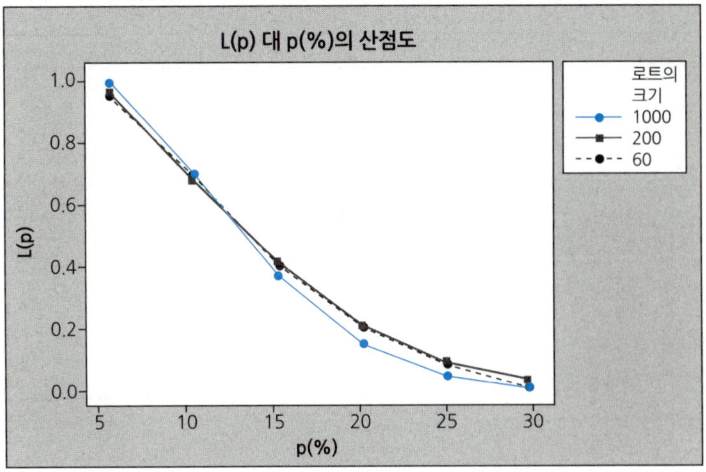

그림 5-15 (20, 2)가 일정할 때 로트의 크기 N의 변화에 따른 OC 곡선

따라서 로트를 크게 구성해도 상관이 없을 것 같으나, 만일 로트가 불합격 될 경우 생산자가 입는 손해가 크게 된다. 또한 로트가 클 경우 이상원인에 의한 제품이 혼입될 가능성이 커져 합리적인 로트를 구성할 수 없게 된다.

그러므로 로트의 크기는 이들의 문제가 발생되지 않도록 적정한 규모로 구성되어야 한다.

(2) 표본의 크기 n의 변화

[표 5-5]는 N=1,000, c=1일 때 n을 변화해 가면서 로트 합격률 $L(p)$값을 구한

것이다. [그림 5-16]은 이때에 OC 곡선을 나타낸 것으로 표본의 크기 n은 OC 곡선에 크게 영향을 주는 것으로 나타난다.

표 5-5 N=1,000, c=1일 때 n의 변화에 따른 $L(p)$값

p(%)	표본의 크기(n)				
	5	10	20	30	50
1	0.9990	0.9957	0.9831	0.9639	0.9106
5	0.9774	0.9139	0.7358	0.5535	0.2794
10	0.9185	0.7361	0.3917	0.1837	0.0338
15	0.8352	0.5443	0.1756	0.0480	0.0029
20	0.7373	0.3758	0.0692	0.0105	0.0002
25	0.6328	0.2440	0.0243	0.0020	0.0000
30	0.5282	0.1493	0.0076	0.0003	0.0000

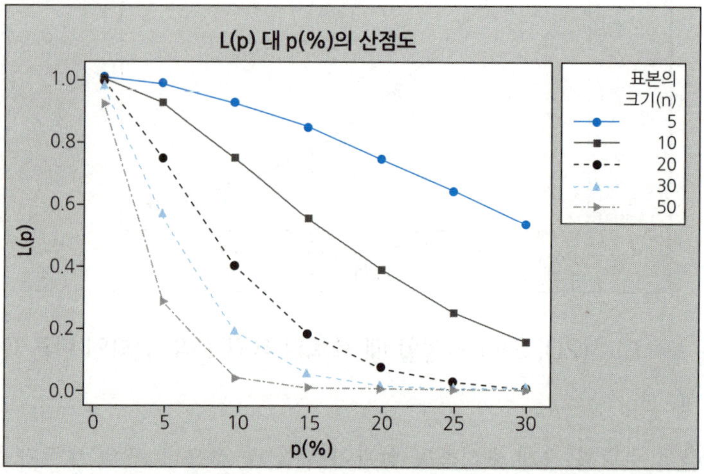

그림 5-16 N=1,000, c=1일 때 표본의 크기 n의 변화에 따른 OC 곡선

[그림 5-16]에서 표본의 크기 n이 클 수록 OC 곡선의 기울기가 급해져, 품질이 좋은 로트를 많이 합격시키고 품질이 나쁜 로트를 적게 합격시킴으로써 생산자 위험(α)과 소비자 위험(β) 모두가 작아지는 것을 알 수 있다.

(3) 합격판정개수 c의 변화

[표 5-6]은 $N=1,000$, $n=10$일 때 합격판정개수 c를 변화해 가면서 로트 합격률 $L(p)$값을 구한 것이다.

[그림 5-17]은 이때에 OC 곡선을 나타낸 것으로 합격판정개수 c는 OC 곡선에 크게 영향을 주는 것으로 나타난다.

표 5-6 $N=1,000$, $n=10$ 일 때 합격판정개수 c의 변화에 따른 $L(p)$값

p(%)	합격판정개수(c)			
	0	1	2	3
1	0.9044	0.9957	0.9999	1
5	0.5988	0.9139	0.9885	0.9990
10	0.3487	0.7361	0.9298	0.9872
15	0.1969	0.5443	0.8202	0.9500
20	0.1074	0.3758	0.6778	0.8791
25	0.0563	0.2440	0.5256	0.7759
30	0.0282	0.1493	0.3828	0.6496

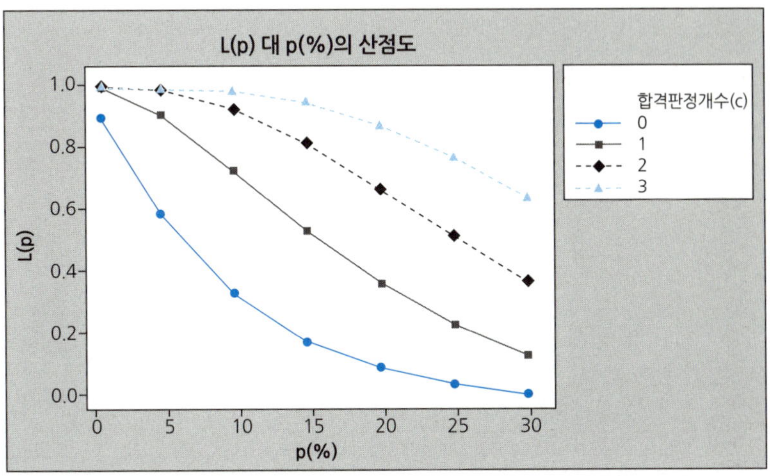

그림 5-17 $N=1,000$, $n=10$일 때 합격판정개수 c의 변화에 따른 OC 곡선

[그림 5-17]에서 합격판정개수 c가 작을수록 OC 곡선의 기울기가 급해져, 품질이 좋은 로트를 많이 합격시키고 품질이 나쁜 로트를 적게 합격시킴으로써 생산자 위험과 소비자 위험 모두가 작아지는 것을 알 수 있다. 이상에서 OC 곡선은 로트의 크기 N보다는 표본의 크기 n 및 합격판정개수 c에 의해 영향을 받는 것을 알 수 있다.

5장 연습문제

1. 검사와 시험의 차이를 간략하게 기술하시오.

2. OC 곡선이 무엇인지를 간략하게 정의하고 두 점 (p_0=0.01, α=0.05), (p_1=0.03, β=0.1)을 지나는 OC곡선의 그래프를 작성하시오.

3. 전수검사와 샘플링검사의 장단점과 언제 적용해야 하는지를 기술하시오.

4. 2단계 샘플링, 층별 샘플링 및 취락샘플링의 관계를 2단계 샘플링을 중심으로 간략하게 기술하시오.

5. 계량형 샘플링과 계수형 샘플링의 특징을 비교하여 설명하시오.

6. 로트의 크기를 크게 할 경우 구입자가 유리한 이유가 무엇인가? 간략하게 기술하시오.

7. 로트의 크기를 크게 할 경우 '어떤 문제'가 발생되기 때문에 로트의 크기를 어느 정도 이상 크게 하지 않는다. 여기서 '어떤 문제'란 무엇인가? 를 간략하게 기술하시오.

8. 표본의 크기 n과 합격판정개수 c가 (20, 1)일 때 로트의 크기 N의 변화에 따른 로트의 합격율 $L(p)$를 구하고, 이에 대한 OC 곡선을 작성하시오.

n=20, c=1일 때 N의 변화에 따른 $L(p)$값

p(%)	N(로트의 크기)		
	60	200	1000
5			
10			
15			
20			
25			
30			

n=20, c=1일 때 로트의 크기 N이 변화할 경우의 OC 곡선

9. 로트의 크기 N=1,000, c=2일 때 n의 변화에 따른 $L(p)$값을 구하고 이에 대한 OC 곡선을 작성하시오.

N=1,000, c=2일 때 n의 변화에 따른 $L(p)$값

p(%)	N(표본의 크기)				
	5	10	20	30	50
5					
10					
15					
20					
25					
30					

N=1,000, c=2일 때 표본의 크기 n이 변화할 경우의 OC 곡선

10. N=1,000, n=8일 때 합격판정개수 c의 변화에 따른 $L(p)$값을 구한 후 이에 대한 OC 곡선을 작성하시오.

N=1,000, n=8 일 때 합격판정개수 c의 변화에 따른 $L(p)$값

$p(\%)$	N(로트의 크기)			
	0	1	2	3
5				
10				
15				
20				
25				
30				

N=1,000, n=8 일 때 합격판정개수 c가 변화할 경우의 OC 곡선

11. 문제 8~문제 10을 통해 내릴 수 있는 결론은 무엇인가? 간략하게 기술하시오.

제6장

계수형 샘플링검사

6.1 개요

계수형 샘플링검사에서는 각각의 아이템의 특성을 조사하여 적합품 또는 부적합품으로 선별한 후 그 수를 판정기준과 비교하여 로트의 합부 판정을 한다. 계량형 샘플링검사에서는 일련의 아이템의 특성치를 양적으로 측정한 후 이를 이용하여 로트의 합부 판정을 한다. 따라서 계량형 검사는 계수치 검사에 비해 더 많은 정보를 얻을 수 있으므로 샘플의 크기가 작아진다는 이점이 있다.

그러나 계수형 검사는 분포에 대한 가정이 필요 없고, 사용하기가 간편하여 비록 샘플의 크기가 커지는 단점이 있음에도 불구하고 널리 사용되고 있다.

계수형과 계량형 검사는 각기 장단점이 있으므로 이를 검토한 후 상황에 적합한 방식을 선정해야 한다. 다음은 샘플링검사 방식을 선정할 때 고려해야 할 요소들 이다.

① 더 많은 아이템에 대해 상대적으로 단순한 검사를 하는 계수형 방식과, 정교한 절차가 요구되기 때문에 아이템 당 시간과 비용이 더 많이 소요되는 계량형 방식과는 일의 효율성과 소요되는 총 비용 측면에서 비교할 필요가 있다.

② 계량형 검사에 의해 얻은 정보에는 제품이 얼마나 더 좋은지에 대한 정교한 내용들이 포함되기 때문에 정보 획득 측면에서는 더 유리하다.

③ 계수형 검사는 더 쉽게 이해되고 받아드려 질 수 있다. 계량형 검사는 부적합품을 하나도 포함하고 있지 않음에도 불구하고 로트가 불합격되는 등 처음에는 받아들이기 힘든 점이 있다.

④ 계량형 검사는 계량형 관리도와 연계해서 사용하는 것이 효과적이다.

⑤ 계량형 검사는 파괴검사와 같이 검사비용이 비싼 경우에는 상당한 장점이 있다.

⑥ 계량형 샘플링은 아이템의 특성치가 다수일 경우 사용하기가 더 복잡하다.

⑦ 계량형 검사는 판별력이 높아 합부 판정에 소요되는 평균 샘플의 크기가 계수형에 비해 작다. 품질이 좋을 수록 샘플의 크기는 더 작아진다.

계수형 샘플링검사는 계수 규준형, AQL 지표형 및 LQ 지표형 샘플링검사로 대별할 수 있다. 계수 규준형 샘플링검사는 OC 곡선 상의 두 점 $(p_0, 1-\alpha)$, (p_1, β)를 지나도록 하는 샘플의 크기 및 합격판정개수 (n, c)를 설계하는 것으로 생산자와 소비자를 동시에 보호할 수 있다.

AQL 지표형 샘플링검사는 사전에 합격시키고자 하는 바람직한 품질 수준인 AQL (계수 규준형의 p_0)을 사전에 정해놓고 납품 품질 수준에 따라 검사의 엄격도(보통, 수월 및 까다로운 검사)를 조정함으로써 장기적으로 검사된 로트의 평균 품질 수준이 AQL이 되도록 보증하는 것이다.

LQ 지표형 샘플링검사는 앞에 설명한 샘플링검사들과 달리 고립 로트의 품질을 보증하기 위한 것으로, 합격시키고 싶지 않은 품질 수준인 한도품질(계수 규준형의 p_1)을 정해 놓고 이러한 수준의 로트를 낮은 정도(소비자 위험 β)로만 합격시키고자 하는 것이다.

AQL 지표형 샘플링검사를 적용하는 경우 로트가 연속적으로 합격이 되면서 일정 조건을 만족할 때에는, 검사를 보다 간편하게 하기 위해 '6.4 스킵로트 샘플링검사'를 적용할 수 있다. 또한 AQL을 보다 확실하게 보증하기 위해 '6.3.6 분수합격 판정개수 샘플링검사'를 적용할 수 있다.

품질수준이 높아 검사에 필요한 샘플의 크기가 클 경우 또는 검사에 소요되는 비용이 클 경우, 로트의 합부 판정에 소요되는 평균 검사개수를 최소화 하기 위해 축차 샘플링검사를 사용할 수 있다. 축차 샘플링검사에는 계수 규준형과 AQL 지표형이 있는데 적용되는 기본적인 원리는 서로 동일 하다.

6.1.1 용어의 정의

계수형 샘플링검사를 보다 효과적으로 이해하기 위해서는 우선 다음의 용어들을 이해할 필요가 있다.

1) 아이템(item: 제품의 단위)

계수형 샘플링검사에서는 특정 크기의 로트(N)에 대해 샘플(n)을 조사하여 부적합품의 개수가 합격 판정개수(c)보다 작을 경우 로트의 합격판정을 내린다.

이때 검사의 대상이 되는 단위에 대해서 ISO에서는 센티미터, 그램 등의 단위와 혼란을 피하기 위해서 '아이템'이라는 용어를 사용한다. 통상 아이템은 검사의 대상으로서 단독의 품질이다.

예를 들면 설탕 10 ton을 20 kg 포대에 담아 이 중 일부 포대를 검사한 후 전체 설탕 10 ton의 합부 여부를 판정할 경우 20 kg들이 포대를 아이템이라고 한다.

또한 다수의 부품으로 조립된 제품으로 로트가 구성된 상태에서, 일부 제품을 검사하여 로트의 합부를 판정할 경우 개개의 제품이 아이템이 된다.

2) 로트(lot)

샘플링검사에서는 제품 그룹으로 합부 판정을 내린다. 이때 각 아이템의 그룹을 로트라고 한다.

로트는 동질의 것으로 구성해야 하며 독립된 단위로서 취급해야 한다.

3) 로트의 크기(lot size)

로트의 크기는 소관 권한자가 정한다. 로트의 크기가 커질 경우 변별력이 커지므로 구입자 입장에서는 유리하다. 그러나 로트의 크기가 너무 클 경우 로트 불합격 시 생산자가 입는 손해가 크며 또한 이상치가 개입될 여지가 많기 때문에 로트의 동질성을 유지하기가 곤란하다.

따라서 생산자와 소비자를 동시에 고려하여 로트의 크기를 적정하게 정해야 한다.

4) 샘플링검사 방식

샘플(표본)을 검사하여 그 결과로 로트를 합부 판정하기 위한 규칙의 세트로 다음과 같이 구성된다.

샘플의 크기 n
합격 판정개수 A_c
불합격 판정개수 R_e

5) 샘플링검사 스킴

샘플링검사 방식에 보통검사, 까다로운 검사 및 수월한 검사 등의 전환규칙을 추가한 것이다.

6) 샘플링검사 시스템

샘플링검사 방식 또는 샘플링검사 스킴을 모은 것으로 적절한 샘플링 방식 또는 샘플링검사 스킴의 선택을 위한 기준과 샘플링검사 절차 등이 포함되어 있다. KS Q ISO 2859-1, 2, 3 등이 이에 해당된다.

7) 교정검사

로트가 불합격 판정을 받았을 때 로트를 전수검사하여 부적합품을 적합품으로 교체하는 검사로 과거에는 이를 선별형검사라고 하였다.

8) 초기검사

이전에 입고 검사 시 불합격되어 교정된 후 재 입고된 로트를 제외한 검사를 초기검사라고 한다.

9) 부적합 및 부적합품

규정된 요구사항을 충족하지 못하는 것을 부적합이라고 하고, 아이템이 하나 이상의 부적합을 포함한 경우 부적합품이라고 한다.

부적합은 하나의 아이템에 다수가 발생될 수 있으나 부적합품은 하나의 아이템에 한 개만이 발생될 수 밖에 없다.

부적합은 결점과 같은 개념이며 부적합품은 불량과 같은 개념이라고 생각하면 된다.

10) 검사수준

상대적인 검사량을 결정하는 것으로 보통검사 수준은 I, II, III이고 특별 검사수준은 S-1, S-2, S-3, S-4이다. 일반적으로 검사수준은 II로 하되 검출력을 좋게 하려면 III으로 한다.

특별 검사수준은 일반 검사수준에 비해 샘플수가 작아진다.

11) 검사의 중지

샘플을 검사하는 도중 남은 아이템의 결과에 상관없이 합부 판정을 확실하게 내릴 수 있는 경우 검사를 중지하고 판정을 내릴 수 있다.

12) 불합격 로트의 처리

불합격 로트는 전수검사에 의한 선별, 수정 또는 폐기할 수 있으며 수정된 로트를 다시 제출할 때에는 재제출 로트인 것을 명시해야 한다.

재제출 로트의 검사 결과는 전환 규칙을 적용하는 데 사용해서는 안되며, 재제출 로트에 대해서 모든 등급의 특성을 검사할 것인가 또는 최초 불합격이 된 특정 등급의 특성만을 검사할 것인가는 소관권한자가 정한다.

13) 연속로트의 검사

연속으로 제출되는 로트를 검사하는 것으로 장기간 동안의 평균품질을 보증하는 샘플링검사 방식이 적용된다.

구입자는 공급자의 품질수준에 따라 수월한 검사와 엄격한 검사를 번갈아 적용하여 품질 향상에 대한 자극을 줌으로써 일정 수준의 품질을 유지할 수 있다.

14) 고립 로트(isolated lot) 검사

단독으로 제출되는 특정 로트에 대한 품질을 보증하기 위한 방법으로 LQ 지표형 샘플링검사가 여기에 해당된다.

구입자는 단지 제출된 로트의 품질뿐 아니라 공급자가 과거 다른 구입자에게 제출한 실적, 공정이 안정된 상태에서 로트가 구성되었는가의 여부 등에 대한 정보도 필요하다.

15) 프로세스의 평균

공정이 안정된 상태에서 장기간에 걸쳐 연속적으로 제출된 일련의 로트의 평균 품질로, 평균 부적합률 또는 100단위당 평균 부적합수로 나타낸다. 이때 재제출된 로트는 계산에서 제외된다. 프로세스 평균은 실제로 생산되는 공정품질 수준과 관계가 있고, 검사

방법과는 무관하다고 할 수 있다.

다회 샘플링 방식일 경우 제 1샘플링 결과만을 사용하는 것이 바람직하다. 특성치가 2개 이상인 경우 또는 AQL 등급이 2개 이상인 경우에는 프로세스 평균을 개별적으로 추정한다.

16) AQL(Acceptable Quality Level : 합격 품질 수준)

연속 로트 검사에서 구매자가 가능한 합격시키고자 하는 불량률이 p_0인 만족스러운 품질수준을 AQL이라고 한다.

AQL 품질 수준의 로트는 높은 확률로 대부분이 합격되지만 일부가 불합격으로 판정되는 경우가 있는데 이를 제 1종의 오류라고 하며 생산자 위험(producer's risk)이라고 한다.

AQL은 부적합품률(불량률) 또는 100아이템당의 결점수로 표시하는데, 구조가 간단한 부분품 등에 대해서는 전 결점 항목에 대해 일괄해서 AQL을 정하는 경우가 있다. 그러나 보통의 제품에 대해서는 부적합 또는 부적합품의 각 계급별로 AQL을 설정한다. 이를테면 중불량에 대하여 AQL 1.5 %, 경불량에 대하여 AQL 4.0 % 라는 식이다. 이 경우 하나의 물품에 중결점 항목이 몇 개 있더라도 일괄해서 중불량품으로 취급한다.

AQL를 정할 경우 어떻게 해서라도 확보할 필요가 있는 품질수준이 명확할 때에는 이 요구품질을 AQL로 하면 된다. 단, 공급자의 품질이 AQL보다 상당히 나쁠 경우 공급자는 전수 선별을 해서 납품품질을 AQL에 맞추어야한다. 따라서 납기나 가격에 영향을 줄 수 밖에 없기 때문에 이에 대한 고려가 필요하다.

요구품질과 공급자의 공정능력 밸런스를 맞추기 위해서 공급자와 직접 협의하는 것도 한가지 방법이다. 서로가 합의하여 AQL을 정할수 있다면 공급자도 납득한 AQL이므로 트러블도 적어진다. 신제품의 경우에는 자료가 불충분한 경우가 많으므로 실적을 참조하여 이후 AQL을 재검토할 필요가 있다.

17) 한계품질(Limiting Quality)

단일 로트검사에서 구매자가 가능한 불합격시키고자 하는 불량률이 p_1인 품질이 낮은 수준을 한계품질(LQ)이라고 한다.

한계품질보다 품질수준이 낮은 로트를 전부 불합격시키려 해도 합격이 되는 경우가 있는데 이를 제 2종의 오류라고 하며 소비자 위험(consumer's risk)이라고 한다.

18) 소관권한자(responsible authority)

소관권한자는 샘플링검사에서 판단 · 판정 · 선택 등 여러 가지 기능을 가지고 있다. 소관권한자는 중립성을 유지하고, 샘플링검사 절차를 원활하게 운용할 수 있는 충분한 지식과 능력을 가지는 것이 바람직하다.

소관권한자는 다음 중 누가 될 수 있으며, 양 당사자 간(예를 들면, 공급자와 구입자 사이)의 합의에 의해 결정하고 이를 서면에 기술한다.

- 제1자(공급자의 품질 부문)
- 제2자(구입자의 검사 부문)
- 제3자(중립의 검사 기관)
- 제1자, 제2자 또는 제3자 중의 누구로 기능마다 다르다.

a) 구입자에게 배분되는 기능
- AQL값의 결정[계약서에 규정되어 있지 않은 경우]
- 불합격 로트의 처치
- '치명적' 불합격에 대한 특별 유보의 적용 결정
- 최초의 검사를 까다로운 검사 또는 수월한 검사로부터 시작한다는 결정
- 수월한 검사로 옮겨도 좋은가의 결정
- 보통 검사로 복귀해야 한다는 판단
- 로트별 검사 대신에 스킵로트 샘플링검사 절차를 적용해도 좋은가의 결정
- 적절한 검사 수준의 선정
- 한계 품질 보호와 같은 특별 절차를 사용하는가의 선정

b) 검사 기관에 배분되는 기능
- 로트의 구성 및 제출 방법의 지정 또는 승인
- 합격 로트 중 부적합품의 재제출 방법의 승인
- 재제출 로트의 검사 방법의 결정
- 생산 공정이 안정되어 있는가의 판단

- $A_c=0$의 샘플링 방식 대신에 $A_c=1$의 샘플링 방식을 사용하는 것의 선정 또는 승인
- 2회 또는 다회 샘플링 방식을 사용하는 것의 선정 또는 승인
- 분수합격 판정개수의 샘플링 방식을 사용하는 것의 선정 또는 승인

c) 공급자에게 배분되는 기능
- 로트가 2개 이상인 서브 로트로 구성될 수 있는가의 결정
- 다른 AQL의 등급에 대해서 공통의 샘플크기를 사용하는가의 선정

6.1.2 부적합

1) 부적합의 표현

샘플링검사에서는 부적합을 다음과 같이 2가지 형태로 표현한다.

- 부적합품률(퍼센트) : $p(\%) = 100\,p = 100\,\dfrac{D}{N}$

  여기서 D : 부적합품 수, N : 로트의 크기

- 100아이템당 부적합수 : $p(100\text{ 아이템 당}) = 100\,p = 100\,\dfrac{d}{N}$

  여기서 d : 부적합 수

부적합품률은 불량률 관리로 이항분포를 사용하고, 100아이템당 부적합수는 결점수 관리로 포아송 분포를 사용한다.

부적합품률과 100아이템당 부적합수 중 어느 것을 사용할 것인가는 각각의 경우를 개별적으로 고려하여 결정하며, 샘플을 검사하기 전에 반드시 협의해 두어야 한다.

이때 고려해야 할 점은 다음과 같다.

- 부적합품률 검사는 만일 어느 아이템에 하나 이상의 부적합이 발생되면 그 아이템은 부적합품이 된다.
- 100아이템당 부적합수 검사에서는 아이템 수와 상관없이 발생된 부적합수를 모두 센다. 예를 들어 하나의 아이템에서 부적합이 3개가 발견되면 3으로 센다.
- 한 개의 아이템에서 부적합이 여러 가지 형태로 발생할 수 있는 경우, 부적합

의 정보를 보다 체계적으로 관리하고 개선하기 위해서는, 부적합품률 검사보다 100아이템당 부적합수 검사를 하는 것이 바람직하다.

2) 부적합의 등급 구분

대부분의 경우 부적합품의 중요도에 따른 등급은 2개의 그룹으로 나누는 것만으로도 충분하다.

일반적으로 최대의 관심이 있는 중부적합인 등급 A와 경부적합의 등급 B로 나누는데, 경우에 따라서는 등급 C 또는 서브 등급으로의 구분이 가능하다. 등급은 쌍방의 합의하에 결정한다.

등급 A는 중요하며 최고의 관심을 가지는 부적합으로 AQL 값을 낮게 설정하여 보다 엄격하게 검사를 할 필요가 있다. 등급 B는 등급 A에 비해 정도가 낮은 부적합으로 등급 A보다 AQL 값을 높게 설정하여 등급 A에 비해 수월한 검사를 할 수 있게 한다.

지나치게 등급을 낮게 설정할 경우(예를 들면 등급 A로 하는 것이 타당한 부적합을 B등급으로 설정한다.) 실제 요구되는 것보다도 더 많은 허용치를 주는 것이 되기 때문에 바람직하지 않다. 물론 실제보다 지나치게 등급을 높게 설정하는 것도 마찬가지 이다.

만일 하나의 아이템에 2개 이상의 서로 다른 등급의 부적합이 있는 경우에는 보다 엄격한 등급의 부적합품 1개로 간주한다. 물론 부적합품률 퍼센트 검사가 아니라 100아이템당 부적합수 검사의 경우에는 각 부적합을 해당되는 등급으로 각각 센다.

3) 치명적 부적합

치명적 부적합이란 위험을 초래하거나 사용상 또는 안전상에 중대한 악영향을 주는 부적합이다. 따라서 최소한의 불량도 허용되서는 않된다.

비파괴 검사를 할 수 있는 경우에는 전수검사를 통하여 치명적인 부적합이 한 개라도 발견되면 불합격 처리를 한다.

이때 검사를 중지하고 부적합이 왜 일어났는지를 파악하여 근본적인 조치가 실행되어 재발방지가 보장되기 전에는 검사를 재개하지 말아야 한다. 이를 통해 공급자로 하여금 치명적인 부적합은 절대로 납품되어서는 않된다는 인식을 심어주는 것이 중요하다.

치명적 부적합에 대해 파괴검사를 해야만 하는 경우에는 로트 전체를 검사할 수 없으므로 샘플링 방법을 결정할 필요가 있다.

이 경우 샘플의 크기(n)를 다음과 같이 구한 후 끝 올림을 하여 가까운 정수로 한다. 이후 샘플을 조사하여 만일 치명적 부적합이 하나도 없으면 로트를 합격 처리한다.

$$n = \left(N - \frac{d}{2}\right)[1 - \beta^{1/(d+1)}]$$

여기서 N: 로트 크기

β: 최소 1개의 치명적인 부적합이 나와 피해를 입을 확률,

d: 로트 중에 허용되는 치명적 부적합품의 개수이다.

만일 p가 로트에 대해서 규정된 최대의 부적합품률이라고 한다면 d는 다음과 같이 계산된다.

$d = Np$(절사하여 가까운 정수로 한다.)

만일 계산을 통해 구한 샘플의 크기(n) 값이 받아들일 수 없는 정도로 클 경우 위험률(확률) 또는 로트의 부적합 또는 부적합품의 개수를 재검사하여 다시 계산을 한다.

6.2 계수 규준형 샘플링검사

6.2.1 계수 규준형 1회 샘플링검사(KS Q 0001)

1) 검사 개요

불량률이 p_0인 좋은 품질의 로트가 잘못 불합격될 확률이 α 정도가 되며, 불량률이 p_1인 나쁜 품질의 로트가 잘못 합격될 확률이 β 정도가 되게 함으로써 생산자와 소비자를 동시에 보호하는 샘플링 방식이다.

일반적으로 p_0은 합격품질수준(AQL : Acceptable Quality Level)과 일치하고, p_1 은 한계품질수준(LQL : Limiting Quality Level)과 일치하게 된다.

AQL은 생산자 및 소비자 모두 만족스런 좋은 품질수준이므로 로트가 합격될 확률이 높아야 하며, LQL은 소비자 입장에서 허용할 수 없는 나쁜 품질수준이므로 로트가

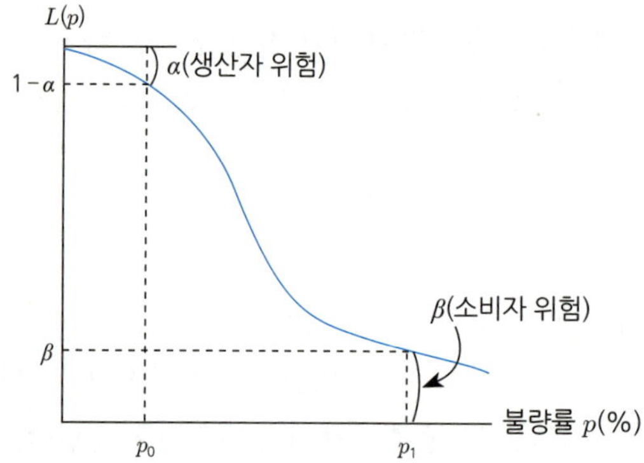

그림 6-1 $\alpha\beta$를 나타내는 OC 곡선

합격될 확률이 낮아야 한다.

2) 검사방법의 설계

규준형 샘플링검사의 OC 곡선은 생산자 위험점(p_0, $1-\alpha$)과 소비자 위험점(p_0, β)을 통과해야 한다.

따라서 이를 위해서는 p_0, α, p_1, β가 주어진 상태에서, 다음과 같은 이항분포에 의한 근사식을 만족시키는 (n, c)를 구해야 한다.

$$\sum_{x=0}^{c}\binom{n}{x}p_0^x(1-p_0)^{n-x}=1-\alpha$$
$$\sum_{x=0}^{c}\binom{n}{x}p_1^x(1-p_1)^{n-x}=\beta$$

n과 c는 정수임으로 상기의 두 방정식을 동시에 만족시키는 것은 불가능하고 또한 방정식을 푸는 것이 어려움으로 [표 6-1]을 이용하여 근사적으로 (n, c)를 구한다.

3) 검사방법 및 절차

① 품질기준을 정한다.

양품과 불량을 구분하기 위한 기준을 명확하게 정한다.

② p_0, p_1 값을 정한다.

생산자와 소비자가 합의하여 p_0, p_1 값을 정한다. 이때 일반적으로 $\alpha=0.05$, $\beta=0.1$로 한다.

③ [표 6-1]에서 α, β, p_0, p_1 일 때 샘플의 크기 및 합격판정개수인 (n, c)를 구한다.

④ 로트에서 n개의 샘플을 검사하여 발견된 부적합품의 수를 c와 비교하여 로트의 합부 판정을 내린다.

예제 6-1 불량률이 $p_0=1$ %인 품질이 좋은 로트가 불합격 될 확률을 $\alpha=0.05$ 정도로 하고, 불량률이 $p_1=8$ %인 품질이 나쁜 로트를 확률 $\beta=0.1$로 합격시키고자 하는 경우 계수 규준형 1회 샘플링검사를 설계하시오.

[표 6-1]에서 $p_0=1$ %, $p_1=8$ %가 교차하는 란에서 $n=60$, $c=2$를 구할 수 있다. (해당 란에 화살표가 있을 경우 화살표가 지시하는 값을 읽으면 된다.) 따라서 60개의 샘플을 검사하여 부적합품의 수가 2개 이하일 경우 로트를 합격 처리하면 된다.

예제 6-2 $p_0=0.4$ %, $p_1=1.2$ % 이고 $\alpha=0.05$, $\beta=0.1$ 일 경우 계수 규준형 1회 샘플링검사를 설계하시오.

[표 6-1]에 해당되는 샘플링검사 방법이 없다. 그러나 *표시가 있는 경우에는 [표 6-2]를 통해 샘플링검사를 설계할 수 있다.

이 경우 $\frac{p_1}{p_0}=\frac{1.2\%}{0.4\%}=3$이 되므로 표본의 크기 n은 $\frac{164}{p_0}+\frac{527}{p_1}=\frac{164}{0.4}+\frac{527}{1.2}=849.2$가 된다. 따라서 $n=850$, $c=6$이 된다.

표 6-1 계수 규준형 1회 샘플링검사표 (α=0.05, β=0.1)

p_0(%) \ p_1(%)	0.71~0.90	0.91~1.12	1.13~1.40	1.41~1.80	1.81~2.24	2.25~2.80	2.81~3.55	3.56~4.50	4.51~5.60	5.61~7.10	7.11~9.00	9.01~11.2	11.3~14.0	14.1~18.0	18.1~22.4	22.5~28.0	28.1~35.5	p_1(%) / p_0(%)
0.090~0.112	*	400 1	↓	←	↓	→	60 0	50 0	←	↓	↓	←	↓	↓	↓	↓	↓	0.090~0.112
1.113~0.140	*	↓	300 1	↓	←	↓	→	↓	40 0	←	↓	↓	←	↓	↓	↓	↓	1.113~0.140
0.141~0.180	*	500 2	↓	250 1	↓	←	↓	→	↓	30 0	←	↓	↓	←	↓	↓	↓	0.141~0.180
0.181~0.224	*	*	400 2	↓	200 1	↓	←	↓	→	↓	25 0	←	↓	↓	←	↓	↓	0.181~0.224
0.225~0.280	*	*	500 3	300 2	↓	150 1	↓	←	↓	→	↓	20 0	←	↓	↓	←	↓	0.225~0.280
0.281~0.355	*	*	*	400 3	250 2	↓	120 1	↓	←	↓	→	↓	15 0	←	↓	↓	←	0.281~0.355
0.356~0.450	*	*	*	500 4	300 3	200 2	↓	100 1	↓	←	↓	→	↓	15 0	←	↓	↓	0.356~0.450
0.451~0.560	*	*	*	*	400 4	250 3	150 2	↓	80 1	↓	←	↓	→	↓	10 0	←	↓	0.451~0.560
0.561~0.710	*	*	*	*	500 6	300 4	200 3	120 2	↓	60 1	↓	←	↓	→	↓	7 0	←	0.561~0.710
0.711~0.900	*	*	*	*	*	400 6	250 4	150 3	100 2	↓	50 1	↓	←	↓	→	↓	5 0	0.711~0.900
0.901~1.12		*	*	*	*	*	300 6	200 4	120 3	80 2	↓	40 1	↓	←	↓	↑	↑	0.901~1.12
1.13~1.40			*	*	*	*	500 10	250 6	150 4	100 3	60 2	↓	30 1	↓	←	↓	↑	1.13~1.40
1.41~1.80				*	*	*	*	400 10	200 6	120 4	80 3	50 2	↓	25 1	↓	←	↓	1.41~1.80
1.81~2.24					*	*	*	*	300 10	150 6	100 4	60 3	40 2	↓	20 1	↓	←	1.81~2.24
2.25~2.80						*	*	*	*	250 10	120 6	70 4	50 3	30 2	↓	15 1	↓	2.25~2.80
2.81~3.55							*	*	*	*	200 10	100 6	60 4	40 3	25 2	↓	10 1	2.81~3.55
3.56~4.50								*	*	*	*	150 10	80 6	50 4	30 3	20 2	↓	3.56~4.50
4.51~5.60									*	*	*	*	120 10	60 6	40 4	25 3	15 2	4.51~5.60
5.61~7.10										*	*	*	*	100 10	50 6	30 4	20 3	5.61~7.10
7.11~9.00											*	*	*	*	70 10	40 6	25 4	7.11~9.00
9.01~11.2												*	*	*	*	60 10	30 6	9.01~11.2
p_1(%) / p_0(%)	0.71~0.90	0.91~1.12	1.13~1.40	1.41~1.80	1.81~2.24	2.25~2.80	2.81~3.55	3.56~4.50	4.51~5.60	5.61~7.10	7.11~9.00	9.01~11.2	11.3~14.0	14.1~18.0	18.1~22.4	22.5~28.0	28.1~35.5	p_1(%) / p_0(%)

[비고] 화살표 : 화살표 방향의 (n, c)를 사용한다.

[비고] *표 : [표 6-2]의 보조표를 사용한다.

[비고] 빈칸 : 해당되는 샘플링 방법이 없다.

표 6-2 계수 규준형 1회 샘플링검사 보조표
: 계수 규준형 샘플링표에서 *에 해당되는 경우 사용하는 표

p_1 / p_0	c	n
17 이상	0	$2.56/p_0 + 115/p_1$
16 ~ 7.9	1	$17.8/p_0 + 194/p_1$
7.8 ~ 5.6	2	$40.9/p_0 + 266/p_1$
5.5 ~ 4.4	3	$68.3/p_0 + 344/p_1$
4.3 ~ 3.6	4	$98.5/p_0 + 400/p_1$
3.5 ~ 2.8	6	$164/p_0 + 527/p_1$
2.7 ~ 2.3	10	$308/p_0 + 770/p_1$
2.2 ~ 2.0	15	$502/p_0 + 1065/p_1$
1.99 ~ 1.86	20	$704/p_0 + 1350/p_1$

계수 규준형 2회 및 계수 규준형 다회 샘플링검사 방식은 KS에 소개되어 있지 않으므로 생략하기로 한다.

6.2.2 계수 규준형 축차 샘플링검사(KS Q ISO 8422)

1) 축차 샘플링검사의 필요성

품질수준이 높아짐에 따라 샘플링검사에 필요한 샘플의 크기는 매우 커지게 된다. 이에 축차 샘플링검사 방식을 사용할 경우 동일 한 OC 곡선을 가지면서도 로트 합부 판정에 필요한 평균 검사 개수를 최소화 할 수가 있다.

축차 샘플링검사의 경우 품질이 좋은 로트에 대해서는 평균 샘플크기의 절감이 50 % 이상이 되는 경우도 있는데 이는 2회 샘플링 방식의 최대 절감률인 37 % 보다 크다.

그러나 축차 샘플링검사는 검사 개수에 상한이 없는 상태에서 로트에 따라서는 1회 샘플링 방식보다 샘플의 크기가 커지는 경우도 있을 뿐 아니라 로트의 크기보다 클 경우도 있다(물론 축차 샘플링검사에서는 이 단점을 만회하기 위해 이후 설명되는 중도 중지률을 운영한다.).

또한 축차 샘플링 방식을 사용하는 경우 개개 로트에 대해 합부 판정에 필요한 샘플의 크기를 사전에 알지 못하므로 샘플링을 하는 데 곤란을 겪을 수도 있다. 더구나 단순한 1회 샘플링 방식에 비해 검사원이 오류를 범하기 쉬운 단점이 있다.

그러나 이러한 문제점들에도 불구하고 검사비용이 큰 경우에는 축차 샘플링 방식을 사용하는 것이 바람직하다.

2) 축차 샘플링검사의 원리

축차 샘플링은 [그림 6-3]과 같이 좌표 평면에 기울기(g)가 같은 합격 및 불합격 판정선을 그어 좌표 평면을 3개의 영역(합격, 불합격 및 검사 속행)으로 나눈다. 이후 임의로 샘플을 1개씩을 검사하여 누계 샘플크기(n_c)와 누계 부적합수(D)를 계산한 후 점(n_c, D)가 합격영역에 들어가면 로트를 합격, 불합격 영역에 들어가면 로트를 불합격 시킨다.

부적합품률 또는 100아이템당 부적합수가 합부 판정선의 기울기(g)와 같을 경우 점(n_c, D)가 합부 판정선 사이에 오래 머무르게 되어 합부 판정이 매우 늦어질 가능성이 있다.

따라서 이를 만회하기 위해서 검사 개시 이전에 중도 중지룰을 정하여, 로트의 합부 판정을 내리기 전에 누계 샘플크기가 누계 샘플크기의 최대값 n_t에 도달하면 검사를 중지한다.

이 경우 로트의 합부 판정은 n_t에 의해 결정되는 합격 및 불합격 판정개수 (A_{ct}, R_{et})를 근거로하여 결정된다.

이 중도 중지룰은 축차 샘플링검사의 통계적 이론에 기초가 되는 원리와는 거리가 있지만 생산자 및 소비자 위험 양쪽에 거의 영향을 주지 않도록 정해져 있다.

3) 계수 규준형 축차 샘플링검사의 원리

계수 규준형 2회 샘플링검사의 연장으로 품질이 좋은 로트가 $1-\alpha$정도의 높은 수준으로 합격되며, 품질이 나쁜 로트가 β정도의 낮은 수준으로 합격되게 하는 샘플링 방식이다.

이를 위해 매 단계마다 1개씩 샘플을 검사하여 부적합 누계개수를 계산한다.

그리고 어느 단계에서 충분히 작은 부적합 누계개수로, 불만족스러운 품질 수준의 로트를 합격으로 할 위험(소비자 위험 β)에 도달하면 ([그림 6-3]에서 합격 판정선 d_A에 근접하면) 그 로트를 합격으로 처리하고 샘플링을 종료한다.

한편 어느 단계에서 충분히 작은 부적합 누계 개수로, 만족스러운 품질 수준의 로트

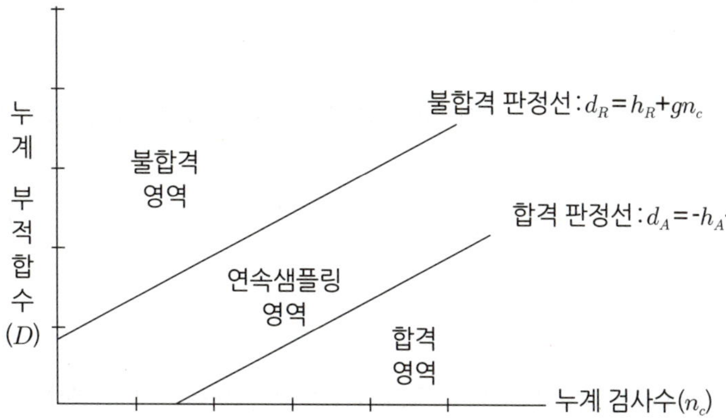

그림 6-3 축차 샘플링검사 도표

를 불합격으로 할 위험(생산자 위험 α)에 도달하면([그림 6-3]에서 불합격 판정선 d_R에 근접하면) 그 로트를 불합격으로 처리하고 샘플링을 종료한다.

[그림 6-3]에서의 합격 판정선(d_A)과 불합격 판정선(d_R)은 다음과 같이 구할 수 있다.

$$d_A = -h_A + gn_c$$
$$d_R = h_R + gn_c$$

여기서 n_c : 누적된 샘플의 크기

합격 판정선의 절편 : $h_A = \dfrac{\ln\left[\dfrac{1-\alpha}{\beta}\right]}{\ln\left[\dfrac{p_1(1-p_0)}{p_0(1-p_1)}\right]}$

불합격 판정선의 절편 : $h_R = \dfrac{\ln\left[\dfrac{1-\beta}{\alpha}\right]}{\ln\left[\dfrac{p_1(1-p_0)}{p_0(1-p_1)}\right]}$

판정선의 기울기 : $g = \dfrac{\ln\left[\dfrac{1-p_0}{1-p_1}\right]}{\ln\left[\dfrac{p_1(1-p_0)}{p_0(1-p_1)}\right]}$

누계 샘플크기의 중지값은 경우에 따라 다음과 같이 계산한 후 가장 가까운 정수로 끝올림하여 구한다.

① 축차 샘플링 방식과 등가의 1회 샘플링 방식의 샘플크기 n_0을 알고 있는 경우

$$n_t = 1.5n_0$$

② 등가의 1회 샘플링 방식의 샘플크기를 모르는 상태에서 부적합률 검사의 경우

$$n_t = \frac{2h_A h_R}{g(1-g)}$$

③ 등가의 1회 샘플링 방식의 샘플크기를 모르는 상태에서 100아이템당 부적합수 검사의 경우

$$n_t = \frac{2h_A h_R}{g}$$

누계 샘플크기의 중지값에 해당되는 합격 판정개수(A_{ct}), 불합격 판정개수(R_{et})는 다음식으로부터 구할 수 있다. 이때 A_{ct}는 끝을 버린 가장 가까운 정수이다.

$$A_{ct} = g \cdot n_t$$
$$R_{et} = A_{ct} + 1$$

예제 6-3 두 점 ($p_0 = 0.01$, $\alpha = 0.05$), ($p_1 = 0.08$, $\beta = 0.1$)를 만족시키는 계수 규준형 축차 샘플링검사를 설계하시오.

판정선 및 기울기의 분모값을 다음과 같이 구할 수 있다.

$$k = \ln\left[\frac{p_1(1-p_0)}{p_0(1-p_1)}\right] = \ln\left[\frac{0.08(1-0.01)}{0.01(1-0.08)}\right] = 2.1528$$

따라서 합격 판정선의 절편은

$$h_A = \frac{\ln\left[\frac{1-0.05}{0.1}\right]}{2.1528} = 1.0458$$

불합격 판정선의 절편은

$$h_R = \frac{\ln\left[\frac{1-0.1}{0.05}\right]}{2.1528} = 1.3426$$

그리고 기울기는

$$g = \frac{\ln\left[\frac{1-0.01}{1-0.08}\right]}{2.1528} = 0.0341$$

상기의 값을 통해 각각의 판정선을 다음과 같이 구할 수 있다.

합격 판정선 : $d_A = -1.0458 + 0.0341 n_c$

불합격 판정선 : $d_R = 1.3426 + 0.0341 n_c$

예제 6-4 **'예제 6-3'**에 대해 [표 6-4]를 사용하여 방정식을 구하시오.

[표 6-4]에서 $p_0 = 1$ %, $p_1 = 8$ %가 교차하는 란에서 $h_A = 1.046$, $h_R = 1.343$, $g = 0.0341$ 을 구한다.
따라서 합격 및 불합격 판정선은 다음과 같다.

합격 판정선 : $d_A = -1.046 + 0.0341 n_c$

불합격 판정선 : $d_R = 1.343 + 0.0341 n_c$

물론 이들의 값은 '예제 6-3'에서 계산한 값과 동일함을 알 수 있다.

여기서 누적 샘플수 $n_c = 1$에서 $n_t - 1$까지 합격 판정개수(A_c)는 합격 판정선 d_A 값에서 끝 수를 버린 정수 값이고, 불합격 판정개수(R_e)는 불합격 판정선 d_R 값에서 끝 수를 올린 정수 값이다. [표 6-3]에 합격 및 불합격 판정개수 (A_c, R_e)가 구해져 있다.

합격 판정선 d_A가 음의 값을 가지는 것은 의미가 없다. 따라서 [표 6-3]에서 31회가 되어야 비로서 양수 값을 가지므로 최소한 30회까지는 합격판정을 내릴 수 없다.

합격 판정개수 A_c는 31회부터 0개가 되어 지속되다가 60회부터 1개가 되어 85회까지 지속된다. 따라서 누적 샘플수 $n_c = 60$개 부터 85개까지는 누계 부적합수 D가 1개 이하일 경우 합격 판정을 할 수 있다.

불합격 판정개수 R_e는 처음부터 2가 되는데 이는 2단위를 검사하여 모두 부적합일 경우 로트를 불합격 처리한다는 것을 의미한다. 따라서 누계 샘플수 $n_c=1$에서는 불합격 판정을 할 수 없고, 최소한 누계 샘플수 $n_c=2$ 이상이 되어야 불합격 판정을 할 수 있다.

불합격 판정개수는 19회까지 2개가 계속되다가 20회부터는 3이 됨을 알 수 있다. 따라서 19회까지는 검사를 하여 누계 부적합수 D가 2개일 경우 로트를 불합격 처리할 수 있다.

누계 샘플크기의 중지값은 다음의 계산결과에서 끝 올림을 한 86개가 된다.

$$n_t = \frac{2h_A h_R}{g(1-g)} = \frac{2\times 1.046\times 1.343}{0.0341(1-0.0341)} = 85.300$$

$A_{ct}=g\times n_t=0.0341\times 86=2.9326$이므로 합격 판정개수 $A_{ct}=2$가 되고, 불합격 판정개수 $R_{et}=A_{ct}+1=3$이 된다. 따라서 만일 누계 샘플수 $n_c=86$개가 되도록 합부 판정이 나지 않을 경우 누계 부적합수 D가 2이하 일 경우 로트를 합격, 3이상 일 경우 로트를 불합격 처리한다.

누계 부적합수 D가 중지값 R_{et} 를 초과할 경우 로트가 합격할 가능성이 없으므로, 불합격 판정개수 R_e가 중지값 R_{et} 값보다 클 때에는 불합격 판정개수 R_e 대신에 중지값 R_{et} 로 대치된다.

[표 6-3]에서 49회에 $d_R=3.019$이므로 불합격 판정개수 $R_e=4$가 되나 $R_{et}=3$ 이므로 49회 샘플부터 $R_e=3$으로 대치된다.

이 경우 축차 샘플링과 등가의 1회 샘플링 방식의 샘플크기 n_0은 [표 6-1]에서 $p_0=1$ %, $p_1=8$ %일 경우 60이 됨을 알 수 있다. 따라서 누계 샘플 사이즈의 중지값은 다음과 같이 계산된다.

$$n_t=1.5n_0=90$$

이 값은 앞에서 구한 $n_t=86$과 크게 차이가 없음을 알 수 있다.

표 6-3 '예제 6-4'의 계수 규준형 축차 샘플링검사 합부표

누적 샘플수 (n_c)	합격 판정선 (d_A)	합격 판정개수 (A_c)	불합격 판정선 (d_R)	불합격 판정개수 (R_e)	누적 샘플수 (n_c)	합격 판정선 (d_A)	합격 판정개수 (A_c)	불합격 판정선 (d_R)	불합격 판정개수 (R_e)
1	-1.0119	*	1.3771	*	21	-0.3299	*	2.0591	3
2	-0.9778	*	1.4112	2	22	-0.2958	*	2.0932	3
3	-0.9437	*	1.4453	2	23	-0.2617	*	2.1273	3
4	-0.9096	*	1.4794	2	24	-0.2276	*	2.1614	3
5	-0.8755	*	1.5135	2	25	-0.1935	*	2.1955	3
6	-0.8414	*	1.5476	2	26	-0.1594	*	2.2296	3
7	-0.8073	*	1.5817	2	27	-0.1253	*	2.2637	3
8	-0.7732	*	1.6158	2	28	-0.0912	*	2.2978	3
9	-0.7391	*	1.6499	2	29	-0.0571	*	2.3319	3
10	-0.705	*	1.684	2	30	-0.023	*	2.366	3
11	-0.6709	*	1.7181	2	31	0.0111	0	2.4001	3
12	-0.6368	*	1.7522	2	·	·	·	·	·
13	-0.6027	*	1.7863	2	48	·	·	·	·
14	-0.5686	*	1.8204	2	49	0.6249	0	3.0139	3
15	-0.5345	*	1.8545	2	·	·	·	·	·
16	-0.5004	*	1.8886	2	·	·	·	·	·
17	-0.4663	*	1.9227	2	60	1	1	3.389	3
18	-0.4322	*	1.9568	2	·	·	·	·	·
19	-0.3981	*	1.9909	2	85	1.8525	1	4.2415	3
20	-0.364	*	2.025	3	86		2	4.2756	3

표 6-4 계수 규준형 축차 샘플링검사에서 h_A, h_R, g를 구하는 표(α=0.05, β=0.1)

p_1(%) / p_0(%)	0.80	1.00	1.25	1.60	2.00	2.50	3.15	4.00	5.00	6.30	8.00	10.00	12.50	16.00	20.00	25.00	31.50	p_1(%) / p_0(%)
0.100	1.079 1.385 0.003 37	0.974 1.250 0.003 91	0.887 1.139 0.004 56	0.808 1.037 0.005 43	0.747 0.959 0.006 37	0.694 0.891 0.007 50	0.647 0.830 0.008 91	0.604 0.775 0.010 7	0.568 0.729 0.013	0.535 0.687 0.015 2	0.504 0.647 0.018 5	0.478 0.614 0.022 2	0.454 0.583 0.026 7	0.429 0.551 0.033 0	0.408 0.524 0.040 2	0.388 0.498 0.049 4	0.367 0.471 0.061 6	0.100
0.125	1.208 1.551 0.003 64	1.078 1.384 0.004 21	0.973 1.249 0.004 90	0.878 1.127 0.005 80	0.806 1.035 0.006 79	0.746 0.957 0.007 97	0.691 0.887 0.009 44	0.642 0.825 0.011 3	0.602 0.773 0.013 4	0.565 0.726 0.016 0	0.531 0.682 0.019 4	0.502 0.644 0.023 2	0.475 0.610 0.027 9	0.448 0.575 0.034 4	0.425 0.546 0.041 9	0.403 0.518 0.051 3	0.381 0.489 0.063 8	0.125
0.160	1.393 1.789 0.003 64	1.223 1.570 0.004 59	1.089 1.399 0.005 31	0.972 1.247 0.006 27	0.885 1.136 0.007 31	0.812 1.042 0.008 55	0.748 0.960 0.010 1	0.691 0.887 0.012 0	0.645 0.828 0.014 2	0.602 0.774 0.017 0	0.564 0.724 0.020 5	0.531 0.682 0.024 5	0.501 0.644 0.029 4	0.471 0.605 0.036 2	0.446 0.572 0.043 9	0.422 0.542 0.053 6	0.398 0.511 0.066 6	0.160
0.200	1.617 2.076 0.003 98	1.392 1.787 0.004 98	1.221 1.568 0.005 74	1.075 1.381 0.006 27	0.970 1.245 0.007 84	0.883 1.134 0.009 15	0.808 1.037 0.010 8	0.742 0.952 0.012 8	0.689 0.884 0.015 1	0.641 0.823 0.018 0	0.597 0.767 0.021 6	0.561 0.720 0.025 7	0.528 0.677 0.030 8	0.494 0.635 0.037 8	0.466 0.599 0.045 8	0.440 0.565 0.055 9	0.414 0.532 0.069 2	0.200
0.250	1.926 2.473 0.004 73	1.615 2.074 0.005 41	1.390 1.785 0.006 22	1.204 1.546 0.007 29	1.047 1.378 0.008 44	0.968 1.243 0.009 81	0.878 1.128 0.011 5	0.801 1.028 0.013 6	0.739 0.949 0.016 0	0.684 0.879 0.019 0	0.635 0.815 0.022 8	0.594 0.762 0.027 1	0.557 0.715 0.032 4	0.520 0.667 0.039 7	0.489 0.628 0.047 9	0.460 0.591 0.058 3	0.432 0.555 0.069 2	0.250
0.315	2.403 3.085 0.005 21	1.937 2.487 0.005 93	1.622 2.082 0.006 79	1.374 1.764 0.007 92	1.207 1.549 0.009 14	1.075 1.381 0.110 6	0.966 1.240 0.012 4	0.873 1.121 0.014 6	0.800 1.028 0.017 1	0.736 0.945 0.020 2	0.679 0.872 0.024 2	0.632 0.812 0.028 7	0.591 0.758 0.034 2	0.549 0.705 0.041 8	0.515 0.661 5.050 3	0.483 0.620 0.061 1	0.452 0.580 0.075 3	0.315
0.40	3.229 4.146 0.005 77	2.441 3.134 0.006 55	1.961 2.518 0.007 47	1.610 2.067 0.008 67	1.385 1.778 0.009 96	1.214 1.559 0.011 5	1.076 1.382 0.013 4	0.962 1.236 0.015 7	0.875 1.123 0.018 4	0.799 1.026 0.021 7	0.732 0.940 0.025 8	0.678 0.871 0.030 5	0.630 0.809 0.036 3	0.583 0.749 0.044 1	0.545 0.700 0.053 0	0.509 0.654 0.064 2	0.475 0.610 0.079 0	0.40
0.50	4.759 6.110 0.006 38	3.224 4.140 0.007 22	2.437 3.129 0.008 19	1.917 2.456 0.009 47	1.606 2.062 0.010 8	1.381 1.774 0.012 5	1.205 1.548 0.014 5	1.064 1.366 0.016 9	0.958 1.231 0.019 7	0.868 1.114 0.023 2	0.790 1.014 0.027 5	0.727 0.934 0.032 4	0.673 0.863 0.038 4	0.619 0.795 0.046 6	0.576 0.740 0.055 8	0.537 0.689 0.067 4	0.498 0.640 0.082 7	0.50
0.63	9.357 12.013 0.007 12	4.834 6.206 0.008 01	3.256 4.180 0.009 05	2.390 3.069 0.010 4	1.926 2.472 0.011 9	1.611 2.069 0.013 6	1.377 1.768 0.015 7	1.196 1.535 0.018 3	1.064 1.366 0.021 2	0.953 1.224 0.024 9	0.860 1.104 0.029 4	0.786 1.009 0.034 6	0.723 0.928 0.040 8	0.662 0.849 0.049 4	0.613 0.787 0.059 0	0.568 0.729 0.071 0	0.527 0.675 0.086 8	0.63
0.80		9.999 12.837 0.008 96	4.994 6.411 0.010 1	3.210 4.122 0.011 5	2.425 3.113 0.013 1	1.946 2.499 0.014 9	1.614 2.073 0.017 2	1.371 1.760 0.020 0	1.200 1.541 0.023 1	1.062 1.363 0.026 9	0.947 1.215 0.031 7	0.858 1.102 0.037 1	0.783 1.006 0.043 7	0.712 0.914 0.052 6	0.656 0.842 0.062 6	0.605 0.777 0.075 1	0.554 0.715 0.091 6	0.80
1.00			9.976 12.808 0.011 2	4.729 6.071 0.012 8	3.201 4.110 0.014 4	2.417 3.103 0.016 4	1.925 2.472 0.018 8	1.589 2.040 0.021 7	1.364 1.751 0.025 0	1.188 1.525 0.029 0	1.046 1.343 0.034 1	0.939 1.205 0.039 7	0.850 1.091 0.046 6	0.767 0.984 0.055 9	0.702 0.901 0.066 4	0.644 0.827 0.079 4	0.590 0.757 0.096 5	1.00
1.25				8.990 11.543 0.014 2	4.713 6.052 0.016 0	3.189 4.095 0.018 0	2.386 3.063 0.020 6	1.890 2.426 0.023 7	1.580 2.028 0.027 2	1.348 1.731 0.031 4	1.168 1.500 0.036 7	1.036 1.331 0.042 7	0.929 1.193 0.049 9	0.830 1.066 0.059 7	0.755 0.969 0.070 6	0.688 0.884 0.084 1	0.627 0.805 0.101 8	1.25
1.60					9.980 12.721 0.017 9	4.943 6.346 0.020 2	3.247 4.169 0.022 9	2.392 3.072 0.026 2	1.917 2.461 0.029 9	1.586 2.036 0.034 5	1.343 1.724 0.040 1	1.171 1.504 0.046 4	1.036 1.330 0.054 0	0.915 1.175 0.064 3	0.824 1.058 0.075 8	0.745 0.957 0.089 8	0.674 0.865 0.108 4	1.60
2.00						9.863 12.663 0.022 4	4.830 6.202 0.025 3	3.154 4.049 0.028 9	2.376 3.051 0.032 8	1.888 2.424 0.037 6	1.553 1.994 0.043 6	1.329 1.706 0.050 3	1.157 1.485 0.058 2	1.008 1.294 0.069 0	0.899 1.154 0.081 0	0.806 1.035 0.095 8	0.723 0.928 0.115 0	2.00
2.50							9.467 12.155 0.028 1	4.637 5.953 0.031 9	3.131 4.019 0.036 1	2.335 2.998 0.041 2	1.843 2.367 0.047 5	1.535 1.971 0.054 6	1.311 1.683 0.063 0	1.123 1.441 0.074 3	0.989 1.269 0.086 9	0.878 1.127 0.102 3	0.780 1.001 0.122 3	2.50
3.15								9.089 11.669 0.035 6	4.677 6.005 0.040 1	3.100 3.980 0.045 5	2.289 2.939 0.052 2	1.832 2.353 0.059 7	1.521 1.953 0.068 6	1.274 1.635 0.080 5	1.104 1.417 0.093 7	0.967 1.242 0.109 9	0.850 1.091 0.130 7	3.15
4.00									9.637 12.372 0.044 8	4.705 6.040 0.050 7	3.060 3.929 0.057 8	2.295 2.947 0.065 7	1.827 2.346 0.075 2	1.481 1.902 0.087 9	1.256 1.613 0.101 8	1.083 1.390 1.118 7	0.938 1.204 0.140 6	4.00
5.00										9.193 11.803 0.056 3	4.484 5.757 0.063 9	3.013 3.868 0.072 4	2.255 2.895 0.082 4	1.750 2.247 0.095 7	1.445 1.855 0.110 3	1.220 1.566 0.128 1	1.039 1.333 0.150 9	5.00
6.30											8.753 11.238 0.071 2	4.482 5.754 0.080 2	2.987 3.835 0.090 8	2.162 2.776 0.104 9	1.714 2.201 0.120 4	1.406 1.805 0.139 0	1.171 1.503 0.162 9	6.30
8.0												9.184 11.792 0.089 7	4.535 5.822 0.101 0	2.871 3.686 0.116 0	2.132 2.737 0.132 3	1.675 2.151 0.152 0	1.352 1.735 0.177 1	8.0
10.0													8.958 11.501 0.112 1	4.177 5.363 0.112 1	2.776 3.564 0.145 2	2.049 2.631 0.166 0	1.585 2.035 0.192 2	10.0
p_1(%) / p_0(%)	0.80	1.00	1.25	1.60	2.00	2.50	3.15	4.00	5.00	6.30	8.00	10.00	12.50	16.00	20.00	25.00	31.50	p_1(%) / p_0(%)

6.3 AQL 지표형 샘플링검사(KS Q ISO 2859-1)

6.3.1 개요

미국에서 군수품의 수입검사를 위해 개발한 것으로 군용규격인 MIL-STD-105D이 있다. 이 규격은 ABC-STD-105라고도 하는데 이는 1963년에 미국, 영국, 캐나다 3국의 군사기관이 공동으로 종합 정리한 샘플링검사 방법이기 때문이다.

이 규격은 한국공업규격에서 KS Q ISO 2859-1(구 KS A 3109)로 규정하여 운영하고 있다.

AQL 지표형 샘플링검사는 구입자가 요구품질(AQL: Acceptable Quality Level)을 정해놓고 최초에는 보통검사를 적용한다. 이후 로트의 검사성적이 AQL보다 나쁠 경우 까다로운 검사를 적용하여 품질이 나쁜 로트의 합격을 막고, 반면에 로트의 검사성적이 AQL보다 좋을 경우 수월한 검사를 함으로써 검사량의 수를 줄인다.

이와 같이 공급자의 품질수준에 따라 엄격도 조정을 함으로써 공급자가 품질향상을 하도록 자극을 줄 수 있으며, 장기적으로 검사를 받고 나가는 로트의 평균품질이 AQL보다 나쁘지 않음을 보장할 수 있다.

[그림 6-4]에 검사방식을 적용하는 규칙이 설명되어 있다.

샘플링검사에서 불합격된 로트는 원칙적으로 그대로 공급자에게 반납하고, 구입자는 일체 선별을 하지 않는 것을 원칙으로 한다.

[표 6-5]에는 AQL 지표형 샘플링검사를 사용하는 경우가 예시되어 있다.

표 6-5 AQL 지표형 샘플링검사를 사용하는 경우

AQL 지표형 샘플링검사가 유리한 경우	AQL 지표형 샘플링검사가 불리한 경우
• 다수의 공급자에게서 연속적으로 제품을 대량 구입할 때 • 공급자에게 품질향상에 대한 자극을 주고 싶을 때 • 비파괴검사일 때	• 특정 공급자만을 대상으로 할 때 • 연속성이 없는 제품일 때 • 공급자의 공정평균 품질과 관계가 없는 제품일 때

6.3.2 AQL 지표형 샘플링검사의 특징

- 검사의 엄격도 조정에 의하여 품질향상의 자극을 준다.
  - 엄격도 조정 (수월한 검사, 보통 검사, 까다로운 검사)
- 구입자가 공급자를 선택할 수 있다.
- 장기적으로 품질을 보증한다.
- 불합격로트의 처리 방법이 정해져 있다.
- 로트의 크기와 샘플의 크기와의 관계가 분명하게 정해져 있다.
- 로트의 크기에 따라 생산자 위험 α가 일정하게 되어 있지 않다.
  - 로트의 크기가 증가할 경우 샘플의 크기도 증가하여 생산자 위험 α가 작아지게 된다.

  (로트의 크기가 작은 경우 0.12부터 로트의 크기가 큰 경우 0.01까지 사용할 수 있다.)
- 3 종류의 샘플링 형식이 정해져 있다.
  - 1회 샘플링, 2회 샘플링, 다회 샘플링
- 검사 수준이 여러 가지 이다.
  - 일반검사 3종류, 특별검사 4종류
- AQL과 샘플의 크기에는 등비수열이 채택되어 있다.

6.3.3 AQL 지표형 샘플링검사의 절차

AQL 지표형 샘플링검사를 하기 위해서는 다음의 절차를 따른다.

① 검사 로트의 크기 결정

같은 조건하에서 제조된 제품으로 로트를 구성하고 크기를 정한다.

② AQL의 설정

만족스럽다고 생각하는 품질수준 즉 부적합률의 상한(또는 100아이템당 부적합수의 상한)을 정한다. 이는 검사에서 가능하면 합격시키고자 하는 품질수준을 의미한다.

③ 검사수준의 결정

일반검사 수준(I, II, III), 특별검사 수준(S-1, S-2, S-3, S-4)이 있는데 특별한 지정이 없는 한 보통 일반검사 II수준이 사용된다. 특별검사 수준은 비교적 작은 샘플의 크기를 필요로 하는 경우 사용 된다.

④ 검사의 엄격도 지정

보통, 까다로운, 수월한 검사 중 어느 것을 적용할 것인가를 선택한다.

⑤ 샘플링 형식 결정

1회, 2회, 다회 샘플링 중에서 선택을 한다. 통상 관리상의 용이성과 평균 검사개수를 고려하여 결정한다.

상기의 요소들이 결정되면 다음의 절차를 통해 검사방식을 찾아낸다.

⑥ 로트의 크기와 검사수준으로부터 [표 6-6]에서 샘플문자를 결정한다.

⑦ 샘플링 형식, 검사의 엄격도에 따라 [표 6-7] ~ [표 6-12]에서 해당 샘플링검사표를 선정한다.

⑧ 선정된 샘플링검사표에서 ⑥에서 구한 샘플문자와 AQL에 해당되는 샘플의 크기 n, 합격 및 불합격 판정개수(A_c, R_e)를 구한다.

본서에서는 편의상 다회 샘플링검사를 생략하였다. 다회 샘플링검사의 경우에도 1회 및 2회 샘플링검사와 동일한 방법으로 설계할 수 있다.

표 6-6 AQL 지표형 샘플링검사에서 샘플문자를 구하는 표

로트의 크기	특별 검사수준				일반 검사수준		
	S-1	S-2	S-3	S-4	I	II	III
2 ~ 8	A	A	A	A	A	A	B
9 ~ 15	A	A	A	A	A	B	C
16 ~ 25	A	A	B	B	B	C	D
26 ~ 50	A	B	B	C	C	D	E
51 ~ 90	B	B	C	C	C	E	F
91 ~ 150	B	B	C	D	D	F	G
151 ~ 280	B	C	D	E	E	G	H
281 ~ 500	B	C	D	E	F	H	J
501 ~ 1,200	C	C	E	F	G	J	K
1,201 ~ 3,200	C	D	E	G	H	K	L
3,201 ~ 10,000	C	D	F	G	J	L	M
10,001 ~ 35,000	C	D	F	H	K	M	N
35,001 ~ 150,000	D	E	G	J	L	N	P
150,001 ~ 500,000	D	E	G	J	M	P	Q
500,001 이상	D	E	H	K	N	Q	R

표 6-7 AQL 지표형 샘플링검사 (보통검사의 1회)

샘플 문자	샘플 크기	합격 품질 수준(AQL) (보통 검사)																									
		0.010	0.015	0.025	0.040	0.065	0.10	0.15	0.25	0.40	0.65	1.0	1.5	2.5	4.0	6.5	10	15	25	40	65	100	150	250	400	650	1000
		Ac Re	Ac Re	Ac Re	Ac Re	Ac Re	Ac Re	Ac Re	Ac Re	Ac Re	Ac Re	Ac Re	Ac Re	Ac Re	Ac Re	Ac Re	Ac Re	Ac Re	Ac Re	Ac Re	Ac Re	Ac Re	Ac Re	Ac Re	Ac Re	Ac Re	Ac Re
A	2	↓	↓	↓	↓	↓	↓	↓	↓	↓	↓	↓	↓	↓	↓	0 1	↑	↓	1 2	2 3	3 4	5 6	7 8	10 11	14 15	21 22	30 31
B	3	↓	↓	↓	↓	↓	↓	↓	↓	↓	↓	↓	↓	↓	0 1	↑	↓	1 2	2 3	3 4	5 6	7 8	10 11	14 15	21 22	30 31	44 45
C	5	↓	↓	↓	↓	↓	↓	↓	↓	↓	↓	↓	↓	0 1	↑	↓	1 2	2 3	3 4	5 6	7 8	10 11	14 15	21 22	30 31	44 45	↑
D	8	↓	↓	↓	↓	↓	↓	↓	↓	↓	↓	↓	0 1	↑	↓	1 2	2 3	3 4	5 6	7 8	10 11	14 15	21 22	30 31	44 45	↑	↑
E	13	↓	↓	↓	↓	↓	↓	↓	↓	↓	↓	0 1	↑	↓	1 2	2 3	3 4	5 6	7 8	10 11	14 15	21 22	30 31	44 45	↑	↑	↑
F	20	↓	↓	↓	↓	↓	↓	↓	↓	↓	0 1	↑	↓	1 2	2 3	3 4	5 6	7 8	10 11	14 15	21 22	↑	↑	↑	↑	↑	↑
G	32	↓	↓	↓	↓	↓	↓	↓	↓	0 1	↑	↓	1 2	2 3	3 4	5 6	7 8	10 11	14 15	21 22	↑	↑	↑	↑	↑	↑	↑
H	50	↓	↓	↓	↓	↓	↓	↓	0 1	↑	↓	1 2	2 3	3 4	5 6	7 8	10 11	14 15	21 22	↑	↑	↑	↑	↑	↑	↑	↑
J	80	↓	↓	↓	↓	↓	↓	0 1	↑	↓	1 2	2 3	3 4	5 6	7 8	10 11	14 15	21 22	↑	↑	↑	↑	↑	↑	↑	↑	↑
K	125	↓	↓	↓	↓	↓	0 1	↑	↓	1 2	2 3	3 4	5 6	7 8	10 11	14 15	21 22	↑	↑	↑	↑	↑	↑	↑	↑	↑	↑
L	200	↓	↓	↓	↓	0 1	↑	↓	1 2	2 3	3 4	5 6	7 8	10 11	14 15	21 22	↑	↑	↑	↑	↑	↑	↑	↑	↑	↑	↑
M	315	↓	↓	↓	0 1	↑	↓	1 2	2 3	3 4	5 6	7 8	10 11	14 15	21 22	↑	↑	↑	↑	↑	↑	↑	↑	↑	↑	↑	↑
N	500	↓	↓	0 1	↑	↓	1 2	2 3	3 4	5 6	7 8	10 11	14 15	21 22	↑	↑	↑	↑	↑	↑	↑	↑	↑	↑	↑	↑	↑
P	800	↓	0 1	↑	↓	1 2	2 3	3 4	5 6	7 8	10 11	14 15	21 22	↑	↑	↑	↑	↑	↑	↑	↑	↑	↑	↑	↑	↑	↑
Q	1,250	0 1	↑	↓	1 2	2 3	3 4	5 6	7 8	10 11	14 15	21 22	↑	↑	↑	↑	↑	↑	↑	↑	↑	↑	↑	↑	↑	↑	↑
R	2,000	↑	↑	1 2	2 3	3 4	5 6	7 8	10 11	14 15	21 22	↑	↑	↑	↑	↑	↑	↑	↑	↑	↑	↑	↑	↑	↑	↑	↑

비고
1. ↓: 화살표 아래의 최초의 샘플링 방식을 사용한다. 만약, 샘플의 크기가 로트 크기 이상이면 전수 검사한다
2. ↑: 화살표 위의 최초의 샘플링 방식을 사용한다.
3. Ac: 합격 판정 개수
4. Re: 불합격 판정 개수

표 6-8 AQL 지표형 샘플링검사 (까다로운 검사의 1회)

샘플 문자	샘플 크기	합격 품질 수준(AQL) (보통 검사)																									
		0.010	0.015	0.025	0.040	0.065	0.10	0.15	0.25	0.40	0.65	1.0	1.5	2.5	4.0	6.5	10	15	25	40	65	100	150	250	400	650	1000
		Ac Re	Ac Re	Ac Re	Ac Re	Ac Re	Ac Re	Ac Re	Ac Re	Ac Re	Ac Re	Ac Re	Ac Re	Ac Re	Ac Re	Ac Re	Ac Re	Ac Re	Ac Re	Ac Re	Ac Re	Ac Re	Ac Re	Ac Re	Ac Re	Ac Re	Ac Re
A	2	↓	↓	↓	↓	↓	↓	↓	↓	↓	↓	↓	↓	↓	↓	↓	0 1	↓	↓	1 2	2 3	3 4	5 6	8 9	12 13	18 19	27 28
B	3	↓	↓	↓	↓	↓	↓	↓	↓	↓	↓	↓	↓	↓	↓	0 1	↓	↓	1 2	2 3	3 4	5 6	8 9	12 13	18 19	27 28	41 42
C	5	↓	↓	↓	↓	↓	↓	↓	↓	↓	↓	↓	↓	↓	0 1	↓	↓	1 2	2 3	3 4	5 6	8 9	12 13	18 19	27 28	41 42	↑
D	8	↓	↓	↓	↓	↓	↓	↓	↓	↓	↓	↓	↓	0 1	↓	↓	1 2	2 3	3 4	5 6	8 9	12 13	18 19	27 28	41 42	↑	↑
E	13	↓	↓	↓	↓	↓	↓	↓	↓	↓	↓	↓	0 1	↓	↓	1 2	2 3	3 4	5 6	8 9	12 13	18 19	27 28	41 42	↑	↑	↑
F	20	↓	↓	↓	↓	↓	↓	↓	↓	↓	↓	0 1	↓	↓	1 2	2 3	3 4	5 6	8 9	12 13	18 19	↑	↑	↑	↑	↑	↑
G	32	↓	↓	↓	↓	↓	↓	↓	↓	↓	0 1	↓	↓	1 2	2 3	3 4	5 6	8 9	12 13	18 19	↑	↑	↑	↑	↑	↑	↑
H	50	↓	↓	↓	↓	↓	↓	↓	↓	0 1	↓	↓	1 2	2 3	3 4	5 6	8 9	12 13	18 19	↑	↑	↑	↑	↑	↑	↑	↑
J	80	↓	↓	↓	↓	↓	↓	↓	0 1	↓	↓	1 2	2 3	3 4	5 6	8 9	12 13	18 19	↑	↑	↑	↑	↑	↑	↑	↑	↑
K	125	↓	↓	↓	↓	↓	↓	0 1	↓	↓	1 2	2 3	3 4	5 6	8 9	12 13	18 19	↑	↑	↑	↑	↑	↑	↑	↑	↑	↑
L	200	↓	↓	↓	↓	↓	0 1	↓v	↓	1 2	2 3	3 4	5 6	8 9	12 13	18 19	↑	↑	↑	↑	↑	↑	↑	↑	↑	↑	↑
M	315	↓	↓	↓	↓	0 1	↓	↓	1 2	2 3	3 4	5 6	8 9	12 13	18 19	↑	↑	↑	↑	↑	↑	↑	↑	↑	↑	↑	↑
N	500	↓	↓	↓	0 1	↓	↓	1 2	2 3	3 4	5 6	8 9	12 13	18 19	↑	↑	↑	↑	↑	↑	↑	↑	↑	↑	↑	↑	↑
P	800	↓	↓	0 1	↓	↓	1 2	2 3	3 4	5 6	8 9	12 13	18 19	↑	↑	↑	↑	↑	↑	↑	↑	↑	↑	↑	↑	↑	↑
Q	1,250	↓	0 1	↓	↓	1 2	2 3	3 4	5 6	8 9	12 13	18 19	↑	↑	↑	↑	↑	↑	↑	↑	↑	↑	↑	↑	↑	↑	↑
R	2,000	0 1	↑	↓	1 2	2 3	3 4	5 6	8 9	12 13	18 19	↑	↑	↑	↑	↑	↑	↑	↑	↑	↑	↑	↑	↑	↑	↑	↑
S	3,150	↑	↑	1 2	↑	↑	↑	↑	↑	↑	↑	↑	↑	↑	↑	↑	↑	↑	↑	↑	↑	↑	↑	↑	↑	↑	↑

비고
1. ↓: 화살표 아래의 최초의 샘플링 방식을 사용한다. 만약, 샘플의 크기가 로트 크기 이상이면 전수 검사한다
2. ↑: 화살표 위의 최초의 샘플링 방식을 사용한다.
3. Ac: 합격 판정 개수
4. Re: 불합격 판정 개수

표 6-9 AQL 지표형 샘플링검사 (수월한 검사의 1회)

샘플 문자	샘플 크기	합격 품질 수준(AQL) (보통 검사)																									
		0.010	0.015	0.025	0.040	0.065	0.10	0.15	0.25	0.40	0.65	1.0	1.5	2.5	4.0	6.5	10	15	25	40	65	100	150	250	400	650	1000
		Ac Re	Ac Re	Ac Re	Ac Re	Ac Re	Ac Re	Ac Re	Ac Re	Ac Re	Ac Re	Ac Re	Ac Re	Ac Re	Ac Re	Ac Re	Ac Re	Ac Re	Ac Re	Ac Re	Ac Re	Ac Re	Ac Re	Ac Re	Ac Re	Ac Re	Ac Re
A	2	↓	↓	↓	↓	↓	↓	↓	↓	↓	↓	↓	↓	↓	↓	1 1	↑	↓	1 2	2 3	3 4	5 6	7 8	10 11	14 15	21 22	30 31
B	2	↓	↓	↓	↓	↓	↓	↓	↓	↓	↓	↓	↓	↓	0 1	↑	↓	↓	1 2	2 3	3 4	5 6	7 8	10 11	14 15	21 22	30 31
C	2	↓	↓	↓	↓	↓	↓	↓	↓	↓	↓	↓	↓	0 1	↑	↓	↓	1 2	2 3	3 4	4 5	5 7	8 9	10 11	14 17	21 22	↑
D	3	↓	↓	↓	↓	↓	↓	↓	↓	↓	↓	↓	0 1	↑	↓	↓	1 2	2 3	3 4	4 5	6 7	8 9	10 11	14 15	21 22	↑	↑
E	5	↓	↓	↓	↓	↓	↓	↓	↓	↓	↓	0 1	↑	↓	↓	1 2	2 3	3 4	4 5	6 7	8 9	10 11	14 15	21 22	↑	↑	↑
F	8	↓	↓	↓	↓	↓	↓	↓	↓	↓	0 1	↑	↓	↓	1 2	2 3	3 4	4 5	6 7	8 9	10 11	↑	↑	↑	↑	↑	↑
G	13	↓	↓	↓	↓	↓	↓	↓	↓	0 1	↑	↓	↓	1 2	2 3	3 4	4 5	6 7	8 9	10 11	↑	↑	↑	↑	↑	↑	↑
H	20	↓	↓	↓	↓	↓	↓	↓	0 1	↑	↓	↓	1 2	2 3	3 4	4 5	6 7	8 9	10 11	↑	↑	↑	↑	↑	↑	↑	↑
J	32	↓	↓	↓	↓	↓	↓	0 1	↑	↓	↓	1 2	3 4	3 4	4 5	6 7	8 9	10 11	↑	↑	↑	↑	↑	↑	↑	↑	↑
K	50	↓	↓	↓	↓	↓	0 1	↑	↓	↓	1 2	2 3	3 4	4 5	6 7	8 9	10 11	↑	↑	↑	↑	↑	↑	↑	↑	↑	↑
L	80	↓	↓	↓	↓	0 1	↑	↓	↓	1 2	2 3	3 4	4 5	6 7	8 9	10 11	↑	↑	↑	↑	↑	↑	↑	↑	↑	↑	↑
M	125	↓	↓	↓	0 1	↑	↓	↓	1 2	3 4	3 4	4 5	6 7	8 9	10 11	↑	↑	↑	↑	↑	↑	↑	↑	↑	↑	↑	↑
N	200	↓	↓	0 1	↑	↓	↓	1 2	2 3	3 4	4 5	6 7	8 9	10 11	↑	↑	↑	↑	↑	↑	↑	↑	↑	↑	↑	↑	↑
P	315	↓	0 1	↑	↓	↓	1 2	2 3	3 4	4 5	6 7	8 9	10 11	↑	↑	↑	↑	↑	↑	↑	↑	↑	↑	↑	↑	↑	↑
Q	500	0 1	↑	↑	↓	1 2	2 3	3 4	4 5	6 7	8 9	10 11	↑	↑	↑	↑	↑	↑	↑	↑	↑	↑	↑	↑	↑	↑	↑
R	800	↑	↑	↑	1 2	2 3	3 4	4 5	6 7	8 9	10 11	↑	↑	↑	↑	↑	↑	↑	↑	↑	↑	↑	↑	↑	↑	↑	↑

비고
1. ↓: 화살표 아래의 최초의 샘플링 방식을 사용한다. 만약, 샘플의 크기가 로트 크기 이상이면 전수 검사한다
2. ↑: 화살표 위의 최초의 샘플링 방식을 사용한다.
3. Ac: 합격 판정 개수
4. Re: 불합격 판정 개수

표 6-10 AQL 지표형 샘플링검사 (보통검사의 2회)

시료 글자	샘플	샘플 크기	누계 샘플 크기	합격 품질 수준(AQL) (보통 검사)																									
				0.010	0.015	0.025	0.040	0.065	0.10	0.15	0.25	0.40	0.65	1.0	1.5	2.5	4.0	6.5	10	15	25	40	65	100	150	250	400	650	1000
				Ac Re	Ac Re	Ac Re	Ac Re	Ac Re	Ac Re	Ac Re	Ac Re	Ac Re	Ac Re	Ac Re	Ac Re	Ac Re	Ac Re	Ac Re	Ac Re	Ac Re	Ac Re	Ac Re	Ac Re	Ac Re	Ac Re	Ac Re	Ac Re	Ac Re	Ac Re
A				↓	↓	↓	↓	↓	↓	↓	↓	↓	↓	↓	↓	↓	↓	*	↓	↓	*	*	*	*	*	*	*	*	*
B	제1	2	2	↓	↓	↓	↓	↓	↓	↓	↓	↓	↓	↓	↓	↓	*	↑	↓	0 2	0 3	1 3	2 5	3 6	5 9	7 11	11 16	17 22	25 31
	제2	2	4																	1 2	3 4	4 5	6 7	9 10	12 13	18 19	26 27	37 38	56 57
C	제1	3	3	↓	↓	↓	↓	↓	↓	↓	↓	↓	↓	↓	↓	*	↑	↓	0 2	0 3	1 3	2 5	3 6	5 9	7 11	11 16	17 22	25 31	↑
	제2	3	6																1 2	3 4	4 5	6 7	9 10	12 13	18 19	26 27	37 38	56 57	
D	제1	5	5	↓	↓	↓	↓	↓	↓	↓	↓	↓	↓	↓	*	↑	↓	0 2	0 3	1 3	2 5	3 6	5 9	7 11	11 16	17 22	25 31	↑	↑
	제2	5	10															1 2	3 4	4 5	6 7	9 10	12 13	18 19	26 27	37 38	56 57		
E	제1	8	8	↓	↓	↓	↓	↓	↓	↓	↓	↓	↓	*	↑	↓	0 2	0 3	1 3	2 5	3 6	5 9	7 11	11 16	17 22	25 31	↑	↑	↑
	제2	8	16														1 2	3 4	4 5	6 7	9 10	12 13	18 19	26 27	37 38	56 57			
F	제1	13	13	↓	↓	↓	↓	↓	↓	↓	↓	↓	*	↑	↓	0 2	0 3	1 3	2 5	3 6	5 9	7 11	11 16	↑	↑	↑	↑	↑	↑
	제2	13	26													1 2	3 4	4 5	6 7	9 10	12 13	18 19	26 27						
G	제1	20	20	↓	↓	↓	↓	↓	↓	↓	↓	*	↑	↓	0 2	0 3	1 3	2 5	3 6	5 9	7 11	11 16	↑	↑	↑	↑	↑	↑	↑
	제2	20	40												1 2	3 4	4 5	6 7	9 10	12 13	18 19	26 27							
H	제1	32	32	↓	↓	↓	↓	↓	↓	↓	*	↑	↓	0 2	0 3	1 3	2 5	3 6	5 9	7 11	11 16	↑	↑	↑	↑	↑	↑	↑	↑
	제2	32	64											1 2	3 4	4 5	6 7	9 10	12 13	18 19	26 27								
J	제1	50	50	↓	↓	↓	↓	↓	↓	*	↑	↓	0 2	0 3	1 3	2 5	3 6	5 9	7 11	11 16	↑	↑	↑	↑	↑	↑	↑	↑	↑
	제2	50	100										1 2	3 4	4 5	6 7	9 10	12 13	18 19	26 27									
K	제1	80	80	↓	↓	↓	↓	↓	*	↑	↓	0 2	0 3	1 3	2 5	3 6	5 9	7 11	11 16	↑	↑	↑	↑	↑	↑	↑	↑	↑	↑
	제2	80	160									1 2	3 4	4 5	6 7	9 10	12 13	18 19	26 27										
L	제1	125	125	↓	↓	↓	↓	*	↑	↓	0 2	0 3	1 3	2 5	3 6	5 9	7 11	11 16	↑	↑	↑	↑	↑	↑	↑	↑	↑	↑	↑
	제2	125	250								1 2	3 4	4 5	6 7	9 10	12 13	18 19	26 27											
M	제1	200	200	↓	↓	↓	*	↑	↓	0 2	0 3	1 3	2 5	3 6	5 9	7 11	11 16	↑	↑	↑	↑	↑	↑	↑	↑	↑	↑	↑	↑
	제2	200	400							1 2	3 4	4 5	6 7	9 10	12 13	18 19	26 27												
N	제1	315	315	↓	↓	*	↑	↓	0 2	0 3	1 3	2 5	3 6	5 9	7 11	11 16	↑	↑	↑	↑	↑	↑	↑	↑	↑	↑	↑	↑	↑
	제2	315	630						1 2	3 4	4 5	6 7	9 10	12 13	18 19	26 27													
P	제1	500	500	↓	*	↑	↓	0 2	0 3	1 3	2 5	3 6	5 9	7 11	11 16	↑	↑	↑	↑	↑	↑	↑	↑	↑	↑	↑	↑	↑	↑
	제2	500	1000					1 2	3 4	4 5	6 7	9 10	12 13	18 19	26 27														
Q	제1	800	800	*	↑	↓	0 2	0 3	1 3	2 5	3 6	5 9	7 11	11 16	↑	↑	↑	↑	↑	↑	↑	↑	↑	↑	↑	↑	↑	↑	↑
	제2	800	1600				1 2	3 4	4 5	6 7	9 10	12 13	18 19	26 27															
R	제1	1250	1250	↑	↑	0 2	0 3	1 3	2 5	3 6	5 9	7 11	11 16	↑	↑	↑	↑	↑	↑	↑	↑	↑	↑	↑	↑	↑	↑	↑	↑
	제2	1250	2500			1 2	3 4	4 5	6 7	9 10	12 13	18 19	26 27																

비고
1. ↓: 화살표 아래의 최초의 샘플링 방식을 사용한다. 만약, 샘플의 크기가 로트 크기 이상이면 전수 검사한다
2. ↑: 화살표 위의 최초의 샘플링 방식을 사용한다.
3. Ac: 합격 판정 개수
4. Re: 불합격 판정 개수

표 6-11 AQL 지표형 샘플링검사 (까다로운 검사의 2회)

시료 글자	샘플	샘플 크기	누계 샘플 크기	합격 품질 수준(AQL) (보통 검사)																									
				0.010	0.015	0.025	0.040	0.065	0.10	0.15	0.25	0.40	0.65	1.0	1.5	2.5	4.0	6.5	10	15	25	40	65	100	150	250	400	650	1000
				Ac Re	Ac Re	Ac Re	Ac Re	Ac Re	Ac Re	Ac Re	Ac Re	Ac Re	Ac Re	Ac Re	Ac Re	Ac Re	Ac Re	Ac Re	Ac Re	Ac Re	Ac Re	Ac Re	Ac Re	Ac Re	Ac Re	Ac Re	Ac Re	Ac Re	Ac Re
A				↓	↓	↓	↓	↓	↓	↓	↓	↓	↓	↓	↓	↓	↓	↓	↓	↓	↓	*	*	*	*	*	*	*	*
B	제1	2	2	↓	↓	↓	↓	↓	↓	↓	↓	↓	↓	↓	↓	↓	↓	*	↓		0 2	0 3	1 3	2 5	4 7	6 10	9 14	15 20	23 29
	제2	2	4																		1 2	3 4	4 5	6 7	10 11	15 16	23 24	34 35	52 53
C	제1	3	3	↓	↓	↓	↓	↓	↓	↓	↓	↓	↓	↓	↓	↓	*	↓		0 2	0 3	1 3	2 5	4 7	6 10	9 14	15 20	23 29	↑
	제2	3	6																	1 2	3 4	4 5	6 7	10 11	15 16	23 24	34 35	52 53	
D	제1	5	5	↓	↓	↓	↓	↓	↓	↓	↓	↓	↓	↓	↓	*	↓		0 2	0 3	1 3	2 5	4 7	6 10	9 14	15 20	23 29	↑	↑
	제2	5	10																1 2	3 4	4 5	6 7	10 11	15 16	23 24	34 35	52 53		
E	제1	8	8	↓	↓	↓	↓	↓	↓	↓	↓	↓	↓	↓	*	↓		0 2	0 3	1 3	2 5	4 7	6 10	9 14	15 20	23 29	↑	↑	↑
	제2	8	16															1 2	3 4	4 5	6 7	10 11	15 16	23 24	34 35	52 53			
F	제1	13	13	↓	↓	↓	↓	↓	↓	↓	↓	↓	↓	*	↓		0 2	0 3	1 3	2 5	4 7	6 10	9 14	↑	↑	↑	↑	↑	↑
	제2	13	26														1 2	3 4	4 5	6 7	10 11	15 16	23 24						
G	제1	20	20	↓	↓	↓	↓	↓	↓	↓	↓	↓	*	↓		0 2	0 3	1 3	2 5	4 7	6 10	9 14	↑	↑	↑	↑	↑	↑	↑
	제2	20	40													1 2	3 4	4 5	6 7	10 11	15 16	23 24							
H	제1	32	32	↓	↓	↓	↓	↓	↓	↓	↓	*	↓		0 2	0 3	1 3	2 5	4 7	6 10	9 14	↑	↑	↑	↑	↑	↑	↑	↑
	제2	32	64												1 2	3 4	4 5	6 7	10 11	15 16	23 24								
J	제1	50	50	↓	↓	↓	↓	↓	↓	↓	*	↓		0 2	0 3	1 3	2 5	4 7	6 10	9 14	↑	↑	↑	↑	↑	↑	↑	↑	↑
	제2	50	100											1 2	3 4	4 5	6 7	10 11	15 16	23 24									
K	제1	80	80	↓	↓	↓	↓	↓	↓	*	↓	↓	0 2	0 3	1 3	2 5	4 7	6 10	9 14	↑	↑	↑	↑	↑	↑	↑	↑	↑	↑
	제2	80	160										1 2	3 4	4 5	6 7	10 11	15 16	23 24										
L	제1	125	125	↓	↓	↓	↓	↓	*	↓	↓	0 2	0 3	1 3	2 5	4 7	6 10	9 14	↑	↑	↑	↑	↑	↑	↑	↑	↑	↑	↑
	제2	125	250									1 2	3 4	4 5	6 7	10 11	15 16	23 24											
M	제1	200	200	↓	↓	↓	↓	*	↓	↓	0 2	0 3	1 3	2 5	4 7	6 10	9 14	↑	↑	↑	↑	↑	↑	↑	↑	↑	↑	↑	↑
	제2	200	400								1 2	3 4	4 5	6 7	10 11	15 16	23 24												
N	제1	315	315	↓	↓	↓	*	↓	↓	0 2	0 3	1 3	2 5	4 7	6 10	9 14	↑	↑	↑	↑	↑	↑	↑	↑	↑	↑	↑	↑	↑
	제2	315	630							1 2	3 4	4 5	6 7	10 11	15 16	23 24													
P	제1	500	500	↓	↓	*	↓	↓	0 2	0 3	1 3	2 5	4 7	6 10	9 14	↑	↑	↑	↑	↑	↑	↑	↑	↑	↑	↑	↑	↑	↑
	제2	500	1000						1 2	3 4	4 5	6 7	10 11	15 16	23 24														
Q	제1	800	800	↓	*	↓	↓	0 2	0 3	1 3	2 5	4 7	6 10	9 14	↑	↑	↑	↑	↑	↑	↑	↑	↑	↑	↑	↑	↑	↑	↑
	제2	800	1600					1 2	3 4	4 5	6 7	10 11	15 16	23 24															
R	제1	1250	1250	*	↑	↓	0 2	0 3	1 3	2 5	4 7	6 10	9 14	↑	↑	↑	↑	↑	↑	↑	↑	↑	↑	↑	↑	↑	↑	↑	↑
	제2	1250	2500				1 2	3 4	4 5	6 7	10 11	15 16	23 24																
S	제1	2000	2000			0 2																							
	제2	2000	4000			1 2																							

비고
1. ↓: 화살표 아래의 최초의 샘플링 방식을 사용한다. 만약, 샘플의 크기가 로트 크기 이상이면 전수 검사한다
2. ↑: 화살표 위의 최초의 샘플링 방식을 사용한다.
3. Ac: 합격 판정 개수
4. Re: 불합격 판정 개수

표 6-12 AQL 지표형 샘플링검사 (수월한 검사의 2회)

시료 글자	샘플	샘플 크기	누계 샘플 크기	합격 품질 수준(AQL) (보통 검사)																									
				0.010	0.015	0.025	0.040	0.065	0.10	0.15	0.25	0.40	0.65	1.0	1.5	2.5	4.0	6.5	10	15	25	40	65	100	150	250	400	650	1000
				Ac Re	Ac Re	Ac Re	Ac Re	Ac Re	Ac Re	Ac Re	Ac Re	Ac Re	Ac Re	Ac Re	Ac Re	Ac Re	Ac Re	Ac Re	Ac Re	Ac Re	Ac Re	Ac Re	Ac Re	Ac Re	Ac Re	Ac Re	Ac Re	Ac Re	Ac Re
A				↓	↓	↓	↓	↓	↓	↓	↓	↓	↓	↓	↓	↓	↓	*	↓	↓	↓	*	*	*	*	*	*	*	*
B				↓	↓	↓	↓	↓	↓	↓	↓	↓	↓	↓	↓	↓	*	↑	↓	↓	*	*	*	*	*	*	*	*	*
C				↓	↓	↓	↓	↓	↓	↓	↓	↓	↓	↓	↓	*	↑	↓	↓	*	*	*	*	*	*	*	*	*	↑
D	제1	2	2	↓	↓	↓	↓	↓	↓	↓	↓	↓	↓	↓	*	↑	↓		0 2	0 3	1 3	2 4	3 6	4 7	5 9	7 11	11 16	↑	↑
	제2	2	4																1 2	3 4	4 5	5 6	7 8	10 11	12 13	18 19	26 27		
E	제1	3	3	↓	↓	↓	↓	↓	↓	↓	↓	↓	↓	*	↑	↓		0 2	0 3	1 3	2 4	3 6	4 7	5 9	7 11	11 16	↑	↑	↑
	제2	3	6															1 2	3 4	4 5	5 6	7 8	10 11	12 13	18 19	26 27			
F	제1	5	5	↓	↓	↓	↓	↓	↓	↓	↓	↓	*	↑	↓		0 2	0 3	1 3	2 4	3 6	4 7	5 9	↑	↑	↑	↑	↑	↑
	제2	5	10														1 2	3 4	4 5	5 6	7 8	10 11	12 13						
G	제1	8	8	↓	↓	↓	↓	↓	↓	↓	↓	*	↑	↓		0 2	0 3	1 3	2 4	3 6	4 7	5 9	↑	↑	↑	↑	↑	↑	↑
	제2	8	16													1 2	3 4	4 5	5 6	7 8	10 11	12 13							
H	제1	13	13	↓	↓	↓	↓	↓	↓	↓	*	↑	↓		0 2	0 3	1 3	2 4	3 6	4 7	5 9	↑	↑	↑	↑	↑	↑	↑	↑
	제2	13	26												1 2	3 4	4 5	5 6	7 8	10 11	12 13								
J	제1	20	20	↓	↓	↓	↓	↓	↓	*	↑	↓		0 2	0 3	1 3	2 4	3 6	4 7	5 9	↑	↑	↑	↑	↑	↑	↑	↑	↑
	제2	20	40											1 2	3 4	4 5	5 6	7 8	10 11	12 13									
K	제1	32	32	↓	↓	↓	↓	↓	*	↑	↓	↓	0 2	0 3	1 3	2 4	3 6	4 7	5 9	↑	↑	↑	↑	↑	↑	↑	↑	↑	↑
	제2	32	64										1 2	3 4	4 5	5 6	7 8	10 11	12 13										
L	제1	50	50	↓	↓	↓	↓	*	↑	↓	↓	0 2	0 3	1 3	2 4	3 6	4 7	5 9	↑	↑	↑	↑	↑	↑	↑	↑	↑	↑	↑
	제2	50	100									1 2	3 4	4 5	5 6	7 8	10 11	12 13											
M	제1	80	80	↓	↓	↓	*	↑	↓	↓	0 2	0 3	1 3	2 4	3 6	4 7	5 9	↑	↑	↑	↑	↑	↑	↑	↑	↑	↑	↑	↑
	제2	80	160								1 2	3 4	4 5	5 6	7 8	10 11	12 13												
N	제1	125	125	↓	↓	*	↑	↓	↓	0 2	0 3	1 3	2 4	3 6	4 7	5 9	↑	↑	↑	↑	↑	↑	↑	↑	↑	↑	↑	↑	↑
	제2	125	250							1 2	3 4	4 5	5 6	7 8	10 11	12 13													
P	제1	200	200	↓	*	↑	↓	↓	0 2	0 3	1 3	2 4	3 6	4 7	5 9	↑	↑	↑	↑	↑	↑	↑	↑	↑	↑	↑	↑	↑	↑
	제2	200	400						1 2	3 4	4 5	5 6	7 8	10 11	12 13														
Q	제1	315	315	*	↑	↑	↓	0 2	0 3	1 3	2 4	3 6	4 7	5 9	↑	↑	↑	↑	↑	↑	↑	↑	↑	↑	↑	↑	↑	↑	↑
	제2	315	630					1 2	3 4	4 5	5 6	7 8	10 11	12 13															
R	제1	500	500	↑	↑	↑	0 2	0 3	1 3	2 4	3 6	4 7	5 9	↑	↑	↑	↑	↑	↑	↑	↑	↑	↑	↑	↑	↑	↑	↑	↑
	제2	500	1000				1 2	3 4	4 5	5 6	7 8	10 11	12 13																

비고
1. ↓: 화살표 아래의 최초의 샘플링 방식을 사용한다. 만약, 샘플의 크기가 로트 크기 이상이면 전수 검사한다
2. ↑: 화살표 위의 최초의 샘플링 방식을 사용한다.
3. Ac: 합격 판정 개수
4. Re: 불합격 판정 개수
5. *: 대응하는 1회 샘플링 방식을 사용한다(만약 사용할 수 있다면 대신에 아래의 2회 샘플링 방식을 사용해도 좋다.).

6.3.4 AQL 지표형 1회 및 2회 샘플링검사

'로트의 크기'와 '검사수준'에 따라 [표 6-6]에서 '샘플문자'를 구한 후, '검사의 엄격도'(보통, 까다로운, 수월한 검사)와 '샘플링 형식'(1회, 2회, 다회)에 따라 [표 6-7]~[표 6-12]에서 해당되는 표를 선정한다.

선정된 표에서 '샘플문자'와 'AQL'에 해당되는 '샘플의 크기'(n)와 '합격 및 불합격 판정개수'(A_c, R_e)를 구함으로써 필요한 샘플링검사를 설계할 수 있다.

이후 n개의 샘플을 검사하여 이때 발견된 부적합수를 합부 판정개수(A_c, R_e)와 비교하여 로트에 대한 판정을 내리면 된다.

예제 6-5 AQL 1.5 %, 로트의 크기 1,500, 검사 수준 II, 보통검사일 때 AQL 지표형 1회 샘플링검사 방식을 설계하시오. 이 경우 까다로운 검사, 수월한 검사의 샘플링 방식은 어떻게 되는가?

[표 6-6]에서 N=1,500, 일반검사 수준 II에 해당되는 샘플문자 K를 찾을 수 있다. 보통검사 1회 샘플링검사 이므로 [표 6-7]에서 샘플문자 K와 AQL = 1.5 % 가 교차하는 란에서 샘플의 크기 n = 125, 합격 판정개수 A_c = 5, 불합격 판정개수 R_e = 6을 찾을 수 있다.

까다로운 검사와 수월한 검사의 경우에도 동일한 절차에 따라 구할 경우 다음과 같다.

표 6-13 AQL = 1.5 %, N=1,500, 검사수준 II 일 때 AQL 지표형 보통검사 1회 샘플링검사

검사구분	로트의 크기 (N)	샘플의 크기 (n)	합격 판정개수 (A_c)	불합격 판정개수 (R_e)
보통검사	1,500	125	5	6
까다로운 검사	〃	125	3	4
수월한 검사	〃	50	3	4

[표 6-13]에서 n개의 샘플을 검사하여 부적합품수가 A_c 이하 이면 해당 로트는 합격이고, 부적합품수가 R_e 이상이면 불합격이 된다.

문제 6-1 '**예제 6-5**'와 같은 조건에서 AQL 지표형 2회 샘플링일 경우 보통, 까다로운, 수월한 검사의 샘플링검사 방법을 설계하시오

샘플링 형식	로트의 크기 (N)	샘플	보통검사				까다로운 검사				수월한 검사			
			샘플크기	누계샘플	합격판정개수	불합격판정개수	샘플크기	누계샘플	합격판정개수	불합격판정개수	샘플크기	누계샘플	합격판정개수	불합격판정개수
2회 샘플링	1,500	제 1회 제 2회												

6.3.5 엄격도 조정 절차

원칙적으로 최초검사는 보통검사를 적용하며, 검사결과에 따라 전환규칙을 적용하여 엄격도를 조정한다. 그러나 특별히 필요한 것이 있을 때에는 계약 초기에 까다로운 검사 또는 수월한 검사를 지정할 수 있도록 되어있다.

개정된 KS Q ISO 2859-1의 조정 규칙은 다음과 같다.

(1) 보통검사에서 까다로운 검사로 이동

보통검사를 받으면서 연속 5개 로트 중에 2개의 로트가 불합격될 경우 까다로운 검사로 넘어간다.

(2) 까다로운 검사에서 보통검사로 이동

까다로운 검사를 받으면서 5개 로트가 연속하여 합격이 될 경우 보통검사로 넘어간다.

(3) 보통검사에서 수월한 검사로 이동

기존의 KS규격에서는 연속 10개의 로트가 합격이 되고, 불합격의 총수가 한계개수 이하일 경우로 판단을 하였으나 전환 스코어(switching score)로 변경이 되었다.

보통검사에서 다음의 3가지 조건이 모두 만족되는 경우에 수월한 검사로 전환된다.

① 전환 스코어가 30점 이상인 경우
② 생산 공정이 안정되어 있는 경우
③ 수월한 검사가 바람직하다고 소관권한자가 인정하는 경우

전환 스코어의 가산 규칙은 다음과 같다.

① 합격 판정개수 $A_c \geq 2$인 1회 샘플링검사에서 AQL이 1단계 더엄격한 조건에서 로트 합격 시 전환 스코어 3점을 가산한다. 그렇지 않으면 전환 스코어는 0점으로 복귀된다.
② 합격판정개수 $A_c \leq 1$ 인 1회 샘플링검사에서 합격이면 2점을 가산하고, 그렇지 않으면 0점으로 복귀된다.
③ 2회 샘플링검사에서 1회 샘플링에서 합격이면 3점을 가산하고, 그렇지 않으면 0점으로 복귀된다.
④ (5회)샘플링검사에서 3회 샘플링까지 합격이면 3점을 가산하고, 그렇지 않으면 0점으로 복귀된다.
⑤ 축차 샘플링검사에서 누적 샘플수가 중지값의 반이하인 상태에서 로트가 합격되면 3점을 가산하고, 그렇지 않으며 0점으로 복귀된다.

(4) 수월한 검사에서 보통검사로 이동
① 1개의 로트라도 불합격될 때
② 생산이 불규칙하거나 정체될 경우
③ 보통검사로 넘어갈 조건이 생길 때

(5) 검사 정지

까다로운 검사 상태에서 불합격 로트의 누계가 5개에 도달하면 검사가 중지되고 제품 또는 서비스를 개선하라는 시정 조치가 공급자에게 취해지게 된다. 이후 시정 조치가 효과적일 것이라고 소관권한자가 인정할 때 까다로운 검사부터 시작이 된다.

이상에서 설명한 엄격도 조정절차를 요약하여 흐름도 형태로 정리하면 [그림 6-4]와 같다.

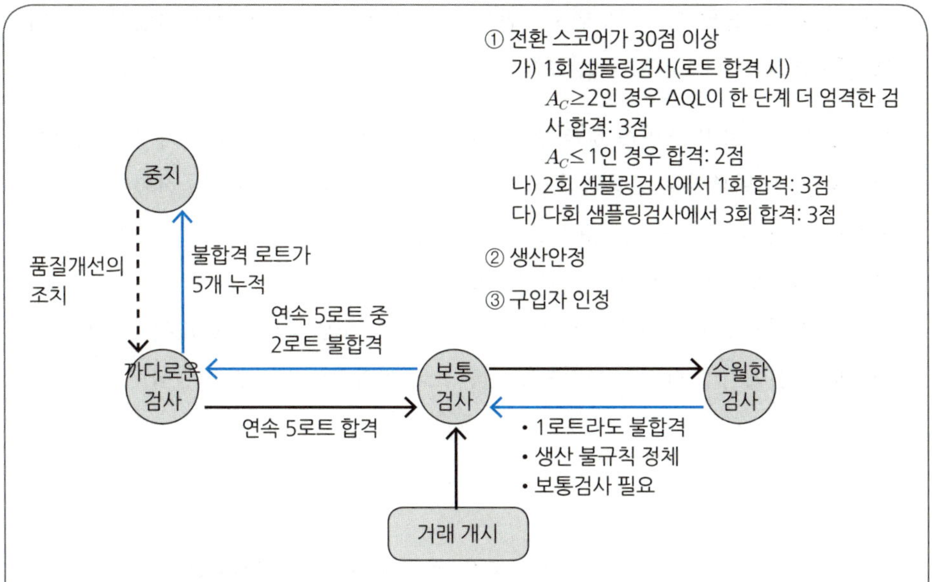

그림 6-4 **엄격도 조정절차**

(까다로운 검사에서 보통 검사로의 전환)

예제 6-6 [표 6-14]는 AQL = 0.65 %, 검사수준 II를 적용하여 18개 로트에 대해 1회 샘플링검사를 실행한 결과이다. 각각의 샘플링 결과에 따라 로트의 합부 판정을 하고 어떤 검사를 적용해야 하는지를 결정하시오. 단, 처음에는 보통검사로 시작한다.

[표 6-6]에서 로트크기 1,500, 검사수준 II에 해당하는 샘플문자는 K이다.
[표 6-7]에서 샘플문자 K와 AQL = 0.65 %에 해당되는 샘플의 크기 $n = 125$, 합격 및 불합격 판정개수 $(A_c, R_e) = (2, 3)$이다.

로트 번호 1은 합격이나 한 단계 더 엄격한 AQL = 0.4 % 일 때, $(A_c, R_e) = (1, 2)$ 조건에서는 합격되지 못함으로 전환 스코어는 0이 된다. 로트 번호 2번은 불합격이 되므로 전환 스코어는 그대로 0이 된다. 로트 번호 3번에서는 AQL이 한 단계 더 엄격한 조건에서 합격이 되므로 전환 스코어는 3이 된다. 그러나 로트 번호 4에서 불합격이 되어 전환 스코어가 0이 되면서 까다로운 검사로 전환된다(연속 5

로트 중 2로트 불합격). 로트 번호 5번부터는 까다로운 검사가 적용되면서 샘플의 크기는 동일하나 $(A_c, R_e) = (1, 2)$가 되어 판정기준이 엄격해 짐을 알 수 있다.

까다로운 검사를 받으면서 로트 번호 9번부터 13번까지 연속 5로트가 합격되면서 로트 번호 14번부터는 보통검사가 적용된다. 까다로운 검사에서는 전환 스코어를 계산하지 않음으로 '–'으로 표시를 하였다. 로트 번호 14번부터는 보통검사가 적용되어 $(A_c, R_e) = (2, 3)$으로 복귀되었다.
이후 연속적으로 로트가 합격되었으나 로트 번호 16번에서는 AQL이 한 단계 더 엄격한 조건에서 합격되지 못하므로 전환 스코어가 0으로 환원 되었다.

표 6-14 '예제 6-6' 까다로운 검사에서 보통 검사로의 전환

로트 번호	로트 크기	샘플 크기	AQL=0.65 %					
			A_c	R_e	부적합품수	전환 스코어	판정	다음 로트에 대한 조치
1	1,500	125	2	3	2	0	합	보통검사
2	1,500	125	2	3	3	0	불합격	보통검사
3	1,500	125	2	3	1	3	합	보통검사
4	1,500	125	2	3	3	0	불합격	까다로운 검사 전환
5	1,500	125	1	2	3	-	불합격	까다로운 검사
6	1,500	125	1	2	1	-	합	까다로운 검사
7	1,500	125	1	2	1	-	합	까다로운 검사
8	1,500	125	1	2	2	-	불	까다로운 검사
9	1,500	125	1	2	0	-	합	까다로운 검사
10	1,500	125	1	2	1	-	합	까다로운 검사
11	1,500	125	1	2	1	-	합	까다로운 검사
12	1,500	125	1	2	1	-	합	까다로운 검사
13	1,500	125	1	2	1	-	합	보통검사로 전환
14	1,500	125	2	3	0	3	합	보통검사
15	1,500	125	2	3	1	6	합	보통검사
16	1,500	125	2	3	2	0	합	보통검사
17	1,500	125	2	3	0	3	합	보통검사
18	1,500	125	2	3	1	6	합	보통검사

표 6-15 '예제 6-7' 보통 검사에서 수월한 검사로의 전환

로트 번호	로트 크기	샘플 크기	AQL=0.65 %					
			A_c	R_e	부적합품수	전환 스코어	판정	다음 로트에 대한 조치
1	5,000	200	3	4	2	3	합	보통검사
2	5,000	200	3	4	3	0	합	보통검사
3	5,000	200	3	4	4	0	불합격	보통검사
4	5,000	200	3	4	0	3	합	보통검사
5	5,000	200	3	4	1	6	합	보통검사
6	5,000	200	3	4	2	9	합	보통검사
7	5,000	200	3	4	2	12	합	보통검사
8	5,000	200	3	4	1	15	합	보통검사
9	5,000	200	3	4	0	18	합	보통검사
10	5,000	200	3	4	0	21	합	보통검사
11	5,000	200	3	4	1	24	합	보통검사
12	5,000	200	3	4	2	27	합	보통검사
13	5,000	200	3	4	1	30	합	수월한 검사로 전환
14	5,000	80	2	3	2	-	합	수월한 검사
15	5,000	80	2	3	0	-	합	수월한 검사

(보통 검사에서 수월한 검사로의 전환)

예제 6-7 [표 6-15]는 AQL=0.65 %, 검사수준 II를 적용하여 15회에 걸쳐 1회 샘플링검사를 한 결과이다. 각각의 샘플링 결과에 따라 로트의 합부 판정을 하고 어떤 검사를 적용해야 하는지를 결정하시오. 단, 처음에는 보통검사로 시작한다.

[표 6-6]에서 로트크기 5,000, 검사수준 II에 해당하는 샘플문자는 L이다.
[표 6-7]에서 샘플문자 L과 AQL = 0.65 %에 해당되는 샘플의 크기 $n = 200$, 합격 및 불합격 판정개수 $(A_c, R_e) = (3, 4)$이다.

로트 번호 1의 경우는, 한 단계 더 엄격한 AQL = 0.4 % 일 때, $(A_c, R_e) = (2, 3)$ 조건에서도 합격되므로, 전환 스코어가 3점이 된다.
로트 번호 2의 경우는 합격이 되나, AQL이 한 단계 더 엄격한 조건에서 합격이 되지 못하므로 전환 스코어는 0점으로 다시 복귀 된다. 로트 번호 3에서는 불합격이 되므로 전화 스코어는 '0' 그대로 이다.

이후 로트 번호 4에서부터 13번까지 연속 합격이 되어 전환 스코어가 30이 됨으로써 로트 번호 14번부터는 수월한 검사가 적용된다.

수월한 검사에서는 샘플의 크기 $n=80$이 되어 검사가 수월해 짐을 알 수 있다.

(수월한 검사에서 보통 검사로 전환)

예제 6-8 [표 6-16]은 AQL = 0.65 %, 검사수준 II를 적용하여 10회에 걸쳐 1회 샘플링검사를 한 결과이다. 각각의 샘플링 결과에 따라 로트의 합부 판정을 하고 어떤 검사를 적용해야 하는지를 결정하시오. 단, 처음에는 수월한 검사로 시작한다.

[표 6-6]에서 로트크기 5,000, 검사수준 II에 해당하는 샘플문자는 L이다.

[표 6-9]에서 샘플문자 L과 AQL = 0.65 %에 해당되는 샘플의 크기 $n=80$, 합격 및 불합격 판정개수 $(A_c, R_e) = (2, 3)$이다.

로트 번호 34번까지 로트가 합격이 되어 수월한 검사가 계속 진행 되다가 로트 번호 35번째 불합격이 됨으로써 로트 번호 36번부터는 보통 검사가 적용된다.

표 6-16 '예제 6-8' 수월한 검사에서 보통 검사로 전환

로트 번호	로트 크기	샘플 크기	AQL=0.65 %					
			A_c	R_e	부적합품 수	전환 스코어	판정	다음 로트에 대한 조치
30	5,000	80	2	3	2	-	합	수월한 검사
31	5,000	80	2	3	1	-	합	수월한 검사
32	5,000	80	2	3	2	-	합	수월한 검사
33	5,000	80	2	3	0	-	합	수월한 검사
34	5,000	80	2	3	1	-	합	수월한 검사
35	5,000	80	2	3	3	-	불합격	보통검사로 전환
36	5,000	200	3	4	3	0	합	보통검사
37	5,000	200	3	4	2	3	합	보통검사
38	5,000	200	3	4	4	0	불합격	보통검사
39	5,000	200	3	4	4	0	불합격	까다로운 검사로 전환

따라서 샘플의 크기 $n=200$, 합격 및 불합격 판정개수 $(A_c, R_e)=(3. 4)$가 된다.

이후 로트 번호 38, 39번이 불합격됨으로써(연속 5로트 중 2로트 불합격) 까다로운 검사로 전환되어 40번째 로트부터는 까다로운 검사가 적용된다.

문제 6-2 어떤 제품에 대하여 AQL 2.5 %, 검사수준 II, 1회 샘플링, 보통검사를 실시하고 있다. 최근의 연속 10로트의 검사이력 기록이 다음과 같을 때, 로트의 합부 판정을 하고 '다음 로트에 대한 조치' 란에 어떤 검사를 진행해야 하는지를 결정하시오.

로트 번호	샘플링검사 방식				부적합 품 수	전환 스코어	판정	다음 로트에 대한 조치
	N	n	A_c	R_e				
1	1,000	80	5	6	1			
2	500	50	3	4	0			
3	2,000	125	7	8	2			
4	800	80	5	6	1			
5	1,500	125	7	8	1			
6	500	50	3	4	1			
7	2,500	125	7	8	3			
8	2,000	125	7	8	2			
9	1,200	80	5	6	1			
10	1,500	125	7	8	4			

6.3.6 분수합격 판정개수 샘플링검사

샘플링검사표 [표 6-7] ~ [표 6-9]에는 합격판정개수 $A_c=0$과 $A_c=1$사이에 화살표가 있는데 만일 샘플문자와 AQL 값에 해당되는 합격판정개수가 0과 1 사이일 경우 화살표에 의해 샘플문자와 샘플의 크기가 변한다.

이 경우 샘플의 크기가 작아질 경우 상대적으로 작은 샘플로 AQL을 보증할 수 없다. 따라서 이러한 문제점을 보완하기 위해 화살표 대신에 1/5(수월한 검사에만 적용), 1/3, 1/2의 분수값을 적용하여 검사할 수 있도록 보조적 주 샘플링검사표가 [표 6-18] ~ [표 6-20]에 제시되어 있다.

분수합격 판정개수 샘플링검사를 할 경우 합격 판정개수가 0과 1 사이가 되더라도, 샘플문자와 샘플의 크기의 변경 없이 지정된 AQL을 보증할 수 있는 샘플링검사의 설계가 가능하다.

분수합격 판정개수 샘플링검사는 샘플링 방식이 일정한 경우와 샘플링 방식이 일정하지 않은 경우로 대별된다.

1) 샘플링 방식이 일정한 경우

검사가 진행되는 동안 각 로트 마다 지정된 AQL과 샘플문자가 동일한 경우로 분수합격 판정 개수의 샘플링검사 방식은 다음과 같다.

① 부적합품이 0인 경우에는 로트가 합격된다.

② 부적합품이 1개인 경우에 검사 로트가 합격되는 경우는 다음과 같다.

- 합격 판정개수 1/2: 직전 1개 로트에 부적합품이 없다.
- 합격 판정개수 1/3: 직전 2개 로트에 부적합품이 없다.
- 합격 판정개수 1/5: 직전 4개 로트에 부적합품이 없다.

2) 샘플링 방식이 일정하지 않은 경우

로트 크기의 변동 및 엄격도 전환에 따라서 샘플링 방식이 일정하지 않은 경우에 적용한다.

샘플링검사표에서 합격 판정개수가 분수 값(1/2, 1/3, 1/5)으로 지정되는 경우 합부 판정 스코어(As: Acceptance score)를 사용하여 분수 값을 0개 또는 1개로 변환한 후 이를 기준으로 판정을 한다.

샘플링 방식이 일정하지 않은 경우 분수합격 판정개수의 샘플링검사 방식은 다음과 같다.

(1) 보통검사, 까다로운 검사, 수월한 검사의 개시 시점에서는 이전에 계산된 검사 후 합부 판정 스코어는 버리고 '0'점에서 시작한다.

(2) 합부판정 스코어는 다음과 같이 계산하다.

① $A_c = 0$ 일 경우 합부판정 스코어(As)는 불변이다.

② A_c = 1/5 일 경우 합부판정 스코어(As)에 2점을 가산한다.

③ A_c = 1/3 일 경우 합부판정 스코어(As)에 3점을 가산한다.

④ A_c = 1/2 일 경우 합부판정 스코어(As)에 5점을 가산한다.

⑤ $A_c \geq 1$ 일 경우 합부판정 스코어(As)에 7점을 가산한다.

(3) 만일 합부 판정 스코어가 8점 이하이면 합격 판정개수 A_c = 0으로하고, 만일 합부판정 스코어가 9점 이상이면 적용하는 합격 판정개수 A_c = 1으로 한다. 단, 주어진 합격 판정개수가 0, 1, 2, … 등 과 같이 정수일 경우에는 변하지 않는다.

(4) 만일 샘플 중에 부적합품이 있으면 로트의 합부 판정에 상관없이 합부 판정 스코어를 0으로 되돌린다.

분수합격 판정개수 샘플링검사는 스킵로트 검사(KS Q ISO 2859-3)의 경우에는 사용할 수 없다.

[표 6-17]은 AQL = 1 %, 검사수준 II일 때 25개 로트에 대해 보통검사 1회 분수합격 판정개수의 샘플링 방식을 적용했을 때의 예이다.

[표 6-17]에서 로트 번호 1번은 로트크기 N = 180, 검사수준 II이므로 샘플문자는 G이다. [표 6-18]에서 AQL=1 %, 샘플문자 G일 때 A_c = 1/2이 되므로 합부판정 스코어는 5점이 된다. 이 경우 합부 판정 스코어가 8이하이므로 '적용하는 A_c'=0이 된다. 부적합품수가 0인 상태에서 합격이 되었으므로 '검사후 합격판정 스코어'는 5점이 되며, $A_c \leq 1$인 상태에서 합격이 되었으므로 전환 스코어는 2점이 가산 된다.

로트번호 2번은 로트 번호 1번과 샘플문자, 샘플크기 및 A_c 값이 동일하다. 따라서 A_c = 1/2 이므로 합부판정 스코어가 5점이 되는데 로트 번호 1번의 '검사후 합부판정 스코어' 5점에 누적이 되어 '검사전 합부판정 스코어'는 10점이 된다.

이 경우 합부판정 스코어가 9점 이상이므로 '적용하는 A_c' = 1이 된다. 따라서 부적합품수 = 1로 로트는 합격 처리된다. 그러나 부적합품수 = 1 이므로 로트의 합격에 상관없이 '검사 후 합부 판정 스코어'는 0이 된다. 전환 스코어는 $A_c \leq 1$ 인 상태에서 합격되었으므로 2점이 가산되어 전환 스코어 누계값은 4점이 된다.

로트 번호 3번의 경우도 샘플문자, 샘플크기, A_c 값 모두 로트 1번의 경우와 동일하다. A_c=1/2 이므로 합부판정 스코어는 5점이 되는데, 로트 번호 2번의 '검사후 합부판

표 6-17 AQL=1%, 검사수준 II일 때 보통검사 1회 분수합격 판정개수의 샘플링방식 적용예

로트번호	N 로트크기	샘플문자	n 샘플크기	당초 A_c	합부판정 스코어 (검사전)	적용하는 A_c	부적합품수 d	합부판정	합부판정 스코어 (검사후)	전환 스코어	샘플링검사의 엄격도
1	180	G	32	1/2	5	0	0	합격	5	2	보통검사
2	200	G	32	1/2	10	1	1	합격	0	4	보통검사
3	250	G	32	1/2	5	0	1	불합격	0	0	보통검사
4	450	H	50	1	7	1	1	합격	0	2	보통검사
5	300	H	50	1	7	1	1	합격	0	4	보통검사
6	80	E	13	0	0	0	1	불합격	0	0	까다로운 검사로 전환
7	800	J	80	1	7	1	1	합격	0	-	까다로운 검사
8	300	H	50	1/2	5	0	0	합격	5	-	까다로운 검사
9	100	F	20	0	5	0	0	합격	5	-	까다로운 검사
10	600	J	80	1	12	1	0	합격	12	-	까다로운 검사
11	200	G	32	1/3	15	1	0	합격	0	-	보통검사로 전환
12	250	G	32	1/2	5	0	0	합격	5	2	보통검사
13	600	J	80	2	12	2	1	합격	0	5	보통검사
14	80	E	13	0	0	0	0	합격	0	7	보통검사
15	200	G	32	1/2	5	0	0	합격	5	9	보통검사
16	500	H	50	1	12	1	0	합격	12	11	보통검사
17	100	F	20	1/3	15	1	0	합격	15	13	보통검사
18	120	F	20	1/3	18	1	0	합격	18	15	보통검사
19	85	E	13	0	18	0	0	합격	18	17	보통검사
20	300	H	50	1	25	1	1	합격	0	19	보통검사
21	500	H	50	1	7	1	0	합격	7	21	보통검사
22	700	J	80	2	14	2	1	합격	0	24	보통검사
23	600	J	80	2	7	2	0	합격	7	27	보통검사
24	330	J	80	2	14	2	0	합격	0	30	수월한 검사로 전환
25	400	H	20	1/2	5	0	0	합격	5	-	수월한 검사

정 스코어'가 0점 이므로 누계한 '검사전 합부판정 스코어'는 5점이 된다. 이 경우 합부판정 스코어가 8점 이하이므로 '적용하는 A_c'=0이 된다. 따라서 부적합품수=1로 로트는 불합격 처리된다.

부적합품수=1 이므로 '검사후 합부판정 스코어'는 0이 되며 로트가 불합격 처리되었으므로 전환 스코어도 0으로 환원된다.

로트 번호 6번에서 로트가 불합격 처리되어, 연속 5로트 중 2로트가 불합격이 되므로 까다로운 검사로 전환된다.

이후 까다로운 검사를 받으면서 로트 번호 7번에서 로트 번호 11번까지 연속 5개 로트가 합격이 되어 로트 번호 12번부터는 다시 보통검사가 적용된다.

까다로운 검사에서는 전환 스코어를 기록할 필요가 없기 때문에 하이픈('–')으로 표시가 되었다.

분수합격 판정개수 샘플링검사에서는 '당초 A_c'가 분수값을 가질 때 한해 합부판정 스코어를 고려하여 '적용하는 A_c' 값을 0 또는 1로 변환을 한다. '당초 A_c'가 0, 1, 2등의 정수값을 가질 때에는 합부판정 스코어 값에 상관없이 '적용하는 A_c'도 동일한 값을 갖는다. [표 6-17]에서 로트 번호 4, 5, 6, 7 등이 여기에 해당된다.

표 6-18 보통검사의 1회 샘플링방식(보조적 주 샘플링표]

샘플 문자	샘플 크기	합격 품질 수준(AQL) (보통 검사)																									
		0.010	0.015	0.025	0.040	0.065	0.10	0.15	0.25	0.40	0.65	1.0	1.5	2.5	4.0	6.5	10	15	25	40	65	100	150	250	400	650	1000
		Ac Re	Ac Re	Ac Re	Ac Re	Ac Re	Ac Re	Ac Re	Ac Re	Ac Re	Ac Re	Ac Re	Ac Re	Ac Re	Ac Re	Ac Re	Ac Re	Ac Re	Ac Re	Ac Re	Ac Re	Ac Re	Ac Re	Ac Re	Ac Re	Ac Re	Ac Re
A	2	↓	↓	↓	↓	↓	↓	↓	↓	↓	↓	↓	↓	↓	↓	0 1	1/3	1/2	1 2	2 3	3 4	5 6	7 8	10 11	14 15	21 22	30 31
B	3	↓	↓	↓	↓	↓	↓	↓	↓	↓	↓	↓	↓	↓	0 1	1/3	1/2	1 2	2 3	3 4	5 6	7 8	10 11	14 15	21 22	30 31	44 45
C	5	↓	↓	↓	↓	↓	↓	↓	↓	↓	↓	↓	↓	0 1	1/3	1/2	1 2	2 3	3 4	5 6	7 8	10 11	14 15	21 22	30 31	44 45	↑
D	8	↓	↓	↓	↓	↓	↓	↓	↓	↓	↓	↓	0 1	1/3	1/2	1 2	2 3	3 4	5 6	7 8	10 11	14 15	21 22	30 31	44 45	↑	↑
E	13	↓	↓	↓	↓	↓	↓	↓	↓	↓	↓	0 1	1/3	1/2	1 2	2 3	3 4	5 6	7 8	10 11	14 15	21 22	30 31	44 45	↑	↑	↑
F	20	↓	↓	↓	↓	↓	↓	↓	↓	↓	0 1	1/3	1/2	1 2	2 3	3 4	5 6	7 8	10 11	14 15	21 22	↑	↑	↑	↑	↑	↑
G	32	↓	↓	↓	↓	↓	↓	↓	↓	0 1	1/3	1/2	1 2	2 3	3 4	5 6	7 8	10 11	14 15	21 22	↑	↑	↑	↑	↑	↑	↑
H	50	↓	↓	↓	↓	↓	↓	↓	0 1	1/3	1/2	1 2	2 3	3 4	5 6	7 8	10 11	14 15	21 22	↑	↑	↑	↑	↑	↑	↑	↑
J	80	↓	↓	↓	↓	↓	↓	0 1	1/3	1/2	1 2	2 3	3 4	5 6	7 8	10 11	14 15	21 22	↑	↑	↑	↑	↑	↑	↑	↑	↑
K	125	↓	↓	↓	↓	↓	0 1	1/3	1/2	1 2	2 3	3 4	5 6	7 8	10 11	14 15	21 22	↑	↑	↑	↑	↑	↑	↑	↑	↑	↑
L	200	↓	↓	↓	↓	0 1	1/3	1/2	1 2	2 3	3 4	5 6	7 8	10 11	14 15	21 22	↑	↑	↑	↑	↑	↑	↑	↑	↑	↑	↑
M	315	↓	↓	↓	0 1	1/3	1/2	1 2	2 3	3 4	5 6	7 8	10 11	14 15	21 22	↑	↑	↑	↑	↑	↑	↑	↑	↑	↑	↑	↑
N	500	↓	↓	0 1	1/3	1/2	1 2	2 3	3 4	5 6	7 8	10 11	14 15	21 22	↑	↑	↑	↑	↑	↑	↑	↑	↑	↑	↑	↑	↑
P	800	↓	0 1	1/3	1/2	1 2	2 3	3 4	5 6	7 8	10 11	14 15	21 22	↑	↑	↑	↑	↑	↑	↑	↑	↑	↑	↑	↑	↑	↑
Q	1,250	0 1	1/3	1/2	1 2	2 3	3 4	5 6	7 8	10 11	14 15	21 22	↑	↑	↑	↑	↑	↑	↑	↑	↑	↑	↑	↑	↑	↑	↑
R	2,000	1/3	1/2	1 2	2 3	3 4	5 6	7 8	10 11	14 15	21 22	↑	↑	↑	↑	↑	↑	↑	↑	↑	↑	↑	↑	↑	↑	↑	↑

비고
1. ↓: 화살표 아래의 최초의 샘플링 방식을 사용한다. 만약, 샘플의 크기가 로트 크기 이상이면 전수 검사한다
2. ↑: 화살표 위의 최초의 샘플링 방식을 사용한다.
3. Ac: 합격 판정 개수
4. Re: 불합격 판정 개수

표 6-19 엄격한 검사의 1회 샘플링방식(보조적 주 샘플링표)

샘플 문자	샘플 크기	합격 품질 수준(AQL) (까다로운 검사)																									
		0.010	0.015	0.025	0.040	0.065	0.10	0.15	0.25	0.40	0.65	1.0	1.5	2.5	4.0	6.5	10	15	25	40	65	100	150	250	400	650	1000
		Ac Re	Ac Re	Ac Re	Ac Re	Ac Re	Ac Re	Ac Re	Ac Re	Ac Re	Ac Re	Ac Re	Ac Re	Ac Re	Ac Re	Ac Re	Ac Re	Ac Re	Ac Re	Ac Re	Ac Re	Ac Re	Ac Re	Ac Re	Ac Re	Ac Re	Ac Re
A	2	↓	↓	↓	↓	↓	↓	↓	↓	↓	↓	↓	↓	↓	↓	↓	0 1	1/3	1/2	1 2	2 3	3 4	5 6	8 9	12 13	18 19	27 28
B	3	↓	↓	↓	↓	↓	↓	↓	↓	↓	↓	↓	↓	↓	↓	0 1	1/3	1/2	1 2	2 3	3 4	5 6	8 9	12 13	18 19	27 28	41 42
C	5	↓	↓	↓	↓	↓	↓	↓	↓	↓	↓	↓	↓	↓	0 1	1/3	1/2	1 2	2 3	3 4	5 6	8 9	12 13	18 19	27 28	41 42	↑
D	8	↓	↓	↓	↓	↓	↓	↓	↓	↓	↓	↓	↓	0 1	1/3	1/2	1 2	2 3	3 4	5 6	8 9	12 13	18 19	27 28	41 42	↑	↑
E	13	↓	↓	↓	↓	↓	↓	↓	↓	↓	↓	↓	0 1	1/3	1/2	1 2	2 3	3 4	5 6	8 9	12 13	18 19	27 28	41 42	↑	↑	↑
F	20	↓	↓	↓	↓	↓	↓	↓	↓	↓	↓	0 1	1/3	1/2	1 2	2 3	3 4	5 6	8 9	12 13	18 19	↑	↑	↑	↑	↑	↑
G	32	↓	↓	↓	↓	↓	↓	↓	↓	↓	0 1	1/3	1/2	1 2	2 3	3 4	5 6	8 9	12 13	18 19	↑	↑	↑	↑	↑	↑	↑
H	50	↓	↓	↓	↓	↓	↓	↓	↓	0 1	1/3	1/2	1 2	2 3	3 4	5 6	8 9	12 13	18 19	↑	↑	↑	↑	↑	↑	↑	↑
J	80	↓	↓	↓	↓	↓	↓	↓	0 1	1/3	1/2	1 2	2 3	3 4	5 6	8 9	12 13	18 19	↑	↑	↑	↑	↑	↑	↑	↑	↑
K	125	↓	↓	↓	↓	↓	↓	0 1	1/3	1/2	1 2	2 3	3 4	5 6	8 9	12 13	18 19	↑	↑	↑	↑	↑	↑	↑	↑	↑	↑
L	200	↓	↓	↓	↓	↓	0 1	1/3	1/2	1 2	2 3	3 4	5 6	8 9	12 13	18 19	↑	↑	↑	↑	↑	↑	↑	↑	↑	↑	↑
M	315	↓	↓	↓	↓	0 1	1/3	1/2	1 2	2 3	3 4	5 6	8 9	12 13	18 19	↑	↑	↑	↑	↑	↑	↑	↑	↑	↑	↑	↑
N	500	↓	↓	↓	0 1	1/3	1/2	1 2	2 3	3 4	5 6	8 9	12 13	18 19	↑	↑	↑	↑	↑	↑	↑	↑	↑	↑	↑	↑	↑
P	800	↓	↓	0 1	1/3	1/2	1 2	2 3	3 4	5 6	8 9	12 13	18 19	↑	↑	↑	↑	↑	↑	↑	↑	↑	↑	↑	↑	↑	↑
Q	1,250	↓	0 1	1/3	1/2	1 2	2 3	3 4	5 6	8 9	12 13	18 19	↑	↑	↑	↑	↑	↑	↑	↑	↑	↑	↑	↑	↑	↑	↑
R	2,000	0 1	1/3	1/2	1 2	2 3	3 4	5 6	8 9	12 13	18 19	↑	↑	↑	↑	↑	↑	↑	↑	↑	↑	↑	↑	↑	↑	↑	↑

비고
1. ↓: 화살표 아래의 최초의 샘플링 방식을 사용한다. 만약, 샘플의 크기가 로트 크기 이상이면 전수 검사한다
2. ↑: 화살표 위의 최초의 샘플링 방식을 사용한다.
3. Ac: 합격 판정 개수
4. Re: 불합격 판정 개수

표 6-20 수월한 검사의 1회 샘플링방식(보조적 주 샘플링표)

샘플 문자	샘플 크기	합격 품질 수준(AQL) (수월한 검사)*																									
		0.010	0.015	0.025	0.040	0.065	0.10	0.15	0.25	0.40	0.65	1.0	1.5	2.5	4.0	6.5	10	15	25	40	65	100	150	250	400	650	1000
		Ac Re	Ac Re	Ac Re	Ac Re	Ac Re	Ac Re	Ac Re	Ac Re	Ac Re	Ac Re	Ac Re	Ac Re	Ac Re	Ac Re	Ac Re	Ac Re	Ac Re	Ac Re	Ac Re	Ac Re	Ac Re	Ac Re	Ac Re	Ac Re	Ac Re	Ac Re
A	2	↓	↓	↓	↓	↓	↓	↓	↓	↓	↓	↓	↓	↓	↓	1 1	1/3	1/2	1 2	2 3	3 4	5 6	7 8	10 11	14 15	21 22	30 31
B	2	↓	↓	↓	↓	↓	↓	↓	↓	↓	↓	↓	↓	↓	0 1	1/5	1/3	1/2	1 2	2 3	3 4	5 6	7 8	10 11	14 15	21 22	30 31
C	2	↓	↓	↓	↓	↓	↓	↓	↓	↓	↓	↓	↓	0 1	1/5	1/3	1/2	1 2	2 3	3 4	4 5	5 7	8 9	10 11	14 17	21 22	↑
D	3	↓	↓	↓	↓	↓	↓	↓	↓	↓	↓	↓	0 1	1/5	1/3	1/2	1 2	2 3	3 4	4 5	6 7	8 9	10 11	14 15	21 22	↑	↑
E	5	↓	↓	↓	↓	↓	↓	↓	↓	↓	↓	0 1	1/5	1/3	1/2	1 2	2 3	3 4	4 5	6 7	8 9	10 11	14 15	21 22	↑	↑	↑
F	8	↓	↓	↓	↓	↓	↓	↓	↓	↓	0 1	1/5	1/3	1/2	1 2	2 3	3 4	4 5	6 7	8 9	10 11	↑	↑	↑	↑	↑	↑
G	13	↓	↓	↓	↓	↓	↓	↓	↓	0 1	1/5	1/3	1/2	1 2	2 3	3 4	4 5	6 7	8 9	10 11	↑	↑	↑	↑	↑	↑	↑
H	20	↓	↓	↓	↓	↓	↓	↓	0 1	1/5	1/3	1/2	1 2	2 3	3 4	4 5	6 7	8 9	10 11	↑	↑	↑	↑	↑	↑	↑	↑
J	32	↓	↓	↓	↓	↓	↓	0 1	1/5	1/3	1/2	1 2	3 4	3 4	4 5	6 7	8 9	10 11	↑	↑	↑	↑	↑	↑	↑	↑	↑
K	50	↓	↓	↓	↓	↓	0 1	1/5	1/3	1/2	1 2	2 3	3 4	4 5	6 7	8 9	10 11	↑	↑	↑	↑	↑	↑	↑	↑	↑	↑
L	80	↓	↓	↓	↓	0 1	1/5	1/3	1/2	1 2	2 3	3 4	4 5	6 7	8 9	10 11	↑	↑	↑	↑	↑	↑	↑	↑	↑	↑	↑
M	125	↓	↓	↓	0 1	1/5	1/3	1/2	1 2	3 4	3 4	4 5	6 7	8 9	10 11	↑	↑	↑	↑	↑	↑	↑	↑	↑	↑	↑	↑
N	200	↓	↓	0 1	1/5	1/3	1/2	1 2	2 3	3 4	4 5	6 7	8 9	10 11	↑	↑	↑	↑	↑	↑	↑	↑	↑	↑	↑	↑	↑
P	315	↓	0 1	1/5	1/3	1/2	1 2	2 3	3 4	4 5	6 7	8 9	10 11	↑	↑	↑	↑	↑	↑	↑	↑	↑	↑	↑	↑	↑	↑
Q	500	0 1	1/5	1/3	1/2	1 2	2 3	3 4	4 5	6 7	8 9	10 11	↑	↑	↑	↑	↑	↑	↑	↑	↑	↑	↑	↑	↑	↑	↑
R	800	1/5	1/3	1/2	1 2	2 3	3 4	4 5	6 7	8 9	10 11	↑	↑	↑	↑	↑	↑	↑	↑	↑	↑	↑	↑	↑	↑	↑	↑

비고
1. ↓: 화살표 아래의 최초의 샘플링 방식을 사용한다. 만약, 샘플의 크기가 로트 크기 이상이면 전수 검사한다
2. ↑: 화살표 위의 최초의 샘플링 방식을 사용한다.
3. Ac: 합격 판정 개수
4. Re: 불합격 판정 개수

6.3.7 AQL이 선호값이 아닌 경우

만일 AQL = 3 %와 같이 일반 샘플링검사표에서 AQL 값을 찾을 수 없을 경우, 보통검사 및 까다로운 검사에 한해 [표 6-21]을 이용하여 AQL을 만족하는 샘플링검사를 설계할 수 있다.

표 6-21 AQL이 선호값이 아닐 때 보통 및 까다로운 검사에 대한 샘플링 방식

샘플링 검사 형식	샘플크기	누계 샘플크기	합격 품질 수준, AQL(보통 검사)																							
			$\frac{12.5}{n_0}$		$\frac{50}{n_0}$		$\frac{80}{n_0}$		$\frac{125}{n_0}$		$\frac{200}{n_0}$		$\frac{315}{n_0}$		×		$\frac{500}{n_0}$		×		$\frac{800}{n_0}$				$\frac{1250}{n_0}$	
			Ac	Re	Ac	Re	Ac	Re	Ac	Re	Ac	Re	Ac	Re	Ac	Re	Ac	Re	Ac	Re	Ac	Re	Ac	Re	Ac	Re
1회	n_0	n_0	0	1	1	2	2	3	3	4	5	6	7	8	8	9	10	11	12	13	14	15	18	18	21	22
2회	$0.63n_0$	$0.63n_0$			0	2	0	3	1	4	2	5	3	7	3	7	5	9	6	10	7	11	9	14	11	16
	$0.63n_0$	$0.63n_0$			1	2	3	4	4	5	6	7	8	9	11	12	12	13	15	16	18	19	23	24	26	27
5회	$0.25n_0$	$0.25n_0$			#	2	#	2	#	3	#	4	0	4	0	4	0	5	0	6	1	7	1	8	2	9
	$0.25n_0$	$0.25n_0$			0	2	0	3	0	3	1	5	1	6	2	7	3	8	3	9	4	10	6	12	7	14
	$0.25n_0$	$0.25n_0$			0	2	0	3	1	4	2	6	3	8	4	9	6	10	7	12	8	13	11	17	13	19
	$0.25n_0$	$0.25n_0$			0	2	1	3	2	5	4	7	5	9	6	11	9	12	11	15	12	17	16	22	20	25
	$0.25n_0$	$0.25n_0$			1	2	3	4	4	5	6	7	9	10	10	11	12	13	15	16	18	17	23	24	26	27
			$\frac{20}{n_0}$		$\frac{80}{n_0}$		$\frac{125}{n_0}$		$\frac{200}{n_0}$		$\frac{315}{n_0}$		×		$\frac{500}{n_0}$		×		$\frac{800}{n_0}$		×		$\frac{1250}{n_0}$		×	
			합격 품질 수준, AQL(까다로운 검사)																							
			비고: 1회 샘플링 방식을 사용한다. #는 해당 샘플크기에서 합격 판정은 불가능하다																							

AQL = 3 %이고 보통검사 1회 샘플링 방식일 경우 [표 6-21]의 상단에서 합격판정개수 A_c = 0일 때 $\frac{12.5}{n_0}$를 찾을 수 있다. 따라서 다음의 식을 계산하여 가장 가까운 정수가 필요한 샘플의 크기가 된다.

$$\frac{12.5}{n_0} = 3$$

$$n_0 = 4.2$$

이 경우 4개의 샘플을 검사하여 부적합수가 하나도 없으면 로트를 합격 처리한다.

A_c = 1일 때에도 [표 6-21]의 상단에서 $\frac{50}{n_0}$을 찾을 수 있다. 따라서 다음과 같은 계산을 통해 필요한 샘플의 크기 n_0 = 17을 구할 수 있다.

$$\frac{50}{n_0} = 3$$

$$n_0 = 16.7$$

따라서 17개의 샘플을 검사하여 부적합수가 1개 이하일 경우 로트를 합격 처리한다.

까다로운 검사에 경우에는 위쪽의 식 대신에 아래 쪽에 있는 식을 사용한다. AQL =3 %이고 까다로운 검사일 경우 합격판정개수 A_c=0일 때 [표 6-21]의 하단에서 $\frac{20}{n_0}$을 찾을 수 있다. 따라서 다음의 식을 통해 필요한 샘플의 크기를 구할 수 있다.

$$\frac{20}{n_0} = 3$$

$$n_0 = 6.7$$

가장 가까운 정수가 7이므로 7개의 샘플을 검사하여 부적합수가 없을 경우 로트를 합격 처리한다.

6.4 스킵로트 샘플링검사(KS Q ISO 2859-3)

1) 개념

연속적인 로트 검사에서 제품의 품질이 AQL보다 상당히 좋다고 인정되고(2배 이상) 소정의 기준이 만족될 경우, 제출된 모든 로트를 검사하지 않고 일부 로트만을 검사할 수 있다.

이는 공급자가 품질을 효과적으로 관리하는 능력이 있다는 것을 입증할 수 있고 요구조건에 합치되는 로트를 지속적으로 생산하는 경우에 적용할 수 있다.

KS Q ISO 2859-1이 적용되는 경우에도 사용될 수 있으며 특성의 수가 복수일 경우에도 KS Q ISO 2859-1 의 절차를 조합하여 사용할 수 있다.

스킵로트 샘플링검사 적용 시 유의해야 할 점은 다음과 같다.

- 검사수준 I, II, III 하에서 보통검사, 수월한 검사 또는 보통검사와 수월한 검사

조합의 경우에만 사용된다.

- 자격심사 기간 중(6개월) 1로트라도 까다로운 검사를 받을 경우 자격을 상실한다.
- 합격 판정개수가 '0' 또는 '1'인 샘플링검사에서는 이 방식을 적용하지 말아야 한다.
- 인명의 안전과 관련되는 제품 특성의 검사에는 적용하지 않는다.
- 수월한 검사보다 비용적으로 유리한 경우 대신해서 사용될 수 있다.
- 연속 로트 또는 배치(batch)에 사용하는 것으로 고립로트에 사용해서는 않된다.

스킵로트 샘플링검사는 계수치의 경우에만 사용할 수 있으며 전체 로트의 품질이 유사하여 검사를 받지 않는 로트의 품질도 동등하다는 확신을 할 수 있을 경우에 사용할 수 있다.

2) 자격심사

(1) 공급자의 자격심사

① 제품품질과 설계변경을 관리하기 위한 문서화된 시스템을 갖추고 유지해야 한다. 이 경우 각 생산 로트의 검사와 검사결과에 대한 기록이 포함되어야 한다.

② 품질수준의 변동을 검출하여 수정하고 또한 품질의 저하를 초래하는 프로세스의 변화를 감시할 능력이 있는 시스템을 설치해야 한다.

③ 이 시스템을 적용할 책임이 있는 공급자 요원은 적용되는 표준, 시스템 및 따라야 할 절차에 대해 명확한 이해를 해야 한다.

④ 품질의 저하를 초래할 우려가 있는 조직 변경이 없어야 한다.

(2) 제품의 자격심사

① 안정된 설계에 따른 것이어야 한다.

② 공급자와 구매자 양쪽이 합의한 기간 동안 실질적인 연속 생산의 상태에서 제조된 것으로 한다. 만일 기간의 규정이 없다면 6개월로 한다. 샘플의 승인을 위하여 생산이 중지된 경우에는 승인 이후 생산 개시부터의 기간만을 포함한다.

③ 제품에 대한 자격심사 기간 중에 통상 검사수준 I, II 또는 III에서 보통검사 또는 수월한 검사 혹은 보통검사와 수월한 검사의 조합이 적용되어야 한다. 자격심사 기간 중 한 로트라도 까다로운 검사를 적용 받는 제품은 스킵로트 검사를 받을 자격이 없다.

④ 공급자와 소비자 양쪽이 합의한 안정 기간 중 AQL 또는 그보다 좋은 품질이 유지되어야 한다. 만일 이 기간의 규정이 없으면 이 기간을 6개월로 한다.

⑤ 다음의 요구 사항을 만족해야 스킵로트 검사를 받을 수 있다.

- 보통검사와 수월한 검사 조건하에서 직전에 10로트 이상이 합격되어야 한다.
- 직전에 10로트 또는 그 이상의 로트에서 발생한 부적합품수에 대한 누계 샘플수가 [표 6-22] 에 제시된 최소 누계 샘플크기 이상이 되어야 한다.
- 최근의 각 2로트는 [표 6-23]의 샘플의 크기와 AQL에 의해 제시된 합격 판정수를 만족시켜야 한다. (2회 또는 다회 샘플링검사는 1회 샘플링검사 결과만을 적용한다.)

(3) 스킵로트 검사의 초기 빈도 설정

일련의 스킵로트 검사조건을 만족하여 스킵로트 검사를 시작할 경우 검사의 빈도를 설정해야 한다. 이때 다음의 기준에 따라 검사의 빈도를 설정하는데 설정된 검사의 빈도는 소관권한자에게 승인을 받아야 한다.

① 초기빈도 설정 기준([그림 6-5])

- 1/4 검사: 자격 취득에 필요한 로트수가 20개 이하이고, 모든 로트가 [표 6-23]의 합격 판정수를 만족시키는 경우

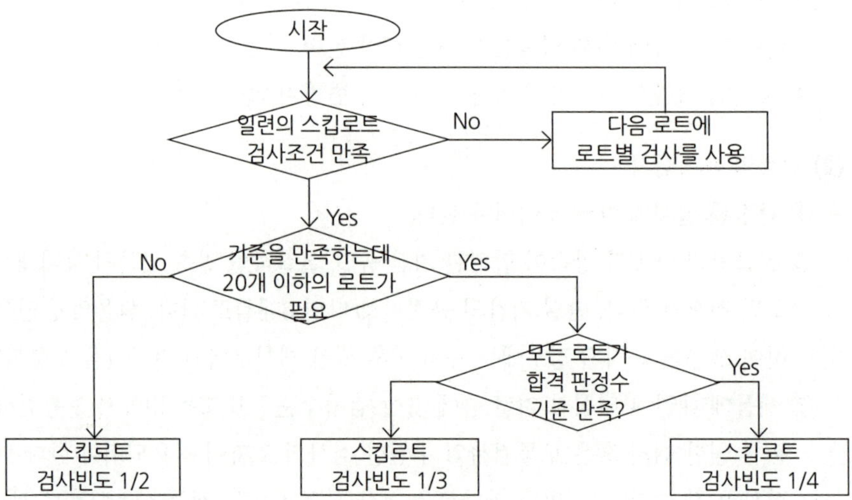

그림 6-5 스킵로트 검사 빈도의 초기값 결정

- 1/3 검사: 자격 취득에 필요한 로트수가 20개 이하이나, 1개의 로트라도 [표 6-23]의 합격 판정수를 만족시키지 못하지 경우
- 1/2 검사: 자격취득에 필요한 로트 수가 20개를 초과하는 경우
- 1/5 검사: 초기 빈도로는 사용하지 않는다.

② 스킵 검사에서 빈도의 의미

- 1/2 검사: 제출된 2로트 중에서 1로트를 검사한다.
- 1/3 검사: 제출된 3로트 중에서 1로트를 검사한다.
- 1/4 검사: 제출된 4로트 중에서 1로트를 검사한다.
- 1/5 검사: 제출된 5로트 중에서 1로트를 검사한다.

③ 규정된 검사 빈도에서 로트를 선정하는 방법

로트 검사여부를 결정하는 방법에는 주사위 또는 난수표를 이용할 수 있다. 다음의 경우에는 주사위를 이용하는 경우이다.

- 1/2 검사: 홀수이면 검사 짝수 이면 합격으로 한다.
- 1/3 검사: 1, 2가 나오면 검사 3이상이 나오면 합격으로 한다.
- 1/4 검사: 1이 나오면 검사하고 2, 3, 4는 합격으로 하며 5, 6이 나오면 다시 던진다.
- 1/5 검사: 1이 나오면 검사하고 2, 3, 4, 5는 합격으로 하고 6이 나오면 다시 던진다.

예제 6-9 AQL=0.65 %, 보통검사, 검사수준 II에서 다음과 같이 연속 10개 로트를 검사하였다.

1번과 2번의 샘플의 크기는 200개 이고, 나머지 샘플은 125개로 총 1400개를 검사한 결과 불량이 총 4개가 발견되었다. 이 검사결과를 토대로 스킵로트 검사 자격을 취득할 수 있는지 여부를 검토하고, 최초 적용되는 스킵로트 빈도를 결정하시오.

번호	로트크기	불량수	판정개수		판정
			합격수	불합격수	
1	200	1	3	4	합격
2	200	0	3	4	합격
3	125	0	2	3	합격
4	125	0	2	3	합격
5	125	0	2	3	합격
6	125	1	2	3	합격
7	125	0	2	3	합격
8	125	0	2	3	합격
9	125	1	2	3	합격
10	125	1	2	3	합격
계	1400	4			

(스킵로트검사 자격취득 검토)

다음의 3가지 조건을 모두 만족함으로 스킵로트 검사 자격을 취득할 수 있다.

① 연속 10로트 이상 합격

보통검사 주 샘플링표 [표 6-7]에서 AQL = 0.65 % 일 때, $n = 200$ 이면 합격 판정개수 $A_c = 3$이고 $n = 125$이면 합격 판정개수 $A_c = 2$ 이다. 따라서 모든 로트가 합격이다.

② 누계 샘플수가 최소 누계 샘플수 이상인 경우

AQL = 0.65 %, 누계 부적합품 수가 4일 경우 [표 6-22]에서 최소 누계 샘플의 크기는 1306이다.

그런데 10번째 로트까지의 누계 샘플수가 1400 이므로 최소 누계 샘플의 크기 조건이 만족되었다.

③ 최근 2로트의 부적합품수가 합격 판정수 이하인 경우

[표 6-23]에서 $n = 125$, AQL = 0.65 %일 경우 합격 판정수 $A_c = 1$ 이다. 따라서 로트 9번 및 10번 모두 부적합수가 1로 이 조건을 만족 시킨다.

따라서 스킵로트 검사를 위한 모든 자격취득 조건이 만족 되었다.

(초기빈도 적용)

20로트 이내에 스킵로트 검사를 위한 자격을 취득하였고, 모든 로트가 합격 판정수 기준을 만족하므로 초기빈도 1/4을 적용한다.

3) 스킵로트 검사의 절차

스킵로트 검사 절차는 기본적으로 3개가 존재한다.

상태 1 : 로트별 검사

초기 검사는 로트별 검사에서 시작한다. 이후 공급자가 일련의 스킵로트 검사조건을 만족시켜 스킵로트 검사 자격을 취득하였을 경우 상태 2의 스킵로트 검사로 넘어간다.

상태 2 : 스킵로트 검사

자격을 취득한 후 (초기)빈도를 결정하고 검사빈도에 따라 검사할 로트를 랜덤하게 결정하여 검사 로트의 합격과 불합격을 판정한다. 검사하지 않은 로트는 합격으로 처리한다.

이때 규정을 만족시키지 못하면 상태 3의 스킵로트 중단으로 넘어간다.

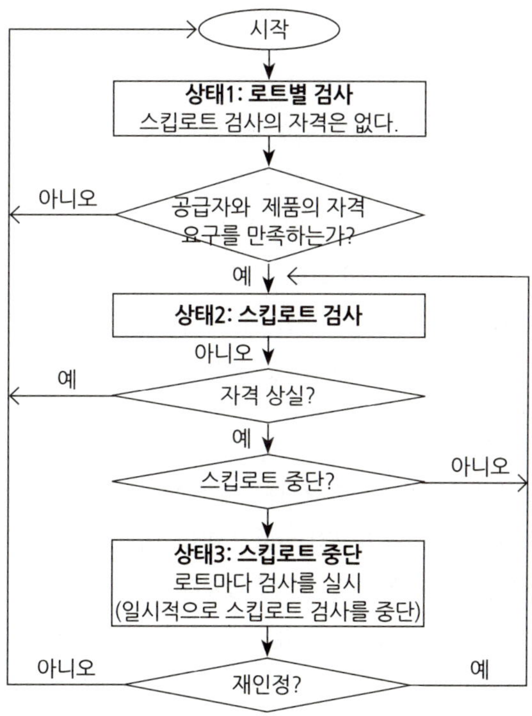

그림 6-6 **스킵로트 검사 절차도**

상태 3 : 스킵로트 중단

스킵로트 검사를 중단하고 로트별 검사를 한다. 이때 규정에 따라 정해진 기간 내에 자격을 재 취득하지 못하면 자격이 상실된다. 자격이 상실 될 경우는 상태 1에서부터 다시 시작을 해야한다. 여기서 개개의 로트의 합격 판정 기준은 KS Q ISO 2859-1을 적용하는데 수월한 검사는 상태 1에서만 사용할 수 있고 상태 2와 상태 3에서는 보통검사만을 적용한다.

(1) 상태 1에서 상태 2로 전환

다음의 3가지 조건을 모두 만족할 경우 상태 2의 스킵로트 샘플링검사를 받을 수 있다.

① 직전에 10로트 이상이 연속 합격되어야 한다.
단 중간에 불합격은 있을 수 있으나 까다로운 검사로 전환되면 자격이 상실된다.

② 합격에 필요한 누계 샘플수가 [표 6-22]의 최소 누계 샘플수 이상인 경우

③ 최근의 2로트의 부적합품수(또는 부적합수)가 [표 6-23]의 합격 판정수 이하인 경우

(2) 상태 2에서 승급

다음의 일련의 조건을 만족하게 되면 검사의 빈도가 1/2 → 1/3로, 1/3 → 1/4로, 1/4 → 1/5로 한 단계 낮은 빈도로 변경된다.

① 연속 10로트 이상이 스킵로트 검사를 받아 합격

② 누계 샘플수가 [표 6-22]의 최소 누계 샘플수를 만족

③ 최근의 2로트가 [표 6-23]의 합격 판정수를 만족

④ 소관권한자가 이 빈도의 이행을 승인하는 경우

(3) 상태 2에서 상태 3으로의 전환

다음 중 어느 하나라도 발생되면 상태 2에서 상태 3으로 전환된다.

① 검사한 최종 로트가 [표 6-23]의 합격 판정수를 만족하지 못하는 경우

② 2회 샘플링검사의 경우 2회 샘플이 필요해진 경우
상태 2에서 로트가 불합격되는 경우는 [표 6-23]의 합격 판정수를 만족할 수 없으므로 당연히 상태 3으로 전환된다. 상태 3에서는 스킵로트 검사를 중지하고 로트별 검사를 실시한다.

(4) 상태 3에서 상태 2로 전환

연속 4로트가 합격하고 최종의 연속 2로트가 [표 6-23]의 합격 판정수를 만족하는 경우 스킵로트 검사로 되돌아오게 된다. 이때 종전에 적용되던 검사빈도보다 한 단계 높은(즉, 엄격한) 빈도를 적용한다(단, 1/2 스킵 검사는 빈도에 변화가 없다.).
예) 1/5 → 1/4, 1/4 → 1/3, 1/3 → 1/2, 1/2 → 1/2

(5) 상태 2 또는 상태 3에서 자격상실

다음 중 어느 하나라도 발생하면 해당 제품은 스킵로트 검사의 자격을 상실하고 로트별 검사가 진행된다. 자격 상실의 이유는 문서화해 두어야 한다.

① 상태 3에서 로트별 검사 시 로트의 불합격이 발생하는 경우
② 상태 3에서 10로트를 검사하는 동안 상태 3을 벗어나지 못하는 경우
③ 양쪽의 합의기간 동안 생산이 없는 경우(합의가 없을 시 2개월로 한다.)
④ 공급자가 문서화되고 승인된 품질관리 절차를 현저히 일탈하는 경우
⑤ 고객의 불만이 있다는 것이 확인되고 제품 또는 서비스 품질에 대한 중대한 이상이 있다고 소관권한자가 인정하는 경우 또는 상태 2 및 상태 3 사이의 이행이 단기간에 2회 이상 발생하는 경우

위의 항목 중 어느 하나라도 발생하여 로트별 검사로 되돌아오면 스킵로트 샘플링검사를 위한 공급자 자격심사, 제품 자격심사를 처음부터 다시 적용 한다.

예제 6-10 다음은 스킵로트 검사에서 발생되는 사례를 기술한 것이다. 각각의 경우 내용에 따라 스킵로트 검사의 적용 여부 또는 적합한 스킵로트 검사의 초기 빈도를 결정하시오. (단, AQL = 0.65 %가 적용되었다.)

(1) 연속 10로트 검사에서 합격하여 상태 2로 갈 수 있는 자격을 취득하였다. 로트의 크기는 1250~9500개 사이에 있었으므로 샘플의 크기는 125 또는 200으로 부적합품은 항상 0 또는 1이었다.

(2) 연속 10로트에서 스킵로트 검사로 가는 자격을 취득하였다. 그런데 첫 번째 입고된 로트에서 샘플크기 125개 중에서 부적합품이 2개가 발견되었다.

(3) 연속 22로트가 진행되면서 스킵로트로 가기 위한 자격을 취득하였다.

(4) 빈도 1/3인 상태에서 상태 3으로 전환되었다. 상태 3에서 연속 4로트가 합격되고, 최근 2로트의 샘플크기는 각각 125개이며 부적합품수는 각 1개 및 2개이었다.

(5) 빈도 1/3인 스킵로트 검사상태에서 연속 10로트가 스킵로트 검사를 받아 합격하고, [표 6-22]의 최소 누계 샘플크기와 [표 6-23]의 합격 판정수 조건을 만족하였다.

---

(1) 20개 이하의 로트로 스킵로트 검사 자격을 취득한 상태에서, [표 6-23]에서 AQL = 0.65 % 이고 $n = 125$ 일 때 합격 판정수 $A_c = 1$, $n = 200$ 일 때 합격 판정수 $A_c = 2$ 이므로, 모든 로트가 합격 판정수를 만족한다. 따라서 최초 적용빈도는 1/4 스킵검사가 적용 된다.

(2) 20개 이하의 로트로 스킵로트 검사 자격을 취득한 상태에서, 첫 번째 로트가 [표 6-23]의 합격 판정개수 $A_c = 1$을 만족하지 못하므로 최초 적용빈도는 1/3 스킵검사를 적용한다.

(3) 20로트가 초과되어 자격을 취득하였으므로, 최초 적용빈도는 1/2 스킵검사가 적용된다.

(4) 마지막 2로트 중 1개가 $n = 125$에서 부적합품수가 2개로 [표 6-23]의 $A_c = 1$개인 조건을 만족하지 못하므로 상태 3(로트별 검사)이 지속된다.

(5) 스킵로트검사에서 승급조건이 만족되므로 소관권한자가 승인하는 경우 한 단계 낮은 빈도인 1/4 스킵로트 검사가 적용된다.

표 6-22 스킵로트 검사 적용을 위한 최소 누계 샘플크기

불합격품 또는 불합격	합격품질 수준(AQL) (불합격품 퍼센트(%) 또는 100단위당 불합격수												
	0.1	0.15	0.25	0.4	0.65	1	1.5	2.5	4	6.5	10	15	25
	최소 누계 샘플크기												
0	2660	1740	1040	650	400	260	174	104	65	40	26	17	10
1	4250	2840	1700	1070	654	425	284	170	107	65	43	28	17
2	5740	3830	2300	1440	883	574	383	230	144	88	57	38	23
3	7140	4760	2860	1790	1098	714	476	286	179	110	71	48	29
4	8490	5660	3400	2120	1306	849	566	340	212	131	85	57	34
5	9800	6530	3920	2450	1508	980	653	392	245	151	98	65	39
6	11090	7390	4440	2770	1706	1109	739	444	277	171	111	74	44
7	12360	8240	4940	3090	1902	1236	824	494	309	190	124	82	49
8	13610	9070	5440	3400	2094	1361	907	544	340	209	136	91	54
9	14850	9900	5940	3710	2285	1485	990	594	371	229	149	99	59
10	16080	10720	6430	4020	2474	1608	1072	643	402	247	161	107	64
11	17290	11530	6920	4320	2660	1729	1153	692	432	266	173	115	69
12	18500	12330	7400	4630	2846	1850	1233	740	463	285	185	123	74
13	19700	13130	7880	4930	3031	1970	1313	788	493	303	197	131	79
14	20890	13930	8360	5220	3214	2089	1393	836	522	321	209	139	88
15	22080	14720	8830	5520	3397	2208	1472	883	552	340	221	147	88
16	23260	15500	9300	5820	3578	2326	2550	930	582	358	233	155	93
17	24430	16290	9770	6110	3758	2443	1629	977	611	376	244	163	98
18	25600	17070	10240	6400	3938	2560	1707	1024	640	394	256	171	102
19	16760	17840	10700	6690	4117	2676	1784	1070	669	412	268	178	107
20	27930	18620	11170	6980	4297	2793	1862	1117	698	430	279	186	112
n(2)	1170	780	470	290	180	117	78	47	29	18	12	8	5

주 1. 불합격품 퍼센트는 10 이하의 AQL에 적합하다.

2. 각각의 추가 불합격품 또는 불합격은 20의 최소 샘플크기에 n을 더한다.
예를 들면 AQL이 1 % 이고 22개의 불합격품 또는 불합격이 발견되었을 때, 최소 누계 샘플크기는 다음에 의하여 구해진다.
$(2 \times 117) + 2793 = 3207$

표 6-23 스킵로트 검사의 개시, 계속, 재개를 위한 합격 판정수

샘플 크기	합격 품질 수준(AQL)(%) [부적합품 퍼센트(2) 또는 100단위당 부적합]												
	0.1	0.15	0.25	0.4	0.65	1	1.5	2.5	4	6.5	10	15	25
	합격 판정수												
2								→	→	0	→	0	1
3							→	→	0	→	0	1	1
5						→	→	0	→	0	1	1	2
8					→	→	0	→	0	1	1	2	3
13				→	→	0	→	0	1	1	2	3	5
20			→	→	0	→	0	1	1	2	3	5	7
32		→	→	0	→	0	1	1	2	3	5	7	11
50	→	→	0	→	0	1	1	2	3	5	7	11	17
80	→	0	→	0	1	1	2	3	5	7	11	17	
125	0	→	0	1	1	2	3	5	7	11	17		
200	→	0	1	1	2	3	5	7	11	17			
315	0	1	1	2	3	5	7	11	17				
500	1	1	2	3	5	7	11	17					
800	1	2	3	5	7	11	17						
1250	2	3	5	7	11	17							
2000	3	5	7	11	17								

주 1. 엄격하지 않은 검사에 의하여 화살표 표시는 $A_c=0$을 나타낸다.
2. 부적합품 퍼센트 10 이하의 AQL에 적용한다.

비고 이 스킵 로트 합격 판정수는 ISO 2859-1에 주어진 각각의 로트에 대한 합부 판정 기준과 혼동해서는 안된다.

6.5 AQL 지표형 축차 샘플링검사(KS Q ISO 2859-5)

1)개념

로트로부터 샘플을 1개씩 검사하여 누계 부적합수 D가 [그림 6-7]에서와 같이 합격 및 불합격 판정치에 의해 결정되는 영역에 속하면 이에 따라 처리하면 된다. 이는 계수 규준형 축차 샘플링의 경우와 같다.

$$\text{불합격 판정치}: R = gn_c + h_R$$

$$\text{합격 판정치}: A = gn_c - h_A$$

단, 상기의 합격 및 불합격 판정치의 계수 h_A, h_R, g는 샘플문자와 AQL에 해당되는 값으로 [부표 B21] ~ [부표 B23] 에서 찾을 수 있다.

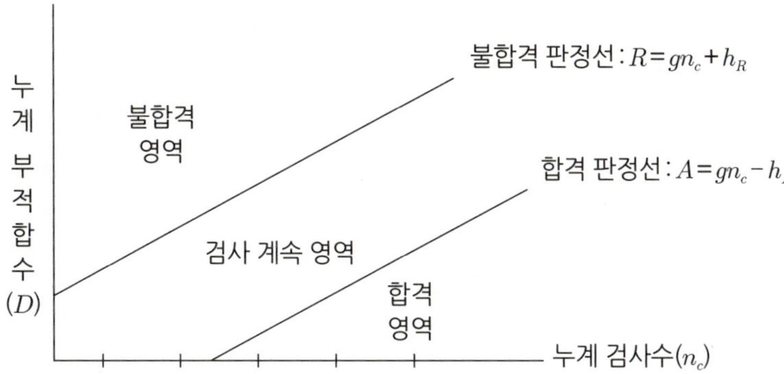

그림 6-7 축차 샘플링 검사 도표

2) 검사방법

① 로트의 크기, 검사수준을 고려하여 샘플문자를 찾는다.

② [부표 B21] ~ [부표 B23]의 표로부터 샘플문자와 AQL에 해당되는 h_A, h_R g, A_{ct} 및 n_t를 찾아 다음의 합격 판정치 A와 불합격 판정치 R을 구한다.

합격 판정치 : $A=gn_c-h_A$

(합격 판정개수 A_c는 A의 값보다 작거나 같은 최소의 정수로 함)

불합격 판정치 : $R=gn_c+h_R$

(불합격 판정개수 R_e 는 R의 값보다 크거나 같은 정수로함)

불합격 판정개수 R_e가 중지값 R_{et}보다 클 때에는, 누적 카운트 D가 R_{et}를 초과할 경우 합격할 가능성이 없기 때문에, 불합격 판정개수 R_e 대신 중지값 R_{et}로 대치된다.

③ 각 샘플을 검사한 후 다음과 같이 판정을 한다.

- 누계 부적합수 D가 누적 샘플크기 n_c에 대한 합격 판정개수 A_c 이하이면 로트를 합격 처리하고 검사가 종료된다.
- 누계 부적합수 D가 누적 샘플크기 n_c에 대한 불합격 판정개수 R_e이상이면 로

트를 불합격 처리하고 검사가 종료된다.

- 위의 어느 경우에도 해당되지 않을 경우 샘플 1개를 추가로 검사한다.

누적 샘플수가 중지값 n_t에 이르면 합격 판정개수의 중지값 A_{ct}와 불합격 판정개수의 중지값 R_{et}(A_{ct}+1과 같음)를 이용하여 합격과 불합격을 결정한다.

예제 6-11 어떤 상품의 검사를 위해 AQL = 4 %, 검사수준 I이 사용된다. 로트의 크기 N = 1,500일 경우 검사결과가 다음과 같을 때 AQL 지표형 보통검사 축차 샘플링검사를 설계하고 로트의 합격 여부를 판정하시오.

n_c	D
7	1
11	2
14	3
21	4
24	5

[표 6-6]에서 로트의 크기 N = 1,500과 검사수준 I에 해당되는 샘플문자를 찾으면 H이다.

[부표 B21]에서 샘플문자 H와 AQL = 4 %에 해당되는 계수를 찾으면 $h_A = 1.426$, $h_R = 2.449$, $g = 0.097$ 그리고 중지값은 $n_t = 80$, 합격 판정개수 $A_{ct} = 7$ 이다.

따라서 합격 판정치 A와 불합격 판정치 R은 다음과 같다.

$$A = gn_c - h_A = 0.097n_c - 1.426$$
$$R = gn_c + h_R = 0.097n_c + 2.449$$

누적 샘플의 크기 $n_c = 24$일 때 다음의 계산에 의해 불합격 판정개수 $R_e = 5$가 된다.

$$R = gn_c + h_R = 0.097 \times 24 + 2.449 = 4.777$$

이 경우 누계 부적합수 $D = 5$이므로 로트를 불합격 처리한다.

6.6 LQ 지표형 샘플링검사(KS ISO 2859-2)

AQL 지표형 샘플링검사 방식(KS Q ISO 2859-1) 하에서는 장기적으로 로트의 평균 품질수준이 AQL로 보장되지만 품질이 AQL보다 매우 나쁜 로트라도 합격될 수가 있다.

이에 LQ 지표형 샘플링검사는 개별 로트에 대한 품질을 보증하기 위한 것으로, 합격시키고 싶지 않은 로트의 품질수준 즉, 한도품질(LQ : Limiting Quality)을 정해 놓고 품질이 나쁜 로트를 낮은 수준(소비자 위험 β 정도)으로만 합격시키고자 하는 것이다.

LQ는 로트 부적합률 또는 100아이템당 결점수로 규준형 샘플링검사에서 p_1, 폐지된 KS Q 3105 계수 선별형 샘플링검사에서의 LTPD(Lot Tolerance Percent Defective)와 같은 것이다.

1) LQ 지표형 검사의 두 가지 절차

소비자는 고립 로트로 간주하지만 공급자가 고립 또는 연속 로트 중 어느 것으로 간주하는가에 따라 두 개의 절차로 나누어진다.

(1) 절차 A : 소비자 및 공급자 모두 고립 로트로 간주하는 경우에 사용된다. 이는 초기하분포에 기초하고 있으나 합격판정개수가 A_c가 0이 아닌 경우에는 근사적으로 이항분포를 사용하여 계산된다.
만일 절차 A와 B 중에서 무엇을 사용할지 명확하지가 않다면 절차 A를 따른다.

(2) 절차 B : 소비자는 고립 로트로 받아들이지만 공급자는 연속 로트 중 하나로 간주되기를 바라는 경우에 사용되는 절차이다. 합격판정개수가 0인 샘플링 방식은 포함하지 않는다. 즉, 이 경우에는 전수검사를 한다.

2) 판정 절차

(1) 샘플링 방식의 결정

- 절차 A : 로트의 크기 및 한계품질(LQ)에 해당되는 샘플링 방식을 [표 6-24]에서 찾는다.
- 절차 B : 규정된 한계품질(LQ)에 해당되는 표([표 6-25]는 LQ=5 % 일 때 절차 B

의 샘플링 방식을 설계하는 표이다.)를 찾아 로트의 크기 및 검사수준에 따라 샘플링 방식을 찾는다(특별한 지정이 없으면 검사수준을 II로 한다.).

(2) 샘플링: 로트에서 샘플을 랜덤하게 뽑은 후 전수 검사를 한다.

(3) 판정

발견된 부적합품의 수가 샘플링 방식에서 지정한 합격 판정개수 A_c 이하이면 로트를 합격 처리한다.

(4) 부적합품 처리

로트가 합격이 된 경우에도 검사 도중에 발견된 부적합품은 불합격으로 처리한다.

3) 불합격 로트의 재제출

불합격 로트는 다음의 조건을 만족하지 않는 한 재제출해서는 안 된다.

① 소관권한자가 동의했다.

② 로트 내 전체의 아이템을 재점검 또는 재시험하고, 모든 부적합품이 제거 또는 적합품으로 치환되거나 수정되었다.

③ 만일 불합격 로트의 재제출에 소관권한자가 동의한 경우에는 소관권한자는 합부판정 검사의 방법(즉, LQ 및/또는 검사 수준)과, 전체를 검사할 것인가 아니면 부적합이 있는 등급의 검사 또는 불합격의 원인이 된 것만 검사할 것인가를 결정한다.

예제 6-12 조립식 책장의 키트에 첨부하기 위한 10개 들이 나사 팩세트를 구입하고자 한다. 세트 당 정확히 10개의 나사가 들어있는 것이 바람직하나 나사가 부족한 팩이 1 %이하까지는 허용하기로 하였다.

생산계획은 5,000세트로 로트의 크기는 1,250이며, 공급자는 절차 A에서 한계품질의 표준값 LQ = 3.15 %를 사용하는 것에 합의하였다. 이 경우 다음의 질문에 답을 하시오.

① 어떤 샘플링 방식을 사용해야 하는가?

② 샘플링 방식을 설계하시오.

③ 공급자는 5,000세트 전체를 단일한 로트로서 공급하고 싶다고 제

안하였다면 이 경우에 샘플링 방식을 설계하시오.

④ 이 경우 불량률이 1%인 상태에서 로트의 합격확률은 어떻게 변화하는가?

① 단일 로트의 품질을 보증해야 하므로 LQ 지표형 샘플링 방식을 사용해야 한다.

② [표 6-24]에서 $N = 1{,}250$, $\mathrm{LQ} = 3.15\ \%$ 일 경우 검사개수 $n = 125$, 합격 판정개수 $A_C = 1$인 샘플링 방식을 구할 수 있다. 즉, 125개를 검사하여 불량품이 1개 이하일 경우 로트를 합격시킨다.

③ [표 6-24]에서 새로운 샘플링 방식은 $n = 200$, $A_C = 3$이 된다.

④ 샘플수 n이 크고 p가 매우 작으므로 포아송 분포를 사용할 수 있다.

합격 판정개수 $n = 125$이고 $c = 1$인 경우 :

$$m = np = 125 \times 0.01 = 1.25$$
$$L(p) = P(X \le 1) = 0.64$$

합격 판정개수 $n = 200$이고 $c = 3$인 경우:

$$m = np = 200 \times 0.01 = 2$$
$$L(p) = P(X \le 3) = 0.86$$

로트의 합격율이 64 %에서 86 %로 증가됨을 알 수 있다.

예제 6-13 1,250 키트에 필요한 7,500매의 패널을 1로트로 간주한다. 패널의 표면 홈은 2.5 % 발생되는데 만일 5 %의 패널에 홈이 발생되면 생산에 차질이 있을 것이라는 판단을 내렸다.

소비자와 공급자는 LQ 지표형 검사의 절차 B가 적합하다고 합의하고, 한계 품질의 표준값 LQ = 5 % 검사수준 S-4를 선택하였다.

① 샘플링 방식을 설계하시오.

② 이때 대응되는 AQL과 LQ 수준의 로트가 합격할 확률을 구하시오.

③ 검사수준을 III으로 할 경우 샘플링 방식을 설계하시오.

① [표 6-25]에서 LQ = 5 %, 로트 크기 N = 7,500, 검사수준 S-4의 경우 n = 80, A_C = 1 인 검사방식이다.
즉 80개의 샘플을 검사하여 불량개수가 1개 이하일 경우 로트를 합격시킨다.

② [표 6-25]에서 대응되는 AQL = 0.65 % 이며, LQ = 5 %에서 로트 합격율은 8.6 % 이다.

③ N = 7,500, LQ = 5 %, 검사수준 III에 대응되는 방식은 n = 315, A_C = 10이다.
이때 95 % 로트 합격률에 대응되는 공정품질 수준(부적합품 퍼센트)은 1.97 % 가 된다.

절차 A에는 합격판정개수가 '0'인 샘플링검사가 있지만, 절차 B에는 합격판정개수가 '0'인 샘플링검사가 없고 전수검사를 실행한다.

표 6-24 한계품질(LQ)을 지표로하는 1회 샘플링방식(절차 A)

로트 크기		한계 품질(LQ) (부적합 퍼센트)									
		0.5	0.80	1.25	2.0	3.15	5.0	8.0	12.5	20.0	31.5
16~25	n	*	*	*	*	*	*	17(1)	13	9	6
	A_c							0	0	0	0
26~50	n	*	*	*	*	*	28(1)	22	15	10	6
	A_c						0	0	0	0	0
51~90	n	*	*		50	44	34	24	16	10	8
	A_c				0	0	0	0	0	0	0
91~150	n	*	*	90	80	55	38	26	18	13	13
	A_c			0	0	0	0	0	0	0	1
151~280	n	200(1)	17(1)	130	95	65	42	28	20	20	13
	A_c	0	0	0	0	0	0	0	0	1	1
281~500	n	280	200	155	105	80	50	32	32	20	20
	A_c	0	0	0	0	0	0	0	1	1	3
501~1 200	n	380	255	170	125	125	80	50	32	32	32
	A_c	0	0	0	0	1	1	1	1	3	5
1 201~3 200	n	430	280	200	200	125	125	80	50	50	50
	A_c	0	0	0	1	1	3	3	3	5	10
3 201~10 000	n	450	315	315	200	200	200	125	80	80	80
	A_c	0	0	1	1	3	5	5	5	10	18
10 001~35 000	n	500	500	315	315	315	315	200	125	125	80
	A_c	0	1	1	3	5	10	10	10	18	18
35 001~150 000	n	800	500	500	500	500	500	315	200	125	80
	A_c	1	1	3	5	10	18	18	18	18	18
150 000~500 000	n	800	800	800	800	800	500	315	200	125	80
	A_c	1	3	5	10	18	18	18	18	18	18
500 000 이상	n	1 250	1 250	1 250	1 250	800	500	315	200	125	80
	A_c	3	5	10	18	18	18	18	18	18	18

표 6-25 한계품질 LQ=5 %에 대한 1회 샘플링방식(절차 B)

검사수준에 대한 로트의 크기					KS Q ISO 2859-1의 샘플링 방식 (보통검사)			샘플 문자	합격 확률에 대응하는 공정품질수준 (부적합품 퍼센트)			검사 수준별 LQ에서의 CR(β)의 최대값		
S1 ~ S3	S4	I	II	III	AQL	n	A_c		95.0	50.0	10.0	S1 ~ I	II	III
81 이상	81 ~ 50만	81 ~1만	81 ~1200	81 ~500	0.65	80	1	J	0.446	2.09	4.78	8.6	7.9	6.9
	50만 이상	~35000	1201 ~3200	501 ~1200	1.00	125	3	K	1.1	2.93	5.27	12.4	11.9	11
		~15만	3201 ~1만	1201 ~3200	1.00	200	5	L	1.31	2.83	4.59	6.2	6.2	5.7
		15만 이상	10001 이상	3201 이상	1.50	315	10	M	1.97	3.38	4.84	8.1	8.1	8.1

6장 연습문제

1. $p_0=0.5$ %, $p_1=10$ %, $\alpha=0.05$, $\beta=0.1$을 만족하는 계수 규준형 1회 샘플링검사 방식을 설계하시오.

2. $p_0=0.4$ %, $p_1=1.2$ %, $\alpha=0.05$, $\beta=0.1$을 만족하는 계수 규준형 1회 샘플링검사 방식을 설계하시오.

3. 두 점 ($p_1=0.02$, $\alpha=0.05$), ($p_2=0.12$, $\beta=0.1$)를 만족시키는 계수 규준형 축차 샘플링 검사를 설계하시오.

   1) 합격 및 불합격 선을 구하시오.

   2) 합부 판정표를 작성하시오(단, 중지 값까지 작성).

4. 로트의 크기 $N=3,000$, 검사수준 II, AQL=0.65 % 일 경우 보통검사, 까다로운 검사, 수월한 검사 1회 샘플링검사 방식을 설계하시오.

5. '문제 4'와 동일한 조건에서 보통, 까다로운, 수월한 검사 2회 샘플링검사 방식을 설계하시오.

6. 다음은 AQL=0.65 %, 검사수준 II를 적용하여 10로트에 대해 1회 샘플링검사를 실행한 결과이다. 각각의 샘플링 결과에 따라 로트의 합부 판정을 하고 어떤 검사를 해야 하는지를 결정하시오. 단, 현재 보통검사를 적용하고 있으며 전환스코어는 26점이다.

로트 번호	로트 크기	샘플 크기	AQL=0.65 %					
			A_c	R_e	부적합 품 수	전환 스코어	판정	다음 로트에 대한 조치
1	1,500				1			
2	1,500				0			
3	1,500				1			
4	1,500				0			
5	1,500				2			
6	1,500				1			
7	1,500				1			
8	1,500				2			
9	1,500				0			
10	1,500				2			

7. 검사수준 II, AQL=0.65 %, 1회 샘플링검사를 적용하여 실행한 결과가 다음과 같다. 다음의 질문에 답을 하시오. 단, 현재 보통검사를 실시하고 있으며 전환스코어는 0점이다.

번호	로트 크기	샘플 크기	A_c	R_e	부적합 수	전환 스코어	판정	로트에 대한 조치 (검사방법)
1	2,000				1			
2	2,000				0			
3	2,000				0			
4	2,000				0			
5	2,000				0			
6	2,000				0			
7	2,000				1			
8	2,000				0			
9	2,000				0			
10	2,000				1			

1) 스킵로트 검사를 할 수 있는가(이유를 설명)?

2) 만일 스킵로트 검사를 할 수 있다면 초기빈도는(이유를 설명)?

8. 분수합격 샘플링검사에 대해 다음의 질문에 답을 하시오.

1) 언제 적용할 수 있는가?

2) 이를 사용하는 이유는 무엇인가?

9. 스킵로트 샘플링검사를 적용하는 이유는 무엇인가? 간략하게 기술하시오.

10. 로트의 크기 2,000, AQL=2.5 %, 검사수준 1, 보통검사의 AQL 지표형 축차 샘플링 방식을 설계할 경우 다음의 질문에 답을 하시오.

1) 합부 판정선을 구하시오.

2) 합부 판정표를 작성하시오(단, 중도 중지값까지만 작성할 것).

3) 이 경우 만일 25개를 검사하여 불량이 3개 나왔다면 로트에 대한 합부 판정을 할 수 있는가?

제7장

계량형 샘플링검사

7.1 개요

계량형 샘플링검사에서는 샘플의 특성치를 양적으로 측정한 후 특성치의 규격과의 관계로부터 설정된 합격 판정기준과 비교하여 로트의 합부 판정을 내린다. 따라서 계량치 샘플링검사를 사용하기 위해서는 통계적 지식과 검사대상이 되는 제품에 대한 지식이 필요하다.

계량치 샘플링검사는 OC 곡선 상의 두 점을 지나도록 설계되어 소비자와 생산자를 동시에 보호하는 '계량 규준형 샘플링검사'와 장기적으로 로트의 평균품질이 AQL 되도록 보증하는 '계량형 샘플링검사'(계수치의 경우 AQL 지표형 샘플링검사라고 한다.)로 대별 된다.

각각의 경우 공정의 표준편차를 모를 때 사용하는 's' 방법과, 알 때 사용하는 'σ' 방법으로 구분 된다. 'σ' 방법을 사용할 경우 샘플의 크기가 작아 경제적이고 판단기준을 구하는 방법이 더 단순해지는 장점이 있으나 지속적으로 표준편차를 기록하고 관리도를 관리하면서 업데이트를 해야 한다.

따라서 처음에는 's' 방법으로 시작한 이후, 품질이 만족스러운 상태로 유지되어 로트가 연속적으로 합격이 될 경우 'σ'방법으로 전환할 수 있다.

공급자에게 품질이 나쁜 로트의 불합격이라는 경제적, 심리적 압력을 통하여 높은 품질의 제품을 공급하도록 유도하기 위해 '계량치 축차 샘플링검사' 방식을 적용할 수 있다.

7.2 계량 규준형 샘플링검사(KS Q 0001)

다른 규준형 검사와 마찬가지로 OC 곡선 상의 두 점 $[p_0, 1-\alpha]$, $[p_1, \beta]$을 만족시키는 샘플링검사 방식이다. 두 점과의 관계를 통해 '샘플의 크기' n과 '합격 판정기준'을 구한 후, n개의 샘플 측정하여 구한 특성치의 샘플 평균($\overline{X}$)과 합격 판정기준을 비교함으로써 로트의 합부 판정을 한다.

계량형 샘플링검사는 공정의 표준편차를 알고 있을 때와 모르고 있을 때로 구분된다. 표준편차를 알고 있을 때는 로트의 평균치와 부적합률(불량률)을 보증하는 경우를 설명한다. 공정의 표준편차를 모를 때는 로트의 부적합률(불량률)을 보증하는 방법만을 설명한다.

7.2.1 표준편차가 기지인 경우

1)로트의 평균치 보증

로트의 평균치를 구한 후 합격기준과 비교하여 로트의 합격 또는 불합격 여부를 판정하게 된다.

[그림 7-1]의 ①의 경우와 같이 품질특성이 작을수록 좋은 경우 샘플의 평균($\overline{X}$)이 합격판정치 $\overline{X}_U$ 보다 작거나 같을 경우 로트를 합격으로 판정하며, ②의 경우와 같이 품질특성이 클수록 좋은 경우 샘플의 평균($\overline{X}$)이 합격판정치 $\overline{X}_L$ 보다 크거나 같을 경우 로트를 합격으로 판정한다.

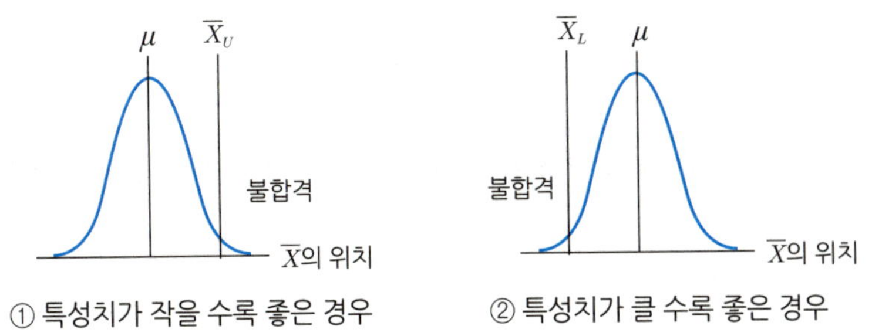

그림 7-1 로트의 평균을 보증하는 계량규준형 샘플링검사

[그림 7-1]의 샘플링방식을 설계하기 위해서는 다음과 같은 4가지 변수의 값이 미리 결정되어야 한다.

m_0 = 가능한 합격시키고 싶은 로트 평균치의 한계

m_1 = 가능한 불합격시키고 싶은 로트 평균치의 한계

α = 생산자 위험부담(5 %를 기준으로 함)

β = 소비자 위험부담(10 %를 기준으로 함)

(1) 품질 특성치가 작을 수록 좋은 경우

특성치가 작아 품질이 좋은 로트의 평균을 m_0, 특성치가 커 품질이 나쁜 로트의 평균을 m_1이라고 할 경우, $\overline{X}_U$ 를 합리적으로 설정하여 $\bar{x} > \overline{X}_U$ 일 경우 로트를 불합격시키면 [그림 7-2]에서와 같이 제 1종의 오류(α) 및 제 2종의 오류(β)가 발생하게 된다.

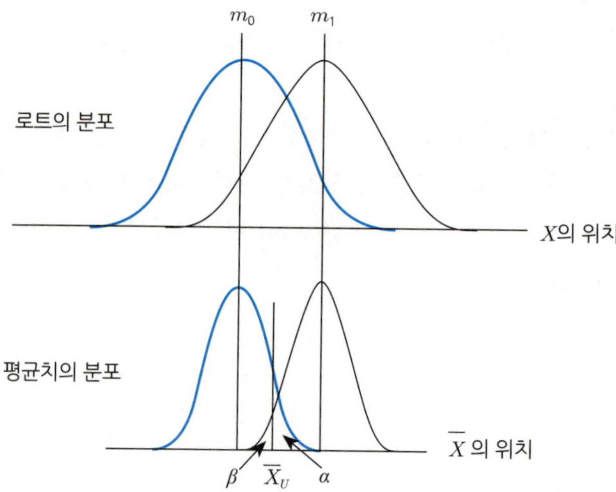

그림 7-2 품질특성이 작을 수록 좋은 경우 오류의 발생(평균 보증)

$$P(\overline{X} > \overline{X}_U) = \alpha$$

$$P(Z > \frac{\overline{X}_U - m_0}{\sigma/\sqrt{n}}) = \alpha$$

따라서 $Z_\alpha = \dfrac{\overline{X}_U - m_0}{\sigma/\sqrt{n}}$ 이므로 이를 다음과 같이 나타낼 수 있다.

$$\overline{X}_U = m_0 + Z_\alpha \frac{\sigma}{\sqrt{n}} \quad \text{-----------} \ (7.1)$$

특성치가 커 품질이 나쁨에도 불구하고 로트가 합격이 될 확률 β는 다음과 같이 계산된다.

$$P(\overline{X} < \overline{X}_U) = \beta$$

$$P(Z < \frac{\overline{X}_U - m_1}{\sigma/\sqrt{n}}) = \beta$$

따라서 $-Z_\beta = \dfrac{\overline{X}_U - m_1}{\sigma/\sqrt{n}}$ 이므로 이를 다음과 같이 나타낼 수 있다.

$$\overline{X}_U = m_1 - Z_\beta \frac{\sigma}{\sqrt{n}} \quad \text{----------- (7.2)}$$

식 (7.1)과 (7.2)에 대해 연립방정식을 풀면 다음과 같이 n값을 구할 수 있다.

$$m_0 + Z_\alpha \frac{\sigma}{\sqrt{n}} = m_1 - Z_\beta \frac{\sigma}{\sqrt{n}}$$

$$n = \left(\frac{Z_\alpha + Z_\beta}{m_1 - m_0}\right)^2 \sigma^2 \quad \text{----------- (7.3)}$$

n값이 결정되면 식(7.1) 또는 (7.2)에 이를 대입할 경우 $\overline{X}_U$값을 구할 수 있다.

$$\overline{X}_U = m_0 + Z_\alpha \frac{m_1 - m_0}{Z_\alpha + Z_\beta} = \frac{m_0 Z_\beta + m_1 Z_\alpha}{Z_\alpha + Z_\beta} \quad \text{----------- (7.4)}$$

따라서 샘플 n개를 측정하여 $\overline{x} \le \overline{X}_U$일 경우 로트를 합격시키고 아니면 불합격을 시킨다.

예제 7-1 소자의 직경이 0.004 mm 이하인 좋은 로트를 합격시키고, 0.005 mm 이상의 나쁜 로트를 불합격시키기로 하였다. $\alpha = 5\ \%$, $\beta = 10\ \%$일 경우 샘플의 크기 n과 합격판정계수 $\overline{X}_U$를 구하시오.
단, 과거의 데이터로부터 특성치의 표준편차 σ를 추정한 결과 0.0006 mm로 파악되었다.

$m_0 = 0.004$, $Z_\alpha = 1.645$, $m_1 = 0.005$, $Z_\beta = 1.282$이므로 샘플의 크기 n 및 합격판정계수 $\overline{X}_U$는 다음과 같다.

$$n=\left(\frac{Z_\alpha+Z_\beta}{m_1-m_0}\right)^2\sigma^2=\left(\frac{1.645+1.282}{0.005-0.004}\right)^2(0.0006)^2=3.084$$

$$\overline{X}_U=m_0+Z_\alpha\frac{m_1-m_0}{Z_\alpha+Z_\beta}=0.004+1.645\left(\frac{0.005-0.004}{1.645+1.282}\right)=0.00456$$

샘플의 개수는 정수이어야 하므로 4개를 측정하여 평균 $\bar{x}$를 구한 후 0.00456 mm 보다 작을 경우 로트를 합격 처리한다.

(2) 품질 특성치가 클 수록 좋은 경우

특성치가 커 품질이 좋은 로트의 평균을 m_0, 특성치가 작아 품질이 나쁜 로트의 평균을 m_1이라고 할 경우, $\overline{X}_L$를 합리적으로 설정하여 $\bar{x}<\overline{X}_L$일 경우 로트를 불합격 시키면 [그림 7-3]에서와 같이 제 1종의 오류(α) 및 제 2종의 오류(β)가 발생하게 된다.

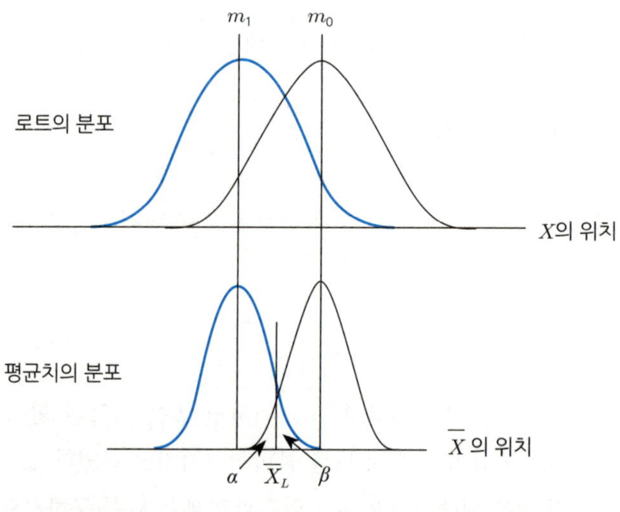

그림 7-3 품질특성이 클 수록 좋은 경우 오류의 발생(평균 보증)

앞에서 설명한 '품질특성치가 작을 수록 좋은 경우'와 동일한 방법으로 좋은 로트가 불합격 될 확률 α와 나쁜 로트가 합격이 될 확률 β에 대해 각각 다음과 같은 식을 구할 수 있다.

$$\overline{X}_L = m_0 - Z_\alpha \frac{\sigma}{\sqrt{n}} \text{ ----------- } (7.5)$$

$$\overline{X}_L = m_1 + Z_\beta \frac{\sigma}{\sqrt{n}} \text{ ----------- } (7.6)$$

식 (7.5)와 (7.6)에 대해 연립방정식을 풀면 다음과 같이 n값을 구할 수 있다.

$$m_0 - Z_\alpha \frac{\sigma}{\sqrt{n}} = m_1 + Z_\beta \frac{\sigma}{\sqrt{n}}$$

$$n = \left(\frac{Z_\alpha + Z_\beta}{m_0 - m_1}\right)^2 \sigma^2 \text{ ----------- } (7.7)$$

n값이 결정되면 식 (7.5) 또는 (7.6)에 이를 대입할 경우 다음과 같이 $\overline{X}_L$값을 구할 수 있다.

$$\overline{X}_L = m_0 - Z_\alpha \frac{m_0 - m_1}{Z_\alpha + Z_\beta} = \frac{m_0 Z_\beta + m_1 Z_\alpha}{Z_\alpha + Z_\beta} \text{ ----------- } (7.8)$$

따라서 샘플 n개를 측정하여 $\bar{x} > \overline{X}_L$일 경우 로트를 합격시키고 아니면 불합격을 시킨다.

예제 7-2 부품의 인장력이 34 kg/mm^2 이하인 나쁜 로트는 가능한 불합격시키고, 38 kg/mm^2 이상인 좋은 로트는 가능한 합격시키고자 한다. 샘플의 크기 n, 하한의 합격판정 기준치를 얼마로 해야 하는가? 단, $\alpha = 0.05$, $\beta = 0.1$이고 표준편차 $\sigma = 2.8$ kg/mm^{2}로 알려져 있다.

$m_0 = 38$, $Z_\alpha = 1.645$, $m_1 = 34$, $Z_\beta = 1.282$이므로 샘플의 크기 n 및 합격판정계수 $\overline{X}_L$은 다음과 같다.

$$n = \left(\frac{Z_\alpha + Z_\beta}{m_0 - m_1}\right)^2 \sigma^2 = \left(\frac{1.645 + 1.282}{38 - 34}\right)^2 (2.8)^2 = 4.2$$

$$\overline{X}_L = m_0 - Z_\alpha \frac{m_1 - m_0}{Z_\alpha + Z_\beta} = 38 - 1.645\left(\frac{38 - 34}{1.645 + 1.282}\right) = 35.75$$

샘플 5개를 측정하여 평균 $\bar{x}$를 구한 후 35.75 kg/mm보다 클 경우 로트를 합격처리한다.

2) 로트의 불량률 보증

(1) 규격 상한치 S_U가 주어진 경우

불량률이 p_0이하인 품질이 좋은 로트(로트 평균이 m_0)를 가능한 합격시키고, 불량률이 p_1이상인 나쁜 로트(로트 평균이 m_1)를 가능한 불합격시키고자 할 경우, $\overline{X}_U$를 합리적으로 설정하여 $\bar{x} > \overline{X}_U$일 경우 로트를 불합격시키면 [그림 7-4]에서와 같이 제 1종의 오류(α) 및 제 2종의 오류(β)가 발생하게 된다.

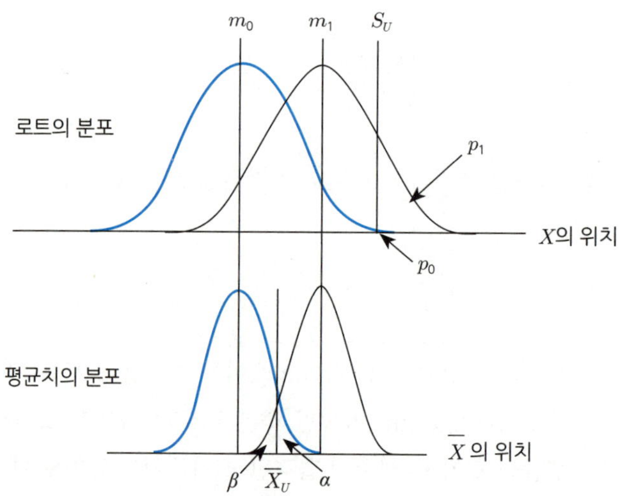

그림 7-4 품질특성이 작을 수록 좋은 경우 오류의 발생(불량률 보증)

특성치가 작아 품질이 좋은 로트의 제품들이 규격 상한을 벗어나 불량일 확률을 다음과 같이 나타낼 수 있다.

$$P(X > S_U) = p_0$$

$$P\left(Z > \frac{S_U - m_0}{\sigma}\right) = p_0$$

따라서 $Z_{p_0} = \dfrac{S_U - m_0}{\sigma}$ 이므로 이를 다음과 같이 나타낼 수 있다.

$$S_U = m_0 + Z_{p_0}\sigma \text{ ----------- } (7.9)$$

특성치가 커 품질이 나쁜 로트의 제품들이 규격상한을 벗어나 불량일 확률은 다음과 같이 나타낼 수 있다.

$$P(X > S_U) = p_1$$

$$P\left(Z > \frac{S_U - m_1}{\sigma}\right) = p_1$$

따라서 $Z_{p_1} = \dfrac{S_U - m_1}{\sigma}$ 이므로 이를 다음과 같이 나타낼 수 있다.

$$S_U = m_1 + Z_{p_1}\sigma \text{ ----------- } (7.10)$$

식 (7.9)와 (7.10)에 대해 연립방정식을 풀면 다음과 같이 $m_1 - m_0$값을 구할 수 있다.

$$m_0 + Z_{p_0}\sigma = m_1 + Z_{p_1}\sigma$$
$$m_1 - m_0 = Z_{p_0}\sigma - Z_{p_1}\sigma = (Z_{p_0} - Z_{p_1})\sigma$$

상기 식에서의 $m_1 - m_0$을 식(7.3), (7.4)에 각각 대입하면 다음과 같이 n 및 $\overline{X}_U$값을 구할 수 있다.

$$n = \left(\frac{Z_\alpha + Z_\beta}{m_1 - m_0}\right)^2 \sigma^2 = \left(\frac{Z_\alpha + Z_\beta}{Z_{p_0} - Z_{p_1}}\right)^2 \text{ ----------- } (7.11)$$

$$\overline{X}_U = m_0 + Z_\alpha \frac{m_1 - m_0}{Z_\alpha + Z_\beta} = S_U - Z_{p_0}\sigma + Z_\alpha \sigma \frac{Z_{p_0} - Z_{p_1}}{Z_\alpha + Z_\beta}$$
$$= S_U - \left(\frac{Z_\alpha Z_{p_1} + Z_\beta Z_{p_0}}{Z_\alpha + Z_\beta}\right)\sigma$$

이때 편의상 $\dfrac{Z_\alpha Z_{p_1} + Z_\beta Z_{p_0}}{Z_\alpha + Z_\beta} = k$ 라 하면 $\overline{X}_U = S_U - k\sigma$ 가 된다.

따라서 샘플 n개를 측정하여 $\bar{x} \le \overline{X}_U$일 경우 로트를 합격시키고 아니면 불합격을 시킨다.

예제 7-3 제품의 저항이 500 Ω 이하인 경우 로트를 가능한 합격시키고자 한다. 과거의 표준편차 $\sigma = 10$ Ω으로 알려져 있는 경우 $p_0 = 0.01$, $\alpha = 0.05$, $p_1 = 0.05$, $\beta = 0.1$을 만족하는 계량 규준형 샘플링검사를 설계 하시오.

$Z_{p_0} = 2.326$, $Z_\alpha = 1.645$, $Z_{p_1} = 1.645$, $Z_\beta = 1.282$ 이므로 샘플의 크기 n 및 합격판정계수 $\overline{X}_U$는 다음과 같다.

$$n = \left(\frac{Z_\alpha + Z_\beta}{Z_{p_0} - Z_{p_1}}\right)^2 = \left(\frac{1.645 + 1.282}{2.326 - 1.645}\right)^2 = 18.474$$

$$k = \frac{Z_\alpha Z_{p_1} + Z_\beta Z_{p_0}}{Z_\alpha + Z_\beta} = \frac{1.645 \times 1.645 + 1.282 \times 2.326}{1.645 + 1.282} = 1.943$$

따라서 $\overline{X}_U = S_U - k\sigma = 500 - 1.943 \times 10 = 480.57$ (Ω)이 된다.

샘플 19개를 추출하여 평균을 구한 후 480.57 Ω보다 작을 경우 로트를 합격 처리한다.

(2) 규격 하한치 S_L이 주어진 경우

불량률이 p_0이하인 품질이 좋은 로트(로트 평균이 m_0)를 가능한 합격시키고, 불량률이 p_1이상인 나쁜 로트(로트 평균이 m_1)를 가능한 불합격시키고자 할 경우, $\overline{X}_L$를 합리적으로 설정하여 $\bar{x} < \overline{X}_L$일 경우 로트를 불합격시키면 [그림 7-5]에서와 같이 제 1종의 오류(α) 및 제 2종의 오류(β)가 발생하게 된다.

앞에서 설명한 '품질 특성치가 작을 수록 좋은 경우'와 동일한 방법으로 각각의 로트가 규격하한(S_L)을 벗어나 불량률 p_0, p_1을 가질 때 다음의 식을 구할 수 있다.

$$S_L = m_0 - Z_{p_0}\sigma$$
$$S_L = m_1 - Z_{p_1}\sigma$$

상기의 식에서 $m_0 - m_1$ 을 구해 식 (7.7), (7.8)에 대입할 경우 다음과 같이 n 및 $\overline{X}_L$을 구할 수 있다.

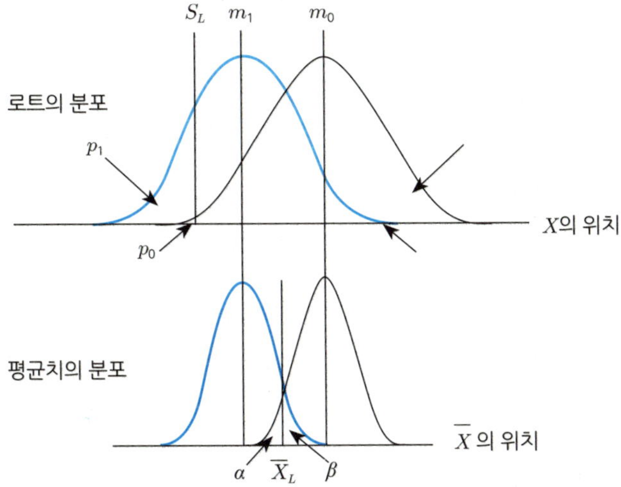

그림 7-5 품질특성이 클수록 좋은 경우 오류의 발생(불량률 보증)

$$n=\left(\frac{Z_\alpha+Z_\beta}{Z_{p_0}-Z_{p_1}}\right)^2$$

$$\overline{X}_L=m_0-Z_\alpha\frac{m_1-m_0}{Z_\alpha+Z_\beta}=S_L+Z_{p_0}\sigma-Z_\alpha\sigma\frac{Z_{p_0}-Z_{p_1}}{Z_\alpha+Z_\beta}$$

$$=S_L+\left(\frac{Z_\alpha Z_{p_1}+Z_\beta Z_{p_0}}{Z_\alpha+Z_\beta}\right)\sigma$$

이때 편의상 $\dfrac{Z_\alpha Z_{p_1}+Z_\beta Z_{p_0}}{Z_\alpha+Z_\beta}=k$ 라 하면 $\overline{X}_L=S_L+k\sigma$ 가 된다.

따라서 샘플 n개를 측정하여 $\overline{x}\geq\overline{X}_L$일 경우 로트를 합격시키고 아니면 불합격을 시킨다,

예제 7-4 강판의 두께가 3 mm 이상으로 구성된 로트들을 가능한 합격으로 하고자 한다. 과거의 표준편차가 0.3 mm로 알려져 있다.
$p_0=0.01$, $\alpha=0.05$, $p_1=0.08$, $\beta=0.1$을 만족하는 계량 규준형 샘플링 검사를 설계하시오.

$Z_{p_0}=2.326$, $Z_\alpha=1.645$, $Z_{p_1}=1.405$, $Z_\beta=1.282$이므로 샘플의 크기 n 및 합격판정계수 $\overline{X}_L$은 다음과 같다.

$$n=\left(\frac{Z_\alpha+Z_\beta}{Z_{p_0}-Z_{p_1}}\right)^2=\left(\frac{1.645+1.282}{2.326-1.405}\right)^2=10.100$$

$$k=\frac{Z_\alpha Z_{p_1}+Z_\beta Z_{p_0}}{Z_\alpha+Z_\beta}=\frac{1.645\times1.405+1.282\times2.326}{1.645+1.282}=1.808$$

따라서 $\overline{X}_L=S_L+k\sigma=3+1.808\times0.3=3.54$가 된다.

샘플 11개를 추출하여 평균을 구한 후 3.54 mm보다 클 경우 로트를 합격 처리한다.

(3) 양쪽 규격이 주어진 경우

양쪽 규격이 주어지는 경우는 [그림 7-6]의 경우와 같이 3가지가 있다.

①의 경우에는 공정의 고유능력인 6σ범위에 비해 규격의 범위가 훨씬 크기 때문에 공정의 평균이 어느 정도 좌 또는 우로 이동하더라도 불량이 발생되지 않는다.

따라서 이때에는 이미 설명한 한 쪽 규격이 있는 경우와 동일하게 다음의 식을 각각 적용하여

$$\overline{X}_U=S_U-k\sigma$$
$$\overline{X}_L=S_L+k\sigma$$

$\overline{X}_L\le\bar{x}\le\overline{X}_U$가 만족될 경우 로트를 합격 처리하고, 아니면 불합격 처리한다.

③의 경우는 규격의 범위가 공정의 고유능력인 6σ 보다 작은 상태로 공정의 중심이 규격의 중심에 일치되더라도 불량이 발생하는 경우이다.

따라서 다음의 식이 만족될 경우에는 로트에서 샘플을 추출하여 검사할 필요도 없이 로트를 불합격시킨다.

$$\left|\frac{S_U-S_L}{2\sigma}\right|\le Z_{p_0}$$

②의 경우 공정의 중심이 규격의 중심과 일치할 때에는 불량률이 p_0보다 작으나, 공정의 중심이 규격의 중심을 벗어날 경우 불량률이 증대한다. 따라서 이 경우에는 샘플링검사에 특별한 주의를 요한다.

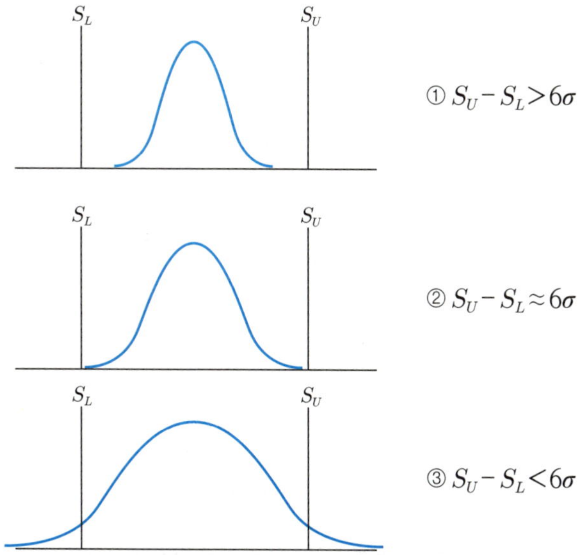

그림 7-6 양쪽 규격의 3가지 경우

$S_L = 20$, $S_U = 25$, $\sigma = 1$일 때 $p_0 = 0.024$, $\alpha = 0.05$, $p_1 = 0.08$, $\beta = 0.1$인 경우의 샘플링 방식을 설계해 보자.

[표 7-1]은 공정의 중심이 변화함에 따라 특성치가 규격 상한 및 하한을 벗어나 불량이 발생하는 상황을 나타낸 것이다.

표 7-1 양쪽 규격에서 공정의 중심이동에 따른 불량률 p의 계산

m	$\frac{S_L - m}{\sigma}$	$\frac{S_U - m}{\sigma}$	p_L	p_U	$p = p_L + p_U$
21.5	-1.5	3.5	0.0668	0.00023	0.067
22	-2	3	0.0228	0.0013	0.0241
22.5	-2.5	2.5	0.0062	0.0062	0.0124
23	-3	2	0.0013	0.0228	0.0241
23.5	-3.5	1.5	0.00023	0.0668	0.067

[표 7-1]을 그래프로 나타내면 [그림 7-7]과 같다. 공정의 중심이 $m = 22.5$일 때 불량률 p가 가장 작으며, 공정의 중심이 $m = 22$ 또는 23일 때 불량률이 0.0228+0.0013=0.024가 된다.

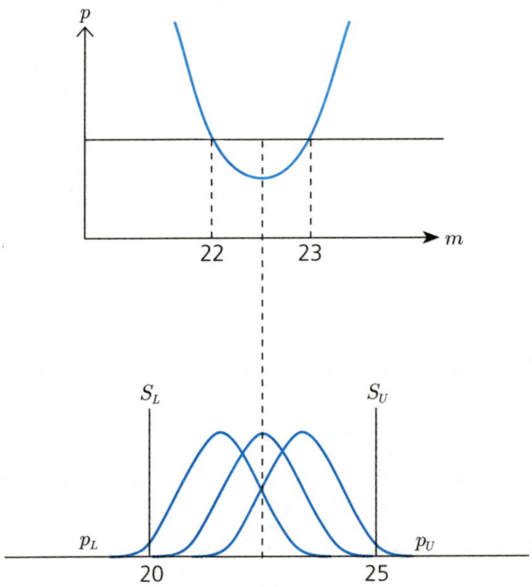

그림 7-7 양쪽 규격에서 공정의 중심 m과 불량률 p의 관계

따라서 어느 한 쪽의 규격 밖으로 나가는 불량이 0.0228일 경우 전체 불량률이 0.024가 된다는 것을 알 수 있다.

따라서 $p_0=0.024$, $\alpha=0.05$, $p_1=0.08$, $\beta=0.1$인 양쪽 규격의 샘플링 방식은 $p_0=0.0228$, $\alpha=0.05$, $p_1=0.08$, $\beta=0.1$일 때의 한 쪽 규격의 샘플링 방식을 설계함으로써 구할 수 있다.

$Z_{p_0}=Z_{0.0228}=2.0$, $Z_\alpha=1.645$, $Z_{p_1}=Z_{0.08}=1.405$, $Z_\beta=1.282$이므로

$$n=\left(\frac{Z_\alpha+Z_\beta}{Z_{p_0}-Z_{p_1}}\right)^2=\left(\frac{1.645+1.282}{2.0-1.405}\right)^2=24.1$$

$$k=\frac{Z_\alpha Z_{p_1}+Z_\beta Z_{p_0}}{Z_\alpha+Z_\beta}=\frac{1.645\times 1.405+1.282\times 2.0}{1.645+1.282}=1.7$$

따라서 $\overline{X}_L$, $\overline{X}_U$는 다음과 같다.

$$\overline{X}_L=S_L+k\sigma=20+1.7\times 1=21.7$$
$$\overline{X}_U=S_U-k\sigma=25-1.7\times 1=23.3$$

그러므로 샘플 25개를 취하여 $\bar{x}$를 계산한 후 다음을 만족할 경우 로트를 합격시키고, 아니면 불합격시킨다.

$$\overline{X}_L = 21.7 \le \bar{x} \le 23.3 = \overline{X}_U$$

7.2.2 표준편차가 미지인 경우

1) 규격상한치 S_U가 주어진 경우

특성치가 작을 수록 좋은 경우 모집단의 표준편차 σ를 알고 있을 때에는, 로트의 불량률을 보증하기 위해 크기 n의 샘플을 측정하여 평균치를 구한 후 다음과 같이 판정을 하였다.

$$\bar{x} \le \overline{X}_U = S_U - k\sigma \Rightarrow \text{로트 합격}$$
$$\bar{x} > \overline{X}_U = S_U - k\sigma \Rightarrow \text{로트 불합격}$$

상기의 식은 다음과 같이 표현할 수 있다.

$$S_U \ge \bar{x} + k\sigma \qquad \Rightarrow \text{로트 합격}$$
$$S_U < \bar{x} + k\sigma \qquad \Rightarrow \text{로트 불합격}$$

그런데 만일 σ를 모르는 경우에는 σ대신에 샘플의 표준편차 $s = \sqrt{\dfrac{\sum(x_i - \bar{x})^2}{n-1}}$ 를 사용하면 다음과 같다.

$$S_U \ge \bar{x} + k's \qquad \Rightarrow \text{로트 합격}$$
$$S_U < \bar{x} + k's \qquad \Rightarrow \text{로트 불합격}$$

여기서 s는 근사적으로 정규분포 $N(\sigma, \sigma^2/2(n-1))$를 따르므로 $\bar{x} + k's$는 근사적으로 다음의 분포를 따른다.

$$\bar{x} + k's \sim N\left\{m + k'\sigma, \frac{\sigma^2}{n} + \frac{k'^2\sigma^2}{2(n-1)}\right\}$$

따라서 좋은 로트가 불합격이 될 확률(생산자 위험 α)은 $P(\bar{x} + k's > \overline{S}_U) = \alpha$ 이므로

$$S_U = m_0 + k'\sigma + Z_\alpha \sigma \sqrt{\frac{1}{n} + \frac{k'^2}{2(n-1)}} \text{ ----------- } (7.12)$$

그리고 나쁜 로트가 합격될 확률(소비자 위험부담 β)은 $P(\overline{x} + k's \le S_U) = \beta$ 이므로

$$S_U = m_1 + k'\sigma - Z_\beta \sigma \sqrt{\frac{1}{n} + \frac{k'^2}{2(n-1)}} \text{ ----------- } (7.13)$$

이 된다.

식 (7.12)과 (7.13)은 [그림 7-8]에서 보다 쉽게 이해될 수 있다.

[그림 7-8]에서

$P(X > S_U) = p_0$ 이므로

$P\left(Z > \frac{S_U - m_0}{\sigma}\right) = p_0$ 이 된다.

따라서 $\frac{S_U - m_0}{\sigma} = Z_{p_0}$ 이므로 이를 식(7.12)에 대입하면 다음과 같다.

$$Z_{p_0} = k' + Z_\alpha \sqrt{\frac{1}{n} + \frac{k'^2}{2(n-1)}} \text{ ----------- } (7.14)$$

같은 방법으로 $\frac{S_U - m_1}{\sigma} = Z_{p_1}$ 을 식(7.13)에 대입하면 다음과 같다.

$$Z_{p_1} = k' - Z_\beta \sqrt{\frac{1}{n} + \frac{k'^2}{2(n-1)}} \text{ ----------- } (7.15)$$

식 (7.14)와 (7.15)를 연립하여 풀면 다음을 구할 수 있다.

$$n = \left(1 + \frac{k^2}{2}\right) \cdot \left(\frac{Z_\alpha + Z_\beta}{Z_{p_0} - Z_{p_1}}\right)^2, \quad k' = k = \frac{Z_\alpha Z_{p_1} + Z_\beta Z_{p_0}}{Z_\alpha + Z_\beta}$$

이 경우 식 (7.11)에 비해 샘플의 크기가 $\left(1 + \frac{k^2}{2}\right)$배 크다. 따라서 표준편차 σ를 모르는 경우에는 이를 알고 있을 때에 비해 검사개수가 커지는 것을 알 수 있다.

예제 7-5 앞의 '예제 7-3'에서 표준편차 σ를 모를 경우 샘플링검사방식을 설계하시오.

$Z_{p_0}=2.326$, $Z_\alpha=1.645$, $Z_{p_1}=1.645$, $Z_\beta=1.282$이므로 샘플의 크기 n 및 k는 다음과 같다.

$$k=\frac{Z_\alpha Z_{p_1}+Z_\beta Z_{p_0}}{Z_\alpha+Z_\beta}=\frac{1.645\times1.645+1.282\times2.326}{1.645+1.282}=1.943\text{으로 동일하다.}$$

$$n=\left(1+\frac{k^2}{2}\right)\cdot\left(\frac{Z_\alpha+Z_\beta}{Z_{p_0}-Z_{p_1}}\right)^2=\left(1+\frac{1.943^2}{2}\right)\cdot\left(\frac{1.645+1.282}{2.326-1.645}\right)^2=53.345\text{이므로}$$

샘플의 개수는 54개로 $\left(1+\frac{k^2}{2}\right)=2.888$배 증가 되었다.

이 경우 54개의 샘플을 측정하여 $\bar{x}$, s를 구한 후 $\bar{x}\le(\bar{X}_U=S_U-ks)$일 경우 로트를 합격 처리하고 그렇지 않으면 불합격 처리를 한다.

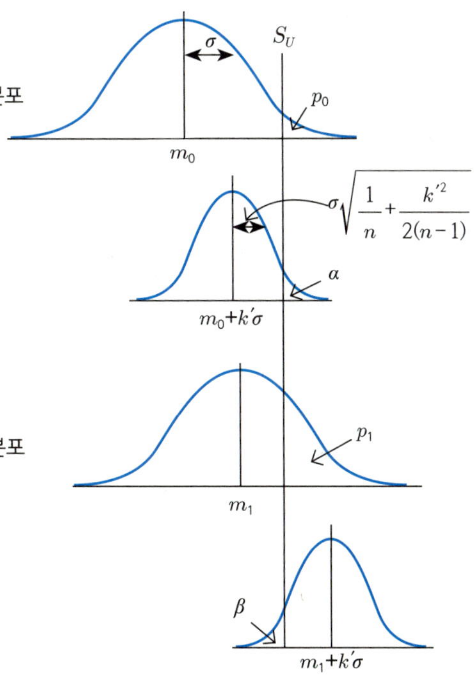

그림 7-8 $\bar{x}+k'\sigma$ 분포와 p_0, p_1, α, β의 관계

2) 규격하한치 S_L이 주어진 경우

앞의 '1) 규격상한치 S_U가 주어진 경우'와 동일한 방법으로 판정기준을 구하면 다음과 같다.

$$S_L \le \overline{X}_L - k'\sigma \quad \Rightarrow \text{ 로트 합격}$$
$$S_L > \overline{X}_L - k'\sigma \quad \Rightarrow \text{ 로트 불합격}$$

이때 합격판정개수와 샘플의 크기는 다음과 같다.

$$n = \left(1+\frac{k^2}{2}\right)\cdot\left(\frac{Z_\alpha + Z_\beta}{Z_{p_0} - Z_{p_1}}\right), \qquad k' = k = \frac{Z_\alpha Z_{p_1} + Z_\beta Z_{p_0}}{Z_\alpha + Z_\beta}$$

예제 7-6 앞의 **(예제 7-4)**에서 표준편차 σ를 모를 경우 샘플링검사방식을 설계하시오.

$Z_{p_0} = 2.326,\ Z_\alpha = 1.645,\ Z_{p_1} = 1.405,\ Z_\beta = 1.282$ 이므로 샘플의 크기 n 및 k는 다음과 같다.

$$k = \frac{Z_\alpha Z_{p_1} + Z_\beta Z_{p_0}}{Z_\alpha + Z_\beta} = \frac{1.645\times1.405 + 1.282\times2.326}{1.645+1.282} = 1.808\text{로 동일하다.}$$

$$n = \left(1+\frac{k^2}{2}\right)\cdot\left(\frac{Z_\alpha + Z_\beta}{Z_{p_0} - Z_{p_1}}\right)^2 = \left(1+\frac{1.808^2}{2}\right)\cdot\left(\frac{1.645+1.282}{2.326-1.405}\right)^2 = 26.61 \approx 27\text{로}$$

$\left(1+\frac{k^2}{2}\right) = 2.63$배 증가 되었다.

이 경우 27개 샘플을 측정하여 $\bar{x}$, s를 구한 후 $\bar{x} \ge (\overline{X}_L = S_L + ks)$일 경우 로트를 합격 처리하고 아니면 불합격 처리를 한다.

7.3 계량형 샘플링검사(KS Q 3951)

계수형의 AQL 지표형 샘플링 방식과 같이 AQL을 보증하는 방식이다. 계량형 샘플링 방식은 샘플문자와 AQL에 해당하는 '샘플의 크기' n과 '합격 판정기준'(규격과의 관련성을 통해 설정된 값임)을 표에서 찾은 후, n개의 샘플에 대해 특성을 양적으로 측정하여 계산한 값과 합격 판정기준을 비교하여 로트의 합부 판정을 내린다.

공정의 표준편차를 모를 경우 샘플로부터 표준편차 's'를 구하여 사용하는 's' 방법과, 공정의 표준편차 'σ' 알고 있을 경우 이를 사용하는 'σ' 방법이 있다.

7.3.1 's' 방법

1) 한쪽 규격의 경우

① [표 6-6]에서 로트의 크기와 주어진 검사 수준(보통 II)이 교차하는 란에서 샘플문자를 구한다.

② [부표 B1]~[부표 B3]에서 ①에서 구한 샘플문자와 AQL이 교차하는 란에서 샘플의 크기 n과 합격판정 계수 k의 값을 구한다.

③ n개의 샘플을 측정하여 평균($\overline{x}$)과 표준편차(s)를 계산한다.

④ 규격상한의 경우에는 $Q_U = \dfrac{U-\overline{x}}{s}$ 규격하한의 경우에는 $Q_L = \dfrac{\overline{x}-L}{s}$ 를 계산한다.

⑤ 규격상한의 경우 $Q_U \geq k$ 이면 로트를 합격 $Q_U < k$ 이면 불합격, 규격하한의 경우 $Q_L \geq k$ 이면 합격 $Q_L < k$ 이면 불합격을 시킨다.

예제 7-7 규격상한이 U=70 kg인 200개의 제품으로 구성된 로트를 검사하여 로트의 합격 또는 불합격 판정을 하시오. 단, 검사수준 II, AQL=1.5 %의 보통검사이다.

[표 6-6]에서 로트크기 200, 일반 검사 수준 II가 교차하는 란에서 샘플문자가 G임을 알 수 있다.

[부표 B1]에서 샘플문자 G와 AQL = 1.5 %에 해당되는 샘플의 크기 $n = 18$, 합격 판정계수 $k = 1.622$를 구할 수 있다.

로트에서 18개의 샘플을 추출하여 평균과 표준편차를 구한 결과 다음과 같다.

69 64 66 60 65 64 68 68 59 67 63 67 66 60
64 64 60 62

$$\bar{x} = 64.2 \qquad s = 3.078$$

$$Q_U = \frac{U - \bar{x}}{s} = \frac{70 - 64.2}{3.078} = 1.884 > k = 1.662$$ 이므로 로트를 합격시킨다.

2) 양쪽 규격의 통합관리인 경우

규격을 벗어나는 비율 $\hat{p}$와 AQL을 만족하는 비율 p^*를 비교함으로써 로트의 합부 판정을 한다.

샘플의 크기가 3, 4인 경우는 수치방법이 사용되고, 샘플의 크기가 4보다 큰 경우는 그래픽 방법을 사용한다.

이때 만일 샘플 표준편차가 [부표 B4] ~ [부표 B6]을 통해 구한 최대 샘플 표준편차(MSSD)를 초과하면 이 로트는 합격될 수 없다고 판단되기 때문에 더 이상의 계산이나 참고 그래프는 필요 없게 된다.

(1) 샘플의 크기가 3 또는 4인 경우

① 샘플을 취하여 평균과 표준편차를 구한다.

② [부표 B4] ~ [부표 B6]에서 샘플문자와 AQL에 해당하는 fs 값을 구한다.

③ ②에서 구한 fs 값을 이용하여 최대 샘플 표준편차 $s_{max} = (U - L) \cdot fs$를 구한다.

④ s가 s_{max}보다 크면 더 이상의 계산없이 로트를 불합격시킨다. 그렇지 않으면, $Q_U = (U - \bar{x})/s$ 와 $Q_L = (\bar{x} - L)/s$를 구한다.

⑤ 샘플의 크기가 3인 경우 Q_U와 Q_L에 $\sqrt{3}/2$를 각각 곱하고 [부표 B7]을 이용하여 규격 상한과 하한을 벗어나는 아이템 비율의 추정치 $\hat{p}_U$와 $\hat{p}_L$을 각각 결정한다.

샘플의 크기가 4일 경우, Q_U와 Q_L에 대한 $\hat{p}_U$와 $\hat{p}_L$은 다음과 같이 구한다.

$$\hat{p}_U=\begin{cases}0 & if\ Q_U>1.5\\ 0.5-Q_U/3 & if-1.5\le Q_U\le 1.5\\ 1 & if\ Q_U>-1.5\end{cases}\qquad \hat{p}_L=\begin{cases}0 & if\ Q_L>1.5\\ 0.5-Q_L/3 & if-1.5\le Q_L\le 1.5\\ 1 & if\ Q_L>-1.5\end{cases}$$

⑥ $\hat{p}=\hat{p}_U+\hat{p}_L$을 구한 후, [표 7-2]에서 구한 p^*와 비교하여 만일 $\hat{p}\le p^*$일 경우 로트를 합격 처리하고 그렇지 않을 경우 불합격 처리한다.

예제 7-8 한 배치에 100개가 들어 있는 어뢰에 대한 정확성을 수평면에서 검사하려 한다. 양각 혹은 음각 오차 모두 받아들여질 수 없기 때문에 양쪽 규격에 대한 통합관리를 적용한다.

AQL = 4 %이고 1 km 거리에 있는 목표에 대해 양방향 10 m가 규격이다. 파괴시험이 필요하고 시험 비용이 아주 비싸기 때문에 생산자와 책임기관 사이에서 특별 검사수준 S-2를 사용하기로 동의되었다.

[표 6-6]에서 로트의 크기 100, 특별 검사수준 S-2에 해당되는 샘플문자는 B이다. [부표 B8]에서 샘플문자 B에 해당되는 샘플의 크기가 3이 됨을 알 수 있다. 따라서 어뢰 3발이 발사되었고 −5.0 m, 6.7 m, 8.8 m의 오차가 기록되었다. 보통검사로 로트의 합부 판정을 하시오.

규격상한	1 010 m
규격하한	990 m
샘플 평균	3.5 m
샘플 표준편차	7.436 m

[부표 B4]에서 샘플문자 B, AQL = 4 %에 해당되는 $fs=0.474$를 구한다.

$s_{\max}=(U-L)fs=20\times 0.474=9.48$로 표준편차 $s=7.436$가 작으므로 검사를 계속 진행한다.

$Q_U=(U-\bar{x})/s=(1\ 010-1\ 003.5)/7.436=0.874$, $Q_L=(\bar{x}-L)/s=(1\ 003.5-990)/7.436=1.815$이므로 $\sqrt{3}Q_U/2=0.757$, $\sqrt{3}Q_L/2=1.572$이 된다.

[부표 B7]을 이용하여 규격 상한과 하한을 초과하는 아이템 비율의 추정치를 구하면 다음과 같다.

$$\hat{p}_U=0.2267,\qquad \hat{p}_L=0.0$$

[표 7-2]의 보통검사에서 샘플크기 $n=3$과 AQL=4 %에 해당되는 $p^*=0.1905$를 구한다.

$\hat{p}=\hat{p}_U+\hat{p}_L=0.2267>0.1905=p^*$이므로 로트를 불합격 시킨다.

표 7-2 샘플크기 3과 4일 경우, 공정 부적합률 추정치의 최대 허용값 p^*: 's' 와 'σ' 방법

검사 엄격도	샘플 크기	합격품질한계 부적합률					
		1.0	1.5	2.5	4.0	6.5	10.0
	n	p^*	p^*	p^*	p^*	p^*	p^*
까다로운 검사	3					0.1905	0.2494
	4				0.1123	0.1513	0.2157
보통 검사	3				0.1905	0.2494	0.3495
	4			0.1123	0.1513	0.2157	0.3067
수월한 검사	3		0.1905	0.2124	0.2494	0.3495	0.4937
	4	0.1123	0.1270	0.1513	0.2157	0.3067	0.4670

Note) [부표 B8]~[부표 B10]에서 $n=3$, 4일 경우 요약한 값임

(2) 샘플 크기가 4보다 큰 경우

① 샘플을 취하여 샘플 평균과 표준편차를 계산한다.

② 샘플문자와 AQL을 이용하여 [부표 B4] ~ [부표 B6]에서 해당되는 계수 fs 값을 찾는다.

③ ②에서 구한 계수 fs를 이용하여 최대 샘플 표준편차 $s_{\max}=(U-L)\cdot fs$를 구한다.

④ $s>s_{\max}$일 경우 로트를 불합격 시킨다. 그렇지 않을 경우 KS Q 3951에서 제공하는 차트 s-D부터 s-R 중에서 샘플의 크기에 해당되는 차트를 선택한다.

⑤ 표준화된 샘플 표준편차 $s/(U-L)$과 표준화된 샘플 평균 $(\bar{x}-L)/(U-L)$의 값을 구하고, 그래프상에 이 값을 타점한다. 점이 곡선 안쪽에 떨어지는 경우에 로트는 합격, 밖에 떨어지면 불합격 된다.

예제 7-9 어떤 제품의 중량에 대한 규격은 60~70 g이다. 로트 크기 $N=50$, 검사수준 II, 보통검사일 경우 계량형 샘플링검사 's' 방법을 사용하여

① AQL=1.5 % 일 때 로트의 합부 판정을 하시오.

② AQL=4 % 일 때 로트의 합부 판정을 하시오.

단, 6개의 제품의 중량을 측정한 결과는 다음과 같다.

65.5 60 65.2 61.7 69 67.1

$\bar{x}=64.75$ g $s=3.35$ g

[표 6-6]에서 로트 크기 $N=50$, 검사수준 II에 해당되는 샘플문자는 D이다. [부표 B8]에서 샘플문자 D에 해당되는 샘플의 크기는 $n=6$이다.

① [부표 B4]에서 샘플문자 D, AQL 1.5 %에 해당되는 $fs=0.314$이다. 따라서 $s_{max}=(U-L)\cdot fs=(70-60)\cdot 0.314=3.14$로 다음의 식이 성립되므로 더 이상의 검사를 하지 않고 로트를 불합격 처리한다.

$$s=3.35>3.14=s_{max}$$

② [부표 B4]에서 샘플문자 D, AQL 4 %에 해당되는 $fs=0.357$이다. 따라서 $s_{max}=(U-L)\cdot fs=(70-60)\cdot 0.357=3.57$로 다음의 식이 성립되므로 검사를 계속한다.

$$s=3.35<3.57=s_{max}$$

표준화된 샘플 평균과 표준편차를 다음과 같이 구할 수 있다.

$$\text{표준화된 샘플 평균}=\frac{\bar{x}-LSL}{USL-LSL}=\frac{4.75}{10}=0.475$$

$$\text{표준화된 샘플 표준편차}=\frac{s}{USL-LSL}=\frac{3.35}{10}=0.335$$

상기의 값을 [부표 B17]에 타점할 경우 점이 곡선 안쪽에 위치하게 된다. 따라서 로트를 합격 처리한다.

(3) 's' 방법에 대한 분리관리

양쪽 규격 각각에 별개의 AQL이 적용되는 경우이다. 각각의 규격에 대해 [부표 B8]~[부표 B10]으로부터 샘플문자와 AQL값에 해당되는 $\hat{p}^*_U$ 및 $\hat{p}^*_L$을 구한 후, $\hat{p}_U \le \hat{p}^*_U$와 $\hat{p}_L \le \hat{p}^*_L$이 만족될 경우 로트를 합격 처리한다.

(4) 's' 방법에 대한 복합관리

복합관리는 통합관리와 분리관리를 동시에 적용하는 경우이다. 즉, 양쪽 규격에 대한 통합관리를 적용하는 동시에 이 중 한쪽 규격에 대해서는 이와 별개로 작은 AQL을 사용하여 분리관리를 적용한다.

따라서 로트는 $\hat{p} \leq p^*$이며, $\hat{p}_U \leq \hat{p}^*_U$ 또는 $\hat{p}_L \leq \hat{p}^*_L$일 때 합격 처리된다.

7.3.2 독립 품질특성에 대한 표준 다변량 's' 방법(KS A ISO 3951-2)

아이템에 다수의 품질특성이 있는 경우 로트의 합부 판정은 다음의 절차를 따른다.

① 각각의 품질특성에 등급을 부여한다.
이때 가장 심각한 수준의 부적합을 등급 A로 하고 가장 작은 AQL 값을 적용한다. 등급 B는 등급 A보다 덜 심각한 부적합으로 등급 A에 비해 더 큰 AQL 값을 적용한다.

② 등급별로 부적합 추정치를 구한다.
m개의 독립 품질특성 중에서 i 번째 품질 특성에 대한 공정 부적합률의 추정치를 $\hat{p}_i$ 라고 하면 해당 등급에 대한 공정 부적합률 추정치는 다음과 같이 표현된다.

$$\hat{p} = 1 - (1 - \hat{p}_1)(1 - \hat{p}_2) \cdots (1 - \hat{p}_m)$$

만약 $\hat{p}_1, \hat{p}_2, \cdots \hat{p}_m$ 이 모두 0.01보다 작거나 같은 경우에는, $\hat{p}$를 다음과 같이 개별적인 추정치의 합으로 근사 시킬 수 있다.

$$\hat{p} = \hat{p}_1 + \hat{p}_2 + \cdots + \hat{p}_m$$

③ 등급별로 [부표 B8]~[부표 B10]으로부터 샘플문자 및 AQL에 해당되는 합격판정계수 p^*를 구한다.

④ 모든 등급에서 $\hat{p} \leq p^*$가 성립될 경우 로트는 합격되고 만일 어떤 등급에서도 부등식이 성립되지 않는다면 로트는 불합격이 된다.

예제 7-10 5개의 독립 품질특성 $\bar{x}_1, \bar{x}_2, \bar{x}_3, \bar{x}_4$, 및 $\bar{x}_5$ 가 있으며 이들의 공정 표준편차는 알려져 있지 않다. 샘플문자는 H이며 샘플의 크기는 보통검사 시 5개 모든 특성에 대해 25이다.
요구조건과 결과가 [표 7-3]과 같다고 가정한다. 등급 A, B에 대해서 각각 AQL=0.25 %, 1 %를 적용할 경우 로트의 합부 판정을 하시오.

등급A 부적합률은 다음과 같이 추정된다.

$$\begin{aligned}\hat{p}_A &= 1-(1-\hat{p}_1)(1-\hat{p}_3)(1-\hat{p}_{4L})(1-\hat{p}_{5U})\\ &= 1-(1-0.000418)(1-0.000422)(1-0.000018)(1-0.000140)\\ &= 1-0.999002\\ &= 0.000998\end{aligned}$$

등급B 부적합률은 다음과 같이 추정된다.

$$\begin{aligned}\hat{p}_B &= 1-(1-\hat{p}_2)(1-\hat{p}_{4U})(1-\hat{p}_5)\\ &= 1-(1-0.019134)(1-0.001380)(1-0.000280)\\ &= 1-0.979238\\ &= 0.020762\end{aligned}$$

[표 7-3]에서 x_3의 경우 양쪽 규격에 통합관리, x_4의 경우 분리관리가 적용된다. x_5에 경우 규격 상한에 대해서는 등급 A의 분리관리, 규격 하한에 대해서는 등급 B의 양쪽 규격 통합관리를 적용하는 복합관리가 된다.
샘플의 크기 $n=25$인 상태에서 등급 A부적합에 대한 AQL이 0.25 %이고 등급 B에 대한 AQL이 1.0 % 이므로 [부표 B8]로부터 합격판정 계수는 $p^*_A=0.01012$이고 $p^*_B=0.03010$이다.
따라서 $\hat{p}_A < p^*_A$ 이고 $\hat{p}_B < p^*_B$ 이므로 로트는 합격된다.
물론 이 경우 다음과 같이 근사적 추정치를 사용하여 각각의 등급의 부적합률을 구할 수 있다.

$$\begin{aligned}\hat{p}_A &\cong \hat{p}_1+\hat{p}_3+\hat{p}_{4L}+\hat{p}_{5U}\\ &= 0.000418+0.000422+0.000018+0.000140\\ &= 0.000998\end{aligned}$$

$$\hat{p}_B \cong \hat{p}_2 + \hat{p}_{4U} + \hat{p}_5$$
$$= 0.019134 + 0.001380 + 0.000280$$
$$= 0.020794$$

[표 7-3]에서 변수 X_1에 대한 품질 통계량 $Q = \frac{U_1 - \bar{x}_1}{s_1} = \frac{70 - 68.5}{0.5} = 3$이며,

$\hat{p}_1 = B_{\frac{n-2}{2}}[\frac{1}{2}(1 - Q_1\frac{\sqrt{n}}{n-1})] = B_{11.5}[\frac{1}{2}(1 - 3\frac{\sqrt{25}}{24})] = B_{11.5}[0.1875] = 0.000418$이 된다.

표 7-3 공정 표준편차를 모르는 경우, 5개 품질특성에 대한 요구조건과 결과

변수	한계	관리방법	등급	샘플평균	샘플 표준편차	품질 통계량(Q_i)	$\frac{1-Q\sqrt{n}(n-1)}{2}$	$\hat{p}$
X_1	$U_1 = 70.0$	단독	A	$\bar{x}_1 = 68.5$	$S_1 = 0.5$	3.0	0.1875	0.000418
X_2	$L_2 = 10.0$	단독	B	$\bar{x}_1 = 10.4$	$S_2 = 0.2$	2.0	0.2917	0.019134
X_3	$U_3 = 4.05$ $L_3 = 3.95$	통합관리	A	$\bar{x}_1 = 4.005$	$S_3 = 0.015$	3.0 3.6667	0.1875 0.1181	0.000418 0.000004 계 0.000422
X_4	$U_4 = 1.95$ $L_4 = 1.75$	분리관리	B A	$\bar{x}_1 = 1.862$	$S_4 = 0.032$	2.75 3.5	0.2135 0.1354	0.001380 0.000018
X_5	$U_5 = 214$ $L_5 = 206$	복합관리 (분리관리) + (통합관리)	A B	$\bar{x}_1 = 210$	$S_5 = 1.25$	3.2 3.2	0.1667 0.1667	0.000140 0.000140 계 0.000280

7.3.3 'σ' 방법

'σ' 방법은 공정의 표준편차가 이미 알려진 경우에만 사용할 수 있다. 따라서 처음에는 's' 방법을 사용하다가, 품질이 만족스러운 상태에서 로트가 일정 기간 동안 계속하여 합격이 될 경우 'σ' 방법으로 전환하는 것이 바람직하다.

1) 한쪽 규격의 경우

① [표 6-6]에서 로트의 크기와 주어진 검사 수준(보통 II)에 해당하는 샘플문자를

구한다.

② [부표 B11] ~ [부표 B13]에서 ①에서 구한 샘플문자와 AQL이 교차하는 란에서 샘플의 크기 n과 합격판정 계수 k의 값을 구한다.

③ n개의 샘플을 측정하여 평균($\bar{x}$)과 표준편차(s)를 계산한다.

④ 규격상한의 경우에는 $Q_U = \dfrac{U - \bar{x}}{\sigma}$ 규격하한의 경우에는 $Q_L = \dfrac{\bar{x} - L}{\sigma}$를 계산한다.

⑤ 규격상한의 경우 $Q_U \geq k$ 이면 로트를 합격 $Q_U < k$ 이면 불합격, 규격하한의 경우 $Q_L \geq k$ 이면 합격 $Q_L < k$ 이면 불합격을 시킨다.

예제 7-11 어느 강철 주물에 대한 최소 항복점은 400 N/mm^{2}이다. 500개의 제품으로 구성된 로트가 검사에 제출되었다. 검사수준 II의 보통검사이며 AQL=1.5 %이고, 표준편차 σ=21로 알려져 있다. 로트의 합격 또는 불합격 판정하시오.

[표 6-6]에서 로트크기 500, 일반 검사 수준 II가 교차하는 란에서 샘플문자가 H임을 알 수 있다.
[부표 B11]에서 샘플문자 H와 AQL=1.5 %에 해당되는 샘플의 크기 n=12, 합격판정계수 k=1.613을 구할 수 있다.
로트에서 12개의 샘플을 추출하여 평균과 표준편차를 구한 결과 다음과 같다.

431	417	469	407	450	452	427	411	429	420	400	445

$\bar{x} = 429.8$ $s = 20.67$

$$Q_L = \frac{\bar{x} - L}{\sigma} = \frac{429.8 - 400}{21} = 1.4 < k = 1.613$$ 이므로 로트를 불합격 시킨다.

2) 양쪽 규격의 경우

① 단일 또는 두 가지 AQL에 대해 [부표 B14] ~ [부표 B16]으로부터 $f\sigma$ 값을 구해 $\sigma_{\max} = (U - L) f\sigma$ 값을 구한다.

② 공정의 표준편차 $\sigma > \sigma_{max}$ 일 경우 샘플링검사는 무의미 하므로 로트를 불합격 시킨다.

③ $\sigma \leq \sigma_{max}$ 일 경우 [표 6-6]에서 로트의 크기와 주어진 검사 수준(보통 II)에 해당되는 샘플문자를 구한다.

④ [부표 B11] ~ [부표 B13]에서 ③에서 구한 샘플문자와 AQL이 교차하는 란에서 샘플의 크기 n과 합격 판정 계수 k의 값을 구한다.

⑤ n개의 샘플을 측정하여 평균($\bar{x}$)과 표준편차(s)를 계산한다.

⑥ $\bar{x}$ 의 규격상한 $\bar{x}_U = U - k\sigma$ 및 규격하한 $\bar{x}_L = L + k\sigma$을 구한다.

⑦ ⑤ 에서 구한 샘플평균이 ⑥에서 구한 범위 내에 있을 경우 로트를 합격시키고, 그렇지 않을 로트를 불합격 시킨다.

예제 7-12 어느 전자 제품의 전기저항의 규격은 520 ± 50이다. 2,500개의 제품으로 로트를 형성하여 제품을 생산하고 있다. 규격상한 및 하한에 단일 AQL = 4 %, 검사수준 II, 보통검사를 적용하여 로트의 합격 또는 불합격 판정을 하시오. 단, 표준편차 $\sigma = 21$로 알려져 있다.

[부표 B14]에서 AQL = 4 %에 해당되는 $f\sigma = 0.223$이다. 따라서 $\sigma_{max} = (U - L) f\sigma = 22.3 > 21 = \sigma$ 이므로 검사를 계속 진행한다.
[표 6-6]에서 로트크기 2,500, 보통 검사 수준 II에 해당되는 샘플문자가 K임을 알 수 있다.
[부표 B11]에서 샘플문자 K와 AQL = 4 %에 해당되는 합격판정계수 $k = 1.340$, 샘플의 크기 $n = 18$을 구할 수 있다.
로트에서 18개의 샘플을 추출하여 평균과 표준편차를 구한 결과 다음과 같다.

515	491	479	507	543	521	536	483	509	514	507
484	526	552	499	530	512	492				

$\bar{x} = 511.1 \qquad s = 21.03$

이 경우 $\bar{x}$의 규격 상한 : $\bar{x}_U = U - k\sigma = 570 - 1.34 \times 21 = 541.9$

$\bar{x}$의 규격 하한 : $\bar{x}_L = L + k\sigma = 470 + 1.34 \times 21 = 498.1$이다.

따라서 $\bar{x} = 511.1$는 한계선 사이에 있기 때문에 로트를 합격시킬 수 있다.

7.4 계량형 축차 샘플링검사(KS Q ISO 8423)

1)원리

계량치 축차 샘플링검사는 다른 규준형 샘플링검사와 마찬가지로 불량률이 p_0인 품질이 좋은 로트는 생산자 위험부담 α정도의 낮은 확률로 불합격(즉, $1-\alpha$ 정도의 높은 확률로 합격)되게 하고, 불량률이 p_1인 품질이 나쁜 로트는 소비자 위험부담 β 정도의 낮은 확률로 합격되도록 설계되어 있다.

일반적으로 $\alpha = 0.05$, $\beta = 0.1$일 경우가 많이 사용되는데 로트에 대한 판정을 내리기 위해서는 [그림 7-9]에서와 같이 우선 기준이 되는 합격 판정치의 직선(A), 불합격 판정치의 직선(R) 및 누계 샘플크기 중지치 n_t를 구해야 한다. 이들의 계수값 h_A, h_R, g, n_t는 (p_0, α), (p_1, β)를 만족시키도록 구해놓은 표에서 찾을 수 있다.

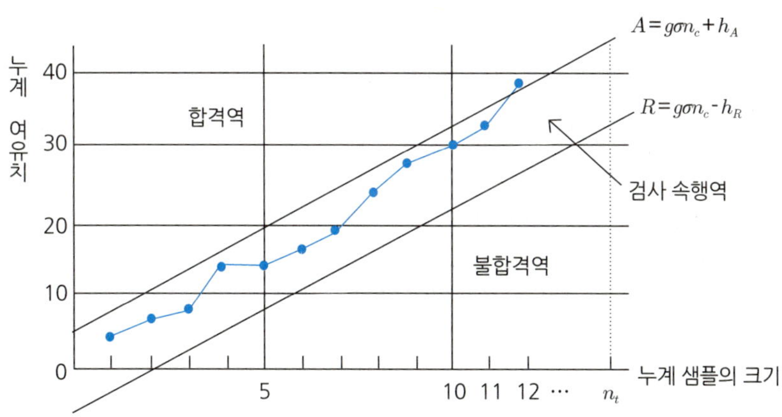

그림 7-9 계량 규준형 축차 샘플링검사 (한쪽 규격의 경우)

[그림 7-9]에서 샘플을 임의로 1개씩 선택하여 검사한 후, 누계 여유치를 계산하여 그 때마다 로트의 합격 여부를 결정한다.

즉, 검사의 각 단계에서 충분히 작은 누계 여유치로, 불만스러운 품질수준의 로트를 합격으로 하는 위험(소비자 위험 β) 수준에 도달된 경우 – 합격 판정치의 직선 A에 도달된 때, 로트를 합격으로 판정하고 샘플링을 종료한다.

한편 검사의 각 단계에서 충분히 작은 누계 여유치로, 만족스러운 품질수준의 로트를 불합격으로 하는 위험(생산자 위험 α) 수준에 도달된 경우 – 불합격 판정치의 직선 R에 도달된 때, 로트를 불합격으로 판정하고 샘플링을 종료한다.

누계 여유치로 위의 어느 쪽의 결정도 내릴 수 없는 경우는 다시 1개의 아이템을 검사한다. 로트의 합격 또는 불합격을 결정할 수 있는 충분한 샘플 정보가 축적될 때까지 이 절차를 반복한다.

계량치 축차 샘플링검사는 다음의 조건을 모두 만족할 경우에 사용할 수 있다.

① 연속적인 시리즈 로트가 모두 동일한 생산자의 동일 공정에서 생산된 것이어야 한다. 생산자가 다른 경우에는 각 생산자에 대해 개별적으로 적용한다.

② 아이템의 단일 특성치 X만을 고려한다. 이 특성치는 연속형 척도이며 복수의 특성치가 중요할 경우 이 검사를 적용할 수 없다.

③ 생산이 안정되어 있고 특성치가 정규분포를 따르며 또한 표준편차가 알려져 있는 경우에 사용할 수 있다.

④ 계약상 또는 규격상에 규격 상한 U, 규격 하한 L 또는 그 양쪽이 정해져 있어야 한다.

양쪽규격의 경우, 연결식 양쪽 규격에서는 양쪽 규격한계에 같은 품질지표(AQL, 생산자 위험 α, 소비자 위험 β)를 적용하고 누계 여유치에 의한 심사를 양쪽 규격한계에 대해 동시에 실시한다. 한편, 개별식 양쪽 규격에서는 각 규격한계에 서로 다른 품질지표를 적용하고 누계 여유치에 의한 심사도 각 한계에 대하여 개별적으로 실시한다. 이들 방식에 대한 사용법은 이후에 자세하게 설명되어 있다.

2) 한쪽 규격의 경우

① [부표 B18]에서 두점 (p_0, $\alpha = 0.05$), (p_1, $\beta = 0.1$)을 만족하는 h_A, h_R, g, n_t값을 찾

아 합격 판정치 A와 불합격 판정치 R 및 누계 샘플크기 중지치 n_t에 대응하는 합격 판정치 A_t를 구한다.

- 합격 판정치 : $A = g\sigma n_c + h_A\sigma$
- 불합격 판정치 : $R = g\sigma n_c - h_R\sigma$
- 누계 샘플 중지치 n_t에 대응되는 합격 판정치 : $A_t = g\sigma n_t$

이때 각각의 값은 검사를 통해 구한 데이터보다 1자리 아래까지 구한다.

② 각 아이템을 검사한 후 [표 7-4]와 같이 합부 판정표에 여유치와 누계 여유치를 계산한 후 이에 대응하는 합격 판정치 A와 불합격 판정치 R과 비교하여 다음과 같이 판정한다.

이들 내용들은 [그림 7-10] 상에서 보다 쉽게 이해될 수 있다.

- 누계 여유치 Y가 누계 샘플 크기 n_c에 대한 합격 판정치 A 이상이면 로트를 합격 처리하고 검사가 종료된다.
- 누계 여유치 Y가 누계 샘플 크기 n_c에 대한 불합격 판정치 R 이하이면 로트를 불합격 처리하고 검사가 종료된다.
- 위의 어느 경우에도 해당되지 않을 경우 샘플 1개를 추가로 검사한다.

검사가 지속되어 누계 샘플의 크기가 중지치 n_t에 도달할 경우에는 $Y \geq A_t$이면 로트를 합격시키고 그렇지 않을 경우에는 로트를 불합격시킨다.

예제 7-13 특정 부품의 전기특성의 하한값은 200 kv라고 규정되어 있다. 생산은 안정되고 정규분포를 따르며 부품의 표준편차는 $\sigma = 1.2$로 알려져 있다. 이 경우 부적합품이 0.5 %인 품질이 좋은 로트는 95 %로 합격시키고, 부적합률이 2 %인 품질이 나쁜 로트는 10 %로 합격 시키고자 한다. 로트로부터 데이터를 측정한 결과가 다음과 같을 때 계량치 축차 샘플링검사를 적용하여 로트의 합부 판정을 하시오.

202.5	203.8	201.9	205.6	199.9	202.7	203.2
203.6	204	203.6	203.3	204.7		

이 경우 [부표 B18]에서 소비자 위험품질(CRQ) 수준 2 %, 생산자 위험품질(PRQ) 수준 0.5 %가 교차하는 란에서 $h_A = 4.312$, $h_R = 5.536$, $g = 2.315$, $n_t = 49$를 구할 수 있다.

따라서 합격 판정치 A, 불합격 판정치 R, 중지치 n_t에 대응되는 합격 판정치 A_t를 다음과 같이 구할 수 있다.

합격 판정치 : $A = g\sigma n_c + h_A\sigma = 2.315 \times 1.2n_c + 4.312 \times 1.2 = 2.778n_c + 5.174$

불합격 판정치 : $R = g\sigma n_c - h_R\sigma = 2.315 \times 1.2n_c - 5.536 \times 1.2 = 2.778n_c - 6.643$

누계 샘플 중지치 n_t에 대응되는 합격 판정치 : $A_t = g\sigma n_t = 2.778n_t$

이들 식을 이용하여 누계 샘플의 크기에 따라 구한 판정치가 [표 7-4]와 같으며, 이를 그래프화 하면 [그림 7-10]과 같다.

표 7-4 한쪽 규격에 의한 축차 샘플링 합부 판정표

누계 샘플크기	측정치 (x_i)	여유치 (y_i)	불합격 판정치(R)	누계 여유치(Y)	합격 판정치(A)
1	202.5	2.5	-3.87	2.5	7.95
2	203.8	3.8	-1.09	6.3	10.73
3	201.9	1.9	1.69	8.2	13.51
4	205.6	5.6	4.47	13.8	16.29
5	199.9	-0.1	7.25	13.7	19.06
6	202.7	2.7	10.03	16.4	21.84
7	203.2	3.2	12.80	19.6	24.62
8	203.6	3.6	15.58	23.2	27.40
9	204.0	4.0	18.36	27.2	30.18
10	203.6	3.6	21.14	30.8	32.95
11	203.3	3.3	23.92	34.1	35.73
12	204.7	4.7	26.69	38.8	38.51

[표 7-4]에서 여유치는 $y_i = x_i$(측정치) − 200(규격하한)로 계산된 값이다. 12번째 검사에서 누계 여유치 38.8이 비로서 합격판정치 38.51보다 커지게 되므로 검사를 종료하고 로트를 합격시킨다.

[그림 7-10]에서 12번째 누계 여유치가 합격 판정치보다 커져 합격역에 들어가는 것을 알 수 있다.

[그림 7-10]에서 가로축을 누계 샘플의 크기 세로축을 누계 여유치로 한 후, 합격 판정선 A는 두 점 (0, 5.174)와 (12, 38.51)를 지나도록 직선을 연결하면 된다. 그리고 불합격 판정선 R은 두 점 (0, −6.643)과 (12, 26.69)을 지나도록 직선을 연결하면 된다.

이때 $n_t = 49$에 세로선을 그어 중지선을 표시할 수 있다.

5번째 측정값은 규격보다 작음에도 불구하고 로트는 합격판정을 받았다. 이는 로트의 합부를 판정하는데 특성치의 평균이 사용되는 계량치 샘플링의 특징 때문이다.

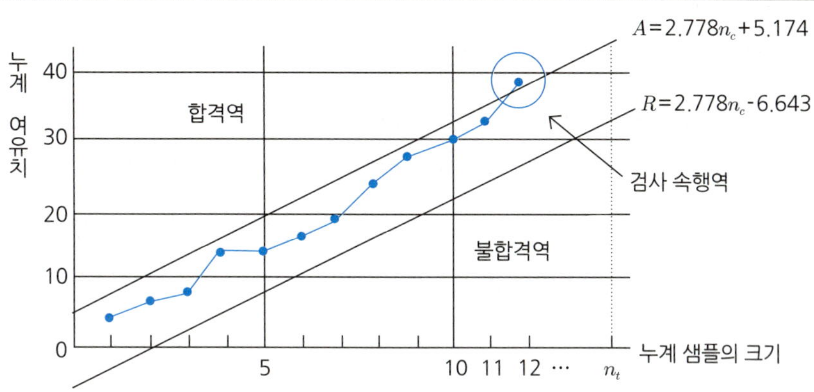

그림 7-10 한쪽 규격에 의한 축차 샘플링 합부 판정도

3) 연결식 양쪽 규격

연결식 양쪽 규격은 공정 표준편차 σ가 규격 공차($U-L$)에 비해 충분히 작을 때에만 적용될 수 있다. 즉, 공정 표준편차 σ가 한계 공정 표준편차 LPSD★ = $(U-L)\psi$에 비해 클 경우 축차 샘플링을 적용할 수 없다. 여기서 ψ는 생산자 위험품질 PRQ에 의해 정해지는 값으로 [부표 B19]에 제시되어 있다.

연결식 양쪽 규격의 합부 판정치를 구하고 이를 통해 로트를 판정하는 방법은 다음과 같다.

Note **LPSD:** Limiting Process Standard Deviation(한계 공정 표준편차)로 연결식 양쪽 규격의 경우에 축차 샘플링 방식을 적용할 수 있는 공정 표준편차의 상한이다.

① [부표 B18]에서 두 점 (p_0, $\alpha=0.05$), (p_1, $\beta=0.1$)을 만족하는 h_A, h_R, g, n_t값을 찾아 상측 합격 및 불합격 판정치($A^{(U)}$, $R^{(U)}$)와 하측 합격 및 불합격 판정치($A^{(L)}$, $R^{(L)}$) 그리고 누계 샘플크기 중지치 n_t에 대응하는 상 하측 합격 판정치 ($A_t^{(U)}$, $A_t^{(L)}$)를 구한다.

- 상측 합격 판정치 : $A^{(U)}=(U-L-g\sigma)n_c-h_A\sigma$
- 상측 불합격 판정치 : $R^{(U)}=(U-L-g\sigma)n_c+h_R\sigma$

- 하측 합격 판정치 : $A^{(L)}=g\sigma n_c+h_A\sigma$
- 하측 불합격 판정치 : $R^{(L)}=g\sigma n_c-h_R\sigma$

- 누계 샘플 중지치 n_t에 대응되는 상측 합격 판정치 : $A_t^{(U)}=(U-L-g\sigma)n_t$
- 누계 샘플 중지치 n_t에 대응되는 하측 합격 판정치 : $A_t^{(L)}=g\sigma n_t$

② 각 아이템을 검사한 후 합부 판정표에 여유치와 누계 여유치 Y를 구한 후 다음과 같이 판정을 한다. 이들 내용은 [그림 7-11]을 통해 보다 효과적으로 이해될 수

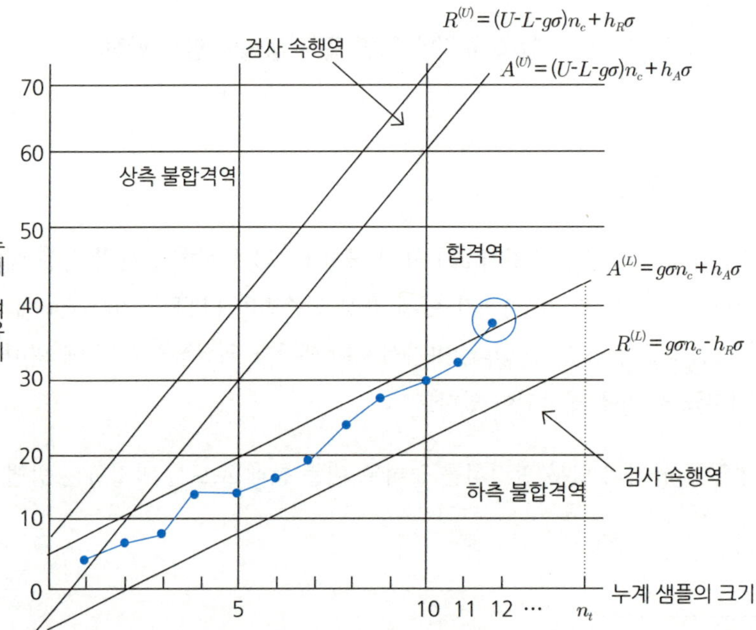

그림 7-11 연결식 양쪽 규격에 의한 축차 샘플링 합부 판정도

있다.

- 누계 샘플 크기 n_c에 대해 $A^{(L)} \le Y \le A^{(U)}$ 이면 로트를 합격시킨다.
- 누계 샘플 크기 n_c에 대해 $Y \ge R^{(U)}$ 또는 $Y \le R^{(L)}$이면 로트를 불합격시킨다.
- 상기의 조건이 모두 만족되지 않으면 추가로 1개의 제품을 다시 검사한다.

검사가 지속되어 누계 샘플의 크기가 중지치 n_t에 도달할 경우에는 $A_t^{(L)} \le Y \le A_t^{(U)}$로 이면 로트를 합격시키고 그렇지 않을 경우에는 로트를 불합격시킨다.

예제 7-14 앞의 **'예제 7-13'**에서 규격이 205 ± 5일 경우 연결식 양쪽 규격을 통해 로트의 합부판정을 하시오.

[부표 B18]에서 소비자 위험품질 수준 2 %, 생산자 위험품질 수준 0.5 %가 교차하는 란에서 $h_A = 4.312$, $h_R = 5.536$, $g = 2.315$, $n_t = 49$를 구할 수 있다.
따라서 상 하측의 합격 및 불합격 판정치와 중지치 n_t에 대응되는 상 하측 합격 판정치를 다음과 같이 구할 수 있다.

- 상측 합격 판정치 :

$$A^{(U)} = (U - L - g\sigma)n_c - h_A\sigma = (210 - 200 - 2.315 \times 1.2)n_c - 4.312 \times 1.2$$
$$= 7.222n_c - 5.174$$

- 상측 불합격 판정치 :

$$R^{(U)} = (U - L - g\sigma)n_c + h_R\sigma = (210 - 200 - 2.315 \times 1.2)n_c + 5.536 \times 1.2$$
$$= 7.222n_c + 6.643$$

- 하측 합격 판정치 :

$$A^{(L)} = g\sigma n_c + h_A\sigma = 2.315 \times 1.2n_c + 4.132 \times 1.2$$
$$= 2.778n_c + 5.174$$

- 하측 불합격 판정치 :

$$R^{(L)} = g\sigma n_c - h_R\sigma = 2.315 \times 1.2n_c - 5.536 \times 1.2$$
$$= 2.778n_c - 6.643$$

- 누계 샘플 중지치 n_t에 대응되는 상측 합격치: $A_t^{(U)} = (U - L - g\sigma)n_t = 7.222n_t$
- 누계 샘플 중지치 n_t에 대응되는 하측 합격치 : $A_t^{(L)} = g\sigma n_t = 2.778n_t$

표 7-5 연결식 양쪽 규격에 의한 축차 샘플링 합부 판정표

누계 샘플크기	측정치 x_i	여유치 y_i	하측 불합격 판정치 $R^{(L)}$	하측 합격 판정치 $A^{(L)}$	누계 여유치 Y	상층 합격 판정치 $A^{(U)}$	상층 불합격 판정치 $R^{(U)}$
1	202.5	2.5	-3.87	7.95	2.5	2.05	13.87
2	203.8	3.8	-1.09	10.73	6.3	9.27	21.09
3	201.9	1.9	1.69	13.51	8.2	16.49	28.31
4	205.6	5.6	4.47	16.29	13.8	23.71	35.53
5	199.9	-0.1	7.25	19.06	13.7	30.94	42.75
6	202.7	2.7	10.03	21.84	16.4	38.16	49.98
7	203.2	3.2	12.80	24.62	19.6	45.38	57.20
8	203.6	3.6	15.58	27.40	23.2	52.60	64.42
9	204.0	4.0	18.36	30.18	27.2	59.82	71.64
10	203.6	3.6	21.14	32.95	30.8	67.05	78.86
11	203.3	3.3	23.92	35.73	34.1	74.27	86.09
12	204.7	4.7	26.69	38.51	38.8	81.49	93.31

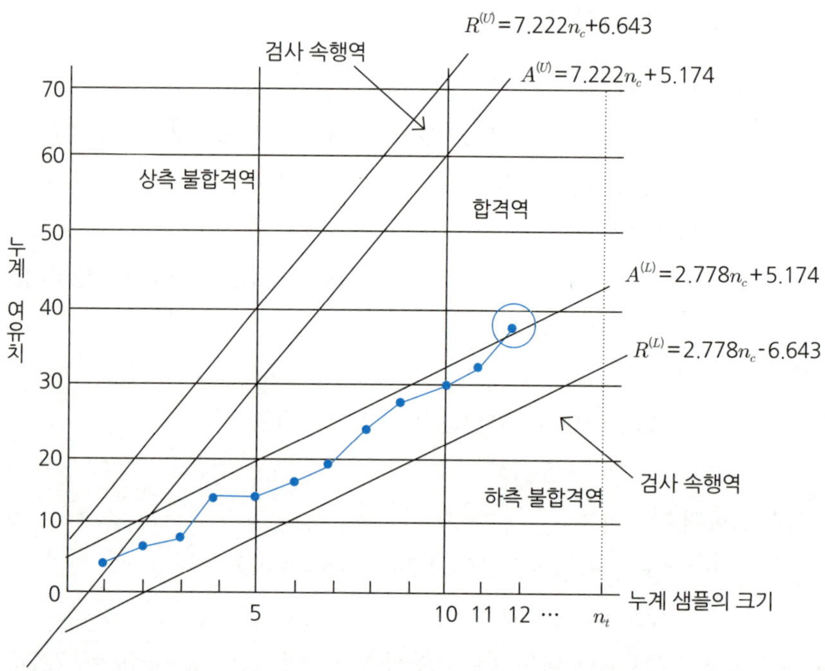

그림 7-12 '예제 7-14' 연결식 양쪽 규격에 의한 축차 샘플링 합부 판정도

누계 샘플의 크기에 따라 이들 식을 이용하여 구한 값이 [표 7-5]과 같으며, 이를 그래프 상에 나타내면 [그림 7-12]와 같다.
12번째 샘플 검사에서 누계 여유치(38.8)가 최초로 하측 합격 판정치(38.51)보다 커지며 상측 합격 판정치 81.49 보다 작다. 따라서 검사를 종료하고 로트를 합격시킨다.
[그림 7-12]을 보면 12번째 누계 여유치의 값이 하한 합격 판정치 보다 커져 합격영역에 들어 가는 것을 확인할 수 있다.

4) 개별식 양쪽 규격

개별식 양쪽 규격은 공정 표준편차 σ가 규격 공차$(U-L)$에 비해 충분히 작을 때에만 적용될 수 있다. 즉, 공정 표준편차 σ가 공정 표준편차의 최대 허용치 $MPSD=(U-L)f$ 보다 클 경우 검사를 하지 않고 로트를 불합격 처리한다.

여기서 f는 상측 및 하측의 생산자 위험 품질 $PRQ^{(u)}$ 및 $PRQ^{(L)}$ 에 의해 정해지는 값으로 [부표 B20]에 제시되어 있다.

개별식 양쪽 규격의 경우 상측 및 하측에 각기 다른 품질지표(AQL, α, β)를 적용하므로 합격 및 불합격 판정치는 다음과 같다.

상측 합격판정치 : $A^{(U)}=(U-L-g^{(U)}\sigma)n_c-h_A^{(U)}\sigma$
상측 불합격판정치 : $R^{(U)}=(U-L-g^{(U)}\sigma)n_c+h_R^{(U)}\sigma$

하측 합격판정치 : $A^{(L)}=g^{(L)}\sigma n_c+h_A^{(L)}\sigma$
하측 불합격판정치 : $R^{(L)}=g^{(L)}\sigma n_c-h_R^{(L)}\sigma$

중도 중지치 n_t에 대응되는 규격상한 및 하한의 합격 판정치 $A_t^{(U)}$ 및 $A_t^{(L)}$는 다음과 같이 구한다.

상측 합격 판정치 : $A_t^{(U)}=(U-L-g^{(U)}\sigma)n_t$
하측 합격 판정치 : $A_t^{(L)}=g^{(L)}\sigma n_t$

(1) 규격 상한에 대한 합부 판정

[그림 7-13]에서 공통의 기울기 $(U-L-g^{(U)}\sigma)$를 가진 위쪽의 2개의 직선은 규격

상한에 대한 것으로, 이들 선에 의해 좌표 평면은 규격상한의 불합격역, 규격상한의 합격역, 규격상한의 검사 속행역의 3가지 영역으로 나뉘어진다. 따라서 이를 통해 다음의 합부 판정에 대한 설명을 보다 쉽게 이해할 수 있다.

① 누계 샘플 크기 n_c에 대해 $Y \le A^{(U)}$일 경우 로트는 규격 상한에 대해 합격 처리되고 상한에 대한 검사는 중지된다.

② 누계 샘플 크기 n_c에 대해 $Y \ge R^{(U)}$이면 로트는 불합격 처리되고 양쪽 규격에 대한 검사는 중단된다.

③ ①이나 ②의 경우를 만족시키지 못할 경우 아이템 하나를 추가로 추출하여 규격 상한에 대한 검사를 계속한다.

누계 샘플의 크기가 중지치 n_t에 도달하고 $Y > A_t^{(U)}$이면 로트를 불합격시키고 검사를 중지한다.

누계 샘플의 크기가 중지치 n_t에 도달하고 $Y \le A_t^{(U)}$이면 로트를 규격 상한에 대해 합격 처리를 한다. 이때 만일 로트가 규격 하한에 대해 이미 합격 처리되었거나 $Y \ge A_t^{(L)}$이면 로트를 합격시키고 검사를 중지한다. 그렇지 않으면 로트를 불합격 처리하고 검사를 중지한다.

(2) 규격 하한에 대한 합부 판정

[그림 7-13]에서 공통의 기울기 $g^{(L)}\sigma$을 가진 2개의 직선은 규격 하한에 대한 것으로, 이들 선에 의해 좌표 평면은 규격하한의 불합격역, 규격하한의 합격역, 규격하한의 검사 속행역의 3가지 영역으로 나뉘어진다.

① 누계 샘플 크기 n_c에 대해 $Y \ge A^{(L)}$ 경우 로트는 규격 하한에 대해 합격 처리되고 하한에 대한 검사는 중지된다.

② 누계 샘플 크기 n_c에 대해 $Y \le R^{(L)}$이면 로트는 불합격 처리되고 양쪽 규격에 대한 검사는 중지된다.

③ ①이나 ②의 경우를 만족시키지 못할 경우 아이템 하나를 추가로 추출하여 규격 하한에 대한 검사를 실시한다.

누계 샘플의 크기가 중지치 n_t에 도달하고 $Y < A_t^{(L)}$ 이면 로트를 불합격시키고 검사를 중지한다. 누계 샘플의 크기가 중지치 n_t에 도달하고 $Y \ge A_t^{(L)}$ 이면 로트는 규격

하한에 대해 합격 처리한다. 이때 만일 로트가 규격 상한에 대해 이미 합격 처리되었거나 $Y \le A_t^{(U)}$ 이면 로트를 합격시키고 검사를 중지한다. 그렇지 않으면 로트를 불합격 처리하고 검사를 중지한다.

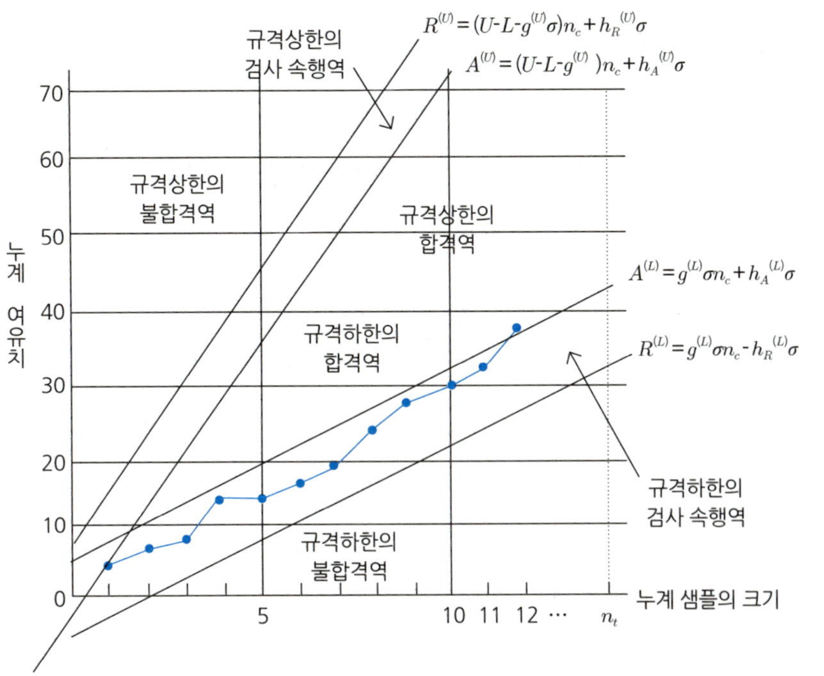

그림 7-13 개별식 양쪽 규격에 의한 축차 샘플링 합부 판정도

예제 7-15 전자 부품의 출력전압은 5950 ± 50 mV이다. 생산은 안정되어 있고 출력전압의 분포는 정규분포를 따르며, 표준편차는 $\sigma = 12$ mV로 알려져 있다. 규격 상한 $U = 6{,}000$ mV에 대해 $p_0^{(U)} = 0.005$, $\alpha^{(U)} = 0.05$, $p_1^{(U)} = 0.02$, $\beta^{(U)} = 0.10$ 및 규격하한 $L = 5{,}900$ mV에 대해 $p_0^{(L)} = 0.025$, $\alpha^{(L)} = 0.05$, $p_1^{(L)} = 0.10$, $\beta^{(L)} = 0.10$를 적용하여 계량 규준형 축차 샘플링검사를 하고자 한다.

[표 7-6]과 같은 측정치 x를 얻었을 경우 계량치 축차 샘플링검사를 통해 로트의 합부 판정을 하시오.

[부표 B18]로부터 규격상한 및 하한에 대한 파라미터를 다음과 같이 구할 수 있다.

상측 : $h_A^{(U)}=4.312,\ h_R^{(U)}=5.536,\ g^{(U)}=2.315,\ n_t^{(U)}=49$
하측 : $h_A^{(L)}=3.318,\ h_R^{(L)}=4.260,\ g^{(L)}=1.621,\ n_t^{(L)}=29$

여기서 중지치는 큰 값인 $n_t^{(U)}=49$를 사용한다.
따라서 규격 상한에 대한 합격 및 불합격 판정치는 다음과 같다.

상측 합격 판정치 : $A^{(U)}=(U-L-g^{(U)}\sigma)n_c-h_A^{(U)}\sigma=72.22n_c-51.744$
상측 불합격 판정치 : $R^{(U)}=(U-L-g^{(U)}\sigma)n_c+h_R^{(U)}\sigma=72.22n_c+66.432$

규격 하한에 대한 합격 및 불합격 판정치는 다음과 같다.

하측 합격 판정치 : $A^{(L)}=g^{(L)}\sigma n_c+h_A^{(L)}\sigma=19.452n_c+39.816$
하측 불합격 판정치 : $R^{(L)}=g^{(L)}\sigma n_c-h_R^{(L)}\sigma=19.452n_c-51.120$

중도 중지치 n_t에 대응되는 규격상한 및 하한의 합격 판정치 $A_t^{(U)}$ 및 $A_t^{(L)}$는 다음과 같다.

상측 합격 판정치 : $A_t^{(U)}=72.22n_t$
하측 합격 판정치 : $A_t^{(L)}=19.452n_t$

누계 샘플의 크기에 따라 이들 식을 이용하여 구한 값이 [표 7-6]에 있으며, 이를 그래프 상에 나타내면 [그림 7-14]와 같다. [표 7-6]에서 여유치 $y_i=x_i-L$(규격 하한치)로 계산된다.
상측의 경우 2번째 검사에서 누계 여유치(39)가 상측 합격 판정치(92.7)에 비해 작아져 합격 판정기준을 만족함으로 규격상한에 대해 합격 처리를 하고 규격상한에 대한 검사를 종료한다.
하측의 경우 11번째 검사에서 누계 여유치(264)가 하측 합격 판정치(253.8)에 비해 커져 합격 판정 기준을 만족함으로 규격하한에 대한 합격 처리를 하고 규격하한에 대한 검사를 종료한다.
따라서 양쪽 규격에서 합격 판정기준을 모두 만족하였으므로 로트를 합격 처리한다.

표 7-6 개별식 양족 규격에 의한 축차 샘플링 합부 판정표

누계 샘플크기	측정치 x_i	여유치 y_i	하측 불합격 판정치 $R^{(L)}$	하측 합격 판정치 $A^{(L)}$	누계 여유치 Y	상층 합격 판정치 $A^{(U)}$	상층 불합격 판정치 $R^{(U)}$
1	5930	30	-31.7	59.3	30	20.5	138.7
2	5909	9	-12.2	78.7	39	92.7	210.9
3	5921	21	7.2	98.2	60	164.9	283.1
4	5924	24	26.7	117.6	84	237.1	355.3
5	5927	27	46.1	137.1	111	309.4	427.5
6	5939	39	65.6	156.5	150	381.6	499.8
7	5914	14	85.0	176.0	164	453.8	572.0
8	5916	16	104.5	195.4	180	526.0	644.2
9	5932	32	123.9	214.9	212	598.2	716.4
10	5918	18	143.4	234.3	230	670.5	788.6
11	5934	34	162.9	253.8	264	742.7	860.9

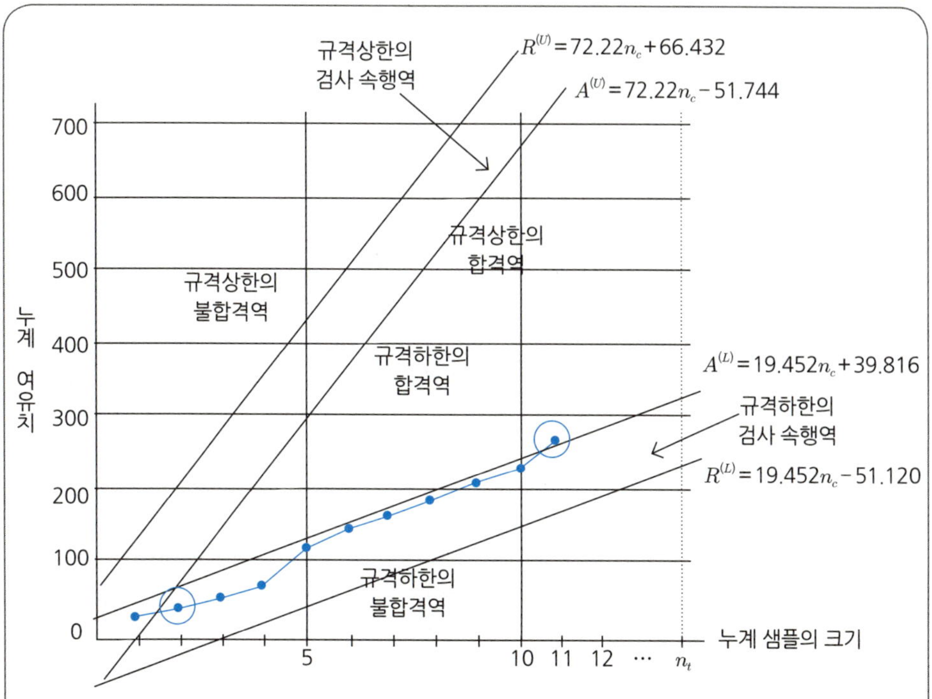

그림 7-14 '예제 7-15' 개별식 양쪽 규격에 의한 축차 샘플링 합부 판정도

[그림 7-14]의 도표 상에서는 상기의 설명을 보다 쉽게 이해 할 수 있다.

[그림 7-14]의 규격상한에서 2번째 누계 여유치(2, 39)가 규격상한의 합격치보다 작아져 합격역에 속하므로 규격상한에 대한 검사를 종료한다.

규격하한에서 누계 여유치(11, 264)가 규격하한의 합격치보다 커져 합격역에 속하므로 로트를 합격 처리하고 검사를 종료한다.

7장 연습문제

1. 소재의 불순도가 3.4 % 이하인 좋은 로트는 가능한 합격시키고, 3.8 % 이상인 나쁜 로트는 가능한 불합격시키고자 한다. 이 경우 계량 규준형 샘플링검사를 설계 하시오. 단, α =0.05, β =0.1 이고 표준편차 σ=0.5 %로 알려져 있다.

2. 강판의 두께가 3 mm 이상으로 구성된 로트들을 가능한 합격으로 하고자 한다. 표준편차 σ=0.2 mm로 알려져 있는 경우, p_0=0.01, α=0.05, p_1=0.05, β=0.1을 만족하는 계량 규준형 샘플링검사를 설계하시오.

3. '문제 2'에서 표준편차 σ를 모를 경우 계량 규준형 샘플링검사를 설계 하시오.

4. 소재의 중량은 최소한 80 g 이상이어야 한다. 500개 구성된 로트를 AQL=1 %, 검사수준 II, 보통검사를 실행한 결과 다음의 데이터를 얻었다. 로트에 대한 합부 판정을 하시오.

80.6	81.5	81.1	82.9	84.1	82.2	81.7	81.0	82.2
80.5	81.7	83.1	81.7	82.2	80.0	84.6	82.8	86.1

5. 어떤 부품의 강도에 대한 규격은 60~70 psi이다. 로트 크기 N=25, 검사수준 II, 보통검사일 경우 AQL 지표형 샘플링검사 's' 방법을 사용하여

1) AQL=0.65 %일 때 로트의 합부 판정을 하시오.

2) AQL=4 %일 때 로트의 합부 판정을 하시오. 단, 4개의 제품의 중량을 측정한 결과는 다음과 같다.

65.5	60	65.2	61.7
$\bar{x}$=63.10		s=2.69	

6. 부품의 내경 치수는 20±2로 로트당 1 200개의 부품이 들어있다. 양쪽 규격 단일 AQL=1.5 %, 검사수준 II, 보통검사를 적용한 상태에서 다음의 데이터를 얻었다. 이를 근거로 로트에 대한 합부 판정을 하시오. 단, 표준편차는 0.22로 알려져 있다.

20.1	20.5	19.8	20.0	20.0	20.2	20.3	19.9
20.4	20.0	20.2	19.9	20.2	20.4	20.3	

7. 어느 제품의 전기적 특성은 최소 500 이상이어야 한다. 이 경우 p_0=0.5 %, α=0.05, p_1=2 %, β=0.1의 계수규준형 축차 샘플링검사를 하고자 한다.
다음과 같이 순차적으로 데이터를 수집할 경우 아래의 질문에 답을 하시오. 단 표준편차는 20으로 알려져 있다.

532, 518, 570, 508, 551, 553, 528, 512, 530, 521, 501, 546

1) 합격 및 불합격 판정선을 구하시오.

2) 합부판정표를 작성 하시오.

3) 합부판정도를 작성하고 로트의 합부 여부를 판정하시오.

8. '문제 7'에서 규격이 500~620일 경우 연결식 양쪽 규격 축차 샘플링 방식을 사용하여 로트의 합부 판정을 할 경우 다음의 질문에 답을 하시오.

1) 합격 및 불합격 판정선을 구하시오.

2) 합부판정표를 작성 하시오.

3) 합부판정도를 작성하고 로트의 합부 여부를 판정하시오.

제8장

관능검사

8.1 관능검사의 개요

관능검사는 제품의 관능적 특성을 사람의 오감(시각, 후각, 미각, 청각, 촉각)에 의해 인지하고 이를 측정, 분석, 평가하는 것으로 정의할 수 있다. 관능검사는 제품의 특성과 기호성을 평가하기 위해 모든 감각기관을 사용할 수 있지만 결국 눈으로 보고, 입으로 먹으면서 식품의 맛을 보기 때문에 주로 사용되는 감각은 시각, 미각, 후각, 입 안에서의 촉각 등이다.

관능검사는 측정기기를 이용한 실험과 비교해 오차 발생 가능성이 높고, 결과의 재현성도 개인간 차이, 컨디션, 시간대 등 많은 요인에 의해 영향을 받는다. 그러나 다음과 같은 기본 전제하에 관능검사가 실시된다.

첫째 : 하나의 자극에 대한 사람의 반응은 과거의 경험 혹은 환경으로부터 얻어지는 다른 감각 자극들과 분리될 수 없다. 그러나 그럼에도 이들 두 원인으로부터 오는 영향들은 관리되고 결과는 표준화될 수 있다.

둘째 : 감각적인 반응에서 나타나는 다양성은 검사에 참가한 사람들의 어떠한 그룹에서도 내재되어 있으며 불가피하다. 이것은 개인 간의 생리적이고 심리적인 차이를 통해 그리고 개인 내의 일관성의 부재로부터 생길 수 있다. 그러나 훈련을 통해서 일관성이 높은 개별 반응을 보여 줄 수 있다.

셋째 : 사람의 반응과 관련된 관능실험에 있어서 계통적 편견(systematic bias)은 확인하기 어려운 잘못된 자료와 이에 따른 잘못된 해석을 가져올 수 있다. 그러나 적합한 실험 설계와 검사 수행에 의해 가능한 한 확인되고 관리되어야 한다.

넷째 : 결과들로부터 얻어지는 결론에 대한 타당성은 사용된 검사와 질문을 포함한 검사 방법에 따라 달라진다. 그러나 훈련된 평가원(패널)에 의해 실행되는 재현성이 확인된 검사방법은 품질지표에 대한 적당한 기기측정법이 개발되어 있지 않은 경우나 측정기기보다 인간의 감도가 높은 경우 등에는 유효하게 이용될 수 있다.

관능검사의 주된 목적은 다음을 통해 고객의 요구를 파악하고, 이를 충족시킬수 있는 방법을 모색하여 제품에 적용한 후, 고객의 요구가 충족되었는지를 확인하는 데 있다.

• 제품(들)을 분류하고, 순위를 매기고, 묘사한다.
• 둘 혹은 그 이상의 제품을 구별한다.
  –만약 완전한 차이가 있다면, 차이의 범위가 얼마나 큰지
  –그 차이의 방향(혹은 품질)과 차이의 영향(예: 선호도에 관하여)
• 모집단의 전체 혹은 모집단의 일부에 대해 차이를 감지하고 있다면 제품이 다르지 않다는 판단을 재확인 해야 한다.

[표 8-1]의 관능검사의 종류 중 본서에서는 분석적 검사인 다음의 세가지를 중심으로 설명하고 있다.

• (종합적) 차이 검사: 표본 간에 전체적인 차이가 있는지를 판정함
• 척도 혹은 항목을 사용하는 검사(특성 차이 검사): 표본 간에 주어진 특성에 대한 차이가 있는지를 판정함
  – 종합적 차이 검사가 단지 표본간에 차이가 있는지 여부만을 평가하는 것인 반면 특성 차이 검사는 특성의 차이가 얼마나 있는가까지를 평가 한다.
• 묘사분석: 숙련된 전문가들에 의해 표본에 존재하는 구체적인 관능적 특성을 식별하기 위해 사용된다.

표 8–1 관능검사의 종류

<table>
<tr><td rowspan="11">관능검사
(Sensory evaluation)</td><td rowspan="7">분석적 검사
(반복실험, 객관적 특성, 소수의 훈련된 패널 이용)</td><td rowspan="2">차이식별 검사</td><td>종합적 차이 검사</td><td>삼점 검사, 일-이점 검사, 오-이점 검사, 'A'-'부A' 검사, 이점 비교 검사</td></tr>
<tr><td>특성 차이 검사</td><td>분류법, 등급법, 순위법, 평점법</td></tr>
<tr><td rowspan="5">묘사분석</td><td rowspan="2">정성적 검사</td><td>향미 프로필</td></tr>
<tr><td>텍스처 프로필</td></tr>
<tr><td rowspan="3">정량적 검사</td><td>정량적 묘사분석</td></tr>
<tr><td>스펙트럼 묘사분석</td></tr>
<tr><td>시간 강도 묘사분석</td></tr>
<tr><td rowspan="4">소비자 검사
(반복 불가능, 주관적 특성, 소비자를 이용하며, 훈련된 패널 이용 안됨</td><td rowspan="2">정량적 검사</td><td>기호도 검사</td><td rowspan="2">가정사용검사(HUT)
중심지역 검사(CLT)
실험실 검사(LT)</td></tr>
<tr><td>선호도 검사</td></tr>
<tr><td rowspan="2">정성적 검사</td><td>포커스그룹 조사</td><td rowspan="2"></td></tr>
<tr><td>일대일 면접</td></tr>
</table>

관능검사는 사람의 미각. 후각, 시각, 촉각, 청각 등 5가지 감각을 이용하여 소비자 기호에 적합하며 제품의 경쟁력 향상, 제조방법의 개선 등 식품 제조회사의 개발 정책을 위한 여러 가지 목적에 응용될 수 있다

- 신제품 개발 : 개발된 신제품이 유사 제품의 관능적 품질과 비교하여 어떤 차이가 있는지 알아보며, 표준제품과 비교하여 신제품의 기호도가 어떤지 조사(제품 배합비 결정 및 최적화 작업)
- 소비자 기호도 검사 : 개발된 신제품에 대한 소비자의 기호도 조사
- 품질 기준 설정 : 제품의 원료 및 제품을 분류하고 품질 특성에 따른 등급을 정하며, 품질 기준 설정에 이용
- 품질개선 : 시장에서 상대적으로 우수한 경쟁력을 유지하도록 품질을 개선하는 데 이용
- 원가절감 및 공정개선 : 값이 싼 원료로 대체되거나 또는 생산성이 향상된 공정으로 생산된 제품이 기존 제품과 차이가 있는지 조사
- 원료의 선택 : 품질이 좋은 최종 제품을 확보하기 위한 적절한 원료의 선택
- 품질관리 : 품질관리 시 물리, 화학적 측정과 함께 각 제조공정의 균일한 품질 유지와 최종 제품의 유통과 저장 품질을 유지하는 데 이용.
- 품질 수명의 예측 및 저장 유통조건 설정 : 제품의 저장 및 유통 시의 변화를 조사하여 유통 기간을 설정하고 유통기간의 연장을 위한 저장, 유통 조건의 개선에 이용.
- 제품의 색, 포장 및 디자인의 선택 : 소비자에게 상품 가치를 높이기 위하여 제품의 색, 형태, 포장, 디자인 등을 선택하는 데 이용.
- 기타 : 마케팅 부서에서 제품에 대한 개념 설정 및 광고 계획에 이용. 타 회사 제품과 비교한 제품의 판매를 예측하고, 판매 향상을 위한 품질 개선과 판매 전략 수립에 이용.

[표 8-1]에서 소비자 검사는 고객으로부터 제품에 대한 기호도(acceptance), 선호도(preference) 및 품질가치(quality value)를 조사하여 평가하는 것으로서 본서에서는 설명을 생략하기로 한다.

8.1.1 관능검사 용어

KS Q ISO 5492에는 다음과 같이 구분하여 관능검사 용어를 설명하고 있다.

- 일반 용어(29개)
- 감각 관련 용어(34개)
- 관능적 특성 관련 용어(63개)
- 방법 관련 용어(39개)

이 중 중요한 용어를 소개하면 다음과 같다.

1) 일반 용어

- **관능검사**(sensory analysis) : 감각 기관에 의한 제품의 관능적 특성의 검사
- **감각**[sensation(noun)] : 감각 자극에 의해서 생성되는 주관적인 반응
- **관능 평가자**[assessor(sensory)(noun)] : 관능 검사에 참여하는 어떤 사람
  - 단순 평가자(naive assessor)는 특정한 기준을 만족하지 않는 사람을 말한다. 초보 평가자(initiated assessor)는 이미 관능 검사에 참여한 사람이다.
- **패널**[panel(noun)] : 관능 검사에 참여하도록 선택된 검사자의 그룹
- **기호성**[acceptance(noun)] : 제품에 관한 자신의 기대가 만족되는 것을 발견하는 개개 또는 집단의 행동
- **선호도**[preference(noun)] : 하나의 제품이 다른 것보다 더 좋다고 하는 평가자의 감정적 상태나 반응의 표현
- **식별**[discrimination(noun)] : 둘이나 그 이상의 자극 사이의 정성적 · 정량적 차이에 관한 행동

2) 감각 관련 용어

- **감각 기관**[receptor(noun)] : 특정한 자극에 반응하는 감각 기관의 특정 부분
- **자극**[stimulus(noun)] : 감각 기관을 자극시킬 수 있는 것
- **지각**[perception(noun)] : 하나 또는 여러 개의 감각 자극의 효과를 아는 것
- **맛**[taste(noun)] : 다양한 물질의 용액 상태에 의해 자극을 받는 맛 기관에 의해 인지되는 감각

- **촉각**[touch(noun)] :
  a) 촉 감
  b) 제품 특성의 형태와 상태를 직접적인 피부의 접촉을 통하여 인지하는 것.
- **시각**[vision(noun)] :
  a) 시 감각
  b) 눈으로 들어오는 빛에 의해 생기는 관능적 인식으로 생기는 외계와의 차이점을 식별하는 것.
- **예민도**[sensitivity(noun)] : 감각 기관을 통해서 하나 이상의 자극에 대하여 그 특성과 크기를 구별해 내고, 알아 내는 능력
- **강도**[intensity(noun)] :
  a) 검지된 감각의 크기를 나타내는 척도
  b) 감각 기관이 인지할 수 있을 만큼의 크기
- **감각 순응**(sensory adaptation) : 지속적이고 반복적인 자극으로 인하여 감각 민감도가 일시적으로 변하는 현상
- **관능적 피로**(sensory fatigue) : 감각 순응의 한 현상으로, 감각 기능이 쇠퇴하는 현상
- **대조 효과**(contrast effect) : 다른 2개의 시료를 같이 평가하였을 때 판정한 시료가 반대되는 특성에 의해 실제보다 높게 인지되는 현상
- **자극 역치**(stimulus threshold, detection threshold) : 감각을 일으키는 데 필요한 자극의 최소량으로 감각은 확인될 필요가 없다.
- **인식 역치**(recognition threshold) : 감각 기관에 인지될 수 있는 자극의 최소량
- **차이 역치**(difference threshold) : 자극의 물리적 강도 차이가 인지될 수 있는 자극의 최소량
- **한계 역치**(terminal threshold) : 자극에 관한 인지되는 강도가 더 이상 증가하지 않는 자극의 최소 크기

3) 관능적 특성 관련 용어

- **신맛**[acid(taste)(adj)] : 대부분의 산성 물질(예를 들어 구연산과 주석산)의 수용액에서 나는 기본 맛을 설명하는
- **쓴(맛)**[bitter(taste)] : 퀴닌(quinine)과 카페인(caffeine)과 같은 다양한 물질의 묽

은 수용액이 생성하는 기본 맛을 설명하는 것.

- **짠(맛)**[salty(taste)(adj)] : 염화나트륨과 같은 다양한 물질의 수용액이 생성하는 기본 맛을 설명하는 것.
- **단(맛)**[sweet(taste) (adj)] : 자당과 같은 다양한 물질의 수용액이 생성하는 기본 맛을 설명하는 것.
- **향미**[flavour(noun)] : 검사하는 동안 자각되는 냄새, 맛, 삼차 신경 감각의 복잡한 조합. 향미는 촉감, 온도, 통각, 운동 감각 효과 등에 의하여 영향을 받는다.
- **오염**(taint) : 제품과 관계 없는 맛과 냄새
- **기본 맛**(basic taste) : 특유의 맛들 중 하나로 신맛, 쓴맛, 짠맛, 알칼리 맛, 감칠맛, 금속 맛 등
- **향미 있는**[sapid(adj)] : 맛을 지닌 상태를 의미
- **향기**[aroma (noun)] : 영어에서의 'aroma'와 프랑스어에서의 'arome'는 정확하게 같은 뜻을 갖고 있지는 않다.
  a) 프랑스어의 의미: 맛을 볼 때 코의 뒤쪽으로부터 있는 냄새 기관에서 인지되는 관능적 특성
  b) 영어의 의미와 프랑스어의 비형식적 언어 : 상쾌한 느낌을 주는 냄새를 의미
- **냄새**[odour(noun)] : 휘발성 물질을 코로 들이쉬었을 때 냄새 기관에서 인지되는 관능적 특성
- **텍스처**[texture(noun)] : 기계적 · 촉감적, 적절하다면 시각적이거나 청각적인 방법 등을 통해서 인지되는 제품의 기계적 · 기하학적 특성
- **경도**[hardness(noun)] : 제품을 변형시키고 녹이기 위하여 요구되는 힘에 관련된 기계적인 텍스처 특성, 입 안에서는 치아 사이나(고체) 혀와 구개 사이(반고체)에 서의 압력에 의하여 인지된다.
- **응집성**[cohesiveness(noun)] : 물질이 부서지기 전까지 변형이 일어날 수 있는 정도와 관련된 기계적인 텍스처 특성
- **분쇄성**[fracturability(noun)] : 제품을 파괴하고 조각 때 요구되는 힘과 응집성에 관련된 기계적인 텍스처 특성, 앞니나 손가락 사이에 제품을 두고 힘을 가하여 평가한다.
- **씹힘성**[chewiness(noun)] : 고체 물질을 삼킬 수 있게 씹는 시간이나 씹는 횟수와

응집성에 관련된 기계적 텍스처 특성

- **껌성**(1)[gumminess(noun)] : 유연한 제품의 응집성과 관련된 기계적인 텍스처 특성. 입 안에서는 삼킬 수 있는 상태로 분해시키는 데 요구되는 노력과 연관된다.
- **점도성**[viscosity(noun)] : 흐름에 관한 저항에 관련된 기계적인 텍스처 특성. 이것은 숟가락에서 혀로 액체를 떨어뜨리는 데 요구되는 그것을 기질로 퍼뜨리는 데 필요한 힘을 의미한다.
- **탄성**[springiness(noun)] : 다음과 관련된 기계적인 텍스처 특성
  a) 외부의 힘에 의해 변형된 후, 다시 원래 상태로 회복되는 데 소요되는 속도
  b) 변형시키기 위해 가해진 힘을 제거시 원래 상태로 어느 정도 회복되는가 하는 특성
- **접착성**[adhesiveness(noun)] : 입이나 기질에 붙은 물질을 제거하는 데 요구되는 힘과 관련된 기계적인 텍스처 특성
- **입상**(2)[granularity(noun)] : 제품의 입자 크기와 모양을 인지하는 것과 관련된 기하학적인 텍스처 특성
- **형태**[conformation(noun)] : 제품 구성 입자의 모양과 배향에 관련된 기하학적인 텍스처.
- **수분도**[moisture(noun)] : 제품에서 방출되어 나오거나 물에 또는 흡수되는 수분의 인지를 묘사하는 표면 텍스처 특성
- **지방성**[fatness(noun)] : 제품의 기름기의 양과 질을 인식하는 것과 관련된 표면 텍스처 특성

4) 방법 관련 용어

- **시료**(test sample) : 시험 대상 물질
- **시험편**(test portion) : 평가자에 의해서 시험에 사용되는 시료의 부분
- **표준점**(reference point) : 평가되는 시료와 비교하기 위해 선택된 하나 또는 여러 가지 특성
- **대조 표준**[control(noun)] : 모든 다른 시료와 비교되는 표준점으로서 선택된 시험의 물질
- **차이 검사**(difference test) : 시료를 서로 비교하는 방법

- **선호 검사**(preference test) : 2개 이상의 시료 중에서 더 좋아하는 것을 평가하는 검사
- **2점 비교 검사**(paired comparison test) : 어떤 규정된 특성을 근거로 비교를 위해 자극이 쌍으로 주어지는 방법
- **3점 검사**(triangular test) : 3개의 기호가 붙은 시료가 평가자에게 제시되는 차이 검사 방법으로3개 중 2개가 동일하다. 그 다른 1개의 시료를 선택하는 것이 판정자의 의무이다.
- **일 이점 검사**(duo-trio test) : 표준 시료가 먼저 제시된 다음 표준 시료와 동일한 시료 1개가 포함되어 2개의 시료를 놓고, 2개 중 어느 것이 표준 시료와 다른지 지적하게 하는 차이 식별 방식
- **오 이점 검사**(two-out-of-five test) : 5개의 시료가 제시되는데 그 중 2개는 하나의 형태를 가지고 나머지 3개는 또 다른 하나의 형태를 갖는다. 판정자가 주어진 5개의 시료를 정확히 2개의 집단 (2 : 3)으로 분류하는 차이 검사 방법
- **'A' 또는 '비A' 검사**('A' or 'not A' test) : 판정자에서 먼저 시료 'A'를 인지시킨 다음, 'A'인 것과 'A'가 아닌 것의 일련의 시료를 제공받는다. 평가자는 시료를 'A'인 것과 'A'가 아닌 것으로 지정해야 한다.
- **순위법**[ranking(noun)] : 한 분류의 시료들을, 특정 특성에 대해, 어떤 일정한 순위 기준에 따라 순서대로 지정하는 방법
- **분류법**[classification(noun)] : 미리 정해 놓은 일정한 범주로 분류하는 방법
- **등급법**[rating(noun)] : 서수적인 척도에 따라 분류하는 방법
- **독립 평가**(independent assessment) : 하나 또는 그 이상의 자극을 서로 비교하지 않고 평가하는 것
- **비교 평가**(comparative assessment) : 동시에 주어지는 자극을 비교하는 것.

8.1.2 관능검사 실행을 위한 준비

평가원이 통제된 조건하에서 산만함을 최소로 한 상태에서 관능평가를 실시하는 데 있어, 정신적 요소와 육체적 상태가 미치는 영향을 줄이기 위해서는 이에 대한 준비가 필요하다.

대표적인 검사시설은 다음과 같이 구성되어 있으나 요구되는 최소 조건은 검사실과 준비실 이다.

- 칸막이 검사대에서 또는 그룹에서 개별적으로 수행되는 장소인 검사실
- 준비실
- 사무실
- 휴대품 보관실과 화장실
- 준비물 저장실
- 시료 저장실
- 평가원 대기실

[그림 8-1]에 검사실의 평면도가 예시되어 있다.

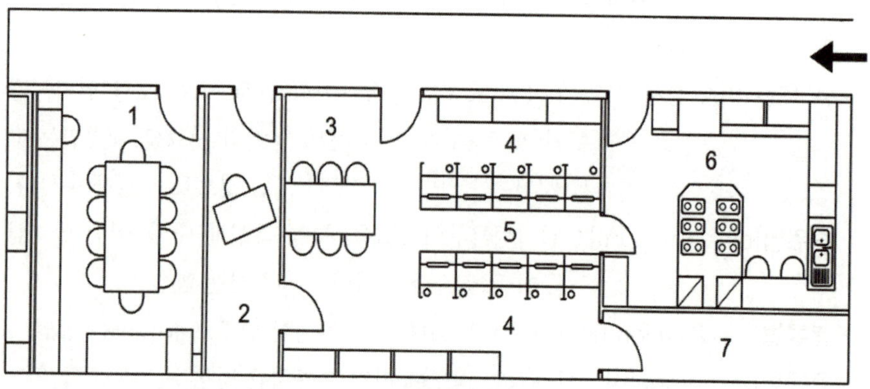

1 회의실 2 사무실 3 그룹활동공간 4 칸막이 검사대
5 분배공간 6 준비실 7 저장실

그림 8-1 검사실 평면도 사례

1) 검사실

(1) 일반 요구사항

① 위치

검사실은 평가원이 쉽게 접근할 수 있는 곳이 좋고 소음과 산만함을 줄이기 위하여 교통이 혼잡한 곳에 위치하지 않는 것이 좋다. 평가원이 검사실에 들

어가기 전에 모이거나 대기할 수 있는 공간이 있는 것이 바람직하며, 청소하기 쉽고 위생적이어야 한다.

평가원이 준비실을 통해 검사실에 들어오거나 나가서는 안 되는데 이는 검사 결과에 편견을 가져올 수 있기 때문이다.

② 온도와 상대습도

검사실의 온도는 조절 가능하여야 한다. 만약 평가하는 동안 제품에 영향을 미칠 수 있다면 상대습도는 조절 가능한 것이 좋다.

제품 검사가 특별한 조건을 필요로 하지 않는다면 일반적으로 그 수준은 평가원들이 안락하면 된다.

③ 소음

소음 수준은 검사기간 동안에 최소로 유지하는 것이 좋다. 그러므로, 걷거나 물건을 옮길 때 소음이 발생하지 않도록 방음 시설을 갖춘 방이 바람직하다.

④ 냄새

검사실은 냄새 없이 유지하는 것이 좋다. 필요하다면 다른 곳으로부터의 공기 유입을 줄이기 위해 검사실 내부의 압력을 약간 높이는 것도 무방하다.

검사실은 쉽게 청소가 가능하고 냄새가 없는 재료로 설치되어야 한다. 직물로 된 표면의 사용은 냄새를 흡수하고 청소에 어려움이 있으므로 사용을 제한할 필요가 있다.

사용되는 세척 용품은 검사실에 냄새를 남기지 않는 것이 좋다.

⑤ 내부장식(decoration)

검사실의 벽과 가구의 색은 시료의 색이 변하지 않도록 중성이어야 한다. 무광택의 하얀색 혹은 가벼운 중성 회색이 추천되는 색상이다(어두운 회색은 바닥과 의자에 적합하다.).

⑥ 조명

광원, 조명 형태와 조명 수준은 모든 관능검사에 있어 매우 중요하다. 검사실 조명은 일정하고 강한 그림자가 생기지 않아야 하며 조절 가능해야 한다.

특별한 조명은 제품 또는 재료의 색 평가 시 매우 중요하다. 이를 위해 사용될 수 있는 장치에는 다음과 같은 것이 있다.

- 밝기 조절 장치
- 색이 있는 광원(유색 광원)
- 칼라 필터
- 비가시광선(black light) 또는 나트륨 증기 램프와 같은 단색 광원(monochromatic light)

소비자 검사에서는 제품이 사용되는 곳의 전형적인 조명이 선택될 수 있다. 따라서 필요한 조명 형태는 수행되는 검사의 형태에 따라 결정된다.

⑦ 안정성 검토

냄새 나는 시료를 위해서는 특수 배기후드를, 화학약품을 사용한다면 화학약품 세정대를, 조리기구를 사용한다면 화재를 고려하는 등 실험실 종류에 따라 특별한 안전관리가 고려되는 것이 바람직하다.

(2) 칸막이 검사대

① 일반 요구사항

많은 관능검사에서 평가원은 독립적으로 개인적 판단을 하도록 요구된다. 이에 정신이 산만해지는 것을 제한하고 개개인의 평가가 필요한 동안 의사소통을 제한하기 위해 평가원은 종종 개인 칸막이 검사대를 사용한다.

② 개수

설치될 칸막이 검사대의 수는 활용 가능한 공간과 검사공간에서 수행되는 검사에 따라 결정된다. 칸막이 검사대의 수는 시료를 제공하고 움직이기 위한 충분한 공간을 확보하는 수준에서 결정되어야 한다.

③ 구성

영구적인 칸막이 검사대를 추천하지만 임시적, 휴대용 칸막이 검사대가 필요할 수도 있다.

검사실과 준비실이 구분되어 있는 벽을 따라 칸막이 검사대가 설치되어 있다면, 시료를 준비실에서 검사실로 직접 보낼 수 있도록 투입구를 만들 것을 권장한다.

입구는 시료가 관능검사실에 쉽게 들어오고 나갈 수 있으며, 평가원들이 시료의 준비과정이나 번호부여 과정을 볼 수 없도록 설계되어야 한다.

평가원을 확인하고 위치를 파악하기 위하여 칸막이 검사대에 숫자 또는 표시를 하면 유용하다.

④ 설계와 크기

각 칸막이 검사대의 작업공간은 다음의 것들을 수용할 수 있는 충분한 공간이어야 한다.

- 시료
- 용구
- 뱉는 컵(뱉은 것을 담는 컵)
- 필요하다면 개수대
- 구강 세척제
- 평가양식과 펜 혹은 컴퓨터 입력 장치들

작업공간은 평가양식의 작성이 가능하도록 혹은 평가의 반응을 전달하기 위한 컴퓨터 시설의 설치가 가능하도록 적정해야 한다.
작업공간은 최소한 0.9 m 폭과 0.6 m 깊이가 추천된다. 칸막이 검사대의 작업대 높이는 편안하게 시료를 평가할 수 있도록 적당해야 한다.
의자가 조절되지 않거나 움직이지 않는다면 의자와 작업대 사이는 0.35 m의 거리를 추천한다.

⑤ 색

칸막이 검사대의 내부는 휘도인자가 약 15 %인 무광택 회색(예: 먼셀 색도 N4에서 N5)으로 칠해져야 한다. 그러나 주로 밝은 색 또는 흰색에 가까운 색이 비교될 때, 검사할 색과의 밝기 대조를 낮추기 위해 칸막이 검사대 내부는 휘도인자 30 % 혹은 그보다 높은(예: 먼셀 색도 N6) 색으로 칠해도 좋다.

(3) 그룹을 위한 공간

그룹을 위한 공간은 초기 훈련 과정에서 그리고 토의가 필요할 때 사용될 수 있다. 이 공간은 모든 평가원을 위한 편안한 의자와 탁자가 수용될 수 있도록 충분히 넓어야 한다.

토론을 기록할 수 있는 큰 칠판이나 차트가 권장된다.

2) 준비실

① 일반 요구사항

시료 준비를 위한 준비실(혹은 부엌)은 검사공간과 바로 인접한 곳에 위치해야 하나, 평가원들이 통과할 필요가 없는 곳이어야 한다.

이 공간은 시료를 준비하는 동안의 냄새와 외부의 냄새를 제거할 수 있도록 환기가 잘 되어야 한다.

바닥, 벽, 천장, 가구 등의 재료들은 유지가 용이해야 하고 냄새가 없어야 하며 냄새가 스며들어서는 안 된다.

② 설비

준비실에서 필요한 설비의 형태는 그 곳에서 가공되는 제품의 범위에 따라 결정된다.

주요 구성요소는 다음과 같다.

- 작업대
- 개수대와 세척을 위해 필요한 설비
- 시료의 보관, 준비, 조절 및 제시에 필요한 전기기구를 포함한 기구(예 : 용기, 접시, 기기 등)는 작업순서대로 잘 정돈되고 검사에 필요하게 눈금조정이 잘 되어 있어야 한다.
- 청소용 기구
- 쓰레기통
- 저장 설비

  기타 추가적인 설비가 필요할 수 있다.

시료 준비와 저장을 위한 용기, 그리고 시료 준비에 사용되는 조리용 도구와 칼은 제품에 냄새나 맛을 전달하지 않고 시료의 오염을 방지할 수 있는 물질로 만들어져야 한다.

3) 사무실

① 일반 요구사항

사무실은 관능분석 검사와 연관된 문서업무를 다루는 작업 공간이다. 사무실은 검사공간과 인접하되 분리되어 있는 것이 중요하다.

② 크기

검사의 계획, 평가양식의 고안, 평가양식의 분류와 디코딩(decoding), 데이터의 통계적 분석, 보고서의 작성을 위해 필요할 경우 검사 및 결과를 토의하기 위해 적절한 공간이 요구된다.

③ 내부시설

사무실에서 수행할 작업에 따라 다음의 기구를 설치하는 것을 권장한다.

- 책상 또는 작업대, 파일 캐비닛, 책장, 의자, 전화, 계산기, 자료의 통계분석을 수행하기 위한 컴퓨터 시설, 복사기, 파일 보관함이 있으면 좋다.

4) 추가적인 지역

휴대품 보관소와 화장실이 검사공간 근처에 있는 것은 유용하나 검사에 영향을 주는 장소에 있어서는 안 된다. 청결을 유지하기 위해 필요한 기구를 보관하는 시설과, 위생 상태는 중요하다.

8.1.3 시료의 제시방법

1) 검사물질

① **검사표본** : 검사표본을 준비할 때에는 외부 환경에 의해 변이가 발생하지 않도록 주의가 필요하며 표본을 준비하기 위해 사용되는 기구나 용기는 냄새나 색에 오염되지 않도록 한다.

검사표본의 양과 크기는 검사표본을 대표하고 맛을 보거나 냄새를 맡을 수 있도록 충분한 크기 또는 양이 제시되어야 한다. 동일한 검사 내에서 매번 제공되는 표본은 동일한 크기 또는 양이 제시되어야 한다. 한번에 검사하는 표본의 수는 감각의 둔화나 정신적 피로를 방지할 수 있는 범위에서 제시되어야 한다.

② **온도와 색** : 표본의 평가가 온도에 민감한 경우에는 검사가 진행되는 동안 동일한 온도가 유지될 수 있도록 해야 한다. 색이 평가에 영향을 줄 수 있다고 판단되는 경우에는 조명을 이용하여 색의 영향을 제거하거나 또는 색이 있는 용기 또는 색소를 사용하여 검사표본의 색을 구분할 수 있도록 해야 한다.

③ **용기** : 용기는 검사에 영향을 주지 않도록 하기 위하여 동일한 크기와 모양의 용기를 사용하며, 용기의 크기는 검사대상을 대표할 수 있도록 충분한 양을 담을 수 있어야 한다. 또한 용기의 재질이 검사표본의 맛이나 냄새를 오염시키지 말아야 한다.

④ **입안세척제** : 표본 사이 또는 검사기간 도중 입안 세척제를 사용할 수 있으나 평가되는 표본의 향미에 영향을 주지 않도록 주의해야 한다. 물, 탄산수, 소금기가 없는 크래커와 같은 자극이 적은 식품의 경우 세척제로 사용할 수 있다.

2) 검사 계획과 수행

① **표본을 제시하는 순서나 방법** : 표본을 제시하는 순서나 방법은 편견의 원인이 될 수 있으므로 표본의 코드는 무작위로 선정된 세 자리 숫자를 사용하고, 각 검사마다 변경한다.

적은 수의 시료와 평가원으로 검사를 수행하는 경우에는 시료의 모든 가능한 순서 조합이 동일한 횟수로 제공되도록 순서를 균형되게 한다. 대규모 실험에서 그 순서는 균형되게 하거나 임의로 추출될 수 있다.

표본 제공순서(order of presentation of sample)에 따라 발생할 수 있는 오류는 다음과 같다.

- 대조효과(contrast effect) : 좋은 시료 뒤에 나쁜 시료를 제시하면 대조가 되어 각각 따로 평가할 때보다 나쁜 시료가 더 나쁘게 평가되는 경향
- 그룹효과(group effect) : 대조효과와 반대의 효과로, 나쁜 시료들과 함께 좋은 시료를 평가하면 좋은 시료도 나쁘게 평가되는 경향.
- 중앙경향 오류(error of central tendency) : 삼점검사에서 강도의 차이가 작은

경우 가운데 있는 표본을 선택하려는 경향

- 시간오차/위치편차(time error/positional bias) : 시료의 제시 순서나 제시 위치에 따른 오류로 첫 번째 제시된 시료가 두 번째 제시된 시료보다 더 잘 선택되는 경향

② 생리적 편견 : 표본에 대한 생리적 편견은 검사대상의 특성과 관련된 것으로 특히 향미 검사의 경우 자극에 반복적으로 접하게 됨으로써 적응될 수 있으며, 고형 식품의 경우 씹을 때 피로가 발생될수 있다. 따라서 이들의 경우에는 한 번에 검사하는 표본의 수를 제한할 수 있다.
배고픔과 포만감은 평가자에 영향을 줄 수 있다. 그리고 검사 1시간 이내에는 커피와 스낵의 섭취 , 흡연을 금지하는 것이 바람직하다.

③ 관능검사 수행시간 : 오전과 오후 중반이 최적이고 검사계획은 일상적인 식사 시간을 고려하여 수립해야 한다. 감정적 흥분, 감기 혹은 다른 질병으로 인해 검사를 정상적으로 수행하기 어려운 평가자는 회복이 될 때까지 평가에서 제외 되도록 한다.

④ 예상되는 오차의 제거
평가원의 무의식적인 행동에 따라 다음의 심리적 오차가 발생될 수 있다. 따라서 이들 오차가 발생되지 않도록 사전에 조치할 필요가 있다.

- 기대오차(expectation) : 사전에 얻은 정보에 의해 차이가 없음에도 불구하고 차이가 있을 것이라고 기대하고 판단하는 경우
- 습관오차(error of habituation) : 자극강도가 아주 완만하게 증가하거나 감소할 경우 동일 강도가 계속되는 것처럼 느껴지는 경향
- 자극오차(stimulus error) : 용기의 모양, 색깔 등 외부적 자극의 차이에 의해 영향을 받아 시료 자체의 차이에 관계없이 판단할 경우
- 논리적 오차(logical error) : 식품내의 특성 중 두 개 이상이 서로 관련이 있다고 생각될 때 한 특성의 차이가 다른 특성의 차이 판단에 영향을 주는 경우
- 후광효과(halo effect) : 한 특성이 좋을 경우 다른 특성도 좋은 쪽으로 평가하려고 하는 경향 또는 그 반대
- 상호암시(mutual suggestion) : 평가자가 다른 평가자에 의해 영향을 받는 경우

- 동기의 결핍(lack of motivation): 평가원의 낮은 동기유발로 인한 불성실한 평가가 예상될 경우, 평가원의 성취욕구를 유발시키기 위해 선물, 휴가 등 보상제도 실시로 극복할 수 있다.

⑤ 분석계획

측정한 자료를 근거로 결과를 도출하기 위해 통계적 분석을 사용할 경우 언제나 검사를 시작하기 이전에 이에 대한 계획을 수립해야 한다. 검사에 동원될 평가자의 수, 제 1종 및 2종의 오류 등을 미리 설정하여 이에 따른 모수 또는 비모수 검정을 하도록 한다.

계획한 대로 검사를 실행하여 바람직한 결과를 얻기 위해서는 다음의 요소들을 고려해야 한다.

- 모든 자료가 정확하게 시간대별로 기록되고 있는지 확인한다(컴퓨터 혹은 수작업으로).
- 결과의 해석에 의심을 주거나 도움을 주는 모든 추가적인 관련 정보들이 기록되고 있는지 확인한다.
- 만약 추가 검사가 예정되어 있다면, 평가원이 지속적으로 참가하도록 동기부여가 되었는지 확인한다.

8.1.4 검사 평가자 선정 및 훈련

관능검사에서 패널은 '측정기구'에 해당되므로 검사의 결과는 패널 구성원에 달려있다. 따라서 검사원의 선정은 신중해야 하며, 시간적 경제적인 측면에서 투자로 여겨야 한다.

관능검사에서 패널은 평가자, 선발된 평가자, 전문 평가자 세 가지 유형으로 구성된다.

- 평가자: 특정한 기준을 만족시키지 못하는 경험이 없는 검사자 혹은 이미 관능검사에 참여한 경험이 있는 초보 검사자
- 선발된 평가자: 특정 관능검사를 위하여 선발되어 훈련된 검사자
- 전문 평가자: 다양한 관능검사를 위하여 선발되고 훈련되어 패널 수행에 있어 특정한 민감도를 나타내는 전문가

표 8-2 **평가자 모집방법의 장단점**

	장점	단점
내부모집	• 사람이 조직 내에 있다. • 급여를 줄 필요가 없다. (흥미 유지를 위한 인센티브는 필요함) • 비밀유지가 용이하다. • 안정적으로 패널을 구성할 수가 있다.	• 제품에 대한 사전 지식으로 인해 검사에 영향을 받을 수 있다. • 제품에 대한 친숙함으로 인해 발전을 이루기가 어렵다. • 다양한 가능성이 희박하다.
외부모집	• 선택의 범위가 넓다. • 지원자가 부적합할 경우 감정을 상하지 않게 하고서도 정리할 수 있다. • 이해 관계자들의 문제로부터 자유로울 수가 있다. • 소문에 의해 인물 공급이 이루어 질 수 있다.	• 보상, 업무 등으로 인해 더 많은 비용이 소요된다. • 늘 이용 가능한 적합한 인력을 모집하기가 어렵다. • 안정적으로 패널을 유지하기가 어렵다.

훈련을 받지 않은 평가자
↓
채용, 예비 검사와 지도
↓
초보 평가자
↓
도구와 일반적 규칙에 따른 훈련
↓
선발된 평가자
↓
훈련을 위한 선택
↓
잠재력 평가
↓
수행 능력과 시험의 모니터링
↓
전문 평가자
↓
해석 및 보고 훈련
↓
특별 전문 평가자

그림 8-2 **관능검사 평가자 훈련 과정**

① **평가자의 선정**: 평가자의 모집은 평가자의 패널을 구성할 때 매우 중요한 시작점이다.
평가자를 모집하는 다양한 방법이 있고 적합한 후보자를 선별하기 위한 여러 가지 방법이 있다.
패널을 구성하기 위해서는 다음의 질문에 답을 해야 한다.

- 검사자를 어디서 찾을 것인가?
- 얼마나 많은 사람을 선정할 것인가?
- 어떻게 선정할 것인가.

패널을 구성하기 위해서는 다음의 두 가지 방법이 있으며 혼합된 구성도 가능하다.

- 조직 내 인사부를 통한 모집(내부모집)
- 외부모집

각각의 방법에 대한 장단점이 [표 8-2]에 요약되어 있다.
피 훈련자가 특별 전문 평가자가 되기까지의 과정은 [그림 8-2]와 같다.

② **평가자의 훈련**: 평가자에게 표본을 평가하는 정확한 방법을 가르친다. 평가자는 평가에 앞서 평가 지침을 읽고 이를 지켜야 한다.
일반적으로 평가순서는 다음과 같다.

- 색과 외관
- 냄새
- 텍스처
- 향미(맛과 향으로 구성된)
- 뒷맛

냄새를 평가할 때는 오랫동안 냄새를 맡기 보다는 짧게 맡도록 하여 관능적 피로가 발생하지 않도록 한다.

평가자가 액체와 고체의 시료 모두, 표본의 크기를 미리 알게 하고 표본이 입안에 담겨지는 시기에 씹는 수와 삼키거나 삼키지 않거나가 관측된다.
입을 세척하는 주기는 일정하게 유지 되도록 한다. 훈련 초기에는 차이가 큰 검사표본으로부터 시작하여 점차로 차이가 작은 검사표본을 대상으로 확대하여 훈련하도록 한다.

관능적 특성 차이 검사에는 먼저 검사하려는 관능적 특성을 소개하고 묘사 용어와 강도를 나타내는 척도에 대해 설명을 한 후에 검사에 임하고, 필요한 경우에는 질의응답을 통하여 훈련의 질을 높이도록 하다.

③ **맛의 예민도에 대한 훈련**: 맛의 예민도에 대한 훈련은 다음과 같다.

- 평가자에게 맛을 인식하고 구분하는 것을 가르친다.
- 평가자에게 다른 종류의 역치를 알고 그것을 구분하는 것을 가르친다.
- 평가자에게 그들 자신의 맛에 대한 예민도를 깨닫도록 가르친다.

이를 통해 검사 관리자는 평가자에 대한 예비 분류를 할 수 있다. 이 방법은 이미 관능검사 패널이 된 평가자에 대해서도 맛에 관한 예민도를 주기적으로 검사하기 위해 사용될 수 있다.

맛의 예민도 훈련 시 검사에 대한 일반적인 지침은 다음과 같다.

- 평가자는 지체 없이 각 용액을 맛보아야 한다(30초 간격으로).
- 평가자는 입안을 가득 채울 만큼 충분한 양의 용액을 마셔야 한다(약 15 mL).
- 평가자는 각각의 일련의 맛을 평가한 후에 물(중성, 무미, 거품이 없고 무취의 것)로 입을 헹구어야 한다.
- 시료와 물은 같은 온도여야 하며(보통은 실내 온도, 약 20 ℃), 검사 동안 그 온도를 유지해야 한다.

a) **맛의 식별**

검사 관리자가 알고 있는 순서에 따라 [표 8-3]에 있는 특정 맛에 대응하는 표준물질을 주어진 농도를 갖는 액체의 형태로 각각의 평가자에게 제공한다. 이때 모든 시료를 검사 관리자만이 알고 있는 세 자리 수 코드로 표시한다.
각각을 맛본 후에, 평가자가 맛을 정의하고 [표 8-4]와 같은 양식에 그 평가를 기록하거나 가능하면 전산화된 시스템을 사용하여 기록한다.

표 8-3 맛에 대한 표준물질

맛	표준물질	농도 g/L
신맛	구연산	1.2
쓴맛	카페인	0.54
짠맛	염화나트륨	4.00
단맛	자당	24.00
감칠맛(umami)	글루탐산나트륨 1수화물	2.00
금속맛	황화철 7수화물	0.012

표 8-4 맛을 확인하기 위한 답변 양식의 예

이름:				날짜:			
용기번호	아무맛도 없음	신맛	쓴맛	짠맛	단맛	감칠맛	금속맛
134		×					
137	×						
245		×					
456					×		
367						×	
129							×
769			×				
931			×				
259				×			
368	×						
184					×		
적당한 간격에 ×표 하시오.							

b) **역치 시험에 숙달**

각각의 맛을 위해서 농도가 정해진 희석액을 사용하고 농도가 증가하는 순서로 일련의 시료를 제공한다.

이때 평가자가 맛을 쉽게 확인하기 위하여 가장 높은 농도의 희석액을 먼저 시음하고자 할 수 있기 때문에 평가자에게 모든 표본을 동시에 제공하지 않는다.

맛을 본 직후에 평가자는 [표 8-5]의 양식에 따라서 맛을 느낄 수 있는지의 여부를 다음의 기호를 사용하여 기록한다.

0: 특별한 맛이 없음.

?: 느낌이 느껴지지만 알 수 없음.

×: 맛이 느껴짐.

××, ×××, ×××× 등: 농도에 따라 차이점이 확인됨.

각 농도에 따라 × 표시를 하도록 지도하고(×가 많을수록 높은 농도이다.), 맛을 느낀 용기의 번호 아래에 그 맛의 이름을 적도록 한다.

다른 맛을 평가하기 전에 검사 관리자는 평가자가 뒷맛이 남아 있지 않을 정도로 충분히 입을 헹굴 수 있는 시간을 준다.

표 8-5 역치에 숙달되기 위한 답변 양식의 예

이름		날짜										
		용기가 보여진 순서										
		1	2	3	4	5	6	7	8	9	10	11
코드 번호	물	320	216	432	109	307	542	875	650	259	129	372
답	0	0	?	× 쓴맛	××	××	×××	×××	××××	××××	×××××	×××××
주의 0: 특별한 맛이 없음. ?: 느낌이 느껴지지만 알 수 없음. ×: 맛이 느껴짐 ××, ×××, ×××× 등: 농도에 따라 차이가 확인됨. (농도에서 차이가 있을 때마다 ×를 더한다.)												
맛이 확인될 때, 그 맛의 이름을 용기의 코드에 해당하는 칸에 적는다.												

c) **결과의 표현**

검사 감독자는 각 평가자의 답변 양식을 분석하고 정답과 오답의 목록을 작성한다.

결과는 각 평가자 개별적으로 판단되어야 한다. 각 평가자 마다 예민도의 차이가 있고, 그 예민도가 시간에 따라 다양하게 변하며, 훈련 후에 현저히 향상될 수 있기 때문이다.

예민도는 마지막으로 올바르게 인지된 맛의 농도의 결과로 표현될 수 있다. 예를 들어 [표 8-5]에서 평가자 A는 5번, 평가자 B는 9번까지를 올바르게 인지하였을 경우 평가자 B의 예민도가 더 높다고 할 수 있다.

맛의 예민도 검사 방법은 KS Q ISO 3972에 보다 자세히 기술되어 있다.

④ **냄새의 예민도에 대한 훈련**: 사람은 100만 ~200만개 정도의 후각세포를 가지고 있는데 냄새나는 물질이 코안에 후각세포를 자극하여 냄새를 맡게 된다.
물질이 냄새를 내기 위해서는 휘발성이 강하고 지용성이어야 하는데, 인간은 약 1600만 종의 냄새를 구별할 수 있다고 한다.
냄새에 대한 검사방법은 직접법₩과 입안을 통하여 흡입한 후 코로 배출하는 방법을 사용한다. 직접법에는 다음의 세 가지가 있다.

- 플라스크를 이용하는 방법
- 냄새 시험지를 이용하는 방법
- 캡슐화된 냄새에 대한 평가

입안으로 흡입하는 방법에는 다음의 두 가지가 있다.

- 기체상의 냄새를 평가하는 방법
- 수용액을 섭취한 후 평가하는 방법

냄새 확인을 위한 평가표는 [표 8-6]에 있다.

표 8-6 냄새를 확인하기 위한 평가표

검사방법:
평가원 이름:
날짜:

표본번호	냄새가 있는지 알아냈습니까?		무슨 냄새인지 인식했습니까?		냄새 혹은 관련된 표현	비고
	예	아니오	예	아니오		
해당란에 ×표를 하시오.						

냄새의 감지와 인식에 대한 보다 자세한 내용은 KS Q ISO 5496에 설명되어 있다.

평가자를 대상으로 관능 특성의 강도에 대한 훈련을 할 때 사용하는 제품의 예는 [표 8-7]과 같다.

표 8-7 관능특성의 강도 평가에 사용되는 제품의 예

실험	물질	수용액의 농도
맛의 식별검사	구연산	0.1 g/L, 0.15 g/L, 0.22 g/L
냄새 식별검사	이소아밀, 아세테이트	5 ppm, 10 ppm, 20 ppm
텍스처 식별검사	크림치즈, 퓌레 젤라틴 등	-
색 식별검사	천, 컬러 척도 등	색 범위의 강도에 대한 예: 진한 빨강에서 옅은 빨강까지

8.2 관능검사 방법

[표 8-1]과 같이 관능검사는 분석적 검사와 소비자 검사로 대별되는데 본서에서는 분석적 검사만을 설명하기로 한다.

분석적 검사는 차이식별 검사와 묘사분석으로 구분된다. 차이식별 검사 중 종합적 차이 검사는 표본 간에 전체적인 차이가 있는지 여부를 판정하기 위해, 특성 차이 검사는 표본간 특정 특성에 대한 차이가 있는지, 있으면 어느 정도 있는지를 판정하기 위해 사용된다.

묘사분석은 숙련된 전문가들에 의해 표본에 존재하는 구체적인 관능적 특성을 식별하기 위해 사용된다.

8.2.1 (종합적) 차이 검사

가장 널리 사용되는 검사로 표본 간에 차이가 있는지 여부를 평가하도록 설계되어 있다.

차이 검사에는 다음과 같은 방법이 있다.

- 삼점 검사
- 일-이점 검사
- 오-이점 검사
- 이점 검사
- 'A'-'부A' 검사

1) 삼점 검사(triangle test)

(1) 원리 및 특징

2개의 다른 검사표본 중 1개의 표본을 2개로 만들어 3개의 코드화된 검사표본을 제공하고 평가원이 이 중 다른 하나를 선택하게 한다. 일반적으로 표본간 차이의 특성을 모를 때(가장 많이 사용) 평가원의 선발과 훈련 시 많이 사용된다.

삼점 검사는 일-이점 검사보다 통계적으로 효과적인 방법이지만 다음과 같은 단점 때문에 기호도를 결정하기 위해서 사용하지 않는 것이 좋다.

- 많은 수의 시료를 검사할 때는 비경제적이다.
- 강한 향미의 시료를 검사할 때는 이점 비교 검사보다 감각 피로의 영향을 더 받는다.
- 만일 차이의 특성을 알 경우 다른 검사에 비해 비효율적이다.
- 이 검사는 제품이 가능한 한 동질적인 경우에만 적용할 수 있다.

삼점 검사 수행 시 주의할 점은 검사표본을 선택한 다음 선호도나 기호도 또는 차이의 정도나 형태를 물어서는 안된다. 그 이유는 추가된 질문이 평가자의 정답 결정에 영향을 줄 수 있기 때문이다.

만약 추가 질문이 필요하다면 선호도를 조사하는 검사 방법에 따라 관능검사를 추가로 실행해야 한다.

(2) 평가인원

다음의 경우 필요한 검사자가 제시되어 있으나 실제로는 검사기간, 가능한 평가자의 수, 검사물의 양 등과 같은 물리적인 조건에 따라 검사자의 수를 결정한다.

- 차이가 큰 경우: 12명
- 차이가 보통인 경우: 20-40명
- 차이가 작은 경우: 50-100명

(3) 평가방법

- 위치 및 순서 오차를 제거하기 위하여 무작위로 배치하거나, 균형되게 배치하여 각 평가원에게 제공한다. 따라서 다음 조합에 따라 검사표본을 제시한다.

BAA, ABA, AAB, ABB, BAB, BBA

- 평가원은 왼쪽부터 순서대로 맛을 본 후 3개의 검사표본 중 다른 1개의 검사표본을 찾아낸다.
- 보통 모든 검사표본은 동시에 제시되지만 검사표본의 부피가 매우 큰 경우, 후미가 있는 경우, 외형이 약간 다른 경우에는 예외적으로 한 검사표본을 끝낸 후에 다음 검사표본을 제시한다.
- 감각 둔화현상이 발생하는 경우 1회 검사 세트 수를 조절한다.
- 평가원이 반복하여 동일한 검사표본들을 평가하는 경우 매번 제시되는 검사표본의 번호를 변경해야 한다.

[그림 8-3]에 삼점 검사 방법이 예시되어 있다.

이름 ______________ 날짜 ________________

앞에 번호가 적힌 3개의 검사표본으로 이루어진 검사 세트가 있습니다.
3개 중 2개는 같은 검사표본이며, 나머지 1개는 다른 것입니다.
세트 내에서 종류가 다르다고 생각되는 검사표본을 골라 해당된 번호에 V표 하십시오.

490 728 196

--------------- ----------------- ----------------

그림 8-3 관능검사 평가자 훈련 과정

(4) 결과분석

귀무가설은 제품 사이에 구별이 가능하지 않다는 것이다. 따라서 귀무가설 H_0은 $p=1/3$이 된다. 이 검사는 단측검사로 대립가설 H_1은 $p>1/3$이 된다.

삼점검사를 실행하기 위해서는 우선 [표 8-8]에서 α, β, p_d(차이를 감지할 수 있는 평가자 비율)에 해당되는 필요 평가원수를 찾는다. 이 후 필요 평가원수 이상의 평가자로 삼점 검사를 실행한 후 정답을 한 평가자수와 [표 8-9]의 최소 정답수를 비교하여 판정을 한다.

정답을 맞춘 평가자수가 [표 8-9]의 최소 정답수 보다 같거나 클 경우 귀무가설을 기각할 수 있으므로 선호도에 차이가 있다고 할 수 있다.

표 8-8 삼점 검사를 위해 필요한 평가원수

α	p_d	β				
		0.20	0.10	0.05	0.01	0.001
0.2	50 %	7	12	16	25	36
0.1		12	15	20	30	43
0.05		16	20	23	35	48
0.01		25	30	35	47	62
0.001		36	43	48	62	81
0.2	40 %	12	17	25	36	55
0.1		17	25	30	46	67
0.05		23	30	40	57	79
0.01		35	47	56	76	102
0.001		55	68	76	102	130
0.2	30 %	20	28	39	64	97
0.1		30	43	54	81	119
0.05		40	53	66	98	136
0.01		62	82	97	131	181
0.001		93	120	138	181	233
0.2	20 %	39	64	86	140	212
0.1		62	89	119	178	260
0.05		87	117	147	213	305
0.01		136	176	211	292	397
0.001		207	257	302	396	513
0.2	10 %	149	238	325	529	819
0.1		240	348	457	683	1011
0.05		325	447	572	828	1181
0.01		525	680	824	1132	1539
0.001		803	996	1165	1530	1992

표 8-9 삼점 검사에 기초하여 지각할만한 차이가 있다고 결론을 내리는 데 필요한 최소 정답수

n	α					n	α				
	0.2	0.1	0.05	0.01	0.001		0.2	0.1	0.05	0.01	0.001
6	4	5	5	6		27	12	13	14	16	18
7	4	5	5	6	7	28	12	14	15	16	18
8	5	5	6	7	8	29	13	14	15	17	19
9	5	6	6	7	8	30	13	14	15	17	19
10	6	6	7	8	9	31	14	15	16	18	20
11	6	7	7	8	10	32	14	15	16	18	20
12	6	7	8	9	10	33	14	15	17	18	21
13	7	8	8	9	11	34	15	16	17	19	21
14	7	8	9	10	11	35	15	16	17	19	22
15	8	8	9	10	12	36	15	17	18	20	22
16	8	9	9	11	12	42	18	19	20	22	25
17	8	9	10	11	13	48	20	21	22	25	27
18	9	10	10	12	13	54	22	23	25	27	30
19	9	10	11	12	14	60	24	26	27	30	33
20	9	10	11	13	14	66	26	28	29	32	35
21	10	11	12	13	15	72	28	30	32	34	38
22	10	11	12	14	15	78	30	32	34	37	40
23	11	12	12	14	16	84	33	35	36	39	43
24	11	12	13	15	16	90	35	37	38	42	45
25	11	12	13	15	17	96	37	39	41	44	48
26	12	13	14	15	17	102	39	41	43	46	50

예제 8-1 당분의 함유량이 다른 두 종류의 과자를 개발한 후 맛의 차이가 있는지 여부를 평가하고자 한다. $\alpha=0.05$, $\beta=0.1$, $p_d=50$ % 일 경우 삼점 검사를 위해 필요한 평가원수를 구하시오.

[표 8-8]에서 $\alpha=0.05$, $\beta=0.1$, $p_d=50$ %일 경우 삼점검사를 위해 필요한 최소 평가원수는 20명임을 알 수 있다.

예제 8-2 '예제 8-1'에서 각각의 표본에 무작위 3자리 고유숫자를 부여한 한 후 A표본 36개 B표본 36개를 만들었다. 그리고 한 세트가 3개의 표본으로 구성된 다음과 같은 6개의 표본 세트를 4회에 걸쳐 평가원 24명에게 각각 한 세트씩 무작위로 제시하였다.

ABB, BAB, BBA, BAA, ABA, AAB

24명 중 15명이 올바른 판정을 내렸을 경우 과자의 맛이 다르다고 할 수 있는가?

[표 8-9]에서 24명, $\alpha = 0.05$일 경우 '필요한 최소 정답수'는 13명이므로, $\alpha = 0.05$에서 두 종류의 과자 간에 맛에 차이가 있다고 할 수 있다.

2) 일-이점 검사(duo-trio test)

(1) 원리 및 특징

평가자에게 기준표본을 제시하고 2개의 표본 중 기준표본과 동일한 표본을 찾도록 한다.

일-이점 검사는 주어진 시료와 기준시료 사이에 관능적 차이 혹은 유사성이 있는지 여부를 검사하기 위해 사용된다. 이 검사는 예를 들면 정기적인 생산 시료와 같이 기준시료가 평가원에게 잘 알려져 있을 때 특히 적합하다.

만약 뒷맛이 남는다면, 이 검사는 이점 비교 검사 혹은 'A' – '부A' 검사에 비해 덜 적합하다.

일-이점 검사는 삼점검사에 비해 통계적으로 비효율적인데 이는 우연히 정답을 얻을 수 있는 가능성이 1/2이 되기 때문이다. 그러나 이점 검사에 비해 유리한 점은 기준표본을 제시함으로써 무엇이 차이는 나타내는지에 관한 혼돈을 피할 수 있다는 것이다. 반면에 단점은 이점 검사는 두 개의 표본을 평가하는데 비해 세 개의 표본을 평가하는 것이다.

(2) 평가인원

일-이점 검사의 평가인원은 삼점 검사의 경우와 동일하다.

• 차이가 큰 경우: 12명
• 차이가 보통인 경우: 20–40명
• 차이가 작은 경우: 50–100명

(3) 평가방법

기준표본이 잘 알려져 있는 지의 여부에 따라 다음의 두 가지로 나누어 검사를 한다.

① 동일 기준 검사표본: 평가원에게 잘 알려진 제품이 계속 기준표본이 되는 경우 (A'–AB, A'–BA)
② 균형 기준 검사표본: 각 검사표본이 균형 있게 기준표본이 되는 경우 (A'–AB, A'–BA, B'–AB, B'–BA)

[그림 8-4]에 일–이점 검사방법이 예시되어 있다.

이름 ______________　　　　날짜 ________________

각 검사 set에서 R은 기준표본이고, 나머지 검사 번호가 기입된 둘은 검사표본입니다.
각 set에서 먼저 R을 맛본 후, R과 동일한 맛을 가진 검사표본 번호에 V 표 하십시오.

R1	132 ______	691 ______
R2	587 ______	243 ______

그림 8–4　일–이점 검사에 사용예

(4) 결과분석

귀무가설은 제품 사이의 구별이 가능하지 않다는 것으로 귀무가설은 $p=1/2$이 된다. 대립가설은 단측 검정으로 $p>1/2$이 된다.

검사 결과 정답수가 [표 8-11]의 필요한 최소 정답수 이상일 경우 귀무가설을 기각할 수 있으므로 선호도에 차이가 있다고 할 수 있다.

표 8-10 일-이점 검사를 위해 필요한 평가원수

α	p_d	β				
		0.20	0.10	0.05	0.01	0.001
0.2	50 %	12	19	26	39	58
0.1		19	26	33	48	70
0.05		23	33	42	58	82
0.01		40	50	59	80	107
0.001		61	71	83	107	140
0.2	40 %	19	30	39	60	94
0.1		28	39	53	79	113
0.05		37	53	67	93	132
0.01		64	80	96	130	174
0.001		95	117	135	176	228
0.2	30 %	32	49	68	110	166
0.1		53	72	96	145	208
0.05		69	93	119	173	243
0.01		112	143	174	235	319
0.001		172	210	246	318	412
0.2	20 %	77	112	158	253	384
0.1		115	168	214	322	471
0.05		158	213	268	392	554
0.01		252	325	391	535	726
0.001		386	479	556	731	944
0.2	10 %	294	451	618	1 006	1 555
0.1		461	658	861	1 310	1 905
0.05		620	866	1 092	1 583	2 237
0.01		1 007	1 301	1 582	2 170	2 927
0.001		1 551	1 908	2 248	2 937	3 812

예제 8-3 MSG를 대체하기 위해 자연 조미료를 개발한 후 맛에 차이가 있는지를 평가하고자 한다.

이를 위해 동일한 조건에서 MSG를 사용하여 조리한 음식과 자연 조미료를 사용하여 조리한 음식을 각각 54개씩 총 108개를 만들었다한 세트가 3개의 표본으로 구성된 다음과 같은 4개의 표본 세트를 9회에 걸쳐 무작위로 36명에게 각각 한 세트씩 제시한 결과 28명이 정답을 맞추었다.

A기준 – A B, A기준 – B A, B기준 – A B, B기준 – B A

이 경우 MSG와 자연 조미료 간에 맛에 차이가 있다고 할 수 있는가? 단, $\alpha=0.05$, $\beta=0.1$, $p_d=50$ %로 한다.

[표 8-10]에서 $\alpha=0.05$, $\beta=0.1$, $p_d=50$ %일 경우 일-이점 검사를 위해 필요한 평가원수는 33명인데 36명이 평가하였으므로 이 조건을 만족한다.
[표 8-11]에서 $n=36$, $\alpha=0.05$에서 필요한 최소 정답수는 24명 이므로 $\alpha=0.05$에서 맛에 차이가 있다고 할 수 있다.

표 8-11 일-이점 검사에 기초하여 지각할만한 차이가 있다고 결론을 내리는 데 필요한 최소 정답수

n	α					n	α				
	0.2	0.1	0.05	0.01	0.001		0.2	0.1	0.05	0.01	0.001
6	5	6	6			26	16	17	18	20	22
7	6	6	7	7		27	17	18	19	20	22
8	6	7	7	8		28	17	19	19	21	23
9	7	7	8	9		29	18	19	20	22	24
10	7	8	9	10	10	30	8	20	20	22	24
11	8	9	9	10	11	32	19	21	22	24	26
12	8	9	10	11	12	36	22	23	24	26	28
13	9	10	10	12	13	40	24	25	26	28	31
14	10	10	11	12	13	44	26	27	28	31	33
15	10	11	12	13	14	48	28	29	31	33	36
16	11	12	12	14	15	52	30	32	33	35	38
17	11	12	13	14	16	56	32	34	35	38	40
18	12	13	13	15	16	60	34	36	37	40	43
19	12	13	14	15	17	64	36	38	40	42	45
20	13	14	15	16	18	68	38	40	42	45	48
21	13	14	15	17	18	72	41	42	44	47	50
22	13	14	15	17	19	76	43	45	46	49	52
23	15	16	16	18	20	80	45	47	48	51	55
24	15	16	17	19	20	84	47	49	51	54	57
25	16	17	18	19	21	88	49	51	53	56	59

3) 오-이점 검사(two-out of-five test)

(1) 원리 및 특징

2개의 검사표본이 같고 나머지 3개가 다른 5개의 코드화된 검사표본을 제공하고 평가원에게 이 중 동일한 2개를 선택하게 한다.

오-이점 검사는 다른 검사들에 비하여 통계적으로 좀더 효율적인 방법으로, 경제적으로 차이를 확인하기 위해 사용된다.

이 검사의 단점은 삼점 검사와 비슷하다. 감각 피로와 기억에 좀더 강하게 영향을 받으므로 시각, 청각, 촉각을 이용하는 검사에 주로 사용된다.

일반적으로 평가원수는 20명 미만으로 한다.

(2) 평가방법

- 평가원수가 20명 미만인 경우 다음의 조합에 따라 코드가 붙은 5개 검사표본을 하나의 set로 하여 평가자에게 무작위로 제시한다.

  AAABB, BBBAA, AABAB, BBABA, ABAAB, BABBA, BABBA, ABBBA, AABBA, BBAAB, ABABA, BABAB, BAABA, ABBAB, ABBAA, BAABB, BABAA, ABABB, BBAAA, AABBB

- 5개 검사표본 중 2개는 동일 종류이고 3개는 다른 종류라고 알려 준 후 같은 종류로 구분되는 2개의 검사표본을 찾도록 지시한다.

이름 ______________　　　　날짜 ________________

당신 앞에 번호가 적힌 5개의 검사표본으로 이루어진 검사 세트가 있습니다. 5개의 검사표본 중 2개는 같은 검사표본이며, 나머지 3개는 다른 것입니다. 세트 내에서 종류가 같다고 생각되는 검사표본 2개를 골라 해당된 번호에 V표 하십시오.

649	720	511	845	313
-----	-----	-----	-----	-----

그림 8-5 오-이점 검사의 사용예

표 8-12 오-이점 검사에 기초하여 지각할만한 차이가 있다고 결론을 내리는 데 필요한 최소 정답수

평가원 수	오-이점 검사법
5	3
6	3
7	3
8	3
9	4
10	4
11	4
12	4
13	4
15	5
16	5
17	5
18	5
19	5
20	5
21	6
22	6
23	6
24	6
25	6
27	6
28	7
29	7
30	7

- [그림 8-5]에서 평가원은 왼쪽부터 순서대로 맛을 본 후 5개의 검사표본 중 동일한 2개의 검사표본을 찾아낸다.
- 보통 모든 검사표본은 동시에 제시되지만 검사표본의 부피가 매우 큰 경우, 후미가 있는 경우, 외형이 약간 다른 경우에는 예외적으로 한 검사표본을 끝낸 후에 다음 검사표본을 제시한다.
- 감각 둔화현상이 발생하는 경우 1회 검사 세트 수를 조절한다.
- 평가원이 반복하여 동일한 검사표본을 평가하는 경우 매번 제시되는 검사표본의 번호를 변경해야 한다.

(3) 결과분석

5개의 검사표본 중 2개의 동일한 검사표본을 찾아낼 확률이 1/10이므로 귀무가설은 $p=1/10$이 된다. 대립가설은 단측 검정으로 $p>1/10$이 된다.

검사 결과 정답수가 [표 8-12]의 최소 정답수와 같거나 클 경우 귀무가설을 기각할 수 있으므로 선호도에 차이가 있다고 할 수 있다.

4) 이점 비교검사(paired comparison test)

(1) 원리 및 특징

두 개의 검사표본의 차이를 감지하고 비교를 위해 평가원에게 검사표본을 쌍(2개를 동시에)으로 제시 한 후, 조사특성에 대해 이 중 어떤 검사표본의 강도가 더 큰지를 선택하도록 한다.

이점 비교 검사는 두 검사표본 간에 단지 어느 것의 강도가 더 강한지를 알 수 있을 뿐이며, 어느 검사표본이 어느 정도 더 강한지는 알 수 없다.

검사표본의 수가 증가하면 비교해야 할 검사표본도 급속히 증가하므로 사실상 실행이 어려운 단점이 있다.

이 검사에는 두 검사표본간에 지각할 수 있는 차이가 특성(예, 단맛)에 존재하는지(양측 검정), 어떤 표본이 특성에 더 큰 강도를 갖는지(단측 검정)를 평가하는 2가지 형태가 있다.

평가원의 선발, 훈련, 수행 성적을 관찰하는 경우, 소비자 검사 시 선호도 면에서 두 제품을 비교하는 경우 사용된다.

평가원수는 검사 특성의 이해가 높은 평가원 15명 정도로 한다.

(2) 평가방법

평가원에게 두 개의 검사표본(A, B)를 AB, BA의 순서로 제공하고 주어진 특성에 대해 검사표본 간에 차이가 있는지 또는 어느 검사표본의 강도가 더 강한지를 표시하도록 한다.

한 번에 여러 세트를 평가하도록 해야 하는 경우, 둔화현상에 주의하고 검사를 반복해서 수행하는 경우 검사표본에 표시된 번호를 변경한다.

평가원은 검사표본을 단지 짐작만으로 선택할 지라도 주어진 특성이 강하다고 여겨지는 검사표본을 선택해야 한다.

[양측 검정의 경우]

이름 ______________ 날짜 ________________

앞에 제시된 두 검사표본 중 왼쪽부터 냄새를 맡고 곰팡내에 차이가 있는지 여부를 판정하시오.

587 243

차이가 없다 차이가 있다

-------------- --------------

[단측 검정의 경우]

이름 ______________ 날짜 ________________

앞에 제시된 두 검사표본 중 왼쪽부터 냄새를 맡고 곰팡내가 더 강한 것에 V표 하시오.

587 243

----- -----

그림 8-6 이점 비교 검사 사용예

[그림 8-6]에 이점 비교검사 방법이 예시되어 있다.

(3) 결과분석

귀무가설은 제품 사이의 구별이 가능하지 않다는 것으로 귀무가설은 $p=1/2$으로 나타낸다.

대립가설은 검사표본 중 강도가 강한 것이 확실히 알려져 있으면 단측검정(one tailed test)을 사용한다. 이 경우 검사 결과 정답수가 [표 8-14]에 제시된 최소 정답와 같거나 클 경우 귀무가설을 기각할 수 있으므로 선호도에 차이가 있다고 할 수 있다.

어떤 검사표본이 강한지 확실히 모를 때는 양측검정(two tailed test)을 사용한다. 이 경우 검사 결과 정답수가 [표 8-16]에 제시된 최소 정답수와 같거나 클 경우 귀무가설을 기각할 수 있다.

예제 8-4 기존의 장보다 짠 맛이 덜한 장을 개발한 후 이에 대한 평가를 이점 비교 검사를 통해 하고자 한다. α=0.05, β=0.1, p_d=50 % 일 경우 필요한 검사자는 몇 명이 되는가?

[표 8-13]에서 α=0.05, β=0.1, p_d=50 % 일 경우 단측 이점 비교검사에 필요한 평가원수는 33명이다.

표 8-13 단측 이점 비교 검사에 필요한 평가원수

α	p_d	β					
		0.50	0.20	0.10	0.05	0.01	0.001
0.5	50 %				9	22	33
0.2			12	19	26	39	58
0.1			19	26	33	45	70
0.05		13	23	33	42	58	82
0.01		35	40	50	59	80	107
0.001		38	61	71	83	107	140
0.5	40 %			9	20	33	55
0.2			19	30	39	60	94
0.1		14	28	39	53	79	113
0.05		18	37	53	67	99	132
0.01		35	64	80	96	130	174
0.001		61	95	117	135	176	228
0.5	30 %			23	33	59	108
0.2			32	49	68	110	166
0.1		21	53	72	96	145	208
0.05		30	69	93	119	173	243
0.01		64	112	143	174	235	319
0.001		107	172	210	246	318	412
0.5	20 %		23	45	67	133	237
0.2		21	77	112	158	253	384
0.1		46	115	168	214	322	471
0.05		71	158	213	268	392	554
0.01		141	252	325	391	535	726
0.001		241	386	479	556	731	944
0.5	10 %		75	167	271	539	951
0.2		81	294	451	618	1006	1555
0.1		170	461	658	561	1310	1905
0.05		281	620	866	1092	1583	2237
0.01		550	1007	1301	1582	2170	2927
0.001		961	1551	1908	2248	2937	3812

예제 8-5 '예제 8-4'에서 AB 순서로 18명 BA 순서로 18명, 총 36명에게 각각 한 세트씩의 표본을 제시한 결과 20명이 새로운 장인 B가 덜 짜다고 판정을 하였다. 이 경우 새로 개발한 장이 덜 짜다고 할 수 있는가?

[표 8-14]에서 표본이 36개, $\alpha=0.05$일 경우 필요한 최소 정답수는 24개 이다. 따라서 $\alpha=0.05$에서 새로운 장이 덜 짜다고 할 수 없다.

표 8-14 단측 이점 비교검사에 기초하여 지각할만한 차이가 있다고 결론을 내리는 데 필요한 최소 정답수

n	α					n	α				
	0.2	0.1	0.05	0.01	0.001		0.2	0.1	0.05	0.01	0.001
10	7	8	9	10	10	36	22	21	24	26	28
11	8	9	9	10	11	37	22	23	24	27	29
12	8	9	10	11	12	38	23	24	25	27	29
13	9	10	10	12	13	39	23	24	26	28	30
14	10	10	11	12	13	40	24	25	26	28	31
15	10	11	12	13	14	44	26	27	28	31	33
16	11	12	12	14	15	48	28	29	31	33	36
17	11	12	13	14	16	52	30	32	33	35	38
18	12	13	13	15	16	56	32	34	35	38	40
19	12	13	14	15	17	60	34	36	37	40	43
20	13	14	15	16	18	64	36	38	40	42	45
21	13	14	15	17	18	68	38	40	42	45	48
22	14	15	16	17	19	72	41	42	44	47	50
23	15	16	16	18	20	76	43	45	46	49	52
24	15	16	17	19	20	80	45	47	48	51	55
25	16	17	18	19	21	84	47	49	51	54	57
26	16	17	18	20	22	88	49	51	53	56	59
27	17	18	19	20	22	92	51	53	55	58	62
28	17	18	19	21	23	96	53	55	57	60	64
29	18	19	20	22	24	100	55	57	59	63	66
30	18	20	20	22	24	104	57	60	61	65	69
31	19	20	21	23	25	108	59	62	64	67	71
32	19	21	22	24	26	112	61	64	66	69	73
33	20	21	22	24	26	116	64	66	68	71	76
34	20	22	23	25	27	120	66	68	70	74	78
35	21	22	23	25	27						

표 8-15 양측 이점 비교 검사에 필요한 평가원수

α	p_d	β 0.50	0.20	0.10	0.05	0.01	0.001
0.5	50 %	-	-	-	23	33	52
0.2		-	19	6	33	48	70
0.1		-	23	33	42	58	82
0.05		17	30	42	49	67	92
0.01		26	44	57	66	87	117
0.001		42	66	78	90	117	149
0.5	40 %			25	33	54	86
0.2			28	39	53	79	113
0.1		18	37	3	67	93	132
0.05		25	49	65	79	110	149
0.01		44	73	92	108	144	191
0.001		48	102	126	147	188	240
0.5	30 %		29	44	63	98	158
0.2		21	53	72	96	145	208
0.1		30	69	93	119	173	243
0.05		44	90	114	145	199	276
0.01		73	131	164	195	261	345
0.001		121	188	229	267	342	440
0.5	20 %		63	98	135	230	352
0.2		46	115	168	214	322	471
0.1		71	158	213	268	392	554
0.05		101	199	263	327	455	635
0.01		171	291	373	446	596	796
0.001		276	426	520	604	781	1010
0.5	10 %	-	240	393	543	910	1423
0.2		170	461	658	861	1310	1905
0.1		281	620	866	1092	1583	2237
0.05		390	801	1055	1302	1833	2544
0.01		670	1167	1493	1782	2408	3203
0.001		1090	1707	2094	2440	3152	4063

예제 8-6 기존 제품에 비해 저 염도의 과자를 개발한 후 맛에 차이가 있는지 여부를 평가하기 위해 이점 비교 검사를 하였다. 22명에게는 AB 순서대로 나머지 22명에게는 BA 순서대로 총 44명에게 샘플을 제시하고 평가한 결과 25명이 맛에 차이가 있다고 답변을 하였다. α=0.05,

$\beta=0.1$, $p_d=50$ % 일 경우 맛에 차이가 있다고 할 수 있는가?

[표 8-15]에서 $\alpha=0.05$, $\beta=0.1$, $p_d=50$ % 일 경우 양측 이점 비교 검사에 필요한 평가원수는 42명인데 44명이 평가를 하였으므로 이 조건을 만족한다.
[표 8-16]에서 $n=44$, α=0.05에서 필요한 최소 정답수는 29명 이므로 α=0.05 에서 맛에 차이가 있다고 할 수 없다.

표 8-16 양측 이점 비교검사에 기초하여 지각할만한 차이가 있다고 결론을 내리는 데 필요한 최소 정답수

n	α					n	α				
	0.2	0.1	0.05	0.01	0.001		0.2	0.1	0.05	0.01	0.001
10	8	9	10	10		36	23	24	25	27	29
11	9	9	11	11	11	37	23	24	25	27	29
12	9	10	11	11	12	38	24	25	26	28	30
13	10	10	12	12	13	39	24	26	27	28	31
14	10	11	13	13	14	40	25	26	27	29	31
15	11	12	13	13	14	44	27	28	29	31	34
16	12	12	14	14	15	48	29	31	32	34	35
17	12	13	15	15	16	52	32	33	34	36	39
18	13	13	15	15	17	56	34	35	36	39	41
19	13	14	16	16	17	60	36	37	39	41	44
20	14	15	17	17	18	64	38	40	41	43	46
21	14	15	17	17	19	68	40	42	43	46	48
22	15	16	18	18	19	72	42	44	45	4	51
23	16	16	19	19	20	76	45	46	48	50	53
24	16	17	19	19	21	80	47	48	50	52	56
25	17	18	20	20	21	84	49	51	52	55	58
26	17	18	20	20	22	88	51	53	54	57	60
27	18	19	21	21	23	92	53	55	56	59	63
28	18	19	22	22	23	96	55	57	59	62	65
29	19	20	22	22	24	100	57	59	61	64	67
30	20	20	23	23	25	104	60	61	63	66	70
31	20	21	24	24	25	108	62	64	65	68	72
32	21	22	24	24	26	112	64	66	67	71	74
33	21	22	25	25	27	116	66	68	70	73	77
34	22	23	25	25	27	120	68	70	72	75	79
35	22	23	26	26	28						

5) 'A'-'부A' 검사('A' or 'not A' test)

(1) 원리 및 특징

평가원에게 'A' 검사표본만을 또는 'A' 및 '부A' 검사표본을 동시에 인지하도록 교육한 후, 'A' 와 '부A' 검사표본을 랜덤하게 제시하고 평가원에게 정답을 선택하도록 한다. 이때 '부A'는 동일한 표본들이다.

이때 적합한 시간간격(2~5분)을 정해두고 이 기간 내에 몇 개의 검사표본만을 검사하도록 한다.

[시료 'A'만 미리 주어진 경우]

이름 ______________ 날짜 ________________

검사에 임하기 전 검사표본 'A' 맛에 익숙해지도록 검사 담당자에게 검사표본을 요구하여 여러 번 맛보십시오.
검사표본을 맛본 후 해당되는 란에 V표 하십시오. 단, 다음 표본을 맛을 보기 전에 입을 물로 헹구고 1분간 휴식하십시오.

검사표본번호	A	부A	검사표본번호	A	부A
1	----	-----	6	----	-----
2	----	-----	7	----	-----
3	----	-----	8	----	-----
4	----	-----	9	----	-----
5	----	-----	10	----	-----

[시료 'A'와 '부A'가 모두 미리 주어진 경우]

이름 ______________ 날짜 ________________

검사에 임하기 전 검사표본 'A'와 '부A' 맛에 익숙해지도록 검사 담당자에게 검사표본을 요구하여 여러 번 맛보십시오.
검사표본을 맛본 후 해당되는 란에 V표 하십시오. 단, 다음 표본을 맛을 보기 전에 입을 물로 헹구고 1분간 휴식하십시오.

검사표본번호	A	부A	검사표본번호	A	부A
1	----	-----	6	----	-----
2	----	-----	7	----	-----
3	----	-----	8	----	-----
4	----	-----	9	----	-----
5	----	-----	10	----	-----

그림 8-7 'A'-'부A' 검사 사용예

'A'-'부A' 검사는 외관이 다양하고 지속적인 후미가 남는 경우, 자극이 복잡하여 반복적으로 완벽하게 비슷한 검사표본을 얻지 못할 경우 등과 같이 삼점 검사 또는 일-이점 검사를 사용하기 어려운 경우에 사용한다.

평가원수는 훈련된 평가원 10~50명 정도로 한다.

(2) 평가방법

평가원에게 기준표본 'A'를 (또는 'A'와 '부A' 표본을 동시에) 완전히 인식할 수 있을 때까지 여러 번 맛을 보게 한다. 이후 'A'일 수도 '부A'일 수도 있는 검사표본을 무작위로 제시하여 정답을 선택하도록 한다. [그림 8-7]에 'A'-'부A' 검사방법이 예시되어 있다.

(3) 결과분석

'A'인 검사표본과 '부A'인 검사표본에 대해 'A' 응답수와 '부A' 응답수로 표 2×2로 만든 다음 'A'와 '부A'의 응답율이 다른지의 여부를 판정하기 위해 카이제곱(χ^2) 분석을 한다.

예제 8-7 기존의 맥주보다 시원한 맛을 강화한 새로운 맥주를 개발한 후 맛에 차이가 있는지를 평가하고자 한다.
이를 위해 각각의 맥주를 100잔씩 총 200잔을 만들었다. 20명의 평가자에게 무작위로 10개씩 맛을 보게 한 결과 다음과 같다. 맛에 차이가 있다고 할 수 있는가? 단, 유의수준 $\alpha = 0.05$로 한다.

		제시된 표본		계
		A	부A	
평가자 판단	A	62 52 (1.923)	42 52 (1.923)	104
	부A	38 48 (2.083)	58 48 (2.083)	96
계		100	100	200

$$\chi^2_{calc} = \sum_{i=1}^{r}\sum_{j=1}^{k}\frac{(O_{ij}-E_{ij})^2}{E_{ij}} = \frac{(62-52)^2}{52}+\frac{(42-52)^2}{52}+\frac{(38-48)^2}{48}+\frac{(58-48)^2}{48}$$

$$= 8.013 > \chi^2_{0.05}(1) = 3.84$$

이므로 $\alpha = 0.05$에서 맥주 간에 맛에 차이가 있다고 할 수 있다.

여기서 $O_{11} = 62$, $E_{11} = n\hat{p}_{11} = n\hat{p}_{10}\hat{p}_{01} = 200 \times \frac{100}{200} \times \frac{104}{200} = 52$ 이므로

$\frac{(O_{11}-E_{11})^2}{E_{11}} = \frac{(62-52)^2}{52} = 1.923$ 이 된다.

$\frac{(O_{ij}-E_{ij})^2}{E_{ij}}$ 의 다른 값들도 동일한 방식으로 구할 수 있다.

8.2.2 척도항목을 이용한 검사(특성 차이 검사)

반응척도는 [그림 8-8]과 같이 선 척도, 언어적 척도, 수치척도로 나타낼 수 있다. 그러나 분석 및 해석을 위해서는 항상 수치척도로 변환해야 한다.

앞에서 설명한 (종합적)차이 검사가 단지 차이가 있는지의 여부만을 평가하는 것인 반면 특성 차이 검사는 차이를 수량화하여 그 정도까지를 평가한다.

특성 차이 검사에는 다음과 같은 기법들이 있다.

- 분류법
- 등급법
- 순위법
- 평점법

이들 기법은 수치척도(scale)를 사용하므로 올바로 활용하기 위해서는 수치척도의 종류와 개념을 이해할 필요가 있다.

수치척도는 특성을 수량화하기 위해 숫자를 부여한 것으로 명목척도, 서열척도, 등간척도 및 비율척도로 나눈다. 이들 척도는 다음과 같은 특징이 있으며 비율척도, 등간척도, 서열척도, 명목척도의 순서대로 많은 정보를 포함하고 있다.

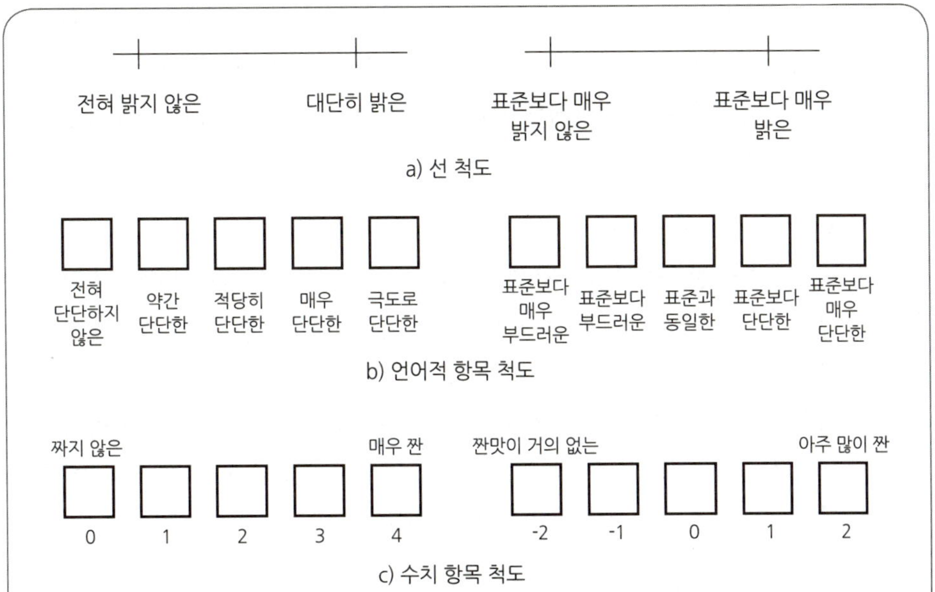

그림 8-8 반응척도의 예

① 명목척도(nominal scale)

명목척도는 관찰대상이 갖는 속성에 따라 관찰대상을 상호 배타적인 범주로 구분하는 것으로서, 관찰대상을 단순히 범주로 분류하기 위한 목적으로 숫자를 사용하는 척도를 말한다.

② 서열척도(ordinal scale)

서열척도는 관찰대상이 가지고 있는 속성의 크기를 측정하여 크기 순서대로 대상의 순위를 나타낸다. 명목척도와 마찬가지로 대상을 서로 구분할 수 있을 뿐만 아니라, 속성의 크기에 따라 대상의 순서를 정할 수 있다.

서열척도는 서열 간의 차이 즉, 간격에 대해서는 측정하지 않고 오직 대상들의 순서에 관한 정보만을 측정하는 데에 사용된다.

③ 등간척도(interval scale)

등간척도는 속성 크기에 따른 관찰대상의 서열뿐만 아니라 대상들 간에 어느 정도 차이가 있는가에 관한 정보도 포함하고 있다. 즉, 서열척도가 제공하는 모든 정보를 포함할 뿐만 아니라 속성의 크기를 측정하여 서로 비교할 수 있다.

그러나 절대적인 기준점('0')이 없기 때문에 일정한 크기의 척도로 측정된 값들 간의 상대적인 크기의 비교만이 가능하다. 따라서 사칙연산 중에서 가감(+, -)의 계산은 가능해도 비율척도와 같이 곱하거나 나누는 승제(×, ÷)의 계산은 불가능하다. 예를 들어 온도, IQ 점수 등이 해당된다.

④ 비율척도(ratio scale)

비율척도는 절대적인 기준점('0')을 가지고 있기 때문에 속성의 상대적 크기 비교는 물론 절대적 크기까지 측정할 수 있도록 비율의 개념이 추가된 척도를 말한다.

비율척도로 측정된 값들은 가감승제(+, -, ×, ÷) 모두가 가능하다. 따라서 비율척도로 측정된 값들이 가장 많은 정보를 포함하고 있다고 할 수 있다. 예를 들어 길이나 무게 등은 전형적인 비율척도이다.

이상의 척도에 대한 설명을 요약하면 [표 8-17]과 같다.

표 8-17 척도유형에 따른 특징 요약

척도유형	상호배제성(분류성)	서열성	측정단위 유무	0의 유무	비고
명목척도	O				
서열척도	O	O			
등간척도	O	O	O		덧셈, 뺄셈 가능
비율척도	O	O	O	O	가감승제 모두 가능

분류법은 명목척도, 순위법은 서열척도, 등급법은 등간척도, 평점법은 비율척도를 각각 사용하므로 각각의 분석기법의 사용한계는 척도가 갖는 특성에 의존한다.

1) 분류법(classification test)

분류법은 검사표본을 미리 분류된 항목에 배치하는 것으로 항목 간에는 어떤 순서나 서열이 없다. 따라서 만일 숫자가 항목을 나타내는 데 사용된다면 수치는 명목적인 수치로 단지 분류하는 기호의 역할을 한다.

이 방법은 검사표본 간의 차이가 존재할 때 차이의 정도를 파악하기 위해 사용되는데, 보통 한 검사표본을 기준으로 정하고 다른 검사표본들이 기준표본과 얼마나 다른가를 평가한다.

특히 육류, 샐러드 또는 빵 등과 같이 검사표본이 균일하지 않아 일-이점 검사나 삼점 검사의 사용이 곤란한 경우 사용하는 것이 바람직하다.

피로나 잔존효과 때문에 많은 검사표본을 이용하는 검사가 적합하지 않을 경우에 이점 비교 검사가 사용되는데 기본적으로 이점 비교검사와 같으나 차이를 함께 측정한다는 점에서 다르다.

평가자에게 기준표본과 검사표본을 제시하고 기준표본과 검사표본의 차이를 [그림 8-9]와 같이 표시하도록 한다.

분류법은 명목척도를 이용한 측정으로 통계적으로 빈도분석만이 가능하므로 카이제곱 검정을 사용한다.

성명: 검사 일시:

검사표본명:

검사 특성:

기준표본 G를 맛보고서 검사표본의 맛이 기준표본으로부터
어느 정도 차이가 나는 지를 해당 칸에 v표를 하시오.

G 312

차이가 없다	약간의 차이	어느 정도의 차이	매우 큰 차이

그림 8-9 **분류법의 적용예**

예제 8-8 40명의 평가자가 [그림 8-9]의 검사를 실행한 결과가 다음과 같다면 기준 표본과 검사표본간에 맛에 차이가 있다고 할 수 있는가? 만일 차이가 있을 경우 얼마 만큼의 차이가 있다고 할 수 있는가?

차이가 없다	약간의 차이	어느 정도의 차이	매우 큰 차이
15	12	8	5

우선 기준표본과 검사표본간에 차이가 있지는 여부를 평가하면 다음과 같다. 우선 미니탭의 워트시트에 데이터를 다음과 같이 입력한다.

↓	C1	C2
	차이가 없다	차이가 있다
1	20	20
2	15	25

통계분석>표>χ2 카이-제곱 연관성 검정을 클릭하면 다음의 화면이 나타난다.

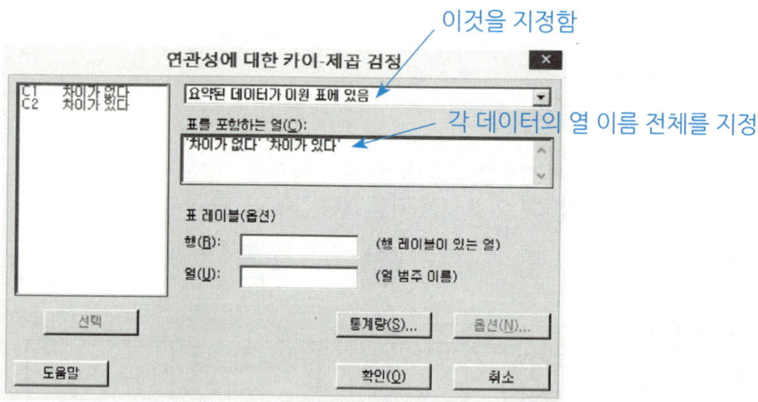

'확인'을 클릭하면 다음의 결과가 세션창에 나타난다.

연관성에 대한 카이-제곱 검정: 워크시트 행, 워크시트 열

행: 워크시트 행 열: 워크시트 열

	차이가 없다	차이가 있다	모두
1	20	20	40
	17.50	22.50	
2	15	25	40
	17.50	22.50	
모두	35	45	80

셀 내용: 카운트
기대 카운트

Pearson 카이-제곱 = 1.270, DF = 1, P-값 = 0.260
우도 비 카이-제곱 = 1.273, DF = 1, P-값 = 0.259

$p = 0.260 > 0.05$이므로 귀무가설을 기각할 수 없다. 즉, 기준표본과 검사표본 간에 맛에 차이가 있다고 할 수 없다.

2) 등급법(rating test)

등급법은 검사표본을 품질 순위척도가 있는 항목에 배치하는 방법이다. 등급법이 분류법과 다른 점은 숫자의 크기에 따라 관능특성이 매우 좋은지 나쁜지를 나타내기 때문에 등급을 숫자로 나타낼 경우 이는 단지 분류를 나타내는 명목척도가 아니라 등간척도의 의미를 가지고 있다는 것이다.

[그림 8-10]에서와 같이 평가자에게 기준표본과 검사표본을 제시하고 기준표본과 검사표본의 차이를 표시하도록 한다.

등급법은 등간척도를 이용한 측정으로 표본 간에 평균의 차이가 있는지를 파악하는 데 사용된다.

기준표본을 포함하여 한 쌍일 경우 t 검정, 그 이상일 경우 ANOVA 분석을 한다.

성명: 검사 일시:

검사표본명:

검사 특성:

기준표본 G를 맛보고 해당 점수에 V표를 한 후 , 나머지 표본들에 대해서 왼쪽에서 오른 쪽으로 맛을 보고 기준표본 G의 맛과 비교하여 해당 점수에 v표를 하시오.

검사표본	매우 나쁘다 1	맛이 나쁘다 2	보통이다 3	맛이 좋다 4	매우 좋다 5
G					
127					
536					
326					

그림 8-10 등급법의 적용예

예제 8-9 10명의 평가자가 [그림 8-10]의 검사를 한 결과가 다음과 같다면 기준표본과 검사표본간에 맛에 차이가 있다고 할 수 있는가?

표 8-18 등급법의 예

평가자	자사	127	536	326
1	3	4	3	2
2	4	5	2	2
3	4	4	3	2
4	3	2	3	4
5	3	5	3	4
6	2	3	4	2
7	4	5	2	2
8	3	3	4	1
9	3	3	5	2
10	3	2	3	4
11	4	5	3	2
12	2	4	5	1

미니탭의 워크시트상에 [표 8-18]의 형태로 데이터를 입력한다.

통계분석 > 분산 분석 > 일원 분산 분석을 클릭하면 다음의 화면이 나타난다.

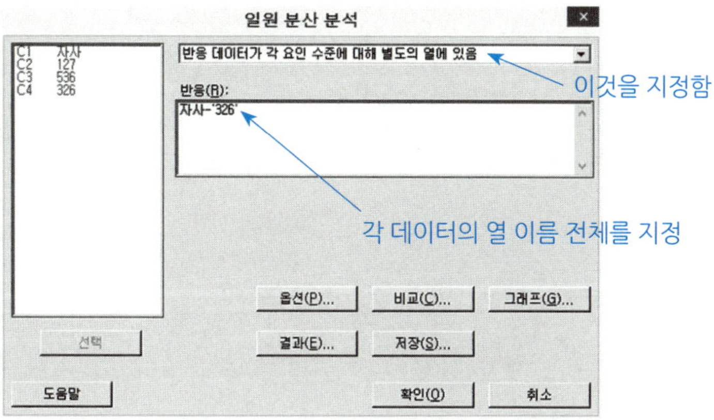

'확인'을 클릭하면 세션창에 분석결과와 그래프가 다음과 같이 나타난다.

일원 분산 분석: 자사, 127, 536, 326

분산 분석

출처	DF	Adj SS	Adj MS	F-값	P-값
요인	3	12.73	4.2431	4.32	0.009
오차	44	43.25	0.9830		
총계	47	55.98			

모형 요약

S	R-제곱	R-제곱(수정)	R-제곱(예측)
0.991441	22.74%	17.47%	8.05%

평균

요인	N	평균	표준 편차	95% CI
자사	12	3.167	0.718	(2.590, 3.743)
127	12	3.750	1.138	(3.173, 4.327)
536	12	3.333	0.985	(2.757, 3.910)
326	12	2.333	1.073	(1.757, 2.910)

합동 표준 편차 = 0.991441

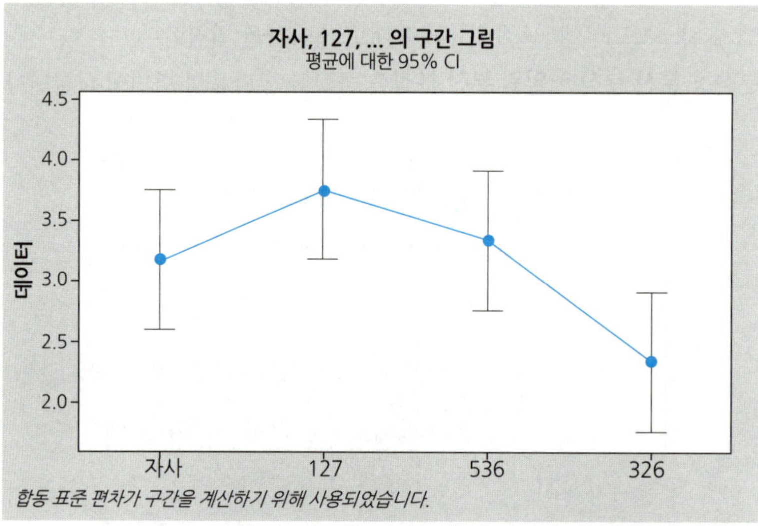

$p=0.009<0.05$ 이므로 검사표본 간에 맛에 차이가 있다고 할 수 있다. 이 경우 326은 다른 표본들과 비교하여 맛이 떨어 진다고 할 수 있다. 그러나 자사 표본을 포함 한 나머지 3개의 표본들 간에는 신뢰구간이 겹침으로 맛에 차이가 있다고 할 수 없다.

이 경우 평가자가 미치는 영향을 배제하기 위해 원래 2원 분산분석을 해야 하나, 2원 분산분석을 통해 평가자의 차이가 유의하지 않다는 것이 판명되었기 때문에 일원 분산분석을 실시하였다.

3) 순위법(ranking test)

3개 이상의 검사표본을 검사 특성의 강도의 크기에 따라 순서대로 나열하는 방법으로 검사표본 간의 차이의 크기는 평가하지 않는다.

평가에 시간이 오래 걸리지 않고 많은 시료를 평가할 수 있는 장점이 있으나 얻을 수 있는 정보의 한계 때문에 많이 사용되지 않는다. 일반적으로 가장 강한 것을 기준으로 하여 순위를 정한다.

순위법은 복잡한 특성(품질, 맛)을 가진 적은 수의 검체(6개 정도)를 특성화 하고자 할 때 또는 많은 수의 검체(20개 항목)의 외관만을 평가하고자 할 때 사용한다.

보통 12~15명의 평가원에게 코드 번호가 붙은 검사표본들을 무작위로 제공하고 검사 특성의 강도에 따라 순위를 평가하게 한다.

이때 평가자가 보지 못하는 곳에서 검사표본을 준비하고 검사 특성과 관련이 없는 요인들이 순위에 영향을 주지 않도록 한다. 결과 분석은 비모수 검정을 사용한다.

성명: 검사 일시:

검사표본명:

검사 특성:

다음의 검사표본을 왼쪽에서 오른쪽으로 맛을 본 후

125	345	813	277	168

아래 박스에 단맛의 강도가 강한 순서대로 검사표본의 번호를 기입하시오.

	가장 약한	약한	보통	강한	가장 강한
번호					

그림 8-11 **순위법의 사용예**

예제 8-10 매운맛의 차이를 파악하기 위해 14명의 평가자가 [그림 8-11]의 검사를 한 결과 다음과 같다. 가장 강한 단맛을 1등, 그 다음 단맛을 2등과 같이 평가할 경우 5개의 표본의 단맛이 다르다고 할 수 있는가?

평가자	125	345	813	277	168
1	2	4	5	3	1
2	4	5	3	1	2
3	1	4	5	3	2
4	1	2	5	3	4
5	1	5	2	3	4
6	2	3	4	5	1
7	4	5	3	1	2
8	2	3	5	4	1
9	1	3	4	5	2
10	1	2	5	3	4

11	4	5	2	3	1
12	2	4	3	5	1
13	5	3	4	2	1
14	3	5	2	4	1
	33	53	52	45	27

Friedman 검정통계량을 구하면 다음과 같다.

$J=14$, $P=5$ 그리고 $R_1=33$, $R_2=53$, $R_3=52$, $R_4=45$, $R_5=27$ 이므로

$$F=\frac{12}{J\cdot P\cdot(P+1)}(R_1^{\ 2}+R_2^{\ 2}+,\cdots,\ +R_p^{\ 2})-3\cdot J(P+1)$$

$$=\frac{12}{14\times5\times(5+1)}(33^2+53^2,\ \cdots,+27^2)-3\times14\times6=15.31$$

[표 8-19]에서 $\alpha=0.05$, $J=14$, $P=5$일 때 임계값이 9.32 이다. 따라서 $F=15.31>9.32$ 이므로 유의수준 $\alpha=5\ \%$ 에서 5 종류의 시료는 서로 다르게 지각된다고 할 수 있다.

표 8-19 프리드먼(Friedman) 검사의 임계값(F)(α=0.01, 0.05일 경우)

평가원수 (j)	표본 수(P)									
	3	4	5	6	7	3	4	5	6	7
	유의 수준 α=0.05					유의 수준 α=0.01				
7	7.143	7.800	9.110	10.620	12.070	8.857	10.371	11.97	13.69	15.35
8	6.250	7.650	9.190	10.680	12.140	9.000	10.35	12.14	13.87	15.53
9	6.222	7.660	9.220	10.730	12.190	9.667	10.44	12.27	14.01	15.68
10	6.200	7.670	9.250	10.760	12.230	9.600	10.53	12.38	14.12	15.79
11	6.545	7.680	9.270	10.790	12.270	9.455	10.60	12.46	14.21	15.89
12	6.167	7.700	9.290	10.810	12.290	9.500	10.68	12.53	14.28	15.96
13	6.000	7.700	9.300	10.830	12.370	9.385	10.72	12.58	14.34	16.03
14	.143	7.710	9.320	10.850	12.340	9.000	10.76	12.64	14.40	16.09
15	6.400	7.720	9.330	10.870	12.350	8.933	10.80	12.68	14.44	16.14
16	5.990	7.730	9.340	10.880	12.370	8.79	10.84	12.72	14.48	16.18
17	5.990	7.730	9.340	10.890	12.380	8.81	10.87	12.74	14.52	16.22
18	5.990	7.730	9.360	10.900	12.390	8.84	10.90	12.78	14.56	16.25
19	5.990	7.740	9.360	10.910	12.400	8.86	10.92	12.81	14.58	16.27
20	5.990	7.740	9.370	10.920	12.410	8.87	10.84	12.83	14.60	16.30
∞	5.990	7.810	9.490	11.070	12.590	9.21	11.34	13.28	15.09	16.81

4) 평점법(scoring test)

평점법은 검사표본의 특성의 강도에 따라 수치를 부여함으로써 평가하는 방법이다. 평점의 척도는 여러 가지가 있지만 다음과 같이 5단계 또는 7단계 평점법이 많이 사용된다.

- 5단계 평점법(5: 좋다, 4: 약간 좋다, 3: 보통, 2: 약간 나쁘다, 1: 나쁘다)
- 7단계 평점법(3: 매우 좋다, 2: 좋다, 1: 약간 좋다, 0: 보통, -1: 약간 나쁘다, -2: 나쁘다, -3 매우 나쁘다)

동일한 검사표본이 동일한 검사자에 의해 2회 이상 평가될 경우 식별가능성이 높아진다. 이때 평가할 특성이 2개 이상이면 분리해서 평가하는 것이 바람직하다. 만일 분리하여 평가하지 않을 경우 특성들 사이에 교호작용이 관여되기 때문이다.

평점법은 비율척도를 적용하는 것으로 만일 첫 번째 표본의 점수가 2이고 두 번째 표본의 점수가 6일 경우 두 번째 관능특성이 첫 번째에 비해 3배가 된다는 것이다. 그러므로 평가자에 대한 훈련이 필요하며 훈련이 잘된 평가자들에 의해 평가가 수행될 경우 정도가 높은 결과를 얻을 수 있다.

평점법의 경우 2개의 표본을 비교할 경우 t 검정을 사용하고, 3개 이상일 경우에는 ANOVA 분석을 사용한다.

예제 8-11 3종류의 빵의 단맛을 평가하기 위해 18명의 평가자가 1~9점의 척도를 사용하여 평가하였다. 단맛이 다르다고 할 수 있는가?

평가자	814	359	275	계
1	6	4	5	15
2	5	4	3	12
3	4	4	5	12
4	8	6	6	21
5	8	9	6	23
6	4	3	3	10
7	6	7	3	14
8	6	4	5	15
9	5	4	5	14
10	6	5	3	14
11	4	5	3	12

12	6	6	4	14
13	6	7	5	18
14	6	3	5	14
15	6	5	4	15
16	4	6	5	15
17	5	4	4	13
18	2	5	4	13
평균	5.389	5.056	4.333	

이 경우 평가자의 차이가 미치는 영향을 배제하기 위해 2원 분산분석을 해야 한다. 이를 위해 미니탭의 워크시트상에 데이터를 입력한 후 [표 8-20]과 같이 데이터를 쌓는다.

그리고 '평가자'의 데이터는 미니탭에서 **'계산>패턴이 있는 데이터 만들기>등간격 숫자 집합'**을 통해 생성한다.

표 8-20 미니탭 분석을 위한 데이터 쌓기

↓	C1	C2	C3	C4	C5-T	C6
	814	359	275	평가점수	표본	평가자
1	6	4	5	6	814	1
2	5	4	3	5	814	2
3	4	4	5	4	814	3
4	8	6	6	8	814	4
5	8	9	6	8	814	5
6	4	3	3	4	814	6
7	6	7	3	6	814	7
8	6	4	5	6	814	8
9	5	4	5	5	814	9
10	6	5	3	6	814	10
11	4	5	3	4	814	11
12	6	6	4	6	814	12
13	6	7	5	6	814	13
14	6	3	5	6	814	14
15	6	5	4	6	814	15
16	4	6	5	4	814	16
17	5	4	4	5	814	17
18	2	5	4	2	814	18
19				4	359	1
20				4	359	2
21				4	359	3
22				6	359	4
23				9	359	5
24				3	359	6
25				7	359	7

통계분석>분산 분석>균형 분산 분석을 클릭하면 다음의 화면이 나타난다.

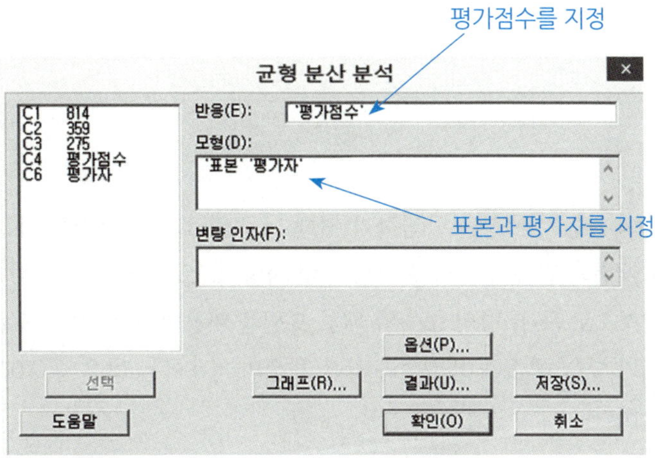

'확인'을 클릭하면 세션창에 다음의 결과가 나타난다.

분산 분석: 평가점수 대 표본, 평가자
평가점수에 대한 분산 분석

출처	DF	SS	MS	F	P
표본	2	10.481	5.241	4.59	0.017
평가자	17	56.370	3.316	2.90	0.004
오차	34	38.852	1.143		
총계	53	105.704			

S = 1.06897 R-제곱 = 63.24% R-제곱(수정) = 42.70%
%

표본의 $p = 0.017 < 0.05$이므로 빵 간에 단맛에 차이가 있다고 할 수 있다. 이 경우 추가 분석을 통해 표본 814와 275 간에만 단맛에 차이가 있음을 알 수 있다.

8.2.3 묘사분석

1) 개요

(1) 정의

제품의 관능적 특성을 규명하기 위해, 소수의 고도로 훈련된 패널 요원에 의하여 감지된 제품의 관능적 특성을 정성적 및 정량적으로 묘사하는 방법이다.

일반적으로 5~10명의 소수의 패널 요원을 이용하지만, 매우 중요하고 작은 관능적 차이가 있는 맥주나 음료수와 같은 제품의 경우에는 많은 수(100명)의 패널 요원이 필요하다.

(2) 적용범위

- 제품의 개발 또는 일부를 변경하고자 하는 경우
- 관능적 특성에 의한 제품의 생산표준을 설정하고자 하는 경우
- 유통기간을 연구하고 개선하고자 하는 경우
- 유통기간 검사를 위한 신선한 제품의 기준을 설정하고자 하는 경우

(3) 묘사분석의 구성요소

① 특성: 질적 측면

묘사분석 시 평가할 관능적 특성들은 묘사분석에 참여하는 고도로 훈련된 패널 요원과 패널 리더에 의해 선정된다. 묘사용어의 구성 시 유의사항은 다음과 같다.

- 용어는 서로 독립적이어야 한다.
- 용어는 제품의 기본 구조에 기초해야 한다.
- 용어는 제품을 폭넓게 포용해야 한다.
- 용어는 명확히 정의되어야 한다.

② 강도: 양적 측면

신빙성있는 측정 강도를 얻으려면 다음의 사항을 고려해야 한다.

- 검사물 간의 작은 차이도 구별할 수 있도록 충분한 구간으로 이루어진 척도를 선택한다.

- 검사 시마다 척도를 동일한 양상으로 사용하도록 패널 요원을 훈련한다.
- 각기 다른 특성의 강도가 동일하면 동일한 점수를 부여하는지 여부를 확인하기 위한 표준 척도를 사용한다.

③ 출현 순서

특성 및 강도 이외에도 패널 요원들은 시료 간에 특정한 성질이 나타나는 순서가 다른 것을 감지할 수 있다.

향미는 시료의 화학적 조성 및 물리적 성질(온도, 부피, 농도)에 따라 특성들이 나타나는 순서가 달라질 수 있다.

(4) 묘사분석에 대상이 되는 관능특성

① 외관(appearance): 시각으로 감지된다.

- 색
- 광택
- 형태와 모양
- 조밀감 등

② 향미(flavor): 맛과 냄새로 구성된다.

- 맛
  - 후각적 지각: 레몬 향기, 구수한
  - 미각적 지각: 단맛, 쓴맛, 짠맛, 신맛
  - 구강 감각: 시원한, 짜릿한
- 냄새
  - 후각적 지각: 레몬향, 구수한
  - 비강 감각: 상쾌한, 톡 쏘는

③ 텍스처(texture): 입안에서 느껴지는 감각적인 느낌 및 촉각, 청각 등으로 인해 감지되는 특성

- 기계적인 특성: 경도, 응집성, 점성 등
- 기하학적인 특성: 거친, 분말형태의 등
- 화학적인 특성: 기름진, 촉촉한 등

(5) 관능적 프로필의 작성단계

관능적 프로필은 검사표본의 관능적인 특성과 각 특성의 강도를 평가할 때 묘사적인 용어를 사용하는 것으로 [그림 8-12]와 같은 과정을 거친다.

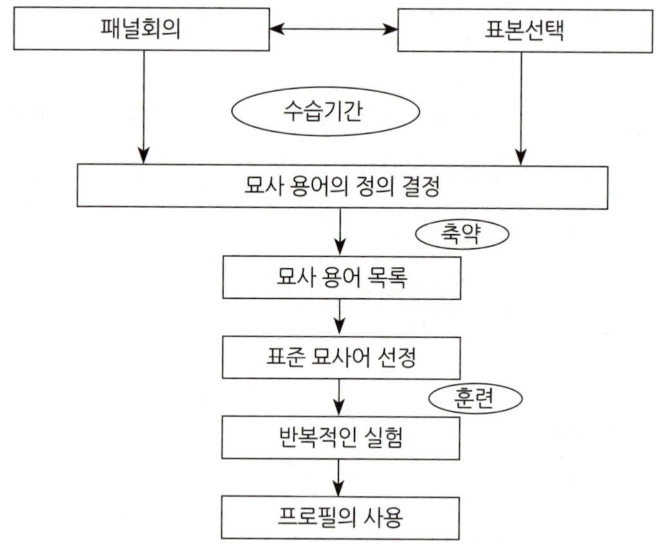

그림 8-12 관능적 프로필 작성을 위한 과정

이를 위해서는 모든 관능 프로필 작성에 공통적으로 적용될 수 있는 [표 8-21]과 같은 세부 단계가 필요하다.

표 8-21 관능 프로필 작성 단계와 관련 표준

단계	실행	관련표준
1. 관능설비 준비	개별 검사대 구역, 준비 구역 등의 확립	KS Q ISO 8589(검사실 설계)
2. 제품선정	한 명이나 두 명의 기술적 전문가는 많은 제품을 선정하는데, 가능하면 6~12개를 선정한다.	KS Q ISO 8586 - 2 (훈련된 전문가 이용)
3. 평가자 선정 및 훈련	패널 리더는 후보자 그룹을 모으고 제 2단계에서 선정한 제품을 사용하여 훈련시킨다.	KS Q ISO 8586 - 1 (선정된 평가자) KS Q ISO 5496(냄새의 인지)

4. 적합한 묘사어 선정	패널 리더가 기존의 용어에서 선정하거나 평가자가 단계 2에서 제품을 평가하여 다양한 묘사어를 제안한다. 선정은 합의나 다변량 분석으로 한다. 적절한 기준 표준물은 묘사어로 설명될 수 있는 것으로 선발한다.	KS Q ISO 5492(용어) KS Q ISO 6564 (향미 프로필) →13299로 대체됨 KS Q ISO 11035 (묘사어의 확립) KS Q ISO 11036 (텍스처 프로필)
5. 필요한 경우 프로필 특성에서 인식 순서를 결정	패널 리더는 단계 3과 단계 4에서 평가자와 함께 작업한다.	
6. 묘사어에 사용할 척도의 선정	패널 리더는 가장 적절한 척도를 선정한다.	KS Q ISO 4121 (척도이용 평가) KS Q ISO 11056 (크기평가 방법)
7. 선정된 묘사어와 척도 사용 훈련	패널 리더는 평가자들의 예민도, 재현성 및 그들 간의 합의를 향상시키기 위해 평가자들과 작업한다.	KS Q ISO 8586 - 1 (선정된 평가자) KS Q ISO 1586 - 2 (전문 평가자)
8. 검사 실행	평가자들은 검사시료를 평가한다.	KS Q ISO 6658(일반적 지침) KS Q ISO 6564(향미 프로필) →13299로 대체됨
9. 결과보고	통계적으로 자료를 분석하고 결론을 나타낸 표나 그림으로 결과를 제시한다.	KS Q ISO 6564(향미 프로필) →13299로 대체됨 KS Q ISO 11036 (텍스처 프로필)

묘사어는 기존에 사용하던 용어와 기준을 그대로 사용하는 경우와 새로 개발하는 경우가 있다. [표 8-22]와 같이 관능 프로필을 4가지 형태로 분류할 수 있는데 묘사어를 새로 개발할 경우 응용범위에 따라 적합한 방법으로 묘사어를 선정할 수 있다.

관능 프로필을 새로 개발할 경우 가능한 많은 수의 묘사어를 만들고 이를 집단토론을 통해 선별하는 절차를 거쳐 최종 묘사어를 선정하는 것이 중요하다.

이때 다음의 용어들은 토론 과정에서 우선적으로 제거한다.

- 즐거운, 좋은 등의 쾌락적인 용어
- 너무 많은, 적은 등의 양을 나타내는 용어
- 빵 맛 등과 같이 제품과 관련된 용어

이후 다변량 분석기법인 주성분 분석 또는 요인분석 등의 통계적 기법을 이용하거나 다음과 같이 빈도 F와 강도 I를 고려하여 M값을 구한 후, M값이 낮은 평가항목을 배제할 수 있다.

$$M=\sqrt{F\times I}$$

여기서 F(빈도) : 묘사어가 사용될 수 있는 최대 언급수 대비 특정 묘사어가 사용된 회수의 백분율

I(강도) : 특정 묘사어의 최대 가능한 강도 대비 모든 참가자에 의해 주어진 강도의 합의 백분율

표 8-22 관능 프로필 작성 단계와 관련 표준

기술	원리	응용범위	장점	단점
1. 전통적인 프로필	평가자 개개인이 미리 선정된 특성에 대하여 평가	소비자 상품의 품질관리나 개발과 같은 전형적인 응용과 연구에 적합	가장 신뢰되는 방법	• 시간과 비용이 많이 소요
2. 합의 프로필	패널들이 합의하여 용어 개발 및 평가	다양한 제품의 관능평가에 적합	적은 비용이 소요됨	• 패널과 시료들에 따라 달라짐 • 리더의 경험과 능력에 의존
3. 자유선택 프로필	개별 평가자가 용어의 개발 및 평가	경험 있는 평가자가 묘사어 도출	• 최소한의 훈련이 요구됨 • 기준 표준물의 개발 시간이 필요 없음	• 패널과 시료들에 따라 달라짐 • 패널 지도자를 위한 준비 및 자료 처리 시간이 걸림
4. 시간-강도 프로필	개별 평가자가 시간에 걸쳐 특성 강도 평가	섭취나 적용 순간 후 입안이나 피부 등으로 시간당 변화되는 특성의 연구	시간에 따른 특성의 변화를 측정할 수 있음	• 단지 한 두 가지 특성이 연구됨 • 평가자 훈련이 요구됨

예제 8-12 18명의 평가자가 5개의 제품(P_1~P_5)을 대상으로 9개의 관능적 묘사어(D_1~D_9)에 대해 빈도 F와 강도 I를 측정한 결과가 각각 [표 8-23]과 [표 8-24]이다. 빈도와 강도를 고려한 묘사어의 중요도를 설정하시오.

[표 8-23]에서 각 제품에 대한 각각의 묘사어의 언급수는, 평가자가 18명이므로,

최대 18개가 되는데 제품의 수가 5개이므로 각 묘사에 대한 최대 언급수는 18×5=90이 된다.
D_1의 경우 언급수의 총계는 39임을 알 수 있다. 따라서 $F_{D1}=39/90=0.433$이 된다.

[표 8-24]에서 각각의 평가자는 제품당 각 묘사어에 대해 5점까지 부여할 수 있으므로 묘사어당 총 가능한 강도는 5×5×18=450이 된다.
D_1의 경우 강도는 155임을 알 수 있다. 따라서 $I_{D_1}=155/450=0.344$가 된다.

표 8-23 언급된 각각의 묘사어의 빈도 *F*의 계산

제품	묘사어								
	D_1	D_2	D_3	D_4	D_5	D_6	D_7	D_8	D_9
P_1	12	8	0	9	8	17	17	1	12
P_2	12	17	0	15	16	9	4	1	16
P_3	2	12	0	4	8	0	1	1	3
P_4	7	1	3	5	8	14	14	1	4
P_5	1	9	0	6	14	2	3	2	3
언급된 수	39	47	3	39	54	42	39	6	38
F=언급된 수/최대 언급수(%)	43.3	52.2	3.3	43.3	60	46.7	43.3	6.7	42.2

표 8-24 언급된 각각의 묘사어의 강도 I의 계산

제품	묘사어								
	D_1	D_2	D_3	D_4	D_5	D_6	D_7	D_8	D_9
P_1	69	69	69	69	69	69	69	69	69
P_2	43	43	43	43	43	43	43	43	43
P_3	3	3	3	3	3	3	3	3	3
P_4	36	36	36	36	36	36	36	36	36
P_5	4	4	4	4	4	4	4	4	4
지각의 강도	155	128	10	95	207	152	103	25	75
I=강도/총 강도(%)	34.4	28.4	2.2	21.1	46	33.8	22.9	5.6	16.7

[표 8-25]에서 $M=\sqrt{F\times I}$로 계산되며 백분율=$M\times 100$이 된다. D_3와 D_8의 묘사어는 다른 묘사어에 비해 점수가 매우 낮으므로 제거할 수 있다.

표 8-25 묘사어의 중요도 계산(기하학적인 의미)

제품	묘사어								
	D_1	D_2	D_3	D_4	D_5	D_6	D_7	D_8	D_9
I	0.344	0.284	0.022	0.211	0.46	0.388	0.229	0.056	0.167
F	0.433	0.522	0.033	0.433	0.6	0.467	0.433	0.067	0.422
M	0.386	0.385	0.027	0.302	0.525	0.397	0.315	0.067	0.265
백분율	38.6	38.5	2.7	30.2	52.5	39.7	31.5	6.1	26.5
묘사어의 분류	3	4	9	6	1	2	5	8	7

(6) 묘사분석의 방법

묘사분석에는 [표 8-1]과 같이 정성적 검사인 향미 프로필, 텍스처 프로필, 정량적 검사인 정량적 묘사분석, 스펙트럼 묘사분석, 시간 강도 묘사분석이 있다. 본서에서는 이 중 정성적 검사 위주로 설명하기로 한다.

2) 향미 프로필

(1) 개요

향미 프로필은 1949년 미국의 Arthur D. Little사에서 제품의 냄새와 향미 특성을 조사하기 위해 개발된 방법으로 자격 있고 훈련 받은 평가자에 의해 식품의 맛을 묘사하고 평가하는 일련의 방법이다.

향미 프로필 방법은 다음의 경우 사용된다.

- 식품을 개발하고 변형 또는 향상시키고자 하는 경우
- 식품간의 차이를 특성화하고자 하는 경우
- 식품 특성에 대한 영구적인 자료를 제공하고자 하는 경우
- 저장 기간 동안 일어나는 식품의 변화를 관리하고자 할 경우 등

이 검사는 향미는 부분적으로 구분 가능한 냄새와 맛의 특성 그리고 부분적으로 구분 가능하지 않은 잠재된 복잡한 특성으로 구성된다는 개념을 기초로 하여 실시

된다.

(2) 추진방법 및 절차

향미 검사는 우선 냄새를 분석하고, 향미(검사표본을 입에 넣고 맛을 보고), 뒷맛을 느끼고, 지속성을 파악한 후 전체적인 인상을 평가하는 순서로 진행된다.

보통 훈련된 평가자 또는 전문가 5~8명이 필요하며 다음과 같이 합의적 방법 또는 독립적인 방법으로 평가를 한다.

- 합의적 방법 : 제품의 향미에 대해 합의된 평가를 하는 것으로 평가자 중 리더가 있어야 한다.
- 독립적인 방법 : 각각의 평가자가 점수를 매기고 이에 대한 평균을 계산한다.

[표 8-26]에 토마토 소스에 대한 향미 프로필 사례를 통해 다음 설명을 보다 쉽게 이해 할 수 있다.

표 8-26 향미 프로필 분석예(토마토 소스)

향미 프로필 분석

- 제품: 토마토 소스
- 검사 일시: 2014년 월 일
- 특성:

	② 나타나는 순서	③ 강도(5점 척도)
①	토마토	4
	계피	1
	정향	3
	단맛	2
	신맛	1

④ • 뒷맛: 없음
④ • 지속성: 오래 지속되는 편
⑤ • 전체적인 인상: 2

① 인지할 수 있는 특성의 명시

평가자(합의적 방법의 경우 리더)는 다음과 같은 방법을 통해 재현 가능한 형태로 특성을 명시한다.

- 시료의 특성에 관한 목록을 작성한다.
- 표준물을 결정한다(순수물질, 특정 성질을 나타내는 자연식품).
- 특성을 묘사하는 데 사용할 용어를 정의한다.

② 특성을 인식하는 순서 결정

특징이 나타나고 인식되는 순서를 기록한다.

③ 각각의 특성에 대한 강도의 정도를 평가

우선 냄새를 분석하고 향미(검사표본을 입에 넣고 맛을 본) 후 강도를 평가한다. 냄새를 분석할 경우에는 검사표본에 손을 대지않고 고개를 숙여 냄새를 맡는다. 손에 냄새가 있는 경우 방해가 되고 또한 손으로 용기를 만질 경우 온도가 달라져 향미 평가에 영향을 줄 수 있기 때문이다.

향미는 검사표본을 입에 넣고 삼킬 때 감지되는 것으로 후각기관에 도달하는 냄새, 즉 휘발성 요소, 기본 맛 등의 복합적인 촉감 요인의 조합이라고 할 수 있다.

다양한 척도가 특성의 강도를 평가하는 데 사용된다.

척도 A

0 : 없다
1 : 인식만 가능하거나 역치 정도
2 : 약하다
3 : 보통이다
4 : 강하다.
5 : 매우 강하다

척도 B

약하다 □ □ □ □ □ □ □ 강하다

양쪽 끝에 사용되는 서술적 용어나 점수의 등급 수는 특성에 따라 다양하다.
여기서는 강도에 따라 1~7점이 주어진다.

④ 뒷맛과 지속성 검사

뒷맛은 표본을 삼키고 난 후 다른 맛이 계속 나타나는 것을 의미하고, 지속성은 표본을 삼키고 난 후 같은 맛이 계속 나타나는 것을 의미한다.

⑤ 전체적인 인상을 평가한다.

식품의 일반적인 평가로 적합성, 특성의 강도, 인지 가능한 기본 향미와 혼합 향미를 감안하여 보통 3점 척도로 평가한다.

3: 높다
2: 중간
1: 낮다

3) 텍스처 프로필

(1) 개요

텍스처 프로필은 1963년 미국의 General Food에서 개발된 방법으로, 식품의 texture(질감, 씹히는 느낌) 특성을 느끼는 순서에 따라 다음의 3가지로 분류하고 각 특성들을 언어 묘사나 숫자 척도를 사용해 측정하는 방법이다.

- 기계적 특성 : 압박에 따른 음식물의 반응특성 – 성질의 출현
  – 딱딱해 지는가? 들러 붙는가? 등
- 기하학적 특성 : 씹는 동안 음식물의 변화(크기, 형태, 배열) – 외형 변화
  – 분말 상태? 박편이 되는가? 기포가 생기는가?
- 화학적 특성 : 씹는 동안 음식물의 변화(수분, 지방) – 화학적 변화
  – 촉촉한, 기름진 등

텍스처 프로필은 식품(고체, 반고체, 액체) 또는 비식품(예를 들면 화장품)의 관능검사에 적용될 수 있으며, 다음의 사항을 위해 이용될 수 있다.

- 평가자의 선정과 훈련
- 텍스처 특성의 정의와 평가 기술의 개발을 통한 평가자의 오리엔테이션
- 이후의 어떤 변화도 인식할 수 있는 제품에 대한 표준 프로필을 확립하기 위해 제품의 텍스처 특징의 표시

- 평가자의 개선과 신제품의 개발
- 제품의 텍스처 특징에 영향을 줄 수 있는 여러 요인(예를 들면 공정, 시간, 온도)을 연구, 이들 요인은 성분, 포장 또는 보존 기간과 저장 조건의 변화 등이 될 수도 있다.
- 특성과 텍스처 차이의 강도를 결정하기 위하여 다른 유사 제품과 비교
- 관능적, 도구적 그리고/또는 기계적 측정의 상호관계

(2) 텍스처 특성의 분류

텍스처의 관능 평가가 동적인 과정이기 때문에 나타나는 순서와 지속되는 정도에 따라 세 가지로 분류할 수 있다.

① 기계적인 특성

가해진 스트레스에 따른 음식물의 반응으로 일차적인 특성과 이차적인 특성으로 나뉘어 진다.

- 일차적인 특성 : 기본적인(primary) 특성으로 다음과 같은 특성이 해당된다.
  - 경도(hardness), 응집성(cohesiveness), 점성(viscosity), 탄성(springiness), 부착성(adhesiveness) 등
- 이차적인((secondary) 특성: 일차적인 특성이 복합적으로 작용하여 생기는 특성으로 다음의 특성이 해당 된다.
  - 부서짐성(brittleness), 씹힘성(chewness), 껌성(gumminess) 등

이들 용어들은 [표 8-27]에 설명되어 있다.

[표 8-27]에서 처음 4개의 특성은 음식과 분해 입자 간에 작용되는 흡인력과 관련되어 있다. 반면에 부착성은 표면적인 특성과 더욱 관계가 있다.

3개의 추가적인 2차적 특성은 주로 쓰이는 익숙한 용어로 개인에게 가능한 한 의미심장한 특성을 만들기 위해 구분되었다.
자주 이용되는 용어에 대한 정의는 KS Q ISO 5492를 참조하면 된다.

훈련 프로그램에서 각각의 특성은 정의되고, 평가자 간에 주의 깊게 설명되고 표준화되어야 한다.

표 8-27 기계적 특성의 정의와 관능평가 방법

		정의	관능평가방법	사용되는 형용사
1차적 특성	경도 (hardness)	식품을 압축하여 일정한 변형을 일으키는 데 필요한 힘	식품을 어금니 사이 또는 혀와 입천장 사이에 놓고 누를 때 가해지는 힘의 크기	부드러움, 견고함, 단단함
	응집성 (cohesiveness)	식품의 형태를 유지하는 내부 결합력에 관여하는 힘	식품이 부서질 때까지 치아 사이에서 눌러지는 정도	깨짐(부서지기 쉬운, 오도독하는, 깨지기 쉬운, 바삭한, 딱딱한), 씹기(부드러운, 질긴, 억센) 그리고 끈적거림(무른, 부서지기 쉬운, 반죽이 끈쩍한)
	점성 (viscosity)	흐름에 대한 저항의 크기	액체를 숟가락으로 떠서 입으로 빨아들이는 데 필요한 힘의 크기	유동성의, 묽은, 점성의
	탄성 (elasticity)	일정 크기의 힘에 의해 변형되었다가 힘이 제거될 때 다시 복귀되는 정도	일정한 크기의 시료를 어금니 사이나 혀와 천장 사이에 놓고 깨지지 않을 정도의 힘으로 눌렀다가 떼었을 때 복귀되는 정도	가소성, 전성의, 탄력성의
	부착성 (adhesiveness)	들러 붙은 음식을 분리하는 데 필요한 힘	혀로 입천장에 눌러 붙인 식품을 떼어내는 데 필요한 힘	끈적거리는, 끈끈한
2차적 특성	부서짐성 (brittleness)	식품이 부서지는 데 필요한 힘	식품을 어금니 사이에 놓고 부수는 데 필요한 힘	경도, 점성과 관련이 있음
	씹힘성 (chewiness)	고체 식품을 삼킬 때까지 씹는 데 필요한 힘	일정 크기의 힘과 속도로 식품을 삼킬 수 있을 때까지 씹는 데 필요한 시간 또는 씹는 횟수	경도, 점성 및 가소성과 관련이 있음
	껌성 (gumminess)	반고체식품을 삼킬 수 있을 때까지 씹는 데 필요한 힘	반고체 식품을 혀와 천장 사이에 놓고 비벼서 부서질 때까지 필요한 힘	반고체 음식물에서 경도,부착성과 관련이 있음

② 기하학적인 특성

기하학적인 특성은 입자의 크기와 형태 및 배열에 따라 나타나는 특성으로 피부(주로 혀 안), 입, 목구멍에 위치한 촉감 기관에 의해 인지 된다. 이러한 특성은 또한 음식이든 아니든 간에 외형에 의해 구별될 수 있다. 기하학적인 특성은 다음과 같이 입상과 형태로 나뉘어 진다.

a) 입상 : 제품의 입자의 크기와 모양을 지각하는 것과 관련 있다. 이에 해당되는 특성은 다음과 같다.
   - 분말상(powder), 과립상(grainy), 사상(gritty), 거친 모양(coarse), 덩어리진 모양(lumpy), 구슬 같은 모양(beady) 등

b) 형태 : 제품의 입자의 모양과 배열에 관련된 특성으로 배열에 관련된 특성은 고도로 조직화된 구조를 의미한다. 이에 해당되는 특성은 다음과 같다.
   - 박편상(flaky), 섬유상(fibrous), 펄프상(pulpy), 기포상(aerated), 팽화상(puffy), 결정상(crystalline) 등

[표 8-28]에 기하학적인 특성이 설명되어 있다.

기하학적 특성은 비록 척도와 표준이 발달될지라도 분명히 경계가 있는 척도를 적용하기 어렵다. 어떤 척도에 관해서도 표준화된 강도가 나와 있지 않다.

표 8-28 기하학적 특성의 정의

분류	특성	정의	식품
입자의 크기와 형태	분말상	입자가 비교적 균일하고 고움	분말 설탕, 밀가루, 전분, 콩가루
	과립상	입자가 비교적 큼	쌀, 보리
	사상	거친 촉감	배의 석세포
	거친 모양	큰 입자와 작은 입자가 섞여 있음	콩떡, 샤벳
	덩어리진 모양	작은 입자가 모여 큰 덩어리를 만든 모양	팥죽, 백설기
입자의 형태와 배열	박편상	납작하고 얇은 모양	피자 껍질, 파이, 북어 박편
	섬유상	일정 방향으로 향하는 긴 입자를 나타냄	김치, 샐러리, 닭 가슴사라
	펄프상	분쇄한 과일에서 보이는 실 같은 모양	사과, 복숭아 등 간 것
	기포상	조직 내 작은 기포가 다량 포진된 상태	아이스크림, 케이크
	팽화상	조직이 팽화된 상태	팝콘, 유과
	결정상	결정 모양	설탕, 소금

③ 화학적 특성(수분과 지방 함유)

식품의 수분 함량과 지방 함량과 관계가 있는 특성으로 입이나 입술로 평가하거나 손가락으로 눌러보면 느낄 수 있다.

a) 수분 함유 : 수분은 제품에 의해 흡수된 또는 내뿜어지는 물의 인지를 묘사하는 표면 텍스처 특성이다.
   물질의 수분 함유를 묘사하는 데 사용되는 주된 용어는 인지되는 수분의 총량뿐 아니라 형태, 비율, 배출 또는 흡수의 방식을 묘사한다. 주로 쓰이는 용어는 건조한(dry), 촉촉한(moist), 젖은(wet), 과즙의(juicy) 등 이다.

b) 지방 함유 : 지방은 물질에서 지방의 양과 질의 인지와 관련 있는 표면 텍스처 특성이다. 입 안을 감싸는 특성과 기하학적 특성과 관계된 지방의 총량과 녹는점은 또한 중요하다.
   부차적인 용어(예를 들면 유성의, 기름진, 지방의)는 이러한 특성 간에 구분을 위해 개발되었다.

- 유성의 : 스며들고 흐르는 지방의 인식을 반영한다(예를 들면 프렌치 드레싱한 샐러드).
- 기름진 : 스며 나오는 지방의 인식을 반영한다(예를 들면 베이컨, 감자 튀김).
- 지방의 : 물질의 높은 지방 비율의 인식을 반영한다(예를 들면 돼지나 소의 기름으로 만든 수지).

[표 8-29]에 화학적 특성을 표현한 사례가 소개되어 있다.

표 8-29 화학적 특성의 표현 예

형태	일반적인 조직감 표현	적용식품
고형 (solid)	부서지기 쉬운, 분말상, 눅눅함, 건조한, 끈적끈적함, 질김, 연함, 고무상, 스펀지상, 매끄러운, 껄끄러움	초콜릿, 쿠키, 아이스크림, 빙수, 콘플레이크, 감자칩, 과일, 육류, 치즈, 빵, 케이크, 마가린, 버터, 젤리, 푸딩 등
반고형 (semi-solid)	풀상, 가루상, 응집성, 눅눅함, 건조함, 끈적끈적함, 덩어리상	가공치즈, 요구르트, 케이크, 반죽, 으깬 감자, 고지방 크림, 소시지육 등
액상 (liquid)	묽음, 수용액상, 점성, 크림상, 기름진, 끈적끈적함	녹은 아이스크림과 빙수, 마요네즈, 샐러드 드레싱 소스, 음료, 수프 등

(3) 텍스처 평가순서

텍스처의 평가순서는 다음과 같다. [그림 8-13]은 이를 요약하여 설명한 것이다.

① 음식이 입 안에 포함되는 방법(예를 들면 앞니로 씹기, 입술로 스푼에 있는 음식 베어 먹기 또는 모든 음식을 입 안에 넣기)

② 음식이 파괴되는 방법(예를 들면 오직 치아로 씹는 것, 혀와 입천장 사이로 다루기 또는 치아로 차근 차근 부순 후 파괴를 완성시키기 위해 혀로 다루기)

③ 삼키기 전에 음식의 상태(예를 들면 음식이 보통 삼켜질 때 액체인가, 반고체인가 또는 타액에서 녹아 내린 미량인가?)

이들은 음식을 먹는 상태에서 가능한 면밀히 조사되어야 한다.

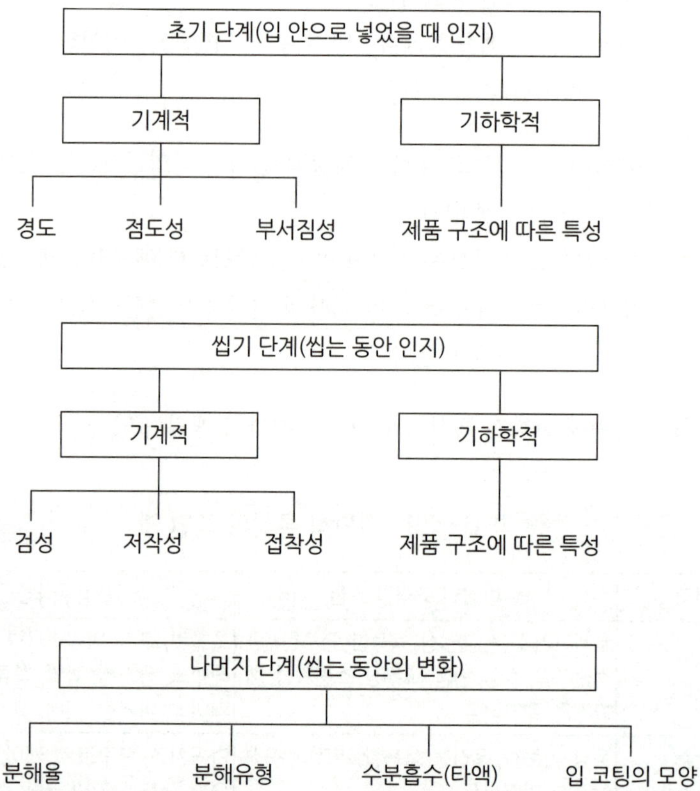

그림 8-13 텍스처 평가순서

4) 정량적 묘사분석(quantitative descriptive analysis test)

시료의 품질이나 특성의 차이를 정량적으로 묘사하여 도식화하는 방법으로 시각적으로 특성의 강약을 쉽게 파악할 수가 있다.

이 방법은 주로 신제품의 시작품, 최종개발품, 기존제품의 개선제품, 원료의 대체여부, formular의 변경여부, 소비자의 반응조사 등에 널리 활용된다.

일반적으로 훈련된 평가요원(6명 이상 12인 이내)이 대상물의 특성요인을 구체적으로 표현할 수 있는 묘사방법을 통하여 정량적으로 조사하는 방법이다.

① 거미줄 그림 사용법(spider web profile test)
360도 평면에 거미줄 그림으로 도식화하여 특성의 강도를 나타내는 방법이다.

② 비구획 척도법(unstructured scaling test)
특성요인에 대하여 구획을 정하지 아니하고 관능상의 모든 특성(맛, 향미, 색, 조직감 등)을 특성 강도별로 묘사하는 방법이다.

5) 스펙트럼 묘사분석(spectrum descriptive analysis test)

스펙트럼 묘사법은 Civille에 의해 개발된 방법으로, 제품 내 또는 제품들 간에 외형, 향미. 텍스처 등의 여러 특성을 절대 척도를 사용하여 평가함으로써 상대적으로 비교할 수 있도록 하는 방법이다.

6) 시간-강도 묘사분석(time-intensity descriptive test)

인식된 감각들이 입과 코 안을 통과할 때 시간이 지남에 따라 강도가 변하는 것을 측정하여 그 결과를 시간-강도 곡선으로 나타내는 방법이다. 숙련된 패널이 감각의 노출 기간 동안 하나의 특성을 측정하는 데에만 한정적으로 쓴다.

8장 연습문제

1. 관능검사는 측정기기를 이용한 검사와 어떤 차이가 있는가?

2. (종합적)차이 검사와 특성 차이 검사의 차이를 간략하게 기술하시오.

3. Parasuraman 등이 개발한 SERVQUAL 모형에 대해 간략하게 기술하시오.

4. 염분의 함량을 줄인 장을 개발 한 후 장맛에 차이가 있는지를 파악하기 위해 3점 검사를 실시하고자 한다. $\alpha=0.05$, $\beta=0.1$, $p_d=40$ %일 경우 필요한 평가원수와 장 맛이 다르다고 판정하기 위한 정답 수를 구하시오.

5. 다음에서 관련된 것끼리 연결하시오.

• 분류법	• 명목척도
• 순위법	• 비율척도
• 등급법	• 등간척도
• 평점법	• 서열척도

5. 개발실에서 기존의 음료보다 더 청량감을 주는 신제품을 개발하였다. 이를 판정하기 위해 기존 및 신규 음료를 100잔씩 총 200잔을 만들었다. 20명의 평가자에게 무작위로 10개씩 맛을 보게 한 결과 다음과 같다. 맛에 차이가 있다고 할 수 있는가? 단 유의수준 $\alpha=0.05$로 한다.

		제시된 표본		계
		A	부A	
평가자 판단	A	60	52	102
	부A	40	48	88
계		100	100	200

6. 시중에서 가장 유명한 4가지 종류의 빵에 대해 맛에 차이가 있는지를 파악하기 위해 12명의 평가자에게 시식을 한 후 맛이 좋은 순서대로 순위를 정하도록 하였다. 평가 결과가 다음과 같을 경우 빵맛에 차이가 있다고 할 수 있는가? Friedman 검정통계량을 구한 후 판정을 하시오.

평가자	A	B	C	D
1	1	2	3	4
2	1	3	2	4
3	2	1	3	4
4	1	2	4	3
5	1	4	2	3
6	2	3	4	1
7	4	2	3	1
8	2	3	1	2
9	1	3	4	2
10	1	2	4	3
11	4	5	2	3
12	2	4	3	5
계	22	34	35	35

7. 소비자가 외국산 치즈를 더 선호하는 경향이 있어 자사와 외국산 유명 브랜드 2곳의 제품을 비교 하였다. 12명의 전문가가 치즈를 맛보고 제 특성을 고려하여 다음과 같이 각각의 치즈에 대해 절대 평가를 하였다. 이 경우 맛에 차이가 있다고 할 수 있는가? 단 유의수준 $\alpha=0.05$로 한다.

평가자	자사	외산1	외산2
1	3	4	3
2	4	5	2
3	4	4	3
4	3	2	3
5	3	5	3
6	2	3	4
7	4	5	2
8	3	3	4
9	3	3	5
10	3	2	3
11	4	5	3
12	2	4	5

8. 관능 프로필의 4가지 형태에 대해 각각의 특징을 간략하게 기술하시오.

9. 향미 프로필의 추진방법과 절차에 대해 간략하게 기술하시오.

10. 텍스처 프로필에서는 특성을 3가지로 분류하여 묘사한다. 이에 대해 간략하게 기술하시오.

제9장

관리도 개요

의사가 진찰을 통해 증상으로부터 병의 원인을 찾아 환자를 치료하듯이, 공정을 올바로 관리 또는 개선하기 위해서는 우선 관리도를 통해 공정을 해석해야 한다.

관리도를 통해 공정을 해석할 경우 품질문제에 대한 책임의 소재를 파악할 수 있을 뿐 아니라 올바른 개선방향을 제시할 수 있다.('2.1 품질의 원리' 참조)

따라서 관리도는 품질에 있어서 가장 기본이 되는 중요한 툴이라고 아니 할 수 없다.

관리도는 1924년 Bell 전화연구소에 근무하던 슈하르트(W. A. Schewart)에 의해 고안되어 사용된 이래 가장 널리 사용되는 품질관리 도구 중에 하나이다.

우리나라에는 1963년 한국공업규격으로 KSA 3201(관리도법)이 제정된 이래 널리 사용되어 왔다. 그러나 대부분 형식적이며 주로 외부 감사용으로 사용되고 있는 상태로, 아직도 많은 기업들이 관리도를 제대로 활용하지 못하거나 요용하는 경우가 많은 것이 현실이다.

관리도는 생산현장뿐 아니라 데이터의 산포가 존재하는 곳이라면 어느 분야라도 적용될 수 있기 때문에 그 활용도는 매우 광범위하고 다양하다고 할 수 있다. 그러므로 관리도를 올바로 이해하고 제대로 사용할 수 있어야 할 것이다.

9.1 변동의 이해

"모든 공정은 변동한다. 어떤 공정은 통제되어지는 변동(controlled variation)을 나타내고, 또 다른 공정은 통제되어지지 않는 변동(uncontrolled variation)을 나타낸다" (W. A Shewhart).

통제되어지는 변동은 시간에 따라 안정적이고 일정한(consistent) 형태의 변동을 갖는데, 이는 우연원인(common cause)에 의해 발생된다. 통제되어지지 않는 변동은 시간에 따라 변화하는 변동을 갖는데, 이는 이상원인(special cause)에 의해 발생된다.

우연원인에 의한 변동만이 존재할 때 공정은 안정되고(stable), 예측 가능하고(predictable), 관리상태(in-control)에 있다고 한다. 그 특징은 다음과 같다.

- 일정한 규칙이나 순서 없이 'random 변동' 으로 이루어짐
- 모든 공정에 존재한다.
- 사업을 하는 방식 또는 수준으로 설계되어진 대로 공정이 안정적, 지속적으로 운

영되면서 발생한 값이다.

이상원인에 의한 변동을 나타내는 공정은 '불안정(unstable)'하고, '관리되고 있지 않는 상태(out of control)'라고 한다. 그 특징은 다음과 같다.

- 예측할 수 없는
- 일시적으로 또는 연속적으로 공정이 방해를 받는 경우 발생함
- 일회성 사건이거나 또는 공정의 만성적인 문제일 수 있음
- 항상 나쁜 것은 아니다(어떤 경우에는 공정을 개선할 수 있는 기회가 될 수 있다).

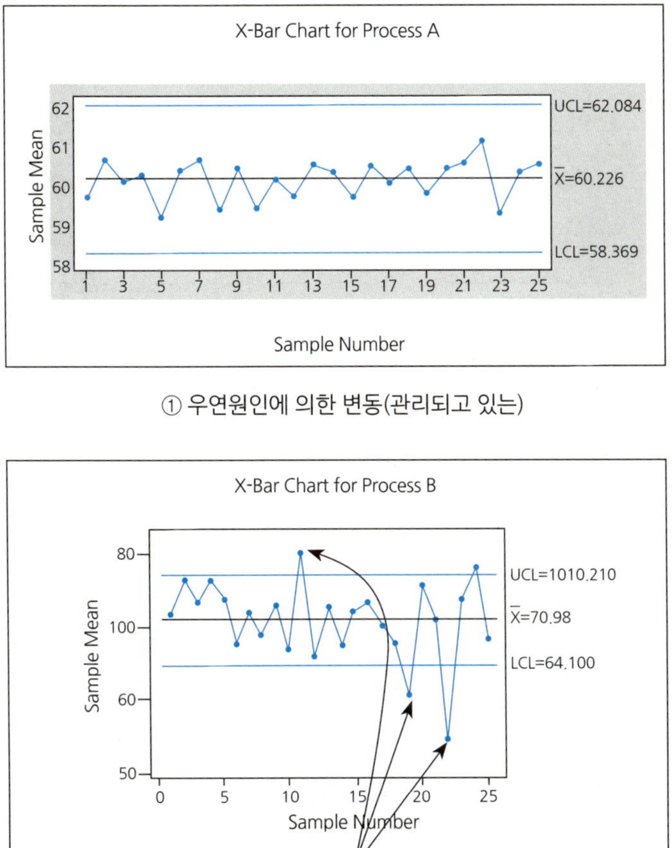

① 우연원인에 의한 변동(관리되고 있는)

② 이상원인에 의한 변동(관리되고 있지 않는)

그림 9-1 우연원인 및 이상원인에 의한 변동

[그림 9-1]은 우연원인에 의한 변동만으로 구성되어 관리되고 있는 공정과, 이상원인이 작용되어 관리되고 있지 않는 공정을 나타냈다. 당연히 우연원인만으로 구성된 공정의 결과치를 예측하기가 용이하다는 것을 알 수 있다.

1) 관리한계(Control limit)와 규격한계(Spec Limit)

관리한계는 우연원인에 의한 군내변동을 사용하여 통계적 이론에 근거하여 설정된다(다음 절인 '9.2 관리도의 통계적인 의미'에 자세히 설명되어 있다).

관리한계는 공정의 능력을 반영한 것으로 공정의 안정성(stability) 즉, 관리상태의 여부를 판정할 수 있는 기준이 된다.

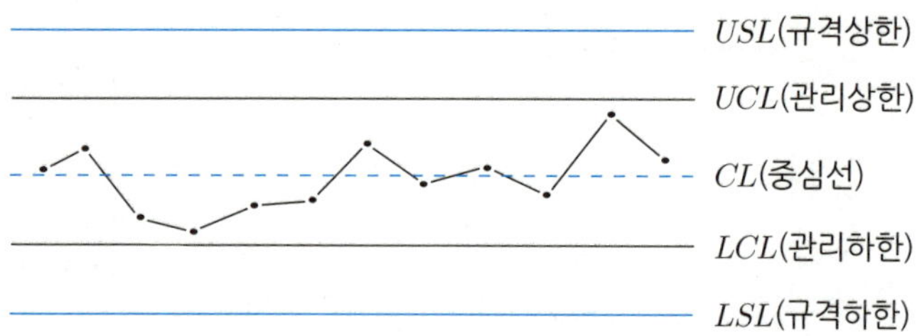

CL = Center Line
UCL = Upper Control Limit = Center Line + 3s
LCL = Lower Control Limit = Center Line - 3s
USL = Upper Spec Limit
LSL = Lower Spec Limit

그림 9-2 관리한계와 규격한계

이에 반해 규격한계(Spec Limit)는 일반적으로 고객에 의해 결정되나 때로는 관리상의 목적 또는 정부의 규제 또는 기타 다른 방법에 의해 결정된다.

관리한계의 범위는 항상 규격한계의 범위보다 작아야 하며, 만일 규격한계의 범위보다 클 경우에는 불량이 발생되고 있는 상태로 이를 산포의 문제라고 한다.

규격 중 고객과 직접적으로 관련이 있는 최종규격 이외의 기타 규격은, 최종규격을 만들어 내기 위해 설정한 내부관리 규격으로, 최종규격과의 인과관계를 통해 결정되어야 한다.

설계단계에서 제품 및 공정의 최적조건을 설정함으로써 내부관리 규격을 결정할 수 있다.

2) 공정의 변동에 따른 4가지의 가능한 상태

공정의 변동과 규격을 비교하여 공정을 4가지 서로 다른 형태로 구분할 수 있다.

① 관리되고 능력이 있는

공정이 우연원인에 의한 변동만으로 구성이 되어있고 관리한계의 범위가 규격한계의 범위에 비해 작은 상태로 가장 바람직한 경우라고 할 수 있다.

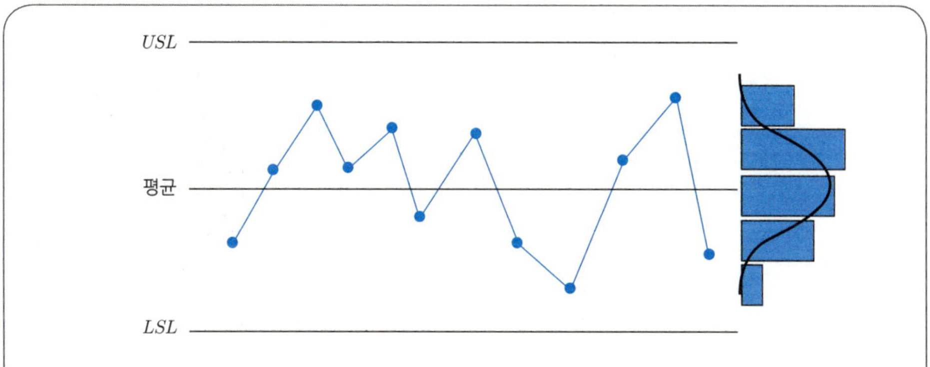

그림 9-3 관리되고 능력이 있는

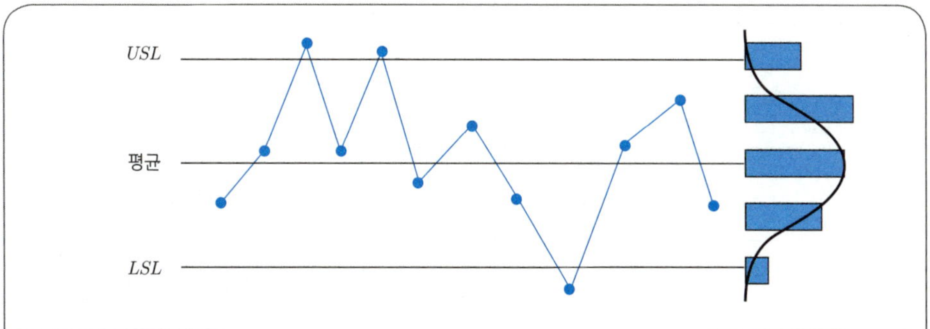

그림 9-4 관리되고 있지만 능력이 없는

② 관리되고 있지만 공정능력이 없는

관리상태이나 산포가 커 관리한계의 범위가 규격한계의 범위를 벗어나 불량이 다발하는 경우이다. 공정개선의 대상으로 개선을 통해 산포를 줄임으로써 관리한계의 범위을 좁혀야 한다.

③ 관리되고 있지 않지만 공정능력이 있는

공정이 관리되고 있지 않은 불안정한 상태이나 규격한계의 범위가 상태적으로 커 불량이 발생되지 않는 경우이다. 공정을 안정화할 경우 품질수준을 한 단계 더 높일 수 있다.

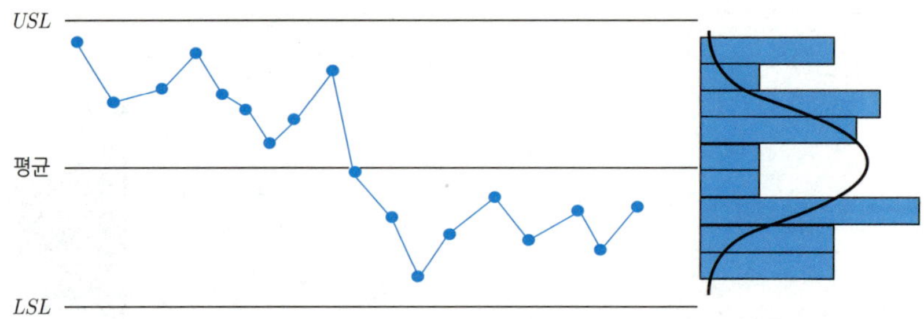

그림 9-5 관리되고 있지 않지만 능력이 있는

④ 관리되고 있지 않고 공정능력도 없는

공정이 관리되지 않는 상태에서 점들이 규격한계를 벗어난 상태로 품질을 개선하기 위해서는 우선 공정을 안정화시켜야 한다.

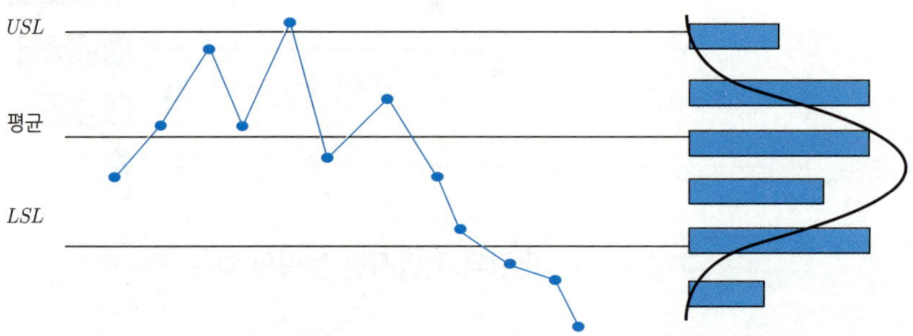

그림 9-6 관리되고 있지 않고 능력도 없는

이상에서 설명한 4가지 공정의 상태를 [그림 9-7]의 4사분면에 나타낼 수 있다. 공정해석을 통해 각각의 특성을 해당되는 4사분면에 위치시키면 현재의 상태와 필요한 개선점을 쉽게 파악할 수 있다.

이 공정은 통계적으로 관리 되는가? \ 이 공정은 고객의 요구를 만족시킬 능력이 있는가?	YES	NO
YES	이상적 상태	개선: 공정능력 개선 (기술)
NO	개선: 관리필요	개선 : 첫째: 관리 둘째: 공정능력 개선 (기술)

그림 9-7 공정의 4가지 상태

3) 변동의 개선방법

품질을 효과적으로 개선하기 위해서는 이상원인에 의한 불안정의 문제를 제거하여 공정을 관리상태로 한 후 우연원인에 의한 중심이탈과 산포의 문제를 개선해야 한다.

이를 [그림 9-8]에서 사격의 원리에 비교하여 설명할 수 있다.

총의 영점을 잡을 때 3발씩을 사격한다. (a)의 경우 탄착군이 형성되지 않아 불안정의 문제를 나타낸다. 이는 총을 쏠 때 일정한 자세를 취하지 않기 때문에 발생된다.

(b)는 일정한 사격자세를 취하여 탄착군을 형성함으로써 불안정의 문제를 해결한 경우이다. 그러나 탄착군이 과녁의 중심에서 벗어나 있음으로 중심이탈의 문제를 나타낸다.

총의 크리크를 조절하여 중심을 이동시킴으로써 중심이탈의 문제를 해결할 경우 (c)의 상태가 된다.

(c)의 경우에서 더욱 일관된 자세를 취해 사격을 함으로써 (d)의 상태를 달성할 수도 있다. 그러나 만일 사격자세의 교정만으로 (d)의 상태를 달성할 수 없다면 총을 개선하거나 더욱 정밀한 총으로 교체를 해야 할 것이다. 이는 품질의 경우 개선에 해당된다고

할 수 있다.

이상에서 품질은 사격에서와 같이 불안정, 중심이탈 및 산포의 문제 순으로 해결하는 것이 바람직하다.

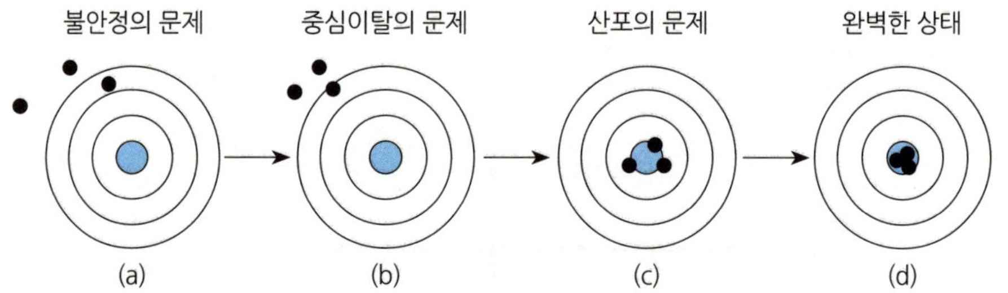

그림 9-8 **변동의 개선방법**

정확성(accuracy)과 정밀성(precision)

품질문제 중 중심이탈의 문제는 정확성(accuracy)의 문제이며, 산포의 문제는 정밀성(precision)의 문제이다.

다음의 그림을 통해 이들간의 관계를 더욱 확실하게 이해할 필요가 있다.

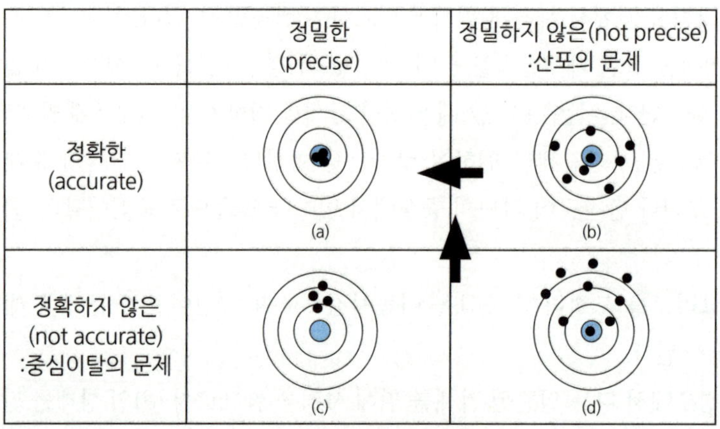

그림 9-9 **정확성과 정밀성**

(a)와 (c)는 정밀하나 (b)와 (d)는 정밀하지 않다. (a)와 (b)는 정확하나 (c)와 (d)는 정확하지 않다.

따라서 (a)의 경우는 정확하고 정밀한 반면, (d)는 정확하지도 정밀하지도 않다. 즉 중심이탈과 산포의 문제를 동시에 갖이고 있다.

이 경우 우선 중심이탈의 문제를 해결하여 (c)→(a), (d)→(b)로 각각을 개선한 후 (b)의 경우에는 산포의 문제를 해결하여 (b)→(a)로 함으로써 완벽한 품질을 달성할 수 있다.

결국 우리가 관리도를 작성하는 이유는 공정의 변동을 불안정, 중심이탈, 산포의 문제로 해석한 후, 관련 부문간에 정보를 공유하고 공감대를 형성함으로써 문제에 대해 적절한 조치를 취하기 위해서 이다.

9.2 관리도의 통계적인 의미

일반적으로 관리도는 평균 μ를 중심으로 $\pm 3\sigma$ 지점에 관리선을 설정한 3σ 관리도를 많이 사용한다.

이는 정규분포를 가정한 것으로 [그림 9-10]과 같이 정규분포에서는 평균(μ)을 중심으로 $\pm 3\sigma$ 사이 즉, 6σ범위 내에 거의 대부분의 데이터(99.73 %)가 포함되기 때문이다.

6σ를 공정의 고유능력이라고 하는데, 결국 관리선은 공정의 고유능력의 범위를 나타낸다.

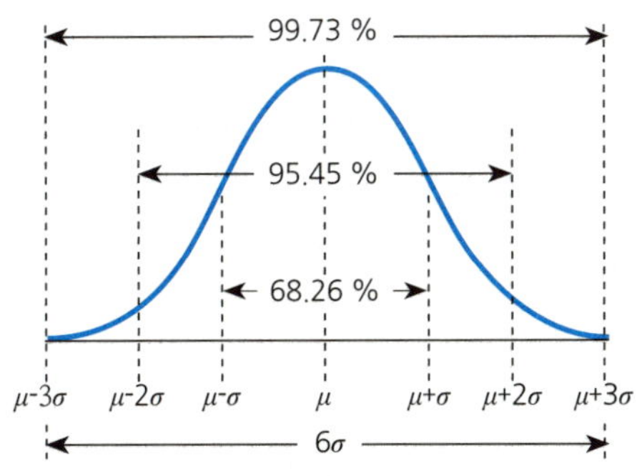

그림 9-10 **정규분포의 특징**

따라서 관리도의 상한선, 하한선 및 중심선을 다음과 같이 설정할 수 있다.

① 관리상한선(UCL: Upper Control Limit) : 평균값 μ에 $+3\sigma$를 하여 설정한다.
② 관리하한선(LCL: Lower Control Limit) : 평균값 μ에 -3σ를 하여 설정한다.
③ 중심선: 평균값 μ 에 설정한다.

만일 타점된 값들이 정규성*을 따를 경우 공정은 정상적인 상태 즉, 안정된 상태라고 하며 공정이 관리상태에 있다고 한다.

그러나 타점된 값들이 정규성을 위배하여 이상현상을 보일 경우 공정에 이상이 있다고 판정을 하고 공정이 불안정한 상태라고 한다.

불안정의 문제 이해

관리도 상에서 불안정의 문제는 공정에 이상이 발생되어 정규분포의 가정을 위반한 상태이다.

①,②,③ 및 ⑤는 규칙이나 순서가 있고, ④는 점이 관리선을 벗어났으므로 이들 모두 정규성을 위배한 상태로 공정에 이상이 발생했다고 할 수 있다.

따라서 관리도를 해석하여 공정의 불안정의 상태를 판정하는 것은 특성치가 정규분포를 따르는지의 여부를 파악하는 것이라고 할 수 있다.

① Run ② Trend ③ Cycle ④ Freak ⑤ Shift

3σ 관리도에서 관리선을 벗어난 0.27 %에 대해서는 공정이 정상임에도 불구하고 공정에 이상이있다고 판정하게 된다.

이는 제1종의 오류 α로 3σ 관리도를 사용함으로써 감수해야 할 불합리라고 할 수 있다.

Note **정규성** : 정규분포의 특징은 점들이 어떠한 규칙이나 순서 없이 랜덤한 상태에서, 많은 점들이 평균을 중심으로 몰려 있고 평균을 벗어나면서 적어지는, 좌우 대칭의 종모양의 형태를 띤다.

공정이 안정상태일 때 특성치의 확률분포의 모수를 θ_0이라고 하고, 공정에서 추출한 샘플의 품질특성의 확률분포의 모수를 θ라고 할 때 공정의 이상 유무를 판단하는 통계적 가설은 다음을 검정하는 것과 같다

$$H_0 : \theta = \theta_0 \qquad H_1 : \theta \neq \theta_0$$

[그림 9-11]에서 만일 시료의 타점이 관리선 안에 포함되고 정규성을 만족할 때에는 귀무가설을 채택하고 공정에 이상원인이 작용되지 않는 안정된 상태라고 한다.

3σ 관리도일 경우 제 1종의 오류가 0.27 %가 되기 때문에 35개 중에 1개, 100개 중에 2개가 관리선을 이탈할 경우 공정에 문제가 있다고 바로 판정하지 않고 예의 주시를 하게 된다.

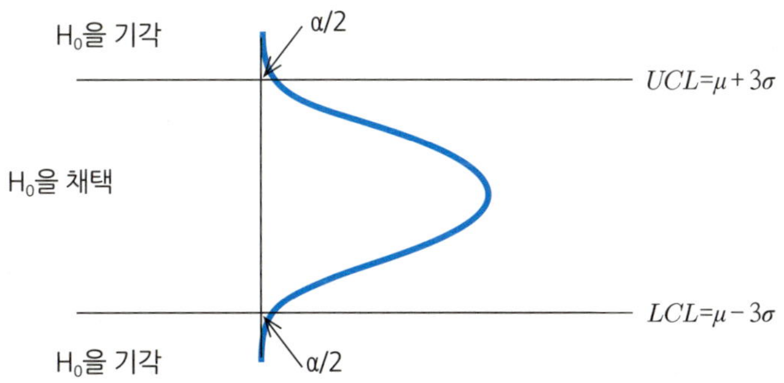

그림 9-11 3σ 관리도에서 제 1종의 오류

제 2종의 오류 β는 공정에 변화가 일어났음에도 불구하고 관리선 내에 타점이 되어 공정이 정상이라고 판정되는 확률이다.

만일 2σ 관리도를 사용할 경우 β가 감소함으로써 공정의 불안정을 불안정으로 판정하는 검정력*$(1-\beta)$은 증대될 수 있으나, 공정이 안정된 상태임에도 불구하고 불안정으로 판정하는 제 1종의 오류(α)는 증대된다.

Note **검정력(power of test)** : 공정에 이상이 있을 때 이상이 있다고(불량을 불량으로) 판정하는 능력으로, [그림 9-12]에서 관리선이 좁아질 경우 공정에 이상이 있음에도 불구하고 H_o을 채택하는 β(제 2종의 오류)는 감소하게 된다. 따라서 $1-\beta$인 검정력은 커지게 된다.

따라서 공정을 수시로 중단하는 사태가 발생되어 관리비용이 더 소요될 수 있으므로 일반적으로 3σ 관리도를 많이 사용한다.

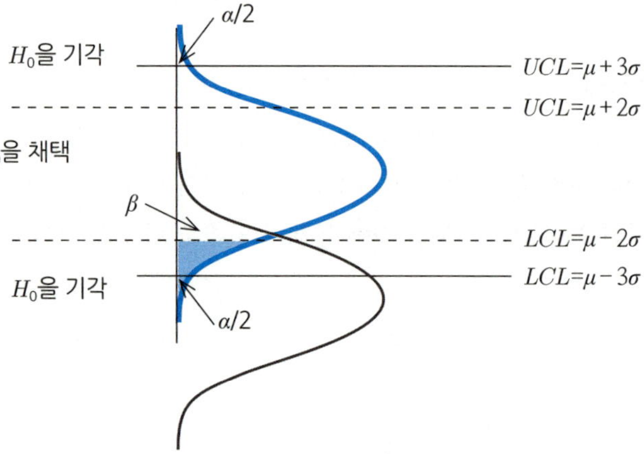

그림 9-12 **2σ 관리도에서 제 1종의 오류 증대**

3σ 관리도의 표현

3σ 관리도에서는 특성치가 계량치 또는 계수치이든 모든 관리도에 대해서 $\mu \pm 3\sigma$ 공식을 사용한다.

따라서 각각의 관리도를 구분하기 위해 편의상 다음의 식을 사용하기로 한다.

$\mu \pm 3\sigma \Rightarrow$

- $\overline{X}$ 관리도: $E(\overline{X}) \pm D(\overline{X})$
- X 관리도: $E(X) \pm D(X)$
- p 관리도: $E(\hat{P}) \pm D(\hat{P})$
- u 관리도: $E(\hat{U}) \pm D(\hat{U})$

관리도를 구분하기 위해서는 ( )안에 첨자만 바꾸면 된다. 각각의 관리도를 유도하는 공식은 '10. 계량치 관리도'와 '11. 계수치 관리도'에서 다루기로 한다.

9.3 관리도의 해석

관리도 및 공정능력조사를 통해 공정의 상태를 불안정, 중심이탈, 산포의 문제로 해석하고 이들 문제의 정도를 정량화할 수 있다.

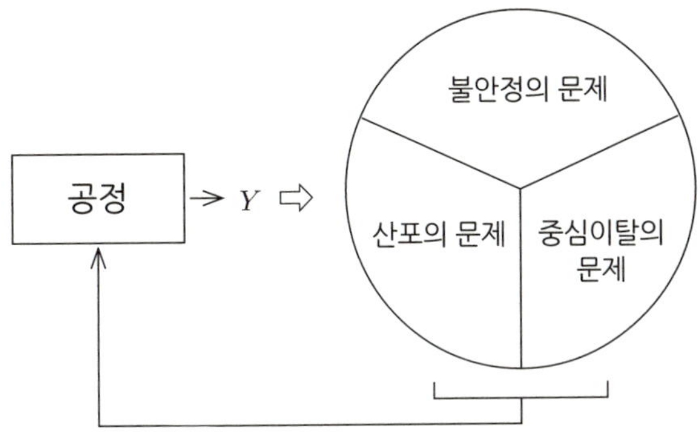

그림 9-13 **공정의 해석**

[그림 9-13]의 공정의 문제를 해결하는 데에는 슈하르트와 파레토 원리를 동시에 적용하는 것이 바람직하다.

슈하르트 및 파레토 원리

슈하르트의 원리: 모든 사회과학이나 자연과학에 있어서 현상은 이상원인이 발견되어 제거되지 않는한 확정적이거나 통계적인 법칙을 따르지 않는다. 따라서 공정에 불안정에 문제가 존재할 경우 output을 해석 하기가 곤란하므로 중심이탈이나 산포의 문제를 해결하는 것이 어렵다.

파레토의 원리: 다수의 사소한 원인들 보다는 소수의 중요한 원인을 해결할 때 큰 효과를 볼 수 있다(2:8의 원리). 즉 한정된 노력(자원)으로 최대의 효과를 내기 위해서는 중요한 문제들을 우선적으로 해결해야 한다.

슈하르트+파레토 의 원리: 만일 공정이 불안정하면 불안정을 유발하는 원인을 먼저 해결한다. 공정이 안정되었다고 판단되면 최대의 성과를 낼 수 있는 중요 원인을 해결한다.

따라서 다음의 순서대로 문제를 해결한다.

① 긴급한 문제 : 불안정의 문제는 시급한 문제로 이를 해결하기에 급급함으로 중요한 문제를 체계적으로 개선할 여유가 없다.

② 중요한 문제 : 중심이탈 및 산포의 문제로 이는 기술적인 문제라고 할 수 있는데 체계적인 개선활동, 즉 최적화를 통해 제품 또는 공정의 조건을 재설정 함으로써 해결할 수 있다.

③ 사소한 문제 : 다수의 중요하지 않은 문제들로 일반적으로 이들은 QC의 7가지 도구 등을 통해 조치함으로써 해결할 수 있다. 개선의 우선순위가 낮다.

1) 불안정의 문제

공정의 불안정의 상태를 나타내는 요인에는 런(run), 경향(trend), 주기(cycle), 중심이동(shift) 및 튐(freak)의 5가지가 있는데 이들은 모두 정규성의 가정을 위반한 경우이다.

① 런(run)

점들이 중심선의 한 쪽에 연속해서 나타나는 경우로 다음과 같이 조치를 하는 것이 바람직하다.

- 런의 길이 5: 공정에 주의를 한다.
- 런의 길이 6: 원인조사에 대한 준비를 한다.
- 런의 길이 10 이상: 이상원인이 있다고 판단하고 조치를 취한다.

또한 런의 길이가 10 이상이 아니더라도 다수의 점들이 다음과 같이 중심점 한쪽에 치우쳐 있을 경우 이상이 있다고 판단하고 조치를 취하는 것이 바람직하다.

- 연속 11점 중 적어도 10점
- 연속 14점 중 적어도 12점
- 연속 17점 중 적어도 14점
- 연속 20점 중 적어도 16점

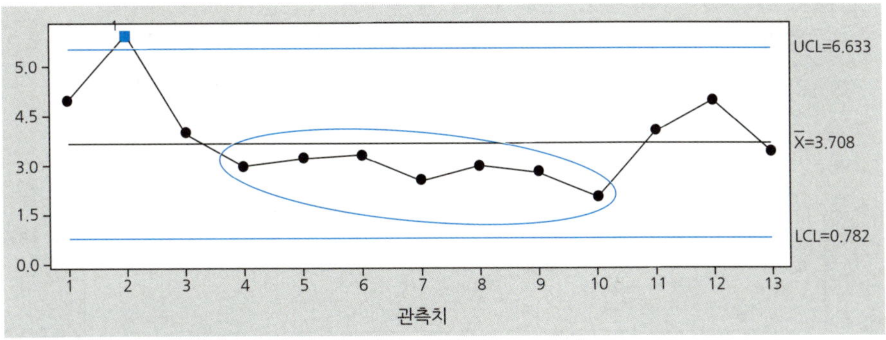

그림 9-14 런(run)

② 경향(trend)

점들이 지속적으로 상승하거나 하강하는 경우로 이는 공정이 어떤 원인에 의해 지속적으로 영향을 받는 경우이다. 예를 들면 공구의 마모, 압력 또는 온도의 상승, 점도의 증가 등이 이에 해당된다.

경향이 있을 경우 미리 조치를 함으로써 문제로 연결되는 것을 사전에 예방할 필요가 있다.

- 길이 5의 경향: 공정에 주의를 한다.
- 길이 6의 경향: 원인조사에 대한 준비를 한다.
- 길이 10 이상의 경향: 이상원인이 있다고 판단하고 조치를 취한다.

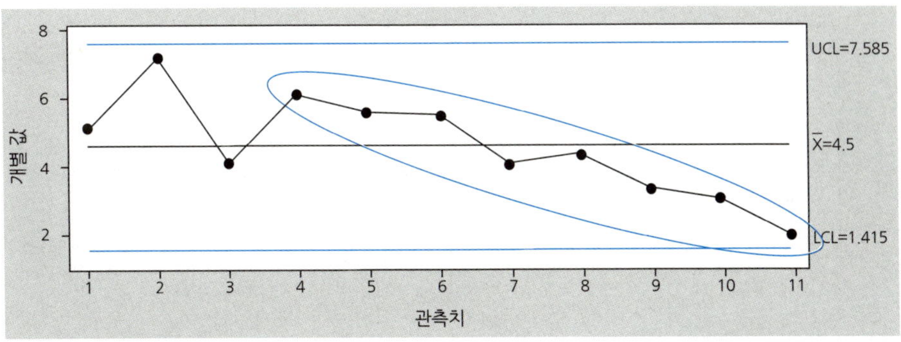

그림 9-15 경향(trend)

③ 중심이동(shift)

공정의 평균을 기준으로 점들이 공정의 한쪽에서 다른 쪽으로 변화하는 것으로 기기의 세팅, 작업자 또는 원재료의 변화 등이 있을 경우에 발생된다.

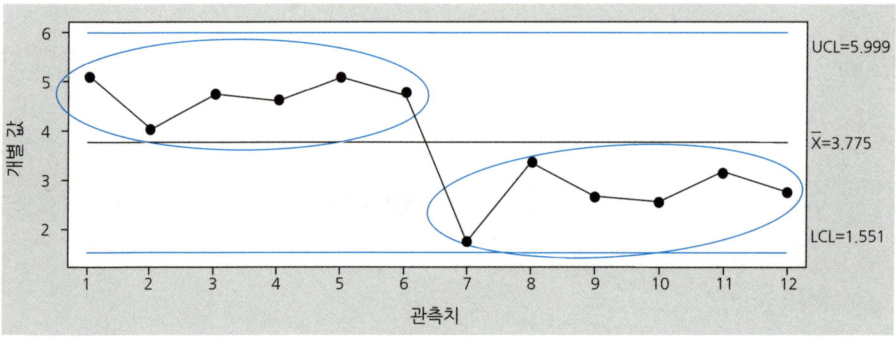

그림 9-16 **중심이동(shift)**

④ 주기(cycle)

어떤 요인이 공정에 주기적으로 작용할 경우 품질특성치가 일정한 형태를 띠고 변동을 한다. 주기는 단주기와 장주기로 구분할 수 있는데 단주기는 원료, 치공구 등의 주기적인 교체 등으로 인해 나타날 수 있다. 장주기는 계절적인 효과 등으로 인해 나타날 수 있는데 이를 판정하기 위해서는 오랜 기간 동안의 데이터를 주단위, 월단위 등으로 함축하여 분석해야 한다.

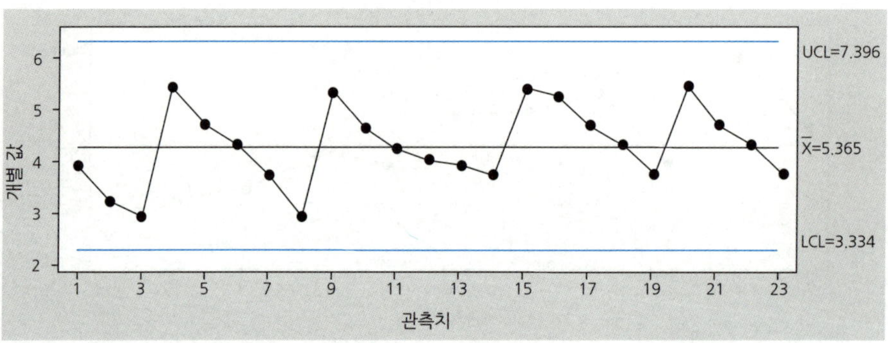

그림 9-17 **주기(cycle)**

⑤ 튐(freak)

데이터가 갑자기 돌출하는 형태로 설비의 고장, 이형 자재의 투입, 작업자의 세팅 미스 등의 돌발적인 상황이 발생할 경우 나타나는 현상이다.

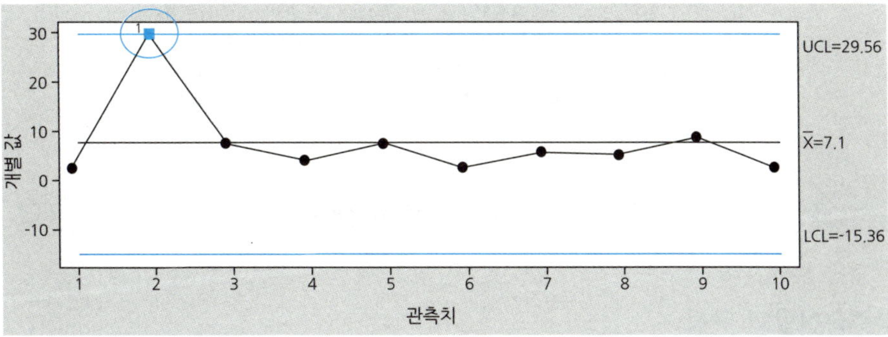

그림 9-18 **튐(freak)**

상기의 5가지 경우 이외에도 점들이 자주 3σ 관리한계선 가까이 있을 경우에도 확률적으로 희소하므로 공정에 이상이 있다고 할 수 있다.

따라서 다음과 같이 2σ와 3σ 사이에 점들이 있을 때 공정에 이상이 있는 것으로 판정한다.

- 3점 중 2점
- 7점 중 3점
- 10점 중 4점

미니탭에서는 다음의 8가지 경우로 불안정의 문제를 판정한다. [그림 9-19]에서 판정하고 싶은 불안정의 문제를 클릭하여 지정하면 [그림 9-18]과 같이 관리도 상에 붉은 점과 함께 문제에 해당되는 번호가 나타난다.

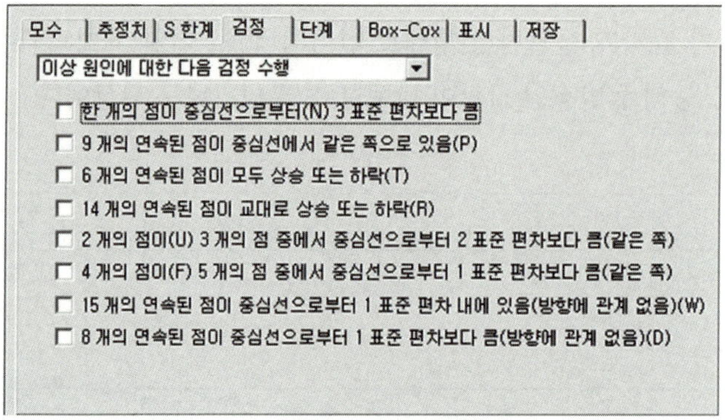

그림 9-19 미티탭에서 이상원인의 판정

2) 중심이탈의 문제

다음의 X 관리도에서 규격이 60±1일 경우 중심이탈의 문제는 규격의 중심(60)과 공정의 중심(60.221)과의 차이이다. 중심이탈의 문제는 '13. 공정능력조사 및 σ값 계산'에서 C_P와 C_{PK}(또는 P_P와 P_{PK})의 차이를 파악함으로써 구할 수도 있다.

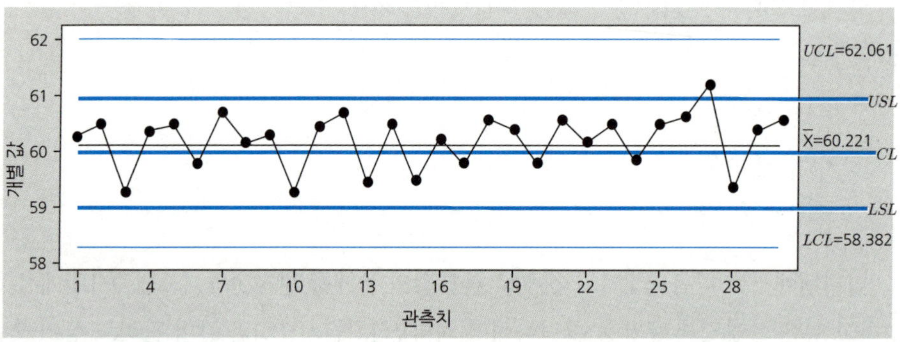

그림 9-20 중심이탈의 문제

3) 산포의 문제

규격의 범위($T=USL-LSL$)와 관리한계의 범위($6\sigma=UCL-LCL$)과 비교하여 만일 $T<6\sigma$인 경우 즉, $C_P=(T/6\sigma)<1$ 일 때 공정에 산포의 문제가 존재한다. 이 경우 공정

은 규격을 만족시킬 수 있는 제품이나 서비스를 생산해 낼 수 있는 공정능력이 없다고 한다.

상기의 그림에서 $C_p = T/6\sigma = 2/3.679 = 0.544$로 1보다 작으므로 공정에 산포의 문제가 있다고 할 수 있다.

9.4 합리적인 군구분

1회 샘플링으로 취하는 데이터의 수를 군의 크기라고 한다. 그리고 샘플링을 하는 회수를 군의 수라고 한다. [표 9-1]의 경우 군의 크기 $n=5$이고 군의 수는 $k=10$이다.

표 9-1 합리적인 군 구분

① 군의 수	② 군의 크기					③ 군의 평균 (X)	⑤ 범위 (R)
	1	2	3	4	5		
1	6	8	9	10	3	7.2	7
2						5.5	4
3						4.8	3
4						5	5
5						6.1	7
6						4.8	2
7						5.7	4
8						6.4	5
9						3.8	6
10						6.5	3
평균						④ 총평균	⑥ 범위 평균

관리도는 군내변동을 사용하여 관리선을 구한 다음 이 관리선을 기준으로 하여 공정(군간)의 변화를 탐지한다. 따라서 관리도는 군내변동을 기준으로 군간의 변화를 관리하는 것이다.

따라서 샘플링을 할 때 주의할 점은 군내의 데이터는 가능한 동질의 것으로 구성하고, 군간의 데이터는 가능한 이질적인 것으로 구성되도록 다음과 같이 합리적인 군(rational subgroup) 구분을 해야 한다.

① 군내의 데이터는 가능한 우연원인에 의한 산포로만 구성되도록 한다.

② 이상원인은 군간의 변동으로 나타나게 함으로써 군간의 변동을 가능한 크게 한다.

예를 들면 로트의 변화 또는 작업자의 변화가 있을 경우 변화 전 또는 후의 데이터끼리 군을 형성함으로써 변화가 군간의 변동으로 나타날 수 있도록 한다.

따라서 샘플링을 통해 군을 형성할 때 군내의 시간은 가능한 짧고 군간의 시간이 더 길어야 한다.

만일 군을 형성하는 시간이 길어 이상원인이 개입될 경우 실질적인 공정의 변화를 탐지하지 못하는 오류를 범할 가능성이 높아지게 된다.

다음 장 '10.2 $X-R_m$ 관리도'절의 '6) $\overline{X}$ 관리도와 X 관리도의 비교'의 '(2) 민감도'에서 설명된 바와 같이 군의 크기가 클수록 공정의 변화를 민감하게 탐지해낼 수 있으며 또한 군의 샘플링 빈도가 높을수록 공정의 변화를 신속하게 탐지해낼 수 있다.

그러나 군의 크기가 크고 군의 샘플링 빈도가 높을 수록 비용과 시간이 증가하는 단점이 있다.

따라서 군의 크기 및 빈도는 샘플링 비용과 관리상태를 이탈할 경우의 손실 등을 동시에 고려하여 결정해야 한다.

9.5 관리도의 종류

관리도를 크게 대별하면 [그림 9-21]에서와 같이 계량형(연속형) 관리도와 계수형(이산형) 관리도가 있다.

이산형 관리도가 특성치를 판단하여 단지 양품 및 불량으로 판정하는 것에 비해 연속형 관리도는 각각의 특성치를 측정하여 양적 표현을 함으로써 보다 많은 정보를 얻을 수 있는 장점이 있다. 따라서 적은 양의 데이터를 측정하여 보다 효율적으로 공정을 관리할 수 있으므로 가능한 연속형 관리도를 사용하는 것이 바람직하다.

연속형 관리도의 경우 $\overline{X}-s$ 관리도는 군의 크기가 크기 때문에 별로 사용되지 않는다. '10.2 $X-R_m$ 관리도' 절의 '6) $\overline{X}$ 관리도와 X 관리도의 비교' 에서 설명한 장점들 때문에 $\overline{X}-R$ 관리도는, 데이터를 취하는 데 시간 또는 비용이 많이 소요되는 경우와 같은 특별한 경우를 제외하고는, $X-R_m$ 관리도에 비해 많이 사용된다.

이산형 관리도의 경우 불량율 p 관리도와 결점수 c 관리도를 많이 사용한다.

기타 특수관리도의 경우 현업에서는 많이 사용되지 않으므로 '12. 특수관리도'에서 이 중 일부만을 소개하기로 한다.

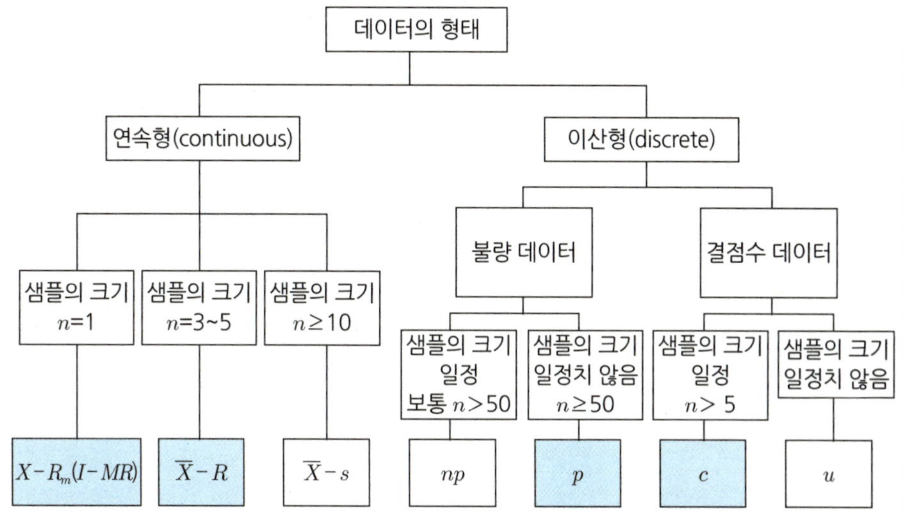

그림 9-21 **관리도의 종류**

9.6 관리도의 용도

관리도는 공정을 해석하거나 관리하기 위해서 사용된다. 지금까지 설명한 관리도는 해석용으로 관리도를 작성할 때마다 샘플링한 데이터가 달라지기 때문에 관리선이 변화하게 된다.

따라서 공정을 관리할 때에는 관리용 관리도를 사용해야 한다. 관리용 관리도는 일정 기간 동안 데이터를 모아 관리도를 작성한 후, 이 중 이상치를 제거한 후 우연원인만으로 관리선을 작성하여 일정기간 동안 사용한다.

품질을 개선할 경우 우연원인에 의한 산포가 감소되어 관리선의 폭이 좁아진다. 따라서 일정기간(반기 또는 사분기)마다 관리용 관리도를 재작성해야 한다. 관리한계의 추이를 관리하는 것은 품질의 향상 정도를 평가하는 좋은 수단이 될 수 있다.

관리용 관리도와 해석용 관리도를 비교하면 [표 9-2]와 같다.

표 9-2 관리도의 용도

구분	해석용	관리용
사용목적	공정의 상태를 해석하여 개선에 필요한 정보를 얻음	공정을 안정상태로 유지함
작성자	개선 팀	작업자 또는 컴퓨터를 통해 자동으로 수집됨
작성시기	개선 시	일상 업무 상에서 (단, 관리선은 주기적으로 업데이트 되어야함)

9장 연습문제

1. 관리한계와 규격한계의 차이를 간략하게 기술하시오.

2. 우연원인과 이상원인의 특징에 대해 간략하게 기술하고 현장에서 발생할 수 있는 예를 들어 설명을 하시오.

3. 관리도 상에서 불안정의 문제는 관리도의 어떤 가정을 위배한 것인가?

4. 슈하르트 관리도에서 제 1종의 오류와 제 2종의 오류에 대해서 설명하시오.

5. 우리는 2σ 관리도 보다는 3σ 시그마 관리도를 많이 사용한다. 그 이유에 대해서 간략하게 설명하시오.

6. 관리도는 군내변동으로 군간변동의 변화를 탐지하도록 설계되었다. 그 이론적 근거에 대해 설명하시오.

7. 관리도를 작성하기 위해서는 합리적인 군구분을 해야 한다. 합리적인 군(rational subgroup)에 대해 간략하게 기술하시오.

제10장

계량형 관리도

계량형 관리도는 계수형 관리도에 비해 작성하기가 복잡하나, 계수형 관리도에 비해 필요한 표본수가 적고 또한 많은 정보를 얻을 수 있으므로 계수형 관리도에 비해 널리 사용된다.

대표적으로 많이 사용되는 계량형 관리도로는 $\overline{X}-R$, $X-R_m$ 관리도가 있는데, 표본을 뽑는 데 시간이 많이 소요되거나 비용이 많이 드는 경우 등 특별한 경우를 제외하고는, $\overline{X}-R$ 관리도가 장점들 때문에 많이 사용된다.

관리도는 이후 장에서 설명되어 있는 공정능력조사와 연계하여 분석하기 때문에 관리도 작성 시 필요한 샘플 수를 고려할 필요가 있다.

10.1 $\overline{X}$-R 관리도

$\overline{X}-R$ 관리도는 원래 데이터가 정규분포를 따르지 않을 경우에도 사용할 수 있으며, $X-R_m$ 관리도에 비해 공정의 변화를 민감하게 탐지할 수 있으므로 가장 널리 사용된다. 그러나 $X-R_m$ 관리도에 비해 더 많은 샘플이 필요하므로 데이터를 얻기 용이한 경우에 사용한다.

1) $\overline{X}$ 관리도의 작성

$\overline{X}$ 관리도는 군내 측정치의 평균을 타점하는데 관리선은 다음과 같다.

$$\left.\begin{matrix} UCL \\ LCL \end{matrix}\right\} = E(\overline{X}) \pm 3D(\overline{X})$$

$$= \mu \pm 3\frac{\sigma}{\sqrt{n}}$$

여기서 μ와 σ의 값을 알 수 없으므로 $\hat{\mu} = \overline{\overline{x}}$, $\hat{\sigma} = \frac{\overline{R}}{d_2}$ 로 각각 추정한다.

$$= \overline{\overline{x}} \pm 3\frac{1}{\sqrt{n}} \cdot \frac{\overline{R}}{d_2}$$

$A_2 = \frac{3}{\sqrt{n} \cdot d_2}$ 이므로

$$= \overline{\overline{x}} \pm A_2\overline{R}$$

$\overline{\overline{x}}$ 및 $\overline{R}$ 의 값을 계산한 후 [표 10-2]에서 군의 크기 n에 대응하는 A_2의 값을 찾아서 $\overline{X}$ 관리도의 관리상한 및 하한선을 간편하게 구할 수 있다.

관리도의 용어설명

관리도를 작성하기 위해 [표 10-1]과 같이 데이터를 수집하였다.

① 군의 크기(n): 1회 샘플링시 취하는 데이터의 수로 이 경우 5이다. 일반적으로 $\overline{X}$ 관리도에서는 군의 크기를 3~5개로 하는 것이 보통이다.

② 군의 수(k): 샘플링을 하는 횟수로 이 경우 군의 수는 10이다. 그러나 일반적으로 군의 수는 관리도 1회 작성 시 20~25개로 하는 것이 보통이다.

③ 군의 평균($\overline{x}_i$): 각각의 군내의 측정값을 전부 더한 후 군의 크기 n으로 나눈 값이다. 첫 번째 군의 평균은 다음과 같다.

$$\overline{x}_1 = \frac{\sum_{j=1}^{n} x_j}{n} = (6+8+\cdots+3)/5 = 6.6$$

④ 총평균($\overline{\overline{x}}$): 각각의 군의 평균값($\overline{x}_i$)을 전부 더하여 군의 수 k로 나눈 값으로 관리도의 중심선이 된다.

$$\overline{\overline{x}} = \frac{\sum_{i=1}^{k} \overline{x}_i}{k} = (6.6+5.5+\cdots+6.5)/10 = 5.5$$

⑤ R_i: 군내의 범위값으로 각각의 군에서 측정치의 최대값과 최소값의 차이이다. 따라서 첫 번째 군의 범위값 R_1은 다음과 같다.

$$R_1 = 9-3 = 6$$

⑥ $\overline{R}$: 각각의 군의 R_i값을 전부 더하여 군의 수 k로 나눈값이다.

$$\overline{R} = \frac{\sum_{i=1}^{k} R_i}{k} = (6+4+\cdots+3)/10 = 4.5$$

표 10-1 $\overline{X}-R$ 관리도 작성을 위한 데이터

① 군의 수		1	2	3	4	5	6	7	8	9	10	평균
② 군의 크기	1	6										
	2	8										
	3	9										
	4	7										
	5	3										
③ 군의 평균($\overline{x}_i$)		6.6	5.5	4.8	5	6.1	4.8	5.7	6.4	3.8	6.5	④ 총평균 $\overline{\overline{x}}=5.5$
⑤ 범위(R_i)		6	4	3	5	7	2	4	5	6	3	⑥ 범위 평균 $\overline{R}=4.5$

2) R 관리도의 작성

R 관리도는 군내측정치의 범위값을 타점하는데 관리선은 다음과 같다.

$$\left.\begin{matrix} UCL \\ LCL \end{matrix}\right\} = E(R) \pm 3D(R)$$

$$= \mu \pm 3d_3\sigma$$

$$= \left(1 \pm 3\frac{d_3}{d_2}\right) \cdot \overline{R}$$

$$UCL = D_4\overline{R}$$

$$LCL = D_3\overline{R}$$

여기서 μ, σ를 각각 $\hat{\mu} = \overline{R}$, $\hat{\sigma} = \dfrac{\overline{R}}{d_2}$ 로 추정하면

$D_4 = 1 + 3\dfrac{d_3}{d_2}$ 이고

$D_3 = 1 - 3\dfrac{d_3}{d_2}$ 이라 하면

따라서 $\overline{R}$를 구한 후 [표 10-2]에서 군의 크기 n에 따라 D_3, D_4의 값을 읽으면 R 관리도의 관리상한선 및 하한선을 간편하게 구할 수 있다.

표 10-2 관리도의 관리한계와 공정능력을 결정하기 위한 상수표

n	A_2	D_3	D_4	d_2
2	1.880	0	3.167	1.128
3	1.023	0	2.575	1.693
4	0.729	0	2.282	2.059
5	0.577	0	2.115	2.326
6	0.483	0	2.004	2.534
7	0.419	0.076	1.924	2.704
8	0.373	0.136	1.864	2.847
9	0.337	0.184	1.816	2.970
10	0.308	0.223	1.77	3.078

$\overline{X}$ 관리도의 장, 단점

장점	단점
• 원래의 데이터가 정규분포를 따르지 않더라도 사용할 수 있다. • 관리한계선이 좁아 공정의 평균의 변화를 민감하게 찾아낼 수 있다.	• X 관리도에 비해 데이터의 양이 많아진다.

3) $\overline{X}$ - R 관리도의 작성순서

① 특성치를 결정한다.

② 군의 크기(n) 및 군의 수(k)를 결정한다.

③ 데이터를 수집한다.

④ 각각의 군에서 평균치 $\overline{x}_i$ 를 계산한다(반올림하여 측정단위의 한자리 아래까지 구함).

$$\overline{x}_i = \frac{\sum_{j=1}^{n} x_j}{n}$$

⑤ 각각의 군에서 범위 R_i 를 계산한다.

$$R_i = x_{\max} - x_{\min}$$

⑥ 총평균(공정평균) $\overline{\overline{x}}$ 를 계산한다.

$$\overline{\overline{x}} = \frac{\sum_{i=1}^{k} \overline{x}_i}{k}$$

⑦ 범위의 평균치 $\overline{R}$ 를 계산한다.

$$\overline{R} = \frac{\sum_{i=1}^{k} R_i}{k}$$

⑧ 관리한계선을 계산하고 기입한다.

$\overline{X}$ 관리도:	$CL = \overline{\overline{x}}$	R 관리도:	$CL = \overline{R}$
	$UCL = \overline{\overline{x}} + A_2\overline{R}$		$UCL = D_4\overline{R}$
	$LCL = \overline{\overline{x}} - A_2\overline{R}$		$LCL = D_3\overline{R}$

⑨ 점을 타점한다(관리한계를 벗어나는 점은 ⊙⊗ 등으로 알아보기 쉽게 표시함).

⑩ 기타사항을 기입한다(품질특성, 측정단위, 기입자, 관리책임자, 관리도 번호, Data 샘플링 시간 및 기타 필요한 사항).

예제 10-1 S전자 회사에서 생산되고 있는 제품의 중량을 관리하기 위해 [표 10-3]과 같이 데이터를 수집하였다. $\overline{X}-R$ 관리도를 작성하시오.

표 10-3 $\overline{X}-R$ **관리도 데이터(규격: 48.3 ± 0.2 g)**

군번호	측정치					평균	범위
	x_1	x_2	x_3	x_4	x_5		
1	48.33	48.33	48.31	48.31	48.28	48.312	0.05
2	48.41	48.32	48.29	48.20	48.47	48.338	0.27
3	48.30	48.32	48.30	48.37	48.33	48.324	0.07
4	48.35	48.39	48.38	48.38	48.38	48.376	0.04
5	48.36	48.35	48.36	48.30	48.35	48.344	0.06
6	48.33	48.30	48.40	48.28	48.30	48.322	0.12
7	48.33	48.39	48.44	48.30	48.44	48.380	0.14
8	48.38	48.35	48.36	48.34	48.38	48.362	0.04
9	48.37	48.40	48.37	48.39	48.29	48.364	0.11
10	48.37	48.35	48.28	48.33	48.34	48.334	0.09
11	48.34	48.21	48.31	48.33	48.25	48.288	0.13
12	48.27	48.24	48.25	48.27	48.22	48.250	0.05
13	48.40	48.31	48.26	48.31	48.36	48.328	0.14
14	48.39	48.34	48.33	48.28	48.39	48.346	0.11
15	48.37	48.36	48.35	48.26	48.35	48.338	0.11
16	48.32	48.32	48.35	48.33	48.29	48.322	0.06
17	48.41	48.31	48.42	48.38	48.37	48.378	0.11
18	48.36	48.43	48.40	48.36	48.37	48.384	0.07
19	48.28	48.34	48.30	48.31	48.36	48.318	0.08
20	48.26	48.32	48.33	48.26	48.29	48.292	0.07
평균						48.335	0.096

$\overline{X}$ 관리도: $CL=\overline{\overline{x}}=48.335$

$UCL=\overline{\overline{x}}+A_2\overline{R}=48.390$

$LCL=\overline{\overline{x}}-A_2\overline{R}=48.280$

R 관리도: $CL=\overline{R}=0.096$

$UCL=D_4\overline{R}=0.203$

① 품질특성치는 제품의 중량(g)이다.

② 군의 크기 n=5 및 군의 수 k=20이다.

③ 일정 간격으로 20회에 걸쳐 연속적으로 5개씩 제품을 샘플링하여 측정하였다.

④ 각각의 군에서 평균치 $\overline{x}_i$를 계산한다.(반올림하여 측정단위의 한자리 아래까지

구함)

$$\bar{x}_1 = \frac{\sum_{j=1}^{5} x_j}{n} = (48.33 + 48.33 + 48.31 + 48.31 + 48.28)/5 = 48.312$$

⑤ 각각의 군에서 범위를 계산한다.

$$R_1 = x_{\max} - x_{\min} = 48.33 - 48.28 = 0.05$$

⑥ 총평균(공정평균) $\bar{\bar{x}}$ 를 계산한다.

$$\bar{\bar{x}} = \frac{\sum_{i=1}^{k} \bar{x}_i}{k} = \frac{\sum_{i=1}^{20} \bar{x}_i}{20} = (48.312 + 48.338 +, \cdots, +48.292)/20 = 48.335$$

⑦ 범위의 평균치 $\bar{R}$ 를 계산한다.

$$\bar{R} = \frac{\sum_{i=1}^{k} R_i}{k} = \frac{\sum_{i=1}^{20} R_i}{20} = (0.05 + 0.27 +, \cdots, +0.07)/20 = 0.096$$

⑧ 관리한계선을 계산하고 기입한다.

$\bar{X}$ 관리도: $CL = \bar{\bar{x}} = 48.335$

$UCL = \bar{\bar{x}} + A_2\bar{R} = 48.335 + 0.577 \times 0.096 = 48.390$

$LCL = \bar{\bar{x}} - A_2\bar{R} = 48.335 - 0.577 \times 0.096 = 48.280$

(A_2의 값은 [표 10-2]에서 $n = 5$ 일 경우 0.577임을 알 수 있다.)

R 관리도: $CL = \bar{R} = 0.096$

$UCL = D_4\bar{R} = 2.115 \times 0.096 = 0.203$

$LCL = D_3\bar{R} = 0 \times 0.096 = 0$

(D_4및 D_3의 값은 [표 10-2]에서 $n = 5$ 일 때 각각 2.115 및 0 임을 알 수 있다.)

⑨ $\bar{x}_i$ 및 R_i 값을 $\bar{X}$ 및 R 관리도 상에 타점한다.

⑩ 품질특성, 측정단위, 기입자, 관리책임자, 관리도번호, Data 샘플링 시간 및 기타 필요한 사항을 기입한다.

4) 미니탭을 사용한 $\overline{X}-R$ 관리도의 작성

'예제 10-1'의 경우 미니탭을 사용하여 $\overline{X}-R$ 관리도를 작성하면 다음과 같다.

워크시트 상에 [표 10-3]의 형태로 데이터를 입력한 후 데이터를 쌓기 위해 미니탭에서 **데이터 > 쌓기 > 행…** 을 클릭한다.

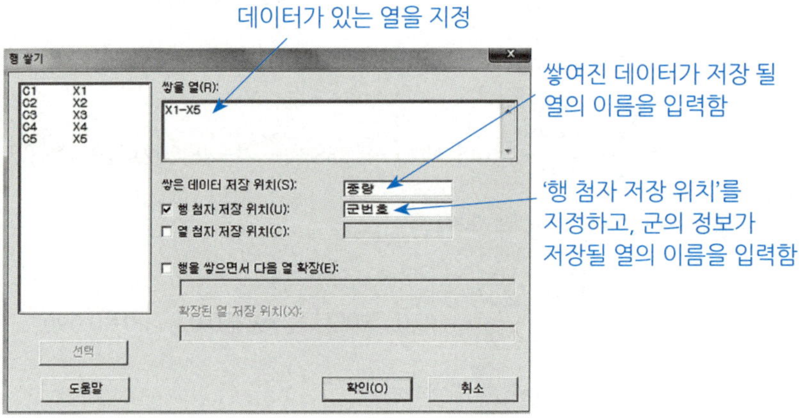

'확인'을 클릭하면 다음과 같이 데이터가 한열에 쌓아지고 각 데이터에 대한 군의 정보가 생성된다.

표 10-4 미니탭 분석을 위한 데이터 쌓기

↓	C1	C2	C3	C4	C5	C6	C7
	X1	X2	X3	X4	X5	중량	군번호
1	48.33	48.33	48.31	48.31	48.28	48.33	1
2	48.41	48.32	48.29	48.20	48.47	48.33	1
3	48.30	48.32	48.30	48.37	48.33	48.31	1
4	48.35	48.39	48.38	48.38	48.38	48.31	1
5	48.36	48.35	48.36	48.30	48.35	48.28	1
6	48.33	48.30	48.40	48.28	48.30	48.41	2
7	48.33	48.39	48.44	48.30	48.44	48.32	2
8	48.38	48.35	48.36	48.34	48.38	48.29	2
9	48.37	48.40	48.37	48.39	48.29	48.20	2
10	48.37	48.35	48.28	48.33	48.34	48.47	2
11	48.34	48.21	48.31	48.33	48.25	48.30	3
12	48.27	48.24	48.25	48.27	48.22	48.32	3
13	48.40	48.31	48.26	48.31	48.36	48.30	3
14	48.39	48.34	48.33	48.28	48.39	48.37	3
15	48.37	48.36	48.35	48.26	48.35	48.33	3
16	48.32	48.32	48.35	48.33	48.29	48.35	4
17	48.41	48.31	48.42	48.38	48.37	48.39	4
18	48.36	48.43	48.40	48.36	48.37	48.38	4
19	48.28	48.34	48.30	48.31	48.36	48.38	4
20	48.26	48.32	48.33	48.26	48.29	48.38	4
21						48.36	5
22						48.35	5
23						48.36	5
24						48.30	5
25						48.35	5

관리도를 작성하기 위해 **통계분석 > 관리도 > 부분군 계량형 관리도 > Xbar-R...**을 클릭하면 다음의 화면이 나타난다.

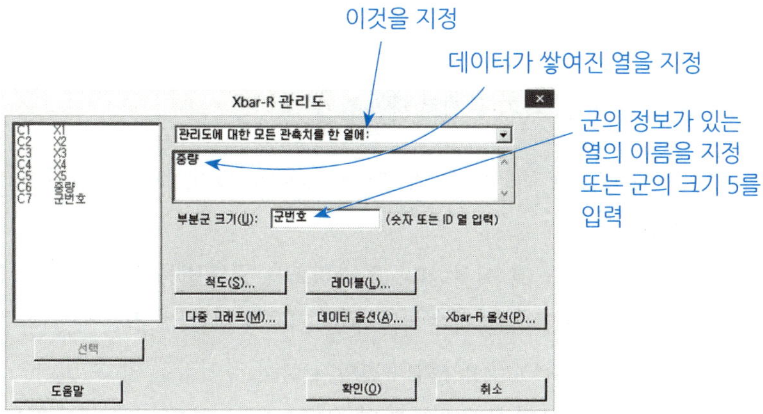

'확인'를 클릭하면 다음의 $\overline{X}-R$ 관리도가 작성된다.

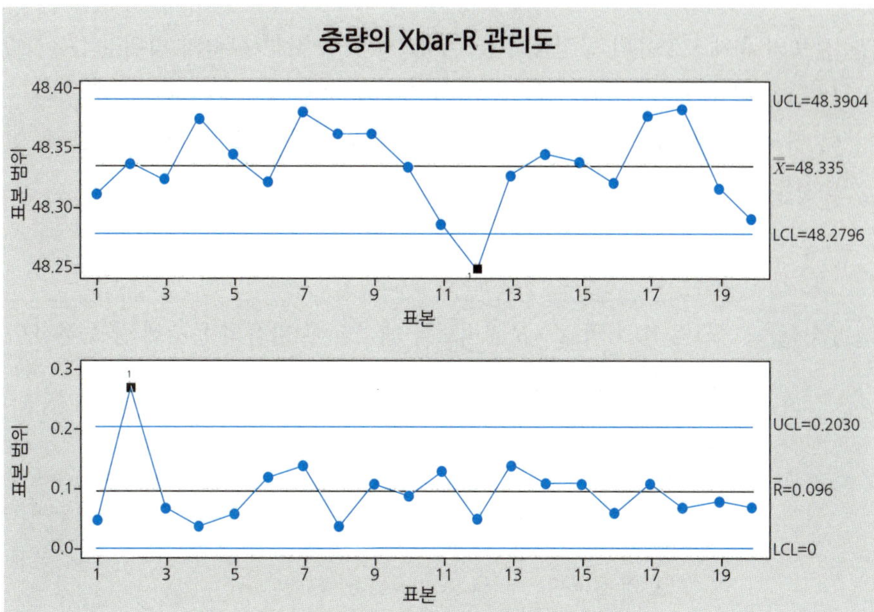

그림 10-1 미니탭을 사용한 $\overline{X}-R$ 관리도의 작성

[그림 10-1]의 $\overline{X}$ 및 R 관리도의 관리선은, 약간의 계산상의 차이만 있을 뿐, '**예제 10-1**'에서 관리한계선 계산식을 통해 구한 것과 동일함을 알 수 있다.

5) $\overline{X}-R$ 관리도의 해석

$\overline{X}-R$ 관리도는 다음의 3가지 문제로 해석될 수 있다.

① 불안정의 문제 : $\overline{X}$ 관리도 및 R 관리도 상에서 불안정의 5가지 문제가 나타나는지를 파악한다.
이때 R 관리도를 먼저 해석한다. R 관리도는 군내변동의 변화를 나타내므로 만일 R 관리도가 불안정할 경우에는 샘플링(군의 형성)을 잘못하였거나 또는 샘플링을 올바로 하였다면 공정능력의 변화가 생긴 것이라고 할 수 있다.
따라서 R 관리도상에 문제가 있다면 이에 대한 조치를 먼저 해야 한다.

② 중심이탈의 문제 : 규격의 중심과 공정의 중심($\overline{\overline{x}}$)이 일치하는지 여부를 파악한다. 만일 이들 2개의 값이 서로 일치하지 않을 때 공정에 중심이탈의 문제가 존재한다.

③ 산포의 문제 : 고유의 공정능력 $[6\sigma=6(\overline{R}/d_2)]$의 값과 규격의 범위값 $(T=USL-LSL)$을 비교하여 만일 $C_P=T/6\sigma<1$인 경우 공정에 산포의 문제가 존재 한다.
이 경우 공정은 규격을 만족시킬 수 있는 제품이나 서비스를 생산해 낼 수 있는 공정능력이 없다.

문제 10-1 '그림 10-1'의 $\overline{X}-R$ 관리도를 해석한 후 다음의 문제에 답을 하시오. 규격은 48.3 ± 0.2 이다.

① 불안정의 문제

② 중심이탈의 문제

③ 산포의 문제

④ 이 공정에서 발생되고 있는 문제를 근거로 공정에 어떤 조치를 취할 수가 있는가? 가능한 조치를 나열하시오.

10.2 $X-R_m$ 관리도

X 관리도는 계량치 관리도로 특성치의 값을 얻는 데 시간이 많이 소요 되거나 또는 파괴시험이기 때문에 비용이 많이 소요되는 경우에 사용한다.

1) X 관리도의 작성

X 관리도는 개별 측정치를 타점하는데 관리선은 다음과 같다.

$$\left.\begin{matrix} UCL \\ LCL \end{matrix}\right\} = E(X) \pm 3D(X)$$

$$= \mu \pm 3\sigma \qquad \text{여기서 } \mu \text{와 } \sigma \text{의 값을 알 수 없으므로}$$

$$= \bar{x} \pm 3 \cdot \frac{\bar{R}}{d_2} \qquad \hat{\mu} = \bar{x},\ \hat{\sigma} = \frac{\bar{R}}{d_2} \text{ 로 각각 추정하면}$$

$$= \bar{x} \pm E_2\bar{R} \qquad E_2 = \frac{3}{d_2} \text{ 이므로}$$

따라서 $\overline{X}$ 와 $\overline{R}$ 의 값을 계산한 후 [표 10-5]에서 E_2값을 읽으면 X 관리도의 관리상한 및 하한선을 구할 수 있다.

X 관리도에서 항상 n=2이므로 $E_2 \fallingdotseq 2.66$ 이 된다. 따라서 상기의 UCL, LCL은 다음과 같이 나타낼 수 있다.

$$\left.\begin{matrix} UCL \\ LCL \end{matrix}\right\} = \overline{X} \pm 2.66\overline{R}$$

표 10-5 n에 따른 E_2값

n	E_2
2	2.659
3	1.772
4	1.457
5	1.290
6	1.184
11	1.109
8	1.054
9	1.010
10	0.975

$X - R_m$ 관리도의 용어설명

X 관리도를 작성하기 위해 [표 10-6]과 같이 데이터를 수집하였다.

① 군의 크기(n): X 관리도에서의 군의 크기는 항상 $n=1$이다.

② 군의 수(k): 이 경우 편의상 군의 수를 10으로 하였으나 적어도 30개 이상은 되어야 한다.

③ 총평균($\overline{x}$): 측정값을 전부 더하여 군의 수 k로 나눈 값으로 중심선이 된다.

$$\overline{x}=\frac{\sum_{i=1}^{k} x}{k}=(12+8+\cdots+7)=6.6$$

④ R_i: 군의 크기가 1이므로 범위값을 구할 수 없기 때문에 위, 아래 값의 차이로 범위값을 구한다. 예를 들어 R_1은 첫번째 데이터와 두 번째 데이터의 차이값이다.

$$R_1=|x_1-x_2|=|12-8|=4$$

⑤ $\overline{R}$: R_i 의 값을 전부 더한 후 $k-1$로 나눈 값이다.

$$\overline{R}=\frac{\sum_{i=1}^{k-1} R_i}{k-1}=\frac{(4+3+\cdots+4)}{9}=3.4$$

표 10-6 $\overline{X}-R$ 관리도 작성을 위한 데이터

군의 수	측정값(X_i)	R_i
1	12	
2	8	4
3	5	3
4	6	1
5	9	1
6	3	6
7	8	5
8	5	3
9	3	2
10	7	4
평균	6.6	3.4

2) R_m 관리도의 작성

R_m 관리도는 개별 측정치간의 차이를 타점하는데 관리선은 다음과 같다.

$$\left.\begin{matrix} UCL \\ LCL \end{matrix}\right\} = E(R) \pm 3D(R)$$

$$= \mu \pm 3d_3\sigma \qquad \mu\text{와 } \sigma\text{를 각각 } \hat{\mu} = \overline{R},\ \hat{\sigma} = \frac{\overline{R}}{d_2}\text{로 추정하면}$$

$$= \left(1 \pm 3\frac{d_3}{d_2}\right) \cdot \overline{R} \qquad D_4 = 1 + 3\frac{d_3}{d_2}\text{ 이고}$$

$$D_3 = 1 - 3\frac{d_3}{d_2}\text{ 이라 하면}$$

$$UCL = D_4\overline{R}$$

$$LCL = D_3\overline{R}$$

따라서 $\overline{R}$ 를 계산한 후 [표 10-2]에서 n=2일때 D_3 및 D_4값을 각각 읽으면 R_m 관리도의 관리상한 및 하한선을 각각 구할 수 있다.

$\overline{X}$ 관리도의 장, 단점

장점	단점
• 군을 형성할 필요 없이 개개의 데이터를 타점한다. • $\overline{X}$ 관리도에 비해 데이터가 상대적으로 적다.	• 자료가 적을 때 잘못 사용될 수 있는데 적어도 30개 이상에서 사용함이 적절하다. • $\overline{X}$ 관리도에 비해 관리 한계가 상대적으로 넓다. - 따라서 공정의 평균의 변동을 빠르게 파악하지 못한다.

3) $X - R_m$ 관리도의 작성순서

① 특성치를 결정한다.

② 군의 수(k)를 결정한다(군의 크기는 항상 n=1 임).

③ 데이터를 수집한다.

④ 데이터의 평균치 $\overline{x}$ 를 계산한다(반올림하여 측정단위의 한자리 아래까지 구함).

$$\overline{x} = \frac{\sum_{i=1}^{k} x_i}{n}$$

⑤ 이동범위 R_i를 계산한다.

$$R_i = |x_i - x_{i-1}|$$

⑥ 이동범위의 평균 $\overline{R}$를 계산한다.

$$\overline{R} = \frac{\sum_{i=1}^{k-1} R_i}{k-1}$$

⑦ 관리한계선을 계산하고 기입한다.

$\overline{X}$ 관리도: $CL = \overline{x}$

$UCL = \overline{x} + 2.66\overline{R}$

$LCL = \overline{x} - 2.66_2\overline{R}$

R_m 관리도: $CL = \overline{R}$

$UCL = D_4\overline{R}$

$LCL = D_3\overline{R}$

⑧ 점을 타점한다.(관리한계를 벗어나는 점은 ⊙⊗ 등으로 알아보기 쉽게 표시함)

⑨ 기타사항을 기입한다.(품질특성, 측정단위, 기입자, 관리책임자, 관리도 번호, Data 샘플링 시간 및 기타 필요한 사항)

예제 10-2 배치단위로 생산되는 페인트 공정에서 각각의 배치에서 일부 시료를 샘플링하여 점도를 [표 10-7]과 같이 측정하였다. 관리도를 작성하시오.

표 10-7 X-R_m 관리도 데이터(규격 : 80±10 cps)

군번호	측정치 (x_i)	범위(R_i)
1	81	
2	89	8
3	59	30
4	81	22
5	84	3
6	74	10
7	93	19
8	86	7
9	75	11
10	95	20
11	78	17
12	70	8
13	88	18

14	93	5
15	80	13
16	89	9
17	68	21
18	90	22
19	80	10
20	64	16
평균	$\bar{x}=80.9$	$\bar{R}=14.2$

X 관리도: $CL=\bar{x}=80.9$

$UCL=\bar{x}+2.66\bar{R}=118.7$

$LCL=\bar{x}-2.66\bar{R}=43.2$

R_m 관리도: $CL=\bar{R}=14.16$

$UCL=D_4\bar{R}=46.26$

① 특성치는 페인트의 점도이다.

② 군의 크기 n=1이고 군의 수 k=20이다.

③ 배치단위로 시료를 샘플링을 하였다.

④ 데이터의 평균치 $\bar{x}$ 를 계산한다(반올림하여 측정단위의 한자리 아래까지 구함).

$$\bar{x}=\frac{(81+89+,\ \cdots,\ +64)}{20}=80.9$$

⑤ 이동범위 R_i를 계산한다.

$$R_1=|x_1-x_2|=|81-89|=8$$

⑥ 이동범위의 평균 $\bar{R}$ 를 계산한다.

$$\bar{R}=\frac{\sum_{i=1}^{19}R_i}{k-1}=(8+30+,\ \cdots,+16)/19=14.2$$

⑦ 관리한계선을 계산하고 기입한다.

$\bar{X}$ 관리도: $CL=\bar{x}=80.9$

$UCL=\bar{x}+2.66\bar{R}=80.9+2.66\times14.2=118.7$

$LCL=\bar{x}-2.66\bar{R}=80.9-2.66\times14.2=43.2$

R_m 관리도: $CL=\bar{R}=14.2$

$UCL=D_4\bar{R}=3.267\times14.2=46.4$

$$LCL = D_3\overline{R} = 0 \times 14.2 = 0$$

([표 10-2]에서 $n=2$일 때 $D_4 = 3.267$, $D_3 = 0$ 임을 알 수 있다.)

⑧ $\overline{x}_i$ 및 R_i를 각각 타점한다.

⑨ 품질특성, 측정단위, 기입자, 관리책임자, 관리도번호, Data 샘플링 시간 및 기타 필요한 사항을 기입한다.

4) 미티탭을 사용한 $X - R_m$ 관리도의 작성

'예제 10-2'의 경우 미니탭을 사용하여 $X - R_m$ 관리도를 작성하면 다음과 같다.

우선 [표 10-7]의 데이터를 워크시트 상에 다음과 같이 입력한다.

↓	C1 점도
1	81
2	89
3	59
4	81
5	84
6	74
7	93
8	86
9	75
10	95
11	78
12	70
13	88
14	93
15	80
16	89
17	68
18	90
19	80
20	64

통계분석>관리도>개별값 계량형 관리도>I-MR...을 클릭하면 다음의 화면이 나타난다.

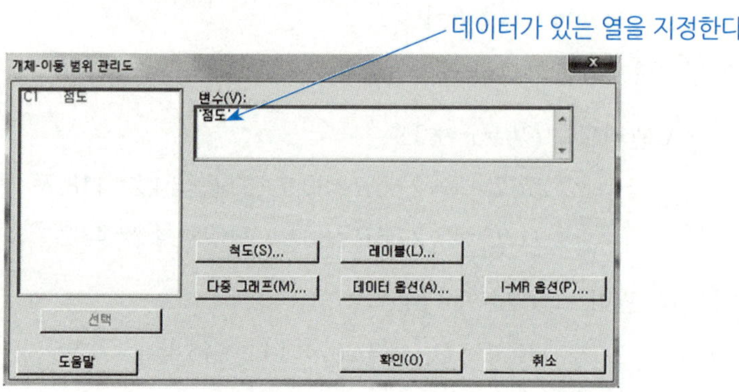

'확인'을 클릭하면 다음의 $X-R_m$ 관리도가 작성된다.

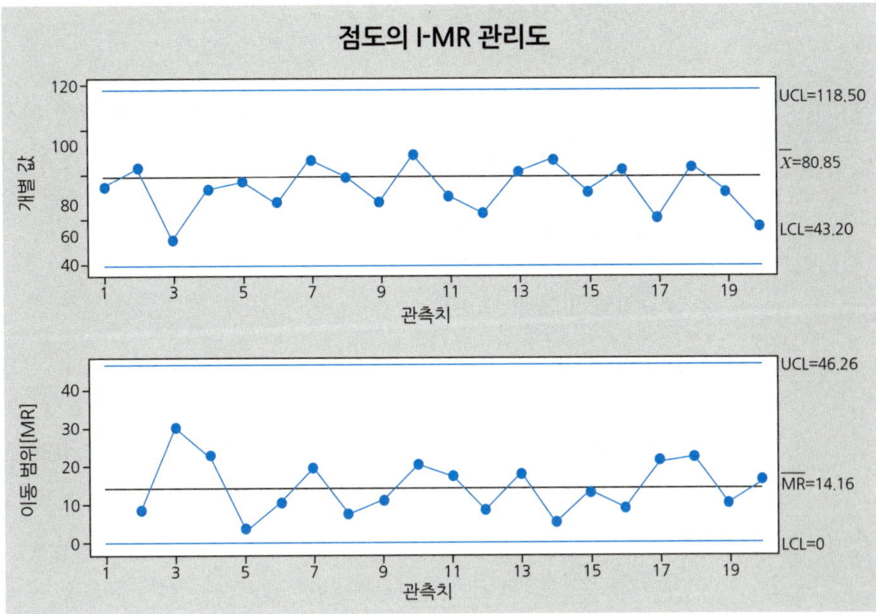

그림 10-2 미니탭을 사용한 $\overline{X}-R_m$ 관리도의 작성

[그림 10-2]의 X 및 R_m 관리도의 관리선은, 약간의 계산상의 차이만 있을 뿐, '**예제 10-2**'에서 관리한계선 계산식을 통해 구한 것과 동일함을 알 수 있다.

5) $X-R_m$ 관리도의 해석

$X-R_m$ 관리도는 $\overline{X}-R$ 관리도와 동일한 방식으로 다음의 3가지 경우로 해석할 수 있다.

① 불안정의 문제 : X 및 R_m 관리도 상에서 불안정의 5가지 문제가 나타나는지를 파악한다(물론 이 경우에도 R_m 관리도를 먼저 해석함).

② 중심이탈의 문제 : 규격의 중심과 공정의 중심($\overline{x}$)이 일치하는지를 파악한다, 만일 이들 2개의 값이 서로 일치하지 않을 때 공정에 중심이탈의 문제가 존재한다.

③ 산포의 문제 : 규격의 범위($USL-LSL$)와 고유의 공정능력($6\sigma=UCL-LCL$)과

비교하여 만일 $C_p=(T/6\sigma)<1$인 경우 공정에 산포의 문제가 존재한다. 이 경우 공정은 규격을 만족시킬 수 있는 제품이나 서비스를 생산해 낼 수 있는 공정능력이 없다.

문제 10-2 '그림 10-2'의 $X-R_m$ 관리도를 해석한 후 다음의 문제에 답을 하시오. 규격은 80 ± 10 이다.

① 불안정의 문제

② 중심이탈의 문제

③ 산포의 문제

④ 이 공정에서 발생되고 있는 문제를 근거로 어떤 조치를 공정에 취할 수가 있는가? 가능한 조치를 나열하시오.

6) $\overline{X}$ 관리도와 X 관리도의 비교

계량치 관리도 사용 시 다음의 2가지 이유 때문에 가능하면 X 관리도보다 $\overline{X}$ 관리도를 사용하는 것이 바람직하다.

(1) 정규성

관리도는 특성치가 정규분포를 따른다는 가정하에 사용되는데 실제로 원래 데이터가 정규분포를 따르지 않는 경우가 있다.

이때 데이터를 정규화하지 않은 상태에서 X 관리도를 사용하게 되면 공정에 대해 잘못된 판단을 내리기 쉽다.

그러나 원래의 데이터가 정규분포를 따르지 않더라도 $\overline{X}$ 값들은 정규분포를 따르기 때문에 $\overline{X}$ 관리도를 사용할 수 있다.

[그림 10-3]의 ①에서 X 관리도의 경우 모집단이 정규분포를 따르지 않는 상태에서, 특성치가 관리한계선을 벗어난다고 공정에 이상이 있는 것으로 판정하면 이는 잘못된 판단을 내리는 것이다.

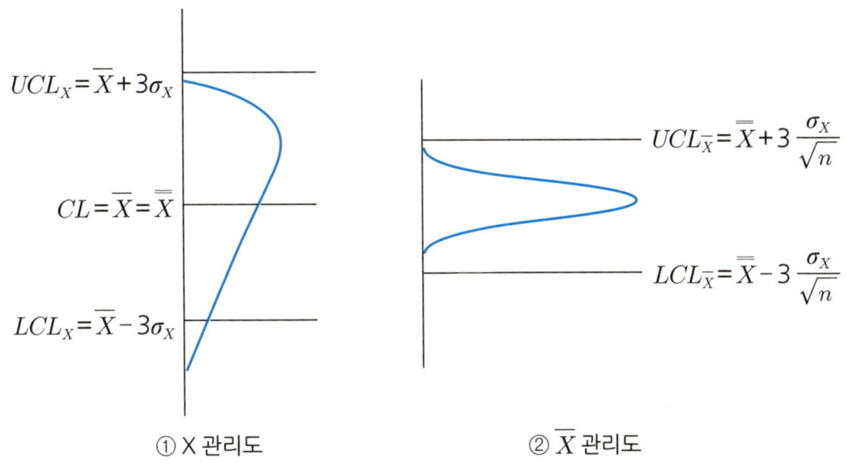

그림 10-3 모집단의 특성치가 정규분포를 따르지 않을 경우

중심극한정리

모집단의 X 가 정규분포를 따르지 않고 $X \sim (\mu, \sigma^2)$인 임의의 분포를 따르더라도 표본이 충분히 큰 경우 표본평균 $\overline{X}$ 는 $\overline{X} \sim N(\mu, \sigma^2/n)$인 정규분포를 따른다.
이를 중심극한정리라고 하는데 표본의 크기가 3~5개 정도라도 표본평균이 정규분포를 따른다는 것이 밝혀졌다.

(2) 민감도

$\overline{X}$ 관리도는 X 관리도에 비해 군의 크기가 크기 때문에 관리한계선의 폭이 좁아 공정의 평균변화에 민감하다. 따라서 공정의 변동을 조기에 파악할 수 있다.

[그림 10-4]의 ① X 관리도에서 공정의 중심이 2σ 이동 되었을 경우 샘플 1개가 밖으로 나가게 될 확률은 0.1587이다.

$$\begin{aligned} & P(X > UCL_X) \\ &= P(X > \mu + 3\sigma) \\ &= P(Z > 1) = 0.1587 \end{aligned}$$

따라서 공정의 변화를 적어도 95 %의 확률로 탐지하고자 할 경우 $1-(1-P)^r \geq$

0.95 → 1 − (1 − 0.1587)^r ≥ 0.95에서 적어도 r ≒ 18회의 샘플링이 필요하다.

그러나 [그림 10-4]의 ② $\overline{X}$ 관리도에서 군의 크기 $n = 4$일 때 공정의 중심이 2σ이동되었을 경우 샘플 1개가 밖으로 나가게 될 확률은 0.8413이다.

$$
\begin{aligned}
&P(\overline{X} > UCL_{\overline{X}}) \\
&= P(\overline{X} > \mu + \frac{3\sigma}{2}) \\
&= P(Z > -1) = 0.8413
\end{aligned}
$$

따라서 공정의 변화를 적어도 95%의 확률로 탐지하고자 할 경우 $1 - (1 - P)^r \geq 0.95$ → $1 - (1 - 0.8413)^r \geq 0.95$에서 단지 r≒2회만 샘플링을 하면 된다.

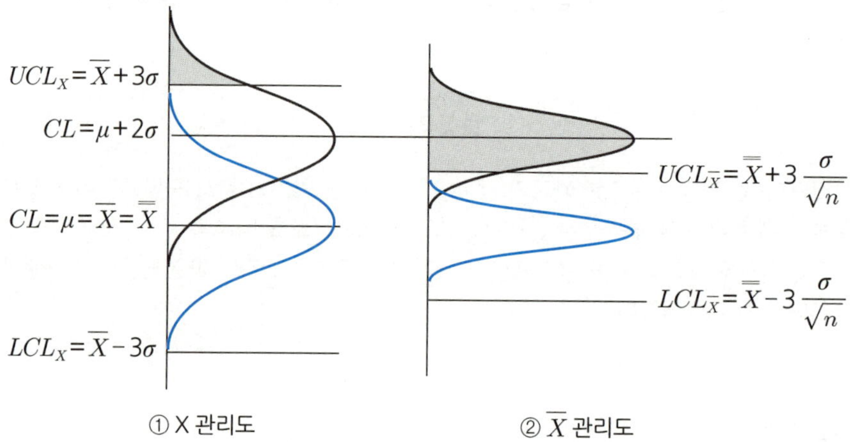

그림 10-4 공정의 중심 변동에 따른 공정변화 탐지 확률

10장 연습문제

1. $\overline{X}$ 관리도의 장단점에 대해 기술하시오.

2. X 관리도의 장단점에 대해 기술하시오.

3. X 관리도보다 $\overline{X}$ 관리도를 사용해야 하는 이유에 대해 설명하시오

4. 부품의 단중은 가능한 균질해야 하며 600±4 g을 만족시켜야 한다. 부품의 단중을 측정하기 위해 매회 5개의 부품을 20회에 걸쳐 다음과 같이 데이터를 수집하였다. 다음의 질문에 답을 하시오.

번호	x_1	x_2	x_3	x_4	x_5
1	601.6	600.4	598.4	600.0	596.8
2	601.8	600.8	603.6	601.2	602.4
3	598.4	599.6	603.4	600.6	598.4
4	599.2	603.0	600.4	601.4	601.8
5	602.8	599.6	601	601.4	602.8
6	600.8	597.2	600.4	599.8	596.4
7	600.4	598.2	598.6	599.6	599.0
8	602.2	601.4	599.4	602.2	600.0
9	599.4	599.0	597.6	599.1	597.6
10	601.2	599.0	600.4	600.6	599.0
11	602.2	599.8	599.8	601.0	601.6
12	601.6	600.2	601.8	601.2	597.6
13	599.8	602.8	600.0	599.6	602.2
14	603.8	603.6	601.8	602.0	603.6
15	600.8	600.2	600.4	600.2	602.2
16	598.0	598.4	600.8	602.8	597.6
17	601.6	603.4	597.0	599.8	697.8
18	602.4	602.2	600.6	596.2	602.4
19	601.4	599.2	601.6	600.4	598.0
20	601.2	604.2	600.2	600.0	596.8

1) 군의 크기와 군의 수는 얼마인가?

2) $\bar{x}_1$과 R_1의 값을 구하시오(계산 과정을 밝힐 것).

3) 관리상한 및 하한선을 유도하시오(계산 과정을 밝힐 것).

4) 공정을 해석하시오(가능하면 계량화하여 설명할 것).

5) 품질전문가로서 당신은 이 경우 어떤 조치를 취해야 하는가?

5. 부품의 강도는 조립 품질과 내구성을 위해 45 ± 5 psi를 만족시켜야 한다. 부품의 강도를 측정하여 다음과 같이 20회에 걸쳐 데이터를 수집하였다. 다음의 질문에 답을 하시오.

군번호	1	2	3	4	5	6	7	8	9	10	11	12	13	14	15
x	43.4	48.7	43.3	50.3	47.3	46.3	42.4	46	43.9	42.5	45.7	45.9	41.2	43.5	43.6

군번호	16	17	18	19	20	21	22	23	24	25	26	27	28	29	30
x	43.6	48.7	46.2	41.5	47.7	43.3	47.9	43.4	43.8	47.1	42.3	50.2	41.5	43.1	43.7

1) 군의 크기와 군의 수는 얼마인가?

2) R_1의 값을 구하시오(계산 과정을 밝힐 것).

3) 관리상한 및 하한선을 유도하시오(계산 과정을 밝힐 것).

4) 공정을 해석하시오(가능하면 계량화하여 설명할 것).

5) 품질전문가로서 당신은 이 경우 어떤 조치를 취해야 하는가?

제11장

계수형 관리도

계수형 관리도는 계량형 관리도에 비해 작성이 간편하나 검사해야 할 표본의 수가 증대하고 얻을 수 있는 정보가 제한적이라는 단점이 있다.

계수형 관리도는 품질을 단지 적합품(양품), 부적합품(불량)으로 판정하는 p(부적합품률) 및 np(부적합품수) 관리도와 여러 가지 부적합수(결점수)를 동시에 세는 c(부적합수), u(단위당 부적합수) 관리도로 대별할 수 있다.

11.1 p 관리도

품질을 적합품 및 부적합품으로 판정할 경우 부적합품률을 통해 공정을 관리하고자 할 경우에는 p 관리도를 사용한다.

p 관리도는 데이터가 정규분포를 따르므로 np 관리도에 비해 널리 사용된다.

1) p 관리도의 작성

p 관리도는 부적합품률을 타점하는데 관리선은 다음과 같다.

$$\left.\begin{matrix} UCL \\ LCL \end{matrix}\right\} = E(\hat{P}) \pm 3D(\hat{P})$$

$$= p \pm 3\,\frac{p(1-p)}{n}$$

$$= \bar{p} \pm 3\,\frac{\bar{p}(1-\bar{p})}{n}$$

p를 $\bar{p}$로 추정하면

p 관리도의 이해

상자 안에 검은공과 흰공이 있다. 이때 상자 안에서 공을 한개씩 뽑아 확인한 후 다시 상자 안에 넣기를 n회 반복할 경우 검은 공이 나오는 총개수를 구해 보자.

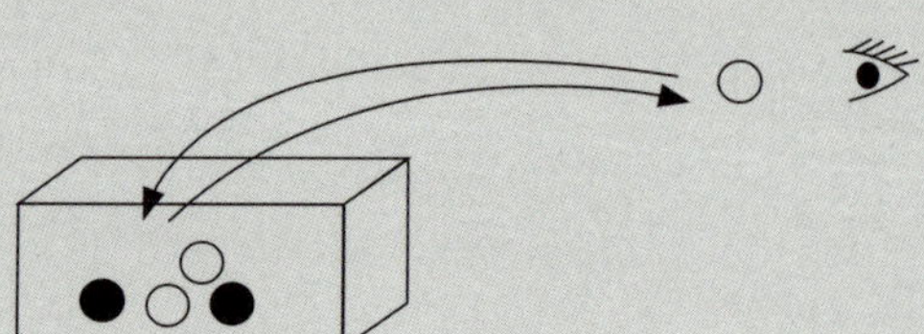

검은공이 나오는 총개수를 X라고 하면 확률변수 X는 다음과 같은 binomial분포를 따른다.

$$X \sim B(n, p),\ \text{평균: } E(X)=np,\ \text{분산: } Var(X)=np(1-p)$$

여기서 p= (상자 안의 검은공의 개수/상자안의 공의 총갯수)

검은공이 나오는 확률에 관심이 있을 경우 다음과 같이 계산할 수 있다.

$$\hat{P}=\overline{X}=\frac{X}{n}=\frac{\sum x_i}{n}$$

이때 확률의 $\hat{P}$ 평균은 $E(\hat{P})=E(\overline{X})=E(\frac{X}{n})=p$,

분산은 $Var(\hat{P})=Var(\overline{X})=Var(\frac{X}{n})=\frac{p(1-p)}{n}$ 로

다음과 같은 정규분포를 따르게 된다.

$$\hat{P} \sim N(p, \frac{p(1-p)}{n})$$

그런데 우리는 p의 참값을 알수 없기 때문에 다음의 추정값을 사용한다.

$$\overline{p}=\frac{\sum_{i=1}^{k} x_i}{\sum_{i=1}^{k} n_i}$$

여기서 $\sum_{i=1}^{k} x_i$: 검사에서 발견된 총 불량 갯수

$\sum_{i=1}^{k} n_i$: 총 검사개수

2) p 관리도의 작성순서

① 특성치를 결정한다.

② 군의 크기(n), 군의 수(k)를 결정한다.

③ 데이터를 수집한다.

④ 각각의 군마다 부적합품률 p_i 를 계산한다.

$$p_i=\frac{x_i}{n}$$

⑤ 공정 평균부적합품률 $\overline{p}$ 를 구한다.

$$\overline{p}=\frac{\sum_{i=1}^{k} x_i}{\sum_{i=1}^{k} n_i\,(=nk)}$$

⑥ 관리한계선을 계산하고 기입한다.

$$CL = \bar{p} = \frac{\sum_{i=1}^{k} x_i}{\sum_{i=1}^{k} n_i}$$

$$UCL = \bar{p} + 3\sqrt{\frac{\bar{p}(1-\bar{p})}{n}}$$

$$LCL = \bar{p} - 3\sqrt{\frac{\bar{p}(1-\bar{p})}{n}}$$

⑦ 점을 타점한다(관리한계를 벗어나는 점은 ⊙⊗ 등으로 알아보기 쉽게 표시함).

⑧ 기타사항을 기입한다(품질특성, 측정단위, 기입자, 관리책임자, 관리도 번호, Data 샘플링 시간 및 기타 필요한 사항).

예제 11-1 전기스위치를 만드는 공정에서 [표 11-1]과 같이 로트마다 100개의 표본을 채취하여 부적합품수를 파악하였다. 적정한 관리도를 작성하시오.

표 11-1 p 관리도 데이터

군번호	군(표본)의 크기(k)	부적합품수(x_i)	불량율(p_1)
1	100	5	0.05
2	100	2	0.02
3	100	0	0
4	100	7	0.07
5	100	3	0.03
6	100	2	0.02
11	100	14	0.14
8	100	6	0.06
9	100	3	0.03
10	100	5	0.05
11	100	1	0.01
12	100	3	0.03
13	100	2	0.02
14	100	5	0.05

15	100	1	0.01
16	100	7	0.07
17	100	6	0.06
18	100	3	0.03
19	100	5	0.05
20	100	6	0.06
합계	20,000	86	
$CL = \bar{p} = \frac{86}{2,000} = 0.043$			

① 특성치는 부적합품률이다.

② 군의 크기 n=100, 군의 수 k=20 이다.

③ 20회에 걸쳐 100개의 시료를 샘플링하여 부적합품수를 파악하였다.

④ 각각의 군마다 부적합품률 p_i를 계산한다.

$$p_1 = \frac{x_1}{n} = \frac{5}{100} = 0.05$$

⑤ 공정 평균부적합품률 $\bar{p}$ 를 구한다.

$$\bar{p} = \frac{\sum_{i=1}^{k} x_i}{\sum_{i=1}^{k} n_i\,(=nk)} = \frac{86}{20 \times 100} = 0.043$$

⑥ 관리한계선을 계산하고 기입한다.

$$CL = 0.043$$

$$UCL = \bar{p} + 3\sqrt{\frac{\bar{p}(1-\bar{p})}{n}} = 0.043 + 3\sqrt{\frac{0.043(1-0.043)}{100}} = 0.1039$$

$$LCL = \bar{p} - 3\sqrt{\frac{\bar{p}(1-\bar{p})}{n}} = 0.043 - 3\sqrt{\frac{0.043(1-0.043)}{100}} = -0.0179 \rightarrow 0$$

관리하한선(LCL)이 음수값을 갖을 경우 '0'으로 한다.

⑦ p_i 를 타점한다.

⑧ 품질특성, 측정단위, 기입자, 관리책임자, 관리도번호, Data 샘플링 시간 및 기타 필요한 사항을 기입한다.

3) 미니탭을 이용한 p 관리도의 작성

'예제 11-1'의 경우 미니탭을 사용하여 p 관리도를 작성하면 다음과 같다.

우선 워크시트에 다음과 같이 데이터를 입력한다.

표 11-2 p 관리도 작성을 위한 데이터 입력

↓	C1	C2
	표본의 크기(k)	부적합품수(Xi)
1	100	5
2	100	2
3	100	0
4	100	7
5	100	3
6	100	2
7	100	14
8	100	6
9	100	3
10	100	5
11	100	1
12	100	3
13	100	2
14	100	5
15	100	1
16	100	7
17	100	6
18	100	3
19	100	5
20	100	6

통계분석 > 관리도 > 계수형 관리도 > P...를 클릭하면 다음의 화면이 나타난다.

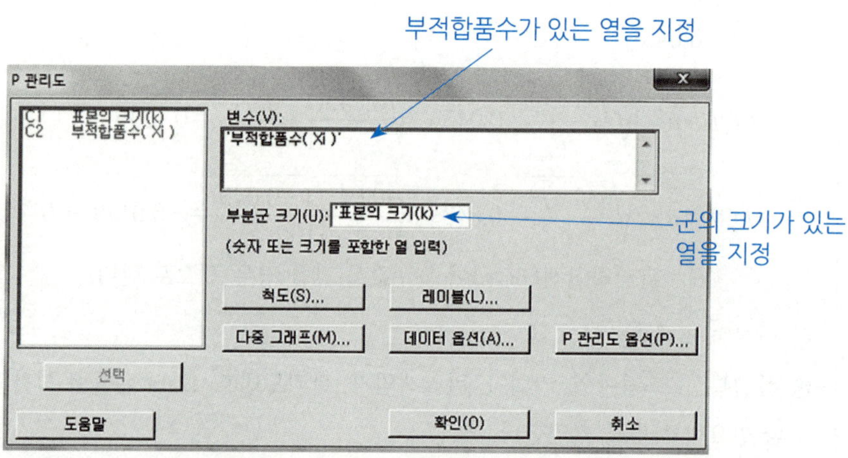

'확인'을 클릭하면 다음의 p 관리도가 나타난다.

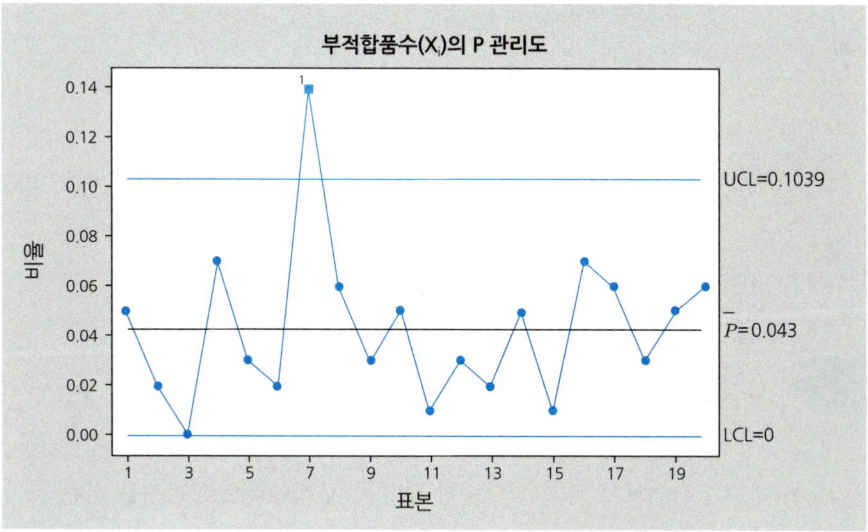

그림 11-1 미니탭을 사용한 p 관리도의 작성

[그림 11-1]의 관리선은 **'예제 11-1'**에서 관리한계선 계산식을 통해 구한 것과 동일함을 알 수 있다.

4) p 관리도의 해석

p 관리도를 포함한 계수치 관리도는 다음과 같이 3가지 경우로 해석된다.

① 불안정의 문제 : 관리도 상에서 불안정의 5가지 문제가 나타나는지를 파악한다.
② 중심이탈의 문제 : $LCL>0$ 일 경우 중심이탈의 문제가 존재한다.
③ 산포의 문제 : 산포의 크기는 공정의 고유능력인 $6\sigma=UCL-LCL$로 나타낸다.

문제 11-1 '그림 11-1'의 p 관리도를 해석하고 다음의 질문에 답을 하시오.

① 불안정의 문제

② 중심이탈의 문제

③ 산포의 문제

④ 공정해석을 근거로 어떤 조치를 공정에 취할 수가 있는가? 가능한 조치를 나열하시오.

11.2 c 관리도

c 관리도는 계수치 관리도로 품질을 단순히 적합품, 부적합품으로 판정을 하는 것이 아니라 여러 가지 부적합품을 동시에 나타낼 때 사용한다.

일반적으로 c 관리도는 파레토도와 같이 사용하는 것이 바람직하다. 이는 만일 다양한 부적합이 발생이 될 경우 어떤 부적합이 가장 많은 비중을 차지하는가를 파악한 후 이 중 비중이 높은 부적합을 우선적으로 개선함으로써 보다 큰 성과를 낼 수 있기 때문이다.

1) c 관리도의 작성

c 관리도는 부적합수를 타점하는데 관리선은 다음과 같다.

$$\left.\begin{matrix} UCL \\ LCL \end{matrix}\right\} = E(X) \pm 3D(X)$$

$$= c \pm 3\sqrt{c}$$

$$= \bar{c} \pm 3\sqrt{\bar{c}} \qquad \text{c를 $\bar{c}$로 추정하면}$$

c 관리도의 이해

아주 드물게 발생되는 사건, 예를 들면 교통사고의 발생건수 또는 단위 면적당 부적합수의 수를 X라 하면 확률변수 X는 다음과 같은 Poisson 분포를 따른다.

$$X \sim P_0(c),\ \text{평균}: E(X) = c,\ \text{분산}: Var(X) = c$$

이때 우리는 c 의 참값을 알지 못하기 때문에 다음의 추정값을 사용한다.

$$\bar{c} = \frac{\sum c}{k}$$ 여기서 Σc : 총 결함개수
k : 군의 수

2) c 관리도의 작성순서

① 측정특성치를 결정한다.

② 군의 크기(n), 군의 수(k)를 결정한다(이때 군의 크기 n은 부적합수가 1~5개 정도 포함 되도록 한다.).

③ 데이터를 수집하여 각각의 군마다 부적합수를 파악한다.

④ 관리한계선을 계산하고 기입한다.

$$\bar{c} = \frac{\sum c}{k}$$

$$UCL = \bar{c} + 3\sqrt{\bar{c}}$$

$$LCL = \bar{c} - 3\sqrt{\bar{c}}$$

⑤ 부적합수를 타점한다(관리한계를 벗어나는 점은 ⊙⊗ 등으로 알아보기 쉽게 표시한다.).

⑥ 기타사항을 기입한다(품질특성, 측정단위, 기입자, 관리책임자, 관리도 번호, Data 샘플링 시간 및 기타 필요한 사항).

예제 11-2 원단을 생산하는 공정에서 [표 11-3]과 같이 롤당 결점수를 얼룩, 긁힘, 주름으로 나누어 집계하였다. 적정한 관리도를 작성하시오.

표 11-3 c 관리도 데이터

군번호	결점수(계)	얼룩	긁힘	주름
1	3	2	1	0
2	2	1	0	1
3	6	2	1	3

4	5	5	0	0
5	6	3	1	2
6	3	2	0	1
7	8	4	1	3
8	5	2	2	1
9	11	6	3	2
10	4	2	0	2
11	9	5	1	3
12	7	3	1	3
13	5	2	0	3
14	5	3	2	0
15	10	5	2	3
16	9	4	1	4
17	7	3	0	4
18	5	2	0	3
19	15	7	3	5
20	5	3	0	2
합계	130			
$\bar{c}=\frac{\sum c}{k}=\frac{130}{20}=6.5$				

① output 품질특성치는 얼룩, 긁힘, 주름 등의 외관결함이다.

② 군의 크기 n=1 Roll, 군의 수 k=20이다.

③ 20회에 걸쳐 각각의 Roll에서 부적합수를 파악하였다.

④ 관리한계선을 계산하고 기입한다.

$$\bar{c}=\frac{\sum c}{k}=\frac{130}{20}=6.5$$

$$UCL=\bar{c}+3\sqrt{\bar{c}}=6.5+3\sqrt{6.5}=14.15$$

$$LCL=\bar{c}-3\sqrt{\bar{c}}=6.5-3\sqrt{6.5}=-1.149\rightarrow 0$$

관리하한선(LCL)이 음수값을 갖는 경우 '0'으로 한다.

⑤ 부적합수를 타점한다.

⑥ 품질특성, 측정단위, 기입자, 관리책임자, 관리도 번호, Data 샘플링 시간 및 기타 필요한 사항을 기입한다.

3) 미니탭을 사용한 c 관리도의 작성

'예제 11-2'의 경우 미니탭을 사용하여 c 관리도를 작성하면 다음과 같다.

우선 워크시트에 데이터를 다음과 같이 입력한다.

표 11-4 c 관리도 작성을 위한 데이터 입력

↓	C1 부적합수(계)
1	3
2	2
3	6
4	5
5	6
6	3
7	8
8	5
9	11
10	4
11	9
12	7
13	5
14	5
15	10
16	9
17	7
18	5
19	15
20	5

통계분석 > 관리도 > 계수형 관리도 > C...를 클릭한다.

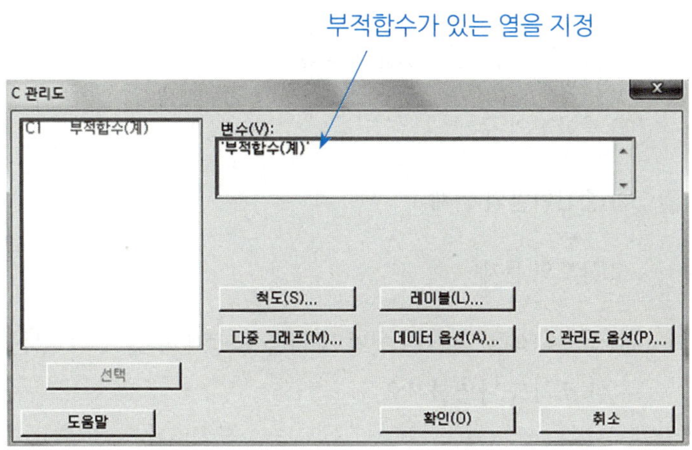

'확인'을 클릭하면 다음의 c 관리도가 나타난다.

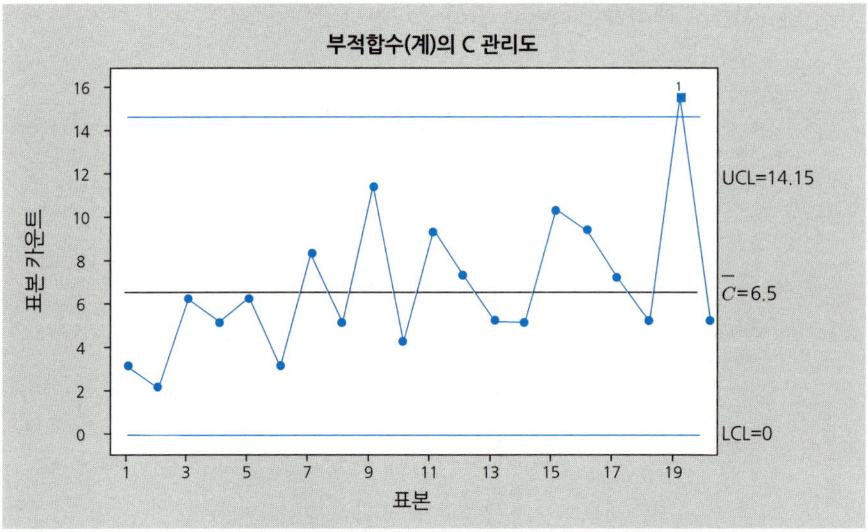

그림 11-2 미니탭을 사용한 c 관리도의 작성

[그림 11-2]의 c 관리도의 관리선은 **'예제 11-2'**에서 관리한계선 계산식을 통해 구한 것과 동일함을 알 수 있다.

문제 11-2 '그림 11-2'의 c 관리도를 해석한 후 다음의 질문에 답을 하시오.

① 불안정의 문제

② 중심이탈의 문제

③ 산포의 문제

④ 공정해석을 근거로 어떤 조치를 공정에 취할 수가 있는가? 가능한 조치를 나열하시오.

11.3 np 관리도

np 관리도는 품질을 적합품 및 부적합품으로 판정할 경우 부적합품수를 통해 품질을 관리하고자 할 때 사용한다.

p 관리도의 경우 각 군(표본)의 크기가 달라도 상관없으나 np 관리도의 경우는 각 군의 크기가 동일해야 한다.

1) np 관리도의 작성

np 관리도 부적합품수를 타점하는데 관리선은 다음과 같다.

$$\left.\begin{matrix} UCL \\ LCL \end{matrix}\right\} = E(X) \pm 3D(X)$$

$$= np \pm 3\sqrt{np(1-p)}$$

$$= n\bar{p} \pm 3\sqrt{n\bar{p}(1-\bar{p})}$$

p를 $\bar{p}$로 추정하면

np 관리도의 이해

불량률이 p인 공정에서 n개의 제품을 검사하여 X개의 부적합품수가 발견되었을 경우 X는 다음과 같은 이항분포를 따른다.

$X \sim B(n, p)$, 평균: $E(X)=np$, 분산: $Var(X)=np(1-p)$

이때 우리는 p의 참값을 알지 못하기 때문에 다음의 추정값을 사용한다.

$$\bar{p} = \frac{\sum np}{\sum n}$$

여기서 Σnp : 총 부적합품수
Σn : 총 군의 크기

2) np 관리도의 작성순서

① 특성치를 결정한다.

② 군의 크기(n), 군의 수(k)를 결정한다.

③ 데이터를 수집한다.

④ 평균 부적합률 $\bar{p}$ 를 계산한다.

$$\bar{p} = \frac{\sum np}{\sum n}$$

⑤ 관리한계선을 계산하고 기입한다.

$$CL = n\bar{p}$$

$$UCL = n\bar{p} + 3\sqrt{n\bar{p}(1-\bar{p})}$$

$$LCL = n\bar{p} - 3\sqrt{n\bar{p}(1-\bar{p})}$$

⑥ 점을 타점한다(관리한계를 벗어나는 점은 ⊙⊗ 등으로 알아보기 쉽게 표시함).

⑦ 기타사항을 기입한다(품질특성, 측정단위, 기입자, 관리책임자, 관리도 번호, Data 샘플링 시간 및 기타 필요한 사항).

예제 11-3 생산 현장에서 부품에 의한 조립불량이 증대되어 부품의 품질을 파악하고자 한다. 이에 매일 납품되는 로트에서 랜덤하게 100개의 부품을 검사한 결과 다음과 같다.

부적합품수를 통해 부품의 품질 수준을 파악하고자 할 경우 적정한 관리도를 작성하시오.

군번호	군(표본)의 크기	부적합품수
1	100	5
2	100	12
3	100	2
4	100	5
5	100	3
6	100	2
11	100	8
8	100	6
9	100	3
10	100	5
11	100	2
12	100	9
13	100	2
14	100	5
15	100	3
16	100	7

17	100	6
18	100	3
19	100	5
20	100	6
합계	2,000	99
$\bar{p}=\frac{\sum np}{\sum n}=\frac{99}{2,000}=0.0495$		

① 특성치는 부적합품수이다.

② 군의 크기 n=100, 군의 수 k=20 이다.

③ 20회에 걸쳐 매회 100개의 표본을 샘플링하여 부적합품수를 파악하였다.

④ 평균부적합품률 $\bar{p}$ 를 구한다.

$$\bar{p}=\frac{\sum np}{\sum n}=\frac{99}{2,000}=0.0495$$

⑤ 관리한계선을 계산하고 기입한다.

$$CL=n\bar{p}=4.95$$

$$UCL=n\bar{p}+3\sqrt{n\bar{p}(1-\bar{p})}=4.95+3\sqrt{4.95(1-0.0495)}=11.46$$

$$LCL=n\bar{p}-3\sqrt{n\bar{p}(1-\bar{p})}=4.95-3\sqrt{4.95(1-0.0495)}=-1.56\rightarrow 0$$

관리하한선(LCL)이 음수값을 가질 경우 '0'으로 한다.

⑥ 부적합품수를 타점한다.

⑦ 품질특성, 측정단위, 기입자, 관리책임자, 관리도번호, Data 샘플링 시간 및 기타 필요한 사항을 기입한다.

3) 미니탭을 이용한 np 관리도의 작성

우선 워크시트에 데이터를 다음과 같이 입력한다.

↓	C1	C2
	표본의 크기	부적합품수
1	100	5
2	100	12
3	100	2
4	100	5
5	100	3
6	100	2
7	100	8
8	100	6
9	100	3
10	100	5
11	100	2
12	100	9
13	100	2
14	100	5
15	100	3
16	100	7
17	100	6
18	100	3
19	100	5
20	100	6

통계분석 > 관리도 > 계수형 관리도 > NP...를 클릭하면 다음의 화면이 나타난다.

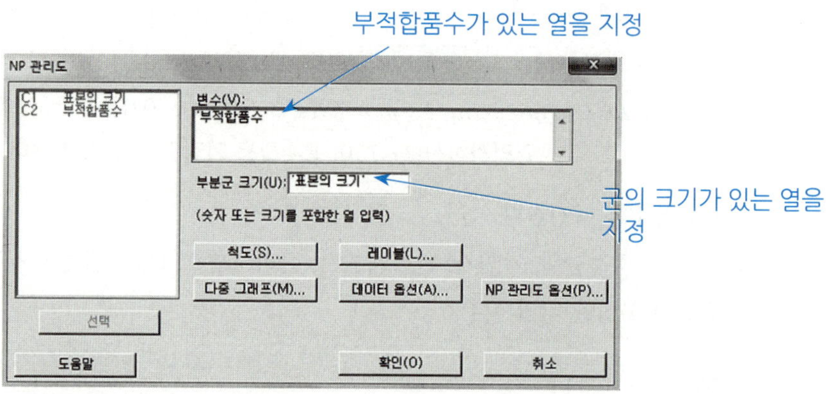

'확인'을 클릭하면 다음의 np관리도가 나타난다.

[그림 10-5]의 np 관리도의 관리선은 '예제 11-3'에서 관리한계선 계산식을 통해 구한 것과 동일함을 알 수 있다.

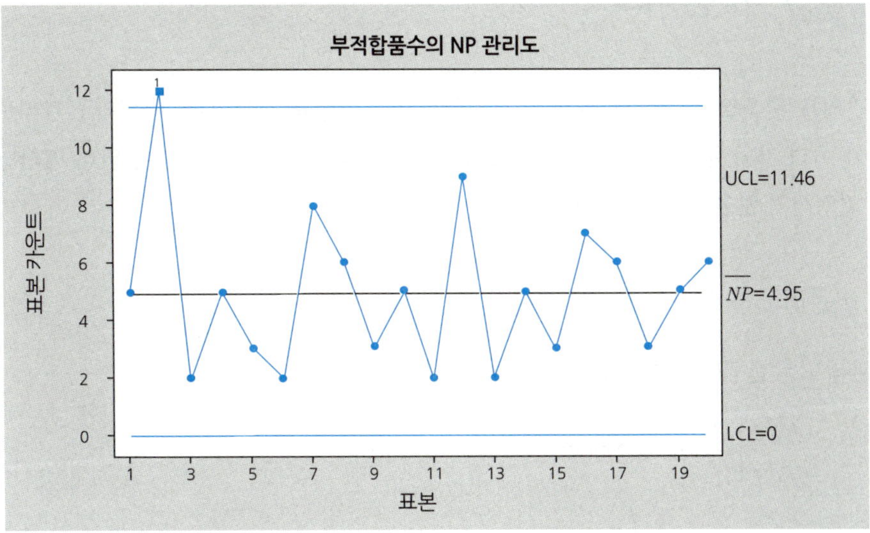

그림 11-3 미니탭을 사용한 np 관리도의 작성

문제 11-3 '그림 11-3'의 np 관리도를 해석하고 다음의 질문에 답을 하시오.

① 불안정의 문제

② 중심이탈의 문제

③ 산포의 문제

④ 이 공정에서 발생되고 있는 문제를 근거로 어떤 조치를 공정에 취할 수가 있는가? 가능한 조치를 나열하시오.

11.4 u 관리도

u 관리도는 품질을 단순히 적합품, 부적합품으로 판정을 하는 것이 아니라 c 관리도와 같이 여러 가지 부적합을 동시에 나타낼 때 사용한다. 단, c 관리도와는 달리 검사단위가 일정하지 않을 경우에 사용한다.

1) u 관리도의 작성

u 관리도는 단위당 부적합수를 타점하는데 관리선은 다음과 같다.

$$\left.\begin{matrix} UCL \\ LCL \end{matrix}\right\} = E(\hat{U}) \pm 3D(\hat{U})$$

$$= u \pm 3\sqrt{\frac{u}{n}}$$

$$= \bar{u} \pm 3\sqrt{\frac{\bar{u}}{n}} \qquad u\text{를 } \bar{u}\text{로 추정하면}$$

u 관리도의 이해

X가 Poisson 분포를 따를 경우 단위당 부적합수 $\hat{U}=\frac{X}{n}$ 의 평균과 분산은 다음과 같다.

$E(\hat{U}) = E(\frac{X}{n}) = \frac{c}{n} = u, \quad Var(\hat{U}) = Var(\frac{X}{n}) = \frac{c}{n^2} = \frac{u}{n}$

이때 u의 참값을 알지 못하기 때문에 $\bar{u} = \frac{\sum c}{\sum n}$ 로 추정한다. 여기서 Σc : 총결함수
Σn : 총 군의 크기

2) u 관리도의 작성순서

① 측정 특성치를 결정한다.

② 군의 크기(n), 군의 수(k)를 결정한다(이때 군의 크기 n은 부적합수가 1~5개 정도 포함되도록 한다.).

③ 데이터를 수집하여 각각의 군마다 부적합수를 파악한다.

④ 각 군마다 단위당 부적합수 u_i 를 구한다.

$$u_i = \frac{c_i}{n_i}$$

⑤ 단위당 부적합수의 총평균($\bar{u}$)를 구한다.

$$\bar{u} = \frac{\sum c}{\sum n}$$

⑥ 관리한계선을 계산하고 기입한다.

$CL = \bar{u}$

$UCL = \bar{u} + 3\sqrt{\frac{\bar{u}}{n}}$

$LCL = \bar{u} - 3\sqrt{\frac{\bar{c}}{n}}$

⑦ 단위당 부적합수를 타점한다(관리한계를 벗어나는 점은 ⊙⊗ 등으로 알아보기 쉽게 표시한다.).

⑧ 기타사항을 기입한다(품질특성, 측정단위, 기입자, 관리책임자, 관리도 번호, Data 샘플링 시간 및 기타 필요한 사항).

예제 11-4 부품의 이물 불량이 문제가 되어 매일 납품되는 부품을 랜덤하게 검사한 결과 다음과 같은 데이터를 얻었다. 이에 적당한 관리도를 작성하시오.

표 11-5 u 관리도 데이터

군번호	군(표본)의 크기	부적합수	단위당 부적합수
1	10	3	0.3
2	10	2	0.2
3	10	4	0.4
4	10	3	0.3
5	15	5	0.3
6	15	1	0.1
11	15	5	0.3
8	20	2	0.1
9	20	9	0.5
10	20	8	0.4

11	20	10	0.5
12	15	3	0.3
13	15	5	0.4
14	15	3	0.3
15	20	8	0.3
16	20	4	0.2
111	20	3	0.2
18	10	3	0.4
19	10	7	0.4
20	10	4	0.2
합계	300	92	
$\bar{u}=\frac{\sum c}{\sum n}=\frac{92}{300}=0.3$			

① 특성치는 계수치로 이물이다.

② 군의 크기는 일정하지 않으며 군의 수 k=20 이다.

③ 20회에 걸쳐 부적합수를 파악하였다.

④ 각 군마다 단위당 부적합수 u_i를 구한다.

$$u_1=\frac{c_1}{n_1}=\frac{3}{10}=0.3$$

⑤ 단위당 부적합수의 총평균($\bar{u}$)를 구한다.

$$\bar{u}=\frac{\sum c}{\sum n}=\frac{92}{300}=0.3$$

⑥ 관리한계선을 계산하고 기입한다. 관리선은 군(표본)의 크기에 따라 달라진다. [표 11-6]에 표본의 크기에 따른 관리선이 계산되어 있다.

$$CL=\bar{u}=0.3$$

$$UCL=\bar{u}+3\sqrt{\frac{\bar{u}}{n}}$$

$$LCL=\bar{u}-3\sqrt{\frac{\bar{u}}{n}}$$

관리하한선(LCL)이 음수값을 갖는 경우 "0"으로 한다.

표 11-6 u 관리도에서 표본의 크기에 따른 관리선의 계산

n	$3\sqrt{\frac{\bar{u}}{n}}$	$UCL=\bar{u}+3\sqrt{\frac{\bar{u}}{n}}$	$LCL=\bar{u}-3\sqrt{\frac{\bar{u}}{n}}$
10	0.52	0.3+0.52=0.82	0
15	0.42	0.3+0.42=0.72	0
20	0.37	0.3+0.37=0.67	0

⑦ 단위당 부적합수를 타점한다.

⑧ 품질특성, 측정단위, 기입자, 관리책임자, 관리도 번호, Data 샘플링 시간 및 기타 필요한 사항을 기입한다.

3) 미니탭을 사용한 u 관리도의 작성

우선 워크시트에 데이터를 다음과 같이 입력한다.

↓	C1 표본의 크기	C2 부적합수
1	10	3
2	10	2
3	10	4
4	10	3
5	15	5
6	15	1
7	15	5
8	20	2
9	20	9
10	20	8
11	20	10
12	15	3
13	15	5
14	15	3
15	20	8
16	20	4
17	20	3
18	10	3
19	10	7
20	10	4

통계분석 > 관리도 > 계수형 관리도 > U...를 클릭한다.

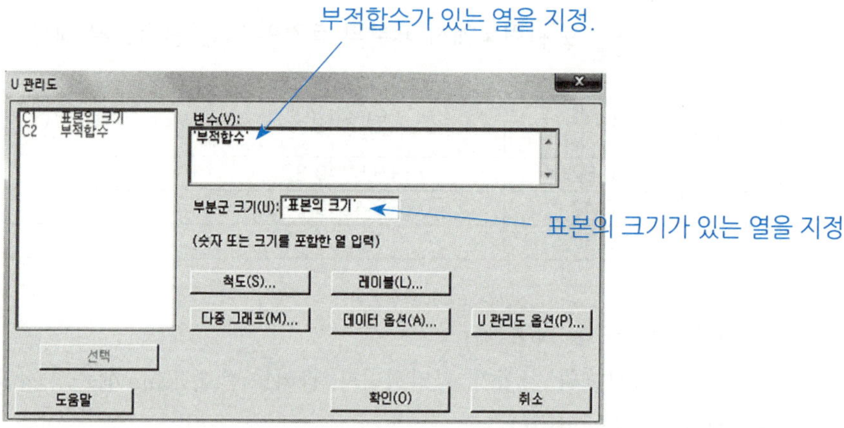

'확인'을 클릭하면 다음의 u 관리도가 나타난다.

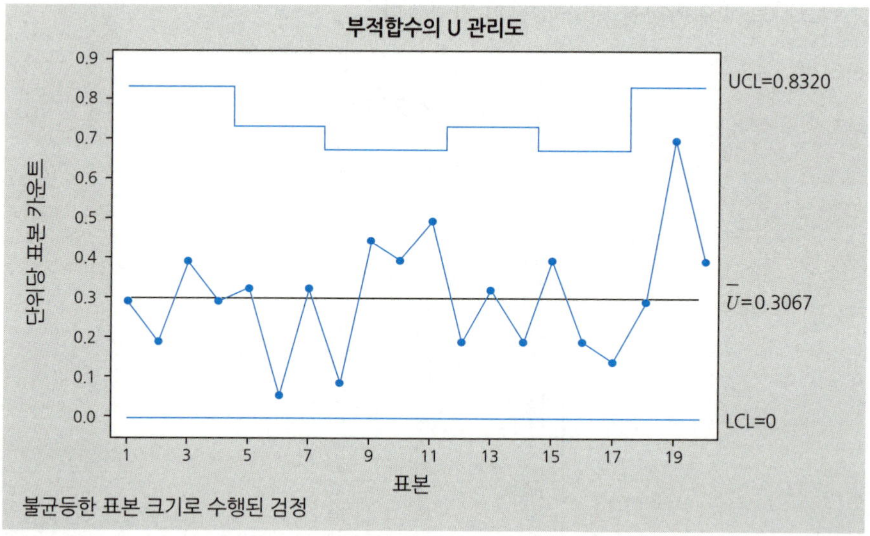

그림 11-4 미니탭을 사용한 u 관리도의 작성

[그림 11-4]의 관리선은 **'예제 11-4'**에서 계산식을 통해 구한 것과 동일함을 알 수 있다.

문제 11-4 '그림 11-4'의 u 관리도를 해석한 후 다음의 질문에 답을 하시오.

① 불안정의 문제

② 중심이탈의 문제

③ 산포의 문제

④ 이 공정에서 발생되고 있는 문제를 근거로 어떤 조치를 공정에 취할 수가 있는가? 가능한 조치를 나열하시오.

11장 연습문제

1. 품질을 적합품(양품), 부적합품(불량)으로 판정할 경우 np 관리도 보다 p 관리도를 사용해야 하는 이유를 간략하게 기술하시오.

2. 부품의 외관 스크래치 불량이 증대되어 납품 로트에서 매일 일정량을 검사하여 부적합품을 선별하였다. 다음의 질문에 답을 하시오.

Units	800	800	800	800	800	800	800	800	800	800	800	800	800	800	800	800	800	800	800	800
부적합품수	16	12	11	10	18	8	13	16	7	13	16	12	10	13	13	8	7	9	8	9

1) 어떤 관리도를 사용해야 하는가?

2) 관리 상한 및 하한선을 구하시오(과정을 밝힐 것).

3) 공정을 해석 해석하시오

4) 품질 전문가 입장에서 당신은 협력사에게 어떤 조치를 취할 수 있는가?

3. 매일 100개의 기판에서 부적합수를 다음과 같이 측정하였다.

군번호	1	2	3	4	5	6	7	8	9	10	11	12	13	14	15	16	17	18	19	20
부적합수	3	2	6	5	6	3	8	5	11	4	9	7	5	5	10	9	7	5	15	5

1) 어떤 관리도를 사용해야 하는가?

2) 관리 상한 및 하한선을 구하시오(과정을 밝힐 것).

3) 공정을 해석 해석하시오.

4) 품질 전문가 입장에서 당신은 협력사에게 어떤 조언을 할 수 있는가?

4. 완제품에 이물 불량이 증대되어 최종 공정에서 매일 다음과 같이 데이터를 수집하였다. 다음의 질문에 답을 하시오.

군번호	표본수	부적합수(c)
1	100	5
2	100	4
3	100	2
4	100	3
5	100	4
6	100	5
7	100	2
8	100	3
9	120	5
10	120	4
11	120	4
12	120	3
13	120	5
14	120	2
15	120	4
16	80	3
17	80	2
18	80	3
19	80	2
20	80	4

1) 어떤 관리도를 사용해야 하는가?

2) 관리 상한 및 하한선을 구하시오.(과정을 밝힐 것)

3) 공정을 해석 해석하시오.

4) 품질 전문가 입장에서 당신은 어떤 조치를 취할 수 있는가?

제12장

특수 관리도

지금까지 설명한 3σ 관리한계에 기초를 둔 슈하르트 관리도들은 공정의 변화를 탐지하는 데 현재의 측정값만을 사용한다.

그런데 특수 관리도는 현재의 측정값뿐 아니라 이전에 이미 측정한 값들도 누적하여 활용한다.

따라서 공정의 변화가 서서히 진행될 때 3σ 관리도를 사용할 경우 탐지하기가 어려우나 특수 관리도를 사용할 경우 비교적 민감하게 파악할 수 있다는 장점이 있다. 이에 초정밀 가공 분야 등과 같이 공정의 미세한 변화에 대한 관리가 필요한 경우에는 특수 관리도를 사용할 필요가 있다.

특수 관리도는 까다로운 이론체계와 복잡한 계산 때문에 지금까지는 많이 사용되고 있지 않으나 컴퓨터의 사용으로 인해 이들에 대한 활용도가 점차로 증가될 것으로 예상된다.

12.1 누적합(CUSUM) 관리도

누적합 관리도는 공정의 변화가 한쪽 방향으로 진행될 때 사용하는 Tabular CUSUM과 공정의 변화가 양쪽 방향으로 진행될 때 사용하는 *V*-mask CUSUM 관리도가 있다.

1) Tabular CUSUM

Tabular CUSUM 관리도를 작성하기 위해서는 우선 다음의 용어를 이해할 필요가 있다.

μ_0 : 규격의 중심값으로 목표값이 된다.
μ_1 : 공정이 변동된 이후의 공정의 평균값이다.
K : 참고값(reference value)으로 평균의 이동을 절반으로 나눈 값이다.

$$K=\frac{|\mu_1-\mu_0|}{2}=\frac{\delta}{2}\sigma_{\bar{x}}=k\sigma_{\bar{x}} \qquad (12.1)$$

여기서 $\sigma_{\bar{x}}$는 표본평균 $\bar{x}$의 표준편차이다. 그리고 공정의 중심에 변화가 있을 때 이를 신속하게 탐지하고자 할 경우 이를 $\sigma_{\bar{x}}$의 배수로 나타내는데 이때 δ가 배수값을 나타낸다. 따라서 공정의 변화가 $\sigma_{\bar{x}}$가 있을 때 이를 신속하게 탐지하고자 할 경우

$\delta = 1$이 되므로 식 (12.1)에서 $k = 0.5$가 된다.

상한 및 하한의 CUSUM 타점값은 다음의 방정식을 통해 구할 수 있다.

$$C_i^+ = \max[0, x_i - (\mu_0 + K) + C_{i-1}^+]$$
$$C_i^- = \max[0, x_i - (\mu_0 - K) - C_{i-1}^-]$$

의사결정 간격(decision interval) H는 보통 다음과 같이 나타낼 수 있는데, $h = 4$ 또는 5값을 많이 사용한다.

$$H = h\sigma_{\bar{x}}$$

이를 통해 관리선을 다음과 같이 구할 수 있다. 만일 타점이 관리선을 벗어날 경우 공정에 이상이 있다고 할 수 있으므로, 그 원인을 찾아 조치를 해야 한다.

$$UCL = H = h\sigma_{\bar{x}}$$
$$LCL = -h\sigma_{\bar{x}}$$

예제 12-1 '표 10-7'의 X관리도의 측정값이 12번째 데이터부터 표준편차 σ 만큼 증가하였다고 가정하자. 이 경우 공정에 이상이 있는지 여부를 누적합 관리도를 작성하여 판정하시오.

단, 모집단의 평균은 $\mu = 80$, 표준편차는 $\sigma = 10$이라고 가정한다.

군번호	측정치(x_i)	변환값
1	81	81
2	89	89
3	59	59
4	81	81
5	84	84
6	74	74
7	93	93
8	86	86
9	75	75
10	95	95
11	78	78
12	70	80

13	88	98
14	93	103
15	80	90
16	89	99
17	68	78
18	90	100
19	80	90
20	64	74
$\bar{x}$=80.85 s=10.09		

이 경우 측정값이 σ만큼 한쪽으로 증가하였으므로 단측(one-side)의 Tabular CUSUM을 작성하기로 한다.

우선 미니탭의 워크시트 상에 데이터를 다음과 같이 입력한다.

↓	C1 변환값
1	81
2	89
3	59
4	81
5	84
6	74
7	93
8	86
9	75
10	95
11	78
12	80
13	98
14	103
15	90
16	99
17	78
18	100
19	90
20	74

통계분석>관리도>시간 가중 관리도>누적합(CUSUM)…을 클릭하면 다음의 화면이 나타난다.

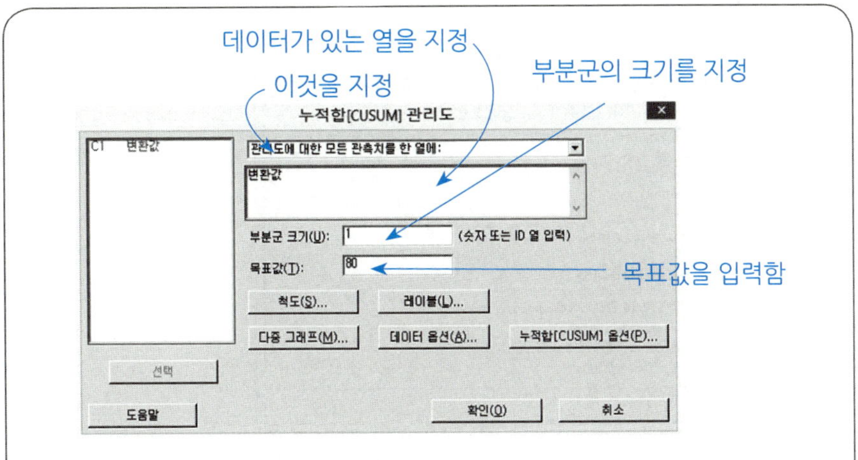

그림 12-1 미니탭에서 CUSUM 관리도 분석

'누적합(CUSUM) 옵션'을 클릭하면 다음의 화면이 나타난다.

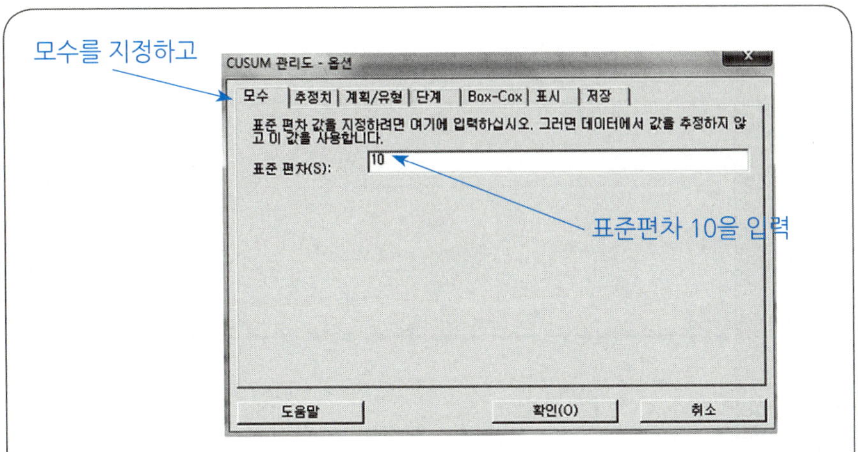

그림 12-2 CUSUM 관리도에서 표준편차 입력

'계획/유형'을 지정하고 다음을 실행한다.

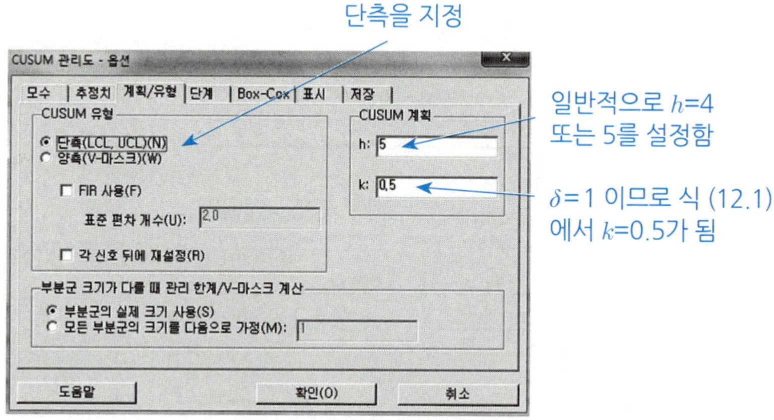

그림 12-3 CUSUM 관리도에서 CUSUM 유형 및 계획의 지정

'확인'을 연속하여 클릭하면 다음의 화면이 나타난다.

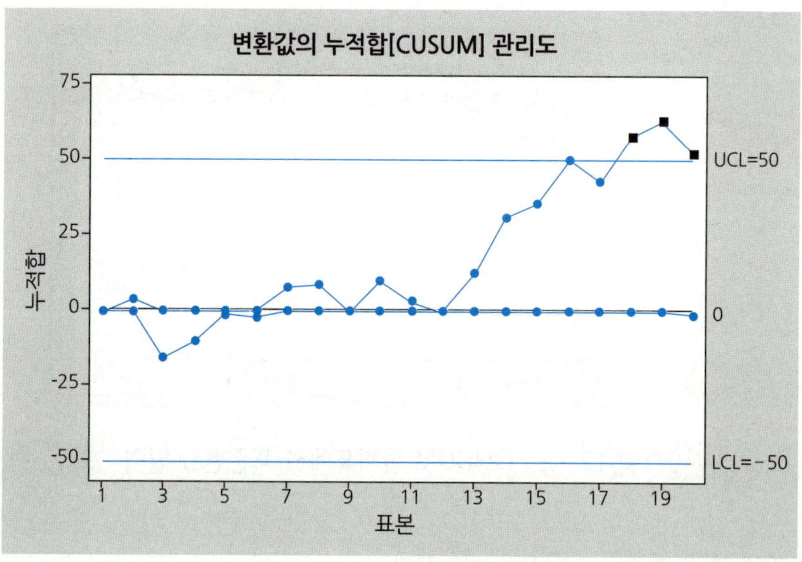

그림 12-4 Tabula CUSUM 관리도

18번째 타점부터 공정에 이상이 나타나는 것을 알 수 있다.

이 경우 $\sigma_{\bar{x}} = \sigma_x$이므로 [그림 12-4]에서의 관리상한 및 하한선은 다음과 같이 구할 수 있다.

$$UCL = H = h\sigma = 5 \times 10 = 50$$
$$LCL = -h\sigma = -50$$

$\delta = 1$이고 $\sigma = 10$이므로 K값은 다음과 같다.

$$K = \frac{|\mu_1 - \mu_0|}{2} = \frac{\delta}{2}\sigma = k\sigma = 5$$

따라서 [그림 12-4]에서의 상한 및 하한의 CUSUM의 타점 값들을 다음의 방정식을 통해 구할 수 있다. [표 12-1]에 이들 값들이 정리되어 있다.

$$C_i^+ = \max[0,\ x_i - (\mu_0 + 5) + C_{i-1}^+]$$
$$C_i^- = \min[0,\ x_i - (\mu_0 - 5) - C_{i-1}^-]$$

표 12-1 CUSUM 관리도의 상측 및 하측 타점값의 계산

군번호	측정치 (x_i)	변환값	상한 측의 점	하한 측의 점
1	81	81	Max[0, 81-(80+5)+0]=0	Min[0, 81-(80-5)-0]= 0
2	89	89	Max[0, 89-(80+5)+0]=4	Min[0, 89-(80-5)-0]= 0
3	59	59	Max[0, 59-(80+5)+4]=0	Min[0, 59-(80-5)-4]= -16
4	81	81	Max[0, 81-(80+5)+0]=0	Min[0, 81-(80-5)-0]= -10
5	84	84	Max[0, 84-(80+5)+0]=0	Min[0, 84-(80-5)-0]= -1
6	74	74	Max[0, 74-(80+5)+0]=0	Min[0, 74-(80-5)-0]= -2
7	93	93	Max[0, 93-(80+5)+0]=8	Min[0, 93-(80-5)-0]= 0
8	86	86	Max[0, 86-(80+5)+8]=9	Min[0, 86-(80-5)-0]= 0
9	75	75	Max[0, 75-(80+5)+9]=0	Min[0, 75-(80-5)-0]= 0
10	95	95	Max[0, 95-(80+5)+0]=10	Min[0, 95-(80-5)-0]= 0
11	78	78	Max[0, 78-(80+5)+10]=3	Min[0, 78-(80-5)-0]= 0
12	70	80	Max[0, 80-(80+5)+3]=0	Min[0, 80-(80-5)-3]= 0
13	88	98	Max[0, 98-(80+5)+0]=13	Min[0, 98-(80-5)-0]= 0
14	93	103	Max[0, 103-(80+5)+13]=31	Min[0, 103-(80-5)-0]=0
15	80	90	Max[0, 90-(80+5)+31]=36	Min[0, 90-(80-5)-0]= 0
16	89	99	Max[0, 99-(80+5)+36]=50	Min[0, 99-(80-5)-0]= 0
17	68	78	Max[0, 78-(80+5)+50]=43	Min[0, 78-(80-5)-0]= 0
18	90	100	Max[0, 100-(80+5)+43]=58	Min[0, 100-(80-5)-0]=0
19	80	90	Max[0, 90-(80+5)+58]=63	Min[0, 90-(80-5)-0]= 0
20	64	74	Max[0, 74-(80+5)+63]=52	Min[0, 74-(80-5)-0]= -1

이 경우 X 관리도를 작성하면 [그림 12-5]와 같다. 따라서 X 관리도로는 공정에 어떤 변화가 있는지를 탐지해 낼 수 없다

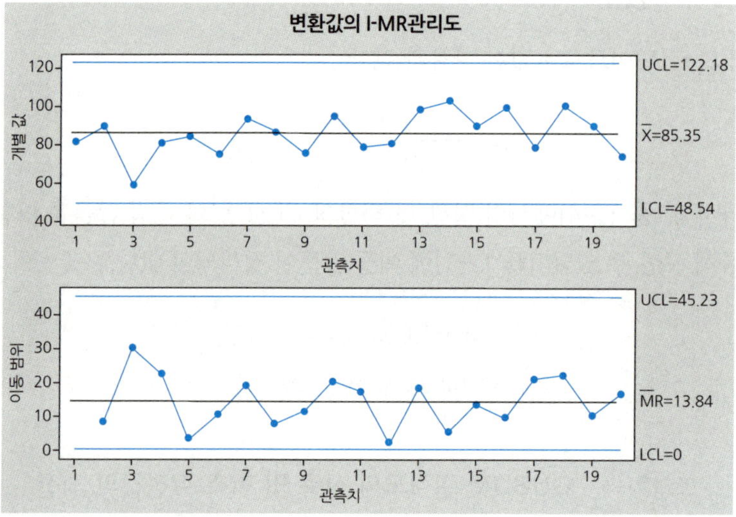

그림 12-5 $X-R_m$ 관리도

2) V-mask CUSUM

공정의 변동이 양 방향으로 진행될 경우 공정의 이상 여부를 판정하는 데 적용된다.

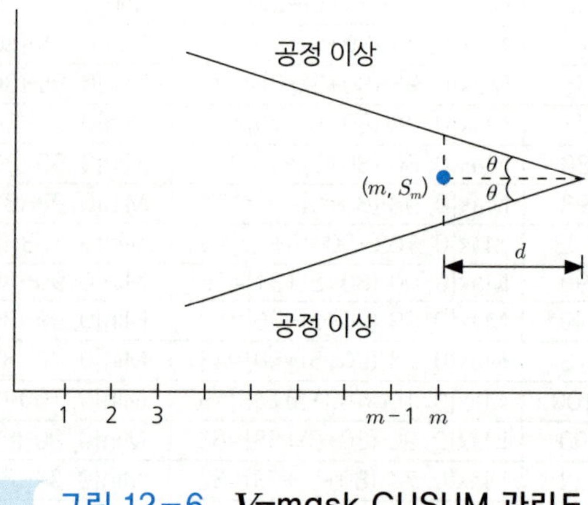

그림 12-6 V-mask CUSUM 관리도

우선 [표 12-3]에서와 같이 각각의 표본의 값에서 목표치를 뺀 후($x_k-\mu_0$), 각각의 군에서 이들 값들을 누적하여 S_m 값을 구한다.(물론 이 경우 군을 형성하여 데이터를 뽑았을 경우에는 표본의 평균에서 목표치를 뺀다($\bar{x}_k-\mu_0$))

이후 [그림 12-6]과 같이 (m, S_m)점에서([표 12-3]의 경우 (20, 107)이 됨) 후방으로 d 거리 만큼 떨어진 곳을 기준으로 각도 θ 방향으로 선을 긋고, S_m점들이 이 선을 벗어나면 공정에 이상이 있다고 판정한다.

d, θ는 다음의 식으로부터 구할 수 있다.

$$\tan(\theta)=\frac{C}{2W}$$

$$d=\frac{2\sigma_{\bar{x}}^2}{C^2}\text{In}\left(\frac{1-\beta}{\alpha/2}\right) \qquad (12.2)$$

여기서, C: 공정평균이 목표치 μ_0 으로부터 떨어져 있는 것을 탐지하고 싶은 정도

W: 가로축과 세로축의 눈금 간격의 관련성을 나타내는 척도로 일반적으로 W는 $\sigma_{\bar{x}}$와 $2\sigma_{\bar{x}}$사이의 값을 갖는다.

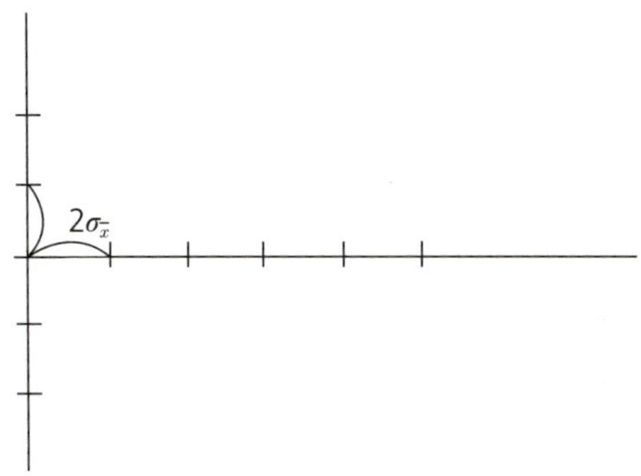

$W=2\sigma_{\bar{x}}$일 경우 가로축 및 세로축의 한 눈금의 길이를 $2\sigma_{\bar{x}}$로 동일하게 한다.

그림 12-7 누적합 관리도 상에 눈금설정 방법

만일 $W = 2\sigma_{\bar{x}}$이고, $C = \sigma_{\bar{x}}$일 경우

$$\tan(\theta) = \frac{C}{2W} = \frac{\sigma_{\bar{x}}}{2(2\sigma_{\bar{x}})} = 0.25$$

이 되는데 이때 θ는 약 14° 정도가 된다.

이때 d값은 식 (12.2)를 통해 구할 수 있으나 [표 12-2]에 이를 이미 계산해 놓았다. 따라서 α와 β에 해당되는 d값을 찾으면 된다.

$\alpha = 0.05$, $\beta = 0.1$일 경우 $d = 7.2$가 되는데 이는 d를 가로축의 한 눈금의 7.2배로 해야 적절하다는 것이다.

표 12-2 d값의 계산

β	α		
	0.10	0.05	0.01
0.10	5.8	7.2	10.4
0.05	5.9	7.3	10.5
0.01	6.0	7.4	10.6

만일 $W = 2\sigma_{\bar{x}}$이고, $C = 2\sigma_{\bar{x}}$일 경우

$$\tan(\theta) = \frac{C}{2W} = \frac{2\sigma_{\bar{x}}}{2(2\sigma_{\bar{x}})} = 0.5$$

가 되는데 이때 θ는 약 27° 정도가 된다.

예제 12-2 **'예제 12-1'**에 대해 V-mask CUSUM을 적용하여 판정을 하시오.

미니탭에서 양측 CUSUM을 분석하는 방법은 단측 CUSUM의 경우와 유사하다. 즉, **통계분석>관리도>시간 가중 관리도>누적합(CUSUM)…**을 클릭하여 [그림 12-1], ~[그림 12-3]의 작업을 순착적으로 진행하되, [그림 12-3]에서 '단측(LCL, UCL)' 대신에 '양측(V-마스크)'을 선택한다.
'확인'을 연속하여 클릭하면 다음의 화면이 나타난다.

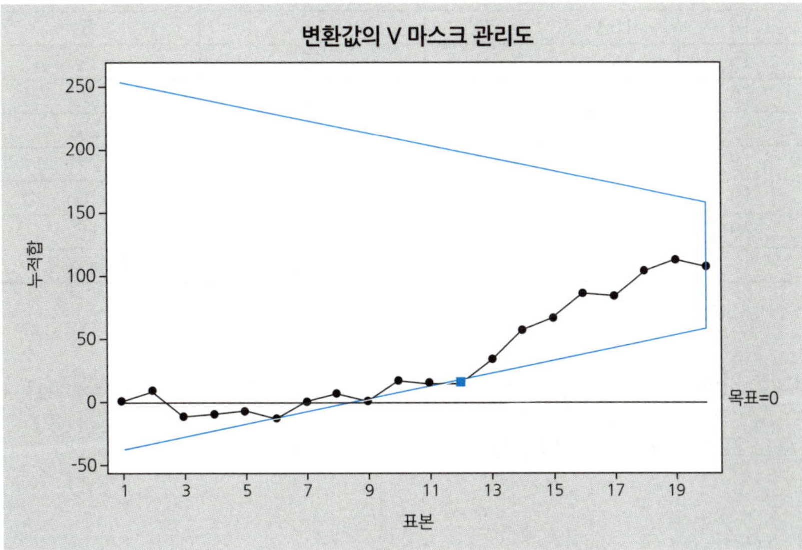

그림 12-8 *V*-mask CUSUM 관리도

물론 이 경우 공정의 변동이 한 쪽으로 진행되어 Tabular CUSUM을 적용하는 것이 바람직하나 교육 목적상 *V*-mask CUSUM을 적용하였다.

[그림 12-8]에서 타점된 S_m값들은 [표 12-3]에서와 같이 구할 수 있다.

표 12-3 *V*-mask 관리도 작성을 위한 S_m 및 R_i 값의 계산

군번호	표본(x_k)	x_k-80	$S_m=\Sigma(x_k-80)$	R_i
1	81	1	1	
2	89	9	10	8
3	59	-21	-11	30
4	81	1	-10	22
5	84	4	-6	3
6	74	-6	-12	10
7	93	13	1	19
8	86	6	7	7
9	75	-5	2	11
10	95	15	17	20
11	78	-2	15	17
12	80	0	15	2

13	98	18	33	18
14	103	23	56	5
15	90	10	66	13
16	99	19	85	9
11	78	-2	83	21
18	100	20	103	22
19	90	10	113	10
20	74	-6	107	16
			합계	ΣR_i=263

[표 12-3]에서 $\overline{R}=\frac{\sum 263}{k-1}=\frac{263}{19}=13.842$, [표 10-2]에서 $n=2$일 경우 $d_2=1.128$ 이므로 표준편차 σ 값은 다음과 같이 구할 수 있다.

$$\sigma=\frac{\overline{R}}{d_2}=\frac{13.842}{1.128}=12.271$$

$W=2\sigma_{\bar{x}}=2\sigma_x=24.5$ 일 경우

$$\tan(\theta)=\frac{C}{2W}=\frac{\sigma_x}{2(2\sigma_x)}=0.25 \text{ 이므로}$$

θ는 약 14° 가 된다.

d는 [표 12-2]에서 $\alpha=0.05$, $\beta=0.1$일 경우 7.2배가 된다.

이상에서 [그림 12-8]의 관리선은, 점(20, 107)에서 후방으로 가로축 한 눈금의 7.2배를 이동한 다음, 이를 중심으로 14° 위 및 아래로 빗금을 그어 작성된 것이다.

V-mask CUSUM은 컴퓨터가 사용되기 이전에 사용되었던 방식으로 공정의 변화가 한 쪽으로만 진행되는 경우는 사용하지 않는 것이 좋다.

'예제 12-1', '예제 12-2'에서 공정의 변화가 한쪽으로만 진행되는 경우에 CUSUM의 두 가지 방식을 각각 적용해 보았는데 Tabular CUSUM이 그 변화를 더 적절하게 탐지했다고 할 수 있다.

12.2 이동평균(MA: Moving Average) 관리도

이동평균 관리도는 1985 Montgomery에 의해 소개된 것으로 CUSUM 관리도와 같이 Shewhart 관리도에 비해 공정의 변화를 민감하게 탐지할 수 있다.

표본의 크기 n인 표본을 k회 추출하였을 경우 표본 군들의 평균은 다음과 같이 나타낼 수 있다.

$$\bar{x}_1,\ \bar{x}_2,\ \cdots,\ \bar{x}_k$$

이때 w개의 표본 군의 이동평균은 다음과 같이 구해진다.

$$M_k = (\bar{x}_k + \bar{x}_{k-1} + \cdots + \bar{x}_{k-w+1})/w$$

그리고 이동평균 M_k의 분산은 다음과 같다.

$$\begin{aligned} Var(M_k) &= \left(\frac{1}{w^2}\right)\sum_{i=k-w+1}^{k} V(\bar{x}_i) \\ &= \left(\frac{1}{w^2}\right)\sum_{i=k-w+1}^{k} \sigma^2/n \\ &= \frac{\sigma^2}{nw} \end{aligned}$$

따라서 이동평균 관리도의 관리선은 다음과 같이 구할 수 있다.

$$CL = \bar{\bar{x}}$$

$$UCL = \bar{\bar{x}} + \frac{3\sigma}{\sqrt{nw}}$$

$$LCL = \bar{\bar{x}} - \frac{3\sigma}{\sqrt{nw}}$$

그러나 표본의 수 k가 w보다 작은 초기에는 이동평균을 다음과 같이 구할 수 밖에 없다.

$$M_k = \frac{\sum_{i=1}^{k}\bar{x}_i}{k} \qquad k = 1,\ 2,\ \cdots,\ w-1$$

$$CL = \overline{\overline{x}}$$

$$UCL = \overline{\overline{x}} + \frac{3\sigma}{\sqrt{nk}}$$

$$LCL = \overline{\overline{x}} - \frac{3\sigma}{\sqrt{nk}}$$

이동평균 관리도는 표본을 추출할 때마다 M_k를 계산하여 관리도 상에 타점하여, 이 점이 관리선을 벗어나면 공정에 이상이 있는 것으로 간주한다. 일반적으로 w값이 증가되면 민감도는 증대된다.

예제 12-3 '**예제 10-1**'의 데이터에 대해 w=4인 이동평균 관리도를 작성하시오.

[표 10-4]와 같이 데이터를 쌓은 후 **통계분석>관리도>시간 가중 관리도>이동평균**…을 클릭하면 다음의 화면이 나타난다.

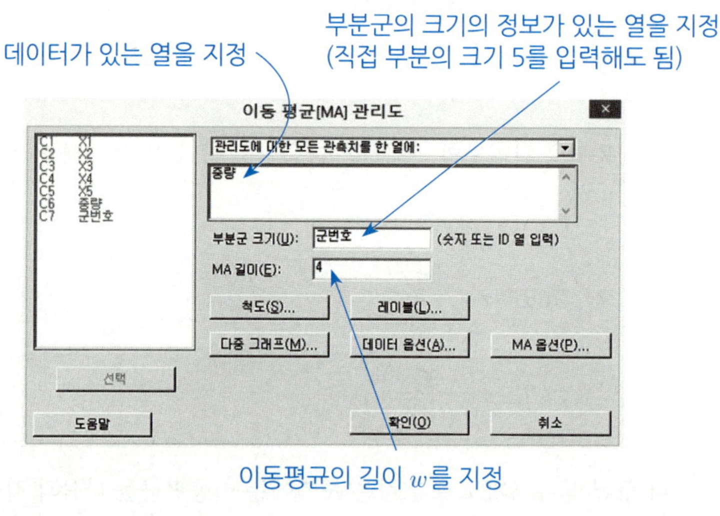

'확인'을 클릭하면 다음의 결과가 나타난다.

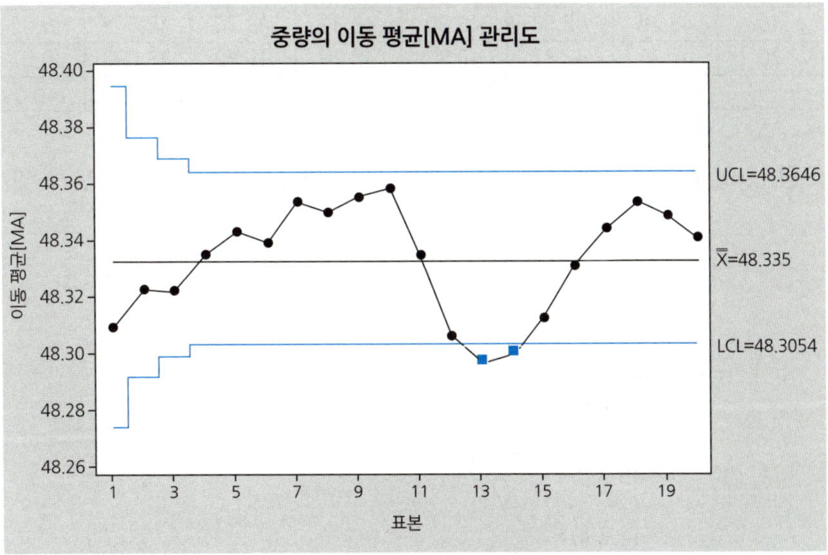

그림 12-9 **이동평균 관리도**

13 및 14점이 관리한계를 벗어나는 것을 알 수 있다.

군번호	x_1	x_2	x_3	x_4	x_5	$\overline{x}_i$	R_i
1	48.33	48.33	48.31	48.31	48.28	48.312	0.05
2	48.41	48.32	48.29	48.20	48.47	48.338	0.27
3	48.30	48.32	48.30	48.37	48.33	48.324	0.07
4	48.35	48.39	48.38	48.38	48.38	48.376	0.04
5	48.36	48.35	48.36	48.30	48.35	48.344	0.06
6	48.33	48.30	48.40	48.28	48.30	48.322	0.12
7	48.33	48.39	48.44	48.30	48.44	48.380	0.14
8	48.38	48.35	48.36	48.34	48.38	48.362	0.04
9	48.37	48.40	48.37	48.39	48.29	48.364	0.11
10	48.37	48.35	48.28	48.33	48.34	48.334	0.09
11	48.34	48.21	48.31	48.33	48.25	48.288	0.13
12	48.27	48.24	48.25	48.27	48.22	48.250	0.05
13	48.40	48.31	48.26	48.31	48.36	48.328	0.14
14	48.39	48.34	48.33	48.28	48.39	48.346	0.11
15	48.37	48.36	48.35	48.26	48.35	48.338	0.11
16	48.32	48.32	48.35	48.33	48.29	48.332	0.06
17	48.41	48.31	48.42	48.38	48.37	48.378	0.11

18	48.36	48.43	48.40	48.36	48.37	48.384	0.07
19	48.28	48.34	48.30	48.31	48.36	48.318	0.08
20	48.26	48.32	48.33	48.26	48.29	48.292	0.07
평균						$\overline{\overline{x}}$=48.335	$\overline{R}$=0.096

[그림 12-9]에서 첫 번째 타점과 이에 대응되는 관리선은 다음과 같이 구할 수 있다.

$$M_1 = \overline{x}_1 = 48.312$$

$$CL = 48.335$$

$$UCL_1 = \overline{\overline{x}} + \frac{3\sigma}{\sqrt{nk}} \qquad \text{여기서 } \hat{\sigma} = \frac{\overline{R}}{d_2} = \frac{0.096}{2.326} = 0.041,\ n=5,\ k=1 \text{ 이므로}$$

$$= 48.335 + \frac{3 \times 0.041}{\sqrt{5}}$$

$$= 48.390$$

$$LCL_1 = 48.335 - \frac{3 \times 0.041}{\sqrt{5}}$$

$$= 48.280$$

[그림 12-9]에서 4번째 타점과 이에 대응되는 관리선은 다음과 같이 구할 수 있다.

$$M_4 = \frac{(\overline{x}_k + \overline{x}_{k-1} + \cdots + \overline{x}_{k-w+1})}{w} = \frac{(48.312 + 18.338 + 48.324 + 48.376)}{4}$$

$$= 48.3375$$

$$CL = 48.335$$

$$UCL_4 = \overline{\overline{x}} + \frac{3\sigma}{\sqrt{nw}} \qquad \text{여기서 } \hat{\sigma} = \frac{\overline{R}}{d_2} = \frac{0.096}{2.326} = 0.041,\ n=5,\ w=4 \text{ 이므로}$$

$$= 48.335 + \frac{3 \times 0.041}{\sqrt{20}}$$

$$= 48.363$$

$$LCL_4 = 48.335 - \frac{3 \times 0.041}{\sqrt{20}}$$

$$= 48.307$$

12.3 지수가중 이동평균(EWMA : Exponentially Weighted Moving Average) 관리도

이동평균 관리도에서는 이동평균을 구하기 위해 w개의 표본평균에 $1/w$의 가중치를 주고, 나머지 모든 표본평균의 값을 0으로 하였다. 그런데 지수가중 이동평균 관리도에서는 모든 표본평균의 값을 반영하되, 최근의 측정치에 더 큰 가중치를 두어 민감도를 높임으로써 공정의 변화를 보다 빨리 탐지할 수 있도록 하였다.

크기 n인 표본을 k회 추출했을 때 표본의 평균 $\bar{x}_1, \bar{x}_2, \cdots, \bar{x}_k$에 대해 지수가중 이동평균은 다음과 같이 구할 수 있다.

$$Z_k = \lambda \bar{x}_k + (1-\lambda) Z_{k-1}$$

여기서 $0 < \lambda < 1$인 상수이고 $Z_0 = \bar{\bar{x}}$ 이다. 상기의 식을 전개하면 다음과 같다.

$$\begin{aligned} Z_k &= \lambda \bar{x}_k + (1-\lambda)[\lambda \bar{x}_{k-1} + (1-\lambda) Z_{k-2}] \\ &= \lambda \sum_{j=0}^{k-1} (1-\lambda)^j \bar{x}_{k-j} + (1-\lambda) Z_0 \end{aligned}$$

만일 $\bar{x}_k$가 독립적이고 분산이 σ^2/n 이면, Z_k의 분산은 다음과 같이 구해진다.

$$\begin{aligned} Var(Z_k) = \sigma^2_{Z_k} &= \lambda^2 \left[\frac{\sigma^2}{n} + (1-\lambda)^2 \frac{\sigma^2}{n} + (1-\lambda)^4 \frac{\sigma^2}{n} + \cdots + (1-\lambda)^{2(k-1)} \frac{\sigma^2}{n} \right] \\ &= \lambda^2 \cdot \frac{\sigma^2}{n} \left[1 + (1-\lambda)^2 + (1-\lambda)^4 + \cdots + (1-\lambda)^{2(k-1)} \right] \\ &= \lambda^2 \cdot \frac{\sigma^2}{n} \left[\frac{1-(1-\lambda)^{2k}}{1-(1-\lambda)^2} \right] \\ &= \frac{\sigma^2}{n} \frac{\lambda}{2-\lambda} \left[1-(1-\lambda)^{2k} \right] \end{aligned}$$

k값이 증가함에 따라 Z_k 분산은 다음의 값으로 수렴된다.

$$\sigma^2_{Z_k} = \frac{\sigma^2}{n} \left(\frac{\lambda}{2-\lambda} \right)$$

따라서 표본의 수 k가 어느 수준 이상 커지면 지수가중 이동평균 관리도의 관리한계선은 다음과 같이 구할 수 있다.

$$CL = \bar{\bar{x}}$$

$$UCL = \bar{\bar{x}} + 3\frac{\sigma}{\sqrt{n}}\sqrt{\frac{\lambda}{2-\lambda}}$$

$$LCL = \bar{\bar{x}} - 3\frac{\sigma}{\sqrt{n}}\sqrt{\frac{\lambda}{2-\lambda}}$$

k값이 작을 경우에는 앞에서 구한 분산 $\sigma_{Z_k}^2$을 이용하여 관리선을 다음과 같이 구할 수 있다.

$$CL = \bar{\bar{x}}$$

$$UCL = \bar{\bar{x}} + 3\sqrt{\sigma_{Z_k}^2}$$

$$LCL = \bar{\bar{x}} - 3\sqrt{\sigma_{Z_k}^2}$$

예제 12-4 **'예제 10-1'**의 데이터에 대해 $\lambda = 0.3$인 지수가중 이동평균 관리도를 작성하시오.

[표 10-4]와 같이 데이터를 쌓은 후 **통계분석>관리도>시간 가중 관리도>지수가중이동평균(EWMA)…**을 클릭하면 다음의 화면이 나타난다.

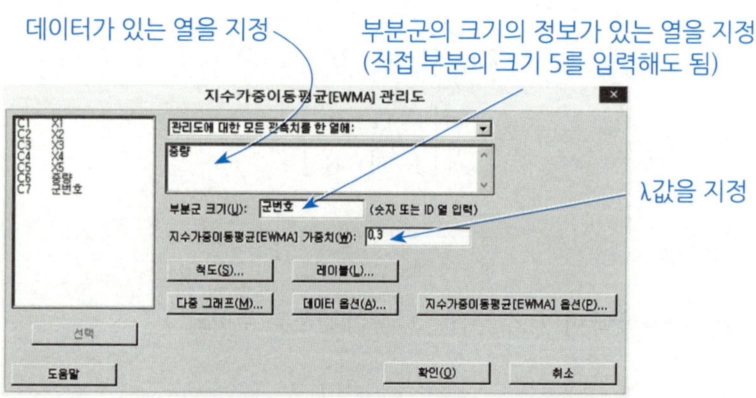

'확인'을 클릭하면 다음과 같은 관리도가 작성된다.

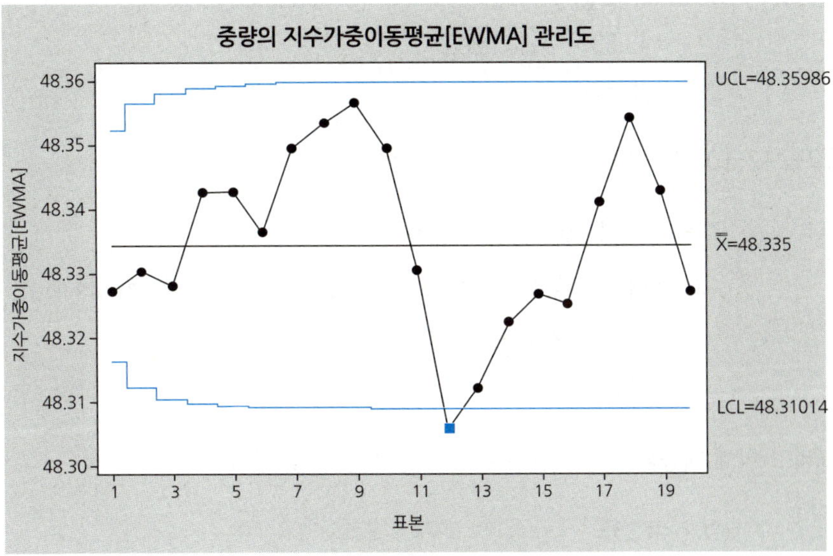

그림 12-10 가중 이동평균 관리도

[그림 12-10]에서 첫 번째 타점은 다음과 같이 구할 수 있다.

$$Z_1 = \lambda \bar{x}_1 + (1-\lambda) Z_0$$
$$= 0.3 \times 48.312 + 0.7 \times 48.335 = 42.328$$

그리고 이에 대응되는 관리선은 다음과 같이 구할 수 있다.

$$CL = \bar{\bar{x}} = 48.335$$

$$\sigma_{Z_1}^2 = \frac{\sigma^2}{n}\left(\frac{\lambda}{2-\lambda}\right)\left[1-(1-\lambda)^{2k}\right]$$

여기서 $\hat{\sigma} = \frac{\overline{R}}{d_2} = \frac{0.096}{2.326} = 0.041$ 이므로

$$= \frac{0.041^2}{5}\left(\frac{0.3}{2-0.3}\right)\left[1-(1-0.3)^2\right]$$
$$= 0.00003$$

$$UCL_1 = \bar{\bar{x}} + 3\sqrt{\sigma_{Z_1}^2}$$
$$= 48.335 + 3\sqrt{0.00003}$$
$$= 48.351$$

$$LCL_1 = \bar{\bar{x}} - 3\sqrt{\sigma^2_{Z_1}}$$
$$= 48.335 - 3\sqrt{0.00003}$$
$$= 48.319$$

[그림 12-10]에서 7번째 타점은 다음과 같이 구할 수 있다.

$$Z_7 = 0.3\sum_{j=0}^{6}(1-0.3)^j\bar{x}_{7-j} + (1-0.3)^7 Z_0$$
$$= 0.3[48.380 + 0.7(48.322) + (0.7)^2(48.344) + \cdots + (0.7)^6(48.312)] + (0.7)^7(48.355)$$
$$= 48.34985$$

그리고 이에 대응되는 관리선은 다음과 같이 구할 수 있다.

$$CL = 48.335$$
$$UCL_7 = \bar{\bar{x}} + 3\cdot\frac{\sigma}{\sqrt{n}}\cdot\sqrt{\frac{\lambda}{2-\lambda}}$$

여기서 $\hat{\sigma} = \frac{\bar{R}}{d_2} = \frac{0.096}{2.326} = 0.041$이므로

$$= 48.335 + 3\cdot\frac{0.041}{\sqrt{5}}\cdot\sqrt{\frac{0.3}{2-0.3}}$$
$$= 48.357$$

$$LCL_7 = \bar{\bar{x}} - 3\cdot\frac{\sigma}{\sqrt{n}}\cdot\sqrt{\frac{\lambda}{2-\lambda}}$$
$$= 48.335 - 3\cdot\frac{0.041}{\sqrt{5}}\cdot\sqrt{\frac{0.3}{2-0.3}}$$
$$= 48.313$$

12.4 다변량 차트(Multi-Vari Chart)

다변량 차트는 다양한 각도에서 그래프 분석을 함으로써 다수의 변수를 소수의 관리 가능한 변수로 줄이는 데 유용한 도구이다. 다변량 차트의 특징은 다음과 같다.

- 단순한 그래프 분석으로 방정식이 사용되지 않는다.
- 복잡한 도구를 사용하지 않고 소수의 핵심 변수(X)들을 찾아낼 수 있다.
- 평균과 분산에 영향을 주는 중요 변수는 무엇인가? 라는 물음에 답을 할 수 있도록 도와 준다.
- 변동의 원인을 찾을 수 있는 논리적인 하위그룹 즉, 층별을 할 수 있도록 도와 준다.
  - 군내, 군간, 시간대별, 작업자별, 설비별 등

1) 변동의 분해

다변량 차트는 변동을 위치변동(positional variation), 주기변동(cyclical variation), 시간변동(temporal variation)으로 분해하여 그래프로 나타낼 수 있다.

(1) 위치변동:

같은 원료 내, 같은 작업자 내, 같은 설비 내의 변동 등과 같이 층별을 한 요소 내의 변동이다. 이는 군내 변동과 동일한 개념이다.

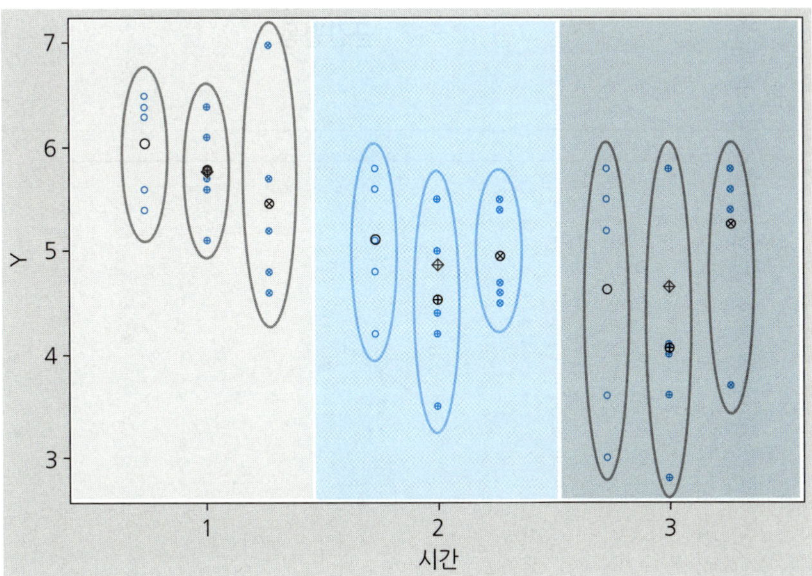

그림 12-11 **군내변동**

(2) 주기변동

원료간, 작업자간, 설비간의 차이 등과 같이 층별을 한 요소들 간의 변동의 차이이다. 이는 군간변동과 동일한 개념이다.

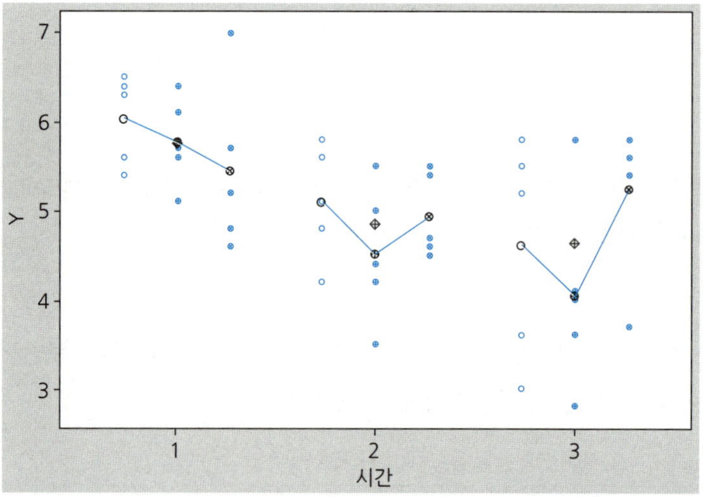

그림 12-12 **군간변동**

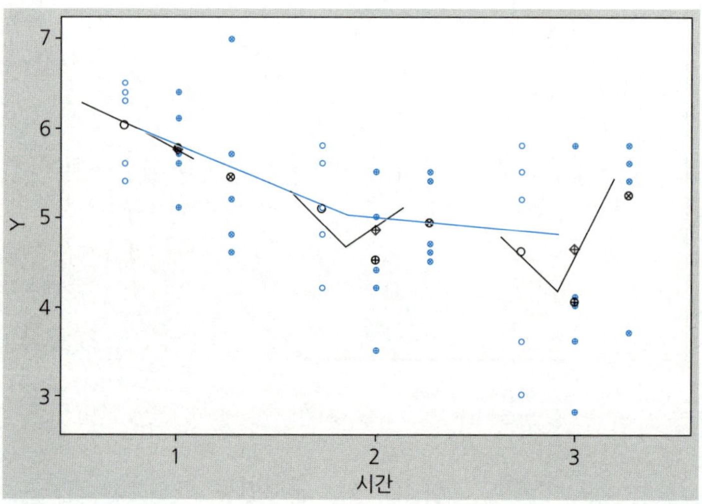

그림 12-13 **시간변동**

(3) 시간변동

시간이 지남에 따라 발생되는 변동으로 경향변동 또는 변이변동이 발생할 수 있다.

- 경향변동(trend variation) : 타점들이 상향 또는 하향추세를 나타낸다.
- 변이변동(shift variation) : 타점들이 어떤 원인에 의해서 일정 수준에서 다른 수준으로 변화가 된다.

예제 12-5 부품의 전기적 특성의 변동을 파악하기 위해 다음과 같이 로트(군) 내, 로트(군)간, 시간대별로 측정하였다. 다변량 차트를 작성하고 분석을 하시오.

표 12-4 로트(군) 번호에 따른 전기적 특성

군 번호	21	22	23	121	122	123	231	232	233
	6.4	5.7	5.2	5.8	5.5	4.5	3.6	4.0	5.4
	5.4	5.6	4.8	5.1	3.5	5.5	3.0	4.1	3.7
	5.6	6.4	5.7	4.2	4.4	4.6	5.2	***2.8***	5.8
	6.3	5.1	4.6	4.8	4.2	4.7	5.8	***5.8***	5.6
	6.5	6.1	7.0	5.6	5.0	5.4	5.5	3.6	5.8
군 평균	***6.04***	5.78	5.46	5.1	4.52	4.94	4.62	***4.06***	5.26
시간 평균		***6.912***			5.824			***5.576***	

우선 미니탭의 워크시트 상에 [표 12-4]의 데이터를 입력한 후 [표 12-5]와 같이 쌓는다.

표 12-5 다중 변동 차트 작성을 위한 데이터 입력

↓	C1 21	C2 22	C3 23	C4 121	C5 122	C6 123	C7 231	C8 232	C9 233	C10 전기적특성	C11 주기	C12 시간
1	6.4	5.7	5.2	5.8	5.5	4.5	3.6	4.0	5.4	6.4	1	1
2	5.4	5.6	4.8	5.1	3.5	5.5	3.0	4.1	3.7	5.4	1	1
3	5.6	6.4	5.7	4.2	4.4	4.6	5.2	2.8	5.8	5.6	1	1
4	6.3	5.1	4.6	4.8	4.2	4.7	5.8	5.8	5.6	6.3	1	1
5	6.5	6.1	7.0	5.6	5.0	5.4	5.5	3.6	5.8	6.5	1	1
6										5.7	2	1
7										5.6	2	1
8										6.4	2	1
9										5.1	2	1
10										6.1	2	1
11										5.2	3	1
12										4.8	3	1
13										5.7	3	1
14										4.6	3	1
15										7.0	3	1
16										5.8	1	2
17										5.1	1	2
18										4.2	1	2

통계분석>품질 도구>다변량 차트... 를 클릭하면 다음의 화면이 나타난다.

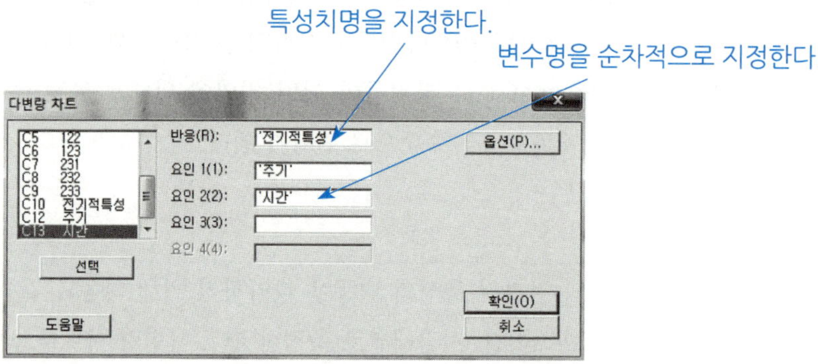

'옵션'을 클릭한 후

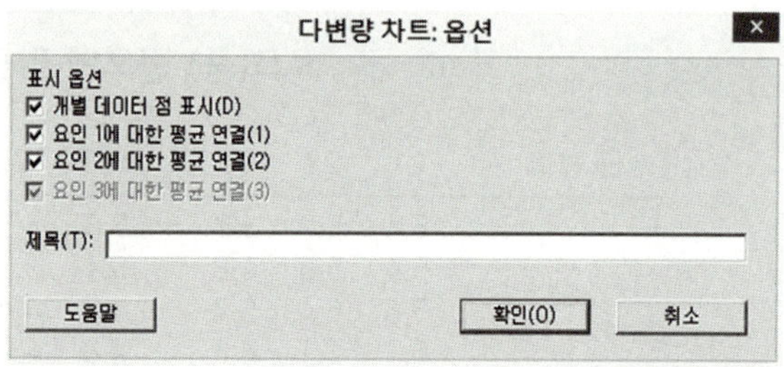

'확인'을 연속하여 클릭하면 다음의 화면이 나타난다.

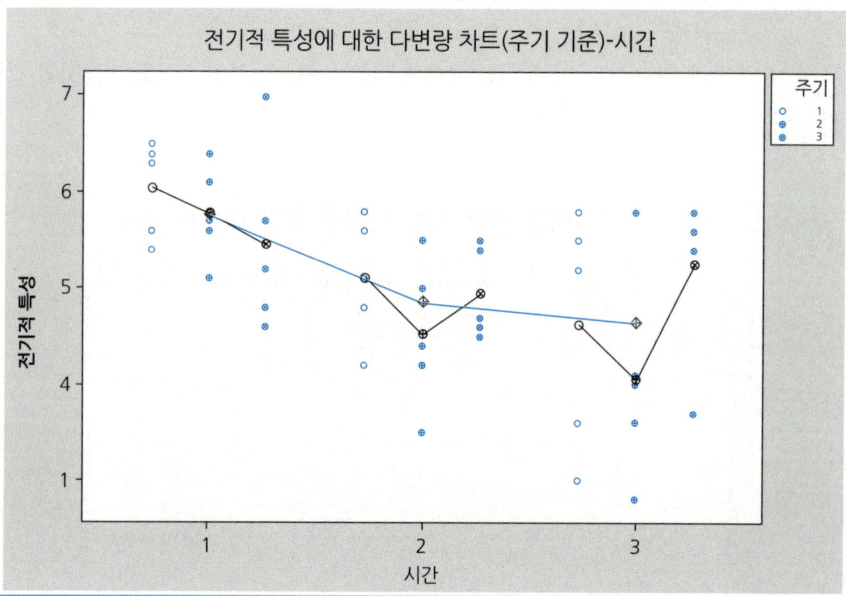

시간이 지남에 따라 평균이 낮아지고 군내변동도 커지는 것으로 나타났다. 따라서 이에 대한 원인을 파악할 필요가 있다.

[표 12-4]에서 로트(군)내 변동이 가장 큼을 알 수 있다(5.8−2.8=3). 로트(군)간의 변동이 그 다음을 차지 한다(6.04−4.06=1.98). 시간에 따른 변동도 있음을 알 수 있다(6.912−5.576=1.336).

각각의 로트에서 전기적 특성이 큰 값은 거의 일정 이상의 크기를 나타내기 때문에 변동의 원인을 줄일 경우 6에 가까운 전기적 특성을 얻을 가능성이 있다.

12장 연습문제

1. 슈하르트 관리도와 특수 관리도의 차이를 간략하게 설명한 후 특수관리도의 장단점을 기술하시오.

2. 이동평균(MA) 관리도와 지수가중 이동평균(EWMA) 관리도의 차이를 간략하게 기술하시오.

3. '10장의 연습문제 4번'의 데이터에 대해 공정의 중심의 변화가 $\sigma_{\overline{x}}$ 있을 경우 이를 탐지하고자 한다.

(Tabular CUSUM 관리도를 작성한 후 다음의 질문에 답을 하시오.)

1)관리상한 및 하한을 유도하시오(계산과정을 밝힐 것).

2) 첫 번째 상측값과 하측값을 각각 유도하시오(계산과정을 밝힐 것).

3) 공정에 변화가 있다고 할 수 있는가?

(V-mask CUSUM 관리도를 작성한 후 다음의 질문에 답을 하시오.)

4) 첫 번째 타점 값을 유도하시오(계산과정을 밝힐 것).

5) 공정에 변화가 있다고 할 수 있는가?

6) 이 경우 '3)'과 '5)'의 결과가 차이가 나는 이유를 간략하게 설명하시오.

4. '10장의 연습문제 4번'의 데이터에 대해 $w=5$인 이동평균관리도를 작성하고 다음의 질문에 답을 하시오.

1) 첫 번째 타점 값과 이에 대응되는 관리선을 구하시오(계산과정을 밝힐 것).

2) 다섯 번째 타점값과 이에 대응되는 관리선을 구하시오(계산과정을 밝힐 것).

3) 공정에 변화가 있다고 할 수 있는가?

5. '10장의 연습문제 5번'의 데이터에 대해 $\lambda=0.3$인 지수가중 이동평균관리도를 작성한 후 다음의 질문에 답을 하시오.

1) 첫 번째 타점값과 이에 대응되는 관리선을 구하시오(계산과정을 밝힐 것).

2) 다섯 번째 타점값과 이에 대응되는 관리선을 구하시오(계산과정을 밝힐 것).

3) 공정에 변화가 있다고 할 수 있는가?

제13장

공정능력조사 및 σ값 계산

공정능력이란 공정이 안정된 상태에서 지속적으로 반복하여 생산할 수 있는 능력을 나타낸다. 공정능력은 공정능력지수(PCI: Process Capability Index)를 통해 계량화할 수 있는데 이는 [그림 13-1]과 같이 공정의 고유능력인 6σ 범위 대비 고객의 요구인 규격의 범위 비율을 나타낸 것이다.

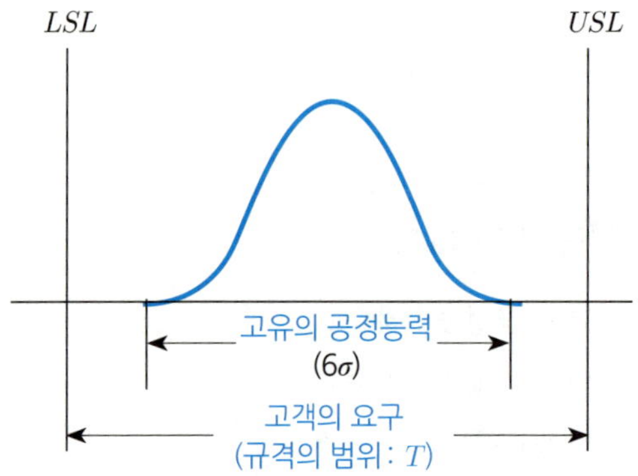

그림 13-1 **공정능력지수**

[그림 13-2]에서와 같이 일정 기간 동안 타점한 관리도 상의 점을 한 쪽으로 모으면 데이터가 분포를 형성하게 된다. 이 분포의 6σ 범위와 규격의 범위를 비교함으로써 공정능력지수를 구할 수 있다.

따라서 관리도가 공정의 변동을 실시간으로 파악하는 것이라면, 공정능력조사는 일정 기간 동안의 공정의 변동을 규격과 비교하여 평가하는 것이다.

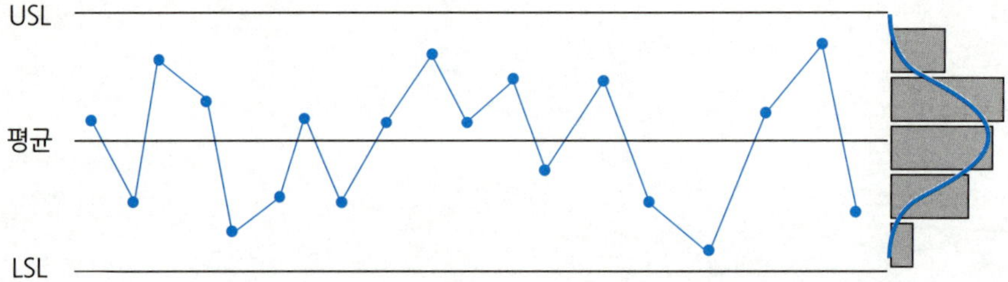

그림 13-2 **관리도와 공정능력지수와 관계**

관리도를 작성할 경우에 일정 기간 동안의 공정능력지수를 파악할 수 있도록 데이터를 충분히 취해야 한다. $\overline{X}-R$ 관리도의 경우 최소한 100개 이상, 데이터를 수집하기 곤란한 $X-R_m$ 관리도의 경우에는 최소한 30개 이상의 데이터를 수집해야 한다.

공정능력지수의 이용 용도는 다음과 같다.

- 공정이 품질수준을 어느 정도 잘 유지할 수 있는지를 예측할 때
- 제품 및 공정설계 단계에서 공정을 선정하거나 변경할 때
- 관리도의 운영에 있어서 부분군의 채취 간격을 설정할 때
- 새로운 장비들이 갖추어야 할 기능상의 필요조건을 규정할 때
- 공정을 개선한 후 그 효과를 파악할 때
- 공정을 해석하여 현황을 파악하고 개선의 방향을 설정하고자 할 때
- 거래처를 선정할 때

13.1 계량치 Data의 C_p, C_{pk}

13.1.1 단기 공정능력지수 C_p

Data가 계량치일 경우 품질수준을 공정능력지수인 C_p로 나타낼 수 있는데, 이는 [그림 13-3]에서와 같이 고객의 요구(규격의 범위 : T) 대비 공정의 능력(분포의 범위 : 6σ) 비율을 나타낸다.

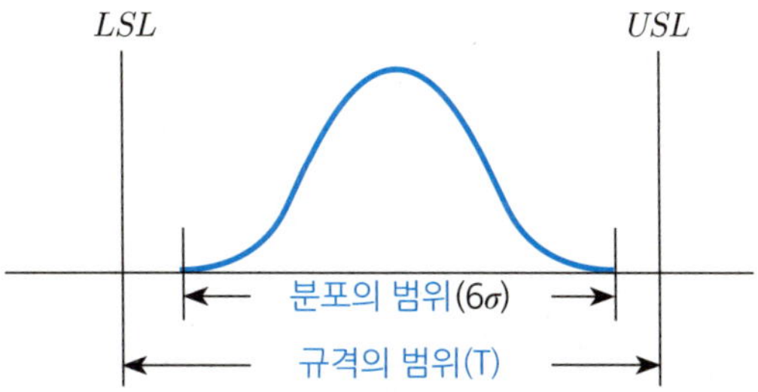

$$C_p = \frac{\text{고객의 요구}}{\text{공정의 능력}} = \frac{\text{규격의 범위}}{\text{분포의 범위}} = \frac{T(=USL-LSL)}{6\sigma}$$

그림 13-3 공정능력지수 C_p

C_p를 구할 때 표준편차 σ는 [그림 13-4]에서와 같이 공정이 안정된 상태에서 군내변동을 사용하여 추정한다. 따라서 C_p는 공정의 잠재능력 즉, 가능성(capability)을 나타내는데 이를 단기 공정능력지수라고 한다.

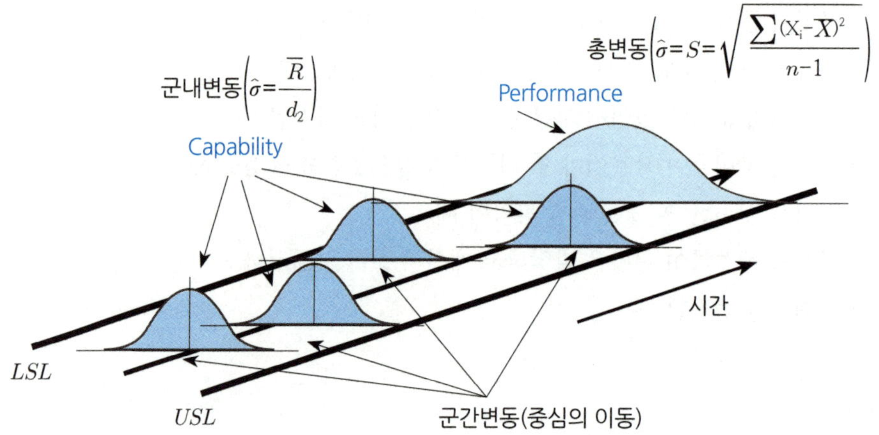

그림 13-4 **변동의 종류(군내, 군간 및 총변동)**

[그림 13-3]과 같이 규격의 범위에 비해 분포의 범위가 작을 경우, C_p가 1보다 크며 공정능력이 있다고 한다.

C_p값이 클수록 설계마진(margin)이 크다고 할 수 있으며, 당연히 불량이 나지 않는 품질이 좋은 상태이다.

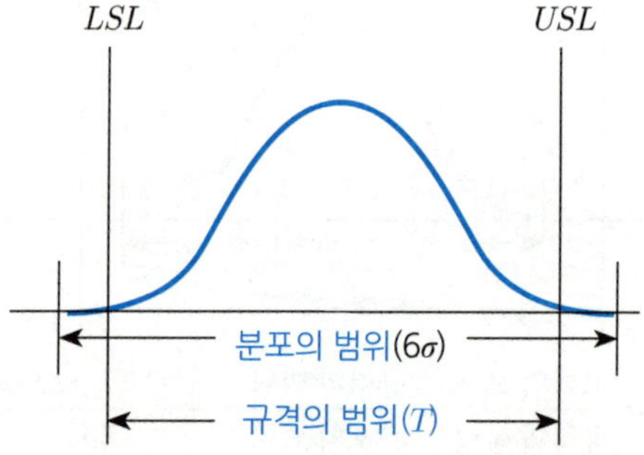

그림 13-5 **공정능력이 없는 경우, C_p<1**

그러나 이와 반대로 [그림 13-5]와 같이 규격의 범위에 비해 분포의 범위가 더 클 경우, 불량이 많이 발생하므로 품질이 나쁜 상태가 된다. 이 경우 C_p가 1보다 작으며 공정능력이 없다고 하며 공정에 산포의 문제가 있다고 한다.

분포의 범위로 6σ를 사용한 것은, [그림 13-6]에서와 같이 정규분포에서는 평균(μ)을 중심으로 $\pm 3\sigma$ 사이, 즉 6σ범위 내에 거의 대부분의 데이터(99.73 %)가 포함되기 때문이다. 따라서 6σ를 공정의 고유능력이라고 하는데, 결국 C_p는 규격의 범위 대비 공정의 고유능력의 크기를 비교한 것이다.

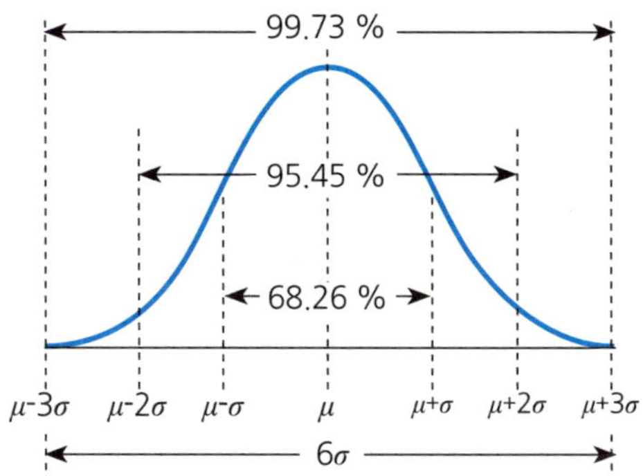

그림 13-6 정규분포의 특징

예제 13-1 다음의 경우 공정능력 지수 C_p를 계산하시오.

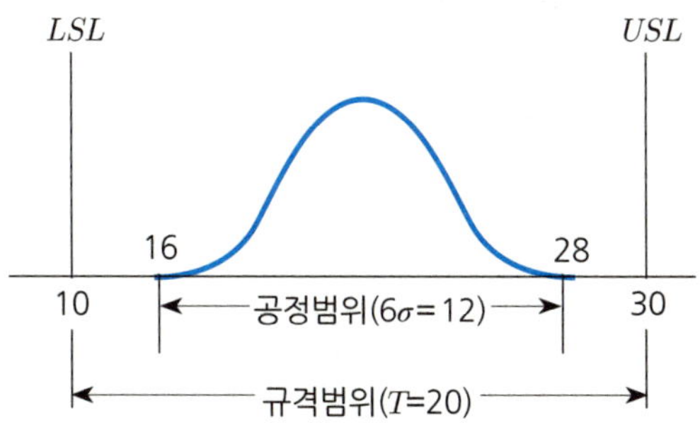

$$C_p = \frac{T}{6\sigma} = \frac{20}{12} = 1.67$$ 이 된다.

C_p는 공정의 산포의 문제만을 반영하고, [그림 13-7]에서와 같이 공정에서 중심이 이동되는 중심이탈의 문제는 반영하지 못한다. 따라서 이를 반영할 수 있는 지표인 C_{pk}가 필요하다.

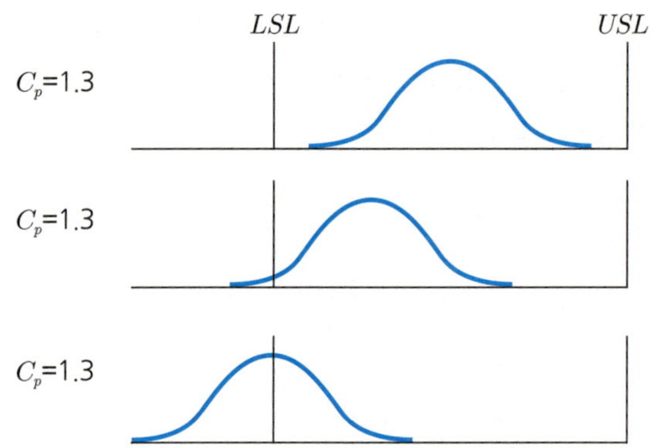

그림 13-7 중심이탈이 있는 경우 C_p의 값

13.1.2 단기 공정능력지수 C_{pk}

C_{pk}는 공정능력지수 C_p에 치우침의 페널티(penalty)를 가한 것으로, 산포의 문제뿐 아니라 중심이탈의 문제까지도 반영한다. 따라서 C_{pk}를 실질적인 공정능력지수라고 한다.

[그림 13-8]의 식에서 '공정중심의 치우침의 Penalty'는 C_p값에서 치우침의 정도를 빼주기 위한 식이다. 분자인 off target은 규격중심(M)과 공정중심(μ)의 차이로 중심이탈의 크기를 나타낸다. 그리고 분모인 3σ는, 중심이탈은 왼쪽 또는 오른쪽으로 치우치는 경우 2가지 뿐이므로 6σ의 절반을 사용한 것이다.

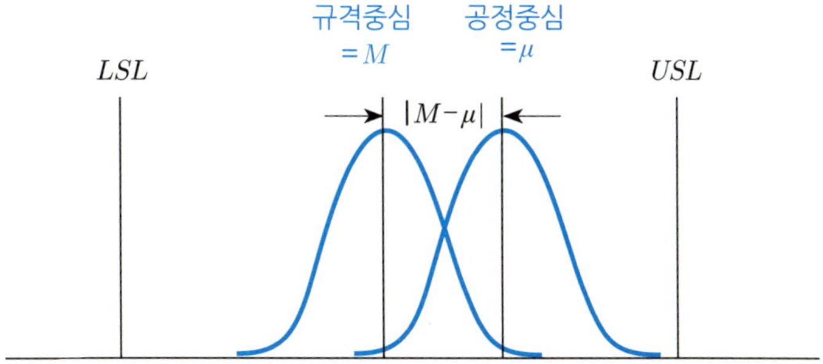

$$C_{pk} = C_p - (\text{공정중심의 치우침의 penalty})$$
$$= C_p - \frac{\text{Off target}}{3\sigma}$$
$$= C_p - \frac{|M-\mu|}{3\sigma}$$

그림 13-8 공정능력지수 C_{pk}

예제 13-2 다음의 경우 공정능력 지수 C_{pk}를 계산하시오.

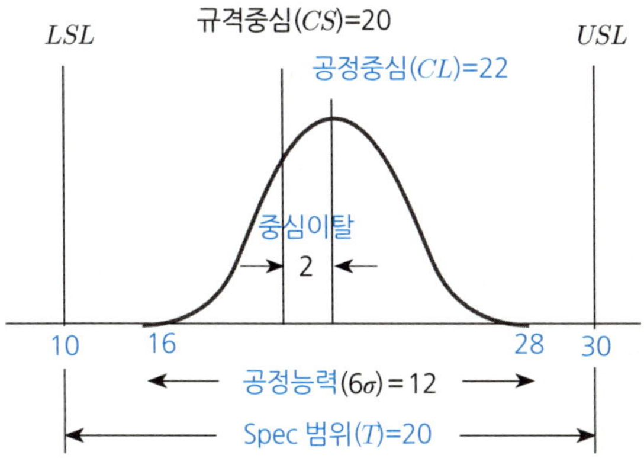

$$C_{pk} = C_p - \frac{Off\ \ target}{3\sigma}$$
$$= \frac{20}{12} - \frac{22-20}{6}$$
$= 1.33$이 된다.

C_{pk}를 사용할 경우, [그림 13-9]에서와 같이 산포의 문제뿐 아니라 중심이탈의 문제도 반영할 수 있다.

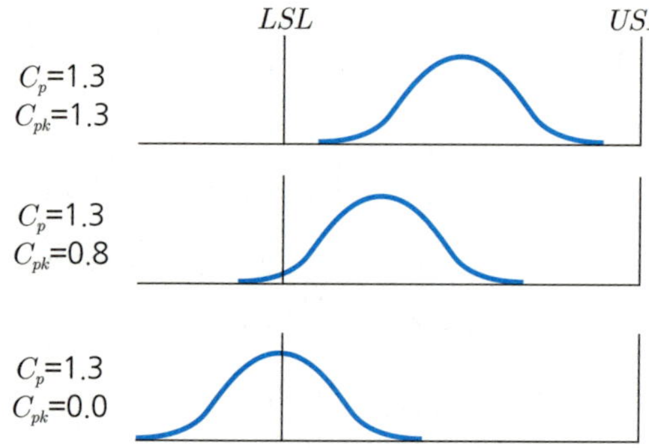

그림 13-9 중심이탈이 있는 경우 C_{pk}의 값

13.1.3 한쪽규격만 있는 경우의 C_{pk}

접착제의 접착력은 클수록 좋으며 자동차 엔진에서 발생되는 소음은 작을수록 좋다. 이와 같이 한쪽규격만 있는 경우는, 특성치가 크면 클 수록 좋은 경우 또는 작으면 작을수록 좋은 경우 2가지이다.

[그림 13-10]의 ①에서 품질을 더 향상하기 위해서는 산포를 더 줄이든가 또는 공정의 중심을 오른쪽으로 이동시키면 된다. 따라서 한쪽규격만 있는 경우에는 산포의 문제와 중심이탈의 문제가 혼재되어 있다고 볼 수 있으므로 C_p와 C_{pk} 구분 없이 C_{pk}만을 사용한다.

①의 경우 특성치가 클수록 품질은 좋아지지만 그만큼 비용이 더 소요 된다. 따라서 관리 목적상 내부적으로 적정한 선에서 규격상한을 정해 놓고 운영할 필요가 있다. ②의 경우도 마찬가지이다. 따라서 한쪽규격만 있는 경우라도 내부적으로는 양쪽규격으로 운영하는 것이 바람직하다.

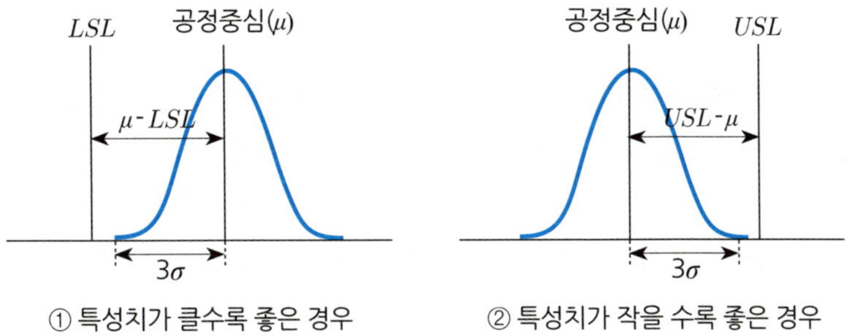

$$C_{pk} = \frac{\text{규격과 공정중심과의 거리}}{3\sigma}$$

$$= \frac{USL-\mu}{3\sigma} \text{ (규격 상한만 있을 때)}$$

$$= \frac{\mu-LSL}{3\sigma} \text{ (규격 하한만 있을 때)}$$

그림 13-10 한쪽 규격만 있는 경우 C_{pk}

예제 13-3 다음의 경우와 같이 특성치가 크면 클수록 좋은 경우 공정능력지수 C_{pk}를 계산하시오.

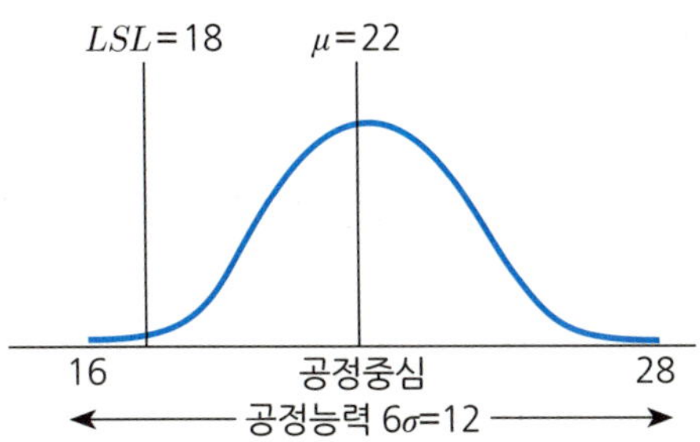

$C_{pk} = \frac{\mu-LSL}{3\sigma} = \frac{22-18}{6} = \frac{2}{3}$, 즉 0.67이다.

13.1.4 장기 공정능력지수 P_p, P_{pk}

C_p, C_{pk}는 [그림 13-4]에서 군내변동만을 사용하여 구하나 P_p, P_{pk}는 군내변동과 군간 변동을 모두 포함한 총변동을 사용하여 구한다. 따라서 이를 장기 공정능력이라고 한다.

C_p, C_{pk}가 우연원인만을 포함한 것으로 공정의 가능성(capability)을 나타낸다면, P_p, P_{pk}는 공정의 우연원인과 이상원인을 모두 포함한 것으로 '공정에서 무엇이 일어날까?'가 아니라 '공정에서 무엇이 일어났는가?'의 실적(performance)을 나타낸다.

[그림 13-11]에 장기 및 단기 공정능력지수를 구하는 방법이 요약되어 있다

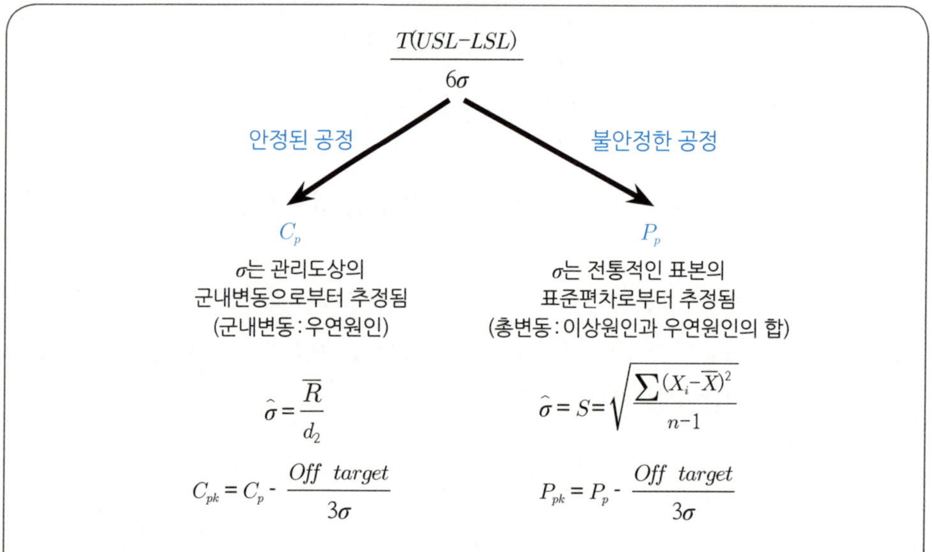

그림 13-11 단기 및 장기 공정능력지수의 산출

13.2 공정해석

공정능력지수를 비교함으로써 공정을 효과적으로 해석할 수 있다. [그림 13-12]에서 만일 C_p와 P_p(또는 C_{pk}와 P_{pk})에 차이가 있을 경우 공정에 ①불안정의 문제가 있으며, C_p와 C_{pk}(또는 P_p와 P_{pk})가 차이가 있을 경우 ②중심이탈의 문제 그리고 C_p가 1보다 작을 경우 ③산포의 문제가 있다고 한다.

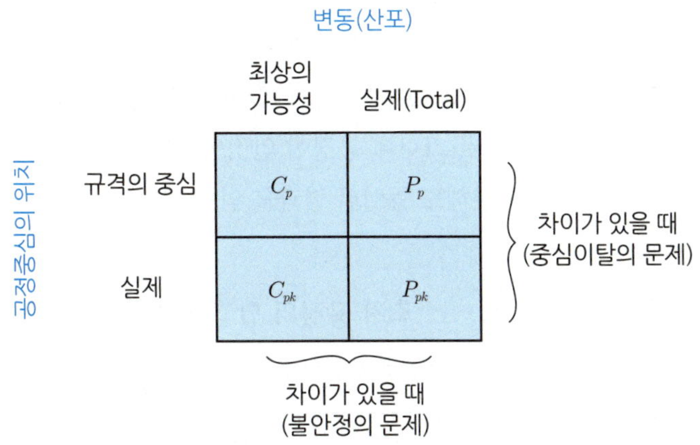

그림 13-12 공정능력지수 비교를 통한 공정해석

P_{pk}는 현재의 품질수준으로 실적(performance)을 나타내는데, 만일 개선을 통해 공정상에 불안정의 문제와 중심이탈의 문제를 제거할 경우 최상의 가능성(capability)인 C_p를 달성할 수 있다. 이때 4개의 지표(C_p, C_{pk}, P_p, P_{pk})는 모두 같은 값을 가지게 된다.

다음의 각각의 경우 공정능력지수를 비교함으로써 공정의 상태를 해석하였다.

① 불안정의 문제 : C_p와 P_p의 차이가 많이 나므로 공정에 불안정의 문제가 있음을 알 수 있다.
예) $C_p=2$, $P_p=0.8$ 인 경우

② 중심이탈의 문제 : C_p와 C_{pk}의 차이가 많이 나므로 공정에 중심이탈의 문제가 있음을 알 수 있다.
예) $C_p=2$, $C_{pk}=0.7$ 인 경우

③ 산포의 문제 : C_p가 1보다 작으므로 산포의 문제가 있음을 알 수 있다.
예) $C_p = 0.8$, $P_p = 0.78$ 인 경우

공정능력지수는 공정에서 뿐만 아니라 수입검사 시에도 적용할 수 있음으로 이를 통해 협력사의 출하품질 수준 나아가 공정품질 수준을 파악할 수 있다. 따라서 이를 토대로 공정의 상태를 해석할 수 있음으로 협력사의 품질을 효과적으로 개선하기 위한 적절한 조치를 취할 수 있다.

관리도를 통해서도 공정을 해석할 수 있는데, 이때에는 [그림 2-2]에서와 같이 불안

정의 문제를 보다 구체적으로 파악할 수 있는 장점이 있다.

참고로 APQP*에서는 제품 및 공정을 설계한 후 공정능력지수를 평가하여 [표 13-1]과 같이 조치하는 데, 지수값으로서 공정이 안정이 된 경우에는 C_{pk}, 공정이 불안정한 경우에는 P_{pk}값을 사용한다. 그런데 공정이 안정이 된 경우에는 C_{pk}와 P_{pk}의 값이 같아지기 때문에 어느 것을 사용해도 동일한 결과를 얻게 된다.

표 13-1 초기 공정의 합격 기준

공정능력 지수값	해석
지수값>1.67	• 고객요구사항을 충족시킴 • 승인 후 양산 개시하고 관리계획서에 따름
1.33≤지수값≤1.67	• 수용가능하나 약간의 개선필요 • 고객에게 통보 및 연구의 결과 검토 • 양산 전에 개선이 어려우면 관리계획서 변경
지수값<1.33	• 합격기준을 충족 시키지 못함 • 연구결과 검토를 위한 해당 고객대표와 접촉

예제 13-4 '**예제 10-1**'의 데이터에 대해 미니탭을 사용하여 공정능력지수 C_p, C_{pk}, P_p, P_{pk}를 구하고 공정해석을 하시오.

우선 [표 10-4]와 같이 워크시트 상에서 데이터를 한 열로 쌓은 상태에서 정규성 검정을 실시한다.

통계분석>기초 통계>정규성 검정을 클릭하면 다음의 화면이 나타난다.

Note **APQP(Advanced Product Quality Planning)** : 1980년대 초 미국 자동차의 Big 3가 주축이 되어 자동차 부품품질 확보를 위한 제품개발절차를 만들게 되었다. 이후 이를 토대로 TS 16949가 탄생하게 되었는데 이는 완성차 업체들이 전 세계 모든 공급사들로 하여금 APQP를 통해 설계능력을 갖추게 함으로써 부품품질을 확보할 수 있도록 유도한 것이다.

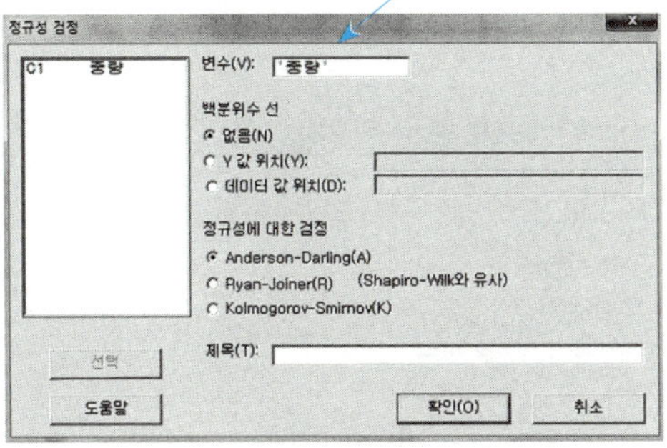

'확인'을 클릭하면 다음의 결과가 나타난다.

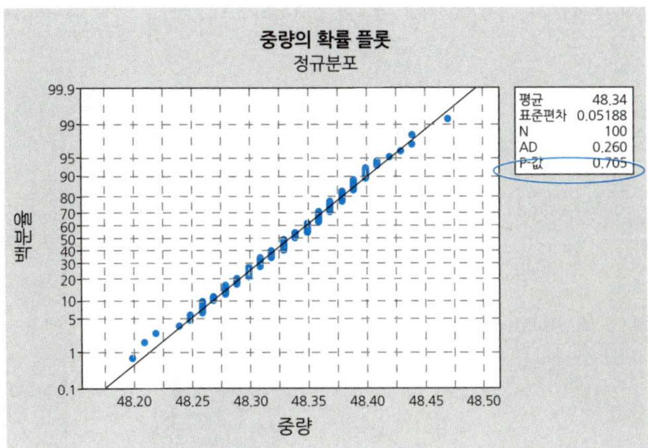

$p=0.705>0.05$이므로 데이터가 정규분포임을 알 수 있다.

공정능력을 분석하기 위해 **통계분석>품질 도구>공정 능력 분석>정규 분포**를 클릭한다.

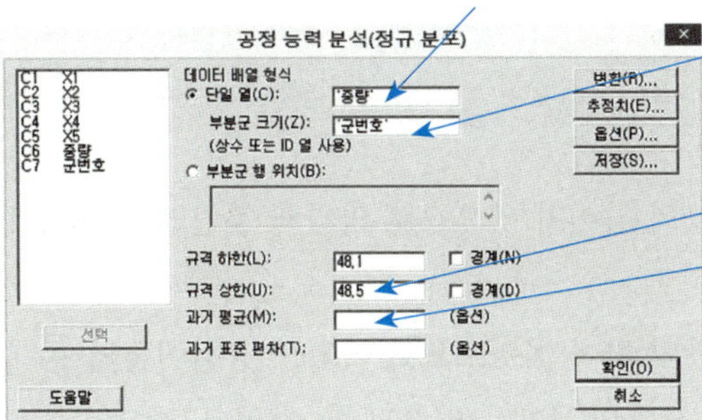

'추정치(E)'를 클릭하면 다음의 화면이 나타난다.

'Rbar(R)'를 지정함

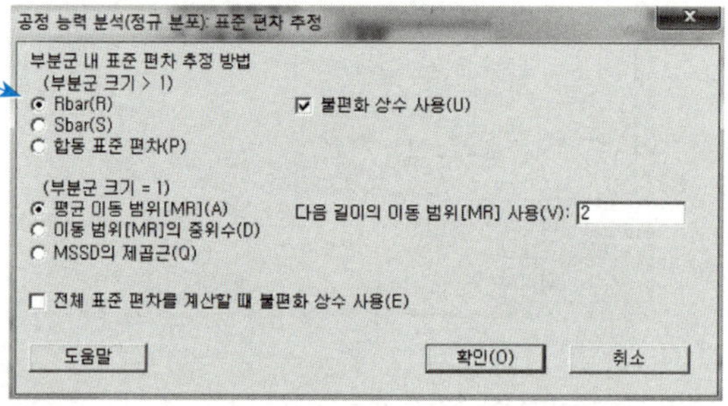

'확인'을 연속하여 클릭하면 다음의 화면이 나타난다.

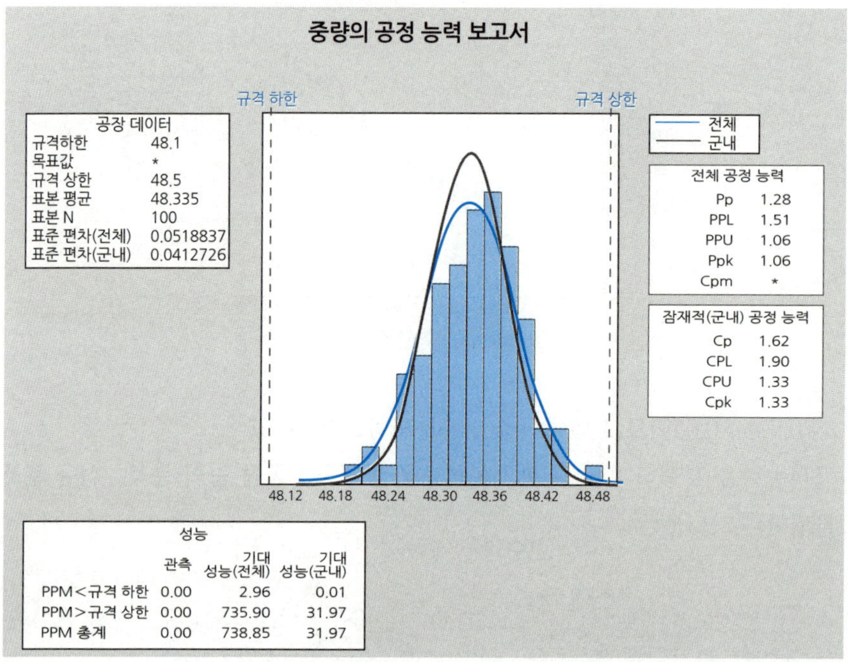

C_p와 P_p(또는 C_{pk}와 P_{pk})가 약간의 차이가 있으므로 약간의 불안정의 문제가 있다고 할 수 있다.

C_p와 C_{pk}(또는 P_p와 P_{pk})가 약간의 차이가 있으므로 약간의 중심이탈의 문제가 있다고 할 수 있다. $C_p>1$이므로 산포의 문제는 있다고 할 수 없다.

현재 $P_{pk}=1.06$ 수준이나 불안정과 중심이탈의 문제를 해결할 경우 품질수준을 $C_p=C_{pk}=P_p=P_{pk}=1.62$까지 달성할 수 있다.

13.3 계수치 Data의 DPO와 DPU

계수치 데이터의 경우 품질수준을 측정하기 위해서는, 우선 다음의 용어를 이해할 필요가 있다.

- Defect : 결함의 수
- PPM(Part per Million): 백만 단위 당 결함의 수가 몇 개인가를 나타냄
- Unit: 검사된 단위 수
- Opportunity: 한 단위 내의 결함발생 기회의 수
- TOP(Total Opportunity): 다음과 같이 단위 수(Units)에 단위당 결함 발생기회수 (Opportunity)를 곱한 것으로 총 기회의 수를 나타냄

$$\text{TOP} = \text{Units} \times \text{Opportunity}$$

- DPU(Defects per Unit): 결함(Defects)을 단위수(Units)로 나눈 것으로 단위당 결함 수를 나타냄

$$\text{DPU} = \frac{\text{Defects}}{\text{Units}}$$

- DPO(Defects per Opportunity): 총결함수(Defects)를 총 기회의 수(TOP)로 나눈 것으로, 결함발생 기회수 당 단위당 결함수를 나타냄

$$\text{DPO} = \frac{\text{Defects}}{\text{TOP(Unit*Opprotunity)}} = \frac{\text{DPU}}{\text{Opprotunity}}$$

- DPMO(Defects per Million Opportunity): DPO에 백만을 곱한 것으로 백만 단위 기회수당 결함수를 나타냄

$$\text{DPMO} = \text{DPO} \star 1{,}000{,}000 = \frac{\text{Defects}}{\text{TOP}} \star 1{,}000{,}000$$

[그림 13-13]과 같이 3명의 작업자가 각각 1단위에 납땜을 한 결과 불량을 1개씩 냈다면, 단위당 결함수 즉 DPU는 모두 1이 된다. 따라서 이 경우 DPU로 품질수준을 평가하면 4번의 작업을 해서 1개의 불량을 낸 ③번의 작업자의 경우, 1번의 작업을 해서 1개의 불량을 낸 ①번의 작업자에 비해 억울할 것이다.

따라서 DPU로 품질을 평가해서는 문제가 있다는 것을 알 수 있다.

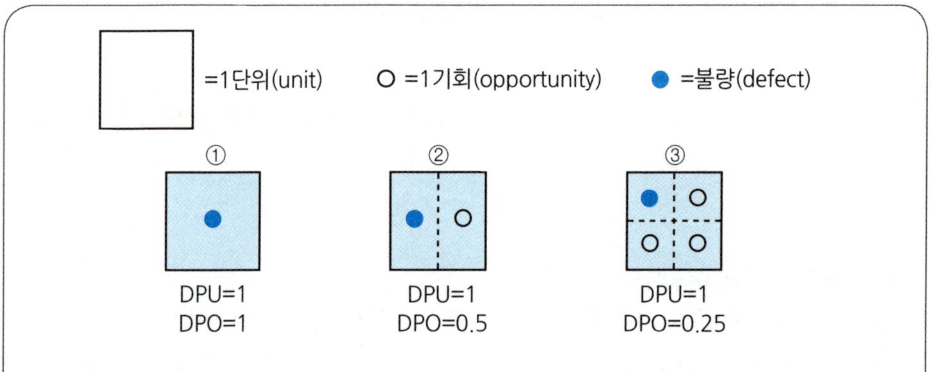

그림 13-13 DPU와 DPO

그런데 상기의 그림에서 불량(Defect)을 총 기회의 수(TOP)로 나눈 DPO를 구하면, ③번 작업자의 경우는 0.25 ①번 작업자의 경우는 1이 됨으로, DPO로 품질을 평가하는 것이 합리적인 것을 알 수 있다.

따라서 계수치의 경우 품질수준을 평가할 때 DPO를 사용한다.

예제 13-5 1개의 제품을 완성하기 위해 4군데 납땜을 해야 한다. 다음과 같이 25개 제품을 생산한 결과 11개의 결점(불량)이 발생되었다. DPU와 DPO를 각각 구하시오.

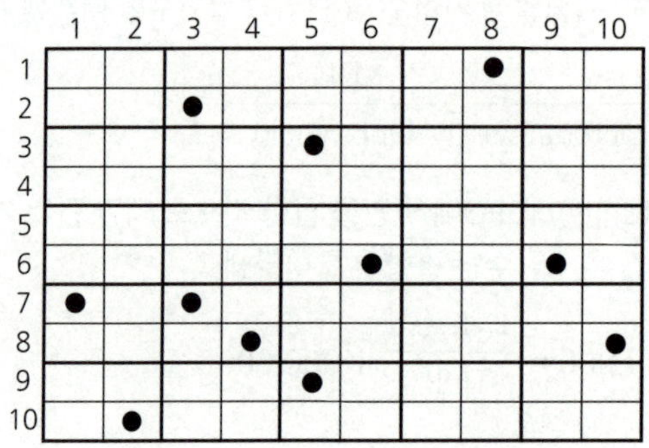

총 Defects = 11개, TOP = Units x Opportunity = 25×4 = 100이므로

$$\text{DPO} = \frac{\text{Defects}}{\text{TOP}} = \frac{11}{100} = 0.11\text{이고}$$

DPU = DPO × Opportunity이므로

$$\text{DPU} = 0.11 \times 4 = 0.44\text{가 된다.}$$

13.4 σ값 또는 σ수준

데이터가 계량치든 계수치든 구분 없이 모집단의 표준편차인 σ를 사용하여 품질 수준을 σ값(또는 σ수준)으로 나타내면 편리할 뿐 아니라 품질 수준을 서로 비교하기도 용이하다.

σ값을 구하기 위해서는 우선 불량률 p값을 구해야 한다. [그림 13-14]에서 '①한쪽규격만 있는 경우' 규격상한을 벗어나는 확률값 p가 불량률이 된다. 그리고 '②양쪽규격이 있는 경우'에는 규격상한과 하한을 벗어나는 확률값을 모두 더하여 불량률 p값을 구한다.

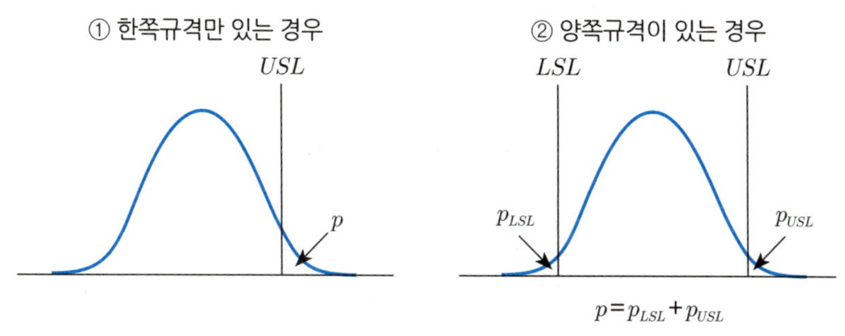

그림 13-14 σ값을 구하기 위한 불량률 p값의 계산

[그림 13-15]의 '②정규분포' 상에서, 불량률 p값을 규격상한(USL)을 벗어나는 확률이라고 할 경우, 확률값 p는 다음과 같이 구할 수 있다.

$$P(X > USL) = p$$

상기의 식을 정규화할 경우, 이는 [그림 13-15]의 '①표준정규분포'상에서 확률값 p를 구하는 것으로 다음과 같다.

$$P\left(Z > \frac{USL - \mu}{\sigma}\right) = p$$

따라서 표준정규분포 상에서 확률값 p에 대응되는 Z값은 다음과 같이 나타낼 수 있다.

$$Z_p = \frac{USL - \mu}{\sigma}$$

이 경우 Z_p가 σ값(수준)으로, 상기의 식에서도 알 수 있듯이 공정의 중심(μ)에서 규격(USL)까지 표준편차(σ)를 몇 개 넣을 수 있는가를 나타낸다.

계수치의 경우에는 불량율 p값 대신에 DPO를 사용하면 동일한 방법으로 σ값을 구할 수 있다. [그림 13-16]을 통해 설명을 할 경우 σ값의 의미를 보다 쉽게 이해할 수 있을 것이다.

[그림 13-16]에서 규격상한(USL)을 벗어나는 불량이 적을 수록 표준편차의 크기가 작아지므로 공정의 중심에서 규격상한까지 더 많은 표준편차를 넣을 수 있다.

①의 경우 불량률이 308,537 PPM으로 품질수준이 매우 낮은 상태이다. 따라서 이 경우 표준편차가 매우 크므로 공정의 중심에서 규격상한까지 표준편차를 0.5개 밖에

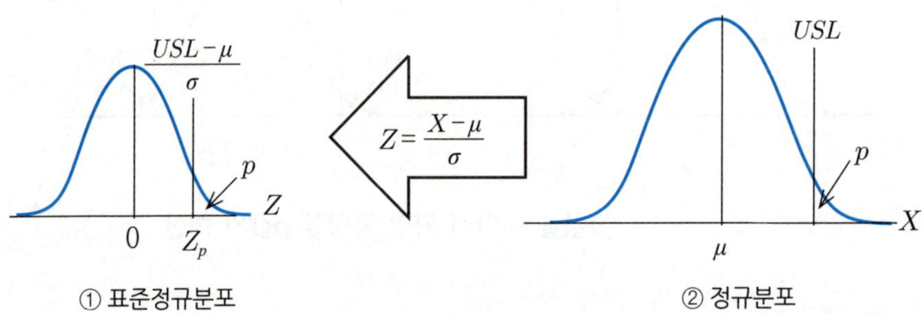

그림 13-15 **σ값 계산**

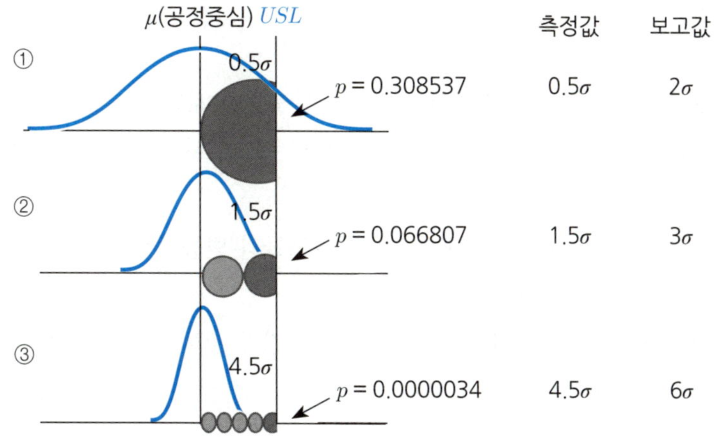

그림 13-16 **σ값(수준)의 이해**

넣을 수 없다.

그런데 σ값은 '공정의 중심에서 가장 가까운 규격까지 표준편차를 몇 개 넣을 수 있는가?'로 정의 되므로 ①의 경우의 품질수준은 0.5σ가 된다.

같은 방법으로 불량률이 66,807 PPM인 ②의 경우는 표준편차를 1.5개, 불량률이 3.4 PPM인 ③의 경우는 표준편차를 4.5개 넣을 수 있으므로 품질수준이 각각 1.5σ, 4.5σ가 된다.

그러나 실제로 보고를 할 때에는 데이터를 통해 구한 σ값에 1.5σ를 더하여 ①, ②, ③의 경우 각각 2σ, 3σ, 6σ로 보고한다. 이에 대한 내용이 다음 절인 '13.5 σ값의 보고'에 설명되어 있다.

13.5 σ값의 보고

[그림 13-17]에서와 같이 단기(Short Term)분포들이 시간이 지남에 따라 축적되면 장기(Long Term)분포가 된다. 따라서 장기분포는 단기분포에 비해 산포가 커질 수밖에 없다.

경험적으로 정상적인 상태에서도 단기분포들의 변동들로 인해 장기분포의 품질수준이 1.5σ 나빠지는 것으로 알려져 있다.

따라서 Long Term의 σ값은 Short Term의 σ값에 비해서 1.5σ가 나빠지는 것으로 간주된다.

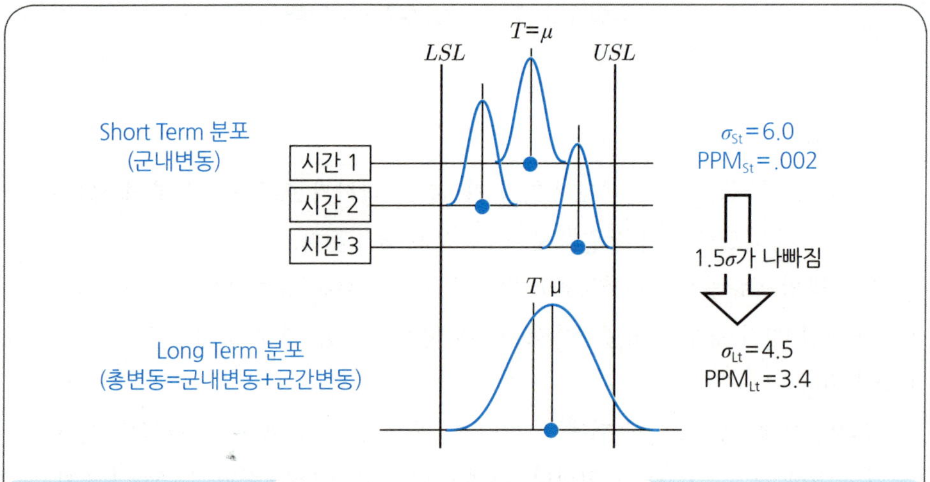

그림 13－17 **단기 및 장기분포**

우리는 Short Term의 σ값을 보고하는데 데이터를 통해 측정한 σ값을 Long Term으로 취급한 상태에서 1.5σ 가 나빠진 것을 보상하기 위해, 여기에 1.5σ 를 더하여 보고한다.

[그림 13-18]에서 ①, ②, ③의 측정값이 각각 0.5σ, 1.5σ, 4.5σ이므로 이를 Long Term으로 간주하고, 여기에 1.5σ를 더하여 Short Term의 값인 2σ, 3σ, 6σ를 보고한다. 단, PPM은 Long Term의 값을 그대로 보고한다.

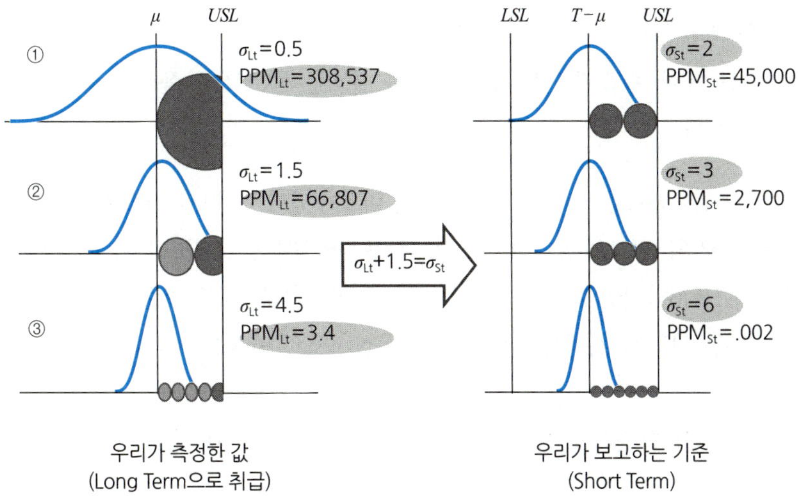

그림 13-18 σ값의 보고방법

일반적으로 [그림 13-19]와 같이 pilot test 단계에서는 6σ 품질을 달성할 수 있으나, 양산 검증단계에서는 4.5σ가 되며, 양산 이후에는 3σ품질을 유지하기에 급급하다.

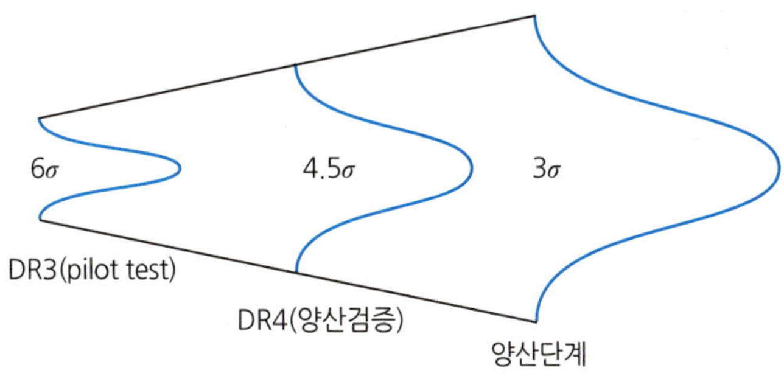

그림 13-19 단계별 품질수준의 변화

이는 pilot 단계에서는 최상의 설비와 원자재 그리고 최고의 전문가들이 관여하는 반면, 양산으로 갈수록 노후화된 설비, 산포가 큰 원자재 그리고 경험이 적고 미숙한 작업자가 생산을 하기 때문이다.

따라서 양산 시 재현성을 높여 품질을 보증하기 위해서는, R&D의 제품 및 공정설계 단계에서 DFSS를 통해, 양산 시에 실제로 발생되는 원자재 및 공정조건의 산포를 고려한 설계를 해야 한다.

즉, 산포를 통한 예측 생산을 통해 허용차 설계를 함으로써, 올바른 규격(품질표준)을 설정해야 한다.

[표 13-2]에서 σ수준에 따른 품질지표를 비교하였다. 여기서 시그마 수준만 Short Term 값이고, P_{pk}와 PPM은 장기적으로 단기분포들의 변동을 고려한 Long Term 값이다.

매출액이 1000억원인 2개의 회사가 있는데, 한 회사는 품질수준이 3σ이고 다른 회사는 6σ일 경우, [표 13-2]에서 매출액 대비 손실비용의 비율을 각각 30 % 및 1 % 라고 할 수 있다.

그러므로 3σ인 회사의 손실비용은 300억, 6σ인 회사는 10억으로 그 차이가 290억이 된다.

즉, 품질 수준이 3σ인 회사는 이익으로 확보할 수 있는 290억을 품질수준이 낮기 때문에 낭비하게 되는 것이다. 따라서 품질이 경영성과에 미치는 영향이 매우 크다는 것을 알 수 있다.

표 13-2 품질 수준의 비교

시그마 수준	P_{pk}	PPM	품질손실비용 (매출액 대비)
2	0.17	308,537	
3	0.5	66,807	25-40 %
4	0.83	6,210	5-25 %
5	1.17	233	5-15 %
6	1.5	3.4	1 % 이하

13.6 미니탭을 통한 σ값 계산

미니탭으로 σ값을 구할 경우 데이터가 계량치 또는 계수치 인가에에 따라 구하는 방법이 다르다. 또한 계수치인 경우에는 데이터가 이항분포 또는 포아송 분포를 따르느냐에 따라 구하는 방법에 차이가 있다.

예제 13-6 **'예제 10-1'**의 데이터에 대해 미니탭을 사용하여 σ값을 구하시오.

계량치 데이터의 경우 미티탭에서 다음과 같이 σ 값을 구할 수 있다.
[표 10-4]와 같이 데이터를 쌓은 상태에서 **통계분석**>**품질도구**>**공정능력분석**>**정규분포**를 클릭하면 다음의 화면이 나타난다.

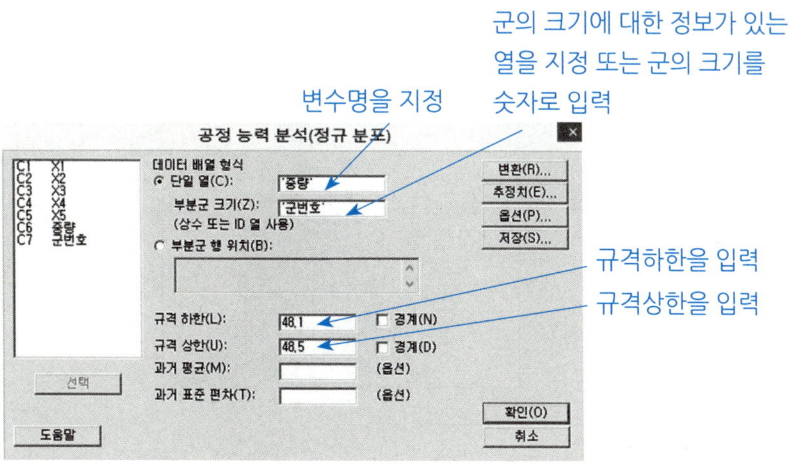

상기의 화면에서 '옵션'을 클릭하면 다음의 화면이 나타난다.

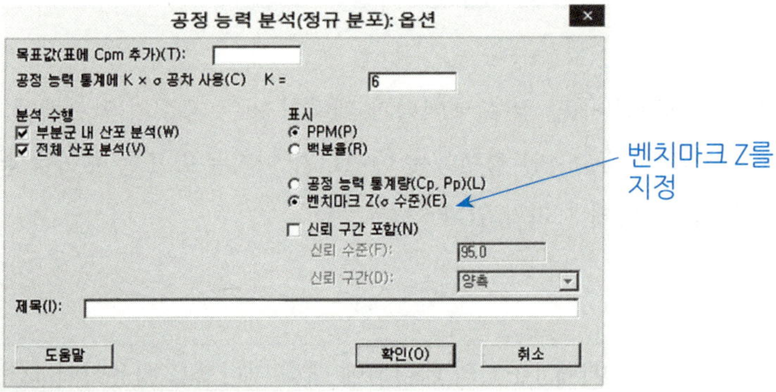

'확인'을 연속하여 클릭하면 다음의 결과가 나타난다.

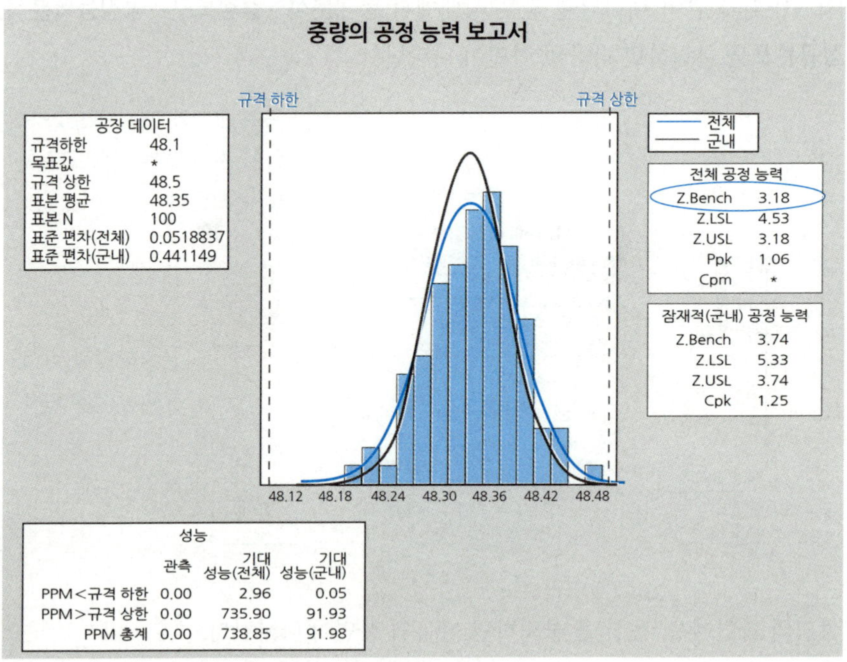

'$Z_{bench}=3.18$'을 Long Term 값으로 간주하고 여기에 1.5σ를 더하여 다음과 같이 Short Term의 값을 보고한다.

$$\sigma\text{값} = Z_{bench} + 1.5 = 3.18+1.5 = 4.68(\sigma)$$

문제 13-1 **'예제 10-2'**의 데이터에 대해 σ값을 구하시오.

예제 13-7 **'예제 11-1'**의 데이터에 대해 미니탭을 사용하여 σ값을 구하시오.

계수치 데이터의 경우 특성치가 이항분포를 따를 때 다음과 같이 σ값을 구할 수 있다.

[표 11-2]와 같이 데이터를 입력한 후, **통계분석**>**품질 도구**>**공정 능력 분석**>**이항 분포**를 클릭하면 다음의 화면이 나타난다.

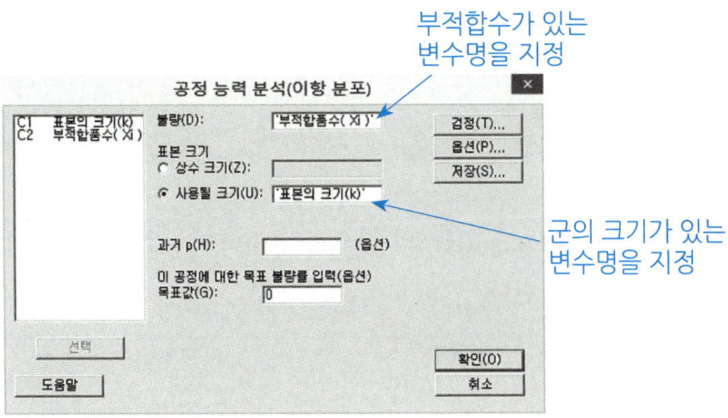

'확인'을 클릭하면 다음의 결과가 나타난다.

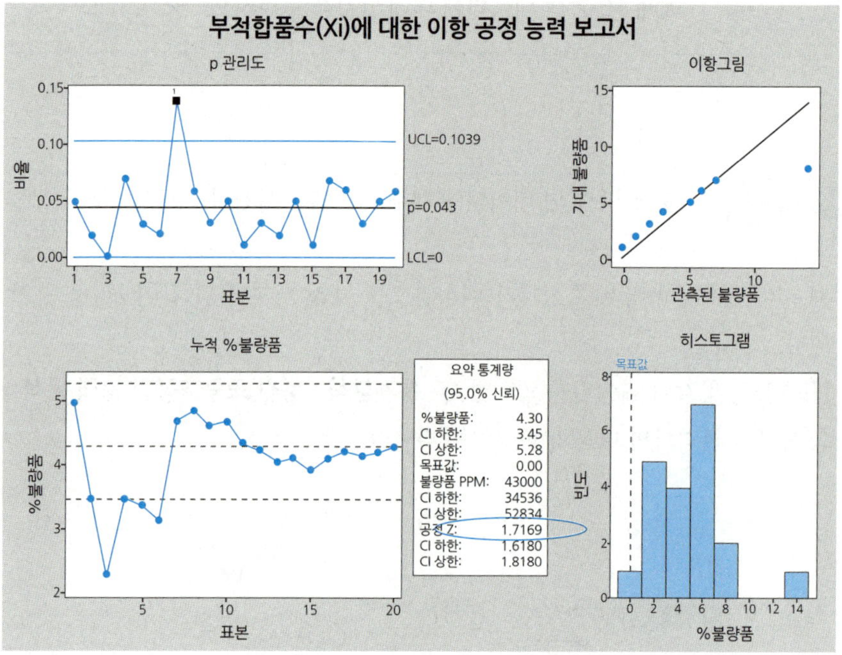

'공정 $Z=1.7169$'를 Long Term의 값으로 간주하여 σ값 = 공정 $Z+1.5=1.7169+1.5=3.22(\sigma)$로 계산한다.

문제 13-2 **'예제 11-3'**의 데이터에 대해 σ값을 구하시오.

예제 13-8 **'예제 11-2'**의 데이터에 대해 미니탭을 사용하여 σ값을 구하시오.

계수치 데이터의 경우 특성치가 포아송분포를 따를 때 다음과 같이 σ값을 구할 수 있다.

[표 11-4]와 같이 데이터를 입력한 후, **통계분석>품질 도구>공정 능력 분석>포아송**을 클릭하면 다음의 화면이 나타난다.

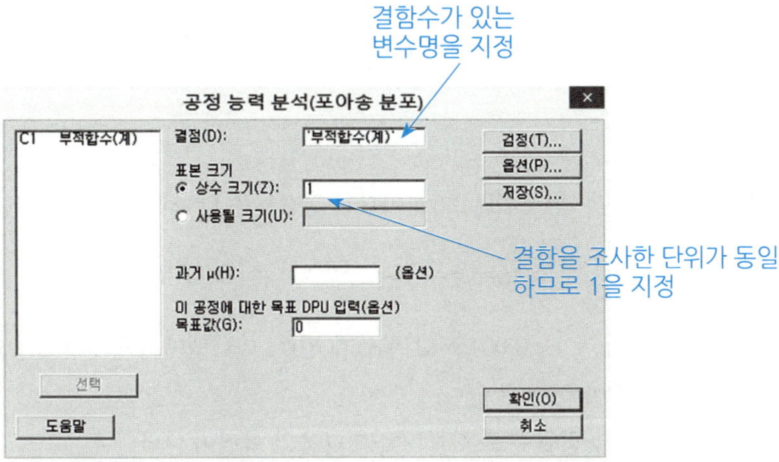

'확인'을 클릭하면 다음의 결과가 나타난다.

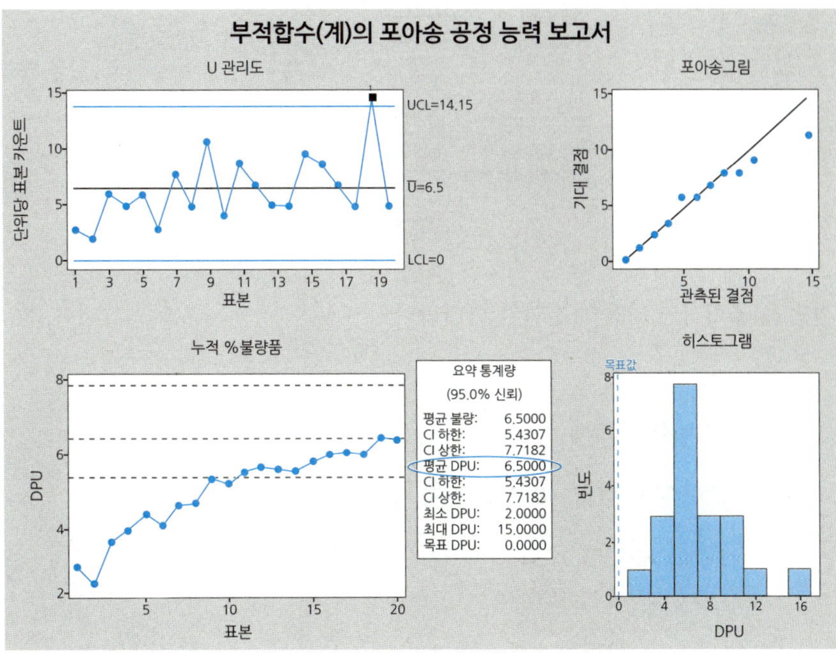

그림 13-20 포아송분포의 경우 σ값 계산

포아송분포 $P(x) = \dfrac{e^{-m} \cdot m^{x}}{x!}$ 에서 x=0일 때 양품률은 다음과 같다.

$$P(x=0) = e^{-m}$$

[그림 13-20]에서 '평균 DPU=6.5'이므로 양품률은 다음과 같이 계산된다.

$$P(x=0) = e^{-m} = e^{-DPU} = e^{-6.5} = 0.0015$$

따라서 불량률(p)= 1− 0.0015= 0.9985가 된다. 미니탭에서 불량률 p에 해당되는 Z_p 를 다음과 같이 구할 수 있다.

계산>**확률분포**>**정규 분포**를 클릭하면 다음의 화면이 나타난다.

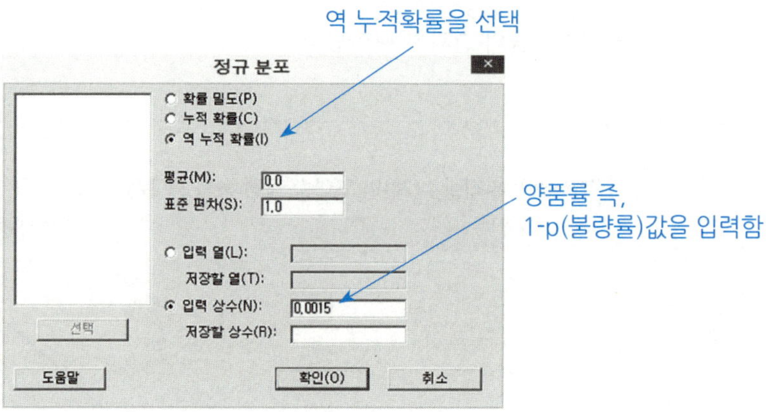

'확인'을 클릭하면 다음의 결과가 나타난다.

역 누적분포함수

정규 분포(평균 = 0, 표준 편차 = 1)

P(X <= x)	x
0.0015	-2.96774

Z_p=−2.96774를 Long Term으로 간주하여 σ값=Z_p+1.5=−2.96774+1.5= −1.47(σ)으로 계산한다.

문제 13-3 **'예제 11-4'**의 데이터에 대해 σ값을 계산하시오.

13.7 연속공정의 경우 품질 수준의 측정

많은 기업에서 연속공정일 경우 품질 수준을 잘못 나타내는 경향이 있다. 따라서 다음의 예제를 통해 올바른 품질 수준을 파악해 보기로 한다.

예제 13-9 3개의 공정으로 구성된 라인에 100개의 제품을 투입한 결과, 각 공정마다 다음과 같이 폐기 및 재작업이 발생되었다. 다음의 질문에 답하시오.

(1) 라인의 수율을 구하시오.
(2) 라인의 직행률(RTY*)은 얼마인가?
(3)라인의 불량률은?

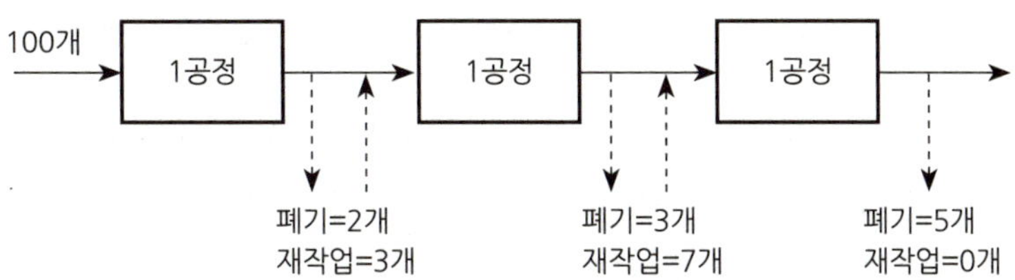

1) 최초 공정에 총 100개가 투입이 되어 일련의 공정을 거치면서 10개가 폐기가 되고 최종적으로 90개가 생산되었으므로 수율은 다음과 같다.

$$\text{Yield} = \frac{\text{output}}{\text{input}} \times 100 = \frac{90}{100} \times 100 = 90(\%)$$

Note **RTY(Rolled Throughput Yield)** : 일련의 공정에서 불량이나 재 작업 없이 양품만이 생산되는 비율로, 각 공정의 양품율을 전부 곱해서 구한다. 우리나라 말로는 직행률이라고 한다.

2) 각 단위 공정의 양품률을 구한 후 이를 전부 곱하면 다음과 같이 RTY = 81(%) 가 된다.

1공정의 양품률 = 95/100 = 0.95, 2공정의 양품률 = 88/98 ≒ 0.90, 3공정의 양품률 = 90/95 ≒ 0.95

$$\text{RTY} = 0.95 \times 0.9 \times 0.95 = 0.81$$

3) 불량률은 RTY를 이용하여 다음과 같이 구할 수 있다. 이 경우 불량률은 19 % 이다.

$$\text{불량률} = 1 - \text{RTY} = 1 - 0.81 = 0.19$$

그런데 상기와 같이 구할 경우 불량률이 높게 나타나기 때문에, 많은 기업의 경우 각 단위공정의 불량률을 평균하여 보고하는 경우가 많은데, 이 경우 각각의 단위 공정 불량률이 다음과 같으므로 평균불량률은 6.7 %밖에 되지 않는다.

1공정의 불량율 = 5 %, 2공정의 불량율 ≒ 10 %, 3공정의 불량율 ≒ 5 %

그러나 직행률에 의해 불량률을 구해야만 정확한 불량률을 계산할 수 있으며, 공정에 대한 추가 정보를 얻을 수 있다.

상기의 예제에서 직행률과 수율과의 차이는 90 − 81=9(%)로, 이는 재작업에 해당된다.

많은 기업의 경우 불량률 계산 시 재작업을 포함시키지 않으나, 재작업의 경우 인원 및 설비공수, 원재료 등이 추가로 사용되어 비용이 발생되므로, 반드시 계산에 포함시켜 현재화함으로써 개선을 유도해야 할 것이다.

연속공정의 경우 σ값은, 우선 다음과 같이 불량률 p값을 구한 후, 이에 대응하는 σ값을 앞에서 설명한 것과 동일한 방식으로 구하면 된다.

$$p = 1 - \sqrt[n]{\text{RTY}}$$

상기의 식에서 n은 공정의 수를 나타내는데, 공정의 수가 많을수록 RTY가 작아져 불리하기 때문 이를 보상해주기 위해 제곱근을 사용한 것이다.

13장 연습문제

1. 6σ를 공정의 고유능력이라고 할 수 있는 근거는 무엇인가?

2. 특성의 규격이 4 ±1 이고 표준편차가 0.4 일 때 공정능력지수 C_p를 구하시오.

3. σ 와 σ 수준(또는 값)에 대해 간략하게 정의 하시오.

4. '10장 연습문제 4번'의 데이터에 대해 다음의 질문에 답을 하시오.

   1) 공정능력지수(C_p, C_{pk}, P_p, P_{pk})를 구하고 이를 통해 공정을 해석하시오.

   2) σ 값을 구하시오.

5. '10장 연습문제 5번'의 데이터에 대해 다음의 질문에 답을 하시오.

   1) 공정능력지수(C_p, C_{pk}, P_p, P_{pk})를 구하고 이를 통해 공정을 해석하시오.

   2) σ 값을 구하시오.

6. '11장 연습문제 2번'의 데이터에 대해 σ 값을 구하시오(계산 과정을 밝힐 것).

7. '11장 연습문제 3번'의 데이터에 대해 σ 값을 구하시오(계산 과정을 밝힐 것).

8. C_p 값과 P_p 값간에 차이가 있을 때 공정에 불안정의 문제가 있다고 할 수 있는 근거는 무엇인가? 간략하게 기술하시오.

9. 공정에 불안정과 중심이탈의 문제가 없을 경우 공정능력지수(C_p, C_{pk}, P_p, P_{pk})가 모두 같아지는 이유를 설명하시오.

제14장

상관과 회귀분석

온도와 압력 간에 서로 관련이 있는가? 판촉비가 증가할수록 매출이 증대하는가? 등과 같이 두 변수 간의 관계가 있는지의 여부를 파악하는 것을 상관분석이라 한다. 상관분석은 다수의 변수가 존재할 경우 상관관계가 있는 중요한 변수를 선정할 때 유용하게 사용된다.

그리고 만일 상관관계가 있을 경우 온도가 80° 일 때의 압력값, 판촉비가 10억 일 때의 매출액 등을 예측하는 것과 같이 독립변수와 종속변수 간에 방정식을 구하고 독립변수의 값으로 종속변수의 값을 추정하는 것을 회귀분석이라고 한다.

일반적으로 회귀분석은 인위적으로 실험조건을 설정하여 데이터를 구하기가 곤란한 경우, 자연상태에서 관련 데이터를 있는 그대로 수집하여 분석할 때 많이 사용된다.

이 장에서는 상관분석을 먼저 설명한 후 회귀분석에 대해 설명하기로 한다.

14.1 상관분석(correlation analysis)

두 변수 간의 상호 관련성의 정도를 구체적인 숫자인 상관계수(correlation coefficient)를 구하여 파악하는 것을 상관분석이라고 한다.

그런데 상관계수를 구하기 전에 산점도(scatter plot)를 먼저 작성하여 두 변수 간의 관계를 미리 파악하는 것이 중요하다.

상관분석을 위해서는 다음과 같이 쌍을 이룬 계량치 데이터가 필요하다.

$$(x_1,\ y_1),\ (x_2,\ y_2),\ \cdots,\ (x_n,\ y_n)$$

1) 산점도

상관분석의 첫 단계로 [그림 14-1]과 같이 데이터를 X, Y축에 타점하여 산점도를 작성함으로써 다음과 같이 두 변수 간의 관계를 파악한다.

① x와 y사이에 선형 관계가 있는지를 검토한다.

(a)의 경우는 x의 값이 증가할 수록 y의 값이 증가하므로 양의 상관관계, (b)의 경우는 x의 값이 증가할 수록 y의 값이 감소하므로 음의 상관관계를 갖는다.

② 곡선관계가 성립되는지를 파악한다.

(c)의 경우는 곡선의 관계가 성립되므로 곡선회귀분석을 해야 한다.

③ 이상치가 있는가를 파악한다.

(d)의 경우는 이상치가 존재하는 경우로, 데이터의 혼입, 측정오류, 기입 시의 착오 등의 원인을 규명하여 조치한 후 상관계수를 구해야 한다.

④ 층별할 수 있는지를 검토한다.

(e)의 경우는 서로 다른 두 개의 모집단의 데이터가 혼재되어 있는 경우로 데이터를 분리한 후 상관계수를 구해야 한다.

(c)(d)(e)의 경우는 실제로 상관관계가 있음에도 불구하고, 아무런 조치 없이 상관계수를 구할 때에는 상관관계가 없는 것으로 나타날 수 있다. 따라서 상관분석을 할 경우에는 우선 산점도를 작성하여 전체적인 상황을 먼저 파악하고, 필요한 조치를 한 이후 상관계수를 구할 필요가 있다.

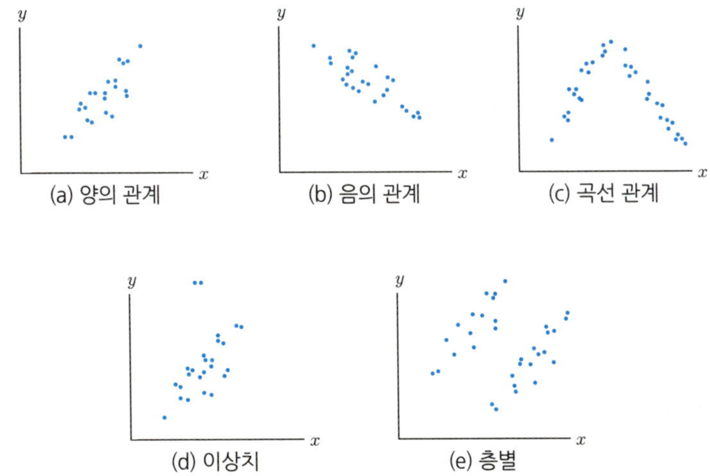

그림 14-1 상관관계

2) 상관계수(correlation coefficient)

상관계수는 두 변수 간의 선형관계의 정도를 수치로 나타난 척도로 항상 −1에서 +1사이의 값을 갖는다, 그런데 이때 상관계수의 값이 +1에 가까울수록 강한 양의 상관관계를 가지며 −1에 가까운 값을 가질수록 강한 음의 상관관계를 갖는다.

① $|r| \geq 0.8$: 강한 상관관계

② $0.4 \leq |r| < 0.7 \sim 0.8$: 약한 상관관계

③ $|r| < 0.4$: 상관관계가 거의 없음

상관계수를 모집단에서 구할 경우 모상관계수(population coefficient of correlation), 표본에서 구할 경우 표본상관계수(sample correlation coefficient)라고 한다.

▶ 모상관계수

모집단으로부터의 모상관계수는 다음과 같이 구할 수 있다.

$$\rho = \frac{Cov(X, Y)}{\sigma_X \sigma_Y}$$

여기서 $$Cov(X, Y) = E(X - \mu_X)(Y - \mu_Y) \qquad (14.1)$$

$$\sigma_X^2 = E(X - \mu_X)^2$$

$$\sigma_Y^2 = E(Y - \mu_Y)^2$$

식 (14.1)에서 공분산(COV: covariance)은 x의 큰 값에 y의 큰 값 또는 x의 작은 값에 y의 작은 값이 대응되면 양수의 큰값을 갖는다. 그리고 x의 큰 값에 y의 작은 값 또는 x의 작은 값에 y의 큰 값이 대응되면 음수의 큰 값을 갖는다.

그런데 공분산은 x, y의 단위에 따라 그 값이 달라진다. 따라서 단위와 무관한 척도를 얻기 위하여 공분산을 x와 y의 표준편차의 곱 $\sigma_X \cdot \sigma_Y$ 로 나누어 상관계수를 구한다.

▶ 표본상관계수

모집단의 모상관계수를 알 수 있는 경우는 드물다. 따라서 모집단으로부터 n개의 확률표본 $(x_1, y_1), (x_2, y_2), \cdots, (x_n, y_n)$을 추출하여 표본 상관계수를 구함으로써 모상관계수를 다음과 같이 추정한다.

$$\hat{\rho} = \frac{\hat{Cov}(X, Y)}{\hat{\sigma}_X \hat{\sigma}_Y} = \frac{\frac{S_{xy}}{n-1}}{\sqrt{\frac{S_{xx}}{n-1} \cdot \frac{S_{xy}}{n-1}}} = \frac{S_{xy}}{S_{xx} \cdot S_{yy}} = r$$

여기서 $$\hat{Cov}(X, Y) = \frac{\sum (x_i - \overline{x})(y_i - \overline{y})}{n-1} = \frac{S_{xy}}{n-1}$$

$$\hat{\sigma}_X^2 = \frac{\sum(x_i - \overline{x})^2}{n-1} = \frac{S_{xx}}{n-1}$$

$$\hat{\sigma}_Y^2 = \frac{\sum(y_i - \overline{y})^2}{n-1} = \frac{S_{yy}}{n-1}$$

표본상관계수는 다음과 같은 특성을 갖는다.

표본상관계수 r의 성질

(1) $-1 \leq r \leq 1$의 값을 갖는다

(2) r은 선형관계를 나타내는 척도로 그림 [14-1]에서 (a)는 $0 < r < 1$ (b)는 $-1 < r < 0$의 값을 갖는다. 만일 $r=1$ 또는 $r=-1$일 경우에는 모든 점이 일직선상에 있게 된다.

(3) 만일 x가 $ax+b$, y가 $cy+d$로 바뀌어도 a와 c의 부호가 같으면 r값은 변함이 없다. 따라서 계산의 편의상 다음과 같이 수치변환(단, $h>0$, $g>0$)을 하여도 X, Y의 상관계수는 x, y의 상관계수와 동일하다.

$$X = (x - x_0) \times h$$
$$Y = (y - y_0) \times g$$

예제 14-1 두 변수 X, Y에 대한 표본상관계수 r을 구하시오

x	1	2	3	4	5
y	4	6	7	8	10

우선 산점도를 작성하여 두 변수간에 관계를 파악한다.

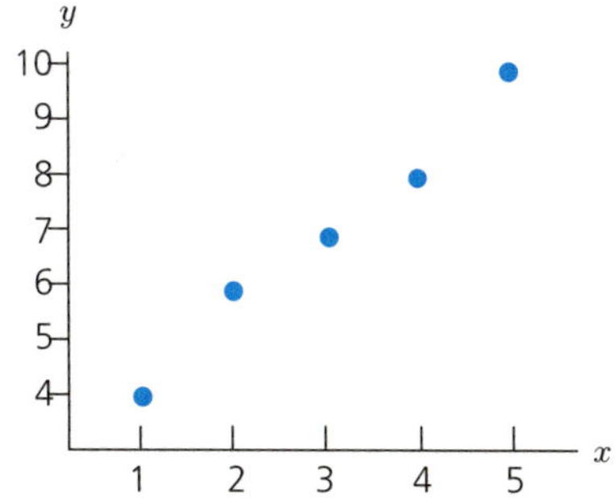

두 변수간에 양의 상관관계가 존재함을 알 수 있다.

표본 상관계수를 보다 간편하게 구하기 위해 다음과 같은 보조표를 작성한다.

x_i	y_i	$(x_i-\bar{x})$	$(y_i-\bar{y})$	$(x_i-\bar{x})^2$	$(y_i-\bar{y})^2$	$(x_i-\bar{x})\cdot(y_i-\bar{y})$
1	4	-2	-3	4	9	6
2	6	-1	-1	1	1	1
3	7	0	0	0	1	0
4	8	1	1	1	0	1
5	10	2	3	4	9	6
$\bar{x}=3$	$\bar{y}=7$			$S_{xx}=10$	$S_{yy}=20$	$S_{xy}=14$

$$r=\frac{S_{xy}}{\sqrt{S_{xx}\cdot S_{yy}}}=\frac{14}{\sqrt{10\times 20}}=0.99$$

3) 상관계수의 검정

표본상관계수 r은 모상관계수 ρ에 의해 영향을 받지만 추출된 표본에 의해서도 영향을 받는다. 따라서 구해진 표본상관계수 r을 통하여 상관관계가 성립되는지의 여부를 파악할 필요가 있다.

두 변수 사이에 상관관계가 있는지를 검정하는 가설은 다음과 같다.

$$H_0:\rho=0 \quad \text{vs.} \quad H_1:\rho\neq 0$$

귀무가설이 옳다는 가정하에 모집단의 분포가 정규분포이면 다음의 검정통계량은 자유도*가 $n-2$인 t분포를 따른다.

$$t_0=\frac{r}{\sqrt{\frac{1-r^2}{n-2}}}$$

만일 $|t_0|>t_{\frac{\alpha}{2}}(n-2)$이면 귀무가설 H_0을 기각할 수 있으므로 상관관계가 성립된다고 할 수 있다.

Note **자유도**: 어떤 상태로부터 몇 번을 변화시켜(흔들어서) 변동을 구했는가를 나타낸다. 따라서 자유도 $\phi=n$(데이터의 수)-1이 된다. 자유도에 대한 보다 자세한 설명은 '15.1 ANOVQ의 원리' 절에 설명되어 있다.

예제 14-2 '예제14-1'에서 구한 상관계수에 대한 검정을 하시오. 단 유의 수준 α=0.05로 한다.

x	1	2	3	4	5
y	4	6	7	8	10

① 귀무가설 및 대립가설을 수립한다.

$$H_0 : \rho = 0 \quad \text{vs.} \quad H_1 : \rho \neq 0$$

② 검정통계량을 결정한 후 그 값을 구한다.

$$t_0 = \frac{r}{\sqrt{\frac{1-r^2}{n-2}}} = \frac{0.99}{\sqrt{\frac{1-0.99^2}{5-2}}} = 12.16$$

③ $\alpha = 0.05$에서의 임계치를 구하여 기각역을 결정한다.

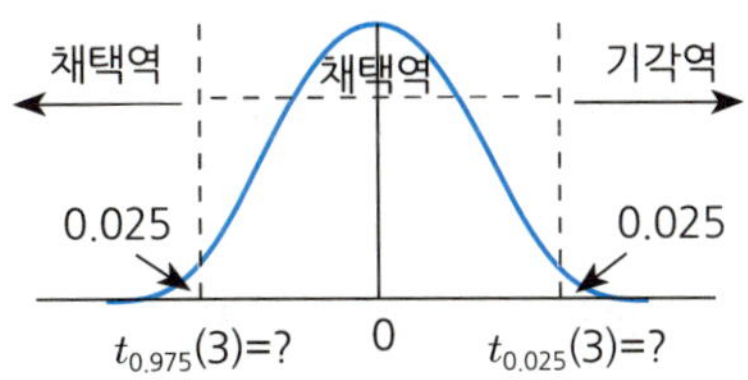

부록의 t 분포표에서 $t_{\frac{\alpha}{2}}(n-2) = t_{0.025}(3) = 3.182$ 를 구할 수 있다.

④ 검정통계량값과 임계치를 비교한다.

$|t_0| > t_{\frac{\alpha}{2}}(n-2)$ 즉, $t_0 = 12.16 > 3.182 = t_{0.025}(3)$으로 검정통계량값 t_0이 기각역에 속하므로 귀무가설 H_0을 기각할 수 있다. 따라서 두 변수 사이에 상관관계가 있다고 할 수 있다.

미니탭을 이용하여 **'예제 14-1'**, **'예제 14-2'**에서의 상관계수의 계산 및 검정을 하면 다음과 같다.

우선 워크시트에 다음과 같이 데이터를 입력한다.

↓	C1	C2
	x	y
1	1	4
2	2	6
3	3	7
4	4	8
5	5	10

그래프 > 산점도를 클릭하면 다음의 화면이 나타난다.

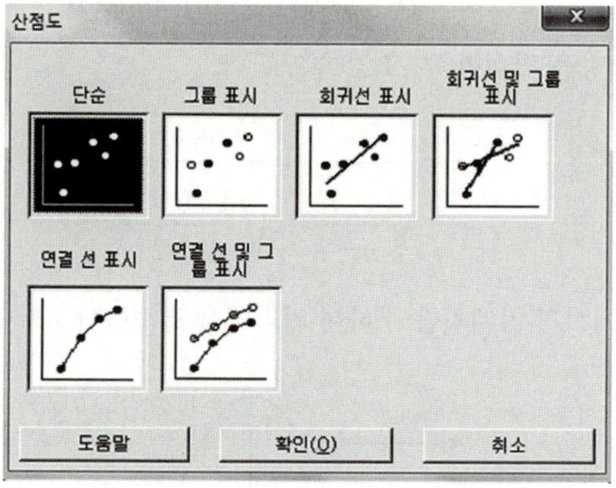

'단순'을 더블 클릭하여 화면이 나타나면 다음을 지정한다.

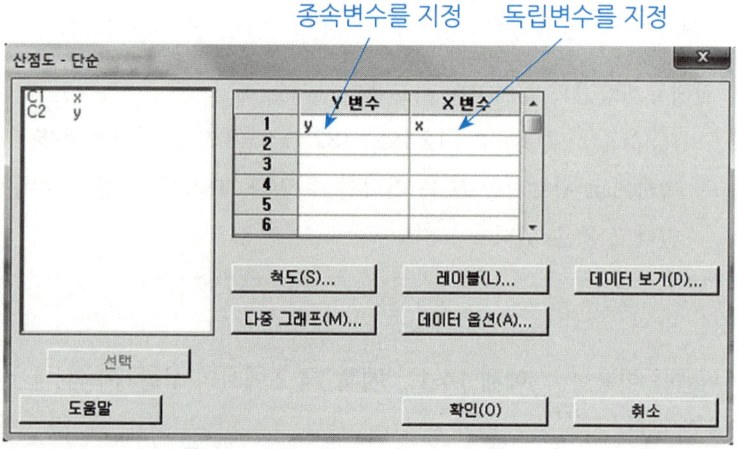

'확인'을 클릭하면 다음의 산점도가 나타난다.

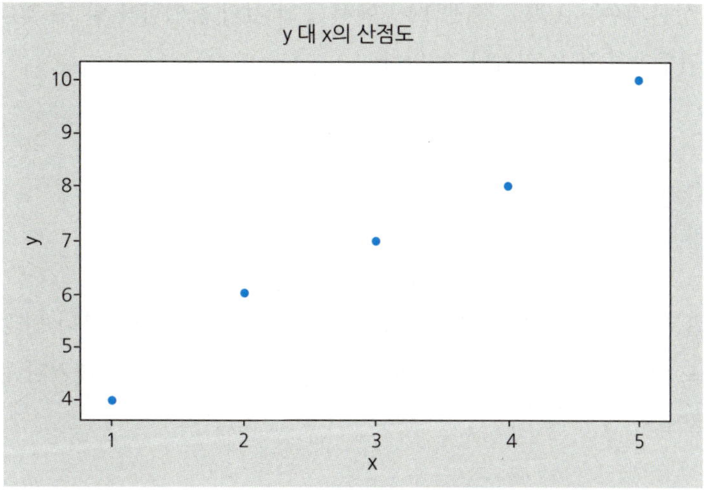

상관계수를 구하고 이를 검정하기 위해 **통계분석 > 기초 통계 > 상관 분석**을 클릭한 후 다음을 실행한다.

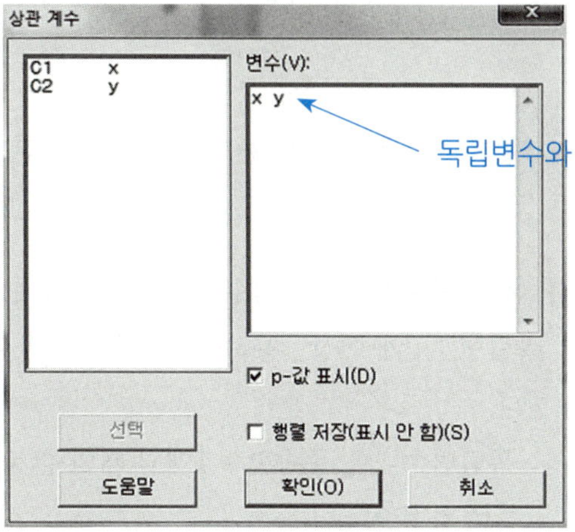

'확인'을 클릭하면 다음의 결과가 나타난다.

```
상관 분석: x, y

x와(과) y의 Pearson 상관 계수 = 0.990
P-값 = 0.001
```

상관계수는 0.99로 '예제 14-1'에서 구한 값과 동일함을 알 수 있다. 확률값 $p=0.001$로 귀무가설 H_0을 기각할 수 있다.

14.2 회귀분석(regression)

회귀분석이란 변수들의 관련성을 규명하기 위해 데이터로부터 방정식을 추정하는 것으로, 일반적으로 추정된 방정식을 이용하여 필요한 예측을 하거나 관심있는 통계적 추론을 한다.

상관분석과 회귀분석의 차이

회귀분석의 주된 목적은 독립변수의 값을 지정했을 때 종속변수가 갖는 값을 정확히 추정하는 데 있으나, 상관분석은 두 변수간의 상호 관련성을 상관계수를 구하여 파악하고자 하는 데 있다.

회귀분석은 다음의 3종류로 구분할 수 있는데 본서에서는 단순회귀 분석만을 설명하기로 한다.

① 단순회귀 분석 : 독립변수 1개, 종속변수 1개일 때의 관계를 선형으로 가정한다.
② 중회귀 분석 : 독립변수 2개 이상 , 종속변수 1개일 때의 관계를 선형으로 가정한다.
③ 곡선회귀 분석 : 독립변수 1개, 종속변수 1개일 때의 관계를 2차 이상의 고차함수로 가정한다.

중회귀 및 곡선회귀 분석도 단순회귀 분석과 같은 방식이 적용되므로 단순회귀 분석을 통해 쉽게 이해할 수 있다.

14.2.1 단순회귀 분석

두 변수 X, Y의 n개의 확률표본 $(x_1, y_1), (x_2, y_2), \cdots, (x_n, y_n)$에 대한 관계를 다음과 같이 직선으로 가정한다.

$$y_i = a + bx_i + e_i, \quad i = 1, 2, \cdots, n \qquad (14.2)$$

이때 $e_i \sim N(0, \sigma^2)$이고 서로 독립이며, a, b는 미지의 모수이다. 그리고 y_i는 종속변수로 독립변수 x_i에 따라 결정되는 값이다.

1) 단순회귀의 적합

식 (14.2)의 모회귀계수인 a, b는 최소제곱법(method of least square)에 의해 다음의 오차의 제곱합 D를 최소화하는 추정량 $\hat{a}$, $\hat{b}$으로 추정한다.

$$D=\sum_{i=1}^{n} e_i^{\,2}=\sum_{i=1}^{n}(y_i-a-bx_i)^2$$

이를 위해서 우선 오차의 제곱합 D를 다음과 같이 a, b로 각각 편미분 한 후,

$$\frac{\partial D}{\partial a} = -2\sum_{i=1}^{n}(y_i-a-bx_i)$$

$$\frac{\partial D}{\partial b} = -2\sum_{i=1}^{n}x_i(y_i-a-bx_i)$$

상기의 편미분 값을 0으로 하는 a, b의 추정량을 $\hat{a}$, $\hat{b}$로 설정하고 정리하면 다음의 정규방정식 (normal equation)을 구할 수 있다.

$$n\hat{a} + \hat{b}\sum x_i = \sum y_i$$
$$\hat{a}\sum x_i + \hat{b}\sum x_i^{\,2} = \sum x_i y_i$$

상기의 식을 풀면 오차의 제곱합 D를 최소로 하는 최소제곱 추정량 $\hat{a}$, $\hat{b}$ 은 다음과 같다.

$$\hat{b} = \frac{\sum (x_i-\bar{x})(y_i-\bar{y})}{\sum (x_i-\bar{x})^2} = \frac{S_{xy}}{S_{xx}}$$

$$\hat{a} = \bar{y} - \hat{b}\bar{x}$$

이들 값은 그림 [14-2]에서 각각의 관측값에서부터 추정된 방정식상의 예측값까지의 거리의 합(e_i)을 최소로 하는 값이다.

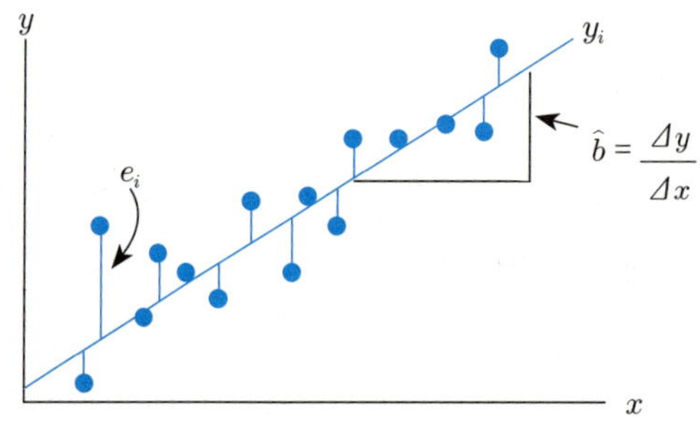

그림 14-2 최소제곱합에 의한 방정식의 계산

따라서 회귀직선의 추정식을 다음과 같이 나타낼 수 있는데 이 직선이 x, y의 산점도 상에서 x, y 관계를 가장 잘 대표한다고 할 수 있다.

$$\hat{y} = \hat{a} + \hat{b}x \qquad (14.3)$$

여기서 $\hat{a}$은 $x=0$에서 $\hat{y}$의 절편이고 $\hat{b}$은 기울기이다.

예제 14-3 **'예제 14-1'**에서 회귀직선을 구하시오.

x	1	2	3	4	5
y	4	6	7	8	10

$\bar{x}=3$, $\bar{y}=7$ 이므로

$S_{xx}=\sum(x_i-\bar{x})^2=10$, $S_{xy}=\sum(x_i-\bar{x})(y-\bar{y})=14$ 가 된다.

따라서 기울기와 절편은 각각 다음과 같이 계산되므로

$$\hat{b} = \frac{S_{xy}}{S_{xx}} = \frac{14}{10} = 1.4$$

$$\hat{a} = \bar{y} - \hat{b}\bar{x} = 7 - (1.4 \times 3) = 2.8$$

다음의 방정식을 얻을 수 있다.

$$\hat{y} = \hat{a} + \hat{b}x = 2.8 + 1.4x$$

이 방정식을 산점도 상에 나타내면 다음과 같다.

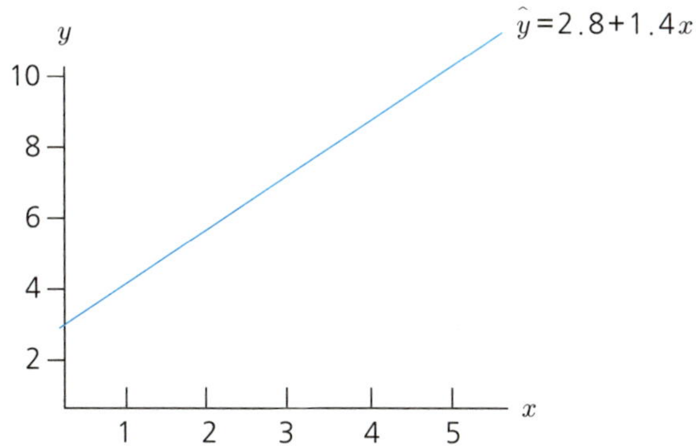

'**예제 14-3**'에서 미니탭을 사용하여 회귀직선을 구하면 다음과 같다. **통계분석>회귀 분석>적합선 그림**을 클릭한 후 다음을 실행한다.

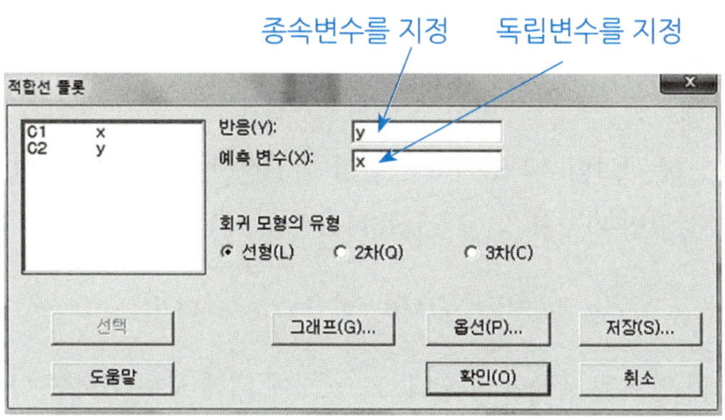

'확인'을 클릭하면 다음의 회귀방정식이 나타난다.

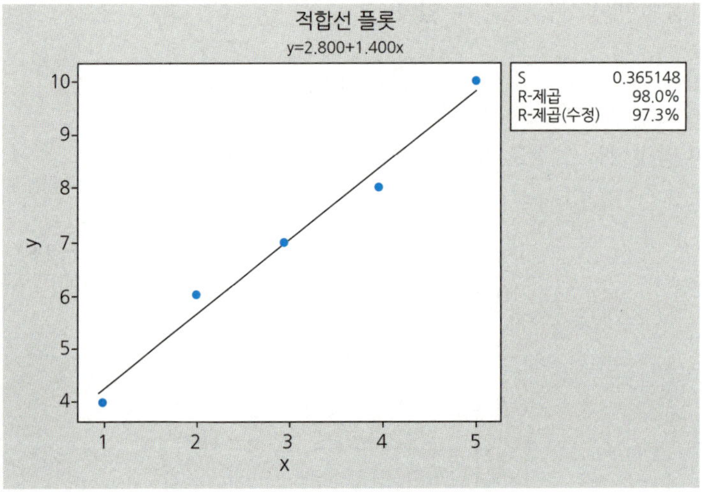

미니탭에 의한 상기의 방정식은 앞에서 구한 방정식과 동일함을 알 수 있다.

2) 분산분석

식 (14.2)의 단순회귀모형은 독립변수와 종속변수 간에 일정한 기울기를 갖는 선형관계가 성립된다고 가정하였다. 따라서 적합된 회귀 방정식이 선형관계를 나타내어 의미가 있는지 즉, 유의한지의 여부를 판단하기 위하여 분산분석표를 작성한다.

① 변동의 분해

총편차 $y_i-\bar{y}$는 [그림 14-3]에서와 같이 회귀선에 의해 설명이 되지 않는 편차 $(y_i-\hat{y}_i)$와 설명이 되는 편차 $(\hat{y}_i-\bar{y})$로 다음과 같이 나눌 수 있다.

$$(y_i-\bar{y})=(y_i-\hat{y}_i)+(\hat{y}_i-\bar{y}) \qquad (14.4)$$

식 (14.4)의 양변을 제곱한 후 $i=1, 2, \cdots, n$에 대해 모두 더하면 다음의 식이 성립되는데 이때 마지막 항 $\sum(y_i-\hat{y}_i)(\hat{y}_i-\bar{y})=0$ 이 된다.

$$\begin{aligned}\sum(y_i-\bar{y})^2&=\sum(y_i-\hat{y}_i)^2+\sum(\hat{y}_i-\bar{y})^2+2\sum(y_i-\hat{y}_i)(\hat{y}_i-\bar{y})\\&=\sum(y_i-\hat{y}_i)^2++\sum(\hat{y}_i-\bar{y})^2\end{aligned}$$

따라서 상기의 식을 총변동 SST(Total Sum of Square), 잔차변동 SSE(Error Sum of Square), 회귀변동 SSR(Regression Sum of Square)로 다음과 같이 구분

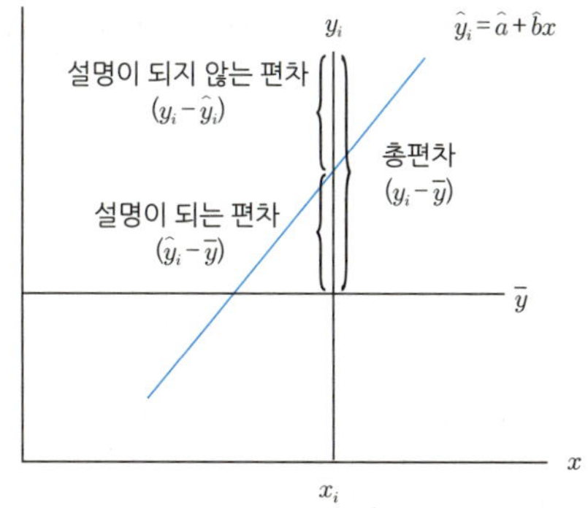

그림 14-3 **총편차의 분해**

할 수 있는데

$$\underset{\text{총변동}}{SST} = \underset{\substack{\text{잔차변동} \\ \text{(회귀에 의해 설명} \\ \text{되지 않는 변동)}}}{SSE} + \underset{\substack{\text{회귀변동} \\ \text{(회귀에 의해 설명} \\ \text{되는 변동)}}}{SSR}$$

이들 식을 다음과 같이 간략하게 나타낼 수 있다.

총변동: $SST = \sum (y_i - \bar{y})^2 = \sum y_i^2 - n(\bar{y})^2$

회귀변동: $SSR = \sum (\hat{y}_i - \bar{y})^2 = \sum (\hat{a} + \hat{b}x_i - \bar{y})^2 = \sum (\bar{y} - \hat{b}\bar{x} + \hat{b}x_i - \bar{y})^2$

$$= \sum [\hat{b}(x_i - \bar{x})]^2 = \hat{b}^2 \sum (x_i - \bar{x})^2 = \hat{b}^2 S_{xx}$$

$$= \left(\frac{S_{xy}}{S_{xx}}\right)^2 \cdot S_{xx} = \frac{S_{xy}^2}{S_{xx}}$$

잔차변동: $SSE = SST - SSR$

② 분산분석표의 작성

상기의 각각의 변동을 [표 14-1]의 분산분석표에 정리할 수 있는데, 회귀에 의한 변동 SSR은 자유도가 1 이므로 회귀의 평균변동은 $SSR = MSR$이 되며, 잔차에 의한 변동 SSE는 자유도가 $n-2$이므로 잔차의 평균변동은 $MSE = SSE/(n-2)$가 된다.

만일 종속변수 Y와 독립변수 X사이에 선형관계가 성립된다면 기울기 $b \neq 0$이며,

선형관계가 성립되지 않는다면 기울기 $b=0$이 된다.

따라서 적합된 회귀식에 선형관계가 성립되는지의 여부를 판정하기 위해 다음의 가설을 수립할 수 있다.

$$H_0 : b = 0 \quad \text{vs.} \quad H_1 : b \neq 0$$

검정통계량 $F_0 = \dfrac{MSR}{MSE}$은 두 분산의 비율이므로 F 분포를 따른다. 그런데 만일 MSR이 MSE에 비해 매우커 $F_0 = \dfrac{MSR}{MSE} > F_\alpha(1,\ n-2)$일 경우에는 $b \neq 0$이므로 귀무가설을 기각할 수 있다. 따라서 추정된 회귀식이 x, y의 관계를 설명하는 데 유의하다고 할 수 있다.

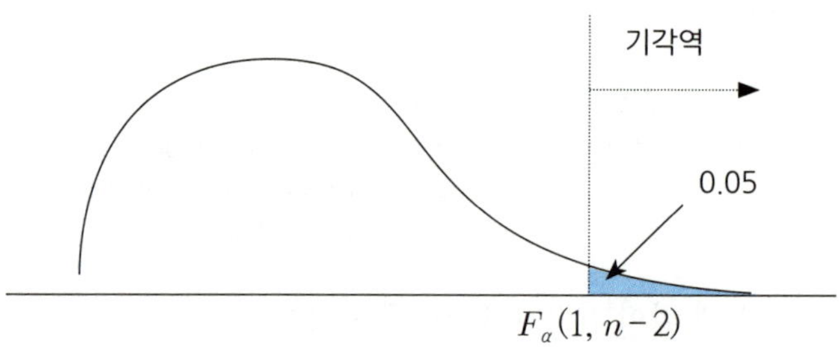

그림 14-4 F 분포 : $X \sim F(1,\ n-2)$

귀무가설이 사실인 경우에는 $b=0$이므로 [표 14-1]의 MSR의 기대값 $E(MSR) = \sigma^2$이 되어 검정통계량 $F_0 = \dfrac{MSR}{MSE}$은 작은 값을 가질 수 밖에 없다는 것을 알 수 있다.

표 14-1 분산분석표

요인	변동합	자유도	평균변동	기대값	F_0	F_α
회귀	SSR	1	MSR	$\sigma^2 + b^2 S_{xx}$	$\dfrac{MSR}{MSE}$	$F_\alpha(1, n-2)$
잔차	SSE	$n-2$	MSE	σ^2		
계	SST	4				

③ 결정계수(coefficient of determination)

SST에 대한 SSR의 비율을 결정계수라고 하는데 이는 총변동 중에서 회귀선에 의해 설명되는 변동이 차지하는 비율이다. 따라서 결정계수가 크면 클수록 회귀식이 관측점을 잘 설명하는 것으로 적합성이 보증된다고 할 수 있다. 그러나 이 경우에도 '3) 잔차분석'에 설명되어 있는 잔차분석을 통하여 적합성을 검토할 필요가 있다.

$$R^2 = \frac{SSR}{SST} = \frac{S_{xy}^2/S_{xx}}{S_{yy}} = \frac{S_{xy}^2}{S_{xx}S_{yy}}$$

만일, 모든 측정치들이 회귀선상에 위치하면 $SSE=0$이 되어 $SSR=SST$가 되므로 $R^2=1$이 된다.

즉 X, Y 간에 상관관계가 클수록 R^2의 값은 1에 가까운 값을 갖게 된다.

결정계수 R^2으로부터 상관계수 r값을 구할수 있는데 회귀식의 기울기 $\hat{b}$가 양(positive)이면 양의 상관계수 $r=\sqrt{R^2}$, $\hat{b}$가 음(negative)이면 음의 상관계수 $r=-\sqrt{R^2}$을 갖는다.

예제 14-4 분산분석을 통하여 '**예제 14-3**'에서 구한 회귀 방정식이 유의한지의 여부를 $\alpha=0.05$로 검정하시오. 그리고 회귀 방정식이 유의할 경우 결정계수 및 상관계수를 구하시오.

x	1	2	3	4	5
y	4	6	7	8	10

① 귀무가설 및 대립가설을 수립한다.

$$H_0 : b = 0 \quad \text{vs.} \quad H_1 : b \neq 0$$

② 검정통계량을 결정하고 그 값을 계산한다.

우선 분산분석표를 작성하기 위해 각각의 변동을 계산한다

$\bar{y}=7$, $S_{xx}=\sum(x_i-\bar{x})^2=10$, $S_{xy}=\sum(x_i-\bar{x})(y-\bar{y})=14$ 이므로

$SST=\sum y_i^2-n(\bar{y})^2=(4^2+6^2+, \cdots, +10^2)-5\cdot 7^2=20$

$$SSR=\frac{S_{xy}^2}{S_{xx}}=\frac{14^2}{10}=19.6$$

$SSE = SST - SSR = 20 - 19.6 = 0.4$ 가 된다.

따라서 다음과 같이 분산분석표를 작성할 수 있다.

표 14-2 '예제 14-4'의 분산분석표

요인	변동합	자유도	평균변동	기대값	F_0	F_α
회귀	19.6	1	19.6	$\sigma^2 + b^2 S_{xx}$	147	10.13
잔차	0.4	3	0.1333	σ^2		
계	20	4				

검정통계량 $F = \dfrac{MSR}{MSE}$은 F 분포를 따르는데 [표 14-2]에서 검정통계량값은 다음과 같이 구할 수 있다.

$$F_0 = \frac{MSR}{MSE} = \frac{19.6}{0.1333} = 147$$

③ α =0.05에서의 임계치를 구하여 기각역을 결정한다.

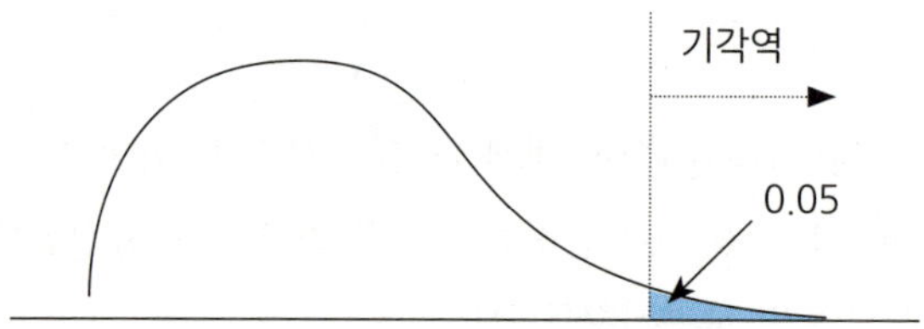

부록의 F 분포표 상에서 $F_{0.05}(1,3)=10.13$을 구할 수 있다.

④ 통계량 값과 임계치를 비교한다.

$F_0 = 147$은 임계치 $F_{0.05}(1,3) = 10.13$ 보다 커 기각역에 속하므로 귀무가설 $H_0 : b = 0$을 기각할 수 있다 따라서 **'예제 14-3'**에서 구한 회귀식은 유의하다고 할 수 있다.

결정계수는 $R^2 = \dfrac{SSR}{SST} = \dfrac{19.6}{20} = 0.98$이므로 총변동 중에서 회귀식에 의해 설명되는 변동이 98 %이고 나머지 2 %는 오차변동이다.

상관계수는, 회귀방정식의 기울기 $b = 1.4$가 양수이므로 $r = \sqrt{0.98} = 0.99$가 된다. 이 값은 **'예제 14-1'**에서 구한 값과 일치한다.

'**예제 14-3**', '**예제 14-4**'를 미니탭을 사용하여 풀면 다음과 같다.

통계분석 > 회귀 분석 > 회귀 분석 > 적합 회귀 모형을 클릭한 후 다음을 실행한다.

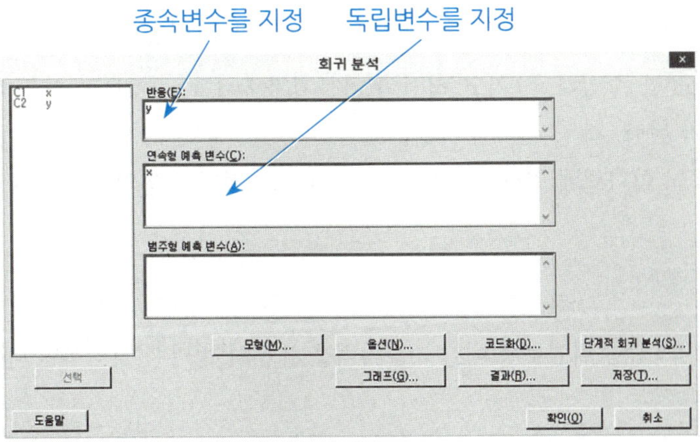

'확인'을 클릭하면 다음의 결과가 세션 창에 나타난다.

회귀 분석: y 대 x

분산 분석

출처	DF	Adj SS	Adj MS	F-값	P-값
회귀	1	19.6000	19.6000	147.00	0.001
x	1	19.6000	19.6000	147.00	0.001
오차	3	0.4000	0.1333		
총계	4	20.0000			

ANOVA의 F 검정과 기울기에 대한 t 검정은 동일한 검정이다.

모형 요약

S	R-제곱	R-제곱(수정)	R-제곱(예측)
0.365148	98.00%	97.33%	94.23%

결정계수가 매우 크다.

계수

항	계수	SE 계수	T 값	P 값	VIF
상수	2.800	0.383	7.31	0.005	
x	1.400	0.115	12.12	0.001	1.00

회귀 방정식

y = 2.800 + 1.400 x

방정식이 구해진다.

ANOVA분석에서 회귀의 확률값이 p=0.001 그리고 t 검정에서 기울기 및 절편에 대한 p값이 각각 0.001, 0.005로 모두 0.05보다 작으므로 적합된 방정식의 기울기 및 절편 모두 유의하다고 할 수 있다.

결정계수는 $R^2=98.0$ %로 매우 높은 편이므로 적합된 방정식이 관측점을 잘 설명한다고 할 수있다. 그리고 직선의 기울기가 b=1.4>0이므로 상관계수는 $r=\sqrt{0.98}=0.99$가 된다.

이상의 미니탭에 의한 결과는 앞의 예제들의 결과와 동일함을 알 수 있다.

3) 잔차분석

식 (14.2)의 단순회귀모형 대한 기본가정을 세분하여 다시 정리하면 다음과 같다.

단순 회귀모형의 기본가정

① 두 변수 X와 Y 간에는 직선관계가 성립되어야 한다.
② 오차들은 평균이 0이고 분산이 σ^2인 정규분포를 따라야 한다.
③ 오차들의 분산은 σ^2 으로 같아야 한다.
④ 오차들은 서로 독립이어야 한다.

적합된 회귀식이 상기의 기본가정을 만족하는지의 여부를, 이미 설명한 기울기 b에 대한 유의성 검정이나 결정계수 R^2을 구함으로써 어느 정도 파악할 수 있다.

그러나 경우에 따라서는 분산분석에 의한 F 검정의 결과 회귀식이 유의하고, 결정계수가 큼에도 불구하고 상기의 단순회귀모형의 기본가정이 위배되는 경우가 있다.

따라서 회귀분석을 통해 방정식을 구한 후에는 방정식이 충분히 잘 적합되었는지의 여부를 판정하기 위해서 반드시 잔차분석을 실시해야 한다.

다음의 그림 [14-7]에서와 같이 가로축을 추정값 $\hat{y}_i$ 세로축을 잔차 e_i로 하여 잔차 산점도를 작성할 경우 만일 방정식이 잘 적합 되었다면 (a)와 같이 잔차는 어떤 경향도 없이 랜덤하게 분포 할 것이다.

그러나 (b), (c), (d)의 경우는 모두 경향성을 가지므로 방정식이 잘 적합 되었다고 할 수 없다.

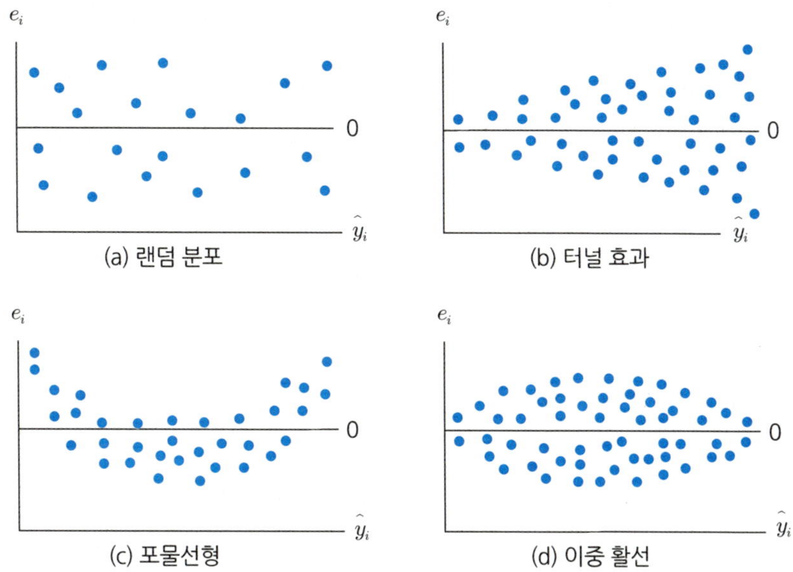

그림 14-7 추정값 $\hat{y}_i$에 대한 잔차 산점도

(c)의 경우는 2차 방정식에 적합시켜야 하며, (b)및 (d)의 경우에는 변수변환을 통해 원래의 데이터를 선형으로 전환한 후 방정식에 적합시킬 필요가 있다.

[표 14-3]은 변수변환을 통해 원래의 데이터를 선형으로 변화시킬 수 있는 몇 가지 방법을 제시한다.

표 14-3 변수변환 방법

원래의 관계	변수변환	단순회귀 관계
$y=a+b\sqrt{x}$	$x'=\sqrt{x}$	$y=a+bx'$
$y=ae^{bx}$	$y'=\ln y$	$y'=a'+bx$ 단 $a'=\ln a$
$y=ax^b$	$y'=\log y,\ x'=\log x$	$y'=a'+bx'$ 단 $a'=\log a$
$y=(a+bx)^2$	$y'=\sqrt{y}$	$y'=a+bx$
$y=ab^x$	$y'=\log y$	$y'=a'+b'x$ 단 $a'=\log a$ 단 $b'=\log b$

예제 14-5 **'예제 14-3'**에서 적합된 방정식에 대해 잔차 분석을 하시오.

적합된 회귀 방정식 $\hat{y}=2.8+1.4x$ 에서 x=1일 때의 추정값은 $\hat{y}_1$=2.8+1.4(1)=4.2이다. 그리고 [표 14-2]에서 표준편차가 $\hat{\sigma}=\sqrt{MSE}=\sqrt{0.1333}$ 이므로 표준화된 잔차는 다음과 같다.

$$\hat{e}_{1s}=\frac{y_1-\hat{y}_1}{\hat{\sigma}}=\frac{4-4.2}{\sqrt{0.1333}}=-0.548$$

따라서 상기와 같은 방식으로 기타 다른 독립변수 값에 대해서도 표준화된 잔차를 구하면 [표 14-4]와 같다.

표 14-4 표준화된 잔차의 계산

x_i	1	2	3	4	5
y_i	4	6	7	8	10
$\hat{y}_i$	4.2	5.6	7.0	8.4	9.8
$e_i=y_i-\hat{y}_i$	-0.2	0.4	0	-0.4	0.2
$e_{is}=\frac{y_i-\hat{y}_i}{\hat{\sigma}}$	-0.548	1.096	0.00	-1.096	0.548

가로축을 추정값 $\hat{y}_i$ 세로축을 표준화된 잔차 e_{is} 로 하여 잔차산점도를 작성하면 다음과 같다.

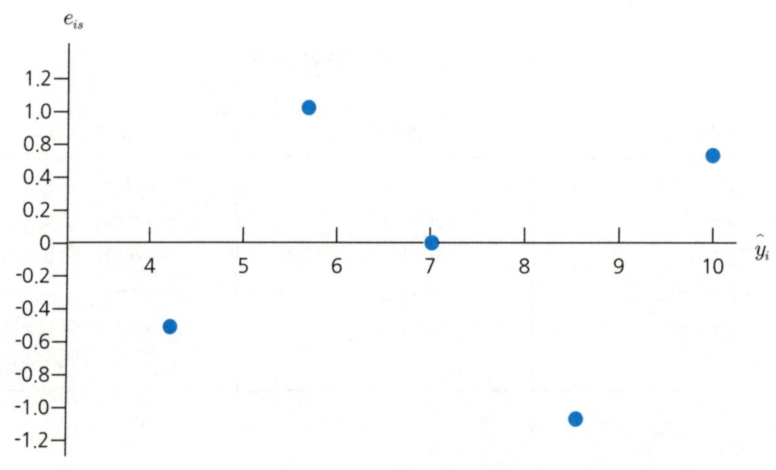

상기의 그림에서 잔차는 평균 0을 중심으로 랜덤하게 분포되어 있음을 알 수 있다. 따라서 추정된 회귀 방정식은 잘 적합되었다고 할 수 있다.

다음과 같이 미니탭을 사용하면 잔차에 대해 보다 자세한 분석을 할 수 있다.
통계분석>회귀 분석>회귀 분석>적합 회귀 모형을 클릭한 후 다음을 실행한다.

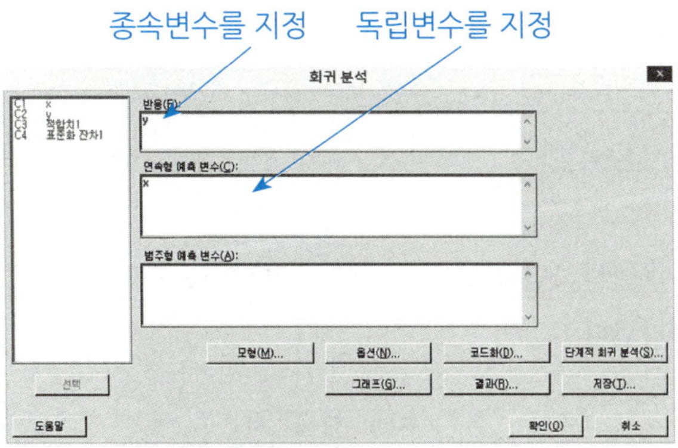

'저장'을 클릭하면 다음의 화면이 나타난다.

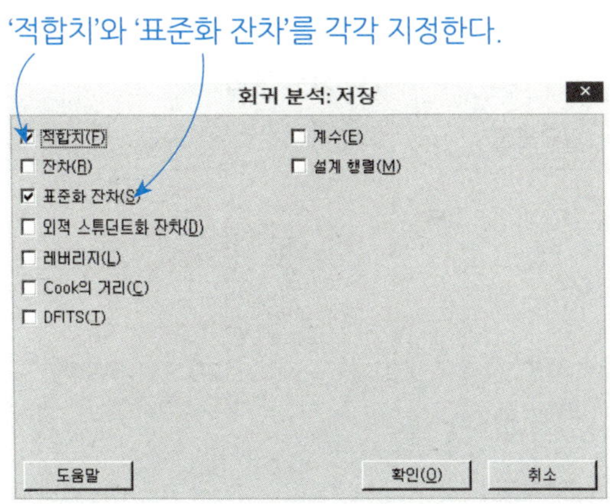

'확인'을 클릭한 후 '회귀분석'화면에서 '그래프'를 클릭하면 다음의 화면이 나타난다.

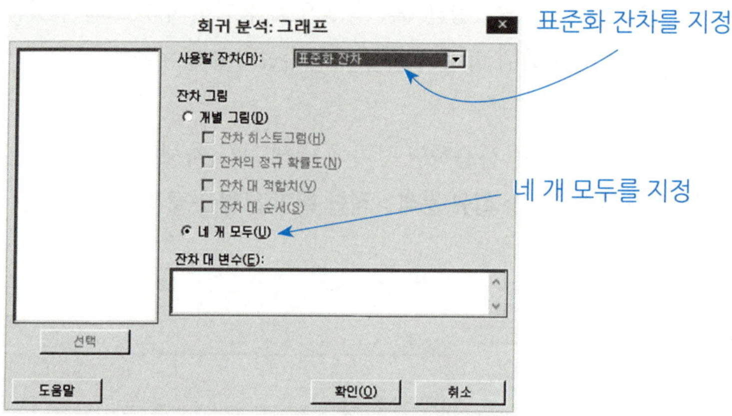

'확인'을 연속 클릭하면 워크시트 상에 추정값과 표준화 잔차 그리고 잔차에 대한 Graph가 나타난다.

↓	C1	C2	C3	C4
	x	y	적합치1	표준화 잔차1
1	1	4	4.2	-0.86603
2	2	6	5.6	1.30931
3	3	7	7.0	0.00000
4	4	8	8.4	-1.30931
5	5	10	9.8	0.86603

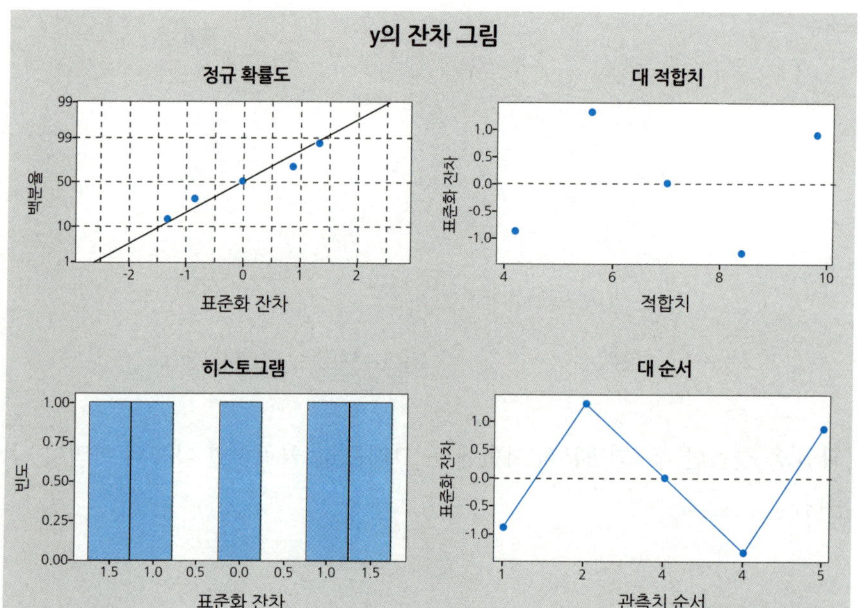

잔차에 대한 정규 확률도에서 점들이 직선을 나타내므로 잔차는 정규분포를 따른다고 할 수있다.

대 적합치(residual versus the fitted values)에서는 데이터가 어떤 경향성을 보이지 않고 0을 중심으로 랜덤하게 흩어져 있다.

대 순서(residuals versus the order of the data)에서 특별한 형태를 발견할 수 없으므로 오차들이 서로 독립이라고 할 수 있다.

단, 잔차에 대한 히스토그램(histogram of the residuals)에서 히스토그램이 마치 정규분포를 따르지 않는 것으로 나타났으나 이는 데이터수가 적기 때문이다. 일반적으로 데이터의 수가 30개 이상 되어야 정규분포의 형태를 따른다.

이상에서 '**예제 14-3**'에서 구한 방정식은 충분히 잘 적합되었다고 할 수 있다. 즉, 방정식이 측정값을 잘 대표한다고 할 수 있다.

지금까지의 단순회귀 분석에 대한 절차를 요약하여 정리하면 다음과 같다.

단순회귀 분석 절차

① X, Y 간에 관계를 예측하고 데이터를 수집한다.
② X대 Y의 산점도를 작성하여 대략의 관계를 파악한다
③ 상관계수를 구하여 상관관계의 정도를 파악한다.
④ 회귀 방정식을 구한다.
⑤ 회귀 방정식이 유의한지 여부를 검정한다.
⑥ 잔차를 분석을 통해 회귀 방정식이 잘 접합되었는지를 확인한다.
⑦ 독립변수를 통하여 종속변수를 예측한다.

14장 연습문제

1. 상관분석과 회귀분석의 차이를 간략하게 기술하시오.

2. X와 Y의 값이 다음과 같을 경우, 다음의 질문에 답을 하시오.

x	1	2	3	4	5
y	4	6	7	8	10

1) 산포도를 작성하시오.

2) 최소 제곱 추정값 $\hat{a}$와 $\hat{b}$를 추정하여 회귀직선의 방정식을 구한 후 산포도상에 작성하시오.

3) 분산분석표를 작성한 후 유의수준 $\alpha=0.05$로 회귀직선이 유의한지를 검정하시오.

4) 잔차분석을 통해 회귀식이 잘 접합이 되었는지 여부를 판정하시오.

5) 총변동 중 회귀직선에 의해 설명되는 변동은 몇 % 인가?

6) '5)'의 결과를 통해 상관계수를 구하시오

7) $x=4.5$일 경우 y의 값을 추정하시오.

3. 생산과장은 온도가 증가함에 따라 수율도 증가하리라고 믿고 있다. 이를 검증하기 위해 3개의 주요 원료 공급업자로부터 다음과 같은 데이터를 수집하였다.

온도	공급처(협력사)	Yield
145	1	82.0
148	1	86.0
153	1	90.5
158	1	93.5
163	1	93.5
168	1	91.5
170	1	87.5
144	2	87.0
148	2	91.7
152	2	94.5
159	2	90.8
162	2	87.5
166	2	84.5
142	3	91.9
145	3	95.5
153	3	89.0
157	3	86.0
160	3	83.0

1) 산점도를 작성한 후 상관계수를 구하시오. 온도가 수율에 영향을 미친다고 할 수 있는가?

2) 회귀분석을 실시한 후 잔차 분석을 하시오. 온도가 수율에 영향을 미치는 어떤 단서를 찾을 수 있는가?

3) 만일 곡선회귀가 필요한 경우 이를 적합시키시오.

4) '3)'의 경우 잔차가 정규분포를 따른다고 할 수 있는가(미니탭에서 잔차에 대한 정규성 검정을 하시오)?

제15장

분산분석

두 개의 모집단간에 평균의 차이가 있는가의 여부를 판정하기 위해서는 두 모평균의 차에 대한 가설검정 즉 이 표본 t 검정법*을 사용한다.

그런데 3개 이상의 모집단간에 평균의 차이가 있는가의 여부를 판정하기 위해서는 분산분석(ANOVA: Analysis of Variance)을 사용한다.

예를 들면 온도의 변화에 따라 특성값인 점도가 영향을 받는지를 파악하기 위해 다음과 같이 온도를 변화해 가며 점도를 측정하였다.

표 15-1 3수준의 1원배치

온도	30 ℃	40 ℃	50 ℃
점도	2 4 4 8 6	4 8 6 5 9	9 7 8 9 10

상기의 표에서 특성값에 영향을 줄 것으로 예상되는 원인인 온도를 요인(factor) 또는 인자라고 하는데 요인의 수가 하나일 경우 일원배치 두 개일 경우 이원배치라고 한다.

그리고 온도의 변화를 요인의 수준(level) 또는 처리(treatment)라고 하며, 요인의 동일한 수준에서 관측이 되풀이 되는 것을 실험의 반복(repetition)이라고 한다.

상기의 [표 15-1]은 3수준에서 각각 5회 반복을 하는 1원배치 실험인데, 이 경우 온도의 변화에 따라 특성치인 점도의 평균이 변화하는가의 여부를 파악하기 위해 분산분석(ANOVA)을 사용한다.

15.1 분산분석(ANOVA)의 원리

[표 15-2]는 [표 15-1]을 일반화한 것으로 요인(X)의 수준(처리)이 k개이며, i 번째 수준에서 n_i개의 반복실험을 하는 일원배치이다.

Note **이 표본 t 검정법** : 미니탭에서는 이를 2 sample t라고 한다.

표 15-2 일원배치의 자료배열

요인	수준1	수준2	…	수준k
특성	y_{11} y_{12} ⋮ y_{1n_1}	y_{21} y_{22} ⋮ y_{2n_2}	… … ⋮ …	y_{k1} y_{k2} ⋮ y_{kn_k}
평균	$\bar{y}_{1.}$	$\bar{y}_{2.}$		$\bar{y}_{k.}$
전체평균				$\bar{\bar{y}}$

[표 15-2]에서 각각의 처리수준의 데이터를 평균이 μ_i이고 분산 σ^2이 동일한 정규분포를 따르는 모집단으로부터의 표본이라고 가정하면 각 처리수준에서의 분포를 [그림 15-1]과 같이 표현할 수 있다.

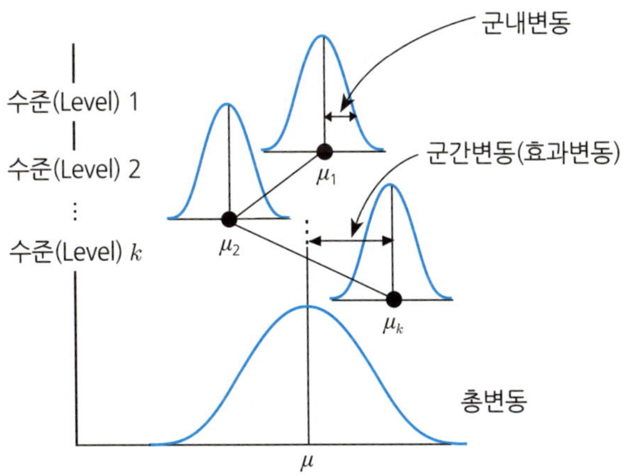

군내변동: $SSW = \sum_{i=1}^{k}\sum_{j=1}^{n_i}(y_{ij} - \bar{y}_{i.})^2$

군간변동: $SSB = \sum_{i=1}^{k}\sum_{j=1}^{n_i}(\bar{y}_{i.} - \bar{\bar{y}})^2$

총변동: $SST = \sum_{i=1}^{k}\sum_{j=1}^{n_i}(y_{ij} - \bar{\bar{y}})^2$

y_{ij} = 인자 수준 i에서의 j 번째 관찰 값
k = 수준의 수
$\bar{\bar{y}}$ = 전체 평균
n_i = i수준에서의 측정수
$\bar{y}_{i.}$ = i수준에서 평균

그림 15-1 각 수준에서의 데이터 분포

만일 [그림 15-1]에서 요인 X가 특성치 Y에 영향을 주는 중요한 요인이라면 각 처리수준의 평균 μ_i는 서로 다른 값을 가질 것으로 예상할 수 있다. 이 경우 [그림 15-1]에서 군내변동에 비해 군간변동이 커지게 된다(여기서 군내변동은 측정오차 등 어쩔 수 없는 변동이고, 군간변동은 요인의 처리수준 차이에 의해 발생되는 효과변동이다).

따라서 [그림 15-2]의 좌측에서와 같이 군간변동이 군내변동에 비해 클 경우 요인 X는 특성치 Y에 영향을 미치는 중요한 요인이라고 할 수 있다. 그런데 군내변동과 군간변동 간의 크기를 공평하게 비교하기 위해서는, [그림 15-2]의 우측과 같이 각각의 변동을 자신의 자유도*로 나누어 1회 흔들었을 때의 변동인 평균변동 MSB, MSE를 각각 구해야 한다.

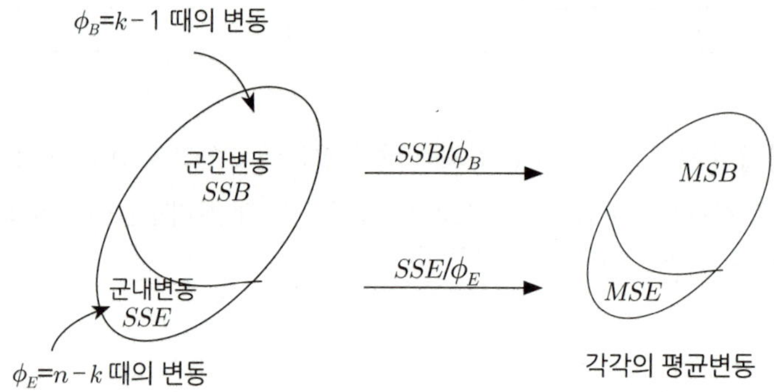

그림 15-2 **평균변동의 계산**

그리고 다음과 같은 가설을 수립한 상태에서 MSB가 MSE에 비해 클 경우 귀무가설을 기각할 수 있다.

$$H_0 : \mu_1 = \mu_2 = \cdots = \mu_k \qquad vs. \qquad H_1 : \text{모든 } \mu_i\text{가 같지는 않다.} \qquad (15.1)$$

그러면 MSB가 MSE에 비해 실제로 얼마나 커야 귀무가설을 기각할 수 있는가? 이를 판정하기 위해서 우선 분산분석표를 작성한다.

Note **자유도** : 요인의 자유도는 요인의 수준을 몇 회 변화시키면서 데이터를 구하였는가를 나타내고, 총자유도는 어떤 상태로부터 몇 회 변화시키면서 데이터를 구하였는가를 나타낸다. 따라서 요인의 자유도 및 총자유도(전체 실험의 자유도)는 각각 다음과 같다.

- 요인의 자유도 = 요인의 수준수(k)−1
- 총자유도 = 모든 데이터의 수(n)−1

자유도의 크기는 정보의 양을 나타내기 때문에 자유도가 클수록 보다 현실에 가까운 정보를 얻을 수 있다.

[그림 15-1]에서 각각의 데이터 y_{ij}를 다음과 같이 표현할 수 있다.

$$y_{ij}=\mu_i+e_{ij},\quad e_{ij}\sim N(0,\sigma^2)\text{이며 서로 독립임} \qquad (15.2)$$

식 (15.2)로부터 관측값 y_{ij}와 총평균 $\bar{\bar{y}}$의 차인 총편차를 다음과 같이 어쩔 수 없이 발생되는 오차와 요인의 수준차이에 의한 처리효과로 분해할 수 있다.

$$\underset{(\text{총편차})}{y_{ij}-\bar{\bar{y}}} = \underset{(\text{오차})}{(y_{ij}-\bar{y}_{i.})} + \underset{(\text{처리효과})}{(\bar{y}_{i.}-\bar{\bar{y}})}$$

상기의 식의 양변을 제곱한 후 모든 i와 j에 대해 더하면 다음의 식이 성립된다.

$$\underset{(\text{총변동})}{\sum_{i=1}^{k}\sum_{j=1}^{n_i}(y_{ij}-\bar{\bar{y}})^2} = \underset{(\text{군내변동})}{\sum_{i=1}^{k}\sum_{j=1}^{n_i}(y_{ij}-\bar{y}_{i.})^2} + \underset{(\text{군간변동})}{\sum_{i=1}^{k}\sum_{j=1}^{n_i}(\bar{y}_{i.}-\bar{\bar{y}})^2}$$

따라서 총변동은 군내변동과 군간변동으로 분해될 수 있다.

총변동: $SST=\sum_{i=1}^{k}\sum_{j=1}^{n_i}(y_{ij}-\bar{\bar{y}})^2$

군간변동(효과변동): $SSB=\sum_{i=1}^{k}\sum_{j=1}^{n_i}(\bar{y}_{i.}-\bar{\bar{y}})^2$

군내변동(오차변동): $SSE=SST-SSB$

이상의 내용을 토대로 [표 15-3]의 분산분석표를 작성할 수 있다.

표 15-3 분산분석표

요인	변동합(SS)	자유도(ϕ)	평균변동(MS)	F검정 통계량	$F(\alpha)$
군간(효과)	SSB	$\phi_B=k-1$	$MSB=SSB/\phi_B$	MSB/MSE	$F_\alpha(\phi_B,\phi_E)$
군내(오차)	SSE	$\phi_E=n-k$	$MSE=SSE/\phi_E$		
T(전체)	SST	$\phi_T=n-1$			

[표 15-3]에서 검정통계량 $F=\dfrac{MSB}{MSE}$는 두 분산의 비율이므로 [그림 15-3]과 같이 F 분포를 따른다.

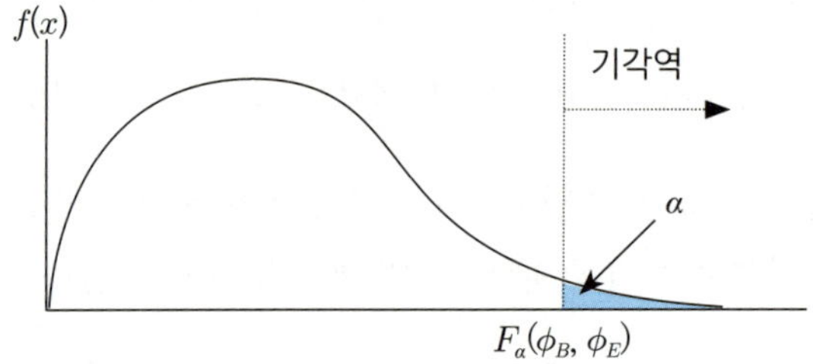

그림 15-3 **F분포 : $X \sim F(\phi_B, \phi_E)$**

만일 MSB가 MSE에 비해 매우 클경우 검정통계량값 $F_0 = \dfrac{MSB}{MSE} \geq F_\alpha(\phi_B, \phi_E)$이 되어 F_0이 기각역에 속하게 될 것이다.

이 경우 유의수준 α로 식 (15.1)의 귀무가설 $H_0 : \mu_1 = \mu_2 = \cdots = \mu_k$을 기각할 수 있으므로, 요인 X의 변화에 따라 특성치의 평균에 차이가 있다고 할 수 있다. 즉 요인 X는 특성치의 평균에 영향을 주는 중요한 요인이라고 할 수 있다.

15.2 분산분석 시 유의사항

식 (15.2)에서 오차 e_{ij}는 서로 독립이며 σ^2인 분산을 갖는 정규분포로 가정하였으므로 각 처리수준에서 분포는 동일한 분산을 가져야 한다.

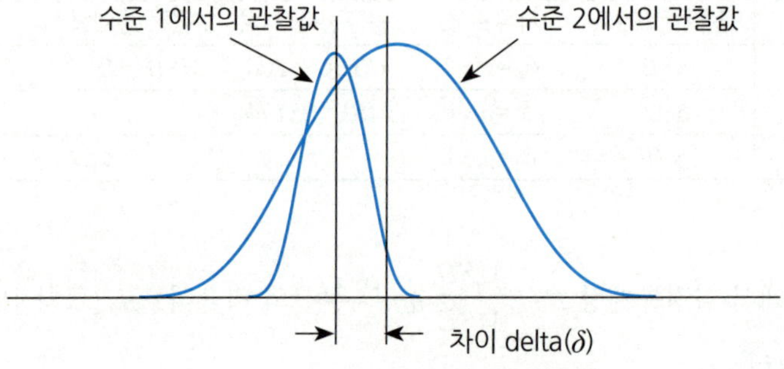

그림 15-4 **ANOVA 분석을 위한 가정**

그러나 만일 [그림 15-4]에서와 같이 분산에 차이가 있을 경우에는, 평균의 차이가 있음에도 불구하고 분산분석을 하더라도 평균의 차이가 산포에 묻혀서 평균의 차이를 파악할 수 없다.

따라서 분산분석을 하기 전에 각 처리수준 간에 분산의 차이가 있는지의 여부를 먼저 파악 해야 한다.

예제 15-1 온도의 변화에 따라 점도가 영향을 받는지를 파악하기 위해 다음과 같이 온도를 3수준으로 변화하여 점도를 측정하였다. 실제로 온도가 점도의 평균에 영향을 준다고 할 수 있는가? 단, 유의수준 $\alpha=0.05$로 한다.

	30 ℃	40 ℃	50 ℃		
	2	4	9		
	4	8	7		
	4	6	8		
	8	5	9		
	6	9	10		
합계($T_{i.}$):	24	32	43	총계:	$T=99$
평균($Y_{i.}$):	4.8	6.4	8.6	총평균:	$\bar{\bar{y}}=6.6$

① 귀무가설과 대립가설을 수립한다.

$$H_0 : \mu_1=\mu_2=\cdots=\mu_k \qquad vs. \qquad H_1 : \text{모든 } \mu_i\text{가 같지는 않다.}$$

② 검정통계량을 결정하고, 검정통계량 값을 구한다.

우선 분산분석표를 작성하기 위해 각각의 변동을 계산하면 다음과 같다.

총변동: $$SST=\sum_{i=1}^{k}\sum_{j=1}^{n}(y_{ij}-\bar{\bar{y}})^2=\sum_{i=1}^{k}\sum_{j=1}^{n}y_{ij}^{\ 2}-\frac{T^2}{N}=(2^2+4^2+\cdots+10^2)-\frac{99^2}{15}=79.6$$

군간변동: $$SSB=\sum_{i=1}^{k}\sum_{j=1}^{n}(\bar{y}_{i.}-\bar{\bar{y}})^2=n\sum_{i=1}^{k}(\bar{y}_{i.}-\bar{\bar{y}})^2$$

$$=5[(4.8-6.6)^2+(6.4-6.6)^2+(8.6-6.6)^2]=36.4$$

군내변동: $SSE = \sum_{i=1}^{k}\sum_{j=1}^{n}(y_{ij}-\bar{y}_{i.})^2 = SST - SSB = 43.2$

각각의 자유도는 다음과 같으므로

군간변동의 자유도: $\phi_B = k-1 = 3-1 = 2$

전체의 자유도: $n-1 = 15-1 = 14$

군내변동의 자유도: ϕ_E=전체 자유도 – 군간변동의 자유도 = 14 – 2 = 12

군간 및 군내의 평균변동을 각각 다음과 같이 구할 수 있다.

군간 평균변동: $MSB = SSB/\phi_B = 36.4/2 = 18.2$

군내 평균변동: $MSE = SSE/\phi_E = 43.2/12 = 3.6$

이상의 결과를 토대로 분산분석표를 [표 15-4]와 같이 작성할 수 있다.

표 15–4 분산분석표

요인	SS	ϕ	MS	F 검정 통계량	$F(\alpha)$
처리효과	36.4	2	18.2	5.06	$F_{0.05}(2, 12)=2.81$
오차	43.2	12	3.6		
T(전체)	79.6	14			

검정 통계량은 두 개의 분산의 비로 F 분포를 따르므로 검정통계량 값은 다음과 같이 계산된다.

$$F_0 = \frac{MSB}{MSE} = \frac{18.2}{36} = 5.06$$

③ 유의수준 α=0.05 를 만족하는 임계치를 결정하여 기각역과 채택역을 구분한다.

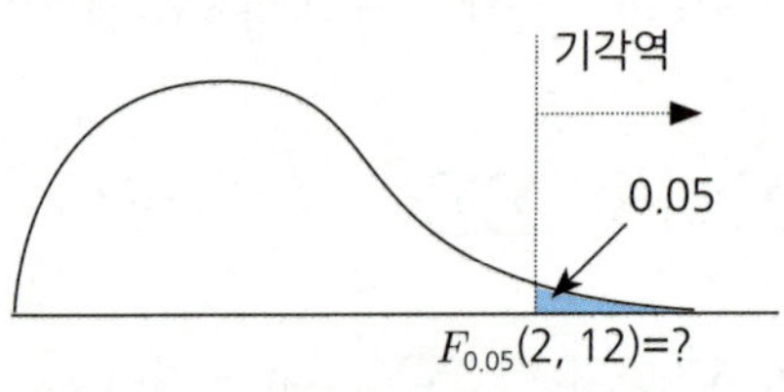

부록의 F 분포표에서 $F_{0.05}(2, 12)=2.81$을 구할 수 있다.

④ 검정 통계량값을 임계치와 비교한다.

$F_0=5.06$은 임계치 $F_{0.05}(2,12)=2.81$보다 커 기각역에 속하므로 귀무가설을 기각할 수 있다.

따라서 온도는 점도의 평균에 영향을 미치는 중요한 요인이라고 할 수 있다.

이 경우 $F_{0.05}(2,12)=2.81$에 대응되는 p값은 0.05인데, $F_0=5.06$은 임계치 2.81에 비해 커 훨씬 우측에 있으므로 이에 대응되는 p값은 0.05비해 매우 작음을 알 수 있다.

미니탭을 이용하여 상기의 결과를 확인하면 다음과 같다.

우선 워크시트 상에 데이터를 다음과 같이 입력한다.

↓	C1	C2	C3	C4
	30d	40d	50d	
1	2	4	9	
2	4	8	7	
3	4	6	8	
4	8	5	9	
5	6	9	10	

통계분석 > 분산분석 > 일원 분산 분석(분할된 데이터)을 클릭한 후 다음을 실행한다.

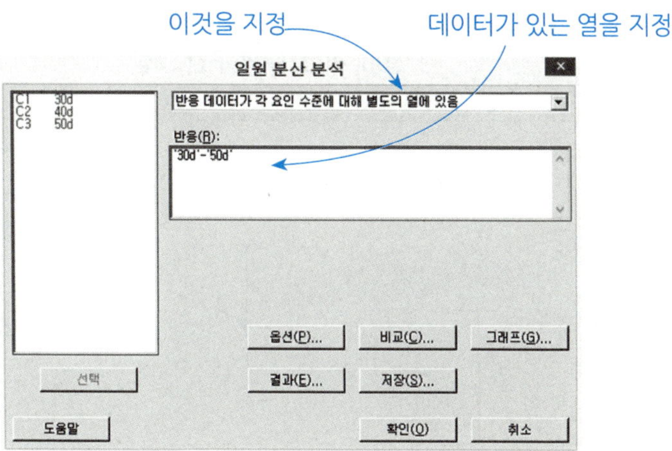

'확인'을 클릭하면 세션 창에 다음의 결과와 그래프가 나타난다.

일원 분산 분석: 30d, 40d, 50d

분산 분석

출처	DF	Adj SS	Adj MS	F-값	P-값
요인	2	36.40	18.200	5.06	0.026
오차	12	43.20	3.600		
총계	14	79.60			

모형 요약

S	R-제곱	R-제곱(수정)	R-제곱(예측)
1.89737	45.73%	36.68%	15.20%

평균

요인	N	평균	표준 편차	95% CI
30d	5	4.80	2.28	(2.95, 6.65)
40d	5	6.400	2.074	(4.551, 8.249)
50d	5	8.600	1.140	(6.751, 10.449)

합동 표준 편차 = 1.89737

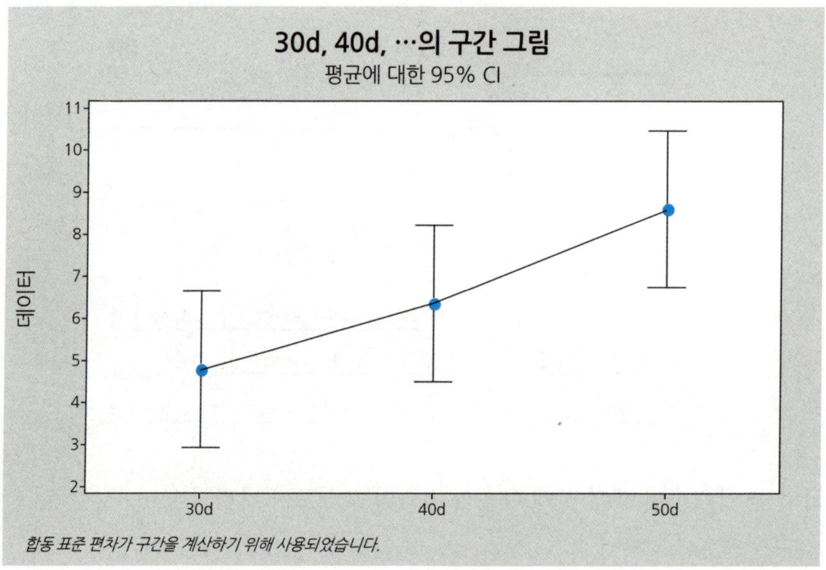

F=5.06은 앞에서 계산한 결과와 일치되고 이에 해당되는 p값이 0.026임을 알 수 있다. $p=0.026<0.05$ 이므로 귀무가설을 기각할 수 있다. 따라서 온도가 점도의 평균에 영향을 미치는 중요한 인자 라고 할 수 있다.

상기의 그래프에서 30 ℃의 신뢰구간과 50 ℃의 신뢰구간이 겹치지 않는다. 따라서 이들간의 차이가 전체 분산분석의 결과에 영향을 주는 것을 알 수 있다.

물론 각 처리수준 간에 분산의 차이가 있는지의 여부를 우선 분석을 해야 한다. 이 경우 분산이 같으므로 이에 대한 내용을 생략하였다.

문제 15-4 체조 경기에서 4명의 심판이 다음과 같이 판정을 하였다. 이 경우 심판간의 평균점수에 차이가 있다고 할 수 있는가? 유의수준 $\alpha=0.05$에서 검정하시오.

심판1	심판2	심판3	심판4
6.7	8.4	8.8	7.1
8.8	6.9	8.2	7.8
6.1	7.5	8	6.2
7.2	7.1	8.1	7.5
6.3	7.9	7.2	7.4
7.9	6.5	6.7	6.3

15장 연습문제

1. ANOVA 분석의 경우 군간변동이 군내변동에 비해 클 경우 귀무가설 $H_0 : \mu_1 = \mu_2 = \cdots = \mu_k$를 기각함으로써 특성치의 평균에 영향을 미치는 중요한 요인이라고 판정할 수 있는 이유는 무엇인가? 간략하게 기술하시오.

2. 접착제의 접착력을 평가하기 위해 다음과 같은 데이터를 수집하였다. 첫 번째 접착제는 기존의 것이며 두 번째와 세 번째 접착제는 신제품이다. 다음 질문에 답을 하시오.

접착제1	접착제2	접착제3
8	17	20
11	14	18
13	13	20
12	16	15
17	14	22

1) 다음의 변동값을 구하시오.

총변동의 계산: $SS_T = \sum_{i=1}^{k}\sum_{j=1}^{n}(y_{ij} - \bar{\bar{y}})^2 = \sum_{i=1}^{k}\sum_{j=1}^{n}y_{ij}^2 - \frac{T^2}{N} =$

군간변동의 계산: $SS_B = n\sum_{i=1}^{k}(\bar{y}_{i.} - \bar{\bar{y}})^2 =$

군내변동의 계산: $SS_W = \sum_{i=1}^{k}\sum_{j=1}^{n}(y_{ij} - \bar{y}_{i.})^2 = SS_T - SS_B =$

2) 다음의 ANOVA표를 작성한 후 질문에 답을 하시오.

요인	총변동(SS)	자유도(f)	평균변동(V)	F	p
A					
E					
T					

- 총변동이 의미하는 것은 무엇인가?
- 자유도가 의미하는 것은?
- 평균변동이 의미하는 것은?
- F가 의미하는 것은?
- 확률 p값이 의미하는 것은?

3) 이 경우 새로운 접착제의 접착력이 더 우수하다고 할 수 있는가?

부록

[부표 1]

표준정규분포표

Z	0	0.01	0.02	0.03	0.04	0.05	0.06	0.07	0.08	0.09
0.0	0.50000	0.49601	0.49202	0.48803	0.48405	0.48006	0.47608	0.47210	0.46812	0.46414
0.1	0.46017	0.45620	0.45224	0.44828	0.44433	0.44038	0.43644	0.43251	0.42858	0.42465
0.2	0.42074	0.41683	0.41294	0.40905	0.40517	0.40129	0.39743	0.39358	0.38974	0.38591
0.3	0.38209	0.37828	0.37448	0.37070	0.36693	0.36317	0.35942	0.35569	0.35197	0.34827
0.4	0.34458	0.34090	0.33724	0.33360	0.32997	0.32636	0.32276	0.31918	0.31561	0.31207
0.5	0.30854	0.30503	0.30153	0.29806	0.29460	0.29116	0.28774	0.28434	0.28096	0.27760
0.6	0.27425	0.27093	0.26763	0.26435	0.26109	0.25785	0.25463	0.25143	0.24825	0.24510
0.7	0.24196	0.23885	0.23576	0.23270	0.22965	0.22663	0.22363	0.22065	0.21770	0.21476
0.8	0.21186	0.20897	0.20611	0.20327	0.20045	0.19766	0.19489	0.19215	0.18943	0.18673
0.9	0.18406	0.18141	0.17879	0.17619	0.17361	0.17106	0.16853	0.16602	0.16354	0.16109
1.0	0.15866	0.15625	0.15386	0.15151	0.14917	0.14686	0.14457	0.14231	0.14007	0.13786
1.1	0.13567	0.13350	0.13136	0.12924	0.12714	0.12507	0.12302	0.12100	0.11900	0.11702
1.2	0.11507	0.11314	0.11123	0.10935	0.10749	0.10565	0.10383	0.10204	0.10027	0.09853
1.3	0.09680	0.09510	0.09342	0.09176	0.09012	0.08851	0.08692	0.08534	0.08379	0.08226
1.4	0.08076	0.07927	0.07780	0.07636	0.07493	0.07353	0.07215	0.07078	0.06944	0.06811
1.5	0.06681	0.06552	0.06426	0.06301	0.06178	0.06057	0.05938	0.05821	0.05705	0.05592
1.6	0.05480	0.05370	0.05262	0.05155	0.05050	0.04947	0.04846	0.04746	0.04648	0.04551
1.7	0.04457	0.04363	0.04272	0.04182	0.04093	0.04006	0.03920	0.03836	0.03754	0.03673
1.8	0.03593	0.03515	0.03438	0.03362	0.03288	0.03216	0.03144	0.03074	0.03005	0.02938
1.9	0.02872	0.02807	0.02743	0.02680	0.02619	0.02559	0.02500	0.01442	0.02385	0.02330
2.0	0.02275	0.02222	0.02169	0.02118	0.02068	0.02018	0.01970	0.01923	0.01876	0.01831
2.1	0.01786	0.01743	0.01700	0.01659	0.01618	0.01578	0.01539	0.01500	0.01463	0.01426
2.2	0.01390	0.01355	0.01321	0.01287	0.01255	0.01222	0.01191	0.01160	0.01130	0.01101
2.3	0.01072	0.01044	0.01017	0.00990	0.00964	0.00939	0.00914	0.00889	0.00866	0.00842
2.4	0.00820	0.00798	0.00776	0.00755	0.00734	0.00714	0.00695	0.00676	0.00567	0.00639
2.5	0.00621	0.00604	0.00587	0.00570	0.00554	0.00539	0.00523	0.00508	0.00494	0.00480
2.6	0.00466	0.00453	0.00440	0.00427	0.00415	0.00402	0.00391	0.00379	0.00368	0.00357
2.7	0.00347	0.00336	0.00326	0.00317	0.00307	0.00298	0.00289	0.00280	0.00272	0.00264
2.8	0.00256	0.00248	0.00240	0.00233	0.00226	0.00219	0.00212	0.00205	0.00199	0.00193
2.9	0.00187	0.00181	0.00175	0.00469	0.00164	0.00159	0.00154	0.00149	0.00144	0.00139
3.0	0.00135	0.00131	0.00126	0.00122	0.00118	0.00114	0.00111	0.00107	0.00104	0.00100
3.1	0.00097	0.00094	0.00090	0.00087	0.00084	0.00082	0.00079	0.00076	0.00074	0.00071
3.2	0.00069	0.00066	0.00064	0.00062	0.00060	0.00058	0.00056	0.00054	0.00052	0.00050
3.3	0.00048	0.00047	0.00045	0.00043	0.00042	0.00040	0.00039	0.00038	0.00036	0.00035
3.4	0.00034	0.00032	0.00031	0.00030	0.00029	0.00028	0.00027	0.00026	0.00025	0.00024
3.5	0.00023	0.00022	0.00022	0.00021	0.00020	0.00019	0.00019	0.00018	0.00017	0.00017
3.6	0.00016	0.00015	0.00015	0.00014	0.00014	0.00013	0.00013	0.00012	0.00012	0.00011
3.7	0.00011	0.00010	0.00010	0.00010	0.00009	0.00009	0.00008	0.00008	0.00008	0.00008
3.8	0.00007	0.00007	0.00007	0.00006	0.00006	0.00006	0.00006	0.00005	0.00005	0.00005
3.9	0.00005	0.00005	0.00004	0.00004	0.00004	0.00004	0.00004	0.00004	0.00003	0.00003
4.0	0.000032	0.000030	0.000029	0.000028	0.000027	0.000026	0.000025	0.000024	0.000023	0.000022
4.1	0.000021	0.000020	0.000019	0.000018	0.000017	0.000017	0.000016	0.000015	0.000015	0.000014
4.2	0.000013	0.000013	0.000012	0.000012	0.000011	0.000011	0.000010	0.000010	0.000009	0.000009
4.3	0.000009	0.000008	0.000008	0.000007	0.000007	0.000007	0.000007	0.000006	0.000006	0.000006
4.4	0.000005	0.000005	0.000005	0.000005	0.000005	0.000004	0.000004	0.000004	0.000004	0.000004
4.5	0.000003	0.000003	0.000003	0.000003	0.000003	0.000003	0.000003	0.000002	0.000002	0.000002
4.6	0.000002	0.000002	0.000002	0.000002	0.000002	0.000002	0.000002	0.000002	0.000001	0.000001
4.7	0.000001	0.000001	0.000001	0.000001	0.000001	0.000001	0.000001	0.000001	0.000001	0.000001
4.8	0.000001	0.000001	0.000001	0.000001	0.000001	0.000001	0.000001	0.000001	0.000001	0.000001
4.9	0.000000	0.000000	0.000000	0.000000	0.000000	0.000000	0.000000	0.000000	0.000000	0.000000

[부표 2] t 분포표

	.600	.700	.800	.900	.950	.975	.990	.995
1	0.325	0.727	1.376	3.078	6.314	12.706	31.821	63.657
2	0.289	0.617	1.061	1.886	2.920	4.303	6.965	9.925
3	0.277	0.584	0.978	1.638	2.353	3.182	4.541	5.841
4	0.271	0.569	0.941	1.533	2.132	2.776	3.747	4.604
5	0.267	0.559	0.920	1.476	2.015	2.571	3.365	4.032
6	0.265	0.553	0.906	1.440	1.943	2.447	3.143	3.707
7	0.263	0.549	0.896	1.415	1.895	2.365	2.998	3.499
8	0.262	0.546	0.889	1.397	1.860	2.306	2.896	3.355
9	0.261	0.543	0.883	1.383	1.833	2.262	2.821	3.250
10	0.260	0.542	0.879	1.372	1.812	2.228	2.764	3.169
11	0.260	0.540	0.876	1.363	1.796	2.201	2.718	3.106
12	0.259	0.539	0.873	1.356	1.782	2.179	2.681	3.055
13	0.259	0.538	0.870	1.350	1.771	2.160	2.650	3.012
14	0.258	0.537	0.868	1.345	1.761	2.145	2.624	2.977
15	0.258	0.536	0.866	1.341	1.753	2.313	2.602	2.947
16	0.258	0.535	0.865	1.337	1.746	2.120	2.583	2.921
17	0.257	0.534	0.863	1.333	1.740	2.110	2.567	2.898
18	0.257	0.534	0.862	1.330	1.734	2.101	2.552	2.878
19	0.257	0.533	0.861	1.328	1.729	2.093	2.539	2.861
20	0.257	0.533	0.860	1.325	1.725	2.086	2.528	2.845
21	0.257	0.532	0.859	1.323	1.721	2.080	2.518	2.831
22	0.256	0.532	0.858	1.321	1.717	2.074	2.508	2.819
23	0.256	0.532	0.858	1.319	1.714	2.069	2.500	2.807
24	0.256	0.531	0.857	1.318	1.711	2.064	2.492	2.797
25	0.256	0.531	0.856	1.316	1.708	2.060	2.485	2.787
26	0.256	0.531	0.856	1.315	1.706	2.056	2.479	2.779
27	0.256	0.531	0.855	1.314	1.703	2.052	2.473	2.771
28	0.256	0.530	0.855	1.313	1.701	2.048	2.467	2.763
29	0.256	0.530	0.854	1.311	1.699	2.045	2.462	2.756
30	0.256	0.530	0.854	1.310	1.697	2.042	2.457	2.750
40	0.255	0.529	0.851	1.303	1.684	2.021	2.423	2.704
60	0.254	0.527	0.848	1.296	1.671	2.000	2.390	2.660
120	0.254	0.526	0.845	1.289	1.658	1.980	2.358	2.617
	0.253	0.524	0.842	1.282	1.645	1.960	2.326	2.576

[부표 3]

F 분포표

Tabulated values for $\alpha = 0.5$

	1	2	3	4	5	6	7	8	9	10
1	161.40	199.50	215.70	224.60	230.20	234.00	236.80	238.90	240.50	241.90
2	18.51	19.00	19.16	19.25	19.30	19.33	19.35	19.37	19.38	19.40
3	10.13	9.55	9.28	9.12	9.01	8.94	8.89	8.85	8.81	8.79
4	7.71	6.94	6.59	6.39	6.26	6.16	6.09	6.04	6.00	5.96
5	6.61	5.79	5.41	5.19	5.505	4.95	4.88	4.82	4.77	4.74
6	5.99	5.14	4.76	4.53	4.39	4.28	421	4.15	4.10	4.06
7	5.59	4.74	4.35	4.12	3.97	3.87	3.79	3.73	3.68	3.64
8	5.32	4.46	4.07	3.84	3.69	3.58	3.50	3.44	3.39	3.35
9	5.12	4.26	3.86	3.63	3.48	3.37	3.29	3.23	3.18	3.14
10	4.96	4.10	3.71	3.48	3.33	3.22	3.14	3.07	3.02	2.98
11	4.84	3.98	3.59	3.36	3.20	3.09	3.01	2.95	2.90	2.85
12	4.75	3.89	3.49	3.26	3.11	3.00	2.91	2.85	2.80	2.75
13	4.67	3.81	3.41	3.18	3.03	2.92	2.83	2.77	2.71	2.67
14	4.60	3.74	3.34	3.11	2.96	2.85	2.76	2.70	2.65	2.60
15	4.54	3.68	3.29	3.06	2.90	2.79	2.71	2.64	2.59	2.54
16	4.49	3.63	3.24	3.01	2.85	2.74	2.66	2.59	2.54	2.49
17	4.45	3.59	3.20	2.96	2.81	2.70	2.61	2.55	2.49	2.45
18	4.41	3.55	3.16	2.93	2.77	2.66	2.58	2.51	2.46	2.41
19	4.38	3.52	3.13	2.90	2.74	2.63	2.54	2.48	2.42	2.38
20	4.35	3.49	3.10	2.87	2.71	2.60	2.51	2.45	2.39	2.35
21	4.32	3.47	3.07	2.84	2.68	2.57	2.49	2.42	2.37	2.32
22	4.30	3.44	3.05	2.82	2.66	2.55	2.46	2.40	2.34	2.30
23	4.28	3.42	3.03	2.80	2.64	2.53	2.44	2.37	2.32	2.27
24	4.26	3.40	3.01	2.78	2.62	2.51	2.42	2.36	2.30	2.25
25	4.24	3.39	2.99	2.76	2.60	2.49	2.40	2.34	2.28	2.24
26	4.23	3.37	2.98	2.74	2.59	2.47	2.39	2.32	2.27	2.22
27	4.21	3.35	2.96	2.73	2.57	2.46	2.37	2.31	2.25	2.20
28	4.20	3.34	2.95	2.71	2.56	2.45	2.36	2.29	2.24	2.19
29	4.18	3.33	2.93	2.70	2.55	2.43	2.35	2.28	2.22	2.18
30	4.17	3.32	2.92	2.69	2.53	2.42	2.33	2.27	2.21	2.16
40	4.08	3.23	2.84	2.61	2.45	2.34	2.25	2.18	2.12	2.08
60	4.00	3.15	2.76	2.53	2.37	2.25	2.17	2.10	2.04	1.99
120	3.92	3.07	2.68	2.45	2.29	2.17	2.09	2.02	1.96	1.91
	3.84	3.00	2.60	2.37	2.21	2.10	2.01	1.94	1.88	1.83

Tabulated values for $\alpha = 0.5$

	12	15	20	24	30	40	60	120	
1	243.90	245.90	248.00	249.10	250.10	251.10	252.20	253.30	254.30
2	19.41	19.43	19.45	19.45	19.46	19.47	19.48	19.49	19.50
3	8.74	8.70	8.66	8.64	8.62	8.59	8.57	8.55	8.53
4	5.91	5.86	5.80	5.77	5.75	5.72	5.69	5.66	5.63
5	4.68	4.62	4.56	4.53	4.50	4.46	4.43	4.40	4.36
6	4.00	3.94	3.87	3.84	3.81	3.77	3.74	3.70	3.67
7	3.57	3.51	3.44	3.41	3.38	3.34	3.30	3.27	3.23
8	3.28	3.22	3.15	3.12	3.08	3.04	3.01	2.97	2.93
9	3.07	3.01	2.94	2.90	2.86	2.83	2.79	2.75	2.71
10	2.91	2.85	2.77	2.74	2.70	2.66	2.62	2.58	2.54
11	2.79	2.72	2.65	2.61	2.57	2.53	2.49	2.45	2.40
12	2.69	2.62	2.54	2.51	2.47	2.43	2.38	2.34	2.30
13	2.60	2.53	2.46	2.42	2.38	2.34	2.30	2.25	2.21
14	2.53	2.46	2.39	2.35	2.31	2.27	2.22	2.18	2.13
15	2.48	2.40	2.33	2.29	2.25	2.20	2.16	2.11	2.07
16	2.42	2.35	2.28	2.24	2.19	2.15	2.11	2.06	2.01
17	2.38	2.31	2.23	2.19	2.15	2.10	2.06	2.01	1.96
18	2.34	2.27	2.19	2.15	2.11	2.06	2.02	1.97	1.92
19	2.31	2.23	2.16	2.11	2.07	2.03	1.98	1.93	1.88
20	2.28	2.20	2.12	2.08	2.04	1.99	1.95	1.90	1.84
21	2.25	2.18	2.10	2.05	2.01	1.96	1.92	1.87	1.81
22	2.23	2.15	2.07	2.03	1.98	1.94	1.89	1.84	1.78
23	2.20	2.13	2.05	2.01	1.96	1.91	1.86	1.81	1.76
24	2.18	2.11	2.03	1.98	1.94	1.89	1.84	1.79	1.73
25	2.16	2.09	2.01	1.96	1.92	1.87	1.82	1.77	1.71
26	2.15	2.07	1.99	1.95	1.90	1.85	1.80	1.75	1.69
27	2.13	2.06	1.97	1.93	1.88	1.84	1.79	1.73	1.67
28	2.12	2.04	1.96	1.91	1.87	1.82	1.77	1.71	1.65
29	2.10	2.03	1.94	1.90	1.85	1.81	1.75	1.70	1.64
30	2.09	2.01	1.93	1.89	1.84	1.79	1.74	1.68	1.62
40	2.00	1.92	1.84	1.79	1.74	1.69	1.64	1.58	1.51
60	1.92	1.84	1.75	1.70	1.65	1.59	1.53	1.47	1.39
120	1.83	1.75	1.66	1.61	1.55	1.50	1.43	1.35	1.25
	1.75	1.67	1.57	1.52	1.46	1.39	1.32	1.22	1.00

[부표 4] χ^2 분포표

df	.995	.990	.975	.950	.900	.750	.500
1	000039	.000160	.000980	.003930	.015800	.101500	.455000
2	0.010	0.020	0.051	0.103	0.211	0.575	1.386
3	0.072	0.115	0.216	0.352	0.584	1.213	2.366
4	0.207	0.297	0.484	0.711	1.064	1.923	3.357
5	0.412	0.554	0.831	1.145	1.610	2.675	4.351
6	0.676	0.872	1.237	1.635	2.204	3.455	5.348
7	0.989	1.239	1.690	2.167	2.833	4.255	6.346
8	1.344	1.646	2.180	2.733	3.490	5.071	7.344
9	1.735	2.088	2.700	3.325	4.168	5.899	8.343
10	2.156	2.558	3.247	3.940	4.865	6.737	9.342
11	2.603	3.053	3.816	4.575	5.578	7.584	10.341
12	3.074	3.571	4.404	5.226	6.304	8.438	11.340
13	3.565	4.107	5.009	5.892	7.042	9.299	12.340
14	4.075	4.660	5.629	6.571	7.790	10.165	13.339
15	4.601	5.229	6.262	7.261	8.547	11.036	14.339
16	5.142	5.812	6.908	7.962	9.312	11.912	15.338
17	5.697	6.408	7.564	8.672	10.085	12.792	16.338
18	6.265	7.015	8.231	9.390	10.865	13.675	17.338
19	6.844	7.633	8.907	10.117	11.651	14.562	18.338
20	7.434	8.260	9.591	10.851	12.443	15.452	19.337
21	8.034	8.897	10.283	11.591	13.240	16.344	20.337
22	8.643	9.542	10.982	12.338	14.041	17.240	21.337
23	9.260	10.196	11.688	13.091	14.848	18.137	22.337
24	9.886	10.856	12.401	13.848	15.659	19.037	23.337
25	10.520	11.524	13.120	14.611	16.473	19.939	24.337
26	11.160	12.198	13.844	15.379	17.292	20.843	25.336
27	11.808	12.879	14.573	16.151	18.114	21.749	26.336
28	12.461	13.565	15.308	16.928	18.939	22.657	27.336
29	13.121	14.256	16.047	17.708	19.768	23.567	28.336
30	13.787	14.953	16.791	18.493	20.599	24.478	29.336
40	20.707	22.164	24.433	26.509	29.051	33.660	39.335
50	27.991	29.707	32.357	34.764	37.689	42.942	49.335
60	35.535	37.485	40.482	43.188	46.459	52.294	59.335
				51.739	55.329	61.698	69.334
70	43.275	45.442	48.758				
80	51.172	53.540	57.153	60.391	64.278	71.145	79.334
90	59 196	61 754	65 647	69 126	73 291	80 625	89 334
100	67.328	70.065	74.222	77.929	82.358	90.133	99.334

df	.250	.100	.050	.025	.010	.005	.001
1	1.323	2.706	3.841	5.024	6.635	7.879	10.828
2	2.773	4.605	5.991	7.378	9.210	10.597	13.816
3	4.108	6.251	7.815	9.348	11.345	12.838	16.266
4	5.385	7.779	9.488	11.143	13.277	14.860	18.467
5	6.626	9.236	11.070	12.832	15.086	16.750	20.515
6	7.841	10.645	12.592	14.449	16.812	18.548	22.458
7	9.037	12.017	14.067	16.013	18.475	20.278	24.322
8	10.219	13.362	15.507	17.535	20.090	21.955	26.125
9	11.389	14.684	16.919	19.023	21.666	23.589	27.877
10	12.549	15.987	18.307	20.483	23.209	25.188	29.588
11	13.701	17.275	19.675	21.920	24.725	26.757	31.264
12	14.845	18.549	21.026	23.337	26.217	28.300	32.909
13	15.984	19.812	22.362	24.736	27.688	29.819	34.528
14	17.117	21.064	23.685	26.119	29.141	31.319	36.123
15	18.245	22.307	24.996	27.488	30.578	32.801	37.697
16	19.369	23.542	26.296	28.845	32.000	34.267	39.252
17	20.489	24.769	27.587	30.191	33.409	35.718	40.790
18	21.605	25.989	28.869	31.526	34.805	37.156	43.312
19	22.718	27.204	30.144	32.852	36.191	38.582	43.820
20	23.828	28.412	31.410	34.170	37.566	39.997	45.315
21	24.935	29.615	32.671	35.479	38.932	41.401	46.797
22	26.039	30.813	33.924	36.781	40.289	42.796	48.268
23	27.141	32.007	35.172	38.076	41.638	44.181	49.728
24	28.241	33.196	36.415	39.364	42.980	45.558	51.179
25	29.339	34.382	37.652	40.646	44.314	46.928	52.620
26	30.434	35.563	38.885	41.923	45.642	48.290	54.052
27	31.528	36.741	40.113	43.194	46.963	49.645	55.476
28	32.620	37.916	41.337	44.461	48.278	50.993	56.892
29	33.711	39.087	42.557	45.722	49.588	52.336	58.302
30	34.800	40.256	43.773	46.979	50.892	53.672	59.703
40	45.616	51.805	55.758	59.342	63.691	66.766	73.402
50	56.334	63.167	67.505	71.420	76.154	79.490	86.661
60	66.981	74.397	79.082	83.298	88.379	91.952	99.607
70	77.577	85.527	90.531	95.023	100.425	104.215	112.317
80	88.130	96.578	101.879	106.629	112.329	116.321	124.839
90	98.650	107.565	113.145	118.136	124.116	128.299	137.208
100	109.141	118.498	124.342	129.561	135.807	140.169	149.449

[표 B1] 보통검사를 위한 1회 샘플링 검사방식('s' 방법)

샘플 문자	샘플 크기	합격품질한계 부적합률(%)															
		0.010	0.015	0.025	0.040	0.065	0.10	0.15	0.25	0.40	0.65	1.0	1.5	2.5	4.0	6.5	10.0
		k	k	k	k	k	k	k	k	k	k	k	k	k	k	k	k
B	3													↓	0.954	0.818	0.526
C	4												↓	1.163	1.045	0.853	0.580
D	6											↓	1.395	1.275	1.108	0.902	0.587
E	9										↓	1.615	1.494	1.338	1.159	0.907	0.597
F	13									↓	1.830	1.712	1.565	1.405	1.189	0.938	0.614
G	18								↓	2.025	1.910	1.770	1.622	1.429	1.212	0.944	0.718
H	25							↓	2.215	2.102	1.969	1.829	1.662	1.457	1.225	1.035	0.809
J	35						↓	2.399	2.289	2.160	2.028	1.862	1.684	1.476	1.311	1.118	0.912
K	50					↓	2.569	2.461	2.336	2.209	2.052	1.885	1.693	1.543	1.372	1.193	0.947
L	70				↓	2.736	2.631	2.510	2.389	2.239	2.082	1.904	1.765	1.611	1.451	1.238	↑
M	95			↓	2.889	2.787	2.670	2.553	2.410	2.261	2.093	1.965	1.822	1.676	1.484	↑	
N	125		↓	3.037	2.937	2.824	2.711	2.574	2.432	2.274	2.154	2.021	1.886	1.710	↑		
P	160	↓	3.179	3.082	2.973	2.865	2.733	2.597	2.447	2.334	2.209	2.083	1.921	↑			
Q	200	3.310	3.215	3.109	3.004	2.877	2.747	2.603	2.495	2.377	2.258	2.106	↑				
R	250	3.350	3.247	3.146	3.023	2.898	2.760	2.657	2.545	2.432	2.289	↑					

비고1 비 이 표준의 샘플 크기 코드 문자는 KS A ISO 2859-1에 나와 있는 것과 대응된다.

비고2 기호 : ↓ 이 영역에는 적절한 방식이 없다. 화살표 아래 첫 번째 샘플링 방식을 사용하라. 샘플 크기가 로트 크기 이상이면 100% 검사를 실시하라.

↑ 이 영역에는 적절한 방식이 없다. 화살표 위 첫 번째 샘플링 방식을 사용하라.

[표 B2] 엄격한 검사를 위한 1회 샘플링 검사방식('s' 방법)

샘플 문자	샘플 크기	합격품질한계 부적합률(%)															
		0.010	0.015	0.025	0.040	0.065	0.10	0.15	0.25	0.40	0.65	1.0	1.5	2.5	4.0	6.5	10.0
		k	k	k	k	k	k	k	k	k	k	k	k	k	k	k	k
B	3														↓	0.954	0.818
C	4													↓	1.163	1.046	0.853
D	6												↓	1.395	1.275	1.108	0.902
E	9											↓	1.615	1.494	1.338	1.159	0.907
F	13										↓	1.830	1.712	1.565	1.405	1.189	0.938
G	18									↓	2.025	1.910	1.770	1.622	1.429	1.212	0.944
H	25								↓	2.215	2.102	1.969	1.829	1.652	1.457	1.225	0.995
J	35							↓	2.399	2.289	2.16	2.028	1.862	1.684	1.476	1.242	1.010
K	50						↓	2.569	2.461	2.336	2.209	2.052	1.885	1.693	1.481	1.277	1.044
L	70					↓	2.736	2.631	2.51	2.389	2.239	2.082	1.904	1.71	1.526	1.322	↑
M	95				↓	2.889	2.787	2.67	2.553	2.410	2.261	2.093	1.913	1.745	1.559	↑	
N	125			↓	3.037	2.937	2.824	2.711	2.574	2.432	2.274	2.105	1.949	1.779	↑		
P	160		↓	3.179	3.082	2.973	2.865	2.733	2.597	2.447	2.288	2.141	1.984	↑			
Q	200	↓	3.310	3.215	3.109	3.004	2.877	2.747	2.603	2.452	2.313	2.165	↑				
R	250	3.442	3.350	3.247	3.146	3.023	2.898	2.76	2.616	2.485	2.345	↑					

비고1 비 이 표준의 샘플 크기 코드 문자는 KS A ISO 2859-1에 나와 있는 것과 대응된다.

비고2 기호 : ↓이 영역에는 적절한 방식이 없다. 화살표 아래 첫 번째 샘플링 방식을 사용하라. 샘플 크기가 로트 크기 이상이면 100% 검사를 실시하라.

↑이 영역에는 적절한 방식이 없다. 화살표 위 첫 번째 샘플링 방식을 사용하라.

[표 B3] 수월한 검사를 위한 1회 샘플링 검사방식('s' 방법)

샘플 문자	샘플 크기	합격품질한계 부적합률(%)															
		0.010	0.015	0.025	0.040	0.065	0.10	0.15	0.25	0.40	0.65	1.0	1.5	2.5	4.0	6.5	10.0
		k	k	k	k	k	k	k	k	k	k	k	k	k	k	k	k
B~D	3											↓	0.954	0.907	0.818	0.526	0.023
E	4										↓	1.163	1.119	1.046	0.853	0.58	0.099
F	6									↓	1.395	1.348	1.275	1.108	0.902	0.587	0.161
G	9								↓	1.615	1.566	1.494	1.338	1.159	0.907	0.597	0.368
H	13							↓	1.83	1.782	1.712	1.565	1.405	1.189	0.938	0.763	0.461
J	18						↓	2.025	1.978	1.91	1.77	1.622	1.429	1.212	1.065	0.823	0.619
K	25					↓	2.215	2.168	2.102	1.969	1.829	1.652	1.457	1.329	1.123	0.955	0.809
L	35				↓	2.399	2.353	2.289	2.16	2.028	1.862	1.684	1.569	1.387	1.242	1.118	↑
M	50			↓	2.569	2.524	2.461	2.336	2.209	2.052	1.885	1.778	1.612	1.481	1.372	↑	
N	70		↓	2.215	2.692	2.631	2.51	2.389	2.239	2.082	1.982	1.829	1.71	1.611	↑		
P	95	↓	2.889	2.846	2.787	2.67	2.553	2.41	2.261	2.167	2.023	1.913	1.822	↑			
Q	125	3.037	2.995	2.937	2.824	2.711	2.574	2.432	2.344	2.208	2.105	2.021	↑				
R	160	3.139	3.082	2.973	2.865	2.733	2.597	2.513	2.385	2.288	2.209	↑					

비고1 비 이 표준의 샘플 크기 코드 문자는 KS A ISO 2859-1에 나와 있는 것과 대응된다.

비고2 기호 : ↓ 이 영역에는 적절한 방식이 없다. 화살표 아래 첫 번째 샘플링 방식을 사용하라. 샘플 크기가 로트 크기 이상이면 100% 검사를 실시하라.

↑ 이 영역에는 적절한 방식이 없다. 화살표 위 첫 번째 샘플링 방식을 사용하라.

[표 B4] 양쪽 규격 통합관리의 경우 최대 샘플 표준편차에 대한 fs 값(보통 검사 ‘s’ 방법)

샘플 문자	합격품질한계 부적합률(%)															
	0.010	0.015	0.025	0.040	0.065	0.10	0.15	0.25	0.40	0.65	1.0	1.5	2.5	4.0	6.5	10.0
	f_s	f_s	f_s	f_s	f_s	f_s	f_s	f_s	f_s	f_s	f_s	f_s	f_s	f_s	f_s	f_s
B													↓	0.474	0.507	0.595
C												↓	0.376	0.393	0.425	0.481
D											↓	0.314	0.331	0.357	0.396	0.471
E										↓	0.274	0.289	0.310	0.338	0.386	0.464
F									↓	0.245	0.257	0.274	0.295	0.328	0.375	0.457
G								↓	0.225	0.234	0.248	0.264	0.289	0.321	0.372	0.426
H							↓	0.206	0.215	0.227	0.240	0.259	0.283	0.317	0.351	0.401
J						↓	0.192	0.200	0.209	0.220	0.235	0.254	0.279	0.302	0.335	0.376
K					↓	0.180	0.187	0.195	0.205	0.217	0.232	0.252	0.269	0.292	0.320	0.368
L				↓	0.170	0.176	0.183	0.191	0.202	0.214	0.230	0.243	0.261	0.281	0.312	↑
M			↓	0.162	0.167	0.174	0.180	0.189	0.200	0.213	0.224	0.237	0.253	0.276	↑	
N		↓	0.155	0.160	0.165	0,171	0.179	0.188	0.199	0.208	0.219	0.231	0.249	↑		
P	↓	0.149	0.153	0.158	0.163	0.170	0.177	0.187	0.194	0.203	0.213	0.227	↑			
Q	0.143	0.147	0.152	0.156	0.162	0.169	0.177	0.183	0.191	0.199	0.211	↑				
R	0.142	0.146	0.150	0.155	0.161	0.168	0.174	0.180	0.187	0.197	↑					

비고 MSSD는 표준화된 MSSD f_s를 규격 상한 U와 규격 하한 L의 차이에 곱함으로써 구해진다. 즉, MSSD=(U-L) f_s이다.
위 MSSD는 공정 산포가 미지인 경우 양쪽 규격에 대해 통합 관리를 위한 방식을 사용할 때 보통 검사 하에 샘플 표준편차와 최대허용크기를 나타낸다.
확실한 것은 아니지만 샘플 표준편차가 MSSD보다 작으면 합격할 가능성이 있다.

[표 B5] 양쪽 규격 통합관리의 경우 최대 샘플 표준편차에 대한 fs 값(엄격한 검사 's' 방법)

샘플 문자	합격품질한계 부적합률(%)															
	0.010	0.015	0.025	0.040	0.065	0.10	0.15	0.25	0.40	0.65	1.0	1.5	2.5	4.0	6.5	10.0
	f_s	f_s	f_s	f_s	f_s	f_s	f_s	f_s	f_s	f_s	f_s	f_s	f_s	f_s	f_s	f_s
B															0.474	0.507
C														0.376	0.393	0.423
D													0.314	0.331	0.357	0.396
E												0.274	0.289	0.31	0.338	0.383
F											0.245	0.257	0.274	0.295	0.328	0.375
G										0.224	0.234	0.248	0.264	0.289	0.321	0.372
H									0.206	0.215	0.227	0.24	0.259	0.283	0.317	0.368
J								0.192	0.200	0.209	0.220	0.235	0.254	0.279	0.313	0.355
K							0.180	0.187	0.195	0.205	0.217	0.232	0.252	0.277	0.307	0.348
L						0.170	0.176	0.183	0.191	0.202	0.214	0.23	0.249	0.271	0.299	
M					0.162	0.167	0.174	0.180	0.189	0.200	0.213	0.228	0.245	0.266		
N				0.155	0.160	0.165	0.171	0.179	0.188	0.199	0.212	0.225	0.241			
P			0.149	0.153	0.158	0.163	0.170	0.177	0.187	0.197	0.208	0.222				
Q		0.143	0.147	0.152	0.156	0.162	0.169	0.177	0.186	0.196	0.206					
R	0.138	0.142	0.146	0.150	0.155	0.161	0.168	0.176	0.184	0.193						

비고 MSSD는 표준화된 MSSD f_s를 규격 상한 U와 규격 하한 L의 차이에 곱함으로써 구해진다. 즉, MSSD=(U-L) f_s이다. 위 MSSD는 공정 산포가 미지인 경우 양쪽 규격에 대해 통합 관리를 위한 방식을 사용할 때 보통 검사 하에 샘플 표준편차와 최대허용크기를 나타낸다. 확실한 것은 아니지만 샘플 표준편차가 MSSD보다 작으면 합격할 가능성이 있다.

[표 B6] 양쪽 규격 통합관리의 경우 최대 샘플 표준편차에 대한 fs 값(수월한 검사 's' 방법)

샘플 문자	합격품질한계 부적합률(%)															
	0.010	0.015	0.025	0.040	0.065	0.10	0.15	0.25	0.40	0.65	1.0	1.5	2.5	4.0	6.5	10.0
	fs	fs	fs	fs	fs	fs	fs	fs	fs	fs	fs	fs	fs	fs	fs	fs
B~D												0.474	0.485	0.507	0.595	0.849
E											0.376	0.382	0.393	0.425	0.481	0.625
F										0.314	0.320	0.331	0.357	0.396	0.471	0.623
G									0.274	0.280	0.289	0.310	0.338	0.386	0.464	0.542
H								0.245	0.250	0.257	0.274	0.295	0.328	0.375	0.416	0.507
J							0.224	0.228	0.234	0.248	0.264	0.289	0.321	0.347	0.399	0.455
K						0.206	0.210	0.215	0.227	0.240	0.259	0.283	0.301	0.335	0.368	0.401
L					0.192	0.195	0.200	0.209	0.220	0.235	0.254	0.267	0.291	0.313	0.335	
M				0.180	0.183	0.187	0.195	0.205	0.217	0.232	0.243	0.261	0.277	0.292		
N			0.170	0.173	0.176	0.183	0.191	0.202	0.214	0.223	0.237	0.249	0.261			
P		0.162	0.164	0.167	0.174	0.180	0.189	0.200	0.207	0.219	0.228	0.237				
Q	0.155	0.157	0.160	0.165	0.171	0.179	0.188	0.194	0.203	0.212	0.219					
R	0.150	0.153	0.158	0.163	0.170	0.177	0.183	0.191	0.197	0.203						

비고 MSSD는 표준화된 MSSD f_s를 규격 상한 U와 규격 하한 L의 차이에 곱함으로써 구해진다. 즉, MSSD=(U-L) f_s이다. 위 MSSD는 공정 산포가 미지인 경우 양쪽 규격에 대해 통합 관리를 위한 방식을 사용할 때 보통 검사 하에 샘플 표준편차와 최대허용크기를 나타낸다. 확실한 것은 아니지만 샘플 표준편차가 MSSD보다 작으면 합격할 가능성이 있다.

[표 B7] 품질 통계량 Q의 함수로서 공정 부적합률의 추정지 $\hat{p}$

$Q\sqrt{3}/2$의 소수 둘째 자리까지의 값	$Q\sqrt{3}/2$의 소수 셋째 자리 값									
	0.000	0.001	0.002	0.003	0.004	0.005	0.006	0.007	0.008	0.009
	$\hat{p}$	$\hat{p}$	$\hat{p}$	$\hat{p}$	$\hat{p}$	$\hat{p}$	$\hat{p}$	$\hat{p}$	$\hat{p}$	$\hat{p}$
0	0.5000	0.4997	0.4994	0.4990	0.4987	0.4984	0.4981	0.4978	0.4975	0.4971
0.01	0.4968	0.4965	0.4962	0.4959	0.4955	0.4952	0.4949	0.4946	0.4943	0.4940
0.02	0.4936	0.4933	0.4930	0.4927	0.4924	0.492	0.4917	0.4914	0.4911	0.4908
0.03	0.4904	0.4901	0.4898	0.4895	0.4892	0.4889	0.4885	0.4882	0.4879	0.4876
0.04	0.4873	0.4869	0.4866	0.4863	0.486	0.4857	0.4854	0.4850	0.4847	0.4844
0.05	0.4841	0.4838	0.4834	0.4831	0.4828	0.4825	0.4822	0.4818	0.4815	0.4812
0.06	0.4809	0.4806	0.4803	0.4799	0.4796	0.4793	0.4790	0.4787	0.4783	0.4780
0.07	0.4777	0.4774	0.4771	0.4767	0.4764	0.4761	0.4758	0.4755	0.4751	0.4748
0.08	0.4745	0.4742	0.4739	0.4735	0.4732	0.4729	0.4726	0.4723	0.4720	0.4716
0.09	0.4713	0.4710	0.4707	0.4704	0.4700	0.4697	0.4694	0.4691	0.4688	0.4684
0.10	0.4681	0.4678	0.4675	0.4672	0.4668	0.4665	0.4662	0.4659	0.4656	0.4652
0.11	0.4649	0.4646	0.4643	0.4640	0.4636	0.4633	0.4630	0.4627	0.4624	0.4620
0.12	0.4617	0.4614	0.4611	0.4607	0.4604	0.4601	0.4598	0.4595	0.4591	0.4588
0.13	0.4585	0.4582	0.4579	0.4575	0.4572	0.4569	0.4566	0.4563	0.4559	0.4556
0.14	0.4553	0.4550	0.4546	0.4543	0.4540	0.4537	0.4534	0.4530	0.4527	0.4524
0.15	0.4521	0.4518	0.4514	0.4511	0.4508	0.4505	0.4501	0.4498	0.4495	0.4492
0.16	0.4489	0.4485	0.4482	0.4479	0.4476	0.4472	0.4469	0.4466	0.4463	0.4459
0.17	0.4456	0.4453	0.4450	0.4447	0.4443	0.4440	0.4437	0.4434	0.4430	0.4427
0.18	0.4424	0.4421	0.4417	0.4414	0.4411	0.4408	0.4404	0.4401	0.4398	0.4395
0.19	0.4392	0.4388	0.4385	0.4382	0.4379	0.4375	0.4372	0.4369	0.4366	0.4362
0.20	0.4359	0.4356	0.4353	0.4349	0.4346	0.4343	0.4340	0.4336	0.4333	0.4330
0.21	0.4327	0.4323	0.4320	0.4317	0.4314	0.4310	0.4307	0.4304	0.4300	0.4297
0.22	0.4294	0.4291	0.4287	0.4284	0.4281	0.4278	0.4274	0.4271	0.4268	0.4265
0.23	0.4261	0.4258	0.4255	0.4251	0.4248	0.4245	0.4242	0.4238	0.4235	0.4232
0.24	0.4229	0.4225	0.4222	0.4219	0.4215	0.4212	0.4209	0.4206	0.4202	0.4199
0.25	0.4196	0.4192	0.4189	0.4186	0.4183	0.4179	0.4176	0.4173	0.4169	0.4166
0.26	0.4163	0.4159	0.4156	0.4153	0.4150	0.4146	0.4143	0.4140	0.4136	0.4133
0.27	0.4130	0.4126	0.4123	0.4120	0.4117	0.4113	0.4110	0.4107	0.4103	0.4100
0.28	0.4097	0.4093	0.4090	0.4087	0.4083	0.4080	0.4077	0.4073	0.4070	0.4067
0.29	0.4063	0.4060	0.4057	0.4053	0.4050	0.4047	0.4043	0.4040	0.4037	0.4033
0.30	0.4030	0.4027	0.4023	0.4020	0.4017	0.4013	0.4010	0.4007	0.4003	0.4000
0.31	0.3997	0.3993	0.3990	0.3987	0.3983	0.3980	0.3977	0.3973	0.3970	0.3967
0.32	0.3963	0.3960	0.3956	0.3953	0.3950	0.3946	0.3943	0.3940	0.3936	0.3933
0.33	0.3930	0.3926	0.3923	0.3919	0.3916	0.3913	0.3909	0.3906	0.3902	0.3899
0.34	0.3896	0.3892	0.3889	0.3886	0.3882	0.3879	0.3875	0.3872	0.3869	0.3865
0.35	0.3862	0.3858	0.3855	0.3852	0.3848	0.3845	0.3841	0.3838	0.3835	0.3831
0.36	0.3828	0.3824	0.3821	0.3818	0.3814	0.3811	0.3807	0.3804	0.3800	0.3797
0.37	0.3794	0.3790	0.3787	0.3783	0.3780	0.3776	0.3773	0.3770	0.3766	0.3763
0.38	0.3759	0.3756	0.3752	0.3749	0.3745	0.3742	0.3739	0.3735	0.3732	0.3728
0.39	0.3725	0.3721	0.3718	0.3714	0.3711	0.3707	0.3704	0.3701	0.3697	0.3694
0.40	0.3690	0.3687	0.3683	0.368	0.3676	0.3673	0.3669	0.3666	0.3662	0.3659
0.41	0.3655	0.3652	0.3648	0.3645	0.3641	0.3638	0.3634	0.3631	0.3627	0.3624
0.42	0.3620	0.3617	0.3613	0.3610	0.3606	0.3603	0.3599	0.3596	0.3592	0.3589
0.43	0.3585	0.3582	0.3578	0.3575	0.3571	0.3567	0.3564	0.3560	0.3557	0.3553
0.44	0.3550	0.3546	0.3543	0.3539	0.3536	0.3532	0.3528	0.3525	0.3521	0.3518
0.45	0.3514	0.3511	0.3507	0.3504	0.3500	0.3496	0.3493	0.3489	0.3486	0.3482
0.46	0.3478	0.3475	0.3471	0.3468	0.3464	0.3461	0.3457	0.3453	0.3450	0.3446
0.47	0.3443	0.3439	0.3435	0.3432	0.3428	0.3424	0.3421	0.3417	0.3414	0.3410
0.48	0.3406	0.3403	0.3399	0.3395	0.3392	0.3388	0.3385	0.3381	0.3377	0.3374
0.49	0.3370	0.3366	0.3363	0.3359	0.3355	0.3352	0.3348	0.3344	0.3341	0.3337

$Q\sqrt{3}/2$의 소수 둘째 자리까지의 값	$Q\sqrt{3}/2$의 소수 셋째 자리 값									
	0.000	0.001	0.002	0.003	0.004	0.005	0.006	0.007	0.008	0.009
	$\hat{p}$	$\hat{p}$	$\hat{p}$	$\hat{p}$	$\hat{p}$	$\hat{p}$	$\hat{p}$	$\hat{p}$	$\hat{p}$	$\hat{p}$
0	0.5000	0.4997	0.4994	0.4990	0.4987	0.4984	0.4981	0.4978	0.4975	0.4971
0.50	0.3333	0.3330	0.3326	0.3322	0.3319	0.3315	0.3311	0.3308	0.3304	0.3300
0.51	0.3296	0.3293	0.3289	0.3285	0.3282	0.3278	0.3274	0.3270	0.3267	0.3263
0.52	0.3259	0.3256	0.3252	0.3248	0.3244	0.3241	0.3237	0.3233	0.3229	0.3226
0.53	0.3222	0.3218	0.3214	0.3211	0.3207	0.3203	0.3199	0.3196	0.3192	0.3188
0.54	0.3184	0.318	0.3177	0.3173	0.3169	0.3165	0.3161	0.3158	0.3154	0.3150
0.55	0.3146	0.3142	0.3139	0.3135	0.3131	0.3127	0.3123	0.3120	0.3116	0.3112
0.56	0.3108	0.3104	0.3100	0.3096	0.3093	0.3089	0.3085	0.3081	0.3077	0.3073
0.57	0.3069	0.3066	0.3062	0.3058	0.3054	0.3050	0.3046	0.3042	0.3038	0.3034
0.58	0.3031	0.3027	0.3023	0.3019	0.3015	0.3011	0.3007	0.3003	0.2999	0.2995
0.59	0.2991	0.2987	0.2983	0.2979	0.2975	0.2972	0.2968	0.2964	0.2960	0.2956
0.60	0.2952	0.2948	0.2944	0.2940	0.2936	0.2932	0.2928	0.2924	0.2920	0.2916
0.61	0.2912	0.2908	0.2904	0.2900	0.2896	0.2892	0.2888	0.2883	0.2879	0.2875
0.62	0.2871	0.2867	0.2863	0.2859	0.2855	0.2851	0.2847	0.2843	0.2839	0.2835
0.63	0.2831	0.2826	0.2822	0.2818	0.2814	0.2810	0.2806	0.2802	0.2798	0.2793
0.64	0.2789	0.2785	0.2781	0.2777	0.2773	0.2769	0.2764	0.2760	0.2756	0.2752
0.65	0.2748	0.2743	0.2739	0.2735	0.2731	0.2727	0.2722	0.2718	0.2714	0.2710
0.66	0.2706	0.2701	0.2697	0.2693	0.2689	0.2684	0.2680	0.2676	0.2672	0.2667
0.67	0.2663	0.2659	0.2654	0.2650	0.2646	0.2641	0.2637	0.2633	0.2628	0.2624
0.68	0.2620	0.2615	0.2611	0.2607	0.2602	0.2598	0.2594	0.2589	0.2585	0.2580
0.69	0.2576	0.2572	0.2567	0.2563	0.2558	0.2554	0.255	0.2545	0.2541	0.2536
0.70	0.2532	0.2527	0.2523	0.2518	0.2514	0.2509	0.2505	0.2500	0.2496	0.2491
0.71	0.2487	0.2482	0.2478	0.2473	0.2469	0.2464	0.2460	0.2455	0.2451	0.2446
0.72	0.2441	0.2437	0.2432	0.2428	0.2423	0.2418	0.2414	0.2409	0.2405	0.2400
0.73	0.2395	0.2391	0.2386	0.2381	0.2377	0.2372	0.2367	0.2362	0.2358	0.2353
0.74	0.2348	0.2344	0.2339	0.2334	0.2329	0.2324	0.232	0.2315	0.2310	0.2305
0.75	0.2301	0.2296	0.2291	0.2286	0.2281	0.2276	0.2272	0.2267	0.2262	0.2257
0.76	0.2252	0.2247	0.2242	0.2237	0.2232	0.2227	0.2222	0.2217	0.2213	0.2208
0.77	0.2203	0.2198	0.2193	0.2188	0.2183	0.2177	0.2172	0.2167	0.2162	0.2157
0.78	0.2152	0.2147	0.2142	0.2137	0.2132	0.2127	0.2121	0.2116	0.2111	0.2106
0.79	0.2101	0.2096	0.2090	0.2085	0.2080	0.2075	0.2069	0.2064	0.2059	0.2054
0.80	0.2048	0.2043	0.2038	0.2032	0.2027	0.2022	0.2016	0.2011	0.2006	0.2000
0.81	0.1995	0.1989	0.1984	0.1978	0.1973	0.1967	0.1962	0.1956	0.1951	0.1945
0.82	0.1940	0.1934	0.1929	0.1923	0.1917	0.1912	0.1906	0.1900	0.1895	0.1889
0.83	0.1883	0.1878	0.1872	0.1866	0.1860	0.1855	0.1849	0.1843	0.1837	0.1831
0.84	0.1826	0.1820	0.1814	0.1808	0.1802	0.1796	0.1790	0.1784	0.1778	0.1772
0.85	0.1766	0.1760	0.1754	0.1748	0.1742	0.1736	0.1729	0.1723	0.1717	0.1711
0.86	0.1705	0.1698	0.1692	0.1686	0.1680	0.1673	0.1667	0.1660	0.1654	0.1648
0.87	0.1641	0.1635	0.1628	0.1622	0.1615	0.1609	0.1602	0.1595	0.1589	0.1582
0.88	0.1575	0.1569	0.1562	0.1555	0.1548	0.1542	0.1535	0.1528	0.1521	0.1514
0.89	0.1507	0.1500	0.1493	0.1486	0.1479	0.1472	0.1465	0.1457	0.1450	0.1443
0.90	0.1436	0.1428	0.1421	0.1414	0.1406	0.1399	0.1391	0.1384	0.1376	0.1368
0.91	0.1361	0.1353	0.1345	0.1338	0.133	0.1322	0.1314	0.1306	0.1298	0.1290
0.92	0.1282	0.1274	0.1266	0.1257	0.1249	0.1241	0.1232	0.1224	0.1215	0.1207
0.93	0.1198	0.1189	0.1181	0.1172	0.1163	0.1154	0.1145	0.1136	0.1127	0.1118
0.94	0.1108	0.1099	0.1089	0.1080	0.1070	0.1061	0.1051	0.1041	0.1031	0.1021
0.95	0.1011	0.1001	0.0990	0.0980	0.0969	0.0959	0.0948	0.0937	0.0926	0.0915
0.96	0.0903	0.0892	0.0880	0.0869	0.0857	0.0845	0.0832	0.0820	0.0807	0.0795
0.97	0.0782	0.0768	0.0755	0.0741	0.0727	0.0713	0.0699	0.0684	0.0669	0.0653
0.98	0.0638	0.0621	0.0605	0.0588	0.0570	0.0552	0.0533	0.0514	0.0494	0.0473
0.99	0.0451	0.0427	0.0403	0.0377	0.0349	0.0318	0.0285	0.0247	0.0201	0.0142
1	0	0	0	0	0	0	0	0	0	0

[표 B8] 보통 검사 p* 형식 1회 샘플링 검사 방식(주표): 's'와 'σ' 방법

샘플 문자	샘플크기 n_s	샘플크기 $n_σ$	합격품질한계 부적합률(%) 0.010	0.015	0.025	0.040	0.065	0.10	0.15	0.25	0.40	0.65	1.0	1.5	2.5	4.0	6.5	10.0
			100 p*	100 p*	100 p*	100 p*	100 p*	100 p*	100 p*	100 p*	100 p*	100 p*	100 p*	100 p*	100 p*	100 p*	100 p*	100 p*
B	3	2													↓	19.05	24.94	34.95
C	4	3												↓	11.23	15.13	21.57	30.67
D	6	4											↓	6.724	9.246	13.29	19.02	29.03
E	9	6										↓	4.196	5.833	8.437	12.12	18.52	28.13
F	13	8									↓	2.578	3.605	5.245	7.537	11.54	17.54	27.31
G	18	10								↓	1.620	2.275	3.323	4.782	7.315	11.12	17.33	23.84
H	25	12							↓	1.012	1.428	2.084	3.010	4.603	7.010	10.91	15.03	21.03
J	35	15						↓	0.6299	0.8900	1.304	1.880	2.880	4.379	6.820	9.375	13.14	18.13
K	50	18					↓	0.4021	0.5690	0.8335	1.203	1.840	2.800	4.364	6.006	8.406	11.59	17.2
L	70	21				↓	0.2511	0.3553	0.5209	0.7500	1.150	1.750	2.725	3.753	5.255	7.257	10.74	↑
M	95	25			↓	0.1593	0.2254	0.3304	0.4765	0.7298	1.110	1.732	2.383	3.336	4.507	6.827	↑	
N	125	32		↓	0.1001	0.1421	0.2081	0.3005	0.4002	0.7000	1.090	1.499	2.098	2.898	4.301	↑		
P	160	40	↓	0.06265	0.08893	0.1302	0.1874	0.2875	0.4381	0.6818	0.9368	1.311	1.812	2.685	↑			
Q	200	50	0.03998	0.05689	0.08333	0.1202	0.1842	0.2801	0.4366	0.6007	0.8397	1.161	1.720	↑				
R	250	65	0.03553	0.05209	0.07495	0.1151	0.175	0.2729	0.3753	0.5245	0.7258	1.076	↑					

비고1 비 이 표준의 샘플 크기 코드 문자는 KS A ISO 2859-1과 ISO 3951-1에 나와 있는 것과 대응된다.

비고2 기호 : ↓ 이 영역에는 적절한 방식이 없다. 화살표 아래 첫 번째 샘플링 방식을 사용하라. 샘플 크기가 로트 크기 이상이면 100% 검사를 실시하라.

↑ 이 영역에는 적절한 방식이 없다. 화살표 위 첫 번째 샘플링 방식을 사용하라.

[표 B9] 까다로운 검사 p* 형식 1회 샘플링 검사 방식(주표): 's'와 'σ' 방법

샘플 문자	샘플크기 n_s	n_σ	합격품질한계 부적합률(%) 0.010	0.015	0.025	0.040	0.065	0.10	0.15	0.25	0.40	0.65	1.0	1.5	2.5	4.0	6.5	10.0
			100 p*	100 p*	100 p*	100 p*	100 p*	100 p*	100 p*	100 p*	100 p*	100 p*	100 p*	100 p*	100 p*	100 p*	100 p*	100 p*
B	3	2														↓	19.05	24.94
C	4	3													↓	11.23	15.13	21.57
D	6	4												↓	6.724	9.246	13.29	19.02
E	9	6											↓	4.196	5.833	8.437	12.12	18.52
F	13	8										↓	2.578	3.605	5.245	7.537	11.54	17.54
G	18	10									↓	1.620	2.275	3.323	4.782	7.315	11.12	17.33
H	25	12								↓	1.012	1.428	2.084	3.010	4.603	7.01	10.91	17.02
J	35	15							↓	0.6299	0.8900	1.304	1.880	2.880	4.379	6.82	10.62	15.63
K	50	18						↓	0.4021	0.5690	0.8335	1.203	1.840	2.800	4.364	6.808	10.01	14.82
L	70	21					↓	0.2511	0.3553	0.5209	0.7500	1.150	1.750	2.725	4.251	6.257	9.249	↑
M	95	25				↓	0.1593	0.2254	0.3304	0.4765	0.7298	1.110	1.732	2.699	3.965	5.879	↑	
N	125	32			↓	0.1001	0.1421	0.2081	0.3005	0.4602	0.7006	1.090	1.700	2.498	3.6988	↑		
P	160	40		↓	0.06265	0.08893	0.1302	0.1874	0.2875	0.4381	0.6818	1.062	1.565	2.311	↑			
Q	200	50	↓	0.03998	0.05689	0.08333	0.1202	0.1842	0.2801	0.4366	0..6798	1.001	1.481	↑				
R	250	65	0.02501	0.03553	0.05209	0.07495	0.1151	0.175	0.2729	0.4249	0.6242	0.9242	↑					

비고1 비 이 표준의 샘플 크기 코드 문자는 KS A ISO 2859-1과 ISO 3951-1에 나와 있는 것과 대응된다.
비고2 기호 : ↓ 이 영역에는 적절한 방식이 없다. 화살표 아래 첫 번째 샘플링 방식을 사용하라. 샘플 크기가 로트 크기 이상이면 100% 검사를 실시하라.
↑ 이 영역에는 적절한 방식이 없다. 화살표 위 첫 번째 샘플링 방식을 사용하라.

[표 B10] 수월한 검사 p* 형식 1회 샘플링 검사 방식(주표): 's'와 'σ' 방법

샘플 문자	샘플크기 n_s	$n_σ$	합격품질한계 부적합률(%)															
			0.010	0.015	0.025	0.040	0.065	0.10	0.15	0.25	0.40	0.65	1.0	1.5	2.5	4.0	6.5	10.0
			100 p*	100 p*	100 p*	100 p*	100 p*	100 p*	100 p*	100 p*	100 p*	100 p*	100 p*	100 p*	100 p*	100 p*	100 p*	100 p*
B~D	3	2											↓	19.05	21.24	24.04	34.95	49.37
E	4	3										↓	11.23	12.7	15.13	21.57	30.67	46.7
F	6	4									↓	6.724	7.671	9.246	13.29	19.02	29.03	44.1
G	9	6								↓	4.196	4.819	5.833	8.437	12.12	18.52	28.13	36.16
H	13	8							↓	2.578	2.967	3.605	5.245	7.537	11.54	17.54	22.56	32.59
J	18	10						↓	1.62	1.867	2.275	3.323	4.782	7.315	11.12	14.32	20.68	27.03
K	25	12					↓	1.012	1.171	1.428	2.084	3.01	4.603	7.01	9.014	13.02	17.02	21.03
L	35	15				↓	0.6299	0.7296	0.89	1.304	1.88	2.88	4.379	5.628	8.125	10.62	13.14	↑
M	50	18			↓	0.4021	0.4656	0.569	0.8335	1.203	1.84	2.8	3.604	5.201	6.808	8.406	↑	
N	70	21		↓	0.2511	0.2909	0.3553	0.5209	0.75	1.15	1.75	2.254	3.251	4.251	5.255	↑		
P	95	25	↓	0.1503	0.1847	0.2254	0.3304	0.4766	0.7208	1.11	1.42	2.066	2.6	3.336	↑			
Q	125	32	0.1001	0.1161	0.1421	0.2081	0.3005	0.4602	0.7006	0.8992	1.301	1.7	2.098	↑				
R	160	40	0.07248	0.08893	0.1302	0.1874	0.2875	0.4381	0.5628	0.8129	1.062	1.311	↑					

비고1 이 표준의 샘플 크기 코드 문자는 KS Q ISO 2859-1과 ISO 3951-1-1에 나와 있는 것과 대응된다.

비고2 기호: ↓ 이 영역에는 적절한 방식이 없다. 화살표 아래 첫 번째 샘플링 방식을 사용하라. 샘플 크기가 로트 크기 이상이면 100% 검사를 실시하라.

↑ 이 영역에는 적절한 방식이 없다. 화살표 위 첫 번째 샘플링 방식을 사용하라.

[표 B11] 보통 검사 k 형식 1회 샘플링 검사 방식('σ' 방법)

샘플 문자	샘플 크기	합격품질한계 부적합률(%)															
		0.010	0.015	0.025	0.040	0.065	0.10	0.15	0.25	0.40	0.65	1.0	1.5	2.5	4.0	6.5	10.0
		k	k	k	k	k	k	k	k	k	k	k	k	k	k	k	k
B	2													↓	0.620	0.478	0.273
C	3												↓	0.991	0.841	0.643	0.412
D	4											↓	1.296	1.148	0.964	0.760	0.478
E	6										↓	1.578	1.432	1.256	1.068	0.818	0.528
F	8									↓	1.821	1.682	1.517	1.344	1.121	0.872	0.564
G	10								↓	2.030	1.897	1.742	1.581	1.378	1.157	0.893	0.675
H	12							↓	2.2230	2.096	1.949	1.800	1.613	1.412	1.179	0.991	0.771
J	15						↓	2.410	2.2890	2.150	2.009	1.835	1.650	1.439	1.273	1.082	0.879
K	18					↓	2.576	2.459	2.3270	2.193	2.029	1.857	1.662	1.511	1.340	1.162	0.919
L	21				↓	2.738	2.627	2.500	2.3740	2.218	2.057	1.876	1.737	1.592	1.422	1.210	↑
M	25			↓	2.890	2.783	2.661	2.540	2.3930	2.240	2.070	1.941	1.797	1.650	1.459	↑	
N	32		↓	3.041	2.937	2.820	2.704	2.563	2.4190	2.258	2.136	2.001	1.866	1.690	↑		
P	40	↓	3.186	3.086	2.974	2.862	2.727	2.589	2.4360	2.321	2.194	2.068	1.905	↑			
Q	50	3.319	3.222	3.113	3.005	2.875	2.742	2.596	2.4870	2.367	2.247	2.094	↑				
R	65	3.359	3.254	3.150	3.025	2.897	2.758	2.653	2.5390	2.426	2.281	↑					

비고1 이 표준의 샘플 크기 코드 문자는 KS Q ISO 2859-1과 ISO 3951-1-1에 나와 있는 것과 대응된다.

비고2 기호: ↓ 이 영역에는 적절한 방식이 없다. 화살표 아래 첫 번째 샘플링 방식을 사용하라. 샘플 크기가 로트 크기 이상이면 100% 검사를 실시하라.
↑ 이 영역에는 적절한 방식이 없다. 화살표 위 첫 번째 샘플링 방식을 사용하라.

[표 B12] 까다로운 검사 k 형식 1회 샘플링 검사 방식('σ' 방법)

샘플 문자	샘플 크기	합격품질한계 부적합률(%)															
		0.010	0.015	0.025	0.040	0.065	0.10	0.15	0.25	0.40	0.65	1.0	1.5	2.5	4.0	6.5	10.0
		k	k	k	k	k	k	k	k	k	k	k	k	k	k	k	k
B	2														↓	0.620	0.478
C	3													↓	0.991	0.841	0.643
D	4												↓	1.296	1.148	0.964	0.760
E	6											↓	1.578	1.432	1.256	1.068	0.818
F	8										↓	1.821	1.682	1.517	1.344	1.121	0.872
G	10									↓	2.030	1.897	1.742	1.581	1.378	1.157	0.893
H	12								↓	2.223	2.096	1.949	1.800	1.613	1.412	1.179	0.913
J	15							↓	2.410	2.289	2.150	2.009	1.835	1.650	1.439	1.204	0.976
K	18						↓	2.576	2.459	2.327	2.193	2.029	1.857	1.662	1.449	1.245	1.015
L	21					↓	2.738	2.627	2.500	2.374	2.218	2.057	1.876	1.681	1.497	1.293	↑
M	25				↓	2.890	2.783	2.661	2.540	2.393	2.240	2.070	1.888	1.719	1.534	↑	
N	32			↓	3.041	2.937	2.820	2.704	2.563	2.419	2.258	2.087	1.920	1.758	↑		
P	40		↓	3.186	3.086	2.974	2.862	2.727	2.589	2.436	2.274	2.127	1.968	↑			
Q	50	↓	3.319	3.222	3.113	3.005	2.875	2.742	2.596	2.443	2.303	2.154	↑				
R	65	3.454	3.359	3.254	3.150	3.025	2.897	2.758	2.611	2.478	2.337	↑					

비고1 이 표준의 샘플 크기 코드 문자는 KS Q ISO 2859-1과 ISO 3951-1에 나와 있는 것과 대응된다.

비고2 기호: ↓ 이 영역에는 적절한 방식이 없다. 화살표 아래 첫 번째 샘플링 방식을 사용하라. 샘플 크기가 로트 크기 이상이면 100% 검사를 실시하라.

↑ 이 영역에는 적절한 방식이 없다. 화살표 위 첫 번째 샘플링 방식을 사용하라.

[표 B13] 수월한 검사 k 형식 1회 샘플링 검사 방식('σ' 방법)

샘플 문자	샘플 크기	합격품질한계 부적합률(%)															
		0.010	0.015	0.025	0.040	0.065	0.10	0.15	0.25	0.40	0.65	1.0	1.5	2.5	4.0	6.5	10.0
		k	k	k	k	k	k	k	k	k	k	k	k	k	k	k	k
B~D	4											↓	0.62	0.565	0.478	0.273	0.011
E	6										↓	0.991	0.931	0.841	0.643	0.412	0.067
F	8									↓	1.296	1.236	1.148	0.964	0.760	0.478	0.129
G	10								↓	1.578	1.518	1.432	1.256	1.068	0.818	0.528	0.323
H	12							↓	1.821	1.764	1.682	1.517	1.344	1.121	0.872	0.705	0.422
J	15						↓	2.03	1.975	1.897	1.742	1.581	1.378	1.157	1.012	0.776	0.581
K	18					↓	2.223	2.17	2.096	1.949	1.800	1.613	1.412	1.283	1.078	0.913	0.771
L	21				↓	2.410	2.360	2.289	2.150	2.009	1.835	1.650	1.533	1.349	1.204	1.082	↑
M	25			↓ 2.728	2.576	2.527	2.459	2.327	2.193	2.029	1.857	1.748	1.580	1.449	1.340	↑	
N	32		↓		2.691	2.627	2.500	2.374	2.218	2.057	1.956	1.801	1.681	1.582	↑		
P	40	↓	2.890	2.845	2.783	2.661	2.540	2.393	2.240	2.145	1.999	1.888	1.797	↑			
Q	50	3.041	2.998	2.937	2.820	2.704	2.563	2.419	2.328	2.191	2.087	2.001	↑				
R	65	3.144	3.086	2.974	2.862	2.727	2.589	2.503	2.373	2.274	2.194	↑					

비고1 이 표준의 샘플 크기 코드 문자는 KS Q ISO 2859-1과 ISO 3951-1에 나와 있는 것과 대응된다.

비고2 기호: ↓ 이 영역에는 적절한 방식이 없다. 화살표 아래 첫 번째 샘플링 방식을 사용하라. 샘플 크기가 로트 크기 이상이면 100% 검사를 실시하라.

↑ 이 영역에는 적절한 방식이 없다. 화살표 위 첫 번째 샘플링 방식을 사용하라.

[표 B14] 양쪽 규격의 통합(단일)관리 방법 사용 시 최대 공정 산포에 대한 f_σ 값('σ' 방법)

합격품질한계 부적합 %	f_σ
0.010	0.125
0.015	0.129
0.025	0.132
0.040	0.137
0.065	0.141
0.10	0.147
0.15	0.152
0.24	0.157
0.40	0.165
0.65	0.174
1.0	0.184
1.5	0.194
2.5	0.206
4.0	0.223
6.5	0.243
10	0.271

[표 B15] 양쪽 규격 분리관리의 최대 샘플 표준편차(MPSD)에 대한 fσ 값('σ' 방법)

	합격품질한계 부적합률(%)															
h_R	0.010	0.015	0.025	0.040	0.065	0.10	0.15	0.25	0.40	0.65	1.0	1.5	2.5	4.0	6.5	10.0
	f_σ	f_σ	f_σ	f_σ	f_σ	f_σ	f_σ	f_σ	f_σ	f_σ	f_σ	f_σ	f_σ	f_σ	f_σ	f_σ
0.010	0.131	0.133	0.134	0.137	0.139	0.142	0.145	0.147	0.151	0.154	0.158	0.163	0.167	0.173	0.179	0.187
0.015	0.133	0.134	0.136	0.139	0.141	0.144	0.147	0.15	0.153	0.157	0.161	0.165	0.17	0.176	0.183	0.191
0.025	0.134	0.136	0.138	0.141	0.144	0.146	0.149	0.152	0.156	0.16	0.164	0.168	0.173	0.179	0.186	0.195
0.04	0.137	0.139	0.141	0.144	0.146	0.149	0.152	0.155	0.159	0.163	0.168	0.172	0.177	0.184	0.191	0.2
0.065	0.139	0.141	0.144	0.146	0.149	0.152	0.155	0.158	0.162	0.167	0.171	0.176	0.181	0.188	0.196	0.205
0.10	0.142	0.144	0.146	0.149	0.152	0.155	0.159	0.162	0.166	0.17	0.175	0.18	0.186	0.193	0.201	0.211
0.15	0.145	0.147	0.149	0.152	0.155	0.159	0.162	0.165	0.17	0.174	0.179	0.185	0.19	0.198	0.207	0.217
0.25	0.147	0.15	0.152	0.155	0.158	0.162	0.165	0.168	0.173	0.178	0.183	0.189	0.195	0.203	0.212	0.223
0.40	0.151	0.153	0.156	0.159	0.162	0.166	0.17	0.173	0.178	0.183	0.189	0.195	0.201	0.21	0.219	0.231
0.65	0.154	0.157	0.16	0.163	0.167	0.17	0.174	0.178	0.183	0.189	0.195	0.201	0.207	0.217	0.227	0.24
1.0	0.158	0.161	0.164	0.168	0.171	0.175	0.179	0.183	0.189	0.195	0.201	0.208	0.215	0.225	0.236	0.25
1.5	0.163	0.165	0.168	0.172	0.176	0.18	0.185	0.189	0.195	0.201	0.208	0.215	0.222	0.233	0.245	0.26
2.5	0.167	0.17	0.173	0.177	0.181	0.186	0.19	0.195	0.201	0.207	0.215	0.222	0.23	0.242	0.255	0.271
4.0	0.173	0.176	0.179	0.184	0.188	0.193	0.198	0.203	0.21	0.217	0.225	0.233	0.242	0.255	0.269	0.288
6.5	0.179	0.183	0.186	0.191	0.196	0.201	0.207	0.212	0.219	0.227	0.236	0.245	0.255	0.269	0.286	0.306
10.0	0.187	0.191	0.195	0.2	0.205	0.211	0.217	0.223	0.231	0.24	0.25	0.26	0.271	0.288	0.306	0.33

비고 MPSD는 표준화된 fσ 에 규격상한 U와 규격하한 L의 차이에 곱해서 구한다. 즉, max = (U - L)fσ 이다.

위 MPSD는 공정의 산포가 미지인 경우 양쪽 규격에 대한 결합관리를 위한 방식을 사용할 때 보통 검사하에 샘플 표준편차의 최대허용크기를 나타낸다. 확실한 것은 아니지만 샘플 표준편차가 MPSD보다 작으면 로트가 합격할 가능성이 있다.

[표 B16] 양쪽 규격 복합관리의 최대 샘플 표준편차(MPSD)에 대한 fσ 값('σ' 방법)

AQL % (한쪽 한계)	부적합 퍼센트로 표기된 합격품질한계(상한)														
	0.015	0.025	0.040	0.065	0.10	0.15	0.25	0.40	0.65	1.0	1.5	2.5	4.0	6.5	10.0
	f_σ	f_σ	f_σ	f_σ	f_σ	f_σ	f_σ	f_σ	f_σ	f_σ	f_σ	f_σ	f_σ	f_σ	f_σ
0.010	0.129	0.132	0.135	0.138	0.141	0.144	0.147	0.151	0.154	0.158	0.162	0.167	0.173	0.179	0.187
0.015		0.132	0.136	0.140	0.143	0.146	0.149	0.53	0.157	0.161	0.165	0.170	0.176	0.183	0.191
0.025			0.137	0.141	0.145	0.148	0.1515	0.155	0.159	0.164	0.168	0.173	0.179	0.186	0.195
0.04				0.141	0.146	0.150	0.154	0.158	0.162	0.167	0.172	0.177	0.184	0.191	0.200
0.065					0.147	0.152	0.156	0.161	0.166	0.171	0.176	0.181	0.188	0.196	0.205
0.10						0.152	0.157	0.163	0.169	0.174	0.180	0.185	0.193	0.201	0.211
0.15							0.157	0.165	0.171	0.178	0.183	0.189	0.197	0.206	0.217
0.25								0.165	0.173	0.180	0.187	0.193	0.202	0.211	0.223
0.40									0.174	0.183	0.191	0.198	0.208	0.218	0.230
0.65										0.184	0.194	0.202	0.213	0.225	0.238
1.0											0.194	0.205	0.219	0.232	0.247
1.5												0.206	0.222	0.238	0.255
2.5													0.223	0.242	0.262
4.0														0.243	0.269
6.5															0.271

비고 MPSD는 표준화된 fσ 에 규격상한 U와 규격하한 L의 차이에 곱해서 구한다. 즉, $max = (U - L)f_\sigma$ 이다.
위 MPSD는 공정의 산포가 미지인 경우 양쪽 규격에 대한 결합관리를 위한 방식을 사용할 때 보통 검사하에 샘플 표준편차의 최대허용크기를 나타낸다.
확실한 것은 아니지만 샘플 표준편차가 MPSD보다 작으면 로트가 합격할 가능성이 있다.

[표 B17] 차트 s-D 통합 AQL을 갖는 양쪽 규격에 대한 합격 곡선: 's' 방법 - 샘플 크기 코드 문자 D(샘플 크기 6)
(수월한 검사의 경우, 샘플 크기 코드 문자 F)

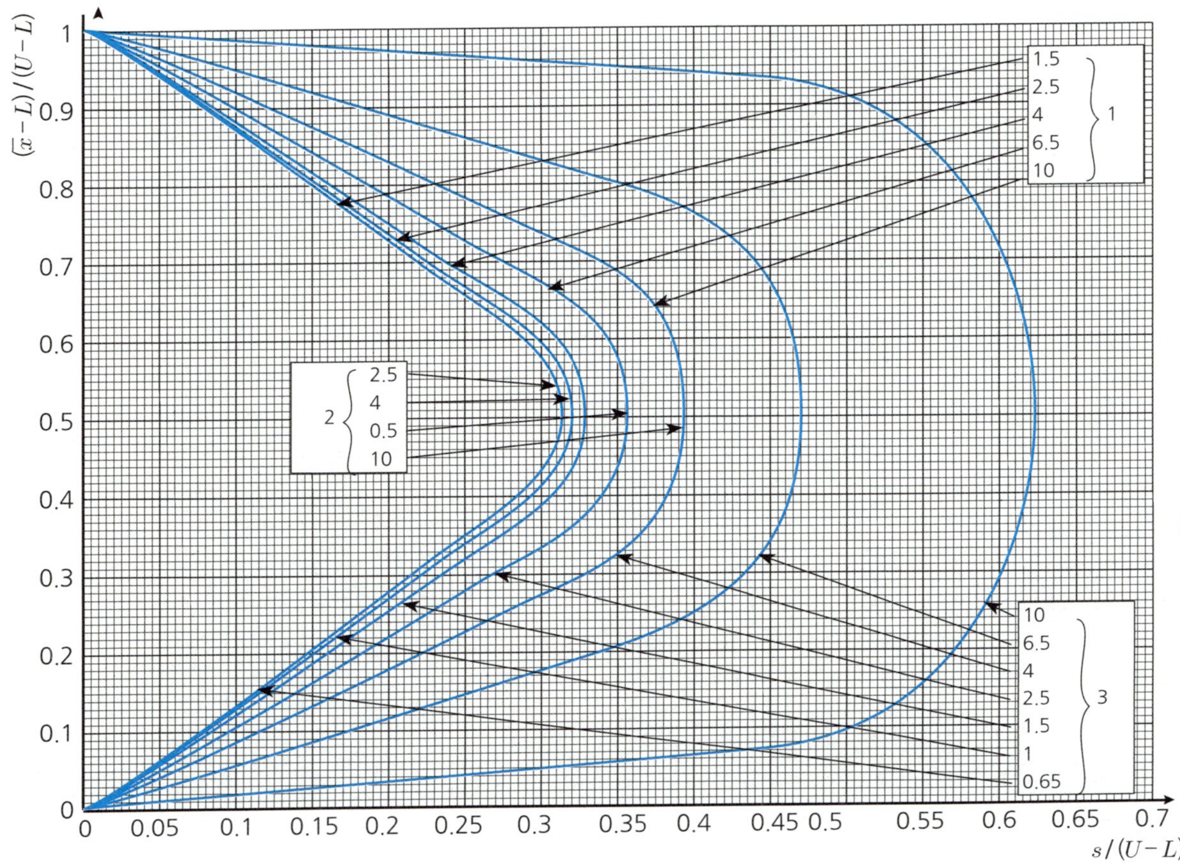

Note)
1: 보통검사,
2: 엄격한 검사,
3: 수월한 검사를 나타내며 각 검사에서의 수치는 AQL의 값을 나타낸다.

[표 B18] 계량 축차 샘플링 방식의 파라미터(α=0.05, β=0.1)

PRQ		CRQ																
		0.80	1.00	1.25	1.60	2.00	2.50	3.15	4.00	5.00	6.30	8.00	10.00	12.50	16.00	20.00	25.00	31.50
0.100	h_A	3.304	2.947	2.652	2.380	2.172	1.992	1.829	1.681	1.558	1.443	1.336	1.245	1.161	1.074	1.001	0.932	0.863
	h_R	4.242	3.784	3.405	3.056	2.789	2.557	2.348	2.158	2.000	1.853	1.715	1.598	1.490	1.379	1.285	1.196	1.18
	g	2.750	1.708	2.666	2.617	2.572	2.525	2.475	2.420	2.368	2.310	2.248	2.186	2.120	2.042	1.966	1.882	1.786
	n_t	29	23	19	16	13	11	10	8	8	7	7	5	5	4	4	4	4
1.250	h_A	3.664	3.230	2.879	2.561	2.322	2.117	1.934	1.769	1.633	1.508	1.391	1.293	1.202	1.110	1.032	0.958	0.886
	h_R	4.704	4.147	3.696	3.288	2.981	2.718	2.483	2.271	2.097	1.936	1.786	1.659	1.543	1.425	1.325	1.231	1.137
	g	2.716	2.675	2.632	2.564	2.539	2.492	2.441	2.387	2.334	2.277	2.214	2.152	2.087	2.009	1.932	1.849	1.753
	n_t	35	28	23	19	16	13	11	10	8	7	7	5	5	5	4	4	4
0.160	h_A	4.177	3.622	3.187	2.802	2.518	2.279	2.068	1.881	1.728	1.588	1.459	1.351	1.252	1.153	1.069	0.990	0.913
	h_R	5.363	4.651	4.019	3.597	3.233	2.926	2.655	2.414	2.218	2.039	1.873	1.735	1.608	1.480	1.372	1.271	1.172
	g	2.678	2.637	2.595	2.546	2.501	2.454	2.404	2.349	2.296	2.239	2.176	2.115	2.049	1.971	1.895	1.811	1.715
	n_t	46	35	28	22.000	17.000	14	13	10	10	8	7	7	5	5	4	4	4
0.200	h_A	4.798	4.080	3.536	3.068	2.731	2.452	2.209	1.997	1.825	1.670	1.528	1.410	1.303	1.195	1.105	1.022	0.939
	h_R	6.160	5.238	4.539	3.939	3.506	3.148	2.837	2.564	2.344	2.144	1.962	1.810	1.673	1.534	1.419	1.312	1.206
	g	2.644	2.602	2.560	2.511	2.466	2.419	2.369	2.314	2.262	2.204	2.142	2.080	2.014	1.936	1.860	1.776	1.68
	n_t	59	44	41	25	20	17	14	11	10	8	7	7	5	5	5	4	4
0.250	h_A	5.655	4.683	3.960	3.398	2.989	2.658	2.375	2.131	1.937	1.763	1.606	1.476	1.395	1.242	1.145	1.056	0.968
	h_R	7.260	6.013	5.110	4.362	3.837	3.412	3.049	2.736	2.487	2.263	2.062	1.895	1.745	1.595	1.471	1.355	1.243
	g	2.608	2.567	2.524	2.476	2.430	2.384	2.333	2.279	2.226	2.169	2.106	2.044	1.979	1.901	1.824	1.741	1.644
	n_t	83	58	41.000	31	25	19	16	13	11	10	8	7	5	5	5	4	4
0.315	h_A	6.794	5.553	4.591	3.833	3.320	2.917	2.580	2.295	2.071	1.873	1.697	1.552	1.424	1.296	1.191	1.094	1.001
	h_R	8.953	7.130	5.895	4.921	4.263	3.745	3.313	2.946	2.659	2.405	2.179	1.993	1.828	1.664	1.529	1.405	1.285
	g	2.570	2.529	2.487	2.438	2.393	2.346	2.295	2.241	2.188	2.131	2.068	2.007	1.941	1.863	1.787	1.703	1.607
	n_t	125	80	55	38	29	23	19	14	13	10	8	8	7	5	5	5	4
0.400	h_A	9.259	6.912	5.482	4.435	3.763	3.253	2.839	2.498	2.235	2.006	1.805	1.643	1.499	1.358	1.244	1.138	1.037
	h_R	11.887	8.874	7.038	5.694	4.831	4.176	3.645	3.207	2.870	2.576	2.318	2.109	1.925	1.744	1.596	1.462	1.332
	g	2.530	2.489	2.447	2.398	2.353	2.306	2.256	2.201	2.148	2.091	2.029	1.967	1.901	1.823	1.747	1.663	1.567
	n_t	218	122	77	52	37	28	22	17	14	11	10	8	7	7	5	5	4
0.500	h_A	13.488	9.024	6.732	5.218	4.312	3.656	3.141	2.728	2.418	2.153	1.923	1.739	1.579	1.424	1.298	1.184	1.075
	h_R	17.317	11.586	8.643	6.700	5.536	4.693	4.033	3.503	3.105	2.764	2.469	2.233	2.028	1.828	1.667	1.520	1.38
	g	2.492	2.451	2.409	2.360	2.315	2.268	2.218	2.163	2.110	2.053	1.990	1.929	1.863	1.785	1.709	1.625	1.529
	n_t	463	208	116	71	49	35	26	20	16	13	11	10	8	7	5	5	4
0.630	h_A	26.190	13.358	8.882	6.424	5.103	4.209	3.542	3.025	2.649	2.333	2.066	1.855	1.674	1.500	1.362	1.237	1.118
	h_R	33.625	17.150	11.403	8.247	6.552	5.403	4.547	3.884	3.400	2.996	2.652	2.382	2.150	1.926	1.748	1.588	1.436
	g	2.452	2.411	2.368	2.320	2.274	2.227	2.177	2.123	2.070	2.012	1.950	1.888	1.823	1.745	1.668	1.585	1.488
	n_t	1739	454	202	106	68	46	34	25	19	16	13	8	8	7	7	5	5
0.800	h_A		27.265	13.440	8.511	6.339	5.015	4.095	3.420	2.946	2.562	2.243	1.997	1.789	1.592	1.436	1.298	1.168
	h_R		35.005	17.255	10.927	8.138	6.438	5.258	4.391	3.783	3.289	2.879	2.564	2.297	2.043	1.844	1.666	1.500
	g		2.368	2.325	2.277	2.231	2.184	2.134	2.080	2.027	1.969	1.907	1.845	1.780	1.702	1.625	1.542	1.445
	n_t		1886	460	185	103	65	44	31	23	19	14	11	10	8	7	5	5
1.000	h_A			26505	12374	8259	6145	4819	3911	3303	2827	2444	2155	1914	1690	1516	1363	1220
	h_R			34028	15886	10603	7889	6187	5021	4241	3630	3137	2766	2458	2170	1947	1750	1567
	g			2284	2235	2190	2143	2093	2039	1986	1928	1866	1804	1738	1660	1584	1500	1404
	n_t			1781	389	175	97	61	40	29	22	17	13	11	8	7	7	5

Note: PRQ 및 CRQ는 부적합률(%)로 표시되어 있다.

[표 B18 계속] 계량 축차 샘플링 방식의 파라미터(α=0.05, β=0.1)

PRQ		CRQ																
		0.80	1.00	1.25	1.60	2.00	2.50	3.15	4.00	5.00	6.30	8.00	10.00	12.50	16.00	20.00	25.00	31.50
1.250	h_A h_R g n_t				23.209 29.798 2.193 1 367	11.997 15.402 2.148 367	7.999 10.270 2.101 164	5.890 7.562 2.050 89	4.588 5.890 1.196 55	3.774 4.845 1.943 38	3.165 4.063 1.886 26	2.692 3.456 1.823 20	2.345 3.011 1.761 16	2.063 2.649 1.696 13	1.805 2.318 1.618 10	1.608 2.065 1.542 8	1.437 1.845 1.458 7	1.279 1.643 1.362 5
1.600	h_A h_R g n_t					24.832 31.881 2.009 1564	12.206 15.671 2.052 379	7.893 10.134 2.002 160	5.718 7.341 1.948 85	4.507 5.786 1.895 53	3.665 4.705 1.837 35	3.045 3.909 1.775 25	2.609 3.350 1.713 19	2.265 2.908 1.647 14	1.958 2.513 1.569 11	1.728 2.219 1.493 10	1.532 1.966 1.409 7	1.354 1.738 1.313 7
2.000	h_A h_R g n_t						24.006 30.821 2.007 1462	11.572 14.857 1.956 341	7.429 9.537 1.902 142	5.506 7.069 1.849 79	4.299 5.519 1.792 49	3.471 4.456 1.729 32	2.915 3.743 1.668 23	2.492 3.199 1.602 17	2.125 2.729 1.524 13	1.857 2.385 1.448 10	1.632 2.096 1.364 8	1.432 1.839 1.268 7
2.500	h_A h_R g n_t							22.341 28.683 1.910 1267	10.757 13.811 1.855 295	7.144 9.173 1.802 131	5.237 6.723 1.745 71	4.057 5.209 1.683 43	3.318 4.260 1.621 29	2.781 3.570 1.555 22	2.332 2.994 1.477 16	2.013 2.585 1.401 11	1.751 2.248 1.317 10	1.523 1.955 1.221 7
3.150	h_A h_R g n_t								20.747 26.637 1.805 1093	10.503 13.485 1.752 281	6.840 8.782 1.695 121	4.957 6.365 1.632 64	3.897 5.004 1.570 40	3.176 4.078 1.505 28	2.603 3.342 1.427 19	2.212 2.840 1.350 14	1.900 2.440 1.267 11	1.634 2.098 1.17 8
4.000	h_A h_R g n_t									21.273 27.311 1.698 1148	10.204 13.101 1.640 265	6.514 8.363 1.578 109	4.799 6.161 1.516 59	3.750 4.815 1.451 37	2.977 3.822 1.373 23	2.476 3.179 1.296 17	2.092 2.686 1.213 13	1.174 2.278 1.116 10
5.000	h_A h_R g n_t										19.612 25.180 1.587 976	9.389 12.054 1.525 224	6.197 7.956 1.463 98	4.553 5.845 1.398 55	3.461 4.444 1.320 32	2.803 3.598 1.243 22	2.320 2.979 1.160 16	1.936 2.485 1.063 11
6.300	h_A h_R g n_t											18.010 23.123 1.468 824	9.059 11.630 1.406 209	5.929 7.612 1.340 91	4.203 5.396 1.262 46	3.270 4.198 1.186 29	2.631 3.378 1.102 19	2.147 2.757 1.006 13
8.000	h_A h_R g n_t												18.226 23.400 1.343 844	8.838 11.347 1.278 199	5.483 7.039 1.200 77	3.996 5.130 1.123 41	3.082 3.956 1.040 26	2.438 3.13 0.9934 17
10.000	h_A h_R g n_t													17.159 22.030 1.216 748	7.842 10.068 1.138 157	5.117 6.570 1.062 68	3.709 4.761 0.978 37	2.815 3.614 0.882 22

Note: PRQ 및 CRQ는 부적합률(%)로 표시되어 있다.

[표 B19] 한계 프로세스 표준편차 LPSD를 구하기 위한 계수 ψ의 값

PRQ %	0.100	0.125	0.160	0.200	0.250	0.315	0.400	0.500	0.630	0.800	1.00	1.25	1.60	2.00	2.50	3.15	4.00	5.00	6.30	8.00	10.00
ψ	0.143	0.146	0.149	0.152	0.155	0.158	0.161	0.165	0.169	0.174	0.178	0.183	0.189	0.194	0.201	0.208	0.216	0.225	0.235	0.246	0.259

축차 샘플링 방식을 위한 한계 프로세스 표준편차 LPSD는 표준화한 값 ψ를 규격공차(U-L)을 곱하여 구한다. 즉, LPSD=ψ(U-L).

한계 프로세스 표준편차 LPSD는 축차샘플링 방식을 연결식 양쪽규격에 대하여 사용하는 경우의 프로세스 표준편차의 최대 허용값을 주는 것이다.

프로세스 표준편차가 LPSD를 넘는 경우는 축차 샘플링 방식은 사용할 수 없다.

[표 B20] 최대 프로세스 표준편차 MPSD를 구하기 위한 계수 f의 값(개별식 양쪽 규격)

$PRQ^{(L)}$	$PRQ^{(U)}$																				
	0.100	0.125	0.160	0.200	0.250	0.315	0.400	0.500	0.630	0.800	1.00	1.25	1.60	2.00	2.50	3.15	4.00	5.00	6.30	8.00	10.00
0.100	0.162	0.164	0.166	0.168	0.170	0.172	0.174	0.176	0.179	0.182	0.185	0.188	0.191	0.194	0.198	0.202	0.207	0.211	0.216	0.222	0.229
0.125	0.164	0.165	0.167	0.169	0.172	0.174	0.176	0.179	0.181	0.184	0.187	0.190	0.194	0.197	0.201	0.205	0.209	0.214	0.220	0.226	0.232
0.160	0.166	0.167	0.17	0.172	0.174	0.176	0.179	0.181	0.184	0.187	0.190	0.193	0.196	0.200	0.204	0.208	0.213	0.218	0.223	0.230	0.236
0.200	0.168	0.169	0.172	0.174	0.176	0.178	0.181	0.183	0.186	0.189	0.192	0.195	0.199	0.203	0.207	0.211	0.216	0.221	0.227	0.233	0.240
0.250	0.170	0.172	0.174	0.176	0.178	0.181	0.183	0.186	0.189	0.192	0.195	0.198	0.202	0.206	0.210	0.214	0.219	0.225	0.231	0.237	0.245
0.315	0.172	0.174	0.176	0.178	0.181	0.183	0.186	0.188	0.191	0.195	0.198	0.201	0.205	0.209	0.213	0.218	0.223	0.228	0.235	0.242	0.249
0.400	0.174	0.176	0.179	0.181	0.183	0.186	0.189	0.191	0.194	0.198	0.201	0.204	0.208	0.213	0.217	0.222	0.227	0.233	0.239	0.246	0.254
0.500	0.176	0.179	0.181	0.183	0.186	0.188	0.191	0.194	0.197	0.201	0.204	0.208	0.212	0.216	0.220	0.225	0.231	0.237	0.244	0.251	0.259
0.630	0.179	0.181	0.184	0.186	0.189	0.191	0.194	0.197	0.200	0.204	0.207	0.211	0.216	0.220	0.224	0.230	0.236	0.242	0.248	0.256	0.265
0.800	0.182	0.184	0.187	0.189	0.192	0.195	0.198	0.201	0.204	0.208	0.211	0.215	0.220	0.224	0.229	0.234	0.240	0.247	0.254	0.262	0.271
1.00	0.185	0.187	0.190	0.192	0.195	0.198	0.201	0.204	0.207	0.211	0.215	0.219	0.224	0.228	0.233	0.239	0.245	0.252	0.259	0.268	0.277
1.25	0.188	0.190	0.193	0.195	0.198	0.201	0.204	0.208	0.211	0.215	0.219	0.223	0.228	0.233	0.238	0.244	0.25	0.257	0.265	0.274	0.284
1.60	0.191	0.194	0.196	0.199	0.202	0.205	0.208	0.212	0.216	0.220	0.224	0.228	0.233	0.238	0.244	0.250	0.257	0.264	0.272	0.282	0.292
2.00	0.194	0.197	0.200	0.203	0.206	0.209	0.213	0.216	0.220	0.224	0.228	0.233	0.238	0.243	0.249	0.256	0.263	0.270	0.279	0.289	0.300
2.50	0.198	0.201	0.204	0.207	0.210	0.213	0.217	0.220	0.224	0.229	0.233	0.238	0.244	0.249	0.255	0.262	0.269	0.277	0.287	0.297	0.308
3.15	0.202	0.205	0.208	0.211	0.214	0.218	0.222	0.225	0.230	0.234	0.239	0.244	0.250	0.256	0.262	0.269	0.277	0.285	0.295	0.306	0.318
4.00	0.207	0.209	0.213	0.216	0.219	0.223	0.227	0.231	0.236	0.240	0.245	0.250	0.257	0.263	0.269	0.277	0.286	0.295	0.305	0.317	0.330
5.00	0.211	0.214	0.218	0.221	0.225	0.228	0.233	0.237	0.242	0.247	0.252	0.257	0.264	0.270	0.277	0.285	0.295	0.304	0.315	0.328	0.342
6.30	0.216	0.220	0.223	0.227	0.231	0.235	0.239	0.244	0.248	0.254	0.259	0.265	0.272	0.279	0.287	0.295	0.305	0.315	0.327	0.341	0.356
8.00	0.222	0.226	0.230	0.233	0.237	0.242	0.246	0.251	0.256	0.262	0.268	0.274	0.282	0.289	0.297	0.306	0.317	0.328	0.341	0.356	0.372
10.00	0.229	0.232	0.236	0.240	0.245	0.249	0.254	0.259	0.265	0.271	0.277	0.284	0.292	0.300	0.308	0.318	0.330	0.342	0.356	0.372	0.390

비고 1 축차 샘플링 방식을 위한 최대 프로세스 표준편차 LPSD는 표준화한 값 f를 규격공차(U-L)에 곱하여 구한다. 즉, LPSD=Ψ(U-L).
최대 프로세스 표준편차 MPSD는 축차샘플링 방식을 개결식 양쪽규격에 대하여 사용하는 경우의 프로세스 표준편차의 최대 허용값을 주는 것이다.
프로세스 표준편차가 LPSD를 넘는 경우 전 로트는 불합격이 된다.

비고 2 $PRQ^{(L)}$ 및 $PRQ^{(U)}$는 부적합률(%)로 표시되어 있다.

[표 B21] 부적합률에 대한 보통검사 수준의 축차 샘플링 검사 방식을 사용할 때 이용되는 파라미터와 중지값(주 표)

샘플 문자	n_0	n_t	파라미터	부적합 품률에 대한 합격 품질 한계(AQL) (보통검사 수준)															
				0.010	0.015	0.025	0.040	0.065	0.10	0.15	0.25	0.40	0.65	1.0	1.5	2.5	4.0	6.5	10.0
샘플문자 A부터 E까지는 KS Q ISO 2859-1의 샘플링검사 방식 사용																			
F	20	32	h_A h_R g Ac_t	↓	↓	↓	↓	↓	↓	↓	↓	↓	*	↑	↓	0.860 0.857 0.0716 2	0.861 1.465 0.0960 3	1.161 1.525 0.158 5	1.161 2.201 0.240 7
G	32	50	h_A h_R g Ac_t	↓	↓	↓	↓	↓	↓	↓	↓	*	↑	↓	0.916 0.906 0.0456 2	0.917 1.471 0.0612 3	1.329 1.472 0.104 5	1.423 2.157 0.158 7	1.581 2.496 0.215 10
H	50	80	h_A h_R g Ac_t	↓	↓	↓	↓	↓	↓	↓	*	↑	↓	0.783 0.925 0.0251 2	0.965 1.454 0.0418 3	1.331 1.540 0.0653 5	1.426 2.449 0.0970 7	1.657 2.777 0.136 10	1.905 3.057 0.192 15
J	80	125	h_A h_R g Ac_t	↓	↓	↓	↓	↓	↓	*	↑	↓	0.854 0.932 0.0167 2	1.0074 1.420 0.0264 3	1.391 1.547 0.0409 5	1.514 2.388 0.0613 7	1.679 2.826 0.083 5 10	2.127 2.999 0.122 15	2.432 3.466 0.171 21
K	125	200	h_A h_R g Ac_t	↓	↓	↓	↓	↓	*	↑	↓	0.949 0.910 0.0116 2	0.953 1.505 0.0160 3	1.400 1.549 0.0264 5	1.533 2.485 0.0393 7	1.802 2.868 0.0546 10	2.103 3.218 0.0771 15	2.457 3.813 0.108 21	2.732 5.373 0.159 31
L	200	315	h_A h_R g Ac_t	↓	↓	↓	↓	*	*	↓	0.852 0.935 0.00655 2	1.088 1.401 0.0111 3	1.383 1.582 0.0161 5	1.484 2.555 0.0237 7	1.775 2.922 0.0334 10	2.175 3.208 0.0481 15	2.605 3.741 0.0680 21	3.021 4.933 0.101 31	↑

비고1 n_0은 단일 샘플 크기임

n_t와 Ac_t는 샘플 크기와 합격 판정 개수의 중지값이다.

화살표 ↓ 아래의 최초 샘플링 검사 방식을 사용한다.

화살표 ↑ 위 최초 샘플링 방식을 사용한다, 해당되는 샘플링 검사 방식이 없을 때는 KS Q ISO 2859-1의 다회 샘플링 검사 방식을 사용한다.

* Ac=0으로 하는 KS Q ISO 2859-1의 중지 1회 샘플링 검사 방식을 사용한다.

[표 B22] 100 아이템당 부적합수에 대한 보통검사 수준의 축차 샘플링 검사 방식을 사용할 때 이용되는 파라미터와 중지값(주 표)

샘플 문자	n_0	n_t	파라 미터	부적합 품률에 대한 합격 품질 한계(AQL) (보통검사 수준)															
				0.010	0.015	0.025	0.040	0.065	0.10	0.15	0.25	0.40	0.65	1.0	1.5	2.5	4.0	6.5	10.0
샘플문자 A부터 E까지는 KS Q ISO 2859-1의 샘플링검사 방식 사용																			
F	20	32	h_A h_R g Ac_t	↓	↓	↓	↓	↓	↓	↓	↓	↓	*	↑	↓	0.752 0.936 0.0626 2	0.955 1.365 0.106 3	1.339 1.498 0.167 5	1.340 2.574 0.233 7
G	32	50	h_A h_R g Ac_t	↓	↓	↓	↓	↓	↓	↓	↓	*	↑	↓	0.916 0.906 0.0456 2	1.075 1.356 0.0715 3	1.324 1.496 0.101 5	1.372 2.604 0.141 7	1.887 2.679 0.218 10
H	50	80	h_A h_R g Ac_t	↓	↓	↓	↓	↓	↓	↓	*	↑	↓	0.948 0.909 0.0295 2	0.949 1.496 0.0396 3	1.405 1.531 0.0668 5	1.427 2.617 0.094 7	1.851 2.850 0.137 10	2.216 3.151 0.195 15
J	80	125	h_A h_R g Ac_t	↓	↓	↓	↓	↓	↓	*	↑	↓	0.885 0.916 0.017 2	0.958 1.473 0.0251 3	1.366 1.559 0.040 1 5	1.429 2.614 0.0574 7	1.768 2.907 0.0835 10	2.254 3.161 0.121 15	2.620 3.777 0.169 21
K	125	200	h_A h_R g Ac_t	↓	↓	↓	↓	↓	*	↑	↓	0.875 0.925 0.0108 2	0.991 1.483 0.0165 3	1.393 1.583 0.026 5	1.487 2.619 0.038 7	1.779 3.021 0.0532 10	2.302 3.184 0.0786 15	2.688 3.869 0.109 21	2.957 5.619 0.158 31
L	200	315	h_A h_R g Ac_t	↓	↓	↓	↓	*	↑	↓	0.847 0.941 0.0065 2	0.941 1.520 0.0098 3	1.385 1.584 0.0161 5	1.499 2.564 0.0237 7	1.878 2.852 0.0341 10	2.216 3.271 0.0479 15	2.659 3.889 0.0674 21	3.040 5.340 0.099 31	↑

비고1 n_0은 단일 샘플 크기임

n_t와 Ac_t는 샘플 크기와 합격 판정 개수의 중지값이다.

화살표 ↓ 아래의 최초 샘플링 검사 방식을 사용한다.

화살표 ↑ 위 최초 샘플링 방식을 사용한다, 해당되는 샘플링 검사 방식이 없을 때는 KS Q ISO 2859-1의 다회 샘플링 검사 방식을 사용한다.

* Ac=0으로 하는 KS Q ISO 2859-1의 중지 1회 샘플링 검사 방식을 사용한다.

[표 B23] 부적합률과 100 아이템당 부적합수에 대한 보통검사 수준의 축차 샘플링 검사 방식을 사용할 때 이용되는 파라미터와 중지값(주 표)

샘플 문자	n_0	n_t	파라 미터	부적합 품률에 대한 합격 품질 한계(AQL) (보통검사 수준)															
				0.010	0.015	0.025	0.040	0.065	0.10	0.15	0.25	0.40	0.65	1.0	1.5	2.5	4.0	6.5	10.0
샘플문자 A부터 E까지는 KS Q ISO 2859-1의 샘플링검사 방식 사용																			
M	315	500	h_A h_R g Ac_t	↓	↓	↓	*	↑	↓	0.819 0.946 0.0040 2	0.902 1.556 0.0060 3	1.391 1.579 0.0103 5	1.495 2.581 0.0151 7	1.777 2.983 0.0211 10	2.138 3.328 0.0301 15	2.495 4.011 0.0421 21	2.832 5.574 0.0621 31	↑	↑
N	500	800	h_A h_R g Ac_t	↓	↓	*	↑	↓	0.811 0.948 0.00251 2	0.898 1.568 0.00377 3	1.328 1.630 0.00626 5	1.525 2.591 0.0096 7	1.811 2.999 0.0134 10	2.114 3.421 0.0188 15	2.472 4.160 0.0263 21	2.893 5.749 0.0392 31	↑	↑	↑
P	800	1250	h_A h_R g Ac_t	↓	*	↑	↓	0.843 0.943 0.00161 2	0.931 1.533 0.00241 3	1.392 1.593 0.00401 5	1.451 2.608 0.00578 7	1.744 3.009 0.00814 10	2.28 3.024 0.0121 15	2.685 3.834 0.0169 21	3.084 5.157 0.0249 31	↑	↑	↑	↑
Q	1250	2000	h_A h_R g Ac_t	*	↑	↓	0.816 0.948 0.000635 2	0.9 1.568 0.00151 3	1.331 1.629 0.00251 5	1.514 2.610 0.00382 7	1.812 3.018 0.00534 10	2.123 3.443 0.00751 15	2.541 4.111 0.0106 21	2.947 5.750 0.0157 31	↑	↑	↑	↑	↑
R	2000	3150	h_A h_R g Ac_t	↑	↓	0.826 0.946 0.000635 2	0.923 1.542 0.00096 2	1.368 1.608 0.00159 5	1.471 2.615 0.00233 7	1.768 3.019 0.00328 10	2.211 3.309 0.00477 15	2.603 3.981 0.00667 21	3.05 5.360 0.0099 31	↑	↑	↑	↑	↑	↑

비고1 n_0은 단일 샘플 크기임
n_t와 Act는 샘플 크기와 합격 판정 개수의 중지값이다.
화살표 ↓ 아래의 최초 샘플링 검사 방식을 사용한다.
화살표 ↑ 위 최초 샘플링 방식을 사용한다, 해당되는 샘플링 검사 방식이 없을 때는 KS Q ISO 2859-1의 다회 샘플링 검사 방식을 사용한다.
* Ac=0으로 하는 KS Q ISO 2859-1의 중지 1회 샘플링 검사 방식을 사용한다.
위의 축차 샘플링 검사 방식에 대한 파라미터는 부적합률과 100 아이템당 부적합수 모두에 적용된다.

참고문헌

김상익 외: 통계학의 이해와 응용, 민영사, 2000.

김상익 외 공저: 통계학의 이해와 응용, 민영사, 1999.

김성인 저: 샘플링 검사, 박영사, 1984.

김연성, 박영택 외: 경영품질의 세계기준 말콤 볼드리지, 한언, 1999.

김영휘 저: 품질관리, 청문각, 1984.

김태규 외: SPC, SQC, 민영사&한국품질재단, 2012.

래리 고닉 & 울코트 스미스 저, 이종환 역: 통계학 길라잡이, 도서 출판국제, 1995.

마이클 L 외 저, 삼일PwC 컨설팅 린 시그마 그룹 역: 린 6 시그마 포켓 툴 북, Nemo Books, 2007.

매트바니, 톰 매카터 저, 오인수 역: 뉴 식스 식그마, 시그마프레스(주), 2004.

박성현 저: 회귀분석, 민영사, 1997.

박성현 저: 현대실험계획법, 민영사, 1998.

박성현 외: 통계적 품질관리, 민영사, 2013.

양인모 저: 품질경영의 핵심, 민영사, 2014.

윤상운 외: 실용통계학, 자유아카데미, 2000.

전영호 외: 품질관리, 박영사, 1994.

조지 에커스 저, 강선수 외 역: 6시그마 리더십, 위즈덤아카데미, 2003.

황의철 저: 최신 품질관리, 박영사, 1977.

APQP팀 멤버: 사전제품품질계획(APQP) 및 관리계획서, 크라이슬러사, 포드사, 제너럴 모터스사, 1995.

Arthur R. Tenner Irving j. DeToro: 프로세스(process) Redesign, Addison Wesly, 1996.

Juran 저: Juran의 품질경영, 아남산업(주).

Kasra Ferdow, Arnoud De Meyer: Lasting Improvements in Manufacturing Performance; In Search of a New Theory, JOURNAL OF OPERATIONS MANAGEMENT, Vol 9, No. 2 April, 1990.

Lou Cohen: Quality Function Deployment, Addison Wesly, 1995.

Mary Walton 저, 노준태 역: 데밍식 경영, 한국산업훈련연구소, 1991.

William Y. Fowlkes, Clyde M. Creveling 저: Engineering Methods for Robust Product Design, Addison Wesly, 1995.

KS Q 0001: 규준형 샘플링 검사.

KS A ISO 8422: 계수 규준형 축차 샘플링검사.

KS Q ISO 2859-1: AQL 지표형 샘플링검사.

KS Q ISO 2859-3: 스킵로트 샘플링검사.

KS Q ISO 2859-5: AQL 지표형 축차 샘플링검사.

KS Q ISO 2859-2: LQ 지표형 샘플링검사.
KS Q 3951: 계량치 샘플링검사.
KS Q ISO 8423: 계량 규준형 축차 샘플링 검사.
KS Q ISO 5492: 관능검사 용어.
KS Q ISO 8589: 관능검사-검사실 설계를 위한 일반 지침.
KS Q ISO 4121: 관능검사 -정량적 반응척도 사용을 위한 지침.
KS Q ISO 6658: 관능검사-방법론-일반지침.
KS Q ISO 13299: 관능검사-방법론-관능프로필 작성을 위한 일반적 지침.
KS Q ISO 11056: 관능검사 -방법론-크기추정법.
KS Q ISO 4120: 관능검사-방법론-삼점검사.
KS Q ISO 10399: 관능검사-방법론-일-이점검사.
KS Q ISO 8588: 관능검사-방법론-Q 또는 비Q 시험법.
KS Q ISO 5495: 관능검사-방법론-이점 비교 검사.
KS Q ISO 8587: 관능검사-방법론-순위법.
KS Q ISO 8587: 관능검사-방법론-순차 분석.
KS Q ISO 11036: 관능검사-방법론-텍스처 프로필.
KS Q ISO 8586-1: 관능검사 - 평가자 선정, 훈련, 모니터링을 위한 지침서-제 1부: 선택된 평가자.
KS Q ISO 8586-2: 관능검사 - 평가자 선정, 훈련, 모니터링을 위한 지침서-제 1부: 전문가 등.

찾아보기

ㅇ

ㅎ

저자소개

양인모 (sigmamo@hanmail.net)
KAIST 산업공학과 석사
품질관리 기술사, 공정관리 기술사, 품질경영 기사 1급
삼성전자 정보통신, 생산성본부, 한국능률협회 전문위원, KMQ 소장
대한설비관리학회 이사
경기대학교 산업경영공학과 초빙교수
(현) Biz-Inno 대표 컨설턴트

황인극 (ikhwang@kongju.ac.kr)
Univ. of Iowa, Dept. of Industrial & Management Engineering (M.S)
Texas A&M Univ. Dept. of Industrial Engineering (Ph.D:품질공학)
멀티미디어 기술사
공주대학교 산업과학연구원장 겸 산업개발연구소장, 학생복지부처장, 취업지원본부장, 종합인력개발원장
ISO 21500/PC236 프로젝트경영 전문위원, ABEEK 평가위원
ISO 9001 International Lead Auditor
(현) 공주대학교 산업시스템공학과 교수

통계적 품질관리(SPC SQC)(개정판)

지은이 양인모 외
펴낸날 2015년 2월 28일 초판
2018년 2월 20일 개정판
2021년 8월 25일 개정제2판
펴낸이 김동현
펴낸곳 민영사

주소 서울시 성동구 독서당로 39길 43 1층
전화 (02) 711-1224~5
팩스 (02) 711-1226
등록 2014년 1월 1일 제2014-000001호
Home http://www.minyoungsa.com
E-mail myspub@hanmail.net

값 35,000원
ISBN 979-11-86378-39-7 93410
＊잘못 만들어진 책은 교환해 드립니다.
＊'예제' 및 '연습문제'에 대한 미니탭 파일을 민영사 홈페이지에서 다운받을 수 있습니다.